精 装 本

B. A. СУХОМЛИНСКИЙ
ИЗБРАННЫЕ ПРОИЗВЕДЕНИЯ В ПЯТИ ТОМАХ

苏霍姆林斯基
选集

（五卷本）

第 2 卷

教育科学出版社
·北京·

《苏霍姆林斯基选集》
（五卷本）

2003年12月

荣获中华人民共和国新闻出版总署颁发的
"第六届国家图书奖"提名奖

2003年

荣获"第三届全国教育图书奖"一等奖

苏联著名教育家瓦·亚·苏霍姆林斯基（1918—1970）

编 委 会

ИЗБРАННЫЕ ПРОИЗВЕДЕНИЯ
В ПЯТИ ТОМАХ

前　言

提起乌克兰，许多人马上会联想到《钢铁是怎样炼成的》这部作品中保尔·柯察金的生活原型——乌克兰民族英雄奥斯特洛夫斯基。其实，在乌克兰民族英雄的史册上，还有一位与奥斯特洛夫斯基同样值得世人称颂的人物，他就是享誉世界的著名教育家——瓦西里·亚历山德罗维奇·苏霍姆林斯基。

瓦·亚·苏霍姆林斯基是苏联杰出的教育理论家和教育实践家，俄罗斯联邦教育科学院和苏联教育科学院通讯院士。他挚爱教育事业，把心都献给了孩子，在平凡而伟大的教育岗位上，真真切切地奉献出自己；他勇于求索，在艰辛的路途上，历经磨难，不畏劳苦，呕心沥血，孜孜不倦地写下蜚声国际的教育诗篇；他品德高尚，心地纯美，放着高官不做，只求默默无闻、脚踏实地地在一所农村中学工作。这些事迹和品质使苏霍姆林斯基短暂的一生熠熠生辉，留下了永久的痕迹。人们把他当作一个真正的"大写"的人，永远留在心中加以敬仰和爱戴，成就其当代著名教育家的地位。

苏霍姆林斯基于 1918 年 9 月 28 日出生在乌克兰瓦西里耶夫卡村的一个贫苦农民家庭。苏联成立后，苏霍姆林斯基的家境变了样，他的父亲在分配的土地上辛勤耕作，并以精湛的手艺进行木工制作，使得全家过上了和睦甜美的幸福生活。父母给苏霍姆林斯基创造了一个温馨的家庭环境，使他在这样的环境里健康成长。

1926 年，苏霍姆林斯基和其他农村孩子一样，上了小学。1933年，他从七年制学校毕业。在那个年代，由于苏联普通学校急剧增加，迫切需要大量的师资，他就毅然选择去克列明楚格师范学院的师资培训班学习，并于 1934 年毕业。正是在这里，他立下誓言，要将毕生精力奉献给祖国的教育事业。1935 年，年仅 17 岁的苏霍姆林斯基便踏上了漫长而光荣的从教之路。1936 年，苏霍姆林斯基在波尔塔瓦师范学院继续深造，1938 年毕业。1939 年，苏霍姆林斯基加入了苏联共产党。在伟大的卫国战争期间，苏霍姆林斯基曾任作战部队连政治指导员，上了前线，经历几次生死攸关的战斗，但他从不炫耀这段经历。1942 年，他在与纳粹德军的浴血奋战中负了重伤，此后有两块弹片一直残留在他的胸部。

伤愈出院后，领导问他："您打算干什么呢？"

"我去学校，我本来就是一名教师……"苏霍姆林斯基毫不犹豫地答道。于是苏霍姆林斯基重新回到教育岗位。从 1948 年起，直到他逝世为止，他一直是帕夫雷什中学的教师和常任校长。

作为校长，苏霍姆林斯基不仅是一位精力充沛和要求严格的学校管理者，也不仅是年轻教师的楷模，更是学生的良师益友。他把每一个学生都视为自己的孩子，与他们朝夕相处，一天也不愿与学生、教学相脱离。苏霍姆林斯基是个有理想、有追求、有目标的人，他对教育毫无保留地倾注了自己的毕生精力，对共产主义教育事业赤胆忠心，《我把心给了孩子们》这一书名就足以反映他崇高的思想境界。赤诚的心、火热的血、坚强的毅力、辛勤的汗水使他成为社会主义劳动英雄，他把自己无私地奉献给了教育事业。

1970 年 9 月 2 日晚 8 时 30 分，苏霍姆林斯基病情恶化，心脏停止了跳动。葬礼上，前来吊唁的人络绎不绝。苏霍姆林斯基在人们心中竖起一座不朽的丰碑，他永远活在人们的心里。

关于生命，乌克兰民族英雄奥斯特洛夫斯基有段名言："人最宝贵的是生命。生命每个人只有一次。人的一生应当这样度过：当回忆往事时，他不会因为虚度年华而悔恨，也不会因为碌碌无为而羞愧；在临死的时候，他能够说：'我的整个生命和全部精力，都已经献给了世界上最壮丽的事业——为人类的解放而斗争。'"苏霍姆林斯基也说过："人的生命是极为宝贵的，但有比我的生命和你的生命更宝贵的东西，那就是祖国永恒的生命。"苏霍姆林斯基的英雄品格，完全可以和他十分敬慕的乌克兰民族英雄奥斯特洛夫斯基相媲美。

苏霍姆林斯基的一生是伟大的、光荣的。他不仅对共产主义教育事业赤胆忠心，而且是一位勤于笔耕、写有大量教育专著和论文的教育理论家。他一生共著有 41 部著作、600 多篇论文、约 1200 篇文艺作品。他的著作仅在苏联就出版发行了 300 多万册。其中的一些著作已被译成 30 多种文字在国内外出版。他的教育思想同样引起我国教育工作者的高度重视，他的人格魅力更受到人们的高度称赞。苏霍姆林斯基已成为在我国教育领域享有极高威望的外国知名教育家之一。

在我国教育发展的新时代，为落实立德树人根本任务，培养担当民族复兴大任的时代新人，培养德智体美劳全面发展的社会主义建设者和接班人，我们深挖苏霍姆林斯基教育思想宝库的价值，重新策划出版《苏霍姆林斯基选集（五卷本）》精装本。

《苏霍姆林斯基选集（五卷本）》基本包括了苏霍姆林斯基一生撰写的主要著作和论文。广大教育工作者都可以从这部选集中找到可资借鉴的宝贵的精神财富。把他的著作称为"教育百科全书"并非夸张，因为他的教育思想涉及面极广，形成了一套教育理论体系。我们将这一套高水准的教育理论专著奉献给我国广大教育工作者，就是希望人们从中受到鼓舞激励，受到启发教育，在实施素质教育、教育改革开放持续深化的今天，能涌现出千千万万对我国教育事业忠诚热爱的教育家，为培养出更多高水准的人才做出贡献。

收入五卷本的著作、论文如下。

❖ 第1卷 ❖

1.《全面发展的人的培养问题》[①]

本书是作者在 1969 年 10 月至 1970 年 4 月完成的，是一篇关于个人已发表的主要学术著作的综合报告。他准备以此为申请教育科学博士学位的论文参加答辩。遗憾的是，这篇论文写完不久，作者便与世长辞了，未能进行答辩，但苏联教育界公认这是一篇优秀的博士论文。

苏霍姆林斯基在其教育实践活动中，重点研究的就是如何培养全面发展的人的问题。他认为"学校的使命就是要培养和谐统一（即全面和谐发展）的人"。

书中提到列宁给社会主义社会提出的任务，是"教育、训练和培养出全面发展的和受到全面训练的人，即会做一切工作的人"。[②]

接着苏霍姆林斯基说："培养全面发展的人的理想，并不能靠一套专门臆想出来的措施来实现。要实现人的全面发展的理想，就必须深入地改善整个教育过程。"

培养全面发展的人，是一个非常细致的过程，也是一个非常微妙的问题。书中还提到全面发展的 8 个方面的问题，作者一一做了详细的阐述。

培养全面发展的人，是苏霍姆林斯基的重要教育信念，也是他教育思想的核心所在。

2.《学生的精神世界》

本书是苏霍姆林斯基多年教育实践经验和研究的总结。

为了培养学生拥有思想丰富的、理想崇高的精神世界，作者跟踪观察和研究了 29 个班级，共 700 余名学生从入学到毕业整个 10

---

① 本书曾由湖南教育出版社于 1984 年出版，书名为《关于全面发展教育的问题》。——编者

② 中共中央马克思恩格斯列宁斯大林著作编译局．列宁选集：第四卷［M］．3 版．北京：人民出版社，1995：159.

年学习期间的生活。根据大量的实际材料，分析了这些学生在童年、少年和青年时期在德、智、体、美、劳诸方面的成长过程，揭示了他们的知觉、思维、情感、兴趣、需要、意志的心理发展和言语的不同特点，以及各种不同因素对形成学生精神面貌所起的不同作用。本书寓理论于实践之中，既有大量生动活泼的事例，又有深思熟虑的理论概括，并深入浅出地介绍了一些教育学、心理学方面的理论和知识。

3.《培养集体的方法》

通过集体进行教育，是苏霍姆林斯基长期研究的重要课题之一。1956 年，他的第一部著作《学生的集体主义教育》一问世就博得了读者的好评。《培养集体的方法》一书是他在世的最后两年中写成的，1971 年出版，深受当时苏联教育界的重视。该书集中地反映了作者的集体主义教育思想。全书共分 4 个部分：学校集体及其培养的原则，集体的思想和公民精神基础，集体对个人教育影响的形成，教师的人格、教师集体和学生集体等。书中通过大量生动的事例，从理论上阐述了集体教育工作中经常遇到的一些问题，其中许多经验具有普遍意义，值得我国广大教育工作者，特别是中小学校长、教师去研究和借鉴。当然，由于国情的不同，书中的某些观点和所介绍的某些做法未必符合我国实际，希望读者在阅读时予以分析鉴别。

◈ 第 2 卷 ◈

1.《年轻一代共产主义信念的形成》

学校必须进行道德教育，苏霍姆林斯基始终坚持这个观点，他强调："学校应当造就有崇高思想的人，对这种人来说，为共产主义而奋斗乃是生活的最高意义所在。"如何坚定对共产主义的信念理想，为共产主义事业奋斗终生，是一个值得深思的问题。苏霍姆林斯基的《年轻一代共产主义信念的形成》一书，正是我们研究、探讨这一问题不可或缺的必备书。

2.《怎样培养真正的人》

这是苏霍姆林斯基的一部不朽的遗作。苏霍姆林斯基认为,每一个人都应有自己的主题,而他,苏霍姆林斯基的主题,就是培养真正的人,这也是他生活的主旨。为了撰写这部著作,他不顾自己患有严重的心脏病,抛开与工作无关的一切,抛开生活琐事的干扰,在生命的最后两年,潜心写作这部新著。作者去世后,基辅的苏维埃学校出版社曾根据他的手稿出版了一个缩编本。此次出版的是一部较完整的著作,用教育家的女儿苏霍姆林斯卡娅的话说,这本书"是教师向正在成长的一代进行道德教育的一部教材"。读了这本书,可以从中领略到许多有益的道德教诲、人生哲理;它能使人品格高尚、变得更美,具有培养下一代的才能。当然,更多的还要靠读者自己去品评,去实践。

3.《给教师的 100 条建议》

为了解决中小学教育教学工作的实际问题,切实提高教育、教学质量,苏霍姆林斯基专门为中小学教师写了《给教师的 100 条建议》一书。作者以"建议"这种新颖的写作方式,与读者真诚地谈心,使人读来毫无刻板、说教之感。全书皆为经验之谈,涉及教师经常遇到的棘手问题,令人倍感亲切、深受启发;各条建议有理有据,教育学、心理学、教学论等重要原理渗透全书,有继承、有发展、有创新,构成了一套完整的教育思想体系,是值得认真阅读的一本好书。

◇◇ 第 3 卷 ◇◇

1.《我把心给了孩子们》①

这是苏霍姆林斯基所有杰作中的一部精品,曾获乌克兰苏维埃

---

① 本书曾译为《把整个心灵献给孩子》(天津人民出版社,1981 年版);也有人译为《我把心献给儿童》《把心灵献给孩子》,译名虽不同,但都是同一部著作。——编者

社会主义共和国国家奖和乌克兰教育协会一等奖，被再版多次并译成十几种语言文字。这本书在我国已广为流传，成为广大中小学教师的必读书之一。这部著作是苏霍姆林斯基对自己多年学校工作的总结，其中有沉思，也有焦虑、担忧和不安。他说："在一所农村学校身不离校地工作22年，这对我来讲是无与伦比的幸福。我把自己的一生都给了孩子们，所以考虑很久之后给这本书题名为《我把心给了孩子们》。"他还说："什么是我生活中最重要的呢？我可以不假思索地回答：爱孩子。"这部书论述的是"教师的心"。初看之下，本书似乎没有什么奇特之处，那么这本书的魅力何在呢？掩卷细想，一颗热爱教育工作、热爱儿童的火热的心所迸发出来的无穷创造力和生命力，正是它的魅力所在。相信这本书定会引起我国广大教育工作者极大的兴趣。

2.《公民的诞生》①

这是《我把心给了孩子们》的姊妹篇，谈论的是对少年（10—15岁）的教育问题。作者认为少年处在一个社会公民的诞生期，必须从各方面对他们加强教育，才能把他们培养成社会主义国家的合格公民。本书贯穿着公民教育精神，全面论述了如何对少年进行智育、体育、道德教育、情感教育、美育和劳动教育等，值得我国教育工作者，特别是中小学教师们阅读参考。

3.《给儿子的信》

这是一部具有独特风格的教育评论作品，是作者关于青年教育思想的有机组成部分。作者以通信的方式，从父亲的角度，深刻而又生动地展现了父母应如何正确地对子女进行教育；指出了青年应当怎样热爱学习、选择职业，青年在自我教育中怎样培养理想、志向、高尚的道德情操，应有什么样的道德观、恋爱观、审美观和友谊观等。

---

① 本书曾由教育科学出版社于1984年出版，书名为《让少年一代健康成长》。
——编者

◈ 第4卷 ◈

1.《帕夫雷什中学》

此书是苏霍姆林斯基根据个人经验写成的，在某种程度上是作者在帕夫雷什中学任教22年，其中包括多年担任校长的工作经验总结。该书不仅在苏联国内多次再版，还在国外被译成多种语言文字出版。

《帕夫雷什中学》一书通俗易懂。它既非空洞无物的泛论，也不是事实材料的堆积，而是以论统实，寓论于实。它结构严整，条理分明。其中，前言部分言简意赅地阐述了作者的基本教育信念。第一章介绍了该校从校长到教师整个集体朝气蓬勃的概貌。第二章则把该校富于教育性的物质环境生动形象地展示在读者面前。第三至第七章，分别就体育与健康、德育、智育、劳动教育、美育五个方面详尽地阐述了作者的见解。读了《帕夫雷什中学》之后，人们便会领略到它的确如人们赞誉的那样，不愧为一部"活的教育学"。

2.《和青年校长的谈话》

此书被公认为教育家苏霍姆林斯基的代表作之一。他在本书中不仅总结了自己当中学校长的工作经验，而且广泛地探讨了多方面的教育理论问题。苏霍姆林斯基所说的"对学校的领导首先是教育思想的领导，其次才是教育行政的领导"，已经成为广泛流传的至理名言，它道出了领导一所学校最基本的规律，也体现了这本书的主导思想。书中作者把理论和实践紧密联系起来，以谈话的形式，提出了许多深刻的见解。

这本书虽然题为《和青年校长的谈话》，但是它所涉及的教育理论和教育实践问题，对广大中小学教师、教育工作者、教育科学研究者和师范院校的师生，都有较大的参考价值。

◇◇ 第5卷 ◇◇

第5卷是"论文集"，收录了苏霍姆林斯基的68篇教育论文，虽说不是其论文的全部（大约在600篇以上），但无疑是其论文之精华，对研究苏霍姆林斯基的教育理论、教育思想极有参考价值，是苏霍姆林斯基教育体系不可或缺的一部分。

第5卷中的论文涉及范围很广，有德育、公民教育、理想教育等方面的论文，也有劳动教育、情感教育、语言教育、自我教育等方面的论文；有论述学校教育的论文，也有论述家庭教育、社会教育，以及各种教育有机结合的论文。

作者凭借在中小学工作多年的经验、研究，对上述问题提出了个性鲜明的独到见解，许多见解颇有启发性、教育性，对今天我国中小学教师如何实施素质教育有极大的现实指导意义，对我国中小学如何加强德育建设更有意义。

苏霍姆林斯基的论文的特点是理论与实践紧密结合。在提出个人见解、观点时，往往都伴随有丰富、生动的教育实例或相关的调查、研究。相信这部论文集的出版，会令我国的教育工作者、研究者、其他读者有耳目一新之感。

以上是编者对五卷本所做的简评，旨在抛砖引玉，还望读者去详读原作，细细品味。

    *   *   *

苏霍姆林斯基不愧为一位真正的马克思列宁主义教育家，他既继承了老一辈教育家沙茨基、布隆斯基、马卡连柯等人的教育学说，又独特地创造出具有自己风格的教育理论。他的理论和著作为国际教育界所瞩目，对国际教育界产生了巨大的影响。许多国家纷纷成立苏霍姆林斯基研究会，大量介绍他的作品，深入探讨他的理论和教育遗产，这无疑为教育理论的发展做出了重要的贡献。我国教育界更是十分重视对苏霍姆林斯基的教育理论的研究，出版了大量的著作，这次出版《苏霍姆林斯基选集（五卷本）》精装本，旨在为我国教育工作者提供一套全面了解苏联著名教育家苏霍姆林斯基的大型权威性的经典图书，利于学习、研究、借鉴。

苏霍姆林斯基的教育理论与教育遗产是十分丰富和全面的，但也不是完美无缺的，涉及德育的某些观点带有某些历史局限性，他本人不可能超越自身所处的历史环境和社会条件，这是我们在介绍这部选集时需要加以说明的。

本选集是以苏维埃学校出版社出版的《苏霍姆林斯基选集（五卷本）》为原本翻译出版的。各部专著并没有按年代先后进行编排，而是按专题加以归并集中编排，而论文部分则以发表年月为序。在翻译和校译的过程中参考了较好的原文本。

收入本选集里的译本，多数曾在教育科学出版社和其他出版社出版，2001年出版时对照俄文原版重新进行了认真校译和文字润色，以求译文更加准确、完美。未译的作品，则请专家、翻译家予以补译。各卷末附有注释，均按原版一并译出来。

为了让经典恒久流传，我们在2001年版的基础上，对内容进行了精加工，同时在装帧设计上进行了优化。希望这套设计精美、内容厚重的教育经典之作能满足广大教育工作者长久珍藏的愿望，期待有关苏霍姆林斯基教育思想的研究和实践能有力促进我国新时代教育的高质量发展。限于译者、编者的水平，该书译文难免存在不当之处，望读者批评指正。

蔡汀

2022年10月25日

ИЗБРАННЫЕ ПРОИЗВЕДЕНИЯ
В ПЯТИ ТОМАХ

目　　录

年轻一代共产主义信念的形成

王义高　毕淑芝
肖　甦　单丽洁　译

怎样培养真正的人
蔡　汀　译

给教师的100条建议

周　蕖　王义高　刘启娴　董　友　张德广　译

申　强　校

上　篇

下　篇

年轻一代
共产主义信念的形成

王义高　毕淑芝
肖　甦　单丽洁　译

我把本书献给我的母校

——波尔塔瓦市瓦·格·柯罗连科师范学院

绪　　论

　　苏联人民正在建设共产主义。他们正在创建着共产主义的物质技术基础，发展和完善着社会主义的生活方式，担负着形成未来共产主义社会的任务。

　　对我们每个人而言，小至个人的福利，大至整个社会的福利——物质财富的丰富、精神生活的丰富、人与人之间道德高尚的相互关系，都有赖于每个人的努力，有赖于我们的觉悟，有赖于我们的技能，及如何对待自己的劳动，不管我们在社会生产中处于何种地位，也不管我们在何种部门劳动。共产主义建设时期，人的高尚道德的一个最重要的标志，就是他深刻意识到自己劳动的社会意义，他积极参加社会改造活动的意识、思想、信念的实质就在于此。这种使人健康发展的社会劳动，具有多面性，它使每个工人、每个集体农庄庄员成为真正的新世界的伟大创造者。

　　马克思写道，思想理论一经掌握群众，也会变成物质力量[1]。尤其是世界上最先进的思想，即共产主义思想，会变成强大的力量。建设和确立共产主义最重要的条件之一，就是**形成人的精神面貌**。一旦共产主义思想变成我们社会每个成员的个人信念，它将不仅支配着每个人的思维，而且还支配其情感和意志，共产主义思想就会变为不可战胜的物质力量。

　　《苏联共产党纲领》中谈到了对劳动人民进行共产主义教育的重要性。其中说，"向共产主义过渡，首先要求培养和造就有共产主义觉悟、有高度教养的人"。

　　每日每时都有共产主义物质技术基础的巨型设施投产，生产在完善，劳动强度在减轻，社会财富在增加，包括马克思曾给予高度评价的劳动者的自由支配时间[2]这一财富也在增加。因此，在日常劳动实践中，在人与人之间的相互关系上，共产主义的特征变得越来越明显，越来越可以感觉得到了。

科学共产主义理论奠基人当时当作未来纲领提出来的共产主义劳动和共产主义道德的原则和规范，正逐渐变为我们日常生活的规范了。我们在共产主义道路上继续前进，在很大程度上已取决于人们的精神发展、精神积极性是否与我们社会的物质技术基础、与生产力的迅猛发展、与新的生产关系相适应。精神力量应当与新世界的物质力量相适应，这是指：要有新的共产主义道德，新的信念，新的社会态度，懂得社会的利益所在及自己在社会发展中的作用。

这是共产主义建设实践最迫切需要解决的问题之一。不能闭眼不见人们精神、道德发展上的落后状况，它们正阻碍着生产力的发展。我们以诚实、认真的劳动态度完成自己对人民的职责这种道德品质为例。我国成千上万的人们把劳动不仅看作个人的幸福，而且看作对社会的高尚服务。但这种源于日益强化的兄弟合作与相互帮助的道德品质，尚未成为所有人的生活法则。某些人对待劳动和公共财产，挥霍浪费，不劳而获；对全民利益漠不关心，玩忽职守，缺乏对人民的责任感；不诚实——所有这些缺点不仅妨碍着利用取之不尽的资源进行社会主义生产，而且还往往导致破坏人民已经创造的物质财富。

共产主义道德原则还没有成为所有人的信念。但这个过程在蓬勃地、积极地推进着。我们不仅在制造新的机器和机械，而且也在加强劳动集体中共产主义的思想教育，巩固和提高人们的道德水平。但我们教育工作的水平和规模还应充分适应培养新人的目标。技术进步中，共产主义人际关系发展上每一步进展不论有多大，都应伴随着人们的道德发展和道德教育。正像工程师、工人的创造对象是建立共产主义的物质技术基础那样，培养具有共产主义观点、信念和对社会利益有深刻理解的人，也同样是教育者、教育家的创造对象。

如果说，我们的社会认识到，我们在经济领域经过15年或20年后应该达到并必定要达到什么目标，那么，我们的社会也应当在同样的程度上设想到，那时的人应当是什么样子的。可以理解，这项任务是很艰巨的。在形成年轻人的道德面貌时，不仅要瞄准社会在优秀的、先进的劳动集体中已达到的目标，而且还应当向前看，考虑到社会发展的远景目标。

共产主义道德的决定性力量是信念。教育的主要任务之一，就是使每个受教育者形成坚定的共产主义信念。可惜许多学校在实际工作中没有对信念的培养给予应有的重视。最严重的缺点是：用单纯理解道德的概念、真理、规范来取代信念的形成。这个缺点产生的原因，在于忽视了道德教育不同于知识教育这个道理。

有些教师认为，道德行为就是把有关道德的概念、真理、规范运用于生活中，如同把科学基础知识运用于作业或下一步教学过程中那样。结果在教学中道德教育常常被简单化，教师认为自己在道德教育过程中的成就，就表现为学生知道如何对待劳动、如何对待公共财产、如何在公共场合自持，等等。

道德教育水平的这种标准，经不起生活的检验。例如，年龄大的学生比年龄小的学生对道德规范的了解要多，但在行动上，破坏公共道德的原则和规范的情况却更多。可见，知识和信念不是等同的。

信念的形成问题之所以引起了本书作者的关注，首先是考虑到品德教育的实际需要。在多年做学生集体工作期间，现实生活迫使我们要解决的问题，是受教育者的精神世界的形成，特别是他们对待社会职责的态度。

我们曾给自己提出了种种在我们看来最重要的问题。结果发现这类问题的确很多。读者可从中挑选一些最感兴趣的问题。现在我们来一一列举。

如何使受教育者将有关道德的概念、真理、规范方面的知识变为个人的深刻信念？信念的形成跟知识教学比起来，其特点何在？如何在日常思想教育实践中（在课堂上、课外活动中）考虑这些特点？道德上的发展（在这里指信念的形成）与智力的发展（尤其是知识的获取）之间有何依从关系？共产主义世界观与共产主义信念之间的联系是什么？如何在教学过程中揭示知识的世界观内涵，以使受教育者形成坚强的信念？具体科目的世界观内涵是什么？从内容上看不能直接在受教育者生活实践中加以巩固，不能在观点和信念的形成上起重大作用的那些知识，如何跟生活联系起来？如果知识与共产主义建设的思想没有直接联系，而只提供科学唯物主义的本质，只是对周围现象和世界规律的客观反映，那么这类知识如何影响共产主义世界观？在教学过程中，如何使学生产生对科学知识的浓厚兴趣，并尽力加深和扩充科学知识？知识的内容如何影响人的道德品质和信念（无神论信念，即战斗的无神论）的形成？积极的社会活动是如何影响人的世界观和信念的？学生的社会活动应当包含哪些内容，对作为社会成员的学生的要求是什么？如何做到使受教育者对周围世界产生积极兴趣，使他们将共同事业的利益与自己的心灵贴近起来？"这是有坚强、坚定信念的人"，这种判定意味着什么？怎样形成这种人的道德面貌？在没有对抗阶级的社会主义条件下，什么场合能表现坚定的信念和勇敢精神？如何向学生揭示在这种条件下有表现勇敢精神和坚定性的客观可能性？集体在形成和确立共产主义信念中的作用是什么，集体活动的作用是什么？为什么在我们的环境中有时会出现意志薄弱的人？信念在发展个人社会积极性方面的作用是什么？如何使人做到在自己的生活中遵循高尚的动机？知识和道德经验在形成信念中的作用是什么？人的思想锻炼是什么？如何做到使人们尽可能早地——在少年时期和青年早期就获得思想锻炼？如何形成共产主义原则性？如何做到使自然知识和关于社会发展规律的知识去影响年轻一代共产主义世界观的形成，使其深信共产主义思想的正义性，深信共产主义必胜？

以上列举的这些问题对于教育实际工作都具有特别重要的意义。回答好这些问题，就能改进对学生的教育工作。工作经验使得我们能够作出形成共产主义信念的某些规律性结论。我们把共产主义信念的形成看作全部教育过程和学生全面发展的方向。

作者并不准备对上述所有问题作出终结性回答。其中部分问题的实质和意义，是通过分析教育工作的实践来揭示的。

第一章

信念对形成人的精神面貌的作用

1。信念是人的道德面貌的决定因素

信念是人的精神生活的复杂表现之一，它是世界观与道德的有机结合。信念不仅是一个人对世界观概念和道德概念的真理性的认识，而且是他的行动指南。当一个人的行动受世界观驱使，这些概念的真理性不仅不会引起他的怀疑，而且还成为他的主观意识及其对真理的态度时，就形成了信念。

把信念视为判定人的精神面貌的因素之一，这种正确的理解不仅在理论上，而且在教育实践上都具有重大意义。共产主义教育的最终目的就是培养这样一种人，他的行为完全符合共产主义观点和信念。如果我们说，学校最重要的任务是教会年轻一代投入生活，这就意味着，我们要培养自己的毕业生，不是只会去享受现成的福利，顺从地遵守那些符合我们社会的道德概念和原则的种种规范和准则，而是积极地以革命姿态改造生活，建立共产主义道德。

共产主义信念给人带来的是真正的自由，按其本质讲，共产主义信念就是把人确立为社会的决定力量。我们不仅培养人的深刻信念和高尚的道德原则，同时也培养人能按此信念去行动。

我们要培养这样的人，对他来说，革命的科学唯物主义世界观是他的个人信念，马列主义观点在他的生活和活动中、在他对待周围现实的态度上具有决定性的意义。这样的人，不管做怎样的工作、处在什么岗位上，都会成为社会活动家。他在社会进步中所起的作用，不是由他所担任的职务或他所完成的工作来决定的，而是由其活动的道德内容和方向来决定的。因此，我国先进工人的道德内涵具有重大意义。

先进工人，特别是共产主义劳动队队员的活动表明，共产主义劳动态度，首先要求集体中的每个成员积极地对待有社会意义的思想，包括对待增加全民财富的思想，以及为了全社会的福利而提高劳动生产率的思想。我国先进工人的特点是，对社会公共事务的最终结果深为关切。对他来说，社会的目标和利益就是个人的目标和利益。

对受崇高思想激励的人（这种思想对他来说是无可争议的真理），不仅对自己、对自己的行为有较高要求，而且对别人的工作也有责任感。他不是单纯的旁观者，周围的现实会唤起他的责任感，促使他采取积极的态度和行动。这种人的道德意识和道德行为的一致性体现在：全力维护社会的利益，并竭力消除他所发现的不足。实质上，从道德上评价周围现实中的事情，这对我们社会先进的人来说，是其个人道德面貌的体现。他与集体中同志们的关系，是建立在崇高的道德基础上的。

共产主义信念，是我们的人民在为共产主义积极奋斗的过程之中形成的。这种奋斗能使人全身心都瞄准这一点，即去实现那种光彩夺目的、能使人变得更加高尚的最终目标。能够最明显地揭示出机体与精神力量（道德、智慧、意志力量）之统一性的活动，就是劳动。旨在改造社会的富有创造性的共产主义劳动，包含着改造每个人自身的无限可能性。劳动在人剥削人的社会里仍被诅咒，而劳动在我国成了生活本身，充满了崇高的道德思想。

首先是由于致力于新的共产主义劳动，善与恶、正义与非正义、光荣与耻辱诸概念才得以在人的面前展开，尤其重要的是确立在个人的精神世界里。

应当从这个角度看待教育与生活的联系。教会年轻一代投入生活，应当不只是让其掌握实际的技能和技巧，而首先在于形成未来的人所必需的道德品质。因此，不能回避许多学校教育工作都存在的一个严重问题，那就是**在对劳动的心理、道德培养方面，学生的基本注意力被引向成为干哪一行的人，而不是被引向成为怎样的人的问题**。教育工作的这个问题有各种各样的表现。例如，不应当在学生走向生活的起步阶段就向他们暗示这样一种思想：人的道德尊严在一定程度上取决于他在生活中**干哪一行**，以及他获得**何种专业**

知识和从事**何种**具体的工作。这个思想一旦变为信念，就会影响人的精神世界，形成一种虚伪的观点——把道德看作一种依从于所从事工作的性质，甚至依从于专业的东西，于是会产生追求虚荣的意向。为了克服这个缺点，教师首先应该揭示**劳动的道德内涵**，使学生相信，在一个人的生活中，具有决定意义的不是他**干哪一行**，而是他成为**怎样的人**。应从这个视角去审视学生在青少年时代所要完成的具有各种内涵的劳动。学生从事不同种类的劳动本身，就具备了深刻的教育意义：让年轻人在习得不同的技能和技巧的同时，也学会理解劳动的道德意义，不论劳动如何简单、粗笨、平凡。要使他们在童年、少年、青年早期就把劳动视为具有崇高道德意义的义务。

众所周知，当前在许多普通中学里，高年级学生除学习科学基础知识外，还获得一般的工人职业知识[3]。十分重要的是，与获取职业知识有关的劳动训练，并不是中等教育的机械补充，而是促进学生道德发展的教育；要使学生看到，生活的意义不在于他们具有怎样的职业，而在于将来怎样工作；要使他们在谈到生活的崇高意义时，首先看到劳动的道德内涵。我们要努力使与生产教学相关的劳动充满深刻的思想，使学生懂得，劳动任务的顺利完成、劳动生产的高效率不仅依赖于所获得的技能和技巧，而且依赖于道德品质，如坚毅性、互助精神、事业心、责任感等。

正确理解信念的实质，对于道德教育具有重大意义。教育者任何时候都不要忘记，信念表现在个人对待周围现实和周围人们的态度上，它取决于社会的主体意识。全部施教体系都应把目标瞄准一点，就是使社会、人民的利益及集体的思想导向折射到单个人的思想、情感、感受中；**使人心灵的那些最敏感的角落对与社会的利益、人民的未来相关的事情做出反应**。它是决定教育是否成功的最重要的因素之一。

党教导我们说：共产主义的最重要的精神前提之一，就是人们高度的思想性，就是他们对全民利益的忠诚。"一个人的思想性，在于他全心全意关注社会大众的利益。如果一个人只注重小家庭的利益，只考虑自我和自己的家庭，那他就不是一个真正的共产党员。"①

形成共产主义信念，是培养新人最重要的一个方面。列宁曾说，在共产主义教育过程中应当努力做到，"让劳动群众自己能逐渐懂得和看到应该如何工作，工作多少，怎样休息，休息多久……"②。在共产主义建设时期，形成和确立共产主义觉悟，日益明显地成为年轻一代的教育工作者所致力的一个特殊领域。千百万人正在参与改造人类社会的基础——不仅要建设和加强共产主义的物质技术基础，而且要形成新人的道德面貌。社会教育的任务，在于使我们在生活中逐渐确立起来的共产主义思想在孩子们的思想和感情上产生反响，使学校走在为培养新人而奋斗的先锋队行列中。在共产主义建设时期，社会教育已成为首要任务之一。

②。先进思想是革命道德信念的源泉

人的意识反映客观现实的思想是信念的基础。思想既反映生产过程中形成的人际关系，同时也能引起这些关系的变化，于是在社会历史实践过程中变为各个社会群体和个人的信念。思想和信念上的斗争总是社会进步的重要因素。随着社会的发展，这种斗争获得了相对的独立性。在对抗性社会中，反映革命阶级利益的先进思想与反映剥削阶级利益的反动思想之间始终进行着斗争。但是，我们要强调，这种独立性从来都是相对的。

基于反映革命势力利益的思想之上的信念，起着十分重要的进步作用。共产主义社会发展的需要提出新的思想，使科学共产主义奠基人当时提出的作为未来纲领的理论原则变成了实践的对象。必须通过斗争才能实现这些思想。社会成员的觉悟性、**思想性**，如今具有了头等意义，个人的智慧、情感、意志的作用，都不可估量地被提高着，因为千千万万劳动人民的利益完全与自觉指导着我们社

---

① 文章刊于1961年2月7日《真理报》。
② 中共中央马克思列宁斯大林著作编译局. 列宁全集：第三十四卷［M］. 2版. 北京：人民出版社，1985：172.

会沿着共产主义道路发展的那个意识形态相吻合，即完全与苏共纲领精神相吻合。

为顺利地建设共产主义，必须给我们的社会成员，特别是年轻一代的道德信念赋予最先进、最革命的思想，这些思想不仅反映着今天的而且还反映着未来的迫切要求。成长中的人的道德信念及其道德内容，归根结底决定着人的活动的方向性和劳动的目的性。

共产主义思想并不是什么一成不变的，也不是一劳永逸地被固定下来的。它们产生在革命性改造世界的过程中，产生在千百万人的创造性劳动中。它每日每时都在产生新的、先进的东西。有时，在我们生活中似乎最不起眼的事情却可能含有表明未来共产主义的基础。向年轻一代揭示社会现象的前景，以及这些现象对于未来的意义，就是我们所要完成的一项任务。

能帮助人探察未来，从今天的事实和现象中看出某种社会进步及丰富人们自身精神生活的那种思想，是最先进、最革命的思想。值得注意的是，要使年轻一代的信念在这种思想基础上形成。一个人认识到这种思想的先进性，受社会发展的前景所激励，他就会感到自己似乎正向未来迈进，并深受其鼓舞，以未来的视角看待现在。我们人民的高度思想性、道德的坚定性、乐观主义、对未来的信心，其基础均在于此。要培养得力的、英勇的共产主义建设者，最重要的前提就在于，要使培养他们的人自身的信念和实际工作也是真正革命的、共产主义的、瞄准未来的。要使教育者懂得最主要的一点就是：人的培养，从其自觉生活的起步阶段开始就应当与实现社会公益的思想紧密联系起来。

我们在自己的教育工作实践中，要努力做到使思想变为学生的信念。这也就要求把教育、教养与生活真正联系起来。在这种条件下，崇高的行为就变为人的个人需要。个人的这种信念，即必须按照社会发展的利益所要求的那样去行动，便得到了强化。

教育工作中的许多例子都可以证明，共产主义信念是如何在那种旨在真正落实共产主义思想的积极活动过程中得以形成的。这种活动是通常的生产劳动，即我国千百万工人和农民每日每时所完成的那种生产劳动。在创造和增强共产主义物质技术基础的普通劳动中，崇高的共产主义思想揭示得越鲜明，在此思想基础上所形成的道德信念就越深刻。

在共产主义建设时期，我们社会进一步发展的需要，明显体现在与满足人的物质和精神需要、与人的全面发展相联系的那些思想中。为了形成新人的精神面貌，重点就是要使他们意识到，必须竭尽全力、发挥才能进行劳动。这里又产生一个问题，即以什么样的动机激励他去从事这种劳动。真正的共产主义劳动，以及共产主义道德，首先要求，作为**决定性动机**的，不是物质报酬，而是在那种能引起人的兴趣，人能充分体现自己的才能，能最大限度地给社会带来益处的领域中进行工作的愿望。需要从事这种劳动的思想，越是深刻地渗到我们社会每个成员的意识和情感之中，我们离实现"各尽所能、各取所需"这一共产主义主要原则也就越近了。为充分满足物质和精神需要，只有在人的思想中不再把他给予社会的与他从社会索取的联系起来的时候，才有可能。这时，各尽所能的劳动才会像吃饭、睡觉那样成为每个人的自然需要。

培养这种劳动态度，乃是今天的任务，并且首先要由学校来完成。我们学校的受教育者，不应把自己在劳动中的付出与报酬相权衡，而是首先与自己精神上的劳动需求、创造需求相权衡。把**我能够给予的一切**全都给予社会，这种主观愿望就是真正的共产主义信念，苏维埃学校应当用它拥有的全部手段来确立这种信念。

那么，这项工作应该从何入手呢？帕夫雷什中学教育工作的多年实践使我们深信，对学生施加有效教育影响的一个最重要的条件，就是正确利用先进人物的榜样作用。这些先进人物用自己的劳动表明其忠于共产主义思想，忠于祖国的高尚道德面貌。他们不是出于一己之利，而是为了社会利益取得了很高的劳动生产率，创造了为子孙后代人享用的物质和精神价值。应当向学生展示他们的道德理想。在学生与先进人物会见时，在具有教育意义的讲话和交谈中，共产主义劳动对我们社会的发展、对实现共产主义原则具有重要作用的思想应占首要地位。

只有当人用自己身体和精神力量来实现思想时，思想才能掌握人的意识。这一点对于学生尤其重要。只有在人的道德面貌的形成时期多次体验劳动的愉悦感，个人的劳动意向和愿望才能变为个人的道德特征。个人精神世界的愉悦感没有被深深触动，就无从谈及道德信念。当学生**感受着、体验着**的时候，他才能最清楚地**理解**。总之，思想与情感的统一，是最重要的教育准则之一。

同样重要的是，不要使受教育者把自己的劳动成果视为已无法逾越的极限。除道德上感到愉悦之外，还要让学生深深理解自己在劳动过程中有所提高，例如智力上、道德上的提高，双手技艺和智慧力量的提高。学生不应当把已经做成的事情看作自己力量和才能的极限，而应看作其发展道路上的一级台阶。面对成功，应当确认这样一种思想：做成了这件事之后，我提高的程度如此之大，因此我能把更困难的事**做好**。

在孩子们的未成年时期，特别是青年时期，常出现一种对其劳动成果持批判性的态度，一种不满足于这种成果的精神状况。如果一个人有为达到某种目标而奋斗的道德经历，则这种不满足感就不会使他离开要做的事情，相反，会迫使他集中全部精神力量去做得更好。在身体和精神发展的这个阶段，受教育者应当取得**在他年龄允许的紧张程度下所能达到的**那种成果。这是道德教育的最重要准则之一。

如果受教育者的力量得不到充分发挥（或情况更糟，甚至受到遏制），如果他还未发掘潜能及激发出从事劳动、创造点什么的愿望，那么全力以赴去劳动的思想绝不会变为他深刻的个人信念。

早在教学的第一年，我们的学生就已经为学校培植果树苗和观赏树苗做了些基础性工作，9—10岁的学生做果树芽接，就在专为他们划出的园地里培植高产的粮食作物。许多10—13岁的学生学习操作内燃机、开摩托车、驾驶专门制造的小马力汽车。乍一看这些是不可能实现的，而事实上学生们做得非常好。相对于他们的年龄来说，这是一种巨大的成果。与其说这依靠的是其体力努力的结果，还不如说是其精神、道德力量及其智力、意志力努力的结果。

在形成每个学生的精神世界时，我们同样重视学生知识和智力的发展，会通过那种手脑并用的活动来培养学生的兴趣。

我们细心地观察每个学生的精神发展，并力争使他们做好在特定阶段能够做成的事情。这里的可能性是无穷无尽的。例如，如果学生在一件事情上不得手，则他可能转向另一件事情。最终他能找到一种能充分揭示他的个性的活动。有这样一些学生，他们早在

9—10岁时就掌握了初步的钳工，甚至车工的技巧，他们参与制作活动模型、物理仪器等。为保证这些学生有机会充分发挥自己的才能，学校设立了各种各样的课外小组和工作室，里面集中配置了许多机械和劳动工具，它们都是适合学生使用的，或专门为他们制作的（例如有高年级学生和教师为低年级同学制造的车床）。

踏实认真的劳动，并不意味着要把学生局限在同一种活动范围内。相反，我们努力使处于少年期和青年早期的每个学生都从事过不同种类的劳动，并取得诸如在学校园地或集体农庄土地上种植庄稼获得好收成，或是技术创造方面的成果。一个学生，不管他从事过什么劳动，成功都是他快乐的源泉，也是他形成必须踏实认真劳动这一信念的重要条件。早在少年早期，每个孩子就应当在这样那样的劳动中习得技艺，这样才能强化他对自己力量的信心。

在高年级，学生就能掌握一般的专业工种（如农业机械师、农艺师、动物饲养员等专业）。对他们提出同一个目标——每个学生不仅应当学会完成一定的工作，而且更为重要的是要达到一定的技艺程度。我们不给学生设置框框，相反，要创造条件来完善他们的技艺，鼓励高年级学生掌握若干门专业工种。

共产主义劳动是各尽所能的劳动，它不能局限于完成个人定额。现在，我们就要训练我们的学生准备去从事不带定额的劳动。为使每个学生体验到尽可能多地奉献于社会的这种需要，我们就要在集体中确立起共产主义的相互关系。在不局限于个人定额的劳动中，学生们集体接受任务，每个学生则按其年龄和现有技艺水平全力投入集体事业。当然，在这种做法下，学校要承担重大责任，不过教育工作的成果也将更显著——学生们不会把劳动看作枯燥的义务，他们会看到崇高的目的：不能让集体在完成社会任务时为难。例如，10—14岁的孩子每年都要种植若干公顷的少先队高产玉米（由16—20人组成的小队照管面积为1.5—2公顷的庄稼）。令孩子们备受鼓舞的是，由于提出了这样一个目标，即取得高产成果，他们获得比一般校属庄稼地上的高出40％—50％的收成。这一点也引起了集体农庄的关注。因为这正是最近三四年内提出的改进农艺、提高收成的前瞻性奋斗目标。但愿学校获得这样的收成，让年轻一代通过直观现象深信，提高农艺的奋斗前景是现实的。同时要对少先队提出一个更具体的目标：培育高质量的种子，一年以后把它播种在更大面积的土地上。工作一开始就是集体性质的：孩子们忙着选种、积肥。在照管秧苗期间，只规定小队每个队员工作的性质，绝不规定个人定额。

在分析了这些小队若干年内的工作之后，我们得出如下结论：劳动的社会意义向学生揭示得越明确，每个学生就力图工作得越好，他们也就越少把取得的成果跟报酬联系起来，而这就意味着，劳动变成了他自身的需要。值得注意的是，这种劳动总是具有创造性竞赛的性质。这种竞赛的主要内容之一就是尽量追求高质量。例如，在给庄稼补充人工授粉的孩子们中开展竞赛，其目标就是挑选优质花粉，使得每一棵穗长成又大又好的良种。

每年都给学生布置类似积肥、为集体农庄培育观赏树幼苗这样的任务。在这些工作中，同样不规定劳动定额，每个学生都竭力做他力所能及的事情。在整个过程中，不曾有过学生厌烦劳动的情况，相反，他们全都竭力做得尽可能多些、尽可能好些。这种意向的源泉，就是孩子们因看到自己的劳动成果而感受到的喜悦。

创造性劳动中的一个最重要的现象是工作者不仅在创造一定的物质价值，而且还在某种程度上证明、证实了自己的正确性。这是十分重要的道德发展因素。当捍卫这样那样的观点时，人就在形成和巩固自己的信念。在参加创造性劳动时，孩子就产生自己是社会活动家的意识，坚信他自己的成功，甚至别人的成功，都有赖于他个人的努力、他的坚定性、他的意志力。

我们努力做到，使我们的学生在青少年时期，在完成劳动时，应尽可能多地表现出独立性，使他们自发产生捍卫自己的观点的需要，自觉参加捍卫思想的特殊斗争。例如，关于在一块地里于一个夏季栽种两茬庄稼的可能性。这一思想的实质，在于深信人的创造力和可能性。思想一经掌握了学生的意识，就变成他个人的观点；他深信所策划的事情是可以实现的，他会竭尽全力去用事实证明这一点。而教育者应当创造条件使这种思想转化为生活实际。

在我校面积不大的教学实验园地里，在少先队的几公顷的地里，每年都会种植蔬菜（黄瓜、白菜、西红柿）和粮食作物。一个夏季，许多学生在同一块地里不仅种植了两季粮食作物，还种有蔬菜和技术作物，与此同时，他们得到了思想锻炼，变为信念坚定的人，变为这方面的能手。

信念是如何变为生活准则的呢？我们对那些于少年期和青年早期就坚持努力达到自己的目标的学生进行跟踪调查发现，曾在教学实验园地里培植高产作物上，表现出极大坚定性的学生，他们在走上独立生活道路之后，仍竭尽全力证明自己的信念并吸引着其他人。他们的突出特点是，个人深切地关心具有社会意义的每一件事情的成功。增加和保护社会财富都会给他们带来极大的快乐。

26岁的国营农场工人 И.С.彼得连科，极其热爱并从事着果树栽培工作。在他的意识中，这项工作是与服务于社会和人民的思想是联系在一起的。在与同事们的交谈中，他常常与人分享这样的思考：不久的将来乡村将会变为什么样子，为达到提出的目标应当作好哪些事情。例如，他坚信现在尚未利用的那块不毛之地，几年之内就可能变为果园和葡萄园，因而土壤的侵蚀现象将不会再出现。他的奋斗目标是：每年栽种几千棵果树和观赏树。凭借他的毅力和决心，最近5年里在10公顷不毛之地上开辟了一个葡萄园，在30公顷不毛之地上开辟了一片果园。这不是个人利益服从集体利益，而是个人利益与社会利益的**统一**。这位青年工人在一次与参加培植树苗和照管果树的少先队员们的谈话中说："提供快乐的不是工资（这是理所当然的），而是为成百成千的人们劳动。我提出的目标是在沟壑旁的1公顷不毛之地上培植果园植物。对人们来说，1公顷果园就是无价的财富。我爱这些绿色朋友，并总是知道它们缺少什么。一天夜里，我醒来听见外面正下着大雨。我想，在那片地里，此刻汹涌的溪水一定正在冲击我的树苗，大水正冲刷着土壤，使树根裸露出来。于是我立刻起床，奔向地里，发现了一些受损的果树。我用土把树根盖上。干完了活，我才安下心来。1公顷果园，是我献给故乡的礼物。假若每个人都能栽培两到三棵果树，大地就会得到改造。人们也会得到改造，为了人民、为了未来的劳动，能给人带来最大的快乐。"

深信**竭尽全力去劳动**，这种高尚信念决定着我们的劳动态度。由于为社会、为社会的未来创造了物质和精神价值而获得了满足的人，就会竭力增加自己的劳动付出。他对依赖别人为生的自私、狭隘采取不能容忍的态度，吸引他的是同样像他那样的人们，他们把为共同利益而劳动看作自己生活的主要意义。

同样，**普遍从事生产劳动和普遍从事自我服务劳动**的思想，也是反映我们社会进一步发展的先进思想。我国共产主义建设的实践，有助于成长中的一代在意识里树立上述思想。学生们看到，从事脑力劳动和体力劳动的人们正协同一致地致力于解决实际生活提出来的科学技术问题。每个大型集体农庄中都有一些农艺师、农技师、畜牧业技师在工作。如果说，几年前农艺师和农技师只是教人们加工土壤、照管庄稼，而且这样那样的工作方法的示范主要是为了说明农业科学理论原理的实质；那么，现在的农艺师，特别是农技师的作用则发生了改变。他们跟小队队长们、拖拉机手们、技术员们一起为消除农作物害虫工作，就不仅是为了示范，而是为了**研究、试验、了解、验证**这样那样的方法的有效程度。

在**普遍从事劳动**这一思想的基础上形成**坚定的信念**，是我们社会得以进一步发展的十分重要的条件。每个学生在少年期和青年早期都应深信：不管生活中什么活动占优势，参加生产劳动都是光荣的义务，是苏维埃人的天职。

生产劳动应当在年轻一代身上形成这样的信念：我们社会中的最高荣誉是为社会创造物质财富和精神财富。学校、教育者、我们整个社会的任务，就在于帮助每个人在创造性的生产劳动中发现自己的天资、能力和才干。

在培养具有灵巧的双手、精明的智慧和高尚的心灵的人时，我们会在每个孩子身上看到其独特的活力，依靠这种活力，以及借助于劳动这位伟大的教育者，孩子就能成为技艺能手，成为自己业务上的佼佼者。一个孩子表现出在植物栽培方面具有创造性劳动的天资；另一个孩子则表现出从事技术创造的天资；第三个孩子表现出从事音乐的天资；第四个孩子则表现出从事诗歌创作的天资，等等。学校应当珍爱每一种天资，每一种才干。任何时候都不能忘记：现在坐在课桌旁的，不仅是未来的高产能手、水力发电站和星际火箭的创建者，而且是未来的柴可夫斯基、普希金、列宾、乌兰诺娃和穆辛等。没有他们，就没有共产主义。他们都需要上生产劳动这所不可取代的学校，这不是为了违背他们的天资才干要他们都成为物质财富的创造者，而是为了吸收劳动人民伟大而高尚的道德情操。

认为脑力劳动与体力劳动相结合的思想，就是让所有的人都去创造物质价值，这种看法是极大的错误。培养能圆满完成任务的拖拉机手或饲养员并不难。任务的全部难点在于：使这些拖拉机手和饲养员成为高度文明的人，使他们的体力劳动充满脑力劳动的良好特征。比起体力劳动来，创造性的脑力劳动要困难、复杂得多，在精神充实度上也丰富得多。劳动中的共产主义教育的实质，依我们看，就在于使每个人沿着这样一条生活道路走，在此道路上能最明显地揭示出他的天资和才干。但我们要使青年人相信，没有不需付出劳动的职业，教师、演员、音乐家、作家之所以能取得成功，是由于他们也像好拖拉机手、好饲养员那样，认真、顽强地劳动，具有充分发挥自己的力量和才能。

在对学生少年期和青年期的劳动教育中，还应当使我们每个学生确立这样一个信念：做任何一件事情都应具有高超的技艺，要成为真正的艺术家、创造者。

生活实践在形成这个信念上起着特别重要的作用。在劳动教育中我们遵循一个重要的原则：每个学生都应有多领域、多方面的兴趣。不论一个孩子对智力创造或审美创造表现出怎样的天资和爱好，他都应当具有从事以这样那样的形式生产物质财富的兴趣。为了进入生活，孩子应当参加各种类型的劳动。学生们在完成劳动任务的同时就会深信：劳动的最终成果首先有赖于集体的一致努力，有赖于每个成员的积极性，有赖于达到目标的共同意向。

在体力劳动强度很大的那种场合中（如翻土和施肥、利用森林改良农业气候和土壤、落实提高土壤肥力的措施），普遍参加劳动及其集体性质具有特殊意义。所有学生都会参加这样的劳动，它在一年级到毕业班的集体劳动活动中占有一定的地位。

这种劳动正是由于其集体性质而变得富有情趣。例如，在春季的某些日子里，全校师生都给粮食作物和技术作物追肥。这项劳动的诱人之处，首先在于精神一致、集体振奋的场景。无疑，与繁重体力相联系的这种简单劳动（它将永远存在，不过通过机械化它将变为另一个样子）的教育作用，在全体学生无一例外地都来参加时才能充分发挥。这尤其关系到年龄大的学生们。我们认为，绝不允许在学校里把高年级学生的生产劳动训练，取代通常要吸引全校学生都参加的那类劳动（如积雪保墒、为牲口准备饲料、给地里施肥、与土壤侵蚀现象作斗争，等等）。不管高年级学生掌握什么工种专业，及准备做什么具体工作，都不应当让他们脱离那种要求整个集体共同努力的劳动。

基于普遍参加生产劳动这一思想所形成的信念，在生活中具有十分重大的意义。正确做好劳动准备的我校学生，其劳动生活的一个突出特征就是因自己的工作而产生满足感。

跟过去的学生、今天的工业和农业生产劳动者进行谈话时，我们特别感兴趣的是这样一个问题：在他们的生产劳动文明和精神文明中如何体现出较高的教育程度。毕业于我校的青年工人和集体农庄庄员的谈话证实了如下一点：脑力劳动与体力劳动之间的矛盾之所以逐渐消除，正是由于从事所谓**平凡**劳动的人竭力使自己的劳动变得**不平凡**，用知识充实它，并把创造因素纳入其中。

体力劳动越是充满技术因素，生产劳动的文明程度越高，从事劳动的人们就越是竭力追求精神上的提高。他们深信，一个人除需要在创造物质价值、提高劳动生产率的领域中的那种创造性之外，还同样需要以满足精神需求为目的的创造性。更为重要的是，要使劳动的人全神贯注于丰富的、多方面的兴趣。除充分愉悦地欣赏别人所创作的艺术作品、文学作品之外，他还应当善于在自身从事创造的过程中，即在创造精神价值的过程中获得快乐。

一个人对待他要一试身手的劳动态度，在很大程度上取决于他自身的创造在满足其精神需求上所占据的位置。创造能力应当在青年早期就获得发展，而教育者的任务就是不仅善于发现学生的天赋，而且要不使其消亡。课外文艺活动小组的工作，就服务于这一目的，同时它也为丰富学生集体的精神生活、智力生活（如读者讨论会、文艺创作展览、奥林匹克竞赛等）而创造了条件。我校那些爱好造型艺术的学生，在校学习期间就多次提交了自己的作品以供展览，并参加了教室和工作角的艺术装饰等工作。我们竭力做到，使学生不仅给集体带来快乐，而且让其自身也体验到这样的快乐。这样就能以自觉的、创造性的态度对待自认为是自己生活目标的事情。与创造能力相结合的领会能力，即理解、认识能力，是正确对待自己天赋的基础。通过自己的创造使别人快乐的人，任何时候都不会过高估计自己的才能。例如，如果他一旦确信，在音乐上已不可能使别人得到应有的快乐，他就会寻找能施展自己才能的其他领域，在这个领域中他可能成为真正的创造者。如果一个人天生拥有音乐家或画家的天赋，那就应当自童年起为发展这种天才创造良好条件。但这并不是说，要让他脱离体力劳动。音乐或美术上的成就是艰巨劳动的结果，它可能比车工、钳工的劳动要艰巨千百倍。为做好准备，他应当在童年和少年期通过体力劳动来锻炼自己的意志品质。

共产主义信念的形成，首先要把爱劳动的教育，劳动的技能训练，形成全神贯注于丰富多彩、朝气蓬勃、思想充实的精神生活的意向等协调一致。在社会发展的转折时期，先进思想的改造作用将不断提高。在这个时期，社会的进步必然要求千百万人积极参加创造活动。在此期间，社会的进一步发展决定于这一点：先进的思想在何种深度上掌握着每一个"幼小的人"，即社会普通成员的意识。

在我国，"幼小的人"由于其活动有高度思想性，已成为历史的创造者。更准确地说，在我们这里已没有"幼小的人"，他已把自己确立为巨人、主人、创造者、改造者、获胜者这样的人。

这个时期，是否能形成思想先进的个人信念，实际上决定了思想的创造力和改造力。普通成员在社会主义社会发展的转折时期的共产主义信念越深刻，在人们的活动中就越明显地表现出共产主义道德原则。建立于进步、先进思想之上的信念，正帮助人们认识和感受到转折时期的精神本身，意识到自己在社会发展中的作用，要站在为社会进步而奋斗的战士们的行列中，不仅要与生活同步前进，而且要**勇敢地、自觉地创建未来社会所特有的新型关系**。这是道德教育最重要的组成要素之一，它对于我们今天具有头等现实意义。

我们社会正在进入一个特别重要的、具有重大历史意义的发展时期，即共产主义建设时期。如今每个人的积极作用取决于他对待未来、对待明天的态度。我们社会的未来，按照高尔基的说法，是第三个现实[4]。对前途充满信心，认为未来是通过现今社会成员的积极努力能创建的一种社会现实，这都是我们应当在学生身上形成的一种十分重要的道德特征。新人的乐观主义，对共产主义能取得最终胜利的信心，都取决于信念与现实相结合的程度。

在全国范围内，每天都在进行这样一些活动，通过这些活动，未来正在变为现实。更为重要的是，要使这些活动反映在人的主观精神世界里。要依靠每个人亲身的社会实践确立这样的信念：今天的日常生活就是在实现人类朝夕思慕的夙愿。

在学生周围的环境中，必然会发生影响其意识的事件。但是，只有在人们积极参加改造周围世界的活动时，这些事件才能有助于人们确立一定的信念。学生自进入学校起，就应把他的活动首先引入为幸福未来而奋斗的战斗之中。成长中的一代，对待社会和长辈提供的物质和精神财富的态度，在许多方面都取决于在多大程度上贯彻了上述教育准则。如果学生能够认识和感觉到，他们今天的幸福生活是许多人为之流了许多血、做了无数的牺牲的奋斗成果，他们就会高度评价生活的幸福，并对它无比珍惜。

在成长的一代的意识中，确立社会在不断地向前运动的思想，确立创建未来就是落实科学共产主义的理想的思想，是教育工作最复杂的任务之一。当7岁的孩子们来到我们身边的时候，当学校必须在他们达到道德高度成熟之前，在他们以合格的共产主义建设者的身份投入生活之前，在对他们进行教育时，我们就应尽可能想到在我们学生形成道德面貌的这些年里社会生活将发生什么变化，创建未来对学生来说将意味着什么，哪些思想在此期间将变为现实。

对于我们来说，教育的主要纲领来源于共产党的任务，即党在一定时期有计划地向人民提出能促进形成新人精神面貌的任务。在设计教育的长期愿景时，我们要心中有数：我们将拥有哪些可能性来吸引学生参加社会活动，以便保证他们时刻意识到自己是共产主义建设的积极参加者，感受到时代的精神，看到并理解未来就诞生于现在。这种活动纲领，是形成共产主义意识和信念的实际教育工作中最重要的组成部分。

1960年秋天到我校来上学的一年级学生，将于1971年毕业并投入独立的劳动生活。在他们成长的这些年里，国内生活将发生巨大变化。1959—1965年国民经济七年发展计划将要完成。国家将在建立共产主义物质技术基础方面迈出巨大的一步，劳动生产率将得到大大提高，人民将获得由自己支配的大量物质和精神财富及其福利。这些就是新的共产主义生活要素。最重要的福利之一是劳动强度将大大减轻，人的全面发展所需的自由支配时间将有所增加。精神上的兴趣和需求将大大提高。意识、信念、良知等主观因素在生产力的进一步发展中，在人们的相互关系中的作用也将大大提高。因此，学校应承担哪些任务呢？怎样才能做到不仅使年轻一代成为这种生活当之无愧的继承者，而且成为其积极的创造者？教育并非消极地训练年轻一代去享用他自己并未参加的、由长辈创造的共产主义物质福利和精神福利。形象地说，就在现在，就在今天，应当把学生带到共产主义社会的建筑工地，找到他们力所能及的工作，不断提高他们工作的复杂程度，不要出于爱护而使他们逃避困难，相反，要让他们迎战困难。当学生意识到这个目标就是自己的未来时，便会把自己目前的每一项成就看作在创造未来。

判定学生应对创建共产主义物质技术基础做出什么贡献，是落实教育纲领的关键。不管我们的国家以多么快的速度沿着共产主义道路推进，不管会提出哪些新的任务，学校参与共同事业的问题，应是极其明确的，对每所学校来说，也应当是明确的。

劳动的教育价值，在相当程度上将取决于学生们是否明确地意识到自己的劳动是与全民劳动相联系的，是与全国劳动者争取创建共产主义物质技术基础的奋斗目标相联系的。这就是落实形成共产主义信念的重要条件，它要求社会利益与个人利益协调一致。

在实际上如何做到这一点呢？无论孩子们的劳动成果乍看起来是多么细小，多么微不足道，我们都务必对孩子揭示这种劳动在全民共同劳动中的意义：如果一个班级能为集体农庄的播种而准备10千克精选出来的玉米种子，并且每所学校的每个班级都准备好这么多的种子，那么，国家总共会得到多少千克的种子啊！类似的例子能帮助孩子们确立起这样的观念：他们在学校里直到毕业时将做成些什么。这样，作为教育纲领的共产主义劳动计划，就会逐渐变为学生的切身计划。孩子们在劳动过程中取得的成果越显著，关于未来的理想就会越多地掌握他们的意识。例如，8岁学生通过努力后，把10平方米的不毛之地变成了肥沃高产地，他们就能产生更高目标的理想，这种理想就能激励他们。孩子们那些与理想有关的思想、感情、兴趣、意向，将是一种积极的力量。他们会把整公顷的荒地改造成高产良田。这种劳动可按若干年度来安排，9—10岁的学生就能在精神上做好准备，尽管实际的操作水平还需要逐步提高。从精神上准备从事认真的劳动，并准备战胜巨大的困难，也是培养共产主义信念的重要因素。

共产主义劳动的突出特点表现在：孩子们经常准备做某事，给自己提出近期和长远目标并努力达到它们。我们要带着以下预期目的来安排学生的道德教育，这就是使孩子们在学龄中期就获得教育措施的最终成果。十分重要的是，使他们在自己的劳动活动之前，回顾过去，把现在做的跟过去做的相比较，作出自己活动的总结。

如果孩子们经常为了未来而劳动，意识到自己的理想会实现而感到快乐，他们就会深信：共产主义不是幻想，而是实实在在的明天，每个人会越来越多地表现出毅力、意志、坚定性，我们就能更快地达到共同的目标。

③。共产主义信念是个人意志力的源泉

先进的、进步的思想和信念，从来都是争取社会进步的斗士的意志力、无畏精神、坚定性等品质的源泉。

在社会主义社会里，在积极的、始终不渝的、坚定不移的、目标明确的那种为实现共产主义思想而奋斗的过程中，形成了一代新人。

人在道德面貌中的意志力，在进行共产主义建设中具有重大意义。

为一切新的进步事物而奋斗的鲜明目的性，说与做的统一性，思维与行为的一致性，是共产主义思想的实质。这些品质是社会主义社会每个成员都必须具备的，尤其对于为祖国和人民奉献一切，并为此发挥自己的力量、可能性和天赋、才能的人来说，是必须具备的。我们制度的性质，就在于在创造性劳动中，个人成就同时也

是全社会的成就。因此，我们社会的每个成员都应当顽强地培养优秀者所应具备的一切优秀品质。

这种奋斗的成功与否取决于什么呢？首先取决于一个人的信念坚定程度，以及他是否准备把这些信念变为行动的指南。因此，学校和教师应当做到，使每个学生在少年期和青年早期能全力以赴地使自己在所选择的事业上具有高度技艺水平，培养为祖国服务的坚定信念。

例如，如果了解到某个少年对农业劳动有天赋和兴趣，我们就竭力使他成长为一名农艺师，成长为米丘林，成长为大自然的改造者，使他在实现此目的的奋斗过程中获得个人满足。要深信，我们社会的每一个人在创造性劳动中都能成为超群的个人，成为自己所在行业的真正能手。这种信念，乃是能引发克服困难的毅力的最重要的信念之一。

思想因素在培养我国年轻一代的劳动意志方面的作用正在日渐显现。因为在劳动集体中形成了新的相互关系，这种关系在共产主义条件下也将占统治地位。这种关系的特征是每个人都履行自己对社会的道德职责，懂得个人的劳动对社会进步的作用。我国现在就有这样一些集体，它们取消了专门的监督，把劳动质量的最终检查权交给了集体的每一个成员。这是已经出现的共产主义萌芽。

究竟如何去培养我们社会年轻一代的无畏精神、坚强性格和意志力呢？

什么是意志？形象地说，就是行为的道德。一个人信念的坚定性，表现为他的意志力。它取决于一个人自身的行为动机，取决于这些动机在多大程度上反映着社会发展的利益。行为动机源于需要，而需要又源于社会生产过程中人们之间形成的相互关系。共产主义教育最重要的任务之一，就是要这样来培养年轻一代：使他们的需要与共产主义道德保持高度一致。或换言之，使青年人自己的行为遵循高尚的道德原则。要克服提高物质福利与形成人的道德面貌之间客观上的不协调现象，这就有赖于意志力的培养。社会利益与个人利益相一致，是个人向往共产主义最明显的标志。一个人的个人需要越是反映社会发展的利益，他的动机就越高尚，他的道德水平也越高，其行动也越自觉。崇高的思想动机，是形成具有坚强意志和高尚道德的人的重要前提。

　　坚定地向往共产主义的信念特别鲜明地体现出一个人对待周围现实（及对待他自己）的态度（世界观）是与我们社会的道德准则相一致的。对一些人来说，共产主义道德准则就是他个人行为的准则，他们的突出特征就是具有高度的原则性。

　　1960年，全世界都为4名苏联士兵的英勇事迹感到惊叹，他们在汪洋大海中的一只小船上，战胜了严寒、饥饿和死亡。年轻的英雄们回到祖国后曾多次会见了工人、集体农庄庄员、军人和学生。他们的故事中渗透着一种十分重要的思想：在生活最困难的时刻，他们深知自己是苏联社会的一个小集体，而几平方米的小船对他们来说就像是苏联大地的一小部分。在困难面前退缩，陷入绝望，放弃我们的人民在生活中遵循的道德原则，对英雄们来说就意味着羞辱苏联人的名誉。

　　在这种场合中，坚定的共产主义方向性正建立在这样一种信念之上：真正的人绝不会在困难面前退缩，战胜自我就是为共产主义原则而奋斗。因此要在孩子们的童年和少年时期，特别是青年早期，就使他们认识到自己的每一个举动不仅体现了个人的意志、自己的利益和自己的未来，而且体现了某种无比重大而崇高的原则和思想。

　　在教育实践中，我们极其重视使孩子们鲜明地认识和感受到自己的每一个举动的道德内容。例如，自孩子们上学起，我们就开始在他们脑子里确立这样一个信念：参加宗教仪式，哪怕是被动地参加，意味着贬低自己的人格，是向无知的人们让步。家长们常打发作为少先队员的孩子去向亲戚们祝贺宗教节日。似乎，这种行为没有什么可指责的——孩子带礼物给亲戚时会说："这是爸爸妈妈让我捎来的。"但在揭露这种和其他类似举动的实质时，我们都使孩子们深信：向宗教迷信的小小让步会践踏纯净的理想、贬低理智、压制自由。对行为的道德分析，有助于使孩子们确立起一定的情感态度去对待自己的和同学的举动。不仅仅是孩子们的理智，而且包括他们的情感，都会自觉抵制错误的行为。

　　建立于进步思想之上的信念，按其本性来说应是乐观主义的，思想丰富的人的积极性就源于此。乐观地理解和领会世界，是有世界观基础的。首先，人们要懂得这样一个真理：如果能反映劳动人民的利益及其夙愿，那么他所赞同的主张和思想，从历史观点看就是正确的。人的崇高道德行为就源于此，他的意志力也源于此。行动是人类道德品质的体现。这时不管遇到什么困难、什么障碍，人们都会努力去实现自己的目标。对所选道路持有正确的信念和信心，目标越明确，他就会越积极地为实现目标而奋斗。曾在沙皇刑讯室里经受拷打的共产党员们的无畏精神，曾于伟大卫国战争中落入敌人手里并遭到非人道折磨的苏联游击队员英雄和战士们的无畏精神，正是源于他们对自己所进行的事业必胜的信心。苏联人民在各种困难环境中表现出的乐观主义，乃是共产主义道德的顶峰。

由此可见，阐明共产主义思想的革命性、进步性，对于教育成长中的一代来说，其意义是多么重大。让这些思想掌握孩子们成长的心灵，融入他们的兴趣、愿望和意向中，变成他们自身的一部分，是多么重要啊！

共产主义思想决定着人的道德面貌及其行为。但仅仅具有共产主义思想的知识，还不能使人成为共产主义者。实现这一转变的关键是要使他们从中体验到高度的快乐，得到切身的幸福。

共产党人的一个最大的特征，就是乐观地对待生活。但是，没有、也不可能有袖手旁观的乐观主义，只有行动的、奋斗的、向往胜利的乐观主义。

真正的乐观主义不能只靠解释共产主义思想的进步性和发出指示来培养。必须使实现这些思想的活动给人们提供快乐，使人在认识未来的同时品味到今天的快乐。

因为参加活动感到欢乐，是新的、进步的东西在人身上取得胜利的重要标志。但快乐不会自发产生，它是在顽强的劳动中、在自我斗争中获得的。可惜许多教育工作者并不懂得这一点。他们只会以现成的形式，即向学生们提供长辈的劳动成果，使他们能够快乐生活。青年人在享受这些福利时，感受不到人的主要快乐——创造的快乐。青少年时代不曾战胜任何困难的人，不仅不能成长为适应生活的人，而且当他的人生道路上出现严重障碍时还可能变为悲观主义者。更为重要的是，要使一个人正值道德面貌形成期间就认识到奋斗的感召力。当然，在我们社会中不可能有资本主义世界所特有的那种奋斗，在那里，"人吃人"的原则在主宰着社会；在那里，强者压迫着弱者。我们决不允许把奋斗变为个人追名逐利的斗争。奋斗的感召力，应当在于竭力去实现共产主义思想，去为了全体人民和人民的未来创造和增加物质财富。这种奋斗要求具有强大的精神力量、意志力、坚定性和无畏精神。在奋斗中一般会遇到对立的观点、思想、评价，甚至对抗共产主义世界观的社会邪恶学说。

例如，为实现新的进步思想，使人们摆脱意识中的资本主义残余，就要付出极大的精神力量。那种引发并强化乐观主义精神的真正奋斗，不可能没有困难，不可能不紧张地调动人的全部体力和精神力量。即使其真理性已由社会历史实践所证实的最高尚、最崇高的思想，一个人如果不积极地对待旨在实现这种思想的活动，他也不可能培养出这种信念。一个人的道德意识与道德行为的一致性，即说与做、思维与行为的一致性，归根结底取决于这种积极的目标取向。

值得重视的是，要使这种积极性把个人因素与社会因素结合起来，使社会的事情变为每个人的切身目的。共产主义就意味着人的个性即他的兴趣、需求、活动的高度积极化。学校的任务在于把共同的、全民的目的反映到它的每个学生身上去，为个人深层次的创造活动开辟天地。从我们社会面临的任务来看，重要的是使每个人都有个人的目标，为达到这一目标的奋斗过程，在反映社会利益的同时，也给每个人带来深切的个人快乐。共产主义教育的本质和共产主义思想的吸引力，正在于此。

在成长中的人的内部精神世界里，即在他的兴趣、愿望、期盼中，个人因素与社会因素的结合是实际教育工作的重要任务之一。例如，我们努力使某项具有重大社会意义的事情，还在每个孩子的学龄早期就成为他们的个人目标或个人愿望。于是，三、四年级的学生班在几年前曾提出了培植100棵桃树苗的目标。我们帮助他们认识到自己劳动的高尚精神和巨大的社会效益。桃树是喜温植物，必须关怀备至地保护以使它免于受冻。关怀这种植物，也能成为对学生意志的一种特殊考验。劳动使他们感到快乐，因为以后桃树将会栽到学校的所有窗户前。植树的目标变成了孩子们的激情。他们深刻地体验到了自己的每个成功和每个失败，顽强地克服了种种困难。三年过去了，孩子们的劳动产生了很好的结果，小树苗变成了大树。

凡是把社会的事情当作个人切身事情的人，都会热爱祖国，珍惜祖国的荣誉。在伟大的卫国战争期间，一位20岁的战士，是过去我校的学生，因伤成为希特勒分子的俘虏。当我们部队占领了一个居民点把他解救出来时，他讲述道："我当时感到的并不是害怕。作为一名伤员，我意识到自己处境的危险，但不是因为敌人可怕，而是感到无能为力，因为担心我再也不能用手中的武器跟敌人斗争了。当时我躺在地上，看到一个手持自动步枪的希特勒分子走过来，他用语言威吓我，用自动步枪指着我。透过他的眼神和语气，我明白，他想从我身上看到动物般的恐惧、颤抖和贪生怕死的表现。但我与其说是害怕，不如说是惊奇地看着他。原来，我似乎曾在什么时候面对过这种凶残的法西斯分子。我想起来了，对，就是那个形象，我想到我们的父辈和祖辈在十月革命的日子里曾奋起跟旧世界的敌对势力作过斗争，现在它向我们发起了进攻。"

当希特勒分子看到我们这位战士眼里并没有面对自动步枪的恐惧感之后，他明白了：杀人并不能带给他精神上的胜利。他丢下了伤员让其自杀。但这位受伤的战士活过来了。他在结束自己的故事时说："我当时第一次懂得，能够为祖国的荣誉、为苏维埃人的荣誉而斗争的不仅仅是手中的武器。"

究竟怎样才能形成明确的共产主义目的、意志力、坚定性、无畏精神？如何才能使我们的青年懂得取胜的源泉不仅在于个人利益和目的与社会利益和目的的一致性，而且还在于要竭力去落实这种一致性？如何保证道德信念与行为的一致性？

这里，一个人的行为举止及其所作出的决定的动机的思想基础具有决定性意义。儿童从开始自觉生活时起，就应当养成一种评价自己行为的能力，即能从他对别人的生活、对集体、对社会的作用这一角度去评价自己的行为。有经验、有能力的教育工作者，会尽最大努力使学生认识到，个人的活动会如何反映在建设共产主义社会的全民劳动中。应使孩子认识到：集体劳动的成就和社会公益事业的命运都有赖于每个人的努力。越深切地体验到这种快乐，深信每个人都有极大的可能去影响社会发展进程的信念就越牢固。因此，个人的主观意愿不是取决于微不足道的一时动机，而是取决于有重大社会意义的动机。例如，假若一个10岁的孩子培育了几棵果树树苗，假若这时他由于为社会开展积极活动而体验到深深的满足感，那他就会从给社会带来了什么效益的角度来评价同学们的行为。这个学生就会形成一种从道德角度对待行为的敏锐性。他性格中的这种敏锐性，如果在以后的成长期里，特别在青年早期得到加强，那么在成年期就会越明显地表现出来，愿意参加实现重大社会思想的活动。这样的人，不管履行的劳动义务何等微不足道，他都会使自己的行为服从于崇高的动机。为实现崇高思想的活动，应以批判的态度对待自己，对待自己的行为和举止。

在人的培育中，使其有机会以高尚动机从事活动是十分重要的。在人自觉地给自己提出长远目标时，思想就变为信念。意志上的努力会使目标更明确。在意识中，时间应当不仅仅留下对过去的回忆，而首先保存巨大的精神财富——为达到所提出目标而奋斗的道德经验。在此经验中，乐观主义的重要源泉是看到未来的能力，是为未来而奋斗的意向。在持续的活动中总是看到未来，总是怀着胜利的喜悦而鼓足勇气去克服种种困难。因此，应当指出某些学校工作中这样的严重缺点：学生们只为今天而生活，今天忘记了昨天所做的事情。

在教育工作中，我们应尽力使学生生活留在学生记忆里的是，为了崇高理想而从事的既艰难又高尚的劳动。经验表明，这种劳动也是获得道德经验的重要条件，而这种道德经验是个人的精神财富。凭借它，个人对待周围现实的主观态度，就表现为不仅在自己的劳动中，而且在集体成员间的相互关系中，会竭力体现自己的观点和道德信念。拥有这种财富，会使一个人具有崇高的生活目标。他自觉追求的不是简单地生活，实现和满足自己的物质需要，而是**为了某种目标而生活**。他会竭力使任何劳动成为满足精神需要的手段。追求精神价值丰富的生活，就成为习惯的、自然而然的事情。不是迅速产生和消失的那类短暂愿望和动机，而是那种越来越深地掌握其意识的、随着既定目标的实现而更趋巩固的那种信念操纵着人们的意志。从信念角度而言，那种信念会对他们的行为和举止做出道德的评价。

经验表明，人们受崇高动机驱动的持续性劳动，能锻炼意志，形成道德面貌和坚定的信念。我们列举若干例子，以揭示其目的和内容在于自觉创造、增加社会和人民物质财富的那种劳动的教育实质。

帕夫雷什学校的学生集体（班级集体、少先队集体、共青团集体）在两年、三年和更长的时间内，要完成大量有益于社会的劳动，与其说在体力上，不如说在道德和意志力方面是高度紧张的。选择某种劳动，并使它能鼓舞学生，是一项严肃的教育任务。这里值得注意的是，要找到那些能促使人在道德上、意志上做出努力的因素，其难度应不仅仅局限于体力劳动的强度。一个人栽100棵树比培植一棵果树（从植苗到结果来），要多付出许多倍的体力劳动；但培植一棵果树，要给它浇水，甚至多少周内要照管它，却比起栽100棵树要困难得多。不过，我们鼓励学生去完成的，不是有体力强度的任务，而是要动员精神力量的任务。

学生时期，是一个人生活中最快乐、最有意义的时期。我们要使这个时期成为他力所能及的持续劳动的起点。孩子用小铲掘出一个坑，把肥料放进去，过了几周再把一棵小树栽进坑里。选择特殊的一天来安排这种集体劳动，会使孩子们认识和感受到这是劳动的节日，是在节日般隆重的氛围中开展的劳动。我们努力使孩子们的思想和感情在几年期间都跟这种有趣的、愉快的劳动联系起来。我校有数百棵树都是由我校早期毕业的学生栽种的。

为了种好一棵果树，一个人在几年内都要了解和关心它的生长情况。与此同时，他生活的每一步都会提出各种新的目标，会产生新的念头、新的思想。这样，他的意识就被吸引到克服困难的过程中来。这就是培养坚持劳动的意志力的一个最重要的条件。思想、意识活动越积极，在战胜困难的过程中性格就表现得越鲜明。

在这些年里，帕夫雷什中学的学生从事过这样一些有益于社会的劳动。

（1）十年级学生用散装的零部件重新组装了一台供果园和菜园用的拖拉机（两年）。

（2）五至八年级学生在给自己提出向居民提供苗木这个目标之

后，建造了一座葡萄园兼苗圃（四年半）。

（3）七至八年级学生设计并安装了自己的少先队发电站（两年内）。

（4）五至九年级学生为青少年车工工作室制造了五台加工金属的钻床（两年半内）。

（5）三至五年级学生用种子培植了一片椴树林（三年内）。

所有这些劳动项目的一个突出特点在于，任何一项都不可能在近期内完成。我们预计的正是这点。短期在意志力上做出的努力，也可能取得巨大的成果，但之后通常会出现积极性的下降，其意识不会集中在长远目标上。频繁地更换活动，在形成多方面技能和技巧上会有其优点，但对于培养意志力和坚定性来说，则类似于上述那样的劳动会更有价值。学生应当每天不断地从事劳动（如重新组装拖拉机、设计并安装发电站等），或者时不时地在断断续续的中断之后又重新回到要做的事情上来，并且任何时候都要保证劳动的质量。

这种工作的突出特点是，它是与其他劳动任务同时完成的。这样，似乎把学生的全部劳动结合为一个整体了。我们把学生短时间的、甚至偶然的劳动视为这一重大事项的组成部分，视为把精神即意志、道德努力付诸实践的机会。没有这种努力，培养坚定的意志则是不可思议的。

我们以重装拖拉机为例来说明这点。我校从集体农庄弄来了一台缺少许多零部件的废旧拖拉机。八至十年级学生承担了对其重新组装的任务。他们对还能用的零部件做了修理。这要求在几个月内不间断地工作。孩子们只能边工作边学习，掌握新的技能技巧。在这个过程中，出现了一些似乎与重装拖拉机没有直接关系的任务（例如，要装配一些钳工工位、要制作焊烙铁、要为车床改装现有的刀具等）。这些由主要工作引发出来的辅助工作越多，最终劳动目标的思想就越深地渗入学生的意识，他们干起活来就越有积极性。必须把取自其他机器上的某些零件加以改装，这往往要在设计上做出改变。这时，学生们表现出了特别顽强的坚定性，竭力找到最正确的设计方案，他们往往要反复修改同一个东西。

经验令我们深信：在这种持续的任务中创造性因素越多，对完成该任务的人的自觉性就更强。

随着工作接近完成，其执行者的坚定性，其尽可能把事情做得更好的意向，都得到了强化。达到目标使整个集体感到极大愉悦。

我们还努力使每个学生都在集体劳动过程中获得顺利克服困难的经验。这种经验是无比宝贵的精神财富，是一个人在达到目的的过程中，即使在某个阶段遭到失败的时候也能乐观地看待世界这样一种品质的源泉。学校的任务在于，使学生不因失败而灰心丧气，相反，失败会驱使人调动所有的内在力量去达到目的。须知，我们不仅要培养学生成为自觉的、认真的劳动者，还应培养他们成为研究者、求知心切的自然改造者、自身性格的改造者。只有在如下条件下才能完成这项任务，即在青少年时期使学生不止一次地体验到要付出极大力量、意志、毅力而取得成功所带来的是心潮翻滚的快乐。

五年级两个班的学生开辟了一片葡萄园。工作的第一阶段尽管遇到了困难，但孩子们都成功地战胜了它们，苗木在第一年里发育得很正常。但第二年发生了天灾：尽管也采取了防护措施，使葡萄藤免于受冻，但整座葡萄园还是遭到了严寒造成的灭顶之灾。一年的劳动果实毁于一旦，学生们可能会陷入绝望。幸好并没有发生这种情况。本来，学生们从事某种活动，想获得成功并不是一帆风顺的，他们必须为战胜困难做不懈的斗争。孩子们在自己的活动过程中体验到的快乐，那不是轻易得来的快乐，而是成功地战胜困难的快乐。因此，当他们深深感到不幸时，却没有向那种不可能达到预期目标的思想屈服。他们更加坚定地干了起来。现在他们所致力的目标，不仅仅是培植葡萄树，还要预防将来会出现的类似天灾。孩子们在秋天挖好了地窖，把春天所栽插的并在夏天长好了根的插条保存在地窖里。到来年春天再把它们栽到地里。这个办法重复用了两次。结果每棵苗木的根系都向土壤深处伸展开来。为防止苗木再受严寒的侵害，学生们加大了防寒护苗的力度——不仅用土，而且用牲口粪把它们遮盖起来。

自这项工作开始后，经过三年，他们便可以向居民提供葡萄园里的第一批插条了。于是他们又提出了新目标：要为每个集体农庄庄员供应插条。

另一个集体，同样坚定地迎战了一场因春天黑色风暴使教学试验园地里的甜菜秧全遭毁灭的天灾。在少先队员们亲身经历自己的劳动成果被毁之后，又再次给新的种子催芽，把它们栽到地里，并追加了肥料。重新开始的战斗，不仅是为了在当年就获得高产，而且为了使新培植出来的甜菜种子在地里催芽期间不再受黑色风暴的影响。这项劳动既达到物质目的，同时也践行了以下思想：朝着人所需要的方向研究自然力，并且利用自然力。这两方面的劳动目的越深刻地、有机地相结合，劳动目标就变得越明确。每个少先队员都以胜利者的姿态出现在为实现自己思想的战斗中。

这种基于崇高意图的持续性活动，具有特别重大的意义。一个人在青少年时代就应尽量积极地表明自己的观点和信念。青少年时代是一个人进行道德自我肯定的年龄段，他渴望在行动中看到自己的思想。他的信念越高尚，激起他去行动的动机越高尚，他就能越严格地锻炼意志。这里要谈到青少年教育工作中的许多错误，它们已日益引起社会关注，其根源恰恰在于：这个年龄段的学生对活动的渴求是极具特殊性的，但并非总伴随着崇高的思想动机。无穷的精神能量在缺乏高尚动机的情况下，就不会有利于社会，而是白白浪费了。这样就会导致无原则性，培养出薄弱的意志。

常犯流氓行为和自逞英勇的青少年，实质上是意志薄弱的可卑的人。他的英勇是假的，是一种掩盖人的心灵缺陷的遮羞布。今天，跟流氓现象及其他类似现象作斗争之所以具有极大的迫切性，并非因为我国有许多流氓（据统计资料，流氓行为的数量在逐年减少），而是因为随着社会道德水平的提高，这种现象变得特别不能容忍了。这种斗争应当首先成为争取人的精神充实的斗争，成为争取人的正确世界观和信念的斗争，应当从孩子开始自觉生活起就着手开展这种斗争。

我们竭力使我校学生的生活在青少年早期就充满鲜明而令人激动的理想，这种理想的实现与共产主义建设的全民斗争紧密相连。十分重要的是，要使青少年把实现这些思想的日常劳动视为崇高道德的标志。例如，在政府公布建设克列明楚格水电站决定的那一年，我校就集体承担了加固1000米第聂伯河河岸的义务——在上面栽种松树林并照料自己栽的树苗。这项工作是水电站建设工程的一个组成部分，电站水库的建设状况在相当程度上依赖于这方面工作的完成质量。这一切都鼓舞着小伙子和姑娘们。他们感到自己是伟大建筑工程的参与者，为自己对全民事业做出贡献而自豪。我校集体始终过着朝气蓬勃的精神生活。在这种社会公益劳动中，学生间相互关系中所特有的高度原则性，也迁移到了其他活动之中。

在实现崇高的共产主义思想的长期奋斗过程中形成了小伙子和姑娘们的道德面貌，他们正以坚定的道德信念走向生活，勇敢地迎着困难前进。

第二章

共产主义信念的形成
是社会进步和道德进步的客观必然

1。**人的精神面貌符合不断发展的生产关系是社会进步的条件**

资产阶级思想家们断言，不论过去还是将来，贪财、贪权、利己主义和人的其他缺点，永远是人们所固有的，而不是剥削阶级社会的产物。马列主义的社会主义建设理论与实践则说明另一个状况：在消灭了人剥削人现象，确立了作为人际相互关系之基础的公有制社会里，个人主义和贪财思想正被对社会、集体的自觉服务所取代，被同志式合作和相互帮助的思想所取代。

随着社会主义社会生产力的增长，生产关系也在变化、完善和发展着，这就影响到劳动的性质，进而影响到人们的生活、心理、观点和信念。在社会主义生产关系的条件下，为了人的幸福，减轻人的劳动，丰富人的精神世界，使人们形成新的需求，出现了生产过程的电气化、化学化、自动化，现代科技成就的应用，以满足人们的需求。我们社会不断发展的生产力与生产关系相适应，使劳动本身能成为完善人的道德的重要因素，并能进一步发展某些重要的道德品质。没有这些道德品质，生产力与生产关系就不可能在更高水平上达到和谐统一。

个人深刻意识到自己对人民的天职，是这些道德品质之一。劳动生产率越高，每个人对社会发展的影响就越大。为自己的众多同胞创造物质财富并从中获得快乐的人，便是准备按共产主义原则生活的人。

通过集体劳动，为成千成万的人创造物质财富的地方，会增强劳动品质新因素的作用。这包括工人自己的良知及信念，工人深信：他为远方的人们生产物质财富，他们对自己来说像劳动集体中的成员，像亲人和亲戚那样，是同志，是兄弟，他会珍惜这些人对自己的信任。

共产主义意识，能把传统的工人的光荣感和工人的技艺提高到新的水平。值得重视的是，要使每个青年人投入劳动生活时深信：通过自己的劳动生产出来的物质财富，会得到千千万万远在天边，近在眼前的同胞们的高度评价。形成这种信念，就是吸引成长中的一代参加劳动的重要教育因素。

对于发展社会主义社会的生产力和生产关系来说，一个具有突出特征的极为重要的趋向，是在一个工人的手里集中越来越多的具有社会意义的物质财富。这提高了对一个人的要求。这种要求越高，就越发不可容忍意识中的旧残余。教育年轻一代的全体人员肩上的任务，首先是学校肩上的任务就越重大。

很难想象，21世纪20年代手持大镰刀的农民用那种大镰刀通过一天的繁重劳动只能收割4垛庄稼，而如今的康拜因手，每天能收割数十万千克粮食。这里的差别，不仅在于劳动生产率的大大提高，而且在于私有制农业中农民劳动的社会意义与今天社会主义大农业中劳动的社会意义也已无法相比。农民的新近意识发生了重大变化，首先，他不仅能操纵康拜因驾驶盘，而且还为更高的劳动生产率而奋斗；不仅在自己的集体农庄里收割庄稼，还到离家乡数千公里之外去收割庄稼。更主要的是，他不是为了工资而劳动，而是为了增加国家的财富。今天集体农庄的先进人物，在生产数十万千克粮食、数万千克肉类和奶类制品的同时，他们为千百万人劳动的思想也越来越深化。在此思想基础上形成深深的个人信念，和**个人**对社会幸福的关注。这是人的精神面貌与共产主义社会的生产力和生产关系相适应的重要条件之一。

学校处在为我们社会的和谐发展而奋斗的先进行列。我们不仅应当按照在改造世界和人的意识而进行的几十年革命斗争中已形成的思想，还应按照刚诞生的属于未来的思想，去培养成长中的人的信念。为使意识不落后于存在，就应当培养我们的人具有未来人所固有的特征，这是年轻一代对未来生活做好心理准备的条件之一。想要完成这项重大任务，就要经常地、深刻地分析生产关系中的变化（有时乍看起来似乎不甚明显），以及人们在意识上、意向上、兴趣上的变化。

为确立共产主义并因此站在为社会进步而奋斗的先进行列中，学校应当首先在成长中的一代的意识中确立能为新事物和进步事业而奋斗的信念。他们的精神面貌，不仅应当符合已达到的社会公共关系的水平，而且应具有今天刚产生的新因素。

对农村学校来说，具有特别重大意义的是，确信能给人提供真正幸福的是关心社会生产，而不是陷入封闭的个人利益的圈子。我们在自己的实际工作中，努力使整个劳动教育和道德教育体系都服从于为社会而劳动的思想。我们使学龄早期的孩子也有创造社会效益的意向。培植观赏树苗，并把它们赠给集体农庄，几年后看到绿荫如盖的护林带，这比起为自己培植几棵果树要幸福得多。一个由十六七人组成的、追求高度劳动生产率的少先队小队，拟在两年内培育出一千株葡萄苗。这项劳动并不要求很大强度的紧张工作，但其意义是多么重大啊！一千棵树，三年后能结10吨葡萄，为成百成千的人们的健康、精力、愉快做出贡献。由于使孩子们形成用自己的劳动为社会造福的思想，因此，我们就提高了社会公益劳动在他们心目中的崇高地位。我们努力使每个学生在青少年时期能通过亲身经验，比如自己用联合收割机收割粮食而确信：他就是在帮助国家和人民解决一个十分重要的难题——及时地、无损失地收粮归仓。学生们竭力仿效集体农庄的先进人物，教师们讲述的苏维埃战斗和劳动功绩，也都促进了这一点。

要使成长中的一代确立用自己创造的价值使成千上万劳动者受益的高尚道德感。要使小伙子和姑娘们从精神上准备好投入共产主义社会的劳动，改造生产关系，这种改造必定会在集体农庄的乡村里得到实现。

随着共产主义物质技术基础的巩固和发展，大量的公共财产会交到每个工作人员的手里，由他们负责。这在目前已不仅是工业生产的特点——那里正在确立一种对保管装备、节约原料等的集体责任制，而且也是农业生产的特点，且该特点表现得越来越明显。庄员们仅仅支配诸如锹、耙、锄之类简单手工劳动工具的那种集体农庄，变得越来越少了。照料甜菜的普通集体农庄生产队，拥有了诸如园圃拖拉机、自动喷雾机、矿物肥等集体财物。饲养场的女饲养员负责几百头猪，拖拉机手掌握着价值数万卢布的机器。这些财物的完好程度越来越多地依赖于个人，依赖于每个集体成员如何对待自己的社会职责。

现在，大量物质财富委托给工人和企业家。在资本主义社会中，爱护、节约、关心生产资料的态度，是通过加强人们的私有化动机来实现的。私有制除物质刺激之外，没有其他手段。老板用金钱酬谢为其增加财物的雇员，同时就在受雇人的心中加固着私有制的道德和习惯：**"我的，不是你的，因此不许侵害。"**

而我们这里崇尚的是另一种道德："我们的，公共的，因此应当维护它。"

从资本主义向共产主义过渡，在保持关心物质利益原则并赋予这个原则以重大意义的同时，我们社会在人身上培养了另一种更强有力的激励他去劳动的动机，这就是对祖国承担义务意识，以此获得个人的道德尊严感。在培养服务于崇高利益的劳动态度时，我们社会强调这样一点：使每一个劳动者不把自己在劳动中智力、道德、意志等方面的努力仅仅跟工资相联系。我国先进人物把关心**属于社会的、也意味着属于我们个人的**物质财富，增加和扩大公共财富，都视为光荣的事情。

集体责任感的力量就在于此，而这种责任感正是我们在为将来的人而奋斗所取得的胜利成果。

发展和深化年轻一代意识中的这些观点，是学校的重要任务之一。我们应使每个人自童年早期就形成正确的道德标准。首先，不允许把个人利益作为劳动驱动力。每个人都应看到并懂得，我们社会每天都从全国收入中，所有集体农庄总收入中划出大量资金来满足他的（正是他个人的）物质上，特别是精神上的需要。医院、疗养院、儿童保育院、体育场、图书馆、教学专用室，等等，所有这些福利设施的创建和运行都投入了社会劳动，我们每个人都有权无偿使用这些设施，对青年学生也不例外，他们拥有确保他们好好学习的一切。我国有不少这样的学校，它们的生物专用教室里每个学生就拥有一台显微镜；一些学校的高年级学生，每4人就可以使用一台内燃发动机，等等。

必须注意培养青年人的道德品质，使其信念和行为符合不断发展和完善的生产关系。不能片面地把在共产主义条件下生活和劳动的准备仅仅想象为实际应用新社会的技能：如操作机器和机械设备。不仅如此，还应当更深刻地理解这种准备。未来的人应当对社会财富表现出特别珍惜的态度。每个人应当形成对社会财富的**个人**关切态度。恰恰在解决这个特别重要的问题时，人们往往犯有不少严重错误。施教措施不应总是瞄准这一个目标——使每个人对保护和增加不属于他个人的物质财富表现出真正个人的关切态度。对于产生不正确对待社会财富的心理来说，不一定要有剥削世界的习气和习惯，光凭完全以消费者态度对待共产主义就足够了，这种态度会把社会拥有的东西视为无主的东西。苏维埃人应像对待个人亲自劳动所得成果那样去对待社会创造的财富。

个人深切地关心、保护、增加和珍惜社会公共财产，是培养人的精神面貌的一个最重要、最迫切的问题。共产主义建设的成就，包括新社会物质技术基础的进一步巩固，都取决于每个劳动者的个人观点和信念在多大程度上适应生产力和生产关系的进一步发展，尤其是适应社会公共财富的不断增加。一个人应当这样行动：当他处在无数社会财富的"仓库"里时，只索取满足自己的需要的、必不可少的那一份。为此，我们必须具备高度的自觉性、坚强的意志、对未来的乐观主义信心，同时具有高度的自身尊严感。

在共产主义条件下，个人在社会和道德方面取得进步的一个最重要的问题，就是在创造性劳动中，在社会公共劳动中应最大限度地表现个人的力量、才能和可能性。甚至在目的纯粹是生产性劳动的条件下，对于每个单独的人来说，满足物质需要，也不应是第一位的，首先应是实现创造上、智力上和道德上的目的。

形成珍惜地、关切地对待共产主义社会物质财富态度的条件，就是把劳动有机地纳入个人的精神范围之内。生活本身正在表明应当如何达到这一目标。在我们社会中曾经有、现在仍有成千上万的劳动者，他们通过**个人的**努力，创造着具有重大社会意义的价值。这些人丰富着集体的精神生活。

关心所爱的事业支配着这些人的思想和感情。因为热爱劳动，他们用双手生产物质财富就变为一种创造。他们在自己的劳动果实中不仅看到具有一定价值，能满足物质与精神需求的具体物品，而且还看到某种更重要的、无可估量的创造成果。

这也就是在我们社会中每天诞生着的新东西。关心自己，只是我们社会的人参加劳动的精神力量的一个不大的部分，一个人假若只考虑自己，只为自己劳动，那么他的生活就是空虚的，就是无意义的。关心社会的利益，关心自己成千成万的远近同胞，这才是共产主义劳动的源泉。

新人的一个不可分离的特征，就是不仅尽量多地创造有价值的财富，而且热爱劳动，创造性地对待事物。培养创造性的劳动态度，是道德教育中最重要的问题之一。共产主义建设的实践证明：凡是在增加全民财富的那种劳动中达到了高指标的人，同时也会具有较高的道德水平。他们是有坚定信念、有高度原则性、有坚强意志的人。他们信念的坚定性、不动摇性的源泉就在于：总是为了高尚的、崇高的思想和原则而行动。从内心里珍惜社会公共财富，并节俭地利用，这也意味着准备去从事创造性的劳动，这种创造性劳动的成果在个人的意识里不仅是一定的物质财富，而且是一种不受任何评价所影响的创造成果。

如果我们说，人应当创造性地对待任何劳动，变劳动为创造，那么，实际完成这项任务的办法，就首先在于使他努力把任何一个过程、任何一项劳动进行得更完善。劳动本身就为人完善技艺提供了无穷的可能性。同时这样的事实也应引起注意，即劳动若未达到某种机械化水平，则它就不可能不包含人的手工技艺。凡**手艺**占据相当一部分的劳动，都对形成创造性劳动态度具有十分重要的意义。社会主义劳动英雄姆·普里瓦洛夫曾建议授予高技能工人、巧匠、行家以"可贵的能工巧匠"称号，而社会舆论界对此建议的反应是如此强烈，这绝非偶然。在真正自由劳动的社会里，手艺正变为崇高的道德品质。

从学校生活的最初阶段起，在完成各个劳动操作方面，首先应让孩子在手工劳动方面学习技艺。不仅从农业技术要求的角度正确地对土壤进行耕作，而且有思考地、创造性地对待这些农技准则的运用。例如为何向少年自然科学研究小组成员提出这项任务？我们认为，一个孩子能把新的、自己的想法作为一种创造，用于土壤处理是一个巨大的收获。在乌克兰干旱的南方，少年自然科学研究小组的重点目标是使土壤尽可能多地积蓄水分。他们积雪，雨后及时进行土壤保墒，使水分渗入土壤深层，为植物的发育创造有利的环境。

在照料植物的过程中，为形成创造性劳动提供了众多的可能性。在我校，7岁的孩子就能在专为他们开辟的园地和畦地上种植粮食作物、蔬菜和果树。每个低年级班都有培育果树苗的学校园地。从把种子撒进土里，到收摘首茬苹果、梨、李子等果实，这不仅是用心投入劳动的岁月，而且是在孩子们的心灵中进行的一个复杂过程。他们力求完善每项劳动操作，追求卓越的成果。为培育出最漂亮的树冠，孩子们展开了创造性的劳动竞赛。他们全神贯注于劳动，并在劳动过程中获得快乐和满足。当他们培育出的果树首次收获时，他们不是把苹果和梨看作土地的产物，而是看作自己创造的成果。我们多次观察到，孩子们是怎样鉴赏温室里或教学实验园地里培育出来的西红柿，又是怎样为果实要被摘掉而伤心难过的。这是一种切身的喜忧感，没有这些就没有真正的、具有社会意义的劳动。

众多事实证明，我们的学生是如此关怀备至地对待社会公共财物，对待他们劳动所创造的财富的，他们并没有把这些财富视为满足自己物质需要的手段，而将其视为有益于社会的东西。

培养一种坚定的、积极的信念，深信属于社会的物质财富是社会主义社会每个成员个人幸福的基础，是苏维埃学校最重要的任务。我们应在培养保护和增加社会财富的个人关切感时，宣扬社会财富的意义。众所周知，孩子们能深切感受到周围生活中看到的一切事物的智力、道德、美学价值。向学生灌输要关心社会财富的思想，就意味着要采取高尚的行动，还要**创造条件**以利于孩子把这一思想积极地付诸实践。如果孩子们采集了2千克麦穗，再把小心脱粒出来的粮食作种子用，或作为公共饲养场几十只兔子的饲料，这类班集体对社会财富的贡献也许并不很明显，但这种劳动的教育价值是巨大的。这种价值不仅要用完成的工作量来衡量，而且要用孩子们体验到的思想和感情来衡量。

2。主客观因素对形成新人的信念的作用

在分析人的精神面貌形成过程时，应看到两个紧密交织在一起影响人的意识的因素：一是社会关系的客观作用，二是教育者在人的意识中为确立一定的观点和信念而开展的积极而有目的的活动。考虑教育过程的这两个方面，即客观方面与主观方面、消极方面与积极方面，在我们社会主义社会中尤其重要。这里，在社会发展史上首次把由生产关系的性质所决定的道德进步的客观规律跟社会成员的主观努力有机地结合了起来。

懂得社会主义社会的这个特点，对于正确培养成长中的一代，对于成功地清除资产阶级道德在观点上、在人际关系上的残余，都具有重大意义。自发形成人的意识的客观条件，在剥削阶级社会中呈现为一种盲目的力量，而在社会主义条件下则成为一种革命性的社会历史实践，这种实践为人类提供了道德经验。这就是必须使教育与生活相联系的原因。越是积极地把成长中的个人吸引到生产关系中去，客观因素（周围生活环境和劳动）的教育作用就会越有力，客观因素与有目的地影响人们意识的主观因素就会有机地结合起来。正因为如此，"劳动在进行教育"的论点是正确的。

在社会主义社会里，特别是在共产主义建设时期，考察人的意识形成的客观因素，不应采取在社会主义以前的社会里通常使用的方法。因为在社会主义社会里，生产关系本身就是一种有意识的自觉过程，社会已经意识到这种关系对形成人的精神面貌的作用，所以通过有目的的活动能创造更有利的条件来确立这个社会每个成员的观点和信念。由此可以得出结论：为形成未来人的道德面貌，应最大限度地利用社会主义社会生产关系中已具有的可能性，尤其是社会发展中最先进的、最革命的趋向，那些属于未来性质的共产主义萌芽。遗憾的是，教育实践中并非总是考虑到这个十分重要的规律。教育工作者并非总是善于向青年人揭示人们在生产过程所处关系中最鲜明的方面。所以，现在人们经常强调这样的观点：**即与生**

活相联系不是简单地让学生参加劳动而已，还要使他们为新事物、为进步事业而奋斗。在我们社会中，对教育工作者最重要的要求，就是不要把学生变为由别人经常对他们施加教育影响的消极客体，而要在劳动过程中使学生能自发形成新人的道德面貌。教育的艺术，就是使我们的孩子不再成为传统意义上的受教育者，每一步都由别人并且是严格地予以细则规定的人。应当给孩子们委以力所能及的责任，他们应当成为社会进步的积极参与者。

应当把社会主义生产关系的哪些方面揭示在受教育者的面前？最重要的一个方面就是同志式合作与互助的关系。真正的集体主义并非仅仅指人们在一个集体里工作，完成共同的事情。集体主义作为共产主义道德的特征，符合我们社会进一步发展的利益，它反映着集体成员的共同观点和信念。同志式合作与互助的素养，取决于一个人不仅在极需要的时刻按自愿和良心的吩咐，而且在日常生活中、在通常环境里，为他人做了什么并准备为他人做什么。同时值得一提的是，要使同志式合作与互助超出自己基层集体的范围，并融入共同的全民劳动之中。一个人越是深信其劳动正是创造社会财富和全民幸福的劳动的一部分，为自己国家的人民、为整个全人类做的事情越多，那么他对教育事业的贡献就越大，对教育的客观作用也就越大。

真正的集体主义者之所以在参与共产主义社会建设，不仅是因为他创造着物质和精神财富，而且还因为他通过自己的榜样（劳动及全部生活）教育着别人，哪怕并未给自己提出这样的目标。这个规律，能帮助我们确定一条引导年轻一代走上促进道德发展的生活道路。

我们认为，可付诸实践的最主要的道德教育准则之一，就是一个人在少年和青年早期应不仅仅是教育的客体，而且是影响同学的积极力量。这当然不是口头宣言，而是一项实实在在的任务，这里如果指的是儿童社会组织的话，它们尤其应把这项任务作为自己的重要活动。在为社会、为未来创造物质财富时，一个人应以自己为榜样，激励其他人参加同样的活动。创造属于全社会而不能由个别人享受的物质财富，应当在儿童、少年、青年小伙子和姑娘们的精神生活中占据最重要的位置。孩子们的这类社会活动的形式之一，就是关心、保护和增加社会财富。从孩子上学的最初日子起，我们就使他懂得：人的崇高道德职责就在于，**在自己身后给地球留下能增加人民财富的遗产**。除集体做的事情外，每个学生在求学时代都要种下不少于100棵树——果树和观赏树。一部分树种在护林带里，另一部分树种在集体农庄的果园里和学校教学实验园地里。不管学生干的是什么活，他都绝不会忘记这一光荣职责。为此目的还要进行教育谈话，向学生讲述"为社会而劳动"这一思想的崇高性。这种社会公益劳动形式，作为传统纳入学校和乡村的生活之中。我们使孩子们在创造物质财富时开展竞赛，以高涨的劳动热情相互激励。对十四五岁这个年龄的孩子，其突出特征是特别热情地对待社会公益劳动，学生在这一年龄段就获得从事此类活动的大量道德经验，这具有重要意义。

我校设有儿童和青少年自然保护协会。这些协会的活动具有明显的社会性质，学生从小就在这里养成为人民从事无偿劳动的意愿。例如，协会的成员，每年都要为大面积的果园和护田人工林带消灭害虫。在我们这个缺少森林的地方，不要说保护大片的森林，就是保护单棵的树木都具有重大意义。学生在参观和郊游时，会对珍贵的柞树、椴树、松树的棵数进行登记。对这些树还要进行年复一年的观察，观察结果由一"代"学生传给另一"代"学生。

几年前，青少年自然保护协会的一个小组提出了一个目标：繁殖一种正在消失的椴树（在当地集体农庄的地里留下了几棵这样的树）。为此我们开辟了一个专门的苗场，把在那里培育的树苗移植到道路两旁，移植到沟壑里。如今，村子里有数百棵这种珍贵的小树。学生们还对俄罗斯槭树做了保护工作。

自然保护协会的成员，每年春季还到当地集体农庄的土地上登记开始出现沟壑的地段。他们做好力所能及的一切，以防土壤受到侵蚀。此外，学生还利用一切能影响社会舆论的手段，把成年人的注意力吸引到这件重要的事情上来。

年龄最小的学生，甚至也被吸引到社会公益劳动中来。自然保护协会儿童小组的成员，不仅沿壑谷和山沟的斜坡植树，以防土壤受侵蚀，而且还用心保护和改善草场。例如，三年内学生们采集了几十千克牧草种子；清除杂草后播下种子，草地的草层状况得到了大大改善。此外，他们还保护鸟类、培植果树苗献给社会、为粮食和技术作物消灭害虫、为苗圃奠基、采集种子、挑选技术作物良种供高年级学生做试验、采集柞树果实并为柞树林奠基。所有这类乍看起来微不足道的劳动，都是增加社会财富的劳动。

我们努力使每个学生进入青年早期时，都能看到在自己的周围较童年时期有更多的果树、更多的牧草，壑谷斜坡上有更多的护田林带。而这一切都是通过自己的双手创造出来的，这就会激发青年人去从事新的劳动的热情。当他们走上独立生活的道路时，就不仅成为最积极的社会成员，而且成为与之一起劳动的人们的教育者。劳动集体中这样的人越多，该集体对每个人的意识的影响就越大，教育的自发性与有目的性就越是有机地融合在一起。

在工作的集体中，我们的毕业生不仅认真完成自己的义务，而且把无偿地为社会和未来做点什么都看作自己的天职。本地集体农庄的拖拉机队，曾被授予"共产主义劳动队"称号，该队队员在工余时间建起了田间宿营站；饲养员在畜牧场里装备了一个俱乐部；森林土壤改良队的队员决定超计划开辟一片2公顷的柞树林并照料这些苗木；克列明楚克水力发电站年轻的建设者们为幼儿园建起了一座楼房。这都是我们的人的精神成熟性表现在行动中的一些鲜明的例子。

先进的社会公益活动是一种良好的环境，它作为客观因素影响到年轻一代的意识，在他们的意识里巩固着学校里所形成的思想和观点。教育教学紧密联系生活这一思想得以实现的条件之一，就是直接地而非间接地把受教育者引入这种实践。

我们社会中人际关系的重要特征就是相互信任、尊重个人，并在此基础上把物质财富的生产与组织管理结合起来。无数事实证明了这点。在许多队、组里，集体成员轮流担任领导职务。例如，畜牧场的所有工作人员，从场长到挤奶员，都直接参加物质财富的创造，而劳动成果的统计和劳动质量的监督检查，则每周轮流承担，有时由集体的这一成员担任，有时则由集体的另一成员承担。在许多拖拉机队里都可看到，统计员的职责轮流由拖拉机手们自己承担。

这些事实证明，人的精神发展在我们这里提升到了一个新水平：必须为社会诚实地、忘我地劳动成了他个人的信念；在检验别人的工作质量时，他也检验着自身。重要的是，要把这种道德经验传给年轻一代，这就是在学生集体中建立一种使学生既尊重自己、又尊重同学的人际关系。在我校教育工作实践中，哪怕在持久性劳动集体中，也没有不需更换的领导者。领导者的职能由集体中所有成员轮流担任。个人越是经常地**用集体的眼光来审视自己的工作，他就越是能深信别人**。这一点，特别明显地表现在高年级学生组成的教学生产队的工作之中。队长和组长照例是在完成某项农业劳动的期限内推选担任的。完成领导职能的同时，绝不脱离生产劳动。体力劳动与领导职能的结合，是形成正确看待体力劳动者与脑力劳动者相互关系的重要条件。

在教育年轻一代的工作中，教育的两个方面，即客观的一面，也就是由日常生活经验过程中确定的一面，与有目的有意识的一面，在目标的一致性上具有重大意义。学校给自己的学生揭示真理的高尚性。特别重要的是，要使这些真理在成长中的人的眼中是成年人已付诸实践的。成长中的人确立的道德原则是否符合真理的标准，应当在周围现实中得到验证。我们指的现实，是在孩子身边所发生的现实情况。教育者告诉学生的那些崇高原则，应当在学生所能接触的小小世界里鲜明地获得反映。这对于形成坚定的信念，以及在人的心灵中确立那种无可争议的真理，即真理正变为其神圣信仰的信念来说，是十分重要的。

常有这样的情况，教育者教给孩子的是一回事，而孩子们在获取道德经验的现实世界里发生的却是另一回事——与共产主义道德原则相对立。当教师以鲜明的事例向学生阐明比如关心增加全民财富的崇高道德意义，对高尚行为作出道德评价时，而孩子们看到的，却是另一种相反的现象。

如果一个人在青少年时期看到崇高的共产主义道德原则被某些人所践踏，这就可能成为他精神消沉的原因。大家都知道有这样的事实：有个别青少年因此而陷入异己思想的影响之下。有经验的神职人员会十分细心追踪考察我们的青年人，竭力使他们远离共产主义道德原则。对年轻人来说，只要有不相信自己的力量或不相信我们的未来的表现，就够糟了。神职人员会开始给他灌输世界上只有一个最崇高的真理——宗教的思想。

一个人在青少年时期应当不仅仅看到，而且还通过切身经验深信：崇高的共产主义道德原则正经常地在我国被付诸实践。但这还不够，孩子应当在自己家里、故乡、街道的小小世界里看到一个大世界，在那里崇高的原则和理想是人类迈向进步的伟大动力。

在日常生活中，在劳动中，在人际相互关系中，人们始终在为实现共产主义思想而奋斗。要使成长中的一代的意识中所确立的思想与客观现实之间完全一致，当然不能仅仅依靠学校，但学校的作用特别重要。学生依靠切身经验能够清楚地认识到，要为实现共产主义进行奋斗。如果在儿童周围的小世界中不存在积极的奋斗，那就要勇敢地着手进行这种奋斗。要用新人的高度原则性、坚定性、对胜利的信心，去战胜孩子们在自己周围看到的旧残余。生活的逻辑必定导致这样的结果：新的共产主义因素与旧的衰退着的东西相碰撞，而只有投身生活的人才会深信共产主义真理必胜。这是形成坚定的共产主义信念的正确途径。生活本身也给学龄早期集体提供着为共产主义而奋斗的可能性。我们应当使孩子学会观察，发现这些可能性，用自己的心灵去感受它们。

教育与生活的联系不仅仅体现为评价周围现实的现象，要寻找这样那样的旧残余存在的原因，宣扬我们的成就和讨论其不足。无所作为地讨论现实生活的消极方面，只会培育出怨天尤人者和蛊惑家，而无所作为地宣扬我们的成就，则会使人变为无望的饶舌家。前者和后者的背后都是精神空虚，缺乏崇高目标，无原则性。一个人只有为确立崇高的共产主义道德原则亲自作出努力时，这些原则才能成为神圣的、无可怀疑的真理。

现在，当学校与生活相联系的思想成为教育纲领的基础时，懂得这些规律性则显得尤其重要。个别学校领导人和教师忘记了，生活不仅仅是学校围墙之外发生的事情。学校本身就应当通过自己的积极努力来建立、确立新的人际关系，新的生活。生活中产生的新因素，应当渗入学校，把共产主义的最初幼芽变为真正的共产主义人际关系。

通过一定的施教过程把长辈的道德经验传给年轻一代，这对新人精神面貌的形成起到了巨大作用。同时，要使青年人把所理解的道德概念和原则视为个人行动的准则。阶级社会的统治阶级，都努力使劳动者的行为建立在"内部信念"的基础上。他们特别关心这种信条，认为被剥削者的"内部信念"应是消极的，是奴仆对主人的忠诚。

在社会主义社会成员的意识中所形成的则完全是另一种信念。在这里，社会发展过程本身是自觉的，而非自发的。这个过程的一个基本部分，就是形成具有高尚道德的人。共产主义意识现在就在形成着。学校在对意识施加影响时，应完成几项互相关联的任务：第一，向学生揭示共产主义思想的实质；第二，促进这些思想的实现，保证实践活动具有高度的思想内容；第三，克服不符合我们愿望的旧事物的自发影响。这些任务牢固地、有机地相互交织，它们在实践中的落实程度，制约着我们上述那种使生活渗入学校的程度。

学生为共产主义而奋斗的积极性，在许多方面取决于我们的学生在多大程度上领会了社会主义关系的实质。那些捍卫了革命战果和建成了社会主义的长辈们的道德经验，应当成为青年人精神生活的财富。这是共产主义信念得以形成的一个重要前提。

青年人还应懂得社会主义成就的价值。这些成就曾是几代人的夙愿和理想。年轻的一代，不可能通过自身的经验认识到伟大的十月社会主义革命的意义。因此，更重要的是，学校和社会应对负有继承十月革命伟大事业使命的那些青年人的意识有目的地施加教育影响。我们要使青年人坚信，社会主义的物质和精神财富是其祖辈和父辈以生命为代价换来的，要使青年人确立起对未来的高度责任感。

在教育工作中，我们竭力做到，使关系到我国社会主义建设的任何讲话或报告，都能唤起孩子们思考：他们得到了什么，他们又献出了什么。多年来，帕夫雷什中学坚持举办关于社会主义和共产主义的报告会。其目的不仅是逐步向学生阐明社会主义制度和建设共产主义社会必胜的历史规律，而且还要使学生形成这样的信念：新人的真正幸福不在于享用他人所创造的财富，而在于积极参加为人民、为后代创造新财富的斗争。从孩子们开始上学起，我们就跟他们进行这样的谈话。孩子越小，参加积极劳动的机会就越少，教师的谈话对孩子的教育所起的作用就越大。例如，教师在一年级进行谈话的题目为：《我们的祖父和曾祖父们在伟大的十月社会主义革命年代里为了什么而奋斗？》，这个谈话题目对小孩子来说很抽象，难以理解应当用具体例子来谈，使之形成这样的观念：革命就是普通人民争取幸福生活的斗争。使孩子们产生这样的思想：十月革命和国内战争的英雄们，曾经为生活在今天的人们的幸福而奋斗。事例的鲜明性和形象性对揭示这种思想具有重要作用。这些事例越是鲜明地表明人们对后代的关怀，孩子们在自己的意识中就会越多地把过去与现在联系起来。

孩子们的感情十分强烈。我们曾多次观察到，在进行谈话之后，孩子们就会备受鼓舞地参加社会公益劳动，他们希望尽快地、尽量多地为自己的人民做事。孩子们越是经常地进入这种主观状态，一些重要的道德思想就越是能够深刻地触动他们的个人情感。这些思想既渗透在学校学习的社会科学基础知识之中，也渗透在课外活动之中。个人对待那些对全世界的命运具有重大意义的历史事件的积极态度，能使这个人易于响应社会活动的召唤。

这些事件中最根本的一件，就是伟大的十月社会主义革命。教育的艺术在于自学生上学的最初日子起，就使革命思想成为他们精神生活中的决定性成分。孩子越多地意识和体验到自己个人的生活与1917年10月决定其祖国命运的事件相联系，革命思想就越容易被他们所接受，他们就会越来越深刻地领会到今天为革命理想奋斗的意义所在。这样一来，革命就会由远久的过去的事件变为今天的事件和今天的事业。

介绍革命英雄业绩使学生确信：一个人的道德水平取决于他为后代、为世界的革命做了些什么。革命者不仅是用手中武器跟旧世界作斗争的人，也是克服了重重困难创建了工业、改造了农业的人。我们认为，这是新人精神面貌形成过程中具有的一个最重要的思想。

我们在自己组织的教育谈话中使这种思想深入孩子们的意识中，其办法就是讲述我国先进人物的劳动生活，讲述国民经济恢复时期先进人物的事迹，讲述头几个五年计划期间突击队员的事迹，讲述首批拖拉机手、康拜因手的事迹，从新的角度揭示那种在今天已成了普通的日常生活现象的实质。例如，学生从谈话中可以了解首批拖拉机手，了解农民当时以怎样一种不信任态度对待不曾见过的机器，并以同样的态度对待表示希望掌握这些机器的人。在利用本村具体的历史材料时，我们给学生讲述加入了集体农庄并同意用拖拉机耕作土地的农民是怎样提出如下条件的：假如头一年用拖拉机耕作的土地收成比集体化之前有任何一点下降，他们就不会允许拖拉机手再耕作自己的土地，而照旧用马耕地。当时春季和夏季都遭受了严重的旱灾。大家都等着看：在这种困难条件下，拖拉机如何能做成人的双手所不能做成的事情。当时集体农庄很小，总共只有一台拖拉机。拖拉机手意识到，本村的革命化改造能否坚持就取决于他了：如果收成低于属于个体农民的某些肥沃地段上的收成，那么幸灾乐祸的富农们就会使劲儿煽动反对集体化。拖拉机手竭尽全力使水分保持在土壤中，结果是乐观的：集体农庄地里的收成大大高于个体农业的收成。确信机械技术与集体劳动的优越性之后，绝大多数农民纷纷加入了集体农庄。随后又有几十位拖拉机手来到村里。

这种事例的讲述，有助于孩子们更好地理解过去先进人物为祖国的改造事业奋斗的实质。他们深信，不仅在革命年代、国内战争年代、卫国战争年代，而且在经济改造年代、和平劳动环境里，也都在进行着这样的奋斗。揭示劳动在社会改造中的作用的这种谈话，能使孩子们确立"劳动是积极参与社会生活的主要形式"这样一种观点。

对于其精神面貌是在社会主义社会里形成的一代人来说，劳动权正如我们社会中所有人在少年时代都可上学那样是平常而合法的。我们的孩子并不知道大量失业这种现象。懂得这个最丑恶的社会现象，就会高度评价我们的最大战果——劳动权。在青年人的道德面貌形成时期，就应教会他们把长辈的劳动当作社会主义的伟大福利，当作应珍惜的幸福来看待。

仅仅靠切身的实践经验，直接参加劳动，还不足以形成上述观点。这里特别重要的，是要揭示获得解放的各代人的道德经验，要把劳动变为自由人的光荣事业。同样重要的是，要使这种经验一代一代传下去，使人们在将劳动视为生活需要的共产主义社会里，不仅把劳动当作显示自己天分和才能的手段，而且当作社会进步的伟大成果来珍惜。

在对成长中的人的意识施加影响时，我们阐明改造社会的实质是为人的真正幸福，即为自由劳动而奋斗。我们指出剥削阶级社会的劳动与社会主义条件下的劳动有何差别，使孩子们深信：只有在社会主义条件下人们之间建立了新的社会关系，才能确保劳动权利。在讲述中要揭露封建社会农奴阶级及资本主义社会中无产阶级的生活状况。这种讲述，给学生们，特别是学龄早期的学生们留下了深刻印象。要使这种讲述达到教育目的，就必须使劳动的繁重性、艰苦性、令人疲惫不堪等内容不要掩盖了生产关系这个主要内容。在阶级社会的生产关系中，财富集中在少数人手里，无产阶级是为别人干活。若不善于运用说明资本主义社会中劳动本质的事例，则可能使学生形成不正确的观点，并以此去看待任何性质的劳动，包括看待社会主义条件下的劳动，因为我们这里也会有不轻松的、高度紧张的劳动。

为形成正确对待劳动的观点，就应给学生鲜明地指出，在阶级剥削的社会劳动中，劳动者与生产资料、与被创造财富的关系。经验令人确信，孩子们越是深刻地认识到社会财富在分配上的不公正性，他们就越能高度评价为大众创造财富的劳动。

我们不能使孩子们形成这样的观念：劳动在共产主义条件下将是轻松的，人根本就无须付出努力，机器将为他做一切事情。没有人的双手，没有人的智慧，就不会有，也不可能有技术进步和物质财富的创造。相反的论点只会形成对待我们未来庸俗的态度、依赖他人的态度。应当用高尚的、具有创造性和进步性的思想去抵制这种观点。当然，随着共产主义的接近，人类对自然施加影响的能力会越来越强，劳动的成果也会越来越明显。一个人将为很多人创造物质和精神财富，这一切都是促使人们去劳动的强大动力。劳动将成为最重要的机体需要，甚至不能想象：人们会愿意在满足这种需要上受限制。精神丰富的、有趣的、智力充实的劳动，仅仅因为它必须克服障碍和困难，必须付出巨大的精力，就不可能是轻松的。当代许多先进人物，为增加我们祖国的实力及祖国的技术进步，正在克服着种种严重的困难，年轻一代也要做好这种准备。

学生们从自觉生活的最初阶段起，就接触到我们社会中的一种普遍现象：最重要的财富（土地、森林、工厂、制造厂、矿产、道路）属于人民。学校的全部教育工作体系，尤其是劳动教育，应当把目标瞄准这一点：要使学生像必须懂得算术四则运算那样，懂得这一常识，要使他们从小就学会珍惜和增加人民的财富。

我们社会在发展进程中获得了极其重要的道德经验，它体现在社会的意识中，体现在共产主义道德的概念和原则中，最终体现在苏维埃法律中。世界刚刚展现在孩子们面前，他们很难理解这一切。广阔的集体农庄土地和稠密的森林都属于全民财富，这对孩子来说是不容易理解的。然而为了形成新人的精神面貌，为了积极地吸引他们投入生活，使孩子们尽早地懂得社会主义公有制的全部意义，就必须让孩子们懂得全民财富的含义。这种意识的直接影响应大大超前于个人经验，且尤其重要的是，要伴随后者进行。应培养学生以高度自觉的态度对待全民财富，这种财富不属于他们个人，但关心这种财富却是令他们感到光荣的事情。

我们村有一片柞树林，是乌克兰草原区的稀有珍宝。我校学生自上学起就都知道，80年前这里发生过悲惨的事件。这片森林本属地主所有，农民不仅无权从里面捡干柴、割干草，连林边的路都不能走。有一天，一位妈妈领着小女孩来到林子里，她们想偷偷地捡一捆干枝。管家发现了母女俩，指使看家狗把小女孩咬死了。母亲因此发疯了，她在小女儿死后好几年里，常去林子里，逢人便问她的女儿在哪里。

孩子们从周围生活中这样那样的现象体验到的感受越深，他们对那些现象形成个人态度时就越深入地思考其实质所在。有趣的是，每一代孩子在听了我们的讲述并得到了对许多问题的答案之后，都想到曾发生过悲惨事件的林子去。这种讲述有助于孩子们理解公有制意味着什么，我国人民掌握着怎样的、无可估价的财富，人对社会来说是最宝贵的财富。

孩子们从随后的一些讲述和谈话中，还了解到关心全民财产的人们的崇高道德行为。在学生的意识中逐渐形成了这样的信念：旨在保全和增加全民财富的活动，为个人丰富的精神生活提供了广泛的可能性。特别令儿童、小伙子和姑娘们高兴的是，这种活动能充满真正的奋斗，在奋斗中可以表现英勇品质和忘我精神。这种信念形成得越早，个人对待社会财富的态度上的自觉因素就越明显，孩子们为保全和增加全民财富的个人奋斗经验就越具有重大意义，这种活动对他们特别有吸引力。

从如上所述，我们可以明显看到，对意识直接施加影响的使命，是把社会主义社会发展过程中所形成的道德原则和理想具体化为所有苏维埃人的个人品质。当然，只有在成长中的个人不只单纯领会真理，而且还积极付诸行动，这种影响才会有效。如果学生们不去参加新财富的创造，那么，有关为保全和增加社会主义财产的忘我奋斗的讲述及谈话，就不会有任何结果。学生越积极参加力所能及的这种活动，他们的智慧和心灵对谈话内容就越敏感，教师关于增加全民财富的召唤就会在他们心灵中获得极大的反响。

有一点不能忘记，个人的形成和发展是与社会的发展和生产关系的完善同时进行的。前瞻性应是教育的重要特征之一。应当看到生活中发生哪些变化，生产关系发展中哪些趋势是最进步的，并据此来影响学生的意识。忽视这个规律性，学校就会落后于生活。教育上最严重的缺点常出现在这样的地方，那里的生活在进步，社会意识中正确立着新的观点和概念，而个别人精神上的兴趣却无变化。特别不能允许个人的精神生活脱离先进的观点和信念，脱离反映共产主义建设时期社会意识本质的那些观点和信念。落后于存在的意识应当通过社会全体成员有目的的努力去克服。

善于在实际工作中看到、理解、考虑社会发展的趋势，在解决比如培养学生热爱劳动的品质的问题时尤其重要。现在就应当考虑，如何培养成长中的一代准备从事各种劳动的意识。我们将他们培养得越好，未来教育工作中的缺点就会越少。

共产主义建设时期，学校教育工作的成功与否，在很大程度上取决于能否更多、更深刻地把最先进的社会发展趋势反映到个人的精神世界中去。仔细洞察生活，不仅能看清以上趋势，而且能确定对成长中的一代的意识施加影响的内容和形式。我们来谈谈共产主义建设中那些起着重大作用的主要趋势，并试着指明，应当在哪里体现教育对生活的适应。

竭尽个人的力量和才能进行劳动是一种需要，这种思想在社会意识中已经确立起来。每个劳动者投入社会生产，已越来越少地取决于个人的物质需要。作为维持生活的手段的劳动，正在变成生活必需的劳动。人们越来越少地计较他给予了社会多少，他又从社会那里获取了多少。我们面临的一项重大的任务，就是培养具有这种精神面貌的人：**他最大限度地向社会提供他所能提供的东西，竭力做到绝不从社会那里索取超过自己需要的东西**。归根结底，教育的理想应是培养这样的人，在他们的意识中，尽其全力的劳动绝不跟报酬挂起钩来，总之，不跟他从社会那里获得的物质和精神福利挂起钩来。这是未来的人的意识的一个十分重要的内容。它的产生，既有正在出现的共产主义生产关系背景，也是适应社会意识发展的进步趋势。遗憾的是，在教育工作实践中往往还缺乏关于道德理想的明确观念。班主任往往使学生把他们的劳动仅仅跟享用社会主义社会的物质财富和精神财富联系起来。这不仅无助于一个人去贡献他的全部力量和才能，而且还限制着他的需要，并使其贫乏起来。

为使成长中的人最大限度地显示自己的力量和才能，并充分利用长辈的道德经验，应当对其意识施加怎样的影响呢？应当从儿童上学之日起就向他们阐明现象、事件（如革命、社会主义竞赛、共产主义劳动队的劳动）等的思想和道德意义，同时要使孩子们在先进人物的具体实例中看到，应当如何劳动、如何对待社会财富、如何对待劳动人民。让孩子们看到成年人的高尚道德行为，认识社会发展规律，理解为实现共产主义而斗争的思想。

从孩子们上学之日起，我们就给他们讲述这样一些人的生活、斗争和劳动，他们为了社会发展的利益，为了人民的利益而做尽量多的事情，并把这些视为生活的崇高目的。不应让孩子们关注这样一点：为社会献出自己一生的人享受着怎样的福利。他们应当明白，在我们这里，国家会高度评价崇高功绩的。

在所有年龄期，在人的精神发展的所有阶段上，都要把以服务祖国为自己生活目的的人们作为学习的榜样。学生早在童年期（7—10岁）就应当看到具有崇高道德的榜样：对他们来说，社会的利益就是个人切身的事。只有在这种条件下，学生才不会被动地劳动，消极地掌握一定的技能和技巧，而是鼓足自己的精神和道德力量。在我校的一个集体里，在4年（7—10岁）期间，我们给学生讲述乌克兰杰出机械化专家、两次荣获社会主义劳动英雄称号的A.B.吉塔洛夫的忘我劳动事迹。这位英雄热爱劳动的品质、意志力、原则性成了某些孩子的追求。这些孩子陶醉于技术，积极参加综合技术小组的工作，在掌握技能、技巧上表现出极大的兴趣。例如，其中一些孩子在第四学年时就学会了驾驶小马力汽车。在道德发展水平上，他们大大超过自己的同龄人，能提出更重大、更长远的目标，而这对该年龄段的学生来说是一个突出特点。他们顽强地战胜了种种困难。例如，其中一位10岁的孩子提出了这样一个目标：用自己的双手制作一个电动拖拉机模型，他在几年内实现了这个目标。

生活令人确信：孩子能够做到比我们想象重要得多的事情。我们重视对学生学龄早期的道德和劳动教育，因为我们认为，在我们一般理解的"劳动"词义上，**一个人在成为有劳动能力的人之前，就应当在劳动中取得重大成功**。在一个人能够获得劳动报酬之前，延迟他开始劳动生活的时间，就意味着人为地压制其精神力量，限制其参与社会公益活动。学龄早期的学生在智力、崇高思想、意志等方面的活动，能促进少年时期道德的加速成熟。我们知道，一些13—15岁的少年已经达到了青年早期才具有的道德自立水平。他们能自觉地克服大量的困难，选择喜爱的劳动项目，提出面向未来的目标，在与同学的相互关系上表现出高度的原则性。在这些学生的青年早期，他们便树立了这样的道德信念：竭力使自己的每个行动不仅要达到一定的目标，而且要证明自己的生活观是正确的。他们的一个最重要的特征，就是用尽全力、才干、可能性去劳动。

我们坚信，一个人的道德面貌在相当程度上取决于多早开始形成其思想信念。

体力劳动与脑力劳动日益接近是在我们社会的进一步发展上具有重大意义的趋势。这不仅表现在劳动中的技术和工艺操作、机器和机械的装备程度上，还表现在对体力劳动者的智力和精神面貌的要求上。创造物质财富的工人和集体农庄庄员，正在竭力扩大自己精神上的兴趣范围，满足自己多方面的智力需求。在每个企业、每个国营农场和集体农庄里，都有这样一些体力劳动者，他们离不开书籍，经常学习，不断掌握新知识。这不是为了把体力劳动转为脑力劳动，而是为了用知识来武装劳动，使劳动的人具有精神文明和精神美。没有知识，就无法获得这些品质。因此，要想成功地培养学生，光吸引学生参加力所能及的体力劳动还不够，还要从其自觉生活的最初阶段起，就使他们深信，不论从事什么劳动和职业，他们都能够，也应当全神贯注于丰富多彩的、富有价值的精神生活。应向成长中的人介绍劳动功臣的范例，介绍劳动者丰富的精神生活的范例。这些范例，只有在孩子们与优秀人物进行直接精神交流时，才会变得有说服力。保证这种交流，是加强学校与生活相联系的任务之一。在自己的教育工作实践中，我们要使孩子们不仅注意劳动者的忘我精神，还要注意他们丰富的精神生活。周围人们的精神生活总是极大地影响着孩子们的意识。

因此，学生多方面的需求和兴趣具有特殊意义，包括在学龄晚期，在小伙子和姑娘们主要从事生产劳动的这一时期里更是如此。在劳动最紧张的时刻，当全部体力和意志力都致力于实现目标时，集体生活就会充满深刻的思想和高尚的情感。双手越是在创造着、操作着、改造着什么，智慧就应当越丰富，智力兴趣就应当越深刻、越广泛。夏天，当我校高年级学生在农田和畜牧场工作时，他们都过着丰富的精神生活。夏天通常按两班或三班轮流干活，工作之后他们欢聚在田间宿营站、俱乐部或学校里。在业余时间谈艺术，讲科技发展前景，开展以崇高道德为题材的辩论。这一切均按学生的意愿进行。例如，在夏收最紧张的时期，学生们以极大的兴趣参与了音乐座谈会，座谈会由高水平的音乐家主讲，并有音乐作品表演。我们看到，满足与发展智力需求，能从精神上团结青年劳动者，并确立他们的道德尊严感和美感。

劳动之所以变得有趣，正是因为生活中除今天和明天的劳动之外，还有某种别的东西，还有其他多方面的兴趣和需求把人们凝聚在一起。学校的任务不仅在于培养这些兴趣，而且还尽量扩充这些兴趣。

在我们的社会中，人们以自己的创造性劳动争得了了解与劳动有关的东西的权利。我们的任务，就在于向每个学生说明认识和改造世界的高尚性。深信体力劳动者的精神生活是丰富而充实的，这就强化了学生对自己未来的信任感，确立了他个人的尊严感。

作为我们社会发展的重要趋势的还有：**先进的人对满足自己的物质需要（即生活必需品）已不言而喻，而对最大限度地满足精神需要的意向更是日益增强**。人的自觉性越高，他与庸俗的物质欲望就越格格不入，精神文化财富，首先是知识财富在他身上就越鲜明。正确分析当前我们生活中各种现象并作出分析，能确定影响年轻一代意识的内容与形式，并使他们形成最先进的观点和信念。

我们社会中先进的人们，都竭力用劳动报酬和自由支配时间来满足智力上的需要。一位28岁的建筑师讲道："我在自己独立工作后的头几年里，曾竭力去购买物品。为自己和妻子买了好几套衣服，获得了优越的居住环境。这一切自然让我感到十分惬意。但总有一个问题令我不安：假如我有20套衣服，我就会因此而变得更优秀吗？不，不会。我逐渐对物质享受失去了兴趣。假期开始前，我和妻子曾打算再为每人买一件大衣。但后来我们改变了主意：我们要凭旅行证到高加索去，到克里米亚去，我们要看看自己的祖国，这比任何物品都珍贵。于是我们这么做了。下一个暑假我们要去列宁格勒。我们酷爱书籍，目前已经有了一个不大的藏书室。我们常听讲座，我对技术感兴趣，而妻子对艺术感兴趣。生活变得更愉快、更有趣了。知识成了我生活的目的。我听着聪慧的、知识渊博的工程师、教授、教育家的讲座，心里想：这种人拥有多么宝贵的财富啊！真该珍惜这样的财富！"

在我们这里，自由支配业余时间的观点也日益变化着。先进的工人和集体农庄庄员都竭力把这些时间用于精神上的发展，特别是用于技术、艺术领域上的创造性活动。39岁的集体农庄庄员弗拉基米尔的讲述，证明了自由支配时间的观点是怎样改变的："我当了20年拖拉机手。通常在连续工作12小时之后，我会有一昼夜的自由支配时间。曾经有一个时期，我把每一分钟自由时间都用于自家经济，有时在菜园里翻地，有时盖猪棚，有时挖新的地窖。集体农庄的工资在逐年增加，而我还在继续扩大自家的规模，光一个猪舍嫌不够，我还想盖一个兔舍。养兔需要许多饲料，这使得我下班之后甚至没有时间睡个好觉。几年前出现了玉米联合收割机，这是使我改变对个体经营态度的一个转折点。这种联合收割机使劳动变得十分轻松，自由支配时间变得更多了，这种情况下难道我还要继续过那种庸碌的生活吗？不，不能再这样继续下去了。家里也有过不大的意见冲突，但后来也慢慢平静了下来。自家'养猪场'被我们取消了，养一头小猪崽就够了。集体农庄里建起了一座规模宏大的养兔场，何必还在自家院子里养兔呢？我家原有一大片宅旁自留地，结果丢弃了，只保留了1／4公顷地。在这片地上种的不是玉米，而是葡萄，为建果园打下了基础。这种劳动不是为了致富，而是为了娱乐。干完开拖拉机的本职工作后，在果园里干点活就相当于休息。生活变得更有趣、更愉快了。我给全家买了一台收音机，又给儿子买了一架手风琴。订了四种杂志和两份报纸。我的眼光逐渐开阔了。我发现竟有如此多有趣且充满智慧的书籍，真后悔过去那么长时间自己不是在生活，而是在混日子。现在凡是有趣、有益的书我都想读。如今我家有两柜子书——一个柜子里是文艺书籍，另一个是技术书籍。过去，曾有过那么一段时间，下班后我不想回家，因为等着我的是繁重的家务劳动，而现在我学会了珍惜自由支配的时间。"

社会实践证明，我国人民的自觉意识正在大幅提高。这是我国人民在社会主义建设年代所获得的大量道德经验，即建立在自由劳动者之间的友谊与同志式互助的人际关系基础之上的经验所带来的必然结果。在我们社会，先进个人的意识中日益确立着新的道德标准：不仅尊重每个同胞的人格，而且积极关心他的健康、他的物质和文化需要的满足，以及他的道德面貌。

我们社会的先进个人，首先把遵守社会主义共同生活准则看作强化共产主义原则和规范的手段。因此，人们关于其行为动机的见解是很有意思的。青年矿工伊万开车带着妻子和6岁的小女儿去医院看病。小女儿的膝关节已经疼痛好几周了。车开到市郊时，伊万听见从一座小房子里传出了喊叫声，原来是有人在呼救。这位矿工跑进小房子，看到了一个眼睛受重伤的小男孩。房子里只有小男孩一个人。伊万一点儿都没犹豫，打发妻子带着小女儿步行回家，而自己开车送小男孩去医院，并给男孩的母亲留下一张便条，写明她儿子发生了什么事，他现在在哪里。后来，他又把小男孩从医院护送至州中心的医院。

对社会主义社会来说，这样的事情并非罕见。有此类行为的人们，也绝不把这种行为看作功劳。救了小男孩的这位矿工这样评价自己的行为："我觉得，对这类行为不需要任何表扬、奖励，这是每个人的天职和义务。当为救小男孩而打发妻子带着6岁的小女儿步行7千米回家时，我压根没去想人们会怎样评价我的举动，会怎样谈论我。见而不救，装作没看见，那样做可太卑鄙了。如果那样做，事后我将无法正视妻子、女儿和人们的眼神。"

这些话表达了共产主义的人际相互关系观，表达了个人对他人的道德天职观。我们社会先进的人们，把遵守社会主义相互关系的规范看作一个人自己的良心驱使他去从事的一种活动。在形成个人的精神面貌时，应当力求不仅仅去赞扬、奖赏高尚的行为，而是要使人因完成了某一天职而能深深感到个人的满足。这比达到最良好的秩序和纪律，比认真履行制度上的规范和要求，要困难得多。对高尚行为的最高奖赏不应是赞扬和其他鼓励，而是做完事情之后的自我满足感。这样，伊万就会以为救人的行为不是什么功劳，而是平常的举动，是类似于给老人或妇女让座位那样的行为规范。源于社会主义共同生活准则的行为，应当被孩子看成一种自然的、平常的事情，而不是赢得赞扬或其他鼓励的机会。明智的教育者，不会一味地向孩子提醒他的不良品质，而是帮助孩子克服这些弱点。他也不会过分地赞赏良好行为，夸大这些行为是特殊的、少见的，但一定要让其他孩子懂得，学生、少先队员、共青团员应当像自己的好同学那样有所作为。

共产主义教育的一个重要方面，就是预防剥削阶级道德残余的影响。这种道德残余可能会在孩子们的意识里有所反映，这不仅是因为受落后人们的影响所致，而且也往往是由于缺乏正确的教育。

某些教师说，要解决这个难题，首先要预防年轻一代受"不健康的环境"的影响。同时又认为"不良的环境"是一种不以学校、年轻一代的活动为转移的现实存在。在教育书刊中可以经常读到相关的事实报道，并得出结论认为，"不尽如人意的环境"就是有毛病的人、腐败堕落的人组成的圈子，他们正等着"纯洁的"人落入圈子中。这种错误的结论，使教师和家长想把孩子们隔绝于现实生活。然而学校的任务，并非在于使年轻一代免受非共产主义道德的影响而把他们隔绝于现实生活，而在于**学会积极地影响周围环境，**

确立共产主义道德，反对一切旧残余。这是一个不易解决的难题，教育者应竭力帮助青年人去解决它。

对于个别家庭对孩子施加的不良影响，也应以此观点去解决。这种不良影响越大，成长中的人的抵制力就应当越强。精神坚毅、道德坚定的人，不需要逃避在实现共产主义道德原则斗争中出现的冲突，相反，他们会有准备地参与这场斗争。这是合乎规律的，因为相信自己是正确的这种信念正是人们精神力量的来源，而正确性只有被证实时才会变得更加明显。这是个人精神面貌得以形成的一个重要的因素。

大量事实证明：如果一个人在少年和青年时代积极为确立先进思想而斗争，即使出生在一个信教家庭，他也会成为一名无神论信奉者、一位反对迷信的斗士。在利己主义严重的家庭里也往往会成长为一个真正的集体主义者，也会为达到社会目标而献出自己的力量。这里许多东西都取决于人们接受教育的那个集体的精神生活内容和目标，取决于人们在积极活动过程中所形成的信念。只有当一个人自幼就意识到和感受到自己行为的道德实质时，他才能学会对他人、他人的行为、自己的行为做出正确的道德评价。

在《共产党和工人党代表会议宣言》中特别强调：历史经验表明，资本主义残余在很长时期内，甚至在确立了社会主义制度之后，还会保持在人们的意识里。这使得党必须开展艰巨而全面的工作，以对群众进行共产主义教育，提高马克思列宁主义的素养，加强党和国家干部的锻炼。多年的教育工作实践使我们坚信，七八岁的孩子，往往带着一定的反映旧残余的道德经验来到学校。家庭生活方式本身、家长所培养和支持的习惯与性格，都是影响形成中的人的思想的一种强有力因素。

究竟是哪些旧残余在有力地影响着成长中的一代？如何克服这种影响？青年反对旧残余的积极斗争应落实在哪里？在人们意识中的剥削阶级道德残余，个人主义是主要的。个人主义可能与人的某些良好特征，如对待事情的诚实态度，交织在一起并和睦相处，因此这种"和睦相处"会变得更加危险。在我们社会中没有家长会向孩子们暗示：不要遵守法律和公民的义务或社会主义共同生活准则。但情况往往是，家长也鼓励孩子去认真完成社会义务，但这样做是为了利己主义的目的。我们曾遇到过这样的家长，他教导孩子说："要求你做的事，一定要完成。谁也不会代替你做。但不必努力做得比应该做的更多。定额是神圣的东西。如果你往前突破了它，人们就会给你加大工作量。""你干你的，休管别人，不要超过自己的工作范围。不要干预别人的争执，坚持做自己的事情。不要去帮助后进生，只有懒汉才会落伍并等人帮助。""也不要管超定额的人，他是为了追求表扬。要爱劳动，不要偷懒，但只做你分内的事情就够了。"

从表面上看，家长在培养孩子热爱劳动的品质，而实质上所培养的是小资产阶级的、富农的心理品质。这样的教导涉及的不仅仅是劳动，某些家长天天都在给孩子们灌输这种思想：必须封闭地生活，不仅不要关心同学们的劳动，也不要关心他们的命运，不要干预别人的事情，不要为公共的事情尽心竭力。

因此毫不奇怪，在学校里，尤其是在农村学校里常会遇到这样一些学生，他们的精神面貌有着两方面的特征：既标准地、认真地完成学校要求他们做的一切事情（也包括集体提出的要求），又对涉及社会公共利益的所有事情惊人地冷漠。有这样一些孩子，他们诚实，关心自己的基层小集体，但当涉及帮助远处的同胞时，则显出利己主义来。在此场合中，对待自己基层集体的态度是受旧式宗法主义、村社相互救助的意识驱使的，而与真正的集体主义毫无共同之处。

具有各种表现形式的利己主义、个人主义，是危害性极强的剥削阶级的道德残余，其危害性就在于一般人很难识破它们。常有这样的情况，从学生道德的进一步发展的角度看，具有严重危害性的东西不仅在教师和儿童集体的生活内容中没有被清除，相反，还会得到鼓励和发展。在教师面前，有些孩子显得文静、谦恭、腼腆，举止上有点不合群，不爱与同学们交往。教师认为这是一种特殊的"乡村道德"的突出特征，令教师高兴的是，这样的孩子执行能力强，只要让他理解了应当做什么，他就一定会把事情做好。在稍有破坏纪律行为的场合中，只要严厉地扫他一眼，就足以使他变得"又安静又听话"。缺乏经验的教师，总是竭尽可能地保持孩子身上的这种胆小、畏怯、孤僻性，并视之为正面的特征，他们看不到在这种胆小怕事、没勇气的背后埋下了严重阻碍精神力量发展的根子。孩子想干预周围发生的事情，例如，他想表达自己对良好的、高尚的行为的喜悦之情，想揪住欺负女孩子或捣毁鸟巢的那些同龄人的耳朵惩罚他们，但他总是听从家长的教导："不要干预非分内的事情，人家又没惹你。"于是孩子就抑制自己的感情，回避令他不安的事，不再为他人之事感到高兴或气愤。

从缺乏勇气的、胆小怕事的、意志不坚定的、腼腆的孩子中，往往会产生个人主义者和利己主义者。教育工作的经验令人深信，利己主义和个人主义的表现，起初似乎并不明显，学生并未发觉什么，也没有什么触动他。因此，应特别来谈谈这样一个现象：个人主义远非总是始于以不正确的个人占有观去看待由家庭提供给孩子支配的东西。个别教师认为，利己主义的天性是纯物质的：孩子不愿意与同学分享自己的贵重物品，于是他就变为一个利己主义者。这是对剥削阶级道德严重残余本质的一种简单化观点。在现实中，这一切并不是那么直接地发生的。利己主义和个人主义产生于冷漠态度，即冷漠地对待集体与社会公共事务；产生于不干预人际相互关系的态度。个人似乎与集体的精神生活隔绝开来，封闭在自我的世界里，看不到自己周围的任何东西。物欲的愿望是在晚一些时候，在精神贫乏和空虚的基础上才会出现的，而这种精神贫乏和空虚是不关心社会利益和人们，不关心集体中相互关系产生的结果。

了解诸如利己主义之类的旧残余的本质，对顺利开展年轻一代的道德教育十分重要。值得注意的是，作为旧残余的利己主义，可能并不是受到周围有旧残余的人们的明显影响而产生的。也许孩子周围并没有利己主义者，可他却变成了一个利己主义者。这种现象产生的原因，应当在贫乏、空虚的集体的精神生活中去找，应当到以下情况中去找，即孩子只是从周围少数人的态度上，而不是从社会目的和理想的角度上认识自己行为的道德意义。

跟利己主义的表现作斗争，就在于用集体主义去抵制这种旧残余，集体主义就是集体主义者的意识与信念的统一。

如何在实际中做到这一点呢？集体主义是体现在凝聚集体的精神和道德力量去完成具有重大社会意义的任务之中的。这种凝聚力的突出特点，就表现为所有集体成员的社会积极性：每个孩子都被吸引到一定的活动中去，孩子个人的成功、集体的成功，某种程度上或者说整个社会的成功，都有赖于这种活动。在这样的环境里，不可能有封闭在狭隘的自我世界里的人。胆小、怯懦的孩子会变得积极起来；态度冷漠的孩子会对公共事务充满关切感。我们在自己的教育工作实践中，力争使社会利益变为孩子相互关系的标准，使孩子认为，好学生不是好好对待自己，而是好好对待集体、集体的利益、社会的利益的学生。

为此，正如经验表明的那样，必须使集体深切地关心重大社会任务，使学生在为达到所提目标的集体活动中，彼此了解对方的精神世界，并全神贯注于共同的利益。

比起安分的、胆小的、优柔寡断的、顺从的孩子来，我们更喜欢不安分的、执拗的孩子。尤其不容许女孩子表现出冷漠和意志薄弱。个人主义在她们身上不仅表现为冷漠地对待社会利益，还表现为自卑感以及在集体中不想有自己什么位置的意向。

让我们用具体例子来说明我校在以集体主义精神教育学生时，是如何克服来自家庭的不良影响的。从上学开始，济娜的家长就给她暗示这样的思想：人的高尚品格就是不干预别人的生活，尤其是不干预集体的生活。

此外，济娜的母亲还特别露骨地给济娜灌输了个人主义的劳动观点。母亲严厉地训示女儿，让她独立完成作业，对于学功课要有想法，绝不让同学们抄袭，绝不偷偷地暗示别人。正如我们看到的，由于思想落后，济娜的母亲曲解了学生的行为规范和准则。

这是争夺孩子心灵的长期斗争。不仅应当提醒这个女孩子要用正确的观点去抵制家庭灌输的观点，而且应唤起她去参加活动的积极性，只有这样，才能使她确立起集体主义的信念。我们知道，一开始这个孩子会把被我们唤起的集体主义行为跟母亲的教导对立起来，这必然会引发斗争和冲突，但只有这样，这个孩子才能形成正确的道德信念，同时也会给予家庭某种良好的影响。

首先，我们竭力使济娜产生与其他孩子相同的兴趣。多年的教育工作经验使我们确信，这是集体主义信念形成道路上十分重要的一个阶段。济娜的班级分成3个小组。这3个小组为最佳练习本、为样板课桌、优秀劳动成果开展竞赛。比起其他孩子来，济娜获得了更多的机会去检查教科书、练习本，以及属于班集体的直观教具的状况，她对自己的小组要争取成为先进小组表现出极大的关心，心中逐渐确立起一种集体主义情感，变得更加关心集体（小组、班级）的荣誉。小组里有些同学的书写技能难以达标，济娜就热心帮助他们，课后与他们一起留在学校里并在教师指导下完成练习。同学们的成绩给济娜带来了极大的快乐，她的母亲自然无法阻止这一切。

当孩子们开始阅读文艺作品时，也能大大增强共同兴趣。给每个小组布置一本有趣的书，集体来研读。集体研读过程中产生的思想、情感、体会，使孩子们接近、亲近起来，逐渐加强着一种精神上的一致性，没有这种一致性就无从谈及真正的集体主义。

一年级结业后的暑假期间，孩子们在一起休息，一起做游戏，一起游泳，一起采集植物标本。济娜经常与同学们分享自己各式各样的东西，特别是玩具。母亲继续训示女儿不能那么做，但来自学校对她的影响的抗衡力，以及跟这位母亲的谈话，都对消除这个"桎梏"起了作用。我们跟济娜的母亲交谈，指出她正在错误地教育女儿。这种交谈具有重要意义，但**不具有决定意义**。成功地影响女孩的主要条件，还是她自己的积极活动。这种积极活动的作用变得越来越明显。济娜表现出了惊人的绘画才能。我校每个班级都创办了儿童创作杂志。在一至二年级，孩子们把自己的绘画作品刊登在杂志里；在三至五年级，杂志上则刊登故事和诗歌。济娜在这方面成了班里的骨干。她热切地关注着，自己班的杂志比起其他班的杂志来将会展示出怎样的面貌。她紧张地、如醉如痴地去参加这项活动，投入了全部的精力。对济娜来说，个人和集体精神的一致性，这个最重要的前提条件起了决定性的作用。

第三学年末，当孩子们加入了少先队时，他们又组建了一个铁木儿队。济娜帮助了一位患病的小朋友，课后常去看望她。济娜对她表现出了特别的关心和同情，她希望自己的集体里不要有落伍的同学。济娜在精神上的成长，是由于她所在的班集体总是为高尚目的所鼓舞。例如，早在第一学年末，孩子们就决定在3—4年内收集足以制造一台拖拉机和全套牵引工具的废金属。他们每半年都会进行一次工作总结，还确立了"每个班级在10年上学期间提交够造3

台拖拉机的废金属"的目标。在其中，孩子们感到自己是重大全民事业的参与者。

在这种道德情绪高涨的氛围中，济娜感到母亲的要求和训示是奇怪的。冲突不可避免，最初表现在一件小事上。四年级时济娜跟后进生加利亚一起准备功课，妈妈对此很不高兴，她试图阻止女儿，但女儿坚持自己的决定，并竭力说服妈妈，使她认识到自己的不对。有一次，她告诉妈妈："我已帮助了加利亚，并且今后还要帮助。我不想成为像您这样的孤僻的人。要知道，所有的邻居都在笑话您。"这让妈妈吃惊不已。她曾希望满足女儿的一切愿望，但她同时又不能容许孩子摆脱家庭影响。

以后的冲突就一次接着一次地发生了。暑假期间女儿和同学们一连几天都在教学实验园地里干活。孩子们采集果树种子，以便寄给白俄罗斯的少先队；在宅旁园子里培植苹果苗和梨树苗，以便赠给集体农庄。济娜的母亲觉得这都是不能被容许的。她向女儿表明，关心自己和漠视别人的利益并不违背少先队生活的规范，相反，这还培养了生活能力。而女儿坚决反对这种看法。济娜举了许多事例来证明自己的正确，使得母亲无言以对。例如济娜说，班级的远方朋友，即白俄罗斯的少先队，得知班里有个女孩长期患病之后，便给这个女孩寄来了一件礼物——木雕锦匣。这给女孩带来了极大的喜悦。"我们的代表团很快就要到白俄罗斯朋友那里去。我们正在给他们全校少先大队准备礼物。这难道不好吗？"济娜说服了自己的妈妈。

时间流逝，济娜已满14周岁，她开始为加入共青团作准备。济娜的母亲在甜菜种植队工作。在春季大田农活最紧张的时候，每个集体农庄庄员都接到了一项任务：为预防甜菜种植园的象虫要动手挖沟。由于许多庄员正忙于消除微冻后果，因而每个有劳动能力的庄员身上的定额就增加了。济娜的母亲拒绝做超出定额的事情。济娜知道这个情况后，自然为妈妈感到羞愧。济娜试图说服妈妈，使她相信，甜菜秧一旦遭受象虫害就等于农村里发生了火灾。难道灭火的时候还问定额吗？这些道理未能影响母亲，于是济娜干脆亲自到队里去干活。她完成了本应由母亲完成的工作。

女儿的行动感染了母亲。这位母亲首次认识到了自己的错误。

源于旧道德的那种只相信定额的正确性的信念开始动摇了。她早就发现，集体农庄庄员们对她的许多行为都持不赞同的态度，然而她总是认为庄员们的这种态度不正确。如今女儿为使母亲的名誉不受损害，只能被迫拿起铁锹替她干活。

在一次家长会上，济娜的母亲听到了老师表扬她女儿的集体主义举动及对同学们的同情和关心。这位母亲不得不反思：为什么社会舆论老是赞同她所指责的现象。看来，她已经开始怀疑自己行为的正确性了。虽然有些时候只是出于执拗仍跟女儿对立，但女儿最终还是彻底胜利了，她在家里尽管年轻，却开始发挥着主要作用。在八至十年级期间，济娜和她母亲一起在甜菜作业队里干活。作为一名先进的共青团员，她在同学当中获得了很高的威信。她告诉母亲说："我要像共青团员那样工作，假如您仍像以前那样认为这不好，那我就转到别的队里去工作。"母亲请求女儿留下来，她的意识和观念也开始有了转变。之前的任何宣传鼓动都未曾改变她的观点，可是自己女儿的行动却做到了这点。济娜的母亲终于懂得，冷漠地对待周围世界，不是优点，而是缺点，能使缺点得以矫正和消除的力量，甚至不是她曾认为世界上最强的力量，而是亲情。

特别值得注意的是这样一个事实，即新旧冲突就发生在家庭日常生活中，即旧残余特别富于生命力的地方。旧残余代代相传这个最稳固的趋势已遭到打击。停止这种传承，或减少新一代身上的旧残余，是现实世界的革命化改造过程的条件之一。只有通过投入生活的各代新人的积极努力，才能做到这一点。

成长中的人，应接受长辈们道德上的正面经验，应发展和丰富这种经验，同时应积极抵制反面的、不符合我们愿望的道德经验。不管这种抵制体现为什么形式，都是新与旧的斗争。这个斗争并非总是像上述例子那样的尖锐形式。在绝大多数家庭中，家长们极高兴地赞同学校在孩子们身上培养成的那些新品质，自己也竭力按照现实生活所提出的要求进行自我改造。例如，几年前在帕夫雷什中学实行了这样一个制度：用学生集体挣来的钱购买低年级学生全年要用的练习本。这些练习本成为集体的储备库，每个孩子从中领取他所必需的练习本。乍看起来，这似乎是小事。但对学生的生活和行为所作的分析使我们确信，从小就使孩子养成把自己的需要与集体的需要相权衡的习惯是多么重要。家长热烈赞同用这种新的方法去培养看待个人和集体的东西的共产主义观点。后来许多家长说，他们担心孩子们不善于掌握这个最起码的共产主义行为习惯。有位父亲在一次家长会上讲："我曾经不相信这种事。总觉得，有的孩子不会只领取一本练习本，而是会比别人多领取一本练习本。但生活说服了人们，应当相信能够出现在人身上的一切最好的东西。"

这里新与旧的斗争具有完全另外一种性质。

年轻一代为了确立共产主义道德原则和规范所展开的积极而自觉的斗争，具有可形成新一代坚定信念和意志品格的可能性。

第三章

共产主义信念的形成过程

1. 世界观、道德意识和道德行为的统一

学校应当培养坚定的共产主义战士。深刻而坚定的信念，是新型人所具有的精神面貌的至关重要的特征。教师日常工作的首要任务，是从孩子一上学就培养他具备共产主义信念，在他的世界观、意识和行为（道德实践）之间建立起紧密的联系。

人的世界观、意识和行为决定其精神面貌，保证这三个组成部分的统一，是教育教学工作取得成功的必要条件。在教育实践中，**世界观、意识、行为的道德实践**三者是否实现了统一，决定着另一个目的的实现，即学校与生活相联系。当学生的思想感情没有与积极行动相结合时，也就是说，言辞没有被社会意义重大的行为所强化，这种联系就难以实现。

世界观、意识、行为的道德实践统一的问题，对形成学生的精神面貌具有特殊意义。一个人的智力发展程度越高，将知识与生活及积极的社会活动相结合的需求就越大。如果在学校获得的知识，不能促使年轻人将自己的力量投入社会活动和有益于社会的劳动中，那么，这些知识只会变成一种负担。共产主义世界观是建立在科学分析基础上的思想体系，人们用它表达自己对社会生活的积极态度。共产主义世界观不允许一个掌握了或多或少知识的人处于积极的社会生活之外。我们世界观的力量就在于它勇往直前的精神，就在于它体现着人类最先进的、代表世世代代的追求和劳动群众的期望。然而，如果做到了理论联系实际，也就是说在实现真理的积极奋斗中使真理得到验证，那么先进的世界观就可以成为个人信念。

　　在正确开展教育工作的情况下，在学校获得的理论知识是树立共产主义信念的保障：人的智力发展越是深入而广泛，其信念就越坚定，在其道德实践中就越能表现出奋斗和变革的精神。

　　共产主义世界观、意识、行为的统一落实在教育工作实践中，就是学生通过积极活动和深刻感受，获得道德观念。道德观念变成一种神圣的理想，人可以为之献出自己一切力量，需要的话还可以献出生命。一个人自觉追逐理想所进行的奋斗能在他的精神生活中占多大比重，决定着他的政治思想积极性和坚定性，以及为美好目标战胜困难的决心。如果我们在日常生活的实践中说一个人"没有任何神圣的东西"，意味着这个人所掌握的道德概念并没有深入其内心，没有成为他个人生活的准则，没有唤起他的深刻感情。这种人可以轻而易举地改变信念，因为他根本就没有坚定的信念，对他来说，信奉一种道德观念，不过是为了顺应那些他认为是怀有脱离"罪恶"世界的空想的人们而已。然而，事实上脱离了生活洪流的恰恰是他自己。

　　培养具有崇高理想的、以社会活动目标为重的人，并非易事。一个人在智力发展和积极活动过程中领悟的世界观真理，应当在他的精神世界中以一些具体的形式折射出来，并在其生活目标上反映出来。

　　在教育工作实践中，我校教师努力使学生的活动，特别是青年早期的活动，具有崇高思想动机的色彩。这是教育工作所担负的最重要的，同时也是艰巨的任务。一个人只有在表现个性的各种活动中，如在劳动和集体内的相互关系中，确立崇高道德观念时，才能成为思想高尚的人。

　　在学校的整个学习过程中，学生需要发展和加深的最主要道德观念之一就是对祖国的义务。对祖国的义务的深刻意识，是共产主义道德的开端和源泉。对什么是对祖国和人民的义务这个问题理解有多深，对祖国和理想有多忠诚，决定着其道德的成熟性、思想性和自觉程度。这个道德观念，教师应当用为祖国和人民幸福的未来而奋斗的英雄事迹向学生揭示出来。"忠诚于祖国"的观念，应成为孩子们最初的和最主要的道德规范和决定其他道德规范的法则。我们清楚地知道，年幼的孩子最容易通过阐明服务祖国的意义，从精神上受到激励而去行动。表面上看，一个小孩子怎么可能理解像热爱祖国这样抽象的概念呢？可恰恰在小孩子中教师遇到漫不经心的情况最少。服务祖国的道德观念对他们来说是神圣的，他们可以为之奋斗，不断克服困难。

但是，启发孩子萌生证明自己热爱祖国的这种美好愿望，仅仅是教育工作的开端。树立共产主义信念的过程意味着参加具体的活动。孩子应当学会把自己的愿望和追求化为实际的行为。教育的艺术就在于能够找到一种有益于社会的劳动，使孩子有机会锻炼自己的力量。

我校有许多可以吸引学生参与的有益于祖国的活动。比如，我们的少先队员为在少先队园地进行实验而收集玉米种子。他们挑选了10万粒种子，保存到春种。收集的种子足以在少先队园地获得丰收。孩子们感到自己像英雄一般，始终不忘实现自己的劳动目标。如果他们中有谁不认真对待工作，表现出对集体劳动的漠不关心，将被视为对神圣理想的背叛，而绝不仅仅是不爱劳动的问题。这是通向学生的世界观、意识和道德实践相互统一的第一个阶段。实践证明，如果学生能够一直保持这种统一，并达到道德上的完全成熟，那么，这个人将成为一个积极而坚定的共产主义战士；祖国和人民的利益成为他的个人活动和判断周围事物的无可争议的标准。

意识与行为的统一，在高年级学生教育中具有特殊意义。实践中往往有这样的情况：学生年龄越大，视野越宽，越难唤起他的崇高理想。一些教师认为，原因在于青少年特性本身。这是一种错误的观点，这种观点有害，还因为其赞同者常常正是那些负有保证思想、言行统一使命的人们。在青少年时期，教师揭示具有美好意义的道德真理的激励作用之所以没有力量，就是因为教师本身有意无意地破坏着学生世界观、意识和道德实践的统一。向高年级和低年级学生揭示道德概念时，往往采用同样的形式。例如，缺乏经验的教师往往没有在意，在给高年级学生讲述英雄事迹时，应使他们的注意力不应仅仅放在具体的事实上（这在与低年级学生的谈话中非常重要），更重要的是要放在揭示英雄的内心世界和激励英雄的动力，以及道德概念的含义上，如**义务、荣誉、光荣、坚韧、英勇、意志**等。

在与高年级学生交谈时，还应当鼓励他们积极行动起来，但不能采取与幼儿一样的谈话方式。在幼教工作中，有经验的教师是以孩子活动领导者的身份首先提出自己的决定，但在号召少男少女行动起来的时候，教师则应给予他们自己决定如何行动的权利。这对用**语言**直接影响高年级学生意识的内容和形式提出了更高的要求。

在高年级，意识与行为的统一常常遭到破坏的另一个原因，是要求他们做的事情经常与他们增长了的能力不相吻合。学生可以完成更具社会意义的工作，但人们只交给他们连小孩子都不费吹灰之力就能做的事情。在许多学校，高年级学生仅限于收集废金属、照料树木等。教师揭示道德概念的崇高意义，本应将概念转变为个人信念的活动，却由于其内容平庸而不能引起相应的感受；尽管教师讲英雄事迹，学生自己也读过许多，英雄的形象以其高尚性也吸引着学生，但他们却不觉得自己与英雄有什么关系，学生的精神能量无处释放。因此，甚至连教师多年以来得以在低年级孩子心中树立起来的道德概念，都开始失去自己所具有的颠扑不破的真理和神圣规则的特性。

解决这一问题，是对学校的严峻挑战。尤其是在青少年时期，社会活动应当越来越有意义，这是青年道德成熟的重要条件之一。为锻炼学生的能力，应创造一些条件，使年轻人能意识到自己行为的坚忍不拔和英勇顽强，决定着他人的命运。下面是我校教育实践的一个例子。有一年发生了自然灾害，集体农庄几公顷的甜菜苗被大雨冲毁了，共青团组织承担了重新播种、夺取丰收的任务。共青团员们连续数日辛勤劳动，在坑坑洼洼的地里播种。困难越大，他们就越强烈地意识和体会到，没有人能来帮忙，只有靠自己的力量战胜困难。劳动的胜利唤起他们的自豪感。他们认识到，为了什么理想、什么目的而付出自己的力量决定着一个人的行为。

最崇高而伟大的目标就是为社会利益而奋斗，为实现**人民的利益高于个人利益**这个共产主义原则而奋斗。

受教育者在青少年时期完成具有社会意义的工作，克服困难，就能把自己当作一名为崇高理想而奋斗的真正战士。这个道德发展的提高阶段虽然很短，但对塑造人的道德面貌仍具有很大意义。履行对祖国、社会和集体的义务，应当成为一个人恪守的准则。

苏维埃学校的教育内容，旨在使每个人在青少年时期不仅对自然界，而且对人类社会发展的客观规律就获得深刻的认识。这些认识应当转变为个人的信念。年轻人只有在**深刻认识革命性改造世界的理想**的条件下，才能成为一个自觉的共产主义建设者。智力的发展应服从于道德的发展。如果一个人知道，我们这个社会的每一个成员的活动都具有全民的意义，影响到社会进步，那他将尽力参加这些活动。教师尤其应注意，不要让学生成为口是心非、说空话的人。

由于个人和集体活动最重要的形式是劳动，在教育实践中，我校努力在劳动活动中培养学生具有高尚情操，**使世界由劳动所支撑**这一最重要真理为学生所认识和感受，并成为他们神圣的行为准则。青少年应时刻感到自己是劳动的参与者，是活动家，自己所做出的努力某种程度上关系到社会和人民的命运。为实现这一任务，要求教育工作者付出极大的努力和心血。

在教育活动中，我们应努力使学生从青少年时期起就体验到劳动的快乐，懂得劳动是为祖国服务的手段，让他们在劳动中精神得到发展。在学校教育过程中，需向学生揭示的最重要的道德原则是"不劳动者不得食"。我们认为，学校教育的任务是使这一思想成为对他人行为进行道德评价的主要标准，特别是自我评价的标准。在与学生交谈的过程中，教师努力使学生懂得，任何人都无权使用前辈创造的物质和精神财富，除非他积极参与创造这些财富。我们向学生灌输，我们社会每一成员的义务，就是不仅要关心自身需求的满足，而且要关心为后代创造物质和精神财富而做出自己的贡献。自觉参加这样的劳动，从道义上帮助他人，正是我们社会的人所应具有的精神面貌。

②．智力发展在形成和巩固共产主义信念过程中的作用

智力发展与品德教育的相互关系在当前具有重要意义。共产党给学校提出的任务是：克服教育教学工作中的片面性。这种片面性包括两点。第一，理论知识脱离实践，漠视成年人创造物质财富的

劳动；第二，成长中的人的个人道德实践与社会道德实践相脱节。理论知识与社会生活的脱离还导致学生智力发展与道德实践的不协调，并首先影响其信念的形成。学生了解共产主义道德的原则和标准，以及社会主义社会生活的规范，但并不一定愿意在实际生活中遵循；获得了劳动所必需的技能和技巧，但在劳动中常常不会采用，不会把劳动变成创造。

原因何在？我们认为：第一个原因，是对道德教育的特点，即道德教育在某种程度上不取决于知识程度这个特点认识不足。社会主义社会的学校向学生传授的知识能够培养辩证唯物主义世界观，所以知识在我们的教育系统中作用极大。然而，道德品质的培养，包括道德信念的树立，不同于掌握知识的过程。生活中有大量的事实可以证明，学生很会给这样或那样的现象作出道德评判，但不一定与他个人的信念相一致。在基辅州有一所学校，教师和学生们得知有两名十年级女共青团员，参加了基督教会的聚会。与两个女孩的谈话中了解到，教会领导人所说的话她们一句都不信，她们参加基督徒聚会只是因为参加合唱可以得到报酬。怎么会发生这样的事情呢？她们可是共青团员啊！问题在于，这两名共青团员的道德信念，并没有在她们的实践活动中得到必要的检验，没有通过情感、感受和为她们所获得的新的知识而积极奋斗来加以巩固。

教育，首先是一项树立道德信念的特殊过程。在这一活动中，起决定性作用的是学生本身的内在精神力量，以及他为实现种种道德原则而进行的积极奋斗。团结互助，是我们这个社会中人与人之间相互关系的特征之一，认识这点一般不需要学生作出多大的精神努力。然而，乐于助人是道德行为的特点，只有在积极争取一个集体里真正的共产主义相互关系的过程中，这一信念才能为学生掌握。一个人只有在日常生活中实现集体主义的原则，才能成为一个坚定的集体主义者。自觉，是道德行为的一面镜子，反映一个人在集体中形成的道德经验。当然，在"行为"的概念中首先包含着为社会所从事的劳动，以及在从事这种劳动的集体中的相互关系。在真正的劳动中可以更好地理解道德标准，这就是为什么让学生深入工厂和集体农庄生活的原因。解决教学与生活相脱节的问题，其实质是使青年的生活经验不局限于掌握大量知识。

由此可见，道德教育是不可能仅仅在教学过程中实现的。教育体系，是一个特殊的过程，它既包括教学和知识技能的掌握，也包括参与社会生活和集体活动。道德教育过程的两个组成部分应同步进行，相辅相成，相得益彰。

我们认为的学校脱离生活的第一个原因已谈过了。第二个原因则是没有充分认识和重视智力发展为道德发展，包括为青年一代的共产主义观点和信念的形成，提供无限的可能性。

知识中蕴含的思想，是道德信念的源泉。经过对普通中学学习的教材进行认真分析，我们得出这样的结论：学生不仅在学习时期可深入思考辩证唯物主义原理，而且在他们的头脑中能通过一个又一个的新实例不断深化这一内容。同时，教学过程还可以实现学生个人的道德实践和集体活动。

通过学习自然科学和人文科学，学生可以无数次认识辩证唯物主义世界观原理，这一点就足以说明上述道理。学校完全可能使这些思想变为学生个人的信念，让这些思想帮助每一位学生确定对周围现实的主观态度。但是学校不一定总能达到自己的目的，这不仅是由于学生缺乏丰富的生活实践。在很多情况下，即便在生活实践丰富多彩的地方，因为活动没有思想的光辉，学生的活动对他们内心世界便没有发生应有的影响。在教学过程中，如果不从世界观角度分析理论，就会发生上述现象。原因不仅在于有时知识只是形式上被掌握了，没有经过思考，而且还在于教师没有分析周围世界的现象。只学习如何理解，但不学习如何生活，理论性真理没有变为个人看待世界的观点。知识未能引发那种促使人们对现实采取积极态度的情感和感受。忽视教学过程中进行思想教育的机会，经常表现为教师在教给学生周围世界现象和规律的概念时，没有激发学生对人类智慧力量的自豪感，没有介绍人类为认识周围世界而奋斗的历史。

在这种情况下，我们把同样讲授波波夫发明无线电的两堂课对比一下，就十分有趣。一位教师教授新内容的办法是顺着内容逐步深入，讲解科学家在他天才的发明中所利用的现象，以及发明第一台无线电报机的详细情况。学生并没有注意到，波波夫的发明使人类进入了精神发展的新阶段，人类智慧获得了具有划时代意义的胜利，神话变成了现实。学生在这堂课上掌握了所有的内容，但是没有任何感受。教师只是教书，没有育人。

我们在另一位教师的课上看到了完全不同的景象，这位教师不仅会教书而且善于育人。他讲授的新内容贯穿着人类改造世界的思想。学生通过波波夫的发明看到了人类智慧的胜利。他们提出了许多问题，诸如无线电发展的前景和它在生活中的应用，我国技术进步的前景等。

更加不可饶恕的是忽视在人文学科教学中的思想教育机会。这种忽视通常表现为，知识对于学生的个性似乎成了一种中性的东西。教师在讲课时，面向的是抽象的人类智慧，而不是坐在他面前的具体的人。他不考虑学生的生活经验，不去教他们思考重要问题，比如集体与个人、自由与义务、爱情与友谊等，而这些问题的确非常有益于学生形成对周围事物的认识。

知识的教育力量首先在于其世界观方面。要树立辩证唯物主义世界观的思想，应引导学生坚信，共产主义是社会和道德进步的巅峰。有了这种信念，人们不仅可以解释世界，而且能够成为具有共产主义世界观并为之奋斗的社会力量的代表。马克思、恩格斯指出，占统治地位的思想实质不是别的，正是占统治地位的物质关系在思想上的体现。这一思想在当前极具现实性。我们应在建立和巩固共产主义关系的同时，发展社会主义社会占统治地位的思想。

我校教师是这样组织教学过程的：既保证学生认识周围世界的现象和规律，又使他们确立看待现实中种种现象的态度。这一宗旨的实现，取决于蕴含在教学内容中的政治道德思想的揭示程度有多深，取决于在学生的意识中，思想与日常生活中的事实之间，特别是个人活动与集体内部关系两者之间确立的关系是否明确。一个教师，特别是文学和历史教师教学艺术水平的高低，关键看他是否善于触动学生，善于不动声色地、巧妙地拨动他们的心弦。我们以几位优秀教师的经验为例来加以说明。

在分析亚·奥斯特罗夫斯基的剧作《大雷雨》时，文学课教师让学生注意精神空虚的几个剧中人，他们生活的主要目的是聚敛个人财富。教师知道，有几个学生不求精神提高，缺乏广泛的兴趣，于是就人生精神价值与物质价值的问题与同学们展开讨论。他以住在矿工城市果尔洛夫卡的矿业工程师鲍罗金为例。鲍罗金痴迷美术作品收藏，他用自己的积蓄买下许多昂贵的画。后来，他内心的两种想法开始斗争：一种想法暗示他，他无权一人独享为人民创作的作品；另一种想法告诉他，你多年如一日收集这些画，为之耗尽全部钱财，这就意味着，你把它们留给自己是没错的。但第一种想法占了上风，建立市立画馆的想法在鲍罗金心中酝酿成熟了。他请求市党委接受他赠送给故里的藏画。他的赠品被接受了，市党委专门作出决议表彰鲍罗金的义举。他被授予市立画馆的终身馆长的荣誉。

鲍罗金的行为具有两方面的意义。他的行为表明他不仅是个无私的人，而且是个很有文化修养的人。教师在结束自己的话题时说："鲍罗金奉献给国家的东西，不是所有的人都能奉献的，但是每个人都应考虑给后世留下一些美好的东西，要在精神上不断成长，摆脱蝇头小利的缠绕。"

虽然教师没有对需要反思自己行为的学生，也就是过于注重穿戴的女生指名道姓，但他的讲话的确使相关的人深感不安。过了几年，在一次题为"人生目的"的青年团员讨论会上，一位校友说："我永世难忘那堂文学课，课上老师让我们思考日后要为这个地球留下什么。我常想，人生的意义何在？我把自己的生活同其他人作了比较，如尼古拉·奥斯特洛夫斯基、卓雅·科斯莫捷米扬斯卡雅、奥列格·科舍沃伊。在此之前我也知道，幸福来自为社会服务的劳动，但这似乎没有触动我的灵魂。而那堂课上我的灵魂深处被触动了。毕业后我走上了建筑工作岗位，工作很繁重，但砌在大坝上的每一块砖都将世代立在那里。这是一个人可以留给后世最好的东西。"

这位女生的话再一次证明，智力发展只有与思想倾向和崇高的道德意识达到统一，才能成为有效的力量。

③。教学目的和教育目的的统一

每一位教师都知道，对于一所学校来说，教学目的与教育目的相结合是一个复杂的难题。如果教育教学工作的方法得当，那么学生在课堂上就能获得全面发展，掌握观点和信念，确立看待周围世界的态度。

在教学过程中学生所掌握知识的针对性及其对学生生活所起的作用，决定着学生道德方面的成长。如果知识只是在记忆中保存、积累，只是为了分数而复现，这不仅会限制视野的拓宽，而且还会培养一种对重大问题漠不关心的态度。教师的任务，就是要让学生掌握的知识变为他们积极行动的重要因素，促进他们的社会成长。这里我们讲的不仅是对所学知识的实际运用，而且是要使知识确立学生的思想观点和对社会问题的看法。

知识向信念的转化，首先取决于教师与学生心灵交流的性质，取决于教师本身把教书者与育人者两种职责有机结合到何种程度。学生应把教师视为朋友，这个朋友能够将自己的力量与学生的力量拧在一起，与学生同劳动，对周围世界的各种现象给予道德评价——乐善嫉恶，褒优贬劣。教师与学生是否志趣相投，共同为祖国进行创造性劳动，决定了知识的思想倾向。

令教师最担心的，就是教师把知识灌输到学生头脑中，而学生只是应用这些知识而已。这是教师工作中最要不得的。教育工作者所追求的是，学生不要把教师看作一个性情冷漠、只照本宣科的人，而是一个热心而专注的研究者，总能够有明确的思想观点。这样的教师能以自己的激情感染学生，帮助学生分析现象和事实，并思考其实质，集中力量克服种种困难，享受胜利的喜悦。我们常说的教师和学生的联系就在于此。这种联系的建立不是靠什么特殊的教育方式，而是靠共同的立场观点以及生活目的。教师向学生传授的不仅是知识，而且还有对生活的看法和对现实的态度。

信念，是思维的道德和情绪意志，而思维是与实践活动紧密相连的，是认识周围世界现象过程中形成的。当学生对真理坚信不移，并愿为真理积极行动起来，且这种行动又成为他的一种需求时，知识就化为了信念。

我们对教学目的与教育目的的统一的理解是，不能让任何一种思想、任何一个真理作为一种中性的东西进入一个正在成长中的个人的精神世界。而在学习先进社会力量当前这个力量就是共产主义思想的载体的道德实践的历史进程时，就更不能允许有消极被动的思维和情感了。共产主义思想是最美好的思想，它建立在为人类美好未来而进行的崇高斗争的基础上。教师的任务就是激发孩子的道德、智力情感，触动和塑造学生精神世界中最美好的方面。

本书作者往往以下面这个例子来给教师介绍如何让在学生掌握知识过程中形成道德信念。在学习《莫斯科保卫战》这个课题时，历史教师所讲的内容是我国人民最为珍视的财富——在敌军兵临首都城下的严酷日子里我们的战士不畏牺牲保卫祖国的事迹。学生在课上不仅要获得知识，还应当掌握一个主要真理，即对一个人来说没有任何比祖国更宝贵的东西。我选择了可以激发这种道德情感的事例。在这个题目的材料中最突出的一个例子是潘菲洛夫军28位战士的事迹。关于莫斯科保卫者的大无畏精神和英勇牺牲的事迹，要讲得使学生恍然忘记自己现在正身处和平环境，忘记自己正坐在课桌前听讲。思绪应把他们带到28位不怕牺牲，在敌人面前表现出崇高精神力量的战士们战斗的地方。学生应在心中把自己放在获得这份崇高荣誉的战士的位置上，战胜自己的怀疑和动摇，然后说："我也会这样做的。"

随着时间的推移，英雄历史的细节也许会被淡忘，但在这些课上的感受将永远不会磨灭。为加深这种崇高的感情，使思绪从现在转向过去，为使孩子与英雄共同体验他们面对死亡的感受，应当利用实例使他们得到亲身体验，感受教师所讲的事件——最为生动、最为耀眼、最为突出地揭示了我们崇高的共产主义道德。你要传达的思想应富有活力、激动人心，能丰富和培养不可动摇的精神。

另一个例子，是《斯大林格勒保卫战》这个题目。我给学生这样讲：在浴血奋战过程中，一支部队召开了一次共青团公开会议。参加会议的战士们一致决定："战斗到最后一滴血，离开战场唯一正当的原因就是牺牲。"还有什么能比这个决心更加高尚呢？如果教师对这一决心的教育意义能充分而深入地理解，并亲身感受做出这一决定的战士们的体验，那这一决心从教师口中说出时会是多么响亮啊！

许多在掌握知识过程中所学习的事例、现象、规律，应当被教师用来完成教育目的，让学生思考这些事例、现象、事件、琢磨为什么这个人要这样做，而不那样做，我们自己该如何做。听完教师的课后，学生如果说："要做就只有这样做。"那么，这位教师就算取得了伟大的胜利。

文学教师通过描述肖洛霍夫的小说《一个人的遭遇》的主人公时，揭示作品的思想含义，以及主人公为祖国的自由、荣誉和独立而战就是为人类的光荣而战。教师列举了一系列劳动英雄主义，为确立共产主义劳动关系和新型的人际关系而斗争等有力的事例。这位教师说："在和平年代，人们很少遇到生命威胁，但是会有一些困难，面对困难退缩会使人消沉，丧失斗志。知难而上，则需要巨大的精神力量。比如，我们的学生小队承担了在1公顷土地上收获2500千克向日葵的任务。但是今年冬季无雪，土壤中没有储存足够的水分。春天临近了，怎样使土壤中储存大量水分，这就是需要克服的困难。如果在分配的土地上保存了春天的雨水，承担的任务就能够完成。但是要达到这个目的必须连续几天付出艰巨的劳动，甚至可能需要两三个夜晚不能睡觉，只有最勇敢的人才能克服这些困难。"

学生听着教师的讲述，不仅能掌握学习内容、获得知识，思考各种现象及其相互关系，而且能认识到苏维埃人活动、行为的要领。教师应该教会学生理解知识，尤其重要的是，要教会学生如何生活，在各种情况下应当如何去做，如何克服困难。学生们关于自己行动动机的谈话已经证明了这一点。例如，母亲强烈要求16岁的维拉参加宗教仪式。但是维拉回答说："我不但不去教堂，而且不会在悬挂圣像的房间居住。"母亲只好把女儿房间的圣像和圣灯摘下来。班主任问维拉是什么促使她表现得如此坚决，并且可以毫不夸张地说，在思想上如此的大胆（毕竟这还是一个正在形成个性的孩子），她回答说："我在课上听青年近卫军的英雄事迹时就下定决心了。特别是老师讲的这个问题对我触动很大：'好好想一想，你们是不是总是凭良心和责任做事情？有没有过放弃自尊的时候，有没有过默认放弃为共产主义理想而进行崇高斗争的情况？如果有过或现在就有，请你们好好考虑考虑。'这促使我对母亲的要求进行了思考。以前觉得微不足道的事情现在让我感到不安和焦虑。自己的软弱、忍让和意志薄弱使我感到人格受到了伤害，于是我决定坚持己见。"

这个事例直接证明了教学内容对学生的影响力之大，甚至连教师自己都意想不到。但是，知识不能像馅饼里的馅那样填进学生的脑子里，它应当触及学生的心灵深处，使教师的话对学生的行为发挥积极作用。

在普通中学获得的社会知识，包含着年轻一代对社会主义制度给予他们的物质精神财富的责任意识。要使历史、文学、地理学科各章节的教育目标得以完全实现，就必须使学生不仅能够认识、思考社会主义制度的优越性，珍视享受社会主义财富的权利，而且要坚信，这个权利要通过劳动获取。我们的优秀教师非常认真地分析理论知识的内容，并抓住机会在学生的头脑中树立起创造性和建设性的生活态度。只要讲到共产主义社会极大地满足个人物质精神需求的前景，教师都会强调个人在争取全社会幸福时应发挥的作用。在理论教材内容允许的情况下，学生都要回答下面的问题：他们为达到共产主义理想做过什么，现在又在做什么？他们为共产主义事业作了什么贡献？他们为社会分忧多少？如果能够巧妙恰当地提出这些问题，那么，与具有巨大社会意义的事件相关的理论知识，就不难同个人的生活利益、目标、追求结合起来了。这种传授理论知识的方法，使得个人社会责任的思想不再单单是一条需要思考的真理，而是一条个人的信念了，当然，前提是学生积极投身于共产主义建设中。学生所谈论和考虑的人民应包括他本人，这是树立道德信念的一个非常重要的因素。

在课堂上达到教学目的与教育目的的统一，很大程度上还取决于学生是否能意识并感受到掌握知识、技能的过程是一种创造性的劳动。在学习的过程中，学生无疑受到教育，并学习共产主义道德的神圣原则，但这需要他把学习当作自愿的劳动，而且努力在掌握知识过程中使自己的各项能力得到发展。了解自己的智力水平和能力，相信自己，是确立个人道德风范的重要因素。

经验丰富的教师在备课时会考虑，如何使学生在掌握新知识的同时，智力上也得到充分开发。各科都同样有这个问题。帕夫雷什中学的一位数学教师在论证新的定理前，总是先让学生想一想，以前学过的定理中哪些结论可以用来推理，哪些原理可以借用，勾画一幅什么样的图比较合适。这些问题都是根据新定理的内容提出的。学生献计献策的机会越多，他的学习愿望就越强烈。

在这位教师的课上，独立工作是学生喜欢的一项活动。这位教师描述自己的学生在课堂和家中的学习时说："我认为取得成功的重要的前提条件是一门课程所要达到的目标不仅由教师提出，还要由学生提出。如果智力劳动是学生愿意做的，他就会努力达到既定目标。这不是为了得高分，而是为了体验发现真理的喜悦。这就是优秀生耻于抄袭别人的智力劳动成果的原因所在。对于他们来说，不能允许这样做的原因，首先是使用别人的劳动成果有损人的尊严。"

多年的经验证明：通过测验培养学生学习的独立性，不是唯一的办法，而且无论如何不能总是让教师站在学生背后，防止作弊。培养学习的独立性，更多的是靠学生非常良好的意愿，以及他们对检验自己水平和能力的追求。因此，作业的目的性就具有很大的教育意义。学生可以随便看书，想看多少就看多少，但同时也思考，并检查自己。学习按其性质应当成为这样一种劳动，即其结果首先取决于是否善于思考和独立评价所学的知识。

连续不断地揭示和加深各种各样的思想、意识，对保证教学目的与教育目的的统一，起着很重要的作用。我们以这个思想为例：劳动是人的生存需要，是事关其荣誉的事业。诚然，学生在直接参加共产主义建设过程中可以认识到这一思想，但是如果不从思想上影响，从言语上说服，仅靠劳动本身是不可能获得真正成功的。我们的目标是在课上逐步为学生揭示劳动的社会意义和创造意义。为实现这一目标，低年级教师和五至十年级的语言文学、自然知识、物理教师开设了工农业劳动的系列课程。这些课程的任务，就是逐渐使学生在生产劳动过程中获取的道德经验在他们的头脑中得到升华。

下面是1958—1959学年一至四年级劳动课程所讲的题目：《我们国家所有的人都劳动》《如何准备播种》《如何照料果树》《拖拉机手的工作》《为供给我们面包、肉和牛奶而劳动的人们》（一年级）；《生产糖的劳动》《建设者的劳动》《铁匠的劳动》（二年级）；《如何制作服装》《为农业提供机器的人》《集体农庄为城市提供什么东西》《联合收割机手的劳动》《练习本是怎样做出来的》（三年级）；《我们村庄的优秀劳动者》《如何在教学实验田劳动》《技术小组的劳动》《我们父母的劳动》《我们为未来做了什么》（四年级）。

这些课的重点放在了劳动的社会意义和创造性方面，而不是工艺方面。我们以工人农民生活的光辉事例使学生坚信，我国的每个人都在为千千万万同胞劳动，劳动者创造物质价值所服务的对象范围越广，在很大程度上他就成了一个社会活动家。

树立这种信念，对于反对个人主义劳动消费观的残余具有重要意义。

上述的每一课程虽然包含了一些劳动形式，但劳动是一种服务社会、服务未来的光荣活动，这是课程的着眼点。这使孩子们一上学就开始对自己劳动的道德意义有所认识。

可以用各种各样的方法讲授这些课程内容。通常采用的办法是教师讲解，与孩子们讨论他们的劳动。有时是让孩子们观察各种劳动过程，亲身参加劳动。这不仅能够调动孩子积极的思维活动，而且可以扩大他们的视野，丰富他们的道德经验。我们还经常请一些先进生产者来讲课，介绍他们的事业和劳动集体。

为培养对社会主义国家和共产党的热爱，我们还开设了一些专题课。1958—1959学年，低年级开设了下列专题课：《我国的工厂和土地属于谁》《苏联军队所保卫的人》《资本主义国家的孩子如何生活》《是谁领导了1917年人民反对地主、资本家的斗争》《我们的人民为什么尊敬和热爱列宁》《我们的父辈在伟大的卫国战争中为何而战》《在我国一切为了劳动人民》《共产党员是人民忠实的儿子》《向共产党员学习如何为人民而生》。

这类课的教育价值，首先在于教师是否能够将重要的社会思想变为每个孩子个人思想和感受的对象。我们的教师在备课时，会努力寻找社会和个人的共同点，这样各种思想才可能深入孩子的心灵。比如，在题为《为什么在资本主义国家有许多失业者》的课上，我们对孩子心中最好的人——他们的父母的劳动的社会意义做了介绍。我们通过对比我国创造性劳动所带来的幸福与资本主义国家失业所造成的不幸使孩子们确信，社会主义社会的劳动是我们应当珍惜的伟大成就。

学校全部的教育教学工作要达到高水平，一个最重要的前提就是达到教学目的与教育目的的统一。

④。揭示教学科目的主要思想是教学过程中形成道德信念的重要条件

在学校讲授的科学原理中，包含了一系列重要的思想。阐明这些思想，对道德教育和智力发展，特别是对树立信念，具有重要意义。这些思想能否恰当地揭示出来，不仅决定着学生对周围世界现象（自然、社会）的理解，而且决定着他们的世界观、正在形成的个性的积极性，及其内心对参加有益活动的向往。

学习历史课时需要掌握的一个重要思想是：我国共产主义建设的实践是符合共产主义理想的，是符合马克思列宁主义关于苏维埃人的道德标准，即投身共产主义斗争这一理论的。在学习文学艺术时，揭示这一思想尤为重要。掌握善与恶、正义与非正义的概念，不仅关系到学生评价文艺作品的能力，还关系到他们对周围现实，包括对自己的个人行为进行道德评价的能力。

如何揭示每一课程的中心思想呢？如何在学习自然科学和社会科学过程中确立信念呢？

这些问题的答案就在教学大纲的具体要求中，就在教学方式方法中。这里，最常涉及的是教育过程与教学方法。先进教师的工作实践中最主要的要求是，阐明具体概念、概念之间的相互关系及体现课程中心思想的事件。如果以为每一步都只是重复一般性结论，再加以举例说明就能揭示中心思想，那就错了。经验丰富的教师从来不会这样做，学生也不一定能理解以结论形式出现的思想。比如，直接表述崇高道德的标准是积极为共产主义奋斗这一思想只能在高年级进行。但在此之前，早就应当对这一思想的有关现象进行道德评判。学生要尽早明白，贯彻共产主义思想的战士是可以效仿的榜样，这对其行为起着决定作用。头脑敏锐的教师总是考虑到这种情况，例如，在分析为人民幸福而奋斗的英雄形象时，他就强

调，在人民的意识中，只有与自己思想追求相符的活动才能称为英雄行动。分析日常的、平凡的，但又包含道德高尚的行为特征的现象，对揭示上述思想也颇具意义。有经验的教师利用一切机会，利用孩子周围的生活实例，让自己的学生从日常的平凡中发现不平凡。

自然科学和社会科学原理的共同之处，是事物的物质性，现象的客观性和世界的可知性。应当使这些思想贯穿所有课程。这在很大程度上取决于坚定的信念，包括无神论的信念，以及能否在实践活动中捍卫自己的信念。当然，让教师从孩子一入学就讲自然科学和社会科学的客观现象，是绝对不行的。学生要通过观察分析周围事物，积极参加活动，特别是手脑并用的活动，去逐渐得出一般规律性结论，特别是认识到，任何现象都有自己的因果关系，都是可以被人解释和认识的。

在实现这一目标的过程中，采取实验的办法观察自然现象是很有意义的。我校教师所追求的是使孩子们在认知过程中不受现成的、预先教会的结论的影响，自己去接近实例和现象。例如，很多工作都具有实验性质，无论是教学实验田，还是在车间、工作间、实验室的工作。在设计制作金属车床模型时，学生对模型进行试验，检验各种形式的传动装置，确定哪一种最适于该设计。而农业小组特别注重检验各种条件对植物生长、发育的影响。

在研究各种现象时，先入为主的东西越少，学生头脑中产生的问题就越多，对钻研现象本质，特别是钻研事物的因果关系的愿望就越强烈。对待事物的实验研究态度应成为学生的思维模式，这样他们在对自然现象的规律下结论时就会力求深入检验其正确性，哪怕这些现象不能作为直接观察的对象。这就使热情、好奇、求知欲和摆脱学校理论框框的精神得到发展。多年的教育工作使我们坚信，教学过程越是充满着实验，学生就越是追求通过生活、活动和实践来检验每一条原理的正确性。在我校少年自然爱好者小组里，为证明每公顷土地的产量可比大田的平常收获提高10倍、20倍，一直在进行着试验。学生从劳动中认识到人类智慧的无限力量，积极为提高生产力和获得丰收而奋斗。

有些思想，是由学校讲授的科学原理的特殊性决定的。揭示这些思想需要得到教师的重视。例如，历史作为一门教学课程，其教育作用得以充分发挥的前提是，通过学习许多具体事例、事件和现象，可揭示出一系列主题思想：生产力决定生产关系，人民群众在社会进步中的决定作用，先进、进步的力量反对反动没落势力的斗争，剥削阶级与被剥削阶级利益的不可调和性，阶级斗争在剥削阶级社会中是推动社会进步的力量，被剥削阶级反对剥削阶级的斗争是人道主义的最高体现，劳动人民对祖国的热爱和对外来侵略者、奴役者的仇恨，共产主义在全世界取得胜利的必然性，共产党领导下的人民群众的创造力在取得共产主义胜利的过程中发挥的决定性作用，等等。

在历史课上培养道德信念，很大程度上取决于我们给学生的实例、事件和现象是否鲜明地闪烁这些思想的光辉。这里与学习自然科学理论原理一样，不能平铺直叙、照本宣科。因为这关系到培养思想意识、政治信念，这种信念决定着一个人对社会的态度，决定着他能否履行自己义务的问题。更重要的是它决定着学生对得出结论的依据——实例、事件和现象本质的认识程度。

我校教师努力使历史课上的讲解充满鲜明的实例和时代的色彩。因而，思想在学生的头脑中具有具体的内容，并带有一定的感情色彩。学生对于激发他们积极行动的实例所体现的思想，不可能无动于衷。例如，历史课教师在所有课堂上都要讲授剥削阶级与被剥削阶级利益具有不可调和性的思想，但并不限于列举奴隶劳动的事实，以及劳动人民在奴隶社会、封建农奴制社会所受的精神压迫的实例。教师努力向学生灌输的一个主要思想是，被剥削阶级反对剥削阶级的斗争是正义的、必需的，并被历史验证了的。懂得了这条真理，无论当今资产阶级社会各种政党和集团的思想多么错综复杂，学生都可以辨明方向，分清是非。无论资产阶级政党的代表用什么样的辞藻来掩盖其真实目的，学生都很清楚，这些政党代表的是剥削阶级的利益。

5。教学过程中的积极活动是信念得以形成的必要条件

如今的劳动者，应具备不仅用手，而且用脑来工作的能力。有一种错误的看法认为，劳动教育只有在学生参加各种体力劳动的过程中才能实现。对许多学校的实际工作来说，这个错误都具有典型性。它导致教师忽视知识的作用，忽视理论脱离实践这一现象，不仅贬低具体知识，而且贬低教学过程本身的育人作用。

我们的教学实践中的一个最大的缺陷，就是在大多数情况下，教师独自一人在教孩子。**掌握知识**，这一术语本身就带有消极被动的意味。这里没有考虑知识是获得的这样一个事实，也没有强调**获取**的途径是学生的**积极活动**。我们认为，从教育学观点看，**掌握知识**应当用**获取知识**来取代。

教学过程中缺乏积极活动，首先表现为不是调动思维活动，而是强化机械记忆，让学生竭力去记住教师讲解的内容。乍看起来，学生的劳动似乎也合乎目的，是积极的。然而事实上这不是劳动，是让学生肩负力所不及的重担，把陈旧的知识机械地堆积在记忆中，实质上变成了掌握新知识的障碍物。在这种"教学"条件下，即使对于认真投入的学生来说，也是一种沉重的、力所不及的、使人愚钝的劳动重负，因为这里缺乏真正的智力活动。学生体验不到**发现的喜悦**，而这本应在他的精神生活中发挥重要作用。

主体的状态反映一个人对待周围现象的态度，这种主体的状态，在许多场合都取决于人在多大程度上为认识该现象的本质而付出自己的努力。如果真理、原理、规则不是通过智力的努力而获取的，那人的智力、才能就得不到发展，成为其记忆财富的知识也不会引起任何愉悦。这种人在学校毕业后的劳动中所看重的，也不是进一步发展自己的智力，不是扩大其视野，而只是结束他曾视为唯一意义的、烦人的、单调的功课准备过程的终结。

缺乏智力上的积极努力，会导致一个人不去竭力通过实践、劳动、体力上的努力以检验某一真理的正确性。如果学生的知识建立在现成提供给他的材料基础上，那么这样的学生就不会为了真理，

为了思想去付出劳动。

凡仔细思考事实和规律，体验发现真理后产生愉悦的人，则抱有另一种劳动态度。在我校实践中就有这样的情况。少年自然爱好者小组的一批组员，一面阅读有关农业先进工作者经验的文献，一面得出这样一个结论：在我们这里的条件下，一个夏季应能培植出两茬春小麦。这个结论是全面分析理论资料，分析教学实验园地里自身实际工作的结果。学生们绞尽脑汁思考：在我们这里的条件下应采用什么方法加速小麦生长和成熟，应怎样准备土肥，怎样在收割第一茬后播下第二茬，等等。思考越积极，就越感到劳动的需要，因为要证明自己的结论是否正确。他们终于培植出了两茬早熟春小麦。

付出努力去获取知识的学生，首先，他能得到极大的精神满足；其次，他决不在困难面前退却。他把战胜困难视为证实真理的最重要手段。值得注意的是，要使学生的精神力量用来证实真理，即证实与创造性劳动、改造自然、为了人类的利益而利用自然相联系的真理。

生物学教师科洛米琴科在给学生讲授果树培植方法时，特地指出：只有在实际工作中战胜一定困难，才能深刻领会和理解某些方面的理论材料内容。为什么桃树常常受冻而死？如何使这种喜温植物不再怕严寒？教师提出了问题，并解释其实质，使学生能产生亲自去检验一切的愿望。一些学生培植桃树苗，使其树冠靠近地面伸展。另一些学生把桃树枝嫁接在同属植物——杏树、李树上，努力使喜温植物获得某些耐寒特质。取得这种劳动的物质成果，是与认识自然规律紧密相关的。这种劳动的诱人之处，首先是使人懂得：劳动能使智慧更丰富，情感更充实。

正如我们看到的，确保学生的积极活动，乃是解决重要的学校育人课题的前提。

要注意使学生在积极的劳动过程中掌握知识：看到、意识到、体验到自己努力的成果；懂得知识的理解深度、技能和技巧的巩固程度全靠自己，而不是靠"命运""运气"。教学生记忆周围世界的事实和现象之前，应当很好地教会他们思考和分析。这不仅是教学理论，而且首先是育人理论的一个十分重要的准则。学生的知识的巩固程度，以及信念的坚定程度，都取决于他们在学习的头几年中所获得的知识是以什么为基础的——是以自觉分析事实和现象为基础，还是以死记现成结论为基础？

在我校的低年级，教师们都不会让孩子们去死记尚未理解的东西，也不会让他们死记尚未用众多事例予以充分揭示的东西。例如，有经验的教师，不允许学生在他讲解之后就马上去背规则。学生不用专门背记就能懂得和解释规则。依我们看这是优秀教师的重大成就。我们坚信，在小学里不用背记就能掌握知识，这是受教育者得以进一步发展，更容易形成正确的学习观、科学观的重要前提。这里重要的是，教师要善于把掌握理论知识跟在实践中运用知识结合起来。之所以能不靠背记而记住规则，是因为学生已多次思考过如何运用它。如果在小学各年级已很好地做了这项工作，则学生在中、高年级也会自觉地对待这样的定理、公式，他们绝不会在尚未分析、领会规则之前就去死记。我校教师的这个经验还在研究之中，但我们的初步总结就已说明了它的正确性和可行性。

智力劳动过程中，积极活动的一个重要前提，就是思维与这种思维的第一源泉的联系，即与现象、现象之间的因果关系的联系。思维能力和思维活动的成果，即对自然和社会现象的客观规律的信念，首先是在观察周围世界事物和现象的基础上获得的。

我们使刚上我校的学生在直接观察的基础上，建立起最初对某种现象的原因、结果及其发展状况的思考。例如，给孩子们布置这样的作业：观察哪种树比其他树发芽早些，哪种树比其他树掉叶晚些。学生的任务不仅仅是把现象记录下来，而且要思考发生这种现象的原因。另一项作业是观察人们怎样为不同的作物（小麦、甜菜、向日葵）耕地，思考人们为什么在耕不同作物的地时深度不同。这类观察及其观察结果之所以宝贵，不仅是因为孩子们能获得各个现象的正确观念，能逐步形成他们的科学唯物主义的信念和观点；观察的价值还在于，能使孩子们养成思维活动的一定风格和思维方式，即他们对周围现实能进行积极思考。在思考过程中竭力联系具体事实，并通过实践和经验来检验真理的正确性。

我们跟学龄早期的孩子一起在大自然中，即在森林里、田野里、河边等开展一种专门的活动，其目的之一就在于形成上述智力活动风格。在开展这种活动时，孩子们都深信，周围世界的事物和现象之间存在着多方面的因果联系。学生们自己逐渐学会发现这些联系，思考这些联系的本质。例如，孩子们在两年内观察集体农庄果园和校办果园的葡萄树的发育情况，获得了有关葡萄树的结果率有45种因素的认识。我们对这些学生的活动作了分析，并深信：他们竭力发现种种事实以便作出结论。可见，思维方式直接影响着人的信念的形成。

我们组织学生观察周围世界的现象，并有机地把这些作为自然学科，特别是植物学、动物学、物理学、天文学等教师工作体系的内容。这类观察的突出特点是，教师并不用新的事例来解释已学过的规律，而是训练学生去钻研新的材料。观察通常先于学习现象、规律（当然，学完某章节之后再进行观察，也会有很好的效果，这时学生可以把所学的知识运用于实践）。

在建议学生开始观察将要学习的某一现象时，教师应注意，观察过程中学生会产生许多问题。现象中的某些特点和内涵是学生从未注意过的，这些特点和内涵将作为某种新的、不理解的东西呈现在他的面前。学生会竭力找到这些问题的答案，但是对他来说，在大多数情况下会是力所不及的，他就会等着上课。问题产生得越多，新的现象、事实呈现得越明显，学生在课堂上就会越积极，知识的获得就会越加主动，并迫使他去思索。

自然学科的任课老师，都会努力引导学生在课堂上思考问题，使他们充分积累有关事物和现象的概念，尤其重要的是，充分积累问题。学习新教材之前所要布置的观察作业，既可以作为一堂或几堂课的作业，也可以作为教学大纲一个完整章节内的作业。例如，给正在结束四年级学业的学生布置暑期观察作业，被观察的现象将在五年级的植物学课程中学习。孩子们应当跟踪观察：果树的树冠是怎样发育的，新的果树枝是怎样长成的，在哪些新树枝上结出果实来，等等。要求对观察材料作记录。在学习《种子发芽》题目之前，教师布置这样一种实践性作业：给粮食作物和豆类作物的种子催芽，仔细观察二者间的差别是什么，思考这种差别取决于什么，并作出相应的记录。在学习许多机械定律之前，物理学教师给学生布置的观察作业是：观察拖拉机、播种机、脱粒机、建筑工程机械是如何工作的。

使用观察材料促进学生对客观现实进行思考，去领会所研习的自然规律，这种方式成为课堂教学的最大特征。我们使思考首先贯穿于课堂上揭示新事实、新现象、因果关系和新规律。在富有经验的教师的课上，学习新教材的过程会成为学生积极而紧张工作的过程。这种过程的实质，就是分析各种事实及其相互关系。大多数数学课、物理课、生物课、语法课，都始于独立分析事实。例如，开始学百分比时，学生思考一系列所给数量的关系。开始学习几何图形时，学生先独立完成一些作业：绘图，比较新图形和已知图形，说明其组成因素，对其属性作出初步推测，然后通过实验方法验证这些推测。在学习各种教材时，学生便会确信，不仅一些真理是正确的，而且独立从事智力劳动能巩固一个人对自己的信心。

教师绝不迫使学生完全独立地获得最终结果，即获得规则的结论，证明某个定理，等等。他的任务是，使学生产生问题，形成某些客观规律的概念。

每节课上教师讲解之后，教师都专门留出时间让学生进行思考，思考教材，必要时完成实践性作业。这不是阅读教科书，不是背记，而是思考。我们留出这段时间有着特别重要的意义，目的是使学生不是去竭力简单地记忆教材，而是集中注意力于教材的各个组成部分、因果关系、突出特征、前后连贯性及其他逻辑内容。提出思考性作业，是极具教育技艺的事情。教师要给学生提出专门的问题或布置实践性的作业，独立完成这些作业，能防止死记硬背，防止无目的地阅读早已领会的东西。问题和作业应能把注意力集中于已学过的现象、事件、规律和结论。

因此，在讲述和解释时（讲授新教材时），教师并不说明学习内容的所有方面和所有相互关系，因为考虑到学生应独立钻研某些教材。在个别场合，教师只对因果关系、时间关系、功能关系，以及其他依从关系作初步说明，学生感到下一步智力劳动的目标已变得非常明了，他们便会独立地完成这种劳动。因此，教材的掌握绝不会变为死记硬背，学生也总能看到自己努力的成果。

我们认为，善于把教材中某个最重要、最本质的方面，作为独立思考、独立分析内容单独区分出来，是教师的一种教育技艺。例如，八年级的一节化学课是学习《溶液》，它要阐明溶解时的热现象：一些情况下温度会降低，另一些情况下则会释放出热来。教师在解释这些现象时，把它描述为两个过程的结果，即物理过程和化学过程的结果，同时，特别提到它是从一种运动形态（物理的）向另一种运动形态（化学的）的转化。为了让学生更好地理解教材，教师还运用了演示法。

在学生着手进行目的在于思考教材的独立工作之前，教师会给他们提出一系列问题，要求从分子理论的角度对他们不止一次遇到过的现象作出解释。教师本可以在阐述新教材的过程中，解释这些现象的本质，但他没有这么做，而是专门留下一些最重要的问题让学生独立思考。他们在脑子里就会回忆学过的分子理论和物质不灭定律。教师提出一个问题后，对此问题的回答又启发学生产生了一个新问题：为什么不同的物质在溶解时会出现不同的现象，即降温或放热呢？而教师所期望的，也恰恰是应产生这个问题。回答该问题就迫使学生去回想课堂上未提及的物质的溶解过程，并把已知内容跟未知内容加以比较。

经过独立思考，学生们得出如下结论：溶解时出现这样那样的现象，全都取决于物质的本质，即物质的特性。这已是世界观范畴的结论了。这种课的育人价值正在于：上述信念不是以现成的形式使学生获得，而是学生在分析事实的过程中认识到的。

优秀教师在备课时，特别关注的是学生对教材、事实和现象等进行独立思考时，如何使含有世界观真理的结论被揭示出来。当真理不是在学生面前被揭示出来，而是以新的事实来加深和确认时，达到上述的目的具有特别重要的意义。例如，在植物学和动物学的许多章节中，贯穿着机体的发育取决于环境所具备的条件这一思想。而学习各种现象的一个最重要的目的，是用新的材料加深这个思想，所以教师要提供独立学习的新材料。

经验证明，学生在学习新材料过程中思考得越多，对读到、听到、观察到、生活中遇到的东西也会思考得越多。重读已经学过的材料会在学生面前揭示出现象中新的、本质的方面，这是这种教学方法的重要成果之一。习惯于思考问题的学生，会在重读教科书或其他书籍时还会去寻找种种新事实和新现象，以确证有所领会的真理。对他来说，复习不是再现已知的东西，而是发展知识，不是练习记忆，而是深入思考事实和现象。

许多学校的教育教学工作有一个严重缺点，就是学生只**掌握**知识，而不把知识运用于进一步的学习中，也不运用于实践活动中。这包括学生不去从事要求脑与手相结合的劳动，以及要求研究、试验、探寻新的途径和方法以便为了人类的利益而利用和改造自然的劳动。不用于实践的知识，会变为僵死无用的装饰品。因而会出现这样一种反常现象：学生掌握的知识越多，进一步的学习就越困难，因为自觉学习的基本前提之一，是在进一步认识世界和改造世界的过程中发展和加深已经获得的知识。

不运用知识，就会削弱教学的育人作用，因为教学科目最重要的思想，只有在以下条件下才能被深刻地领会，即思想的真理性在某种程度上是通过生活和实践得以确证和检验的。因此，防止发生这种严重的缺点本身具有极大的教育作用。运用知识，首先能促进受教育者发展智力。他掌握的知识越多，学习就越轻松，独立领会新材料也就会越容易。独立学习的能力，恰恰取决于学生在多大程度上能自觉而经常运用已掌握的知识。

无论怎样估价运用知识对形成道德信念的作用都不会过高，特别是在学习诸如历史、宪法、政治常识、文学等人文科目更是如此。而知识的运用取决于学生的思想方法。例如，在政治常识课上，学习建立和巩固共产主义物质技术基础这一节时，学生应深入思考周围所发生的现象。这里，知识的运用，就在于使站在自觉谋生门槛上的学生能看出自己亲身参加建设共产主义基础和创造物质精神财富的具体途径。

积极调动学生的智力和意志力，在很大程度上取决于遵循一系列教学和育人的要求。运用已获知识最重要的一个前提，是独立领会教材，找到学习方法。以便在学习自然和社会现象中发现新的内容、特点、特征、联系、特性和规律。实际教学工作中做到这点是完全可能的。甚至在教师通常列举的某一现象的组成、因素、内容、特征等顺序中，就含有能促进学生积极思维的相互联系性。例如，教师讲述某一生物种群的若干典型代表的特性后，可以布置如下作业让学生独立工作：请思考，教师在讲解教材时曾按一定的顺序表述了该种群的典型代表，这种顺序是受什么制约的。这个乍一看来并不复杂的作业，就是把知识运用于实践。如果学生独立思考每个种群的突出特征和特性，并进行对照和比较，他们就会得出结论：顺序是按种群特点在每一个典型代表身上所表现的明显程度来安排的。

运用已获知识的一个重要手段，是完成创造性作业。在帕夫雷什中学里，从二年级到十年级，学生都要根据观察自然现象和劳动活动的材料，以及按照一定的题目进行写作。这要求对人们的活动和行为，集体中的相互关系作出道德上的评价。我们来列举若干创造性书面作业的题目：《燕子是怎样筑巢的》《工厂在生产什么》《粮食是怎样变成面包的》《种瓜得瓜，种豆得豆》（依谚语而作）《我是怎样培植果树的》《春天的最初征兆》《我认为什么人是好人》《好的行为和不好的行为》《我为集体做了什么》《勇敢与胆小》（以上是一至四年级的题目）；《我想做怎样一个人》《什么是善与恶》《我对劳动的思考》《诚实与真实》《怎样的人是我的楷模》《我们的与我的》《要找朋友，找到了就要爱护》《少先队员的话是诚实可靠的话》《知识与劳动共存》《我们的力量在于集体》（以上是五至八年级的题目）；《我们能为未来做些什么》《我是怎样想象共产主义劳动的》《做一个真正的爱国主义者意味着什么》《苏维埃大地的每一个角落都是我的故乡》《自幼就要珍重人格》《苏联全体人民都是兄弟》（以上是九至十年级的题目）。

我们把这些创造性作品的育人意义置于首位。我们从上述题目可以看到，大多数作品的内容，都反映了孩子们个人对待生活现象和人际相互关系的态度。这些作品不仅是促进语言和思维发展的一种创造，而且是道德上的一种自我肯定，是对自我生活观的积极表达。

在实践中运用数学、物理、化学知识的一种重要形式，是由学生独立编题、解题和检查解法正确与否。这是一种重要的作业，我们培养小学各年级的孩子们习惯于完成这种作业。一至四年级学生要独立编、解算术题。在中高年级，编制联系实践的习题。例如，十年级学生在制作几何体模型时，要编出要求确定几何体（如角锥体、棱锥体、圆锥体）要素的相互依从关系。在学习机械学时，学生要编出在机器和机械应用中能反映种种物理规律的作业题。

学生对结合劳动、技术设计和模型制作来编题和解题，具有极大的兴趣。

在高年级，运用知识的形式之一是独立钻研新教材（尤其是自然科学中的各门科目）。例如，几何学的某些定理不是由教师而是由学生自己去证明。在安排得当的情况下，这类作业会完成得充满情趣。指导学生独立完成作业，要求教师具备高超的教育技艺。这里的基本任务，是帮助学生利用现有知识去掌握新事物的内在联系和规律性。

经验证明，学生在独立完成作业的过程中获得的知识具有自己的特点。这些知识被领会得更透彻，学生不仅更积极、自觉地运用这些知识于进一步的学习中，他们还把这些知识的真理性和正确性终生当作个人的深刻信念来珍视。无疑，如今教学中最迫切的问题之一，是探讨学生独立钻研教材的形式。因此，教师的作用不仅不是在降低，相反，是正在提高。

积极调动高年级学生智力的手段之一，是让他们准备教学大纲中某些部分的概要报告。经验证明，这种作业形式，不论对人文科目还是自然科目都是适宜的。例如，1958—1959学年度帕夫雷什中学十年级学生，对历史科目准备了如下题目的概要报告：《人民是历史的创造者》《社会经济形态》《列宁的四月提纲》《什么是国家》。这种概要报告型作业特别有价值，因为学生还要利用许多补充材料，要思考事实，分析事实。这样做出的总结和结论，往往是深思熟虑的。在完成概要报告型作业的过程中，学生对课堂所学教材中阐述不够充分的内容和问题会更感兴趣。

最后，促使智力劳动积极化的一个重要条件，是正确评价学生的知识。现行的知识评估体系有许多缺点。其一是，学生得到的评价仅仅表明工作结果（实际上是知识），而远非工作本身，即远非学生付出的努力。然而，不是所有的学生都具备同样的能力，不是所有的学生都能一样快地领会，尤其是记住所学教材。对有些学生来说，哪怕得个3分也要付出极大的劳动，相反，有些学生无须作出多大努力就能得到4分。不考虑能力和可能性，而只评价结果，就是忽视某些学生的劳动。这时会形成不正确的劳动观，使那些需要增强信心的学生反而减弱了对自己能力的信心。

依我们看，完成重要的育人任务，正在于预防这些严重缺点。我们认为教学的主要原则之一，是正确评价每个学生努力劳动的程度，就是说，这种评价也应涉及知识的掌握过程。当然，并不是只凭学生付出多大努力来评价实际已掌握的知识，评价首先应当反映知识的实际水平，但与此同时，也一定要考虑学生的努力程度。例如，如果一个学生学习很认真、努力，但暂时仅能得"3分"，教师就要在评分旁边还写上："学习很认真。"口试时，对勤奋程度也应给予类似书面评语。如果一个学生用不大的劳动代价就轻松地得到了"4分"，也同样要反映在作业的评语中。例如，教师口头说出或书面写上："学习潜力还发挥得不够，否则可取得更好的成绩。"

永远都要对劳动的努力程度作出评价。在正确组织学校全部教育工作体系的情况下，这种评价会被学生个人和集体视作一种**道德上的评价**。

在学生尚未学会独立劳动（按乌申斯基的说法，是在他尚未学会独立学习）[5]之前，我们不给他的作业评分。只有当他有可能获得肯定的评价时，我们才给他的作业评分。在对其劳动采取这种评价态度时，不管一个学生如何落伍和成绩如何差，他都会鼓足干劲去争取好的成绩。他会把成绩差视为一种暂时的失败，而不看作对自己的能力作出的一种武断的定性。我想对全体教师提出如下建议：要恰当地使用知识评价，这是对孩子施加教育的极端敏感的工具。如果一个学生未能完成作业只是因为他还无力胜任这一工作，那就不要给他打"2分"。这个"2分"会被感到是一种不幸，孩子会想："我什么都做不了。"**要帮助他获得成功**，只有到那时才对他的知识作出评价。

⑥。以形成共产主义行为规范和准则为道德思想的导向

以积极活动和共产主义行动为道德思想的导向，这是共产主义信念形成过程的实质，也是成功运用一切教育方法的决定性前提。如果受教育者清楚地意识到道德思想是个人活动的纲领是应竭力追求的理想，那么共产主义原则便会在他的精神世界中得以确立。原

则性本身，是一个人的所知、所想、所感与其所为的统一。**有原则的人**的活动，总是为达到一定的目的。这种目的不仅源于社会发展的客观需要，还源于个人的需要，即源于他所认同的信念。对于信念坚定的人来说，行为规范和准则，不是把他置于一定框框里的某种指令，相反，他把每一个具体规范都看作个人目标的体现。

学校的任务，是使道德思想掌握受教育者的意识，并成为其行为动机。共产主义道德的原则和规范，只有在生活中，在具体的行动和行为中得到认同，才会变为信念。共产主义教育的效力和效率，取决于是否善于保证思想的导向性。国内战争和伟大卫国战争中的英雄们的英勇无畏、毫不动摇、坚毅的精神，其源泉就来自苏维埃人忠于那唯一正义的思想，即为人民的幸福、为共产主义而奋斗的思想。优秀教师总是确保言与行、想与做的统一，力求使他们的学生还在少年早期就具有高度自觉性，善于遵照共产主义道德原则去行动这一特点。

一些资产阶级政治活动家，怀着不仅要把我国经济领域，而且还要把我国人民意识中所发生的种种过程研究透彻的目的来到我国，苏联孩子们的高度自觉性令这些活动家们惊异不已。我们曾听到这样的提问："你们是怎样使12岁的孩子就全身心忠于共产主义的？你们的教育秘密是什么？"这些问题的答案可能只有一个："我们的孩子并不是消极的被塑造的人才原料，这些孩子自己就是共产主义建设的参与者。他们从自觉生活的最初阶段起，通过教师的话语，和基于亲身经验，就开始理解我们思想的正确性。共产主义思想变成了我们孩子的**行为动机**。共产主义教育的威力就在于此。"

凭靠共产主义思想的导向性，早在能够给孩子们解释清道德品质的意义和实质之前，学生就开始形成道德品质了。例如，在孩子们懂得什么是共产主义原则性之前，他们就开始在行为中表现这种原则性了。教育者善于通过组织活动使孩子们获得道德体验来做到这点。

比如说，从学校生活的最初阶段起，就向孩子们逐步揭示诸如"有机体的生存与发展依赖于周围环境的条件"等这类十分重要的唯物主义观点。早在教学的头一学年，孩子们就在学校园地里开展试验并确信，植物的发育生长是可控制的，若改变环境，就能大大提高收获量。教师为把这个思想揭示在学生面前，自一开始就竭力激发孩子们去参加积极的活动。让我们来从我校教育工作实践中援引若干实例。

5年内，孩子们在教学实验园地里进行的试验中，就培植秋播小麦进行了一系列试验。吸引他们的是一个有趣的目标：在最严寒的季节里，在完全缺乏积雪覆盖的情况下设法保全秋播小麦。孩子们通过以前进行的试验已经知道，人能够帮助植物战胜不利的自然条件。在眼前的情况下，小麦的抗寒能力有赖于植物在冬季到来之前尽量多地积蓄营养物质。学生们认真耕作土壤，施加土肥，关心水分的保持，选择最佳的播种期。他们设法使小麦的根系在入冬之前就得到很好的加固，茎部和根部都积蓄了许多营养物质。冬天，孩子们把园地里的土壤作了脱雪处理，然后仔细地跟踪考察植物发生的变化。观察结果使他们深信，在营养丰富的土壤里，分蘖、发育良好的小麦即使在最严寒的冬季也不会冻死。不管植物的根系如何受害，如果它分蘖很好，就总能保全一些根，到了春季这些根又能恢复新的根系。孩子们在从事这项工作时，不是简单地观察，他们坚信真理的正确性——他们在创造，他们表现出积极性、坚定性，以及争取更大成果的进取心。

青少年家兔养殖小组的成员曾经承诺，一定使每只母兔一年繁殖不少于50只幼兔，并争取家兔不生病。这项劳动所贯穿的思想与上述第一个小组的相同。

孩子们干得十分顽强，以确保家兔可吃上能促进高产的饲料。为使家兔不生病，他们准备了专门的药用植物。一定能达到所提出目标的信心，使集体劳动具有了坚定的原则性和目的性。例如，在这项工作最紧张时学生们发现，兔笼不够用。本可降低工作目标，但孩子们没有同意这样做。他们说："如果兔笼不够用，就意味着每只母兔可能繁殖的不是50只兔崽，而只有20只。怎能放弃已承诺的职责？"于是青少年小组的成员便动手做兔笼，还培植两茬双收玉米以确保幼兔的饲料。最后，已承诺的任务终于得到完成。

孩子们不放弃已作出的决定和所承担责任的进取心，还表现在其他类似的事情上。青少年蔬菜种植小组的成员已经知道，西红柿可以不用苗栽法来培植。他们便把种子播入露天土壤里。结果大部分秧苗都因春寒而冻死，只有小部分幼株得以存活。学生们关怀备至地照料存活的植株，收集了成熟果实的种子，下一年把它们播下。这一次幼苗死亡率大大降低了。他们长年不懈地、既细心又耐心地照料此种植物，使尽量多一些的种子保存下来。连续6年挑选抗寒力最强的植株，最终获得了能抗住极低气温的幼芽。在这项工作中曾出现严重的困难，以至于孩子们一度曾想放弃原先的设想而按老办法去栽培，但他们没有向困难低头，最终还是胜利了。

青少年林业小组的成员明明知道，可以采用插条法来培植杨树。用种子培植这种树要付出大量劳动。不仅要具备有关知识和技能，而且要有韧性和耐性。但孩子们认为，正是困难才能够验证唯物主义思想的正确性：如果为种子创设有利条件，则种子也会发育、长芽、生根。工作开始了，持续干了3年。孩子们收集了各地的杨树种子，备就了土壤，建立了用以检验种子质量的小温室。他们所遇到的失败更增强了他们要达到所提目标的意愿。杨树秧终于培植成了。结果，与用插条法培植出的杨树苗相比，他们培植的树苗的抗病、抗虫害能力要强得多。

形成共产主义行为规范和准则，具有重要教育意义。自孩子们上学之日起，应给他们揭示出最重要的道德思想，即忠于祖国、与全世界劳动人民团结一致、共产主义劳动态度、同志式友谊、相互帮助等思想。在学生意识中，**好与坏、正义与非正义**的道德概念，是从人民和祖国利益的角度形成的。以此为基础唤起孩子们追求理想、追求崇高道德的进取心。只有当行为给人民带来好处时，人们才能鲜明地理解各个行为及行为整体的高尚性。让我们通过分析教育工作实践中的某些事实，来展示共产主义行为准则和规范的形成过程。

我国各族人民崇高的友谊和与全世界劳动者兄弟般团结的道德思想，是影响人的内在精神面貌的一种思想，其影响取决于一个人把想与做、言与行有机结合的程度。在许多场合要确保这种结合是不容易的，特别是在受教育者不是经常与其他民族的人相接触时更是如此。尤其重要的是，要使受教育者不仅只是具有关于我国各族人民友谊的知识，与成年人一起去体验为增强这一友谊而表现出的崇高精神，而且要作出自己的贡献，要在这一思想基础上产生具有崇高道德的行为。而共产主义建设的实践为此提供着无限可能性。

1960年的11月在莫斯科举行的"共产党和工人党代表会议"的《声明》指出："社会主义各国之间相互关系的一个不可破坏的法则，就是严格遵守马克思列宁主义原则、社会主义的国际主义原则。"①该《声明》还强调："社会主义各国人民的共同利益，社会主义与和平事业的利益，要求在政治上把社会主义的国际主义原则与社会主义的爱国主义原则正确结合起来。"

孩子们自上学之日起就获得一个鲜明观念：我国人民是如何生活的，资本主义各国劳动人民是怎样为自己的解放而斗争的。各族人民利益和目的的一致性这个思想逐渐掌握着学生们的意识。唤起着他们与其他各族劳动人民进行精神交往的需要。重要的不仅是满足这种需要，而且要使孩子们通过亲身经验坚信：各兄弟民族劳动者的一致努力，是共产主义社会得以在我国建成和共产主义思想得以在全世界取得胜利的一个最重要的条件。例如，我们的受教育者，乌克兰集体农庄的孩子们，好几年里都在跟自己的俄罗斯、白俄罗斯同龄人相互通信。这种交往具有集体活动的性质。他们向各兄弟共和国的朋友发出倡议：开始绿化第聂伯河两岸（我们的孩子们与之通信的学生们都居住在第聂伯河沿岸）的工作。"保护和增加祖国森林资源，培植数万棵树木"——这种意向更加强化了各兄弟共和国的孩子们之间的精神交往。每年我们的学生都用一周时间植树，开辟新的苗圃，培植树苗。俄罗斯和白俄罗斯的学生也举办同样的**第聂伯故乡周**。学生们给自己的朋友通报开展的工作情况。他们交换树种，分享各自照料树林的经验。按照白俄罗斯学生们的倡议，乌克兰和俄罗斯的孩子们设立了保护第聂伯河两岸绿色树林的少先队岗。

与俄罗斯和白俄罗斯朋友的交往，逐渐深入我们少先队员的精神生活的各个方面。例如，他们承担了对白俄罗斯学校十月儿童团员即一至二年级学生的辅导；给自己的小同学寄去课外阅读书籍和手工劳动课上制作的玩具、作品。一些少先队中队跟白俄罗斯和俄

---

① 《共产党人》杂志，1960年第17期，第11页。

罗斯同龄人缔结了社会主义竞赛协议。竞赛的主要的条件是积极参加有益于社会的劳动。

可见，各民族劳动人民兄弟情谊的道德思想，对孩子们来说不只是漂亮话，而是已具体化为美好的实事。这种活动给学生带来深切的道德满足。

只有在一种条件下才能激发和深化道德情感，即通过亲身经验认识到思想的高尚性、崇高意义和伟大性。这个规律特别明显地表现在培养学生热爱祖国，对祖国和人民承担义务这类情感的过程中。一个人为了祖国的繁荣完成的具体行动越多，人民利益就越变为他的切身利益。对社会利益的关心就会成为他切身的事情。

一个人在青少年时代体验到的东西，会在心灵中留下终身痕迹。通过情绪记忆所保持下来的道德情感，会给成年期的思想和行为打下深深的烙印。四五年前中学毕了业，并走上了独立劳动生活的年轻工人和集体农庄庄员们的讲述证明了这一点。在这些讲述中引人注目的是，因青少年时期的崇高道德行为而体验到的情感，在许多方面决定着一个人在成年期对社会生活问题的敏感力。23岁的车辆制造厂钳工斯塔尼斯拉夫说："我毕生都记得我们是怎样收集废金属的。女教师曾告诉我们，如果我国每位少先队员收集1千克黑色金属，工厂就能造出1000台拖拉机。于是我的眼前就出现这样一幅图景：大马力拖拉机车队正驶向田野，我们这些小孩子非常高兴地看着拖拉机车队走过，这些拖拉机中也有我们一份劳动。当意识到我也是这一伟大事业的参与者时，一种很难用语言表达的情感支配了我的心灵。如果我们每人收集的废金属不是1千克，而是2千克、3千克、10千克，那会怎样呢？那不意味着拖拉机车队会增加2倍、3倍、10倍吗？这个念头更强化了我为同学们、为整个集体而自豪的情感。有趣的是，这种念头也同时产生在其他孩子的头脑中，我们都把它作为最大的喜悦来共同分享。我们齐心协力地干了起来，每人负责收集比集体原先规定的多出几倍的废金属。在我们的想象中呈现出一幅千百万学生齐动手的图景，并由此而感觉到有一股非同寻常的力量在汇成排山倒海的涌流。这股情感永远保留在我的心中。每当向我工作所在的集体——车间或全厂提出任何一项重要任务时，我都仿佛在眼前看到千百万工人，他们正在熔化金属，采掘矿石，制造机器。我不仅理解，而且感觉到，祖国的命运有赖于我的劳动。这种情感决定着我的每一步行动。若不超额完成哪怕10％的生产定额，对我来说就意味着不能给国家提供数以百万计的零部件，因为我感到自己是工人阶级伟大家庭的一员……"

在一次专为毕业生会见年轻工人和集体农庄庄员而举办的晚会上，尼娜讲道："我在甜菜作业队工作。每年我们都要积许多肥，把它们保存起来，并运到地里。这项工作中毫无吸引人的东西。但每当我着手干时，就回想起学校生活，重新体验一位女教师在我心中激起的那股感情。我们在一年级时曾有一小块田畦，我们在那里种植蔬菜。还有自己的苗圃，我们在那里播下了果树和观赏树的种子。到二年级时，在集体农庄的甜菜种植园里划给了我们几平方米地。我们负责培植高产甜菜，其收获率要比我们的妈妈们——甜菜种植队的队员们——所培植出的高两倍。这就需要许多肥料。我们明白，每5千克肥料就意味着能获得1千克糖。如果按每平方米配1千克肥的比例给1公顷地施肥，那么能获得多少额外的糖呢？在按这样比例增施肥料的情况下，整个种植园又能提供多少糖呢？我们曾带着这些问题请教我们的女教师。她说能提供几十吨。这既令我们惊奇，也使我们大受鼓舞。我们集体干得多么高兴啊！开春之前我们就急不可待地作了准备。每个少先队员分担的责任是积100千克鸟粪，而实际上却积了200千克、300千克，甚至更多。到三年级和四年级时，在种植园里已给我们划拨了50—70平方米的土地了。在这个面积的土地上我们栽培的作物收获率，比我们的父母们在集体农庄的一般大田上培植的高出三倍。然而，这还未能令我们满足。我们还想尽量多地帮助自己的母亲们。我们把肥料运送到她们的地段里。收割作物对我们来说，成了像五一劳动节或十月革命节那样的喜庆日子。在我的内心中始终保持着这些日子里曾体验过的那种情感，即完成了对集体的职责这一念头而引发的喜悦感。现在，我已是成年人，但同样希望体验到这种情感。不论面临怎样困难的工作，我都竭力做好一切，让它带来愉快和满足。使劳动的日子永远保持在记忆中。"

拖拉机手瓦西里讲道："我从学校毕业后在拖拉机队工作。我们队有40名青年拖拉机手。集体友爱和睦，团结一致。我们面临的任务越艰巨、越繁重，集体劳动就越能带来更大的愉快和满足。1957年，我们在一周之内播种了1500公顷的秋小麦。少年时代的回忆给了我极大的欢乐，当时我们也是在友爱和睦的集体中，在教学实验园地和集体农庄的田野里愉快地劳动。每当为了完成任务而要求紧密团结和严密的组织性时，我都会回想起学校生活的以下情节。七年级结业后我跟一批14—15岁的少年去收割庄稼。粮食作物不知为何一下子就在大片土地上成熟了。几台康拜因两天之内就收完了400公顷以上的小麦。这块麦田要马上为开耕做好准备——把康拜因留下的麦秸收成堆。用拖拉机把成捆麦秸集中到一处，堆成麦秸垛。然而拖拉机不够，于是共青团组织向我们这批少年发出号召：把马套上车，用双手清理麦秸，码成大垛。对我们来说，这个委托成了极大的乐事。我们干了一整夜。很难表述我们干活时的激动心情。可以毫不夸张地说，我们真想把应清除掉麦秸的面积哪怕增加1倍。凌晨之前所有的麦秸全被码成了大垛，拖拉机手们开耕了。我们干了一整夜累活本该回家了，然而大家仍想聚在一起。劳动完成后的快乐使我们又请求集体农庄主席再让我们备耕一块地。我们的请求获得了同意，我们以同样激动的心情完成了任务。就是在那块地里举行了共青团会议，接收了17名少先队员入团，其中包括我。我任何时候也忘不了这个时刻，这是我一生中最幸福的时刻。这种喜悦的源泉何在？我觉得，源泉就在于我们所完成的劳动的重大社会意义。我们每人都懂得：庄稼的年景在很大程度上依赖于我们——这令我们激动和高兴。我想这样去工作，使劳动能带来愉悦。当你知道你的劳动果实将给成千成万的人们带来美好生活时，你会激动地去劳动。"

车工维克托尔说道："在我的记忆中始终留着学校生活的那些日子的影子，当时全校集体，从一年级到十年级，都跟老师们一道去完成各种具有重大意义的事情。例如，3天内要为500公顷面积的玉米进行人工补充授粉。只有我们能胜任这项工作。我们非常自豪地重复说，我们的工作将在1公顷地里提供几担额外的收成。我们还计算了，由于我们的劳动，集体农庄能总共获得多少玉米。准备玉米种子也成了同样快乐的劳动。秋天，全校师生都去田里，任务是挑选最大的、成熟了的玉米穗，好好保护它们。激励大家的是：

采集的种子将于下一年播在数百公顷的大田里。一次，一场春天的倾盆大雨使甜菜种植园严重受灾。10公顷的幼苗被淤泥覆盖。全校集体再次来到这块地里。我们耐心地、关切地把每一棵植株从淤泥下救出来。这样干了3天。1周之后，在工作之余，又跑到种植园去看，看到我们的甜菜一行行长得很齐整、匀称。在收割庄稼的时候我们同样想着去观赏自己的劳动成果。"

以上的讲述，对于表现新人的精神面貌具有重大价值。在这些讲述中揭示了苏维埃学校学生的高尚情操。可以从这些讲述中得出如下结论：受崇高目的激励的行动，能引发个人与社会目标相一致的情感，以及对社会的高度责任感。这种情感能丰富一个人的精神生活，增强他的意志力。

在苏联人民的生活中，每天都有崇高之举，其基础是个人无私地关心社会的物质产品，尽力增加祖国的财富。对这些举动的分析证明：情感对崇高的道德举动起着重大作用。良心迫使一个人去做乍看起来与个人无关的事；而良心的呼唤，乃是思维与情感的统一。在一次专为新人的道德面貌问题举办的读者讨论会上，集体农庄党组织书记讲到了一位19岁的饲养场女职工玛丽亚的举动。她上班要路过集体农庄的玉米地。每天她都看到，大田农活是怎样进行的，庄稼是怎样发育成长的。她知道，今年要在一块地里培植玉米的杂交种子。有一天她到饲养场去，正在观赏齐整匀称的植株幼芽时，忽然她发现，有一簇植株不是通常认为的2棵，而是4棵。如果是这样的，植株就会互相挤压。这情况使得姑娘不安。她走近这一簇细看，的确是4棵。再往远里看，发现有许多这样过挤的植株簇。尽管这事儿与她个人无关，然而玛丽亚到集体农庄管理处，讲了玉米播种得不太得当的情况。农庄主席和党组织书记一起到了地里，集体农庄庄员们也来到这块地里，他们拔掉了多余的苗，每簇只留2棵。

基于思维与情感的统一，一个人还在少年早期就能表现出道德高尚的行为。进入青年早期时，人就应当能对周围生活现象作出快速反应。教育者的任务，就要使一个人自其进入社会生活时就善于表现自己，对周围现象具有敏感性，为共产主义理想，有敢于行动、敢于战胜困难的决心，这就是共产主义道德高尚的行为。集体中的生活，应使孩子们深刻地体验到周围发生的事。儿童的心灵十分敏感，只是要善于触动它。有经验的教师要善于揭示崇高的思想，使孩子们体验到的、肯定的道德情感，能唤起他们立即付诸实践的活动。此时的活动，就具有重要的社会意义，能帮助孩子们确立共产主义道德的原则和规范。

帕夫雷什中学女教师韦尔霍维尼娜在4年内（一至四年级）循序渐进地向孩子们揭示了苏联人的利益具有一致性这个思想。这位女教师在课堂上，在教育谈话中，在孩子们会见生产战线的优秀人物时，在少先队集会上所讲述的种种事实、事件和现象中，都引发孩子们产生了这样的思想：我国最遥远的角落里所发生的事情，也是我生活的一部分，也关系到我个人。我的命运不仅依赖于我自家的幸福，而且首先依赖于祖国的强大和繁荣，依赖于国家的富裕程度，依赖于不属于个别人而属于全体人民的财富的增加。在讲述例如远方的乌拉尔和西伯利亚工业中心、远东的自然资源时，这位女教师用鲜明的、有说服力的事实说明：乌拉尔、西伯利亚、远东地区，在伟大卫国战争期间为使故乡摆脱法西斯侵略起了怎样的作用，以及我国人民在和平年代是怎样相互帮助的。孩子们体验到苏联各民族劳动者团结一致的情感。离故乡数千千米之外发生的事件，如同发生在他们眼前、家里和学校集体中的事件一样，都令他们激动不安。例如，当这位女教师读了遥远的雅库梯亚地质工作者的劳动情况后，这些英勇的人们经受的苦难令孩子们忐忑不安。孩子们产生的头一个念头就是：我们怎么能帮助这些人？给予直接帮助是不可能的。从女教师的话语中孩子们理解了：如果我们国家金属越多，则不论是地质工作者，还是遥远的西伯利亚河上水力发电站的建设者，就越容易战胜困难。因此，应收集尽量多的废金属。于是这种平凡的劳动成了孩子们崇高的道德情感的具体表达。但孩子们还嫌这不够，他们还想直接告诉英雄们，英雄们的命运对他们来说也如同亲近的家人的命运一样了。他们决定给雅库茨克的英雄们写信。信中报告说，他们之所以收集废金属，是想尽快修一条铁路通向雅库茨克的原始森林深处，使冻土区发电站供电的电灯亮起来。孩子们向英雄们承诺，要好好学习，以便用自己的知识给祖国带来尽量多的利益。

不论是收集废金属，还是给英雄们写信，都是高尚道德品质的积极表现。这就形成了表现新人特点的那种情感。

凡在少年期和青年早期就经常面对必须按高尚的道德法则行事的人，到了成年期，他们的突出特点就不仅只具有自觉性，而且还具有高度的积极性。因各种各样的社会生活事件而使他们产生的美好情感，就会变为决定其行动和整个精神生活的动力。凡在青少年时期经常对远方发生的事件作出积极反应的人，成年后就不会对他身旁发生的事情漠不关心。因此，少年期和青年早期深切体验过亲身参加重大社会意义的集体劳动的人，其回忆总能引起人们的极大兴趣。

阿列克谢写道："前不久我乘轮船沿第聂伯河从克列明楚格到基辅去。让我吃惊的是，个别地段绿色的柞树林和小松林全都消失了，这些树林不仅曾美化着故乡的第聂伯河两岸，而且还为它保持着充足的水分。是谁在消灭我们大地的财富和美景呢？难道这些人能对后代的命运漠不关心吗？旅行期间一个决定在我心中成熟了：把自己的一生都献给护林斗争。我现任大田作业队队长。由我们的同事们组成了一个共青团员保护自然岗。我们负责登记所有的绿色林木，不仅是本队田野上的，还有村镇街道上的。甚至那些单棵的树，尤其是柞树，都成了我们关怀的对象。如果谁伤害树木，对我们就是一种切身的痛苦。"

维克托尔讲道："我在集体农庄机械作业队工作。队里的全体成员都承担了一项职责，就是维护农业机械。我个人的职责，则是使拖拉机在5年内都能正常工作而不用大修。这能为别的工作节约多少资金和人力啊！为完成这项职责，工作日和工作周结束后我都仔细地查看机器，消除一切小故障。全体拖拉机手都承担了这项职责。有意思的是，我们每个人不仅关注自己的机器，而且要保证同事机器的完好率。例如，我不能漠不关心地看着某同事未能发现小的故障，因为它可能导致更大的损坏。我看到这种情况会心痛的。"

以上内容引自个人信件，并经写信人允许才使用的。在上述两个实例中，那些满怀热情关心社会公共利益的话语，反映了人们对待自己行为的态度。这些人的一个突出特点，就是懂得个人和社会的作用，具有坚定的信念，能够做到情感与意志的统一。意识到自己的行为、举动的社会意义，能使人产生无穷的毅力和意志力，及战胜困难的坚韧性。信念坚定的人，正是意志顽强、情感炽热的人。对他来说，个人对待周围现象的态度，不仅是对人们进行道德评价的标准，而且是其行为的准绳。例如，若是脱离神秘的超自然力的思想成了一个人的信念，这个人就不会只把一些真理保持在记忆里，他会在日常生活中遵循这一思想。信念不可能不表现在积极的活动中。信念坚定的人，如果亲眼看到发生了某种违背其观点和道德行为准绳的现象，他不可能泰然处之。39岁的共产党员费多连柯把自己对待宗教的态度作了这样的描述："当我看到，牧师是如何埋葬一个毕生诚实地劳动、为社会创造了物质财富的人时，我似乎感到，自己也被活活地埋入地里。我为人的理智和劳动抱屈得心痛和流泪。每逢这种场合我就会发誓：为了终结牧师的无稽之谈而献出我的全部力量。"

信念是与个人的各种品质紧密相连的。信念越坚定，意志也就越坚强，就会越有决心去捍卫自己的观点，并使个人的利益服从于社会公共的利益，人也会变得更英勇。在我们社会的条件下，表现英勇精神的机会是无限的，且归根结底一切都为了一个目标——创建未来的社会，建设共产主义社会。只有鼓足每个人的干劲儿，人们之间相互促进，上述目的才能实现。具备坚定信念的人，并非简单地赞同自己同事的言行，只有他们做得对时才会积极支持。这就是忠于共产主义信念的志同道合者成为我们社会非常强大的力量的原因。从孩子自觉生活的最初阶段起，就确保他在崇高的思想基础上与集体成员保持精神上的一致，这一点非常重要。

这一点在学龄晚期尤其具有重大意义。这个时期要求学生能独立作出决定，他应当不仅仅是教育的客体，而且是积极的教育力量和斗士。那种坚信服务于社会是崇高道德职责的人，不可能不是集体主义者，不可能不是诚实、正直、守纪律的工作者。这就是为什么在培养诸如纪律性、组织性的道德品质的过程中，个人和集体的活动性质具有决定性意义。纪律性的主要源泉，是忠于为社会服务的思想。因此，在狭隘的日常活动中不可能培养自觉的纪律性。自觉的纪律，首先是积极性、主动性，而不是个人消极地服从一定的准则和规范，这些东西往往带有禁令性质。信念坚定的人，不可能容忍自己的每一个行为，生活的每个场合都受什么人监管，都被规定要遵守一定的行为准则。应当再次指出，有些学校的实际教育工作具有如下缺点：教师试图仅仅通过建立巧妙的领导从属制度来实现高度的纪律性。这种做法只会束缚个人的内在精神力量，而不能促进信念的发展和增强。

如果道德教育建立在道德意识与道德经验相统一的基础上，就会在个人精神发展的最初阶段上形成对待生活的最基本的信念。8岁的儿童和18岁的青年，都应懂得自己对社会的天职。由此就要求道德教育以一定的圆周式安排：同样一些道德品质的发展是连续不断地进行的。它们不仅随着一个人的智力增长而发展和深化，而且也随着他的实践活动范围的扩大，他参加社会生活范围的扩大而发展和深化。为了形成共产主义信念，尤其是道德信念，必须使人在每个发展阶段的道德经验不落后于他所应有的可能性。这些可能性只有在活动中才能体现出来。在这里，共产主义学生组织——少先队和共青团起到了重要作用。行动的思想性是基本的前提条件，它使儿童和青少年组织的具体工作形式能够形成共产主义信念，锻炼意志，造就性格。不论是少先队还是共青团，都是独立自主的组织。儿童、少年、青年应当始终感到他们在把自己的意图变为现实生活，在战胜种种困难。对这些组织进行教育指导的艺术，就在于使少先队员和共青团员看不出和发觉不了这种指导，而实际上它却保证着把有趣、诱人、激发力强的形式跟深刻的共产主义教育内容结合起来。这种结合，应当是少先队员和共青团员能够感觉和体验得到的。儿童和少年们在做有趣的事情的同时，应当意识到自己就是为崇高的共产主义思想而奋斗的志同道合者和战士。

7. 共产主义原则性是共产主义信念与高尚道德行为的统一

清楚地懂得什么是共产主义道德，应成为学生的常识。教育工作成功与否，取决于受教育者在多大程度上自觉地争当一名共产主义建设者。用体现道德理想、充满活力和激情的共产主义战士的榜样来鼓舞人，是形成共产主义道德的一个十分重要的条件。

在实践工作中，我们竭力使受教育者有成为像我国优秀人物和我们思想的积极斗士那种人的愿望，并使之成为能激发他们完成高尚道德行为的最重要动机之一。但这还不够，忠于道德理想这种品质，最好在活动中形成。越是吸引受教育者积极参加社会生活，越是把他的劳动引入共同的事业中，他就会越深刻地体验到达到所追求理想时的愉悦。

正是在这种对道德理想的追求中，产生了共产主义原则性——道德信念与行为相统一的高级阶段。有原则性的人，不仅深信自己的观点和评价是正确的，而且还在实践中积极证实共产主义道德原则，并视之为自己的天职。对于有原则性的人来说，天职并不是自我牺牲，也不是为了公共利益而抑制个人利益，而是感到非如此生活不可的一种**个人切身的内在需要**。这就是为什么我们社会先进人物克服困难时，不仅其内在精神力量没有减弱，而且还会增强。苏维埃人的英勇行为取之不尽的源泉就在于此。通过与困难作斗争，他就变得更坚强，这种斗争及其结果更使他坚信自己的正确。

有原则地行事，是共产主义思想性的决定性条件。一个人道德面貌的形成，取决于用什么样的道德思想贯穿他的实际行动。在每一个场合，不应当根据教育者制定的现成方案去选择正确的行动路线，而应根据共同的道德概念和原则去选择。

不管教育者如何有预见性，都不可能预见到所有的生活现象。应当指出，如果学生看不到准则和规范中作为共产主义道德的基础的东西，即为共产主义的胜利而奋斗，那么，教育者即使制定再详细的行为准则，试图用它们涵盖生活中一切可能的现象和情况，都无助于加强意识与行为之间的统一。实际生活是复杂的、多方面的，人在每一场合中的行为，都取决于他对周围生活现象实质的了解程度。共产主义原则性在于一个人不仅遵守现成的准则，而且还为遵守准则而斗争，并**参与准则的制定**。由此，准则就不会被个人视为上面的指令，而是非如此行动不可的主观需要。

丰富的集体精神生活、集体兴趣和追求的崇高思想意义及崇高目的性，正是上述原则性得以形成的条件。集体能培养出具有高度原则性的人。社会利益与个人利益的和谐结合（我们在上面各节中援引过这方面的例子），促进着在集体的道德实践中确立起许多准则，按此准则开展的活动便成了集体所有成员的切身需要。让我们来谈谈其中若干最重要的准则，并指出它们形成的条件。

第一个准则："苏联的学生永远要想什么就说什么；按照所想、所感的那样去做；言行要一致。"这个准则的形成，对新人的培养具有重大意义。制定该准则的基础和决定性条件是：我们社会中道德理想的一个最重要的源泉，就在于生活本身，在于共产主义建设的实践。一个人从自觉生活之日起就坚信：在我们生活中发展着、确立着的、符合人民利益的东西，都是正确的、道德的、美好的东西。由此，言行一致的观念被纳入**真实**概念中。真实、诚实，被视为道德美质。想与说、言与行的一致性，是在教育工作实践中形成的，它不是通过说教，而是集体在为崇高的目的奋斗时，形成的一致性意见。

同时，不诚实、不讲原则、不始终如一，就会被认为是道德缺点而特别刺眼，集体的成员会根据自身的内部道德动机加以批判和克服。首先涉及具有重大社会意义的严肃问题而必须说真话和说实情时，所思、所言、所感、所做便达到一致。重要的是，要向学生揭示**真实性**的崇高意义，在其生活实践中就是**忠于崇高的政治和道德思想，即为共产主义而奋斗的思想**。要使所说与所思、所感与所做均反映个人与社会的相互关系。当一个人意识到他人的命运、集体的成就有赖于他的行动时，行动的愿望便是高尚的。由于意识到这种依赖性，这个人就变成一名社会活动家。个人对集体事业的前途、集体的成就越是认真负责，则个人的荣誉感就越高尚。如果在精神面貌形成时期，一个人的精神一致性基础，在于为人民而积极活动的集体一分子，他就会成长为信守原则、忠于自己信念的人。他的言与行绝不会不一致，良心迫使他按照对社会、对人民负责的天职所要求的那样去行动。

一组少先队员开展旅游行军。摆在集体面前的是一项严肃的任务，只有在信念与意志充分一致的条件下才能完成。只要有一个人表现出利己主义倾向，关心自己的个人利益重于同学们的利益，则其任务就完不成。每个行军者，都把集体的组织性和纪律性视为个人切身的事。因此，当发觉某学生在途中休息时力图减轻自己的劳动，把自己的义务推给别人时，同学们严厉地批评了他。在鉴定这个不体面行为时，他们认为这是对共产主义道德规范的背弃。

在建筑一座公共楼房时，一位参加建筑的共青团员发现有一名被公认经验丰富、热爱劳动的工人却严重地破坏了工艺要求，并竭力掩盖自己所犯的错误。这位共青团员直率地对工人说，此举是对集体名誉的玷污。充满原则性的直言，在此场合是一种勇敢举动。一个人之所以竭力指出同事工作中的缺点，是因为集体具有高尚的、崇高的目的。

我们手里有许多讲述类似内容的材料，它们都证明：所想与所行、所言与所行、所感与所行的统一，会给人带来极大的愉悦。

第二个准则："学生对自己的缺点，尤其是道德面貌的缺点，要有自知之明，要明了并坚决克服这些缺点。"这个原则性行为准则的形成，有赖于共产主义教育在其实质上也是自我教育。共产主义思想越是在更大的程度上成为集体和个人的行动纲领，共产主义斗士的道德面貌越是在更大程度上成为其榜样，则自我教育因素就会越明显地体现在其日常生活和活动中。学生若锐意争当酷似他理想中的人物，他就会看到自己的不足，就会正确地、有原则地评价这些不足，这种评价不是理性的结果，而恰恰是情感的结果。

受教育者在其青少年时代常常受到理想人物的道德面貌的鼓舞，而理想人物的一个最明显的特征就是集体主义和忠于社会公共事业，所以受教育者从个人的缺点中首先发现的就是违背这一品质的那些缺点。这为我们学校的日常生活实践所证实。共产主义原则性，是靠集体和个人丰富而活跃的精神生活所形成的一种道德品质。

结 束 语

1961年4月12日发生了一起标志着人类历史新纪元开始的事件：一名苏联人乘"东方号"卫星飞船完成了首次宇宙飞行。

这个事件不仅是人类思维、创造、劳动发展上的一个无与伦比的新阶段，而且也是人类精神发展上的新阶段。

强壮健康的身体，高度发达的智力，精湛的技术知识，高尚的道德品质——在这一神奇的合金中揭示着新人的真正威严。而融合这一合金的强大力量，就是共产主义信念。首位宇宙飞行员尤里·加加林曾宣布，他之所以勇于完成这一壮举，正因为他是一名共产党员，他要继续发扬同胞们的英勇传统。尤里·加加林说："我想把第一次宇宙飞行献给共产主义社会的人们，我们苏联人民已经进入这个社会，我相信，地球上所有的人都将进入这个社会。"[6]

对于千百万苏联人，特别是青年人来说，宇宙飞行使共产主义理想的轮廓变得更清晰、更明确、更动人了。向宇宙迈出英勇的第一步，是地球本身最现实的目的，那就是为了地球上人类的幸福，为了丰富与充实共产主义新社会的精神生活。

我们生活中的每一种现象，共产主义建设道路上每一步新进展，遇到的每一个困难，每一次成功和失败，都按照新方式沐浴着苏联人民功勋的灿烂光辉。重要的是，如今令我们青年人的教育者们关心的问题，是如何使受教育者的每一次内心激动都伴随以思考、劳动和英勇行为的勃发；哪些方面的精神力量应当在人身上加以确立和锻炼，从而使他在投入生活时成为拥有充分权力，却又对长辈创造的财富倍加爱惜的勤俭的主人，成为马克思和恩格斯曾经向往的那种大量物质和精神财富的创造者。

深刻而充满激情的共产主义信念，无比坚信现已掌握了群众意识并已物化的共产主义思想的正确性、现实意义和可实现性。必须把牢固地确立在社会意识中的共产主义意识形态，反映到每个公民的个人意识和心底，要把坚信共产主义理想的伟大、正确、美好的强烈信念，扎根于心灵的最深处。

当人的思想和观念充满生气勃勃的、激动无比的、深切的个人情感时，就会变为信念。应当加固这种强烈的信念。正是它为我们提供了无穷的动力，促使我们去履行对祖国的伟大职责，为祖国立功建业。

怎样培养真正的人

蔡 汀 译

人生下来，并不是为了像无人问津的尘埃那样无影无踪地消失，人生下来是为了在自己身后留下痕迹——永久的痕迹。

编 者 的 话

　　《怎样培养真正的人》（共产主义教育伦理学）一书，是瓦·亚·苏霍姆林斯基在其晚年创作的。手稿留下了作者长时间艰苦细致的创作痕迹，即书稿内留下了多处修改、补充和未完成的篇章。根据手稿可以想象出苏霍姆林斯基的创作活动。此外，这次出版的是一部完整的著作，是教师向正在成长的一代人进行道德教育的教材。本教材对共产主义道德的重要原则进行了概括和系统化，不仅从教育学方面，而且从哲学、心理学和社会学方面对这些原则做了阐述。

　　在《怎样培养真正的人》一书中，苏霍姆林斯基分析了伦理学的主要问题，并向正在成长的一代提出了正确理解生活中具有社会意义的目的、需要、兴趣和追求的形成途径。苏霍姆林斯基有机地把伦理学范畴、善与恶、义务、奉献、尊严、荣誉、良心、自由、责任心、公民的觉悟、爱情、公共行为准则等纳入马克思列宁主义教育理论问题的结构之中，揭示了其在解决思想、劳动、智力、道德、美学、体育方面的发展、形成和教育问题上的意义。本书着重阐述教育伦理学的对象和任务：正在成长的一代孩子在道德关系组成的基础上及其在自发的或者专门组织的道德活动中如何形成道德意识。

　　本书的内容围绕培养真正的人这一主题展开，即培养人在精神上丰富、思想上充满信念、有崇高的道德、善于忠实地热爱祖国和强烈地憎恨敌人、捍卫我们社会主义国家的财富和作为个人财富的共产主义理想、能领略为崇高目标而活动的生活。书中把智力上的丰富同热爱劳动，把对世界美的认识同身体上的完美融为一体。

　　苏霍姆林斯基认为，教师应当在同学生的交谈中去揭示社会生活的目的，启发学生思考怎样做才是为共产主义思想和理想而斗争，什么是爱国主义、公民的世界观，如何掌握知识、进行创作。

教师应与学生共同探讨诸如爱情、家庭、友谊、快乐这类有意义的问题。他认为这些有意义的问题是学生形成有社会意义的特性和品格的基础。

苏霍姆林斯基坚信，生活的意义就在于生活本身，在对其正确的理解和正确的组织之中，在辩证的相互关系、社会与个人目的的相吻合之中，也就是在为祖国、学校、亲人、父母履行义务之中，在做好事、获得个人幸福和快乐之中。苏霍姆林斯基在后来的记事本里曾写道："我的教育信仰就在于使人去为他人做好事，并发自肺腑地去做，成为好人这种愿望的表现是一种巨大的精神劳动，是精神力量的极大付出。在这里，我们同教育的最神圣不可侵犯的思想是相近的，即每一个受教育者都应有登上高尚道德精神高峰的决心，应有巨大的动力、高度的激情，应有一颗像丹柯①那样火热的心。使每个人拥有这一切，便是教育的意义所在。"

同苏霍姆林斯基其他许多著作的特点一样，《怎样培养真正的人》一书视角独特，是采用道德教诲（劝谕、训诫、教规、交谈）的形式写成的。其结构和内容，完全出自苏霍姆林斯基在帕夫雷什中学长期从事学生工作的经验，并得到了师生和家长肯定。他写道："在我们学校的教育工作中，多年来形成了同学生进行道德交谈的制度，并且定出了选题，编写了教师用的伦理道德教材和各种年龄的学生在学校和家庭里阅读的道德文选。"（苏霍姆林斯基：《全面发展的人的培养问题》，见《苏霍姆林斯基选集》5卷本，第1卷，基辅苏维埃学校出版社，1979年版，第130页。）苏霍姆林斯基有计划地在课堂上或在课外时间进行一些交谈，其内容包括思考、思维、分析以及书中和生活中的一些例子。所以，每一条教诲都具有完整的形式和意义。

教诲由两部分组成。第一部分是针对儿童、少年和男女青年讲的道德教诲，其道德思想包括在揭示某一道德范畴内容、概念、行为准则、个性、性格特征等训导之中。第二部分是思考。苏霍姆林斯基在关注教师、父母的同时，还深入思考了孩子的动机和行为的形成，以及道德意识通过善良和奉献思想形成的途径。这些思考写

---

① 丹柯，高尔基的小说《丹柯》中的主人公。——译者

得惟妙惟肖：有推论，有分析，并且援引了人民的、历史的经验，教师自己的经验和同行的教育经验。

除少数情况外，本书大多体现了苏霍姆林斯基所提出的论述材料的基本原则。他的论断逻辑，就是要使一个人能从小就培养和发展在道德上具有初步思维和道德活动的能力。苏霍姆林斯基一直恪守着从年龄的角度来看问题的原则。交谈的目的、内容和意义都考虑到人的个性和精神需要逐渐形成的过程，即从孩子意识到"自我"、自己在生活中的地位，到自我完善、自我教育、获得自觉的公民觉悟感。所以，爱的教育问题、对亲人的尊重和忠诚、人需要人的教育、理解他人的不幸、敏锐、富有同情心等，在通篇问题中都占有很重要的地位。苏霍姆林斯基确信，孩子未来的道德发展，完全取决于父母、学校和教师在孩子的学生生活的头几年培养孩子具有同情心的能力到什么程度。这种富有同情心的能力，便是善良的基础，富有同情心，孩子做好事便成为一种自然的需要。学校和教师作为社会道德财富的主要传播者，能够而且应该在上述方面，同时在寻求理想方面给孩子以无可估量的帮助。苏霍姆林斯基认为，在这条道路上，教育工作者的主要任务就是培育正在成长的一代人具有良好的性格特点和道德习惯，如良心、忠诚、谦虚、无私、不向邪恶妥协、有坚定的信念，摒弃假仁假义、伪善、背叛、冷酷无情、卑鄙等不良行为。

以教育家之见，人的欲望的素养和爱，是人的本质的最高表现，也是对个性成熟和尊严的检验。所以书中有一整套关于培养青年要有深刻的人的情感、对家庭生活要有高尚道德态度的教诲和谈话。

苏霍姆林斯基深信，只有在具有发展性的道德意识、道德情感和信念的基础上，才能培养出作为道德教育最高表现形式的公民觉悟、崇高的思想和爱国主义，只有通过这种方法，才能形成社会主义祖国公民需要的精神体系。

苏霍姆林斯基认为，对孩子情感的影响是道德教育的主要内容。他在对孩子进行情感培养时，力求把教师、父母的话语同劳动活动、同道德上的锻炼、同美对孩子情感的影响、同孩子对求知欲、认识的欢乐的发展相结合。全书共有 59 条教诲，是由崇高的人道主义思想、人生的价值和独特性、每个人的独立性和才干的思想、对共产主义理想和为祖国的繁荣准备自我牺牲的强烈信仰的思想联结为一个整体的。

《怎样培养真正的人》的手稿，作者在世时没有出版。在他去世之后，该书才由基辅苏维埃学校出版社出了缩编本，后收入《苏霍姆林斯基选集》（5 卷本）的第 2 卷里。作者期望看到自己的作品同《伦理学文选》一书刊登在一起，该书中的道德理想和准则都在《怎样培养真正的人》一书中得以发挥，并补充了许多事例材料。道德教育教科书同文选相结合，可以把书中的理论原则同生活的观察、故事、速写、民间寓言和传说结合在一起。

向读者推荐的这一出版物增添了许多没有发表过的档案材料。

《怎样培养真正的人》一书中，省略了收进文选中的实例材料、童话、故事、寓言，只保留了作为作者全部论断逻辑基础的那些实例材料、童话、故事和寓言。本书的这种编排形式符合苏霍姆林斯基最初的意图。①

最后我想指出的是，苏霍姆林斯基那种令人信服、十分独特的叙事风格，在本书中鲜明地表现出来，使我们对内容的领悟更加多样化和多义化。书中带有作者本人的个性特征，他指出了自己同读者的交往方式和对道德高峰的认识。这些训诫和教诲并非刻板的教条。无论是在深入理解书的意图方面，还是在激励学生达到道德标准方面，都必须有教师的创造参与其中。

如果您是一位教师，在读这本书时，您会与苏霍姆林斯基的观点一致，思想共鸣，您的心灵对教育家热情洋溢的话会有所反响，那么，不论您在哪儿工作，无论是在偏僻的农村学校，还是在大城市里的学校，书中的材料都会对您日常的教育工作给予实质性的帮助。因为您同作者追求的是同一个目的——培养有高尚道德的人，"按照美的法则"创造人（马克思语）。

我特别想谈一谈苏霍姆林斯基涉及生命、死亡、爱情问题的那些系列谈话。这是道德教育中的特殊方面，正如教育家所说，这些方面需要小心谨慎地去对待。苏霍姆林斯基没有遵循通用的思想模

---

① 作者在完成书稿后不久就与世长辞了。本书是根据作者的意图重新编辑、整理而成的。——译者

式，他摆脱了思维的狭隘性，首次在苏联教育学中做了深入儿童内心深处的尝试，并认为这些问题是道德的基础。世界观、社会美学和人道主义等问题，都使每个儿童、少年、男女青年激动，但教育科学研究对此却不够重视。生与死的问题，几乎是教育上的一个空白，这个将人的生物本质和社会本质联系起来的问题，即使对苏霍姆林斯基本人来说，也只是刚刚接触。所以，进行这些谈话需要非常谨慎与仔细地去运用材料，应当考虑孩子的知识、理解力、感受状况。一个在自己的思维方式里无法对这些题目产生思考的教师，应该在工作过程中主动放弃这些题目。

本书中有某些重复和没有写完的材料，因为这本书是苏霍姆林斯基在生命的最后一年，也是最艰难的一年书写而成的。书中也有代表他整个创作特点的重复，因为他在创造和发展新思想和新论点时，所依据的往往是农村学校所特有的习惯性实际例证，或者，为了强调思想的重要性，他采用了同一类材料作为例子。至于那些没有讲完的材料，也向读者提供了自己创造的广泛的可能性，促使他们去探究和思考。

在本书的一些谈话中，引用了苏霍姆林斯基收进《道德文选》中的小故事和短文。

我希望每一位教育家、教育工作者、父母读完这本书之后，都能受到许多教益，获得新的思想以及有助于培养下一代新人的实际建议。

奥·瓦·苏霍姆林斯卡娅 ①

---

① 奥莉娅·瓦西里耶夫娜·苏霍姆林斯卡娅是苏联教育家瓦·亚·苏霍姆林斯基的女儿，乌克兰教育科学院院士，本书由她编选而成。——译者

怎样才能使人成为有教养的人

本书是我在学校多年实践工作的总结。书名带有"真正的人"这几个字，意味着作者把教育过程本身看作一种对理想的追求，即体现在理想社会完美关系中的那种对人的活生生形象的追求。共产主义教育伦理学的实质就在于教育者相信共产主义理想是存在的，是可以实现的，而且是可以达到的，教育者应当用理想的标尺去衡量自己的劳动。

想到"真正的人"的理想形象，我的眼前浮现出如下重要特点。

对共产主义社会的真实性和完美性，对人与人之间那种视为人类道德发展顶峰的共产主义关系，要有明晰的概念、深刻的理解；对共产主义理想美的感受应作为个人的执着追求；要善于珍惜祖国和共产主义社会那些神圣的事物，就像珍惜自己的心爱之物那样。换句话说，可以把这个理想的特点，看作对生活的目的和意义的一种理解和感受，善于向自己提出"我为什么而活着"的问题并予以回答：是为了对生活的那种强烈的爱，为了追求崇高理想的一种活动。

个人精神生活中的公与私、大事和小事都要达成和谐的统一。

精神世界、精神利益与精神需求需要丰富。要善于珍惜和利用精神财富，要看到和发现它，并使之在个人的内心世界里人格化。真正的人，是具有和谐的、多方面精神生活的人。人的个性，只有在精神世界里才能得以表现和揭示、确立和反映，而这种精神世界必须是与最先进的世界观——共产主义世界观的思想与追求，是与人类的智能、美感、情感的财富与成果息息相关的。

人需要人，如同人需要精神财富那样。这种需要产生和发展的基础是人们在精神上的共同性，以及对拥有精神财富的共同追求。

这种理想追求的创造则包含着我们教育活动的创造意义。只有确认自己心灵是美好的，并对同龄人、同志们、朋友们揭示这种美的时候，我才能认为自己是教育集体中的一员，才能找到志同道合者，与他们共同创造热爱人类的思想、智能和美感的财富。

肯定与否定和谐的统一，换句话说，要有强烈的爱，也要有强烈的恨，既要爱得深沉，忠贞不贰，也要恨之入骨，不可调和。理想的个性表现在精神活动中，表现在以积极的态度对待善与恶，表现在不仅能够看到善与恶，而且能积极地去关注周围所发生的一切。精神的力量，形象地说，好比鸟的翅膀，我们称为思想上的坚强信念，没有肯定与否定和谐的统一，个性的核心——思想上的坚强信念则是不可思议的。一个真正的人，宁愿自己被杀头，也不会背叛自己的信念；时刻准备着为自己的信念而斗争，去捍卫它，当阶级的信念取得胜利时，个人的每一部分都在庆祝，这才是真正的人的思想本质。

在我们的时代，对世界上正在为人们的心灵，首先为年轻一代的心灵进行毫不妥协斗争的情况，要有深刻理解和亲身品评。在这场斗争中，与我们共产主义思想相对立的，不仅是凶恶的、残忍的和狂暴的，而且是奸诈的、狡猾的、善变的，就其本质来说，又是精明的、善于伪装成一切善良代表的敌人——帝国主义思想体系，也就是血腥仇视人类、一切都是买卖关系的"自由"世界的思想体系。有理想的人的重要特点之一，就是对思想、行为、相互关系、日常生活、人类欢乐有着阶级的嗅觉，这在目前来说尤为重要。

人要有自尊——自己要尊重自己，善于珍惜个人的荣誉、自己的名声，关心集体与同志们对自己的行为、精神世界的品评，不懈追求道德上的完美，感受崇高理想、高尚道德情操的魅力，要有今天比昨天更好的愿望。

人要有丰富的智力、创造的才能，追求在思维世界里生活；要有经常丰富和发展自己智慧的愿望。

人要有丰富的美的知识，敏锐地去发展对美的需要。

人要热爱劳动，以高尚的道德观念去对待劳动，要热心去做具体的工作，并努力追求劳动技能的完善。

人要有强健的体魄。

为了使道德理想变为现实，应当教会人正确地生活、正确地说话做事、正确地对待自己和他人。教师只有掌握了最精细的教育工具——道德科学、伦理学的时候，才能成为教育者。在学校里，伦理学是一门"实用教育哲学"。本书就包含了教育伦理学、共产主义教育伦理学的内容。

教育伦理学一个最重要的思想——就是**奉献**，就是在应该奉献、必须奉献之中揭示善的含义。"你们应该奉献""你应该奉献"这类话，每天都应在学校里被重复无数次。对奉献的理解和感受，则是道德文明和道德素养的奠基石。"我应该奉献"的信念，包含着作为道德理论的伦理学与伦理学实践的密切关系。奉献的思想，只有在奉献成为一种思维的方式、个人对待集体的方式、劳动和为社会服务的方式的时候，才会纳入儿童的心灵之中，变为他的理想。善的思想，只有在一个人把对善的追求与对恶的毫不妥协的斗争作为生活目的的时候，才会成为生活实践的方针、行为的准绳。只有在对理想有了追求的时候，共产主义教育理想才会变成现实的力量。学校里道德教育的实质，则在于教育者经常去唤起自己的学生们去追求理想，即应该奉献的思想。对美的感受、对理想的追求，应作为伦理学在道德和情感层面上奉献的核心。

著名教育学家帕·布隆斯基[1]写道：真正的道德就是对道德的追求。学校生活中的道德必须成为道德实践，依我看，这正是把教学与教育统一起来的条件之一。关于这种统一，谈的相当多了，但尚未变成现实。只有在关于奉献、善与恶、道德财富的概念受到教师和学生们那热烈的激情鼓舞的时候，即受到忠诚与爱、毫不妥协的精神与恨、对理想的追求、同志与战友的相互关系的崇高精神鼓舞的时候，道德才会变成道德实践。

培养一个真正的人，教会他生活，则意味着教会他奉献。怎样才能把这种生活哲理灌输到我们教育对象的心灵中去呢？怎样才能培育出共产主义社会那种具有高尚道德情操的人呢？我们道德本身的那些道德标准，就是巨大的精神财富，这些精神财富应当灌输到少年的心灵中去。

我相信教育者的话具有无比强大的力量。语言是一种最精细、最锐利的工具，我们的教师应当善于利用它去启迪学生们的心扉。

这本书就是阐述用言语进行教育的一本书。书中揭示共产主义道德的准则，即具体的一些教诲和训导，例如怎样去生活、怎样去行动、什么是善与恶，——这一切都是"奉献"的本质。形象地说，只有当言语中蕴藏着追求道德理想种子的时候，言语才能成为道德教育的工具。言语教育是教育学中和学校中最复杂的、最艰难的东西。那种认为许多学校教育工作的缺陷是言语教育的论点是十分荒唐的。应该谈论的倒是另一点：关于言语教育的愚昧无知和个别教师不善于用言语进行教育的问题。我给自己提出这样一个目标，就是要使那些共产主义道德准则、真理与原则，充分体现在渗透着奉献的言语里。我对我的学生们要说的这些言语就是：怎样活着才能使你成为一个真正的人。这并不是为学生们编写出来的抽象的教诲。这些言语是从我的心灵里流淌而出，灌注到几代学生们的心灵中去的。

我认为教师的言语，是深信自己的观点、见解、世界观正确与美好的人，与那些渴望成为好人的心灵之间最必要、最细微的沟通。请注意，这里的沟通是指相信并渴望成为好人、力求今天比昨天更好两者之间的沟通。只有把这两者联结起来，才可能进行真正的教育。由此可见，只有您面前有接受教育的人，言语教育才是可能的。创造人的接受教育性，乃是道德教育的一条红线。

在我看来，要找到如何使人具备接受教育性这一问题的实际答案，形象地说，就像是已把乐器调好，等待着音乐家去弹奏那样。我们是在跟孩子们打交道，这一点时刻都不该忘记。即使是十六七岁的人，对我们教育者来说，同时也对父母而言，多半还是个孩子。

为使孩子能成为有教养的人，我认为有以下几点需要明白。第一，要有欢乐、幸福及对世界的乐观感受。教育学方面真正的人道主义精神，就在于去珍惜孩子享受欢乐和幸福的权利。

这里，我讲一个我亲身体验过的故事：

三年级女学生卓娅，今天早晨从家里出来时满面春风，高兴极了。原来，昨天晚上爸爸妈妈在她的床边坐了很久，讲了不少童话故事，在她想睡觉的时候，爸爸妈妈吻了吻她，对她说："愿你能梦见耀眼的太阳。"卓娅真的梦见了耀眼的太阳，还梦见一片像大海那般广阔的绿色草原、一朵朵黄色的蒲公英小花、嗡嗡叫的蜜蜂和在歌唱的云雀……

可是卓娅的同班同学米佳从家里出来时，却无精打采、闷闷不乐，一副心事重重的样子。原来，昨天晚上他的爸爸妈妈吵架了，吵了好久，妈妈哭了，米佳也久久不能入睡。后来他在梦中还梦见妈妈那双哭得泪汪汪的眼睛。

卓娅和米佳一同去上学。女孩高兴地在叽叽喳喳说着什么，米佳想去琢磨她说的话，以便驱赶苦恼的情绪，然而无济于事，男孩的眼前总是出现母亲那双充满泪水的大眼睛，他特别想哭。

突然，卓娅喊了一声："你看呀，米佳，仙鹤飞来了！一大群呢！……是春天来了啊，春天。你看呀，那些仙鹤是蔚蓝色的，它们多美呀！蔚蓝色的仙鹤，你看呀，米佳，你看呀！"

"不是蔚蓝色，是灰色的……"米佳小声地说，"不是灰色，是蔚蓝色！奇怪，明明是蔚蓝色的，你怎么说是灰色的呢？"卓娅吃惊地说。

两个孩子都到学校里来了。卓娅走到我跟前说："在我们上学的时候，天空中飞来了一群蔚蓝色的仙鹤，可米佳说仙鹤是灰色的，难道仙鹤是灰色的吗？我亲眼看见是蔚蓝色的嘛。"

有时候孩子的问题，听起来很简单，可回答起来却相当难。教育不是万能的，它不能使一个人不受周围环境的影响而成为一个幸福的人。但教育必须保护孩子们心灵中巨大的、无可比拟的精神财富——幸福和欢乐。看到孩子的心灵遭遇了不幸，我们应当告诉自己：我们面前的人是孩子，首先应让他平静、安宁，帮他解除痛苦、不安和忧虑，然后再想办法给孩子带来生活的欢乐。这就是说，假如孩子没有感受到生活的欢乐，那么他们在任何时候也不会觉得仙鹤是蔚蓝色的。假如我们的孩子都能以乐观的情绪去看世界，假如他周围生活中的每一种现象都能向他展现出美丽、精致、柔和、温暖的色彩，他就会易于接受教育，就会贪婪地聆听你的每一句话。我了解一些孩子，他们之所以不能用大脑，也不能用心灵去理解道德美（关于这一点教师是向他们讲过的），是因为他们有着莫大的不幸。有时，在我们成年人看来完全是微不足道的一件事，却会给孩子带来巨大的痛苦。有一个五岁的小女孩，当她知道有人把她的洋娃娃放外面被雨淋透了的时候，她一晚上没睡，不言不语也不哭，只是在默默地忍受着痛苦。如果孩子长期孤独地忍受着自己的不幸，而没有得到同情和怜悯，那么他的心灵就会被一层冷漠的冰壳所覆盖。

第二，一个人只有在其童年和少年时期常常同大自然和人们打交道，并在这过程中使自己的心灵感受到不平静，表现出忧虑、柔弱、敏感、易受刺激、温柔、富于同情心时，他才会成为有教养的人。这里谈的是情感的素养，观察身边的人时，能亲身体会到他的欢乐和痛苦、不安和惊慌的那种高度发达的能力，感觉到孤独是一种可能落在人头上的巨大不幸的能力。

在谈到儿童心灵上的稚嫩、精细、敏感、柔弱时，我所指的不是懦弱和无能，而是坚强、勇敢、坚定地选择自己立场和自己观点的能力。但是，生活一次又一次使我相信这点：没有细致和柔弱的心灵，那种真正的心灵上的坚定、勇敢、对原则的忠诚是不可想象的。孩子们应当向他人的欢乐和痛苦敞开心扉。在这一点上有一个很重要的前提，那就是必须让孩子们跨进学校的门槛，成为受教育者。当我的孩子们开始在集体中生活的时候，我首先关心的就是让每个孩子都能做到把他人的不幸当作自己的最大不幸，把他给别人带来的欢乐看作自己最大的欢乐和慰藉。

幼儿集体的教育者如同一个乐队指挥，乐队每个成员都应听从他的指挥，去创造他人的幸福；而自己作为集体中的一员，也必然能感受到公民的头等幸福。经常去关心他人的人，会成为十分敏感的人；他对包括自身在内的追求道德理想的言语、对自身美的创造会非常敏感。在孩子为他人创造欢乐的地方，教育者的话语会具有强大的威力。

为人们的幸福贡献自己精神力量的道德尝试会给予幼龄儿童非常重要的能力，仿佛使他能从旁的方面，以他人的眼光看到自己，感到自己心灵和行为的坦诚。凡是在童年能以自己的道德尝试感受过那种生活上最崇高的幸福的人——哪怕只是把自己心灵中的一点一滴奉献给他人，那么，即使在他独自一人的时候，也会是个正直的人，而也许这正是使人成为有教养的人的重要品质。

顺便说说，即使在完全消除犯罪社会根源的社会里，对犯罪原因现在仍有争论。如果对人心灵里所产生的最细微的心理过程不加分析，想解决这个问题是不可能的。只有当每个人能成为自己行为的主人的时候，只有当自己的良心变成严厉的裁判，人的自我羞耻要比在别人面前大得多的时候，犯罪现象才有可能被彻底消除。但是，请注意，良心、良知之所以能成为行为的卫士，为人们提供最有力的心灵守护，因为它们是在那些精神生活最薄弱的条件下成长出的勇敢，这种精神生活还包括人们的相互关系：友谊、同志爱、相互帮助。只有善于了解温柔、脆弱的人，才能成为坚强者。只有善于爱的人，才会懂得恨。

我始终关心的，首先是**培养孩子接受教育的能力**。孩子越小，大人给予他的欢乐越多，孩子为他人——同学、父母、老人所创造的欢乐就会越多，这点很重要。教育者一个极为重要的任务，就是唤起孩子具有情感上的敏锐性和注意力。

这是发生在一年级的一个故事。在春汛时期，一个黑眼睛女孩加利娅没来上学。河水泛滥挡住了她上学的路。如果老师不讲这个女孩的情况，就不会唤起其他孩子的善良情感，同班同学们就不会想起她。孩子对每一件事都应当放开眼界、运用智慧、敞开心扉。我带着孩子们一起朝春水泛滥、把加利娅和我们隔开的那条河走去。走着，走着，孩子们的同情心渐渐地被唤起。他们感受到自己同学的痛苦。他们虽然没有能力去帮助同学，但彼此之间的情感却加深了。孩子们一直在思考如何帮助同学。我们打算请人帮忙用小船能把加利娅载到我们身边来。大家来到春水泛滥的河边，一齐望着对岸。加利娅看见我们，开心地向我们用力招手。小船把女孩运过来了。春汛未退的两周，她就住在自己的女同学家里。这些天，我们都感到很幸福，但最幸福的是那些直接关心小女孩的人。

当孩子们遇到困难时，快乐就显得弥足珍贵。再没有比关心人的那种快乐更为高尚而强烈的了。那些充满这种快乐，被快乐融合到集体中去的儿童心灵，都会很好地领悟老师的话，接受他积极参加活动的号召、自我教育的教导和训诫。如果你的学生始终在关心着他人的快乐和痛苦，那么，你的教育从一开始就要把自我教育融合到一起。只有那种不是为自己活着的人，才能自己教育自己。

儿童的孤独，是学校生活最大的不幸之一，如同烈焰那样可怕。这既不奇怪，也不稀奇。有时教育者迷恋于摆样子的、外表动人的措施，却忘记了教育的本质——人的相互关系。

值得我们深思的是，智力的财富并非对大多数孩子失去诱惑力，而是疏于发展精神富有对孩子的诱惑力，没有让其准备好为他人的幸福而将自己的精神力量一点一滴地奉献出去。那种对精神财富的渴望，对智慧、思想、创造的渴望，只有在人已经知道什么是高尚，理解善的诱惑力和美的时候，才能产生出来。

我坚信，小学教育时期是最重要的一个时期，这个时期正是人需要受教育的一个界线，包括对人的需要形成的那个界线。正是在这个时期，应当去培养以他人幸福为目的的慷慨胸怀，而这种慷慨胸怀，恰是那种贪婪地对人的需要的反面。

第三，深深地信赖他人，能使人成为有教养的人。对孩子来说，首先要使道德原则成为无可争议的、不可违背的真理。形象地说，他应当感到自己的手掌握在无限信赖的那个人手中，那个在道德上是楷模的人令孩子珍视、敬重，而且受其崇高精神所鼓舞。当你看到有的教育者无能为力地摊开双手，无奈地说"这个孩子是不可救药了，什么方法对他都不起作用了"，你会感到奇怪。其实，也没有什么可奇怪的，因为在这个难以管教的孩子身边，没有人给他以启迪，也没有人告诉他教育的真谛，没有人做出作为人类之美的行为使孩子惊奇、赞叹。是啊，世界上再没有什么能比人的品行更令人惊叹的了，如果这种人的品行能震撼刚刚会站立并发现世界的那个人的想象力的话。

每一个学生都应有鲜明的个性。35 年来苦苦寻求到的这一教育秘诀令我相信，恰恰在这点上，教育者的话成了他手中强有力的工具。当然，首先应是父亲、母亲、哥哥或姐姐的话。我们所有的关怀足足有一半是在使我们每个孩子去相信鲜明的个性上，当然这种个性要无愧于这个称号和信任。我们的这些关怀，首先反映在我们去培训父母把关怀每个孩子（从孩子的幼年起）当作自己的崇高使命，并把父母对子女的关怀看作一项最重要的社会活动，这项活动就其重要性和复杂性而言，都是独一无二、无可比拟的。培养未来的父母，是我们学校伦理学最鲜明的特色之一。我们在培养父母的同时，又为未来一代的可教育性奠定了基础。毫不夸张地说，这是社会进步和道德进步的一种条件。

如果孩子丧失了对人的信任，或者根本不懂得什么是信任，他的心中就会产生消沉的情绪，有时甚至会发生悲剧。如果对真理丧失了信任，孩子不是变成一个凶狠毒辣、残酷无情的人，就是变成一个意志薄弱、假仁假义、两面三刀、爱说谎话的人。不信任的种子可以发出各种各样的坏芽来，还会使孩子变成道德上冷酷的人，道德价值对他来说也就不复存在了。他会很敏锐地发现，在他周围有着细微的不道德现象，罪恶渐渐向他靠拢，他仿佛要向谁复仇似的，也不按照人们教导的那样去行动了。班里有几个那样的学生，言语教育就会变成一纸空文。你们的学生中间有人可能丧失对人的信任，如果能及时发现这个危险，那么对整个教育事业来说是多么重要啊！教育者应当具备极高的敏锐性，去发现这种危险并预防它。及时发现正在堕落的人，不让他继续堕落下去。真正教育的哲理在于，对于那些不懂得信任人、失去了生活方向的人来说，教育者应该成为他们的支柱和指路灯。

教育者道德训诫的话语，只有在教育者有道德权进行教学的时候，才容易被接受。教育者自身应是一个真正的大写的人——能正确地去生活、热爱人们、高度保持自己的公民、爱国者、劳动者的品德。如果你的那些道德训诫的话语，是发自你内心的精神世界，是充满你的信念的崇高精神，那么，这些话语就会像磁石一样，对于那些不信赖人的人产生吸引力，而你也就会成为他们的支柱和指路灯。

第四，美能使人成为有教养的人（如果满足上述三个条件的话），确切地说，美的世界里的精神生活能使人成为有教养的人。进行道德教育，造就真正的人，就是在号召人们做一个美的人。因为道德理想本身就是人类一种高尚的美。他们一旦接受这种号召就会成为十分敏锐、易于接受教育的人，如果令人向往的道德理想能够使他变得高尚的话。美的世界里的精神生活，就是在体验、创造、保持周围世界里的美，即在自然界、人际关系中、特别是精神范畴里的美。美的世界里的精神生活会激起那种人的需要——成为美的人的需要，追求奉献的需要。孩子发现自己周围的美，并对这些美而感到兴奋、赞叹，就宛如在照镜子时，会观察到人的美。孩子对美的这种感受越早，对美的惊叹越精细，他的自尊感就越强。在为人们创造财富与欢乐的结合中，通过认识美，比如说，认识一朵小花的美、岸边色彩斑斓的小石子的美、红霞万道的美、婉转语调的美以及人们的行为美来认识自己。在这种结合中蕴藏着相当强大的教育力量，使教育者能获得一种神奇的才能，让孩子的心灵受到震撼，并振奋起来，如果孩子的心灵被痛苦、不幸、灾难折磨得有气无力的话。作为儿童欢乐的创造者——教师，恰好为幼小的儿童打开了通往美的世界的大门。

我的理想就在于使每个孩子能实实在在看到美，能经常感到语言和形象的美，让他们对美惊叹不已，并把美的东西化作自己精神生活中的一部分。在教育这个领域里，每颗心都在期望能亲身而且非常细致地体会到这一点。我们周围美的世界是无穷无尽、无边无际的。你要会开辟这个世界，使你的语言像音乐一样，在孩子们的心里演奏出美妙的旋律。要使你那些冥思苦想出的话语，成为孩子无与伦比的欢乐。如果你在学生的心中奏出语言的音乐，那么他就会变成你的受教育者。你的话，即道德的教诲已深入他心灵中最隐秘的角落，唤起做一个美的人的愿望。有一点极为重要，就是使你的每一个学生的精神生活里，都会有使美大放光彩、对美惊奇以及在美面前有股喜悦的成分。

下面是我的一个学生的故事。

春天来了。土地里冒出一根绿茎。它长得很快，不久就分出两片小叶。小叶渐渐地长大，中间长出一个小芽来。每天早上，我和托利亚都要去看看它以后会长成什么样。有一天大清早，我们突然发现：那个小芽向旁边的一片小叶低垂着，开出白色的小铃铛——是铃兰花的小铃铛。小花的美使托利亚感到惊奇。他目不转睛地盯着铃兰花。这时，男孩伸出手要去掐花。"你为什么想去掐铃兰花呢？"我问托利亚。"我非常喜欢它，它很美……""很好，不过在掐之前，你说说它有多美。"我说。托利亚看了看铃兰花的小铃铛，它们好似一朵朵白云，又像小白鸽的翅膀，或者什么非常美的东西，托利亚都感受到了，就是一下子难以形容。他站在铃兰花旁，被花的美所陶醉，默默地站在那里。就在这一刹那，有一句话像音乐一般在他的心灵里回荡。托利亚想到了在平常似乎极不起眼的一句话——美的奥妙无穷。他轻轻地说：

"多像雪花……，多像银铃铛……""你长吧，小铃铛。"小男孩又轻轻地说道。

这时我作为教师感到很幸福。我的理想，就是使每个孩子对美的感受都能提高到这个高度。这的的确确是道德发展的高度之一。

对美的感受能在少年心灵中迸发出一种极其敏捷的力量，使之成为刚毅果敢、宽宏大量、心地善良而又十分热忱的人。如果一个人在他的童年时代没有领略到人的心灵美的话，他就不可能成为有教养的人。教会孩子用惊叹的目光看人，应成为学校教育的基础。我认为，学校只有从认识人的心灵开始去认识世界，并在这种认识的基础上形成信念，而最主要的是培养爱与恨的才能，只有在那时学校才能算是真正的学校。实际上，培养真正的人，就是用人的精神美使人变得精神高尚，正是那种高尚的精神，才会促使儿童去思考：我是什么样的人？我活在世上是为什么？要善于对自己年幼的学生讲这番话，对青少年讲人的精神美，这是伟大的艺术、伟大的教育才能。应当这样去做：培养自己的学生，从学生们的幼年起就让他们的心灵受到精神美的阳光哺育，使他们的心灵变得纯洁、细微而敏锐，并易于接受道德上的教诲；在捍卫学生们的行为方面，良心永远是一个敏锐的哨兵。有良心的人、心地善良的人（可惜，不知为什么有人总回避这些词），只有在英雄主义、勇敢、对信念的忠诚、为理想和思想准备献出生命的那种美面前表现出惊叹的精神，只有在那种情况下才会培养出这样的人。有了这种惊叹的精神，才会创造出那种心灵上的细腻，正由于这种心灵上的细腻，语言才会成为教育的强大工具。

少年心灵中产生出的巨大美感，我则把它称为惊叹精神。人的精神美使我和我的学生们变得高尚的同时，也使我们成为思想上的志同道合者。人的精神美扎根于少年心灵之中，会使他们对人的信赖变得高尚起来，这种信赖是人的最高幸福，即成为在精神上美的人。

这就是必须使人成为有教养的人之原因所在。但是，就像人们经常弹奏的乐器那样，它们的声音会变得更加优美和更富表现力，人对教育的敏锐性（成为有教养的人的能力），会在人经常受教育时逐渐提高。

现在我要把话题转到一些具体问题上来，这些问题组成了共产主义教育伦理学方面的谈话内容。

1. 真正的人应当什么样①

你作为一个人来到这个世界上，但你还要成为一个大写的人。真正的人要有一种精神——人的精神，这种精神会在信念与情感、意志与追求之中，会在对待他人和自己本人的态度上，会在分明的爱与憎，在善于看到理想并为之而奋斗方面表现出来。

人要有一种精神。在这一真谛之中，我看到整个道德教育的一条红线。我竭力追求使教育在每一个学生身上树立作为人的自豪感，树立为共产主义理想而斗争的战士那种高尚品格和英勇精神，那种革命者、创造者、思想家的精神。

在我所著的《道德文选》一书中，有一组短篇小故事，这些故事都有一个中心思想：人首先是一种精神力量。在谈到人们对思想的无限忠诚的同时，我竭力把勇于追求思想的种子注入儿童的心灵中去。这些故事将终生铭刻在他们的记忆里。

道德上的高尚的精神力量，始于对神圣事物的一种信仰。我力求做到使每一个孩子在其童年时代的思想意识之中，都能确立对我们的祖国、人民那种道德上的神圣事物的信仰，而且这种信仰是牢不可破的、毫不动摇的、坚定不移的。没有任何信仰的人，不可能有精神的力量、道德的纯洁，也不可能有英勇的精神。对神圣事物的信仰，会给予儿童一些非常宝贵的精神品质：他们能看到和感受到社会生活的大世界，并渴望在这个世界里生活。对我们的意识形态那种神圣事物有信仰的人，定会具有鲜明的爱憎分明的才华。

每一代参加少年列宁主义者组织的孩子们，都听我讲述过那个在法西斯侵占时期牺牲的、年仅十岁的少先队员尤拉的英雄故事。

---

① 原著只有编号，标题系作者的女儿卡娅所加。——译者

我认为有一条特别重要的教育准则，就是使每个人从童年起就生活在富于道德财富的世界里，即在我们的思想意识、我们的祖国、我们的历史和人民的世界里充满丰富的精神生活。小公民精神生活的本质，应当体现在对人的美和思想美的惊叹、赞美上，应当充满对崇高精神的追求，并渴望成为一个真正的爱国者、真正的战士。凡是生活在道德财富世界里的人，自幼就会感到自己是祖国的儿子。

2。怎样培养需要人的情感

人不可能单独一个人生活。一个人最大的幸福和欢乐之一就在于与他人交往。你的每一步、每一句话，你的每个眼神，甚至你目光一闪或者一抬手，这一切都会在别人的心目中留下反响。

与人接触就会留下痕迹，会铭刻在心。一个人必然离不开别人，再没有什么能比发现人的世界而使人感到喜悦了。

孩子们每天都在校园、走廊里、教室里彼此碰面。他们彼此目光相遇，将自己的秘密传递给对方，他们互相争论、分担欢乐与忧愁，有时候也会产生很多矛盾。这些生活琐事往往会影响人与人之间的关系。教育者们，不要忘记去了解这些关系，这可是你首要的天职啊。你的每个学生怎样看别人，他在别人身上发现了什么，他在别人心目中留下什么，别人又在他心目中留下什么——这比他是否完成今天家庭作业更为重要。就其实质而言，教育就是长期地去培养儿童理解"人是最宝贵的财富"这一真谛。这种理解，不是为了去满足个人的需求，不是为自己，而是为他人。教师教育智慧的重要表现，就是去培养自己的学生具有需要人的情感，培养他学会做一个忠实于别人的人。

人的精神生活的重要范畴之一就是对人信守义务。如果一个人在童年、少年、青年早期都没有成为一个可爱的学生，如果他不愿意为他人的快乐而奉献出自己的精力，那他就谈不上是个爱国者，也谈不上对信念和理想的忠诚。本书会多次重复提到**义务、奉献**。教育者的任务，就在于使他的每个学生，能在童年就获得个人与他人交往之中的那种奉献的道德经验。一般地说，要避免空谈那些热爱人们的词句，而多做一些实际的事情，满腔热忱地投入生活中去，主动去创造欢乐，这些应当成为道德教育的准则。如果孩子做好事是为了显示自己，帮助同学先考虑的是炫耀自己和受到夸奖，那么这是很危险的。报道好人好事的稿子在墙报上经常涌现，人人都会注意到少先队中队竞赛中的那些好人好事。那些伪君子们，冷酷的、无怜悯心的人都会从中受到教益。教育的理想就在于使孩子们自发地为他人奉献自己的精神力量，并把这种奉献作为一种隐秘的、不可侵犯的东西藏在心间。需要人的那种情感，按其本身特性来讲，是最为羞怯的情感之一。列夫·托尔斯泰甚至把爱国主义的情感认为是羞怯的情感（参见《列夫·托尔斯泰全集》）。

有一次，我们到森林中去玩。林中树丛茂密，有的地方只有一条狭窄的小道。有一个男孩走路时被绊了一下，险些跌倒，恰好这个地方的路旁有一个坑。我们都停住了脚步。我向孩子们建议："咱们把坑填上吧，这个坑就在路的旁边，多危险啊！""可是，我们再也不会到这里来了，我们干吗要去填它呀？"孩子们的这个问题迫使我对多样的利己主义陷入了沉思。从事教育孩子35年以来，我目睹了许多事件，利用这些事件就是为了教孩子们去学会怎样为他人而活着。有关这些事件的故事，都给孩子们留下了深刻的印象。

道德教育的理想，就在于使小公民厌恶并且不去跨越侮辱人格的那个界线。应该说，对他人的生活采取冷漠的态度、对只为自己而活的思想采取不闻不问的态度，这对少年的纯洁心灵来说，如同娇弱的身体组织经受不住烧红的铁那样，会产生难以治愈的伤痛。你们的学生在童年和少年时期不应该是悠然自得、不管天下事的人，只有视天下事为己任的人，青年时期才会懂得尽义务，才会做个有觉悟的公民。我一向认为有一点极为重要：那就是让每一个学生都能在他的童年时代就体验到那种为天下之忧而忧的心情。每当儿童减轻他人的生活负担时，他就会体验到一种幸福，只有在那时，快乐才会使童年变得高尚起来。

有一次，一位老教师给我寄来一封令人忧虑的信。信中说：

在海边的一个小镇子里有个十岁的小女孩叫伊拉。她得了重病，卧床在家。伊拉在患病之前读书写字样样行，可现在她被局限在窗内的世界里，每天只能隔窗远望那大山的风光，听着大海那没完没了的波涛声。小女孩唯一的亲人就是奶奶。可奶奶一上班，就只能把她丢在家里，一连就是好几个小时。伊拉原先很爱画画，可是现在她不仅拿不动画本，也握不住笔了。书一天只能看上两三页……。小姑娘本来很喜欢看有关鸟类、动物类的童话故事，可现在也很少看了……。我把这些讲给孩子们听，拿出一张照片给他们看，告诉他们照片上那个有着一双深沉大眼睛的姑娘就是伊拉。

我想让我的孩子们都感受到：人不论在什么地方生活都会有艰难困苦。要懂得，每一个人都是人类的一分子，我国人民的一员。哪怕有一个人在受苦受难，在孤独中死去，那么最不起眼的不幸也会来敲家门，这个家的名字就是人类。

我和孩子们给伊拉写了一封信。我想方设法让每个孩子把自己的心里话和自己的情感倾注到这封信里。同时，我还编写了一篇关于云雀的童话。我们把信和童话一并寄到那个温暖如春的海滨小镇里。几天后，我们收到伊拉奶奶写来的信。信中话语不多，还夹有伊拉说的几句。这封信令我们高兴，又使我们难过。我的孩子们特别关注奶奶谈伊拉如何生活的事儿。他们明白了这个小姑娘的生活该有多么艰难，她表现出了多么大的毅力和勇气，她的内心世界该有多么丰富。出乎意料的是，他们发现伊拉的画和在画上写的几句话，简直就是一首小诗。这使每个孩子都想画点什么给小女孩伊拉寄去。于是我们便寄去了一沓画，我还给小姑娘伊拉写了几个童话故事。

几年来，我的学生们一直都在关心着那些在生活上有着艰难困苦的人。

③. 何谓珍惜生活的幸福

要珍惜生活的幸福。这种幸福只有人可以理解，只有人才能享受得到。这种无限的幸福海洋，宛如无限的空气海洋一样展现在每个人的面前，然而就像在空气充足时没有任何一个人去想到它那样，很少有人去思索生活的幸福。

为了真正地去珍惜生活的幸福，我们需要高尚的、细致的、全面的精神上的修养，智力、心灵、意志的修养。我可以毫不夸张地说，在把人从所有的经济奴役的桎梏中解脱出来的社会里，培养珍惜幸福生活的能力，才会成为一个最重要的道德问题。形象地说，这宛如扬起自我教育风帆的风；没有这股风，人就会看不到生活目标，停止发展自己。

假如每一个生命力强的人都明白，展现在他们面前的财富是那么的丰富，那就拿吧，用吧；假如大家都十分珍惜这些财富，那我们社会里的人，用高尔基的话说，就会像星星对星星那样[2]。

孩子能否成为理解和体验人对生活、幸福、欢乐、人身不受侵犯的伟大权利的思想者，在很大程度上取决于我们这些家长们、教育工作者们，因为正是我们在时时处处与幼龄儿童那敏锐的、坦诚的心灵相接触。凡是与教育有关系的人，都应当聪明地拉着孩子的手带领他们步入人的世界，而不要蒙上他们的眼睛，使他们看不到人世间的欢乐和痛苦。要理解这样一个真理：我们来到人世，又会离开人世，而且再也不会回到人世；世界上有最大的欢乐——人的诞生，也有最大的痛苦——人的死亡。真正理解这一真理，才会使人成为聪明的思想家，成为一个在智力、精神、心灵和意志等方面都富有教养的思想家。人的那种高尚品格的细根已深深扎入这一真理之中。具有高尚的品格的人，才不会受到任何社会经济动荡的威胁，因其幸福多半取决于人自身的那种高尚品质。

愿你的学生能理解这一道理，愿孩子们都能成为小小哲学家。有一点特别重要，就是使孩子常常去思索时间的永恒性和不可逆性的秘密，去思索人生有伟大的一面，同时还有脆弱的一面。要教会孩子们去观察和理解生活，首要的条件就是让孩子理解并感受到生活的美、幸福和欢乐，使普希金的"我愿意活着，就是为了去受苦和思索"这一明哲思想能在每个幼小心灵之中展示出隐秘的高尚品格的一角[3]。

每到静静的夏季，我喜欢和我的学生们一起坐在草原的山岗上看日落。我们已经连续三天来到草原上聆听鸟叫，不过，总有一种更奇异的东西吸引着我们的注意力。就在第三天，在太阳落向地平线的上方，我们看见蔚蓝色的天空中有一朵轻纱般的白云。前天、昨天、今天，都有一模一样的白云。

"老师，您说，我们这三天都能看见那朵白云，它们是同一朵白云吗？"米什科问道，这个黑眼睛小男孩非常好奇，他一贯感受能力强而且爱思考。

"不，不是同一朵云。昨天的不是前天的那朵云，今天的也不是昨天的那朵云。"

孩子们思索起来了。火红的太阳正向地平线落下去。落日的余晖，宛如一条条细细的深红色的彩带，刹那间只剩下一点点微光，再往后连微光也不见了。

"老师，"爱思考的蓝眼睛小女孩瓦利娅问道，"前天和昨天的那朵白云都跑到哪儿去了呢？"

只要去冲击儿童思维的源泉，就会从中涌现出一个个新鲜的问题。每当一个个问题激荡着我的心时，我就会想：怎样培养人的这种精细的本领，即善于珍惜生活的欢乐呢？善于观察到幸福，就只在于看到你在大地上行走，你的脸被骄阳烤得火辣辣的，汗水模糊了你的双眼吗？就只在于到了晚上，在劳累了一天之后，你高兴地直了直腰，看到自己手掌上的茧子，而在浅灰色的天边，出现第一颗突然升起的星星吗？善于观察和感受到生活的幸福，是教育学上最精细的问题之一。在社会主义社会里，个别人的道德反常、道德变态（而这些反常和变态暂不会给人带来巨大损失），除了他们不善于去珍惜生活的幸福、自由劳动的幸福、丰富多彩生活的幸福，即人们交往的幸福，除了不善于在自身确立真正的人的品格之外，再没有别的原因了。

要教孩子学会观察、思考、发现和惊叹。愿你的学生都能发现和领悟到这一真理，即一个人自生下来那天起，每天都在生长、在发育、在成熟、在变老，每一天他都在有节奏地生活，变得聪慧、经历丰富，每一天都在给这些无与伦比的财富增添一些新的东西。

有一次，我和孩子们一起走到一个旧池塘边。我对孩子们讲："在我还是小孩子的时候，这么说吧，我当时就像你米什科那么大，那时候这里的池塘可深咧。噢，这里还长着一棵高大的橡树……"

"难道您当时就是那么大的孩子吗？"米什科吃惊地问。"可您是位老人，头发都已经斑白了呀！"

"那是从前……，我在这里洗过澡，还在这个树根下捉过鱼虾……"

"那个男孩子到哪里去了呢？"瓦利娅一边问，一边拉住我的手。瓦利娅、米什科，还有其他的孩子们都在吃惊地看着我。真的，那个男孩子到哪里去了呢？是啊，他们也会长大成人的……。这些小孩子们都到哪里去了呢？

一个孩子越早思考这些问题，他因珍惜人的价值和个人的幸福而对生活和劳动产生的思考和感受就越多。

绝不能使孩子免受生活本身带来的种种不可避免的困难的打击，而应当激起他对自己生活的思考。

六岁的卡佳有"两个"奶奶，一个奶奶叫卡捷琳娜，另一个叫马林娜。其实她只有一个奶奶——卡捷琳娜，而马林娜则是卡捷琳娜奶奶的母亲，也就是曾祖母。她俩虽已年迈，却都很善良，而且都爱卡佳，对卡佳来说，她们都是奶奶。春天，卡捷琳娜病了，病了很久，到了夏天就死了。送别奶奶的时候，卡佳哭了。卡佳旁边的马林娜奶奶一边哭一边念叨着：

"我那心爱的孩子哟，他们要把你带到哪儿去哟？让我到哪儿等你哟，到哪儿能看到你哟，我的孩子。"

卡佳在送葬后问妈妈："妈妈，难道我的奶奶卡捷琳娜也是孩子吗？"

"是孩子，是孩子，每个人在停止呼吸之前，都是孩子。"

从孩子悲痛的眼神里可以看出，卡佳的思想是沉重的。这时候如果不悲痛是不可理解的。应当让孩子知道生活里不仅有欢乐，而且还有悲痛。

您应当教会学生意识到每个人（无论是吃奶的婴儿，还是百岁老人）都是人类的孩子。我认为有一点很重要，就是培养孩子带着满腔热情去敬爱老人，让他感受到失去这个人是一种不可弥补的个人痛苦。这种达到顶点的痛苦，也会在儿童面前展现出一种生活的幸福。这种痛苦不仅不会使人不幸，反而会使人变得聪明，使人学会真正地珍惜幸福。

没有心灵上的修养，智力上和意志上的修养是不可想象的。只有在人能敏锐而聪慧地体会到他周围的一切，处处有着与人交往、与自然界交往的欢乐，有紧张劳动的欢乐、掌握知识的欢乐，到那时人才会具有情感上的修养。如果您想培养真正的人，那您就应竭力使您的学生在他的童年和少年时代把兴趣的中心放在做人上。孩子的一种生活幸福的表现就是渴望知识。他知道得越多，他就越想知道。还有一点很重要，就是使每个孩子都能对拥有丰富生活经验的人——奶奶和爷爷有敬慕之情。这绝不是微不足道的细节，而是修养方面最重要的一条规律。

作为教育者，您卓有成效地发挥使自己学生渴望知识的才能越精妙，他意识到生活、思考、感受带给他的幸福就越多。但对学识渊博的人来说，这句话的含义更为广泛。在我们教育工作系统中，有一个培养会思考、会感受、会体验的人——有学识的人的专门大纲。这个大纲源于自然界里的智力生活，可供在十年内理解森林、花园、河流、湖泊的美，以及理解春季的复苏、秋季的凋萎、冬季的黄昏、夏季的黎明的美之用。这是教育上最复杂、最精细、使人痛苦而又欢乐的一个范围，在这个范围里，心灵上的文化修养和对生活必胜的渴望得以形成。请注意，只有这样的学生——他屏住呼吸去看正在吐露的柳树芽，就像去看自然界里的伟大奇迹那样，他才会理解到观察和领悟这种奇迹的幸福，也只有这样的学生才会向教师提问："前天和昨天的那朵白云跑到哪儿去了呢？"我力求做到使每个孩子都能热爱大自然，在劳动中积极努力地去与大自然打交道。

④。何种见解能够培养出成熟的思想

你不会永远是个孩子，你要善于思考这一真理的深刻含义。我们来到这个世界上，起初无疑是个小孩子，为长大成人后能在这片大地上留下痕迹，像个真正的人那样度过自己的一生。地上有蠕虫、母鸡、犍牛，可它们的生活与人类的生活相差甚远，如

同蠕虫的虫穴、鸡窝里的栖架、牛栏跟宇宙飞船的船舱相差甚远、无法相比一样，因为船舱里有一种求知的思想在搏击着想去认识宇宙。人的生命是非常短暂的。但愿你不会虚度年华，能尽快地成为精神上成熟的创造者——思想家、劳动者。人总是要死的。人虽有一死，但人的精神将永垂不朽，之所以永垂不朽，就在于你造福了他人。

这是一条最细微、最睿智的哲理。我深信，如果一个人宛如观察人类不朽链条的一环那样，去观察同代人的生活，他在精神上就会逐渐成熟起来。不过，要使孩子意识到明天他将是成人，应当做好充当物质财富和精神财富创造者的准备，就不那么容易了。同时，一点也不能减少儿童世界那纯洁无瑕的乐趣。我认为非常重要的是，教师要善于委婉地、细致地、非强制性地去启发孩子，使他懂得在生活中应当做些什么，联系到精神生活方面哪种劳动、哪种义务能塑造他的个性，使他不愧为公民、劳动者、思想家、父亲、丈夫。这里提示尤为重要的一点，教师要耐心地提示，而不是喋喋不休地说教，哪怕是一个小小的提示都会唤起儿童意识中丰富的思想。

当我把我的学生领进我私人的图书馆里的时候，我认为那时才是我同我的学生精神交往唯一可能、唯一顺利和幸福的时刻。这是孩子第一次与我精神生活最重要的源泉相识。我在几间房子里、走廊里都摆上了书架，从地板直到天花板有成千上万册图书……

有个男孩名叫科利亚，性情内向，特别不爱表现自己，恰恰使我不安的是，他太温顺了，过于努力地去完成我在课堂上、在我们学校里所提出的要求……。"思想上的连锁反应"在孩子的意识中慢慢地发展着。我给这个男孩一本书读，他当时正在三年级读书。这本书是法国作家马洛写的《无家可归的人》。得到这本书男孩非常激动。当时我们谈得很开心，我们一边谈，一边朝我的图书馆走去。

"这些书您都读过了吗？"男孩吃惊地问道。

我高兴的是，我在他的提问当中听到"惊奇"的声音。科利亚时不时地停在书架旁，时而取下一本，时而又取下另一本。他想知道这些书都是讲什么的。他一再重复着自己的问题。我回答他说：

"这里书很多。每一本我都读过了（大约有 300 册）。个别书我读了好几遍，现在我正在一本接一本地重读。你看，这里足足有两排书架。这些书对我来说，好比乐师跟他的小提琴，不接触自己心爱的乐器他能活下去吗？我每天不读上几页，有时不读上几行，是无法活下去的。有一些作家的名字你已经熟悉了，有一些以后你会知道，比如荷马、莎士比亚、雨果、歌德、海涅、席勒、卢斯塔维里、普希金、谢甫琴柯、果戈理、屠格涅夫、托尔斯泰、弗兰科、乌克兰英卡、契诃夫、高尔基……。我图书馆里的图书约有 4000册我已经全部读完了，还有 1000 册左右没有读……"

"那其余的，您还没有来得及去读，是吗？"

"是的，剩下的，我还没有来得及去读。"

科利亚吃惊地看了一下图书。我看到他眼神里流露出一种新思想。

"这怎么办呀？"科利亚小声地问道，"剩下许多书没读……"

我的心由于高兴激荡起来，我发现这个男孩意识到了：人的周围有着知识财富的海洋，可他甚至连一小部分也未了解。

使每个学生头脑里都能有这个想法是多么重要啊！正因如此，我力求做到使所有的学生都能按自己的方式获得这个想法。如果您想使您的学生明白他一生中需要掌握什么样的精神财富的话，那您就把他领进您自己的智力生活世界中去吧！让他把您看作一位正在面对浩瀚的大海思索的、勇于探索的航海家吧！让他把您看作奉献自己毕生精力也研究不完那未知领域的一部分，但仍大无畏地踏上征途去求知的博学家吧！

观察、直接感受精神财富，体验人所创造出的伟大，所有这一切都有助于我去帮助自己的学生，使他们的思想成熟起来，使学生自觉地认识到就在现在、就在今天，应当开始那项终生要做的艰巨的工作。这种认识，对于"学习、掌握知识是终生的事业"这一信念的形成有非常重要的作用。而且，你在童年、少年时代越勤奋，越认真地去学习，成熟之后，你所得到知识的欢乐、掌握思想的欢乐就越多。有的少年，总想破万卷书而没有来得及去读书，总想去体验那许许多多有趣的和必要的事情而没有来得及去认识，为此会有一种惋惜之情。这样的少年，当他步入青年早期和成熟期之后，就会认识、感受和体验到这一点。他会思考自己成年后的前程，会有意识地去计划自己的未来。

假如您想使孩子意识到他明天就是一个成年人，而且以这种想法逼迫他对照自己，去检验自己的力量的话，那您就要明确地告诉他一个人应当怎样去度过自己的一生。

有一块赫马拉田，是一片肥沃的可耕田，面积足有 200 亩。从前，这里一片荒芜，遍地是沟沟坎坎的黏质土。拖拉机手伊万·赫马拉在这里工作了许多年，他栽种了防护林，每年运来上千吨肥沃的淤泥，把坑坑洼洼的地方填平了。几乎没有人认为这块地能治理好，但这位勇敢的人却始终坚信。他在这里一干就是 20 年，终于把这块地变成了沃土。因此大家都把这块地称为"赫马拉田"。

孩子们，你们要思考自己的命运啊！只有那种向前看、懂得在有生之年应该怎样做的人，才可能成为真正的人。劳动是大地上一切智慧和美的基础。劳动使人逐渐成熟，劳动创造男人和女人。只有劳动才会使人产生对未来的责任感。

５。怎样培养孩子的精神力量

要教会孩子成为一个精神上坚强、勇敢、不屈不挠的人。一个人的精神力量是无穷的。人若是不能去克服那些艰难困苦，他就不能默默地去饱经风霜、历尽艰辛；正是由于能克服，人才会成为战胜困难的胜利者，成为一个强者。当你感到困难不可克服，产生畏难情绪的时候，就会选择走轻松的下坡路。人最怕的是吝惜自己，对自己吝惜，是一种意志薄弱的表现，它甚至可以使强者变成弱者。做一个弱者，不会有好运；做一个弱者，不会有快乐。他不懂得生活真正的幸福，理想对他来说是不可理解的，也难以实现。弱者会产生利己主义和胆怯行为。你越是历经艰难，你是个人的那种思想就越鲜明，产生人的自豪感的心灵一角对你说起话来就越响亮；如果你对自己大发怜悯之心，那么，你那心灵一角可能永远沉默无语。对满腹牢骚、灰心丧气、软弱无能、缺乏信心的行为，我们应该持毫不留情、决不容忍、决不吝惜的态度。

请记住，有时会出现这种情况；一个人在他已经丧失体力的时候，精神力量可以使他产生新的体力，作为一名战士，他仍能继续活下去。

怎样把这一道理传给孩子，怎样使它成为孩子个人行为的准则呢？ 这里首先重要的是，使我们每一个学生从小（无论在思想意识里，还是在感情世界之中）就对精神力量确立"一往情深"的态度，厌恶和蔑视懦弱现象，向往和敬佩精神上的不屈。没有否定的情感，就不可能有肯定的情感。对待许多事情的态度都取决于你在少儿时期是否就已确立对意志薄弱、性格懦弱、满腹牢骚、怨恨自己的蔑视态度。一个人在童年时期能进行精神上的自我教育、自我认识、自我锻炼，善于要求自己、指导自己是非常重要的。精神与肉体是不可分的。精神力量能唤起肉体的力量，使肉体的耐力同细微而温柔的情感融为一体。有一点始终使我感到吃惊，就是儿童的体育，无论在理论上，还是在实践上，往往与孩子个性形成的任务相脱离，这种脱离是不应被允许的。体力上的紧张必须去触动精神范畴，并激起个人对自身精神力量采取一种积极的态度，只有在那种条件下，人才能获得自我修养的才能。

我想再一次着重指出，在一个人的幼年就进行精神力量的锻炼是非常重要的。您若是错过了幼年时期对孩子的锻炼，那您就错过了一切。绝对不能允许一年级学生们头脑里产生"我们还小""我们力不从心""这对我们可太难啦"等念头。其实，孩子不愿去想或感觉，自己是软弱的、需要保护的。时而说他还小，需要你去保护，时而说应当使他避免遭受不幸和危险，这是您头脑里所抱定的一种态度，可在儿童的头脑里和心里的想法是：我应当是坚强的人、勇敢的人；不应让别人来保护我，我应当去保护别人；世界上有很多比我弱的人，我应当是他们的保护者。这里有一条很重要的教育准则：要使一个人的童年时期能对自己做出了似乎做不出的事而千百次地感到惊奇，即对自己的精神力量感到惊奇。只有在这种惊奇之下，他才会彻底地去蔑视懦弱和意志薄弱。只有对自己的精神力量产生惊奇的人，才能对自己的意志薄弱感到羞愧，才不会表现出软弱。生活中被人称为厚颜无耻的那种现象，就是"他还小"这种念头长久地印入儿童思想意识之中的苦果。

到森林只有 6 千米，可妈妈们觉得这距离是不可想象的遥远：莫非教师发疯了，与孩子一起走那么远的路？可孩子们却欢喜雀跃，教师懂得这种喜悦心情会成为精神力量的源泉。结果 33 位妈妈中只有两位认为孩子小而不放他们去。黎明时分，孩子们在学校集合，在妈妈们饱含不安的目光中出发了。到了村外，那两个小孩赶上来了，他们简直是从母亲身边逃出来的，说他们弱小令他们感到羞耻。途中，孩子们起先忘记他们向何处去，会有什么困难。一旦遇到困难，男孩很难在女孩面前表现出自己的软弱，而女孩在男孩面前也是一样。每个孩子都愿成为坚强的、不屈不挠的人。每个人都经受住了考验。他们是多么英勇啊！每个孩子都变得高尚起来。孩子们终于到达森林。他们从来没有步行过那么远——6 千米啊！还要回去，同样也是 6 千米。到了森林，孩子们并没有坐下来。教师劝孩子们休息：你们可以躺下，睡一会儿。可孩子们不知疲倦。他们说起许多有趣的东西，到了中午，才觉得累了，在有树荫的橡树下睡着了。一觉醒来，孩子们精神焕发，吃完午餐继续前进。当他们从森林返回的时候，太阳快落山了。现在他们可是累极了，但谁也不愿意表现出软弱的一面。孩子们回到村里时，已是黄昏。母亲们正在焦急不安地等待着。到了家里，孩子们仍然兴奋不已，讲述着自己的经历，都说脚不痛，身上一点也不累，可是一沾上枕头就都睡着了。

⑥。怎样教孩子懂得奉献

人应当奉献。我们生活的全部意义就在于我们应当尽自己的义务，应当奉献，否则就无法生活。

你生活在社会里，时时处处要与他人接触，你的每一次满足，每一种欢乐，都是与他人为你付出精神上和物质上的力量、操劳、忧虑、焦急和思念息息相关的。假如没有人的奉献，生活会变得杂乱无章，即使大白天你也无法出门。彻底懂得与严格履行你对他人的义务，这便是真正的自由。履行的义务越多，你从人的真正幸福——自由的无穷尽的源泉中吸取的东西就越多。如果你试图把自己从奉献中解脱出来，你将会变成放任自流的奴隶。如果你所做的事，不是你应当做的、必须做的事，你就会开始变得精神空虚、道德败坏和堕落。要警惕人在精神上沦为奴隶。假如你不能严格地控制自己的欲望，不能使自己的欲望服从于奉献，那么你就会变成一个意志薄弱的人。

在奉献上，一个人总有某些方面是逊于他人的。人世间总有一些人生活轻松些，一些人则艰难一些；一些人快乐多一些，一些人则少一些；一些人好一些，一些人则差一些。人的奉献哲理，恰恰就在于使人能看到并以内心判断出你应该在什么地方去奉献和在什么地方你应该得到他人的奉献。假如我们大家能很好地揭示出人际关系的微妙，每个人能从内心深处互相尊重，那么，在精神生活中就会出现普遍的和谐。从日常生活中那些看起来无意义的举动，比如说，你在电梯里、电车上给上了年纪的人让个座位，到对他人的生活、命运和未来（这些都与你自己的命运相连），都能尽自己做人的伟大责任。总之，在生活的各个方面，奉献将是你聪慧的主宰者。如果缺乏奉献精神，起初你会成为一个渺小的、自私自利的人，然后会变成卑鄙的人，再往后会成为一个叛徒。请记住，上面已谈到的那种人的最大不幸，就是从忘记义务开始的，起初似乎在小事情上，然后就会在重大的事情上也把义务抛之脑后。

要善于同孩子们谈奉献，这一点在教育上和做人的哲理方面的重要性是难以估量的。关于奉献这一点应当经常讲，这里教师的教导是必不可少的。使孩子们养成奉献的习惯，意味着首先要教会孩子去观察生活，观察人们，观察你周围的那些事物，理解你周围的在某种程度上与你有关的一切，而且不仅仅要去理解，还要用心灵去感受，这样才能成为一个不能容忍冷漠的人，才能去鄙视麻木不仁，去痛恨无礼行为。

我和孩子们一起到学校果园去旅行，我们走在乡村的小路上，我们乘坐火车朝着暖洋洋的海滨开去。一路上，我们每时每刻都处在人际关系的世界里，我时时处处感到，自己的教育使命就在于要同孩子们谈奉献，要教会小孩子在一举一动中应当怎样奉献。

我们在果园里看到了一根被大风折伤了的苹果树枝，可以看出这不是人为折损的，但我们不能视而不见，从旁边漠然地走过。就在似乎一切都无人觉察的那些地方，义务感反而特别重要。孩子们可能冷冷地看了看悬在空中的树枝，匆匆而过——这是冷漠的一课。一个人在童年上的这种课越多，那他的利己主义、卑鄙行为和背叛行为的危险性也就越大。我们停了下来，把受伤的树枝包扎好，孩子们既感到高兴，又感到不安——就是说，他们在世界上所碰到的一切并非都是顺利的。这便是奉献的一课。随时随地都可能有这样的课。比如，我们在乡村大街上行走，看见一位老大娘在商店旁边哭泣，我们如果从她身边走过去，就是冷漠的一课。然而我们停下来，了解一下出了什么事，并去帮助老大娘（她很不幸，用来买面包的钱丢了）。我们每人把去看电影的十戈比拿了出来，捐给老大娘，老大娘亲吻了孩子们。

没有比尽义务更幸福的事了。孩子们都感到一种莫大的快乐，但这不是需要的快乐。当你在人际关系的海洋里细心而又敏锐地漫游时，你会时时处处看到有人在奉献。起初孩子们会放弃某种快乐，但是他们获得的却是一种完全特殊的奉献的快乐。

如果您善于开阔孩子们去看现实生活的眼界，会发现现实生活能鲜明地体现出人的奉献精神。如果这种种事实能使孩子们感到吃惊，使他们深思，那时，你们那循循善诱的话语，便会投入儿童心灵的深处，就像种子落到沃土里那样，将会生出茁壮的幼芽来。

我们在林中窄小的路上，遇见了一位老爷爷。所有人都让开了路，让到了茂密的林中草丛里，等候老人过去。这是最好的教育时机，我会给孩子们讲一讲在应当尽义务的时候，是如何理解和感受的。我给孩子们讲述的小故事和寓言，都是一些快乐永远应当让位于痛苦的内容。

7. 孩子应该怎样理解自己对他人的义务

如果你只去做你想做的事，如果你只是为了获得满足才去发挥你的积极性，那么，在你的生活中将不会有任何珍贵而神圣的东西，因为你不理解什么是爱，什么是忠诚，你的愿望是鄙俗而贫乏的，而那种没有崇高愿望的生活则必然空虚而凄凉。奉献是培养人的崇高愿望的唯一学校。每个人都应该达到这个高度，那时的一举一动都受义务的支配，做出那些初看起来似乎是不可思议的、不可能完成的事，表现出强大的精神力量。那种爱的幸福、忠诚与依恋的幸福，是来之不易的一种幸福。这种幸福只有靠奉献和尽义务才能获得，才能理解。

也许有的读者会觉得这些哲理对孩子来说未免太难了。其实不然，即使是十岁的孩子都能理解其中的每句话、每种思想，甚至七岁的孩子也能明白个大概。但是，这种情况只能发生在相互关系好的条件下，而且通过这种关系彼此都认识到应当奉献。就像音乐不会感动聋人那样，有关人的奉献那些崇高的话语也不可能被精神上孤独的人理解。

我认为教育的一个重要目的，就在于使每个人在童年时代就能体验到人对义务的最高追求的魅力和美好。教育的理想就在于使每个人去追求自己的顶峰，不要迷失通往顶峰的方向，更不要从旁而过。只有精神力量才能使人成为真正的人。

我对好几代学生讲述过《瓦西里卡是怎样诞生的》，这是关于一个男孩的勇敢行为的故事。我讲这个故事，其目的就是使我的每一个学生都能去追求精神力量的高峰。

对瓦西里卡来说，三岁的小妹妹娜塔莎成了这样的人。男孩为了这个在世界上对他来说比一切都宝贵的小娃娃，已达到自己精神紧张的顶点。有一次，娜塔莎在集体农庄的磨坊旁玩耍，磨坊是一个高大的石头建筑物，建筑物的侧面有一个供人攀登的梯子。娜塔莎顺着梯子向建筑物的屋顶爬去。她爬到屋顶上往下看，害怕得大喊起来。当时，爸爸妈妈都不在家。瓦西里卡从窗户里看到正抓着一片瓦的妹妹，急忙顺着梯子扑向屋顶，瞬间来到妹妹的身边。可是他没有办法和妹妹一起爬下来。瓦西里卡便千方百计地扶住妹妹，在屋顶上坐了很久，等爸爸回来。

每个人都能在童年早期就体验到这种幸福——得到亲人体贴的幸福，这是多么重要啊！童年时期所表现出来的精神的伟大，乃是人的修养的一个阶梯，登上这个阶梯，人便开始理解自己的义务。教育的哲理和艺术就在于使每个人都登上这个阶梯。

劳动、冬季旅行、军事游戏对培养坚毅、耐心和不屈不挠的性格特别重要。一个十岁的男孩可以在冬天走上几公里。孩子们在冬季旅行和军事游戏时会非常兴奋地构筑雪堡垒、冰工事——所有这一切都需要付出巨大的努力和耐心。对孩子的精神力量有着真正魔术般作用的是集体中的相互关系。集体是个性修养的强大推动力。集体对软弱无能、意志薄弱、好哭的鄙视，激发了每个人健康的精神力量。但是精神力量的集体评价，只有在集体战胜困难的那个时候才有可能生成。

培养精神力量和对软弱无能的鄙视，是与培养善良、敏锐、细心和温柔的性格不可分的。真正的精神力量，表现在人的善良、敏锐和宽宏大量上。只有善良、宽宏大量才能使人成为坚强的人。不要怜悯自己，要善于怜悯别人，"要去怜悯那些不幸的人"（参见《托尔斯泰全集》）。

⑧。应在哪些行为之中表现出义务感

在我们的社会里，正在践行"人是最宝贵的财富"这一原则。社会主义给予每个人去确立和积极表现个性的权利，给予每个人有创造性的劳动、有丰富的和不可侵犯的精神生活的权利，给予每个人以幸福、自由、欢乐，以及拥有爱情、传宗接代、建立家庭的权利。但是这些权利，若是没有义务和具体的责任——作为公民、劳动者、有文化素养的人、儿女、父母的义务和责任，则是不可思议的。如果不尽义务而只是享受幸福生活，最终将成为一个被人谴责或令人遗憾的人。权利与义务的和谐，个人幸福与为他人的幸福和利益而劳动的和谐，是社会主义社会的道德理想。只有在这样和谐的情况下，人才能成为真正幸福的人。

一个人精神高尚的根本就在于把应当付出个人幸福看作一种信

念。首先应付出的是劳动、精神力量、对公共利益的关心等。我亲身体会到，一个人在童年时代就应当确信这一点：如果他只是物质和精神财富的需求者，那他很快会成为一个精神上贫乏的人。

在一代代学生准备成为少先队员的时候，我们总要到一块荒芜的草地上去旅行一次。孩子们站在一个小山坡上，去看那枯萎的灌木林，灌木林后面有几株橡树，树后面是一片田野，小山谷延伸到一块被太阳晒得热辣辣的空地，再往远看是一座村庄。这里，就在这块荒凉的地方，许多年前曾经有一个很深的池塘，池塘里有鲤鱼和鲫鱼，池塘边种了许多柳树。从前从村子里的人可以乘小船出来，一直划到这绿荫如盖的橡树底下。这里的橡树很多，树林里还有松鼠。不知发生了什么事，为什么池塘不见了呢？

这是一个古老的哈萨克村庄。据说在征服此地后，扎波罗热人在若尔特耶沃德城郊挖了这个池塘，并在池塘边定居下来。但人们发现池塘渐渐被淤泥给填满了。村民们商议后决定：凡是来池塘洗澡或者来岸边欣赏美景的人，都应该装一桶淤泥，运到山谷斜坡以外，倒在田里。现在，那里的土地很肥沃，土地上有一层厚厚的淤泥。人们始终遵循这个规定。在岸边的柳枝上挂着木桶，成年男子使用大木桶，儿童使用小木桶，只有怀抱着孩子的母亲们，不用付出劳动就可以享受欢乐和愉快。池塘一年比一年干净，一年比一年更深。可是，不知从哪里来了一家子人，家里有父母和四个儿子、两个女儿。他们在村口的池塘边落了户。这家大人和孩子，从春天到秋天都在池塘里洗澡，却没有一个人动一下木桶。起初人们似乎没有注意到这一点，可是后来，人们发现，许多青少年也学着那样做：只去洗澡，不担淤泥。老年人劝说青年人：你们怎么能这样做？可青年人回答：既然有的外来户可以这样，我们为什么不能这样呢？坏榜样同样引人效仿。许多人在黄昏之后去洗澡，为的是不让人看见……。老人们摇头叹息，可又毫无办法。挂在树枝上的木桶干裂了，而后又消失了。老规矩被人们渐渐遗忘。每个人都想：这个池塘够我这辈子用的了……。但是池塘渐渐淤塞了，变成了一个杂草丛生的泥潭，鲤鱼和鲫鱼也不见了。起初春季到来时，池塘里还能存住水，后来春季也存不住水了。池塘渐渐消失了。每个人都想：应该重新去挖一下，但别人不比我更应该去做吗？直到现在，这个村的居民仍然处于缺水的境地。井很深，水很少。夏季，人们拿着桶去第聂伯河取水，他们带着木桶边走边念叨着：取水去吧。水贵如油啊！

再没有什么比利己主义更可怕的了，再没有什么比为自己的懒惰辩解更有害的了。

社会主义——人的幸福的源泉，是向每一个人开放的，但决不允许有人只求从源泉里尽可能多地去汲取，而忘记净水除淤泥。每个人都应当去关心公共的福利，在此基础上才能表现出真正的公民觉悟。决不能把公共的福利想象成是一个用砖砌成的建筑物，那里的每一块砖都是每个家庭可以任意索取的幸福，这样的建筑物是不会牢固的。社会的幸福不是把每个家庭个体的幸福机械合成建筑起来的。我力求使孩子们懂得：假如每个人都抱有"够我这辈子用就行了"的想法，那么，这个深水池塘就会变样。个人对公共福利根源的这种关切以及对个人幸福有赖于社会幸福的这种关切，就如同把个人福利的砖块浇筑在公共幸福的坚固建筑物上的水泥一般。一个人在童年、少年、青年早期时就应当用自己的双手去开拓公共幸福和福利源泉，并去保护它。我认为特别重要的一点，就在于使孩子们从童年开始去报答社会所给予的福利、欢乐和幸福。对孩子们来说，社会的福利应当成为每个人的福利。

朝南方向有一块贫瘠的山坡地。我对孩子们讲：这块地方可以建一个葡萄园。未来这里将会是一块鲜花盛开的漂亮园地，这是一件有益的事情。我们为人们建葡萄园，将来把果实赠送给病人，以便使我们的劳动给人们带来快乐。

于是，我们开始了繁重的劳动。挖坑、担肥沃的淤泥、除莠草。为人们带去快乐的理想鼓舞着我们。所有人的脑子里都呈现出一串串汁水饱满的葡萄。每个孩子都盼望着实现这一理想，这也成为他们个人的兴趣。葡萄园比他们的洋娃娃、红鬃马①都可贵……

在我们劳动了几年后，荒芜的山坡变成了葡萄园。当我们把累累的果实送给有三个儿子牺牲在前线的老母亲时，孩子们体验到无比的快乐。要让每个孩子都感受到这种快乐，并且使他们懂得那些

---

① 一种玩具。——译者

东西是从哪里来的，应当怎样去感谢社会的给予。

⑨．人的诞生是最大的快乐

人类最大的快乐就是人的诞生。要知道，你的诞生，是父母最大的快乐。每年当你生日到来时，他们总是激动地回忆着你出生的时候他们是什么样，你第一声啼哭是什么样，你说的第一句话又是什么。每个人来到世上，不仅是后代的繁衍，而且是任何东西无法比拟的财富，其本身体现出祖国光荣、伟大、强盛的源泉。人的诞生，是人民的未来，父母的欢乐。

孩子的心灵纯洁、品德高尚，以及在孩子群里那种有道德的童真关系取决于他对新生命诞生的态度如何，取决于对待孕妇、特别对待自己的即将当产妇又要做妈妈的母亲的态度如何。我们不仅要培养孩子对待人的诞生那种高尚的态度，而且还要培养孩子成为未来的父亲和未来的母亲。

在乌克兰有一个村庄，这里把一个人的诞生看作共同的节日来庆贺，而学校在对这种事情的教育上起到了积极的作用。我主张要常对青少年们讲一讲在第聂伯河岸边那个小村子里发生的事，并把它编入我那本题为《拖拉机为什么沉寂了》的文选里。

在一个好的家庭里，孩子同兄弟姐妹精神交往的需要能得到充分发展。在只有一个孩子的家庭里，和谐的情感教育则略逊一筹。对他人的关怀，往往是从关怀自己的兄弟姐妹开始的。血缘关系的情感是培养和发展孩子们富有同情心、关心人和体贴人的基础，对姐姐们来说，这是培养具有母亲般的关怀的第一所学校。孩子，特别是女孩子，甚至会期待婴儿的诞生，这标志她们的道德发展达到了特殊阶段。如果家庭在期待着新生儿，我们则把这点看作无与伦比的、促进孩子道德自由发展的极有利的条件。从期待新生儿诞生这一刻起，可以说在孩子的精神生活中，特别积极去表达自己的真正的人的本质时期业已开始。在和个别父母谈话时，我们建议：如果想使家庭里有着奉献和爱的关系，尊敬和责任的关系，那么父母就要做孩子们的父母，而不是一个孩子的父母，愿孩子都能有兄弟或姐妹，至少有一个兄弟或一个姐妹。

小弟弟或小妹妹的出生，为家庭道德自由的发展，为弟弟妹妹、哥哥姐姐和父母关系的和谐发展创造了最有利的条件。

无论是同小孩的交谈中，还是就这些非常细致的问题在给父母们的建议中（这些建议只有在完全相互信任和同家庭进行多年工作的条件下才是可能的），我们所遵循的，是使哥哥或姐姐把新生儿问世这件事当作生活中值得庆幸的大事，使他亲身体验到，这件事是一种道德上的高尚行为，使他们都感到：现在我面前有了新的义务，我已经不仅是父母的儿子了，而且是弟弟妹妹的哥哥。如果学校去帮助父母，提醒他们可以对孩子说些什么，不该说些什么，怎样回答他的问题，那么，这件事就会作为伟大的道德纯洁之举内化到他的精神生活中去。

有一个令父母和教师常常感到不安的一个问题：怎样向孩子们解释他们出生的秘密呢？有些人认为，应当讲那个有关鹳的童话；有些人相信，如果对孩子讲清全部真相或者绝大部分真相会更好；还有人则认为，最适当的回答是："你还小，等你长大了就会知道的。"看来，从道德方面来说，讲鹳的童话是最适宜的，因为这是艺术形象，它能表现出人民的智慧和诗意，也能对我们生活中隐秘的东西和孩子那敏锐的心灵表现出关怀。给孩子讲美的童话吧，讲善良的鹳的童话吧，而他也会当作童话去理解它、相信它。在隐秘的、不可侵犯的内心深处，人应当有富有诗意的思维——否则我们就会掉进粗鲁和世俗里。家里有弟弟妹妹诞生的孩子，会产生一种激动人心的手足情感，让他在纯浪漫主义的童话中使自己的求知欲得到满足。这样不仅不会有任何危险，相反，只有这种方法才能培养出纯洁的心灵。我专门为学龄前的孩子和低年级小学生编了一个关于人的诞生的童话。

"好，我来讲一个童话故事。"

"奥莲卡，你问你的弟弟是在什么地方诞生的，从哪儿来到你身边的，为什么你的妈妈成了他的妈妈，你怎么成了他的姐姐，他又怎么成了你的弟弟。好吧，孩子们，听我给你们讲一个世界上最真实的童话。你们往天上看，东方正泛着红光，太阳快出来啦。在那遥远遥远的地方，就是在可爱的太阳夜间休息的地方，有一片极美的开满鲜花的大地。噢，太阳马上快到这里了。红彤彤的鲜花在这里长年盛开，一条清澈见底的小溪在山谷中潺潺地流淌。奥莲卡，可爱的太阳给天下的母亲们，也包括你的妈妈在内，每人一束鲜花。当母亲想要儿子或女儿的时候，她就在想象：我会有个什么样的孩子呢？终于，她的愿望实现了，在那束鲜花丛中，出现了一个男孩或女孩。一个新的生命在母亲的想象之中和太阳的金色光线之下诞生了。婴儿躺在鲜红的花瓣之中，伸着一双小手在微笑，噢，他想投入母亲的怀抱。就在这时，从鲜花盛开之地飞来一只鹳，鹳长着银色的翅膀、碧绿的眼睛。鹳把婴儿抱起来，送给母亲。这是她心爱的孩子，是她在自己的想象中爱抚地把他孕育出来的。奥莲卡，可爱的太阳塑造了你，你也是按照你妈妈的意愿想象出来的。而那只神奇的银色翅膀的鹳又飞回去了，因为世界上有很多很多的母亲，而每一位母亲又都有自己的想象……"

使孩子对待新生命，甚至还在新生命没有出世的时候能持有一种爱护、关怀、热烈的态度，这就有赖于父亲与母亲的智慧了。

10。美是培养敏锐性的强有力手段

在童年和少年时代，就要善于表现心灵上的勇敢和忘我精神，把自己的精神力量都投注在在你看来似乎是外人的身上。只要与丧失幸福或在痛苦中煎熬的人相伴，你那颗心就会感到不安。生活中的疾苦往往并不需要大喊大叫、表露在外的。但你要善于倾听和感受那种默默的痛苦，因为这种痛苦是无止境的。

培养敏锐性最强有力的手段是美。美是顶峰，从顶峰上可以看到那些没有理解和感受到的东西，可以看到那些从来没有看到的喜悦和崇高的精神。美是照耀世界的明亮之光，借助这束光，你能看得见真相、真理和善良；在光照之下，你会体验到一种献身和毫不妥协的精神。美能教会你认识邪恶并与其进行斗争。我把美称为心灵的体操，是因为它能矫正我们的精神、我们的良知、我们的情感和信念，使它们始终保持正确的方向。美是一面镜子，在这面镜子面前，每个人都能看见自己，同时也能知道应如何对待自己。

理解和感受美，是自我教育的伟大源泉。

感受和体验美，对美的事物的追求，对丑恶现象难以容忍——这一切都要求在智慧上是发达的、细致而敏锐的。只有将智慧和美融为一体，才会拥有高尚的道德情操。假如人没有思想，美就不可能在人面前展现生活的伟大及人类自身的伟大。只有当美同真理、同人道、同对邪恶毫不妥协的精神融为一体的时候，它才会显示其高尚的本质。

我向每一代孩子们，在他们的精神发育已允许向他们揭示高尚道德情操本质的时候，才去讲述法西斯占领时期我国土地上发生的事件。有一位盖世太保军官，在刑讯室里残忍地折磨一些苏维埃人一整夜之后，清晨回到家兴致勃勃地看着日出，感受新的一天之美，然后到花园去浇灌玫瑰花……。这种对美的态度在孩子们的心灵之中激起了恐惧、极端厌恶和仇恨。孩子们相信，不会有笼统的美、笼统的喜悦情怀，有的只是与邪恶和仇视人类相对立的那种理想的品格高尚的世界，只有在这个世界里，美才是强大的教育者。我们生活在这个世界上，美无时无刻不在激荡着我们的心，正因为如此，关于美的那些教诲才具有实际的力量，没有美的教育，就不可能有完整的教育。在社会主义社会，美的力量之所以是实际的，那是因为我们的社会拥有真理的伟大源泉——世界上人与人之间那种最公正的关系。

有一点我认为很重要，那就是教会孩子去观察美，同时去思考美和人的高尚品格。思维、理解、思考在情感的磨炼中起到了非常重要的作用。我带着孩子们到池塘边迎接霞光，在那里给他们讲一个名叫《老牛与小山雀》的童话故事。

我有一整本关于美的童话集。这些童话最主要的特点，就是启迪孩子们思考美的事物，培养他们形成对自然界、人及其行为美的观点和信念。《老牛与小山雀》这个童话促使孩子们去思考：美只会对聪明的人和会思考的人展现出来。

这是一篇关于蒲公英的童话故事。

一天，一棵蒲公英在绿草丛中突然盛开出一朵太阳般鲜艳的蒲公英花。所有的绿色小草都注意到它，并问："这是什么花呀？怎么这么美呀？"蒲公英骄傲地说："我是世界上最美的、唯一美的花。"就在这时，其他成千上万朵鲜艳夺目的小花突然盛开了，小草们转身去欣赏身边盛开的那些小花，却把第一个开花的蒲公英给忘了。听到这个童话故事之后，孩子们陷入了沉思，他们得出了这样的结论：真正的美是与谦虚、高尚的品格分不开的。

跟孩子们谈美的话题，应当深思与谨慎。也许，在谈论美时，运用任何粗浅的方式都不会带来那么大的害处，而运用不谨慎的言辞却可能带来不良的后果。

美似乎在打开人们观察世界的大门。长期在美的世界里熏陶，一旦遇到坏的、丑恶的东西，就会突然觉得不能容忍。教育的目的之一，就是用美把邪恶和丑恶现象赶跑。一般地说，我们应当敏锐地观察孩子们心灵中产生出的不理解的东西，要珍视与培养孩子们心灵上这些细微的举动，把它们变得有目的性。美能加速这种变化，使不明确的、无意识的思维变为良心的呼声。

美与懒怠、游手好闲、虚度年华是格格不入的。学校教育伦理学就在于让认识和理解美去唤起孩子们不安、焦虑的情感，让他们想方设法使周围的一切变得越来越好。美的思维应当唤起孩子对于那种由于冷漠、懒怠、漠不关心所带来的环境有一种不舒适、坐立不安之感。我们从孩子的童年早期就让他们懂得：讲台上不铺漂亮的桌布、地板上布满灰尘、墙角里有蛛网，在这样的地方上课是不可思议的。

我认为对自然界美的感受，积极去创造美的东西，是对青少年心灵的一种极其重要的训练，是使人力求看到人的美及其心灵美，力求去确立人自身那种美的东西并蔑视懦弱、畏缩、意志薄弱所不可缺少的东西。

11。怎样教孩子摆脱痛苦

在人的生活中，除了幸福之外，还会有痛苦、不幸、困难、绝望、惶恐不安。幸福就像太阳，它一视同仁地给幸福的人以光亮；不幸就像阴影，它形式多样，每一个不幸的人的不幸都截然不同。人类最可怕的痛苦，就是战争和死亡。此外，还有两种痛苦：其一，做一个丧失民族气节的，背叛伟大而神圣的祖国、制度和苏维埃人民的叛徒；其二，做一个把自己的孩子置于脑后的、不高尚的、冷酷无情的父母，以及把自己的父母置于脑后的、不高尚的、冷酷无情的儿女。

人生不幸之中最大的不幸，是丧失勇敢之心，成为一个畏葸不前的胆小鬼、可怜虫。一旦丧失了勇敢之心，你就可能丧失一切，包括你的荣誉、自尊、他人的信任，还包括你出身的家族，甚至你的姓名。更重要的是，你还可能会背叛你的祖国，因为从胆小到背叛，仅仅一步之遥。我们必须像珍惜公民、父母、荣誉、品格那样，坚定不移地、英明果断地去珍惜勇敢之心。

人生还有一大不幸是孤独。你一个人孤苦伶仃，人们都不与你往来，向你投来蔑视的目光，甚至把你遗忘。与人们保持精神上的联系，以十足的热情与他人共事，为他人的快乐而欢欣鼓舞，为亲人的不幸而苦恼，这才是那种如同清新的空气一般的幸福。这种幸福，多半在一个人失去它的时候才会理解到。教育的哲理就在于使一个人越是更多地拥有幸福，就越珍惜这种幸福，而且使他怕孤独就像害怕发臭的监狱那样。

人类最可怕的不幸，就是精神空虚。这意味着一个人在心灵之中没有任何神圣的事物可言，也没有什么可以值得他去珍惜的了，眼前也没有什么值得敬佩的东西了；生活上没有任何追求，从何谈起准备去冒枪林弹雨，抛头颅、洒热血而奉献自己的生命呢？又怎么会放弃一切福利去忍受艰难困苦呢？

一个人只有在懂得没有什么比自己的生命更为宝贵，当他为了某种东西而对违背他的理想（他准备为之献身的理想）的势力充满仇恨和毫不妥协精神的时候，只有那时他才会真正地珍惜生命。

一个人如何对待自己和他人的痛苦、不幸、苦难、绝望、惊慌和心灵上的创伤，都在其思想的内核，以及对善恶的态度、对理想的态度上反映出来。对我们教育者来说，应该培养学生深刻地去理解和感受痛苦和不幸的多种多样。一种痛苦能使人高尚起来，得到锻炼，另一种痛苦会使人们感到羞愧；一种痛苦能使人失去尊严、蒙受耻辱，另一种痛苦需要人们高高地昂起头来承受。我的教育理想，就在于那种使人坚定地和勇敢地去迎接和忍受那种能使人高尚的痛苦；对于那种损害尊严、蒙受耻辱的痛苦、使人空虚的不幸，我是持毫不妥协、不能容忍的态度的，在我们生活中绝不应该存在那种痛苦和不幸。

战争，是全人类的痛苦、全世界的灾难。对于战争，在人们的心里除了诅咒和憎恨外，再也不会有别的什么了。但是，既然我们生活在这样的世界里，我们的每一个公民都应当有战争的准备。不但在身体上有所准备，最重要的，是要在精神上、道德上有所准备。我认为共产主义道德教育的任务之一，就在于使我教育的学生成为善良、温柔、敏锐的人，有高尚情感的人，并时刻准备着去消灭敢于侵犯祖国神圣边疆、和平劳动、人民安宁、美好生活的敌人。但这无论如何并不意味着我们应当从孩子的童年起就教他们去杀人，在他们幼小的心灵中种下残忍的种子。事情就是这样复杂而微妙。

在精神上要有同残酷的、毫无人性的敌人进行英勇斗争的准备，这就要求我们的学生具有勇敢、坚定、善良、敏锐、热忱的精神，而不是残忍、缺乏人性的性格。残酷的人永远是胆小鬼，而善良、热忱的人永远是勇士，是宽容而勇敢的人。

在伟大卫国战争年代的一次战斗中，我有幸看到这样一种举动，在我看来，这种举动突出地反映了我们教育的理想，人们对待痛苦与欢乐、生与死的理想。

战争爆发了，战士们发誓要把法西斯匪徒从我们热爱的国土上赶出去。敌人在残酷地抵抗，我们的战士要穿过森林去进攻，法西斯的炸弹和地雷在我们的路上爆炸。

在一棵树叶繁茂的白桦树下，有一位年轻的苏军战士，年龄在18岁左右，他来自西伯利亚，名叫尼古拉·波利瓦诺夫。他把手提机枪架在白桦树上，向敌人射击。白桦树上住着一窝小鸟，鸟巢在机枪旁边颤抖，鸟妈妈躲在鸟巢旁边，它的眼珠时而转到战士身上，时而转到从鸟巢里向外张望的雏鸟身上。一个地雷在附近爆炸了，弹片击中了树枝，树枝连同鸟巢掉在那长期堆积的绵软的落叶上。鸟妈妈飞了起来，焦急地叫着，在雏鸟上方飞来飞去，可那些雏鸟很小，只会张开小嘴，苦苦地啼叫。

这里的敌人退却了，可战斗仍在附近的山丘那边进行。尼古拉·波利瓦诺夫从树上取下手提机枪，靠在白桦树干上。他走到雏鸟跟前，小心翼翼地拿起树枝，取下鸟巢，把它固定在白桦树的另一根树枝上。他还从背包里取出一根细绳，捆住鸟巢，为的是使鸟巢掉不下来，他甚至还做了一点伪装，让小鸟看不见细绳。当时，尼古拉微笑着说："我知道这种小鸟，如果它发现人在鸟巢中搞什么名堂的话，就有可能丢下雏鸟不管。"当这位战士带着机枪回到激战的地方时，鸟妈妈飞到鸟巢边，跳到自己的孩子身边。

就在那一天，尼古拉在白刃战中用匕首杀死了一个法西斯军官。而在傍晚，平静时刻到来时，他讲述了自己家乡西伯利亚关于鸟的故事，眼里充满了柔情。

教孩子理解这个故事，就是为了使他们成为勇敢的人。有许多孩子遭受过痛苦，这种痛苦使他们有权高昂起头来——他们的父亲是在前线牺牲的。任何时刻我都不会忘记，在那些年代集体生活里的那种崇高道德气氛。在那时，孩子们把流泪和哭泣当作一种耻辱。

这是 1948 年的事。我那时给孩子们讲过一个故事。故事里有一个小女孩，她有一位善良的、和蔼的父亲。每当父亲下班归来，总要抱起她，走到桌前。他们坐在桌旁，父亲便在一大张纸上画起童话中的小鸟来。后来父亲上了前线，在战斗中牺牲了。

在我那个班里有个小女孩名叫卓娅。我在讲着这个故事时，发现卓娅哭了。刹那间我意识到了：噢，卓娅想起了自己的父亲。她也有一个善良的、和蔼的爸爸，也给她画过画，不过画的不是小鸟，而是松鼠和大马，至今这些画还在家中珍藏着。"卓娅，你为什么哭了？"邻桌的同学玛莎问道。卓娅仿佛从梦中醒来，叹了一口气，低声地说："我的脚趾冻坏了……"她想成为一个坚强的人。

绝不能忘记道德教育还有重要的一面：那就是少年们、男女青年们都应该发自内心地去理解和感受到，如果儿子、兄弟、父亲由于背叛祖国而玷污了自己的家族、自己的家姓、自己祖先的荣誉，将会给家庭带来多大的痛苦。

蔑视背叛的种子，应该在孩子处于敏锐时期播撒下去，这个时期正是人的精神在各个方面都在塑造深刻自我的时候。我绝对相信，只有当一个人在其童年早期就已学会感受和认识对肮脏行为的蔑视和厌恶，才会在幼小心灵中确立那种道德上对自己的严格要求。

我多年来观察到，我那篇关于胆小鬼——祖国的叛徒的故事在小学生们的心灵中留下了多么深的痕迹。这篇故事名叫《永久流浪者》。故事里讲了一个从战场上可耻地逃跑了的年轻战士。这篇故事结合了现实与童话，使人终生难忘。十年、二十年前毕业的学生，如今还记得这个故事，他们不仅把它当作一个有趣的故事，而且把它看作鞭策自己成为祖国忠实爱国者的警示。

令我高兴的是，我的学生们都憎恨虚伪和胆怯。我认为一个极为重要的教育任务，就在于使每一个孩子从小就发展对人（可爱可亲的人）忠诚那种道德上细微而强大的特点。从小就具有这种忠诚品格的人，将来才会成为忠实的丈夫、可敬的父亲。我们社会的很多不幸，其根源往往出自家庭生活的圈子。一个小孩，他刚刚意识到自己的存在便受到了伤害。也就是说，孩子刚刚进入世界就痛苦地意识到自己是不被人需要的，诞生本身就是一个令人遗憾的误会，这种情景是多么可怕啊！我之所以把人与人之间的背叛行为看作最大的不幸——儿童的不幸、全社会的不幸，原因就在这里。这种不幸是不应该存在的。要敢于去爱并做个忠诚的人，这对我们的社会基础、社会制度同样重要，正如对祖国的忠诚一样重要。

我力求使我的每个学生在童年时代就能体验到巨大的道德成果（共同参与减轻他人的不幸、痛苦和灾难）的美妙和魅力。从学校教育的第一天起，我就教孩子们把自己的精神力量贯注在他人身上，在他人身上看到自己。精神上与人们交往的细腻感受需要培养，要使孩子相信，采取冷漠的态度对待他人是最大的耻辱，精神上参与则需要劳动、操心、不安，有时还必须放弃某些福利和限制某种愿望。在精神上参与影响他人命运的事件，这是使愿望养成守纪律习惯的最好的学校。在孩子的童年我就去培养这种细腻发展的参与才能，我称为"镜子"，人从这面镜子里能看到自己，我称为"窗户"，通过这扇窗户，能见到自己的精神。

我们打算到郊区进行一次有趣的旅行，已经准备好多天了，相信那里会给我们带来许多快乐和满足。一切都已准备就绪，可突然发生了一件意外的事。一年级学生加利娅的父亲得重病住进了医院。怎么办？可否让孩子们丢下别人的不幸遭遇不管，尽管旅行带来的快乐也会把他们的脑子里关于加利娅的思绪挤掉。但是，这就意味着在孩子们的心头上"冻结"一层冰。不行，决不能这样做。我向孩子们解释，加利娅正在承受着家庭的巨大不幸，如果我们去旅行，她会怎么想呢？孩子们很难放弃自己的愿望，但他们懂得，他们的快乐是以丢下他们的女同学的不幸不管为代价的。他们知道，世界上有这种人，假装看不见别人的不幸，去做使个人快乐的事，然而这种人是可耻的，不配称作人。假如我准许学生们在这种情况下去旅行，我就将在每一个孩子的心灵里埋下一颗不幸的种子——孤独。于是我给他们上了另一堂课，即精神上的慷慨奉献、愿望上养成守纪律以及人的共同参与课。

对待一位同学的不幸，整个集体都转过身去不理不睬，再没有比这种利己主义更糟糕的了。相反，集体去参与，就会避免孤独，人就会限制自己的愿望，就会渴望去参与。

教育工作特别重要的一面，就是防止青少年精神空虚、行为轻率，因为这是最大的不幸之一。信仰神圣的事物，信仰理想，这是刚毅、勇敢、不屈不挠的精神，和生活充实、真正幸福最细最深的根源之一。

凡是有崇高精神的地方，就会出现真正的人。有一种思想，我认为应当作为一条红线贯穿到人们的所行、所思以及所感的一切中去。这种思想，就是指在这个世界上有比你和我的生命更珍贵的东西——祖国的生命；有比你和我的个人利益更高贵的东西——祖国的利益；只有当祖国是幸福的，你和我才能是幸福的。决不容许使学校里的整个精神生活，没有深深地渗透对我国人民走向幸福艰难之路的不安认识；决不容许学校和我们教育的每一个人精神生活的脉搏，不去反映祖国的忧虑和不安。应该使有关全民的思想，尽可能早地成为每个人的个人忧虑和不安，这是教育中最复杂的秘密之一。我认为教育艺术和教育技巧，就在于使低龄儿童生活在伟大思想的世界之中，借此去理解伟大的意义，并从实际行动上成为伟大的人。就其本质说，一切都在于思想教育，也就是说，人的生活完全处在思想世界之中。

然而，怎样才能使思想世界里的生活变成为道德实践呢？

现在，我们接触到一个最细微的，甚至可以说是最难以琢磨的问题，那就是只有在对真理持正确态度的时候，真理才会培养人。一旦知识不去激发人的火热激情，一旦知识不再给人带来斗争精神，那么，知识就会失去应有的教育作用了。教育者最怕这些冷冰冰的、"通知"式的真理。反映祖国的过去、现在和未来的那些知识，应当使人的个人情感和感受充满勃勃生机。只有在这种条件下，历史的丰碑才能再现，才能成为与我们这些朝气蓬勃的共产主义建设者并肩战斗的强大巨人。对于祖国命运的认识，永远应当成为对于真理的思考，而正是在这些思考之中，能认识祖国命运的人的个人命运才应占有一定地位。只有在那种情况下，思想才会成为人的个人观点，人才会有同情、蔑视、爱和恨等情感；各种不同的小路，都会通向自己的家、自己的命运，这就是思想世界里的生活。在人的精神世界里，那神圣而坚固、无比珍贵、任何东西无法替代的、无与伦比的命运——祖国的命运便一点一滴地形成了。而且，在理解祖国的命运变得比个人生命还要珍贵之前，对在我国大地上发生过的和正在发生的事，对我国人民所创造的那些财富，应当千百次地用心灵去感受其中的痛苦和艰辛。这并不是说个人生命不值分文，而是因为只有自觉地把个人的命运同祖国的命运联系起来时，人才会意识到自己的伟大。只有将个人的命运融入祖国的命运之中，人才会真正地展示出自己的才华，才会真正地珍惜自己的荣誉、尊严，珍惜家庭、家族、姓名的尊严。

所有这些细微的、日常的、看起来不显眼的教育工作，正是为丰富和充实少年心灵的一种创造，即防止心灵空虚的一种创造。

12。理解亲人的痛苦能提高道德敏锐性

要善于感觉身边的人，要善于理解他人的心，要善于从他人的眼里看到复杂的精神世界，诸如欢乐、痛苦、不幸、灾难等。你要想到并感觉到，你的行为举止会直接影响到他人的精神状况，

不要让自己的行为举止使他人痛苦、受辱、不安和心情沉痛。要善于支持、帮助和鼓励有痛苦的人。要记住，这类痛苦也有可能降临到你的头上。

千万不要做冷漠的人。冷漠，会使心灵僵化，麻木不仁。冷漠的人，就是精神上盲目的人。在伦理学上有个概念叫作愚昧无知，这是在道德方面极端无知的人的一种恶习。愚昧无知的人不能理解，也不能感受他人的精神状况。他会把盐撒在他人心灵的伤口上；他会拿起粗木棒子抡到只能用手轻轻触摸的地方；他会在需要安静的地方把泥靴踏得咚咚响；当需要轻轻地踮起脚从这扇门走入的时候，他却会破门而入；当大家闷闷不乐的时候，他却会开怀大笑。要学会这样自我教育，不仅使自己不成为道德方面极端无知的人，而且要去痛恨他人愚昧无知的行为。

关于人的痛苦问题，本书会不止一次谈到，因为感受和理解自己亲近的人的痛苦能提高道德敏锐性、品德和人性。假如我们大家都善于从他人的眼睛里，从细微的、乍一看察觉不到的手的动作之中，从人的步履、呼吸、观察世界的目光中看到痛苦，那么，生活中的痛苦一般地说就会少得多。

我高兴地回忆起我的一个班，我跟这个班整整生活了十年，我们一同去田野、草地、牧场，不仅去劳动，而且去观察人，从中学会观察人的心情、观察人的痛苦和苦难，为的是日后能帮助他人。噢，有几个妇女站在一处交谈，其中有一位大娘（后来我们才了解到她的名字叫叶莲娜）立刻映入孩子们的眼帘，她双手交叉在胸前，望着远方……

"她在看什么呢？没什么东西可看呀，"蓝眼睛小姑娘奥莉娅轻轻地说，"她心里可能有什么不痛快的事……"

后来我们了解到这位妇女的坎坷经历。她的丈夫、儿子、兄弟先后在前线牺牲了，小女儿又得了重病，已经在床上躺了好几个月了。战后不久，她的妹夫从医院回来了，失去了双足……。我们跟叶莲娜大娘交上了朋友。她对孩子们恋恋不舍，期待着孩子们能够再来。当时我所关心的，是尽可能使我们发自内心的关怀没有表现出一丁点儿不妥当的地方。孩子们越是去关心他人的快乐和痛苦，他们的目光就越敏锐，他们感受到初次相遇的人的心灵就越细腻。

有一天，一群孩子跑到我跟前，焦急地报告说，在学校附近的一条长凳子上坐着一位老大爷，他的眼里充满悲伤和绝望，简直不想活下去了。孩子们跟老人家聊过后才知道，原来他的老伴去世了。

对人要有感受，首先要理解他行为举止的动机。孩子的许多行为举止，在我们成年人看来是该受到指责的，可实际上往往是由于受到了心灵上那种高尚激情的促使。如果你不明白、没有发现这种激情，你就有可能扑灭那小小的、不易发现的人类高尚品格的火花。

需要花费多年的工夫才能教会教师和家长成为能对孩子的欢乐、痛苦、恐惧敏感的人。要理解儿童的情感，就意味着要按照对待成人的态度去对待孩子，要给他带来安慰，帮他消除恐惧，教他成为一个温和而又富有同情心的人。当孩子感受到大人们（父亲、母亲、爷爷、奶奶）理解他的精神状况之后，他就会成为温和的人，对善良敏锐的人。我把这一点称为富有教养性，也就是孩子对您善于理解他的状况的回应。假如大人们不理解孩子，对他心中的想法、激情，有时甚至是慷慨激昂的情绪采取冷漠态度的话，孩子就会变得凶狠、残酷，甚至可能有意做出坏事来。罪犯是冷漠的产物，许多令人痛心的事实证实了这一点。培养一个孩子，形象地说，就好像演奏优美动听曲调的乐队一样。教师的语言和观点应当成为美妙而令人迷醉的音乐。您不要认为这乐曲声中只有特别甜美的乐声。不，一个真正音乐大师的感情和感受的音域是很宽广的，其中还包括指责、责备、委屈、愤怒和毫不妥协，但所有这些感情都渗透着真实和理解。道德上未受到坏影响、没有败坏的孩子会敏锐地感受到这些。

当孩子心中有痛苦的时候，就特别需要理解和关心。我们专门告诫父母们、爷爷奶奶们，要会识别孩子的种种痛苦。形象地说，要能看透孩子常常企图掩盖自己痛苦的那种伪装。让父母成为那种具有教育上的敏感的人，是我们教育的一个基本思想。

如果孩子的心灵被刺伤过，你要去珍惜、保护自己的孩子，要给予孩子快乐，我们不仅提出了建议，而且讲了在具体情况下该如何做。无论是我们教育者，还是家长们都应记住，在孩子的心灵里留下痛苦，不给予安慰，会使他的心灵变得粗鲁，最终会使他变得

苏霍姆林斯基选集（五卷本）精装本

冷酷无情，尤其是当他看到别人心灵上的痛苦得不到帮助和安慰的时候，更是如此。有时，那种埋入孩子心灵深处的痛苦，会长期使孩子疏远大人，会形成孤僻、冷漠、不信任他人的性格。

然而，要训练敏锐性，培养富有同情心、热情诚恳的孩子，并不意味着总是去安慰和抚爱。假如儿童看到恶事之后，态度仍然平静，或者只是感到惊愕却无其他举动，那么，他心中的恶意可能恰在此时固定了下来，那种惊愕也会随着时间的流逝而消失。

有一天，四年级学生维佳的母亲发现自己的孩子放学回来后，显出焦急不安的样子。母亲从他的眼神里看到了困惑不解的神情。她问：出了什么事？

孩子回答："我看见父亲给我家亲戚尼古拉叔叔拉去了一车玉米。这件事儿谁都不知道，可我知道。难道父亲能这样做吗？这样可是要坐牢的……"

母亲没有去训斥儿子，相反，她对儿子说："这是犯罪，决不能默不作声。你已经是少先队员了，如果你亲眼见到有人偷集体农庄的财产，你能不吭声吗？去找你爸爸，对他说：如果玉米留在尼古拉叔叔家，我要报告警察局，全都讲出来。这样做还能救你爸爸。如果他不回心转意的话，他会完蛋的。"

母亲的这一番话，宛如一股春风吹到了孩子的耳边，使孩子的心激荡起来。

维佳走到父亲跟前，照着母亲的话一五一十地说了出来。父亲用惊讶的目光看着儿子，仿佛头一次看见他似的。父亲慌了，他意识到儿子已经不是没有思想的小孩子了，而是一个小公民了。他没有别的办法，只好把卸到尼古拉叔叔院子里的玉米再装上车运到集体农庄仓库去。

如果对小孩心中的每一种激情，成年人都能聪明地、敏锐地、认真地予以回应的话，那么，孩子本人也会变得聪明、敏锐，并对自己严格要求，当他知道身边有人痛苦，或有人做了坏事的时候，他就决不会袖手旁观。

我们同学生家长们不止一次地探讨过：应从何下手培养真正的人呢？到哪里去寻找锻炼人的心灵使之不屈不挠的烈火呢？应当促使孩子们具有怎样的精神上的激情，才能使他们去憎恨恶、蔑视冷漠和冷酷无情呢？这一切当中最主要的，显然是使培养人成为学校中一门主要课程。

13. 怎样教孩子正确对待死亡

人生最大的不幸，是死亡。死亡与人本身的本质是对立的。当人认识到时间、空间的无限之后，会特别苦恼地感受到生命是何等短暂。人的机体同其他生物一样会衰老和死亡，然而，我们看到人死，想到人死时，不可能像看到干枯的橡树或者一条老狗死去那样内心平静。人总是要死的，这可以解释和理解，但不能听命于死亡的摆布，因为人所具有的无与伦比的精神也会随着死亡而逝去，这则意味着人类一个小小分子的死亡。不理解死，便难以理解生，理解生活的欢乐，理解人在大地上每走一步所应负的责任。

死亡会夺取每个人的生命，也包括我，因为我同全人类是一个整体，所以任何时候也不问丧钟为谁而鸣！它也会为你而鸣。[①]人不仅应当善于正确地生活，而且应该像个真正的人那样正确对待死亡。

人应当以自己的整个身心、自己的精神、自己的斗争去面对死，而同时去确立生。理解死亡，并非在死亡面前下意识地感到恐惧，而是对人的永生的颂歌。人总是要死的，而人类将永存。应当把死亡当作人生的最大的痛苦去理解，要像珍爱最珍贵的、无与伦比的宝物那样去热爱和珍惜生命。否定死亡，则意味着否定生命充满创造劳动的欢乐。

如果一个人不能正确对待死亡，他就根本谈不上具有完全合乎条件的道德修养。为了充分阐述我本人的思想观点、教育观点和教育思想，我要再一次地重申，从道德伦理方面去理解死亡，是真正

---

① 作者引用文艺复兴时期的英国诗人多恩（1572—1631）的一句话。美国作家海明威把这句话拿来用作自己小说《丧钟为谁而鸣》的书名。

的乐观主义，是热爱生活、善于珍惜生命、爱护生命的一个最重要条件。多年来的教育工作经验令我相信，孩子若能同成年人一起把死亡当作一种不可避免的不幸来理解，他就能从成年人那里得到一种对所向无敌的生命力的乐观主义信念。我绝对相信，遭遇亲人的离世，儿童的心灵那种不幸的感受，不仅会唤起生活的欢乐，使他渴望生活，而且能以新的目光综观世界。带着惊奇的目光发现自己活着的真正价值，发现感受到、看到的那些东西的真正价值，他便会对生活的欢乐和认识的欢乐有一种满足感。只要人对于死亡有了正确认识之后，就不会向它妥协，反而会毅然奋起抗拒它、反对它，努力用自己对生活的热爱去创造生活的欢乐。而最主要的一点，是把死亡当作一种最大的不幸去理解，则教会孩子懂得珍爱人、爱护人的生命、爱惜人的心灵。

亲人总要有离别的时候（而这种离别对任何人都是不可避免的），让孩子把亲人的离别当作对人的精神的初次考验，是多么重要！新生的一代和将近离世的一代之间渗透着爱、忠诚和记忆的这种精神上的联系，则是爱国主义最深刻的根源之一，是人类的高尚品格的道德基础。

把这种沉痛不幸当作任何东西都无法弥补的不幸来理解，就会发现人心中的感受。这种感受，哪怕似乎是最无恶意的举动都有可能使他难受不已，都会刺伤他的心，使他遭受沉重的打击，甚至让他失去生命。

当孩子们碰见死亡现象，具有高度教育素养的教师会把孩子们的智慧和情感的力量引到认识生活中的闪光点上来。

小学二年级教室里正在上绘画课。突然有人敲门。教师把门打开一看，是一位哭得泪汪汪的妇女，她是学生娜塔莎的母亲。

"打扰您了，"娜塔莎的母亲对老师说，"您准个假吧，娜塔莎的奶奶去世了。"

"孩子们，告诉大家一件非常不幸的事，娜塔莎的奶奶去世了。"

娜塔莎跟妈妈走了，而教师把余下的两堂课都用来讲了死者的生平，给孩子们展现了村子里的一些人具有的那种勇敢的、不屈不挠的精神力量的光辉一页。

应当让孩子们体验到那种个人的痛苦，就是说，当一个人死后，应当得到的不只是家里人对他的怀念。我认为非常有必要在班上举行有关已故的爷爷奶奶们的座谈会。就像太阳映照在一颗露珠里那样，人民的命运也能反映在每一个人的命运之中。在点点滴滴的美的面前，感受不到赞叹和狂喜，就绝不可能理解大海的伟大。

14。人应当对自己的先辈充满敬意

要珍重与尊敬地去纪念死去的人。凡是心中没有过去的人，他的心中就不可能有未来。每一个人都是一个特有的世界。每一块墓碑下都有一段世界史 4。要善于认识这个特有的世界，要珍惜人的独特性，尊重人的个性，要把人的美（这种美创造了你，使你的思想和情感提高到了人类智慧的高度）永存在自己的记忆之中。墓地是人类的圣地，要善于保护这一圣地。在缅怀先辈的日子里到墓地去吧！这对于培养你的公民觉悟和你的良心都是至关重要的。即使你没有任何一个亲人葬在那里，也要到那里去，为的是去学会珍惜心中的荣誉和先辈的智慧。亲人的坟墓，就是你心灵的一面镜子。忘记亲人的墓，就意味着你是一个冷漠无情的人。

当我的每一代学生能够理解人的重要价值的时候，我都要对他们讲《应当做个什么样的人》的童话。通过讲这个童话，我极力使孩子们理解道德的伟大价值：人活在世上，不仅是一个有思想有感情的人，而且是代代相传永恒链条中的有生命的一环；这一环是逝去的一代一代与未来的一代一代的连接。一个人越是深切地缅怀自己的父亲、祖父、曾祖父，他就越能深刻地感到自己对未来的责任。这是由于人在自己的父亲、祖父、曾祖父身上看到了自己的生活、自己的荣誉和自己品格的根源，正是因为有了父辈的荣誉，才会有英雄的今天。现在，我们拥有伟大的祖国，所以我们应当加倍珍惜她、保卫她，时刻准备着为祖国的独立，为祖国的共产主义理想而献身。

我们曾经跟父母们谈起对长辈的尊敬问题。如果父母们不能理解对长辈的爱，那么就一定会结出自己道德上愚昧无知的苦果。

哪怕是一点点的欺骗和口是心非，都会使孩子从头到脚堕落下去，都会使他变成虚伪和卑鄙行为的"大水洼"，这就是一条道德上的准则。因此，我们极力主张，不仅是父母们，还包括向往当父母的年轻人，都应当在自己的头脑里牢牢确立这条准则。

在孩子面前做个诚实的人，这是最有力的、最令人信服的一条道德教诲。这里并非谈的是一切的真理，而是谈体现对即将去世和已去世的一代充满敬意的美。这种美使孩子的内心充满无私关怀的崇高精神。这种无私的情感，将唤起崇高的道德思想和理想，促使孩子去深思神圣的真理和原则，这些真理和原则，是善良与美的永恒的、严格的保护者。在孩子敞开的心灵面前，不仅要无私，而且要让这种无私反映在你对待神圣祖国、人民、家庭的态度上，这是我们培养父母和未来父母的教育体制中一条占有重要地位的教诲。

应该铭记在心的是，教育者、父母们对孩子道德敏锐性的关怀，对孩子领会长辈教诲的关怀，应当特别明智。应当发展和加深孩子们身上的这种细腻的人的品格。但愿孩子们能将我们对孩子们所讲的这一切，尤其是那些人们的形象铭刻在心中，永不忘却他们的名字。

15. 怎样教会孩子善于理解人的悲痛

如果你的爷爷或奶奶去世了，你要知道，这意味着你自身的一小部分也死去了，你应当表示哀悼。在爷爷或奶奶死后的哀悼时期，你不应该去俱乐部、电影院或其他娱乐场所，良心会这样悄悄地向你提示。在哀悼的日子里，家里不该放响亮的、供娱乐用的音乐。一个九年级学生的爷爷去世了，在送葬之后，他立即去踢足球，有的朋友还夸奖说：嘿，真是英雄，他家里有人死了，可他还那么坚强。这个少年是个没德行的人，是个野蛮人，他的行为举止，并不证明他在精神上的坚强，反而证明他过于愚昧，证明了他在道德上的无知。

母亲、父亲、兄弟、姐妹离世，这是难以慰藉的痛苦，是任何东西都无法弥补的损失。这种不幸，不仅要求你心中永远铭记死者，而且还要求你必须成为一个坚强的人。

我不得不再一次补充说明：这并非某种禁欲主义的说教。这是对活着的人精神生活的充实和美的关怀，对思想和情感上高尚品格的关怀，对精神上激情的纯洁的关怀，对忠于我们共产主义道德理想的关怀，对永不忘却的、神圣的祖国和家乡的关怀，以及为我们社会的神圣的东西准备献出生命的精神的关怀。这也是对共产主义世界观的关怀，是对乐观主义的观点和信念的关怀，是对人与人之间真正的爱的关怀。

我认为重要的一点，是让一个人从他的童年早期开始就要确立某种非常重要的信念，即人要有一种顶天立地、不屈不挠的精神，但同时由于人有精神生活，他同样需要敏锐、柔弱和轻微的脆弱。

不久前，在我们州的一个村子里发生了这么一件事。乍一看来，这可能算不了什么事儿，可在其中包含着深刻的道德含义。一对青年夫妇决定给自己唯一的儿子——5岁的谢廖沙办生日晚会，他们邀请了很多客人，客人中大都是熟人，每个人都带来了生日礼物。可他们唯独忘记邀请爷爷了……。爷爷很久之前就为自己的孙子准备好了生日礼物（木雕的鹳）。晚上，在苹果树下举行庆祝生日盛会的时候，爷爷却坐在自己的小屋里，呆呆地看着那只木鹳。第二天早晨，有人发现爷爷死了，侧身躺在枕头上，脸上带着泪痕。

生活中往往会发生这样一些事，这里可以毫不夸张地说，这些事仿佛就在大声疾呼，告诉我们教育者对亲人养成敏锐、关怀、温情的态度是非常必要的。不管教育工作搞得多么好，总有一种危险伴随而来，而且这种危险是任何时候也躲闪不及的。

我认为有一点细节要强调，我要说是最优美的少年心灵中的"手术"，那就是用语言去触及心灵（确切些说，是多次触及），使其确立一种信念，即人的死不仅仅是生的过程的熄灭和终结，而应当把它看作一代传一代生命不熄的称为继承性的那个过程中无与伦比的事件。谁能真正理解这一过程的本质，谁就会发现自己的每一个举动都会触及人的心灵。一个人不是把死去的父母简单埋入土中，就叫作安葬的。安葬这个有意义的俄语词中，包含有深刻的道德含义。安葬意味着保存、保护、珍惜。把活生生的人的精神注入你的整个身心中去的那种人的死亡，将激起一种思维和情感，既使你个人感到重大不幸，也将在你的悲痛之中反映出人民的痛苦。

16。人生下来是为了在自己身后留下痕迹

人生下来，并不是为了像无人问津的尘埃那样无影无踪地消失，人生下来是为了在自己身后留下痕迹——永久的痕迹。

一个人首先要使自己留在人的心中。我们常说的不朽就在于此。我们活着，就是为了让儿子或女儿牢记住自己，就是为了活在他们的精神和劳动之中。人最大的幸福和生活的意义就在于此。如果你想留在人们的心中的话，那你就去培养自己的子女吧。培养人，这可是最重要的社会责任。

人的道德品行如何，取决于他在父母身上所看到的生活意义的最大化到什么程度。我们有一个重要的教育使命，就是使我们所造就的人，不仅对自己今天的行为负责任，而且对未来的行为负责任，而未来的行为就是指活生生的人的那种智慧、情感和信念，其根基还得靠目前去奠定。在姑娘们成年之日，也就是在她们年满 16 岁的时候，我通常会给她们讲一个乌克兰的民间传说《谁是世界上最高明的大师》。

我力求使孩子们在学校学习期间，都能掌握一门细微而又复杂的本领——善于观察自己。使每一个人在少年时代就要考虑到：我在人们中间、在劳动中、在朝气蓬勃的年代里能留下什么呢？哪怕留下我身上小小的一滴，只要能注入人类生活永恒的海洋里就好，可这一滴是什么呢？

这一点的必要性何在？在这方面怎样进行教育工作呢？

为了使孩子们学会观察自己，首先应当教他们学会观察生活。要会观察人，要理解和感受到人们中间的美，并对这种美感到兴奋而赞叹，把自己与所看到的、理解到的人对比一下，就如同把自己的品格同认为是楷模的人的那些品格衡量一下。

给青少年们讲一讲生活的经历，我认为这点是非常重要的。

青年们，你们要投身到生活中去。你们那如同八九点钟的太阳一般的生活就要出现在你们面前，它刚刚升到地平线上，美好的将来就在前头。现在需要你们去种地、盖房子、修桥、饲养牲畜，为从温暖的地方飞来的鸟而感到高兴，为每一棵嫩绿麦苗的命运感到担忧；你们要去远征，如果有敌人来犯我国神圣的边疆，你们就要对准敌人开枪。你们的心灵、智慧、天赋的一部分将会留在这一切之中。但是，只有为了人才可能完完全全将自己的心血奉献出来。

请不要忘记，你们将来也会做父亲和母亲。当父亲和做母亲，需要具有最复杂的劳动智慧。这是劳动，劳动，而且是成千上万次的劳动。假如你是位父亲（我现在对你，就像对未来的父亲那样），在听到新生儿的哭声时，你应当心里发紧。假如你是位母亲（我现在对你，就像对未来的母亲那样），你不得不在痛苦中生出儿女。你们要记住，生活道路是漫长的，你们必须携带从青少年时期得来的更充足的财富，你们需要这些财富，还有一个目的，就是去造就人。

这里有一个关于游手好闲者的民间故事。

有一个人很爱唱歌，喜欢玩乐，不愿长久地待在一个地方，时不时地便从碧绿的田野搬到鲜花盛开的草地，又从鲜花盛开的草地搬到绿草如茵的小树林。他的儿子刚出生，他就把摇篮吊在橡树枝上，然后坐在那里唱歌，可他的儿子不是一天天在长，而是每时每刻都在长。他从摇篮里跳出来，走到父亲跟前说：

"爸爸，请您告诉我，您亲手做了些什么事？"

父亲为儿子能说出这样聪慧的话感到非常吃惊。他想了想，怎样对儿子说呢？儿子在等待，父亲沉默不语，也不唱歌了。

儿子看着高大的橡树问："也许，这是您栽的橡树？"

父亲低下了头，沉默不语。

儿子把父亲领到田地里，看着饱满的麦穗问："也许，这麦穗是您栽培出来的？"

父亲又一次低下了头，还是沉默不语。

儿子跟父亲一起来到一个深池塘边，儿子望着映在水中的蓝天，说道："父亲，您能说上一句名言佳句吗？……"

可这人不仅什么都不会做，也不会说名言佳句。只是低着头，沉默不语。就这样，父亲变成了谎花草。这种草从春天到秋天，都在开花，可就是不结果，也不打籽。

青年男女们，你们可要当心啊，别像谎花草那样走进生活。那样走进生活将是最大的痛苦。如果你虚度年华，碌碌无为，在儿女面前，在人们面前你会感到羞愧的。

我常常对青少年们讲那些已故的令人爱戴、受人尊敬的人的故事，极力去呼唤他们热烈地去追求能在地球上留下一个鲜明的痕迹的想法。

17。怎样教会孩子热爱自己的父母

在父母面前，你永远是个孩子，即使你到了五六十岁，你的父母已七八十岁甚至九十岁了，你还是他们的孩子。你的每一步，你的每一个举动，无论是好是坏，都在父母心目中引起欢乐或痛苦、幸福或难受的反应。要记住，你就是你父母生活的意义、生活的目的、生活的甜酸苦辣。在无限的爱你的时间之中，他们有时竟忘记会有那么一天，为了给你们带来物质的（感觉到的和具体的）生活欢乐而使自己的全身精力耗尽，而他们所余之力只够去爱你了。你要懂得，作为子女的责任，就是要报答父母，报答他们对你的关怀，报答他们对你的无限的爱和忠诚；而且你应当用同样的关怀、爱和忠诚去报答父母。孩子对父母应尽的责任，是决不能用任何尺子来衡量的，也是决不能用任何数字来计算的。

怎样才能把这种教诲浸润到少年的心灵中去呢？这涉及人们生活中最关键的一个问题——相互奉献。形象地说，这种教诲好比种子，我们成年人（父母们和老师们）应去开拓这块种子田。人最微妙的一种本领，就是善于爱。爱能打开人身上最隐秘的源泉，让潺潺的流水中涌出生气勃勃的善来。爱也有可能把儿女的心变成干涸的荒野。这一切都取决于相互关怀、相互奉献，以及那种爱渗透到什么程度。在有相互奉献的时候，那些关怀父母的话语，才会进入到少年们的心田。

父母与子女间相互关系中最可怕的东西，就是父母那种轻率地满足物质快乐的"供养"与孩子精神上、生活上的空虚和贫乏，即不善于去爱。父母们应像怕火那样害怕孩子的脑子里深深印入他总是对的、他做的一切总是好的那种念头。这种念头是精神上麻木不仁的源泉。这种念头可能会彻底砍杀相互奉献的精神；有了这种念头，小孩子迈出自己的第一步时就会想道：大家为他是应该的，而他为别人是不应该的。有了"我"所做的一切都是好的、"我"总是对的这种念头，就会结出利己主义的苦果，这种苦果将终生毒害着人的整个身心。善于去爱，意味着不容许出现这种念头。

没有任何东西能比人的爱更为复杂的了。人的爱，是一束最温柔，而同时又是最朴实、最美丽、最不显眼的小花，它有个名字叫道德。您在爱自己孩子的同时，要教他们学会去爱您；您不教会这点的话，等您到了晚年，会痛哭流涕的。依我看，这是做父母最重要的一条哲理。只有在这一哲理成为需求的那个地方，形象地说，在儿童意识的土壤里，儿童才会去耕耘准备播下对父母的爱的种子。

怎样才能教会孩子们去热爱自己的父母呢？孩子从小就应学会观察人们。要学会懂得，每个人都有权享受欢乐、幸福，个人世界不受侵犯。我认为非常重要的是要预防孩子精神上的寄生生活。他应该明白，夺去别人的欢乐是可耻的；把自己的欢乐建立在别人的痛苦之上是背叛行为。有一条非常微妙的教育任务，就是培养孩子去蔑视乍看起来不易察觉的背叛行为，并对此进行本能的、毫不妥协的斗争。实际上究竟应该怎样做呢？孩子拥有无穷的才能，善于将自己的心灵奉献给他人。父母应当教他学会同情、感受、怜悯他人。在家庭生活中，没有什么能比孩子在精神上去参与需要合作才能完成的各种事情这一点更为重要的了。

妈妈每天对自己的七岁儿子说："尤拉，走，我们去给爷爷重新铺床。"儿子高兴地响应母亲的召唤——这是多么聪慧而又富有远见的召唤啊！母亲跟儿子一同去给爷爷铺床，既造就了真正的公民，同时又关怀了自己的长辈……。渐渐地，尤拉养成了每天劳动的习惯。现在，不是妈妈提醒尤拉应该给爷爷铺床了，而是尤拉提醒妈妈了。

这就是教会孩子去怜悯、感受、同情的意义所在。这一点我不只是对父母们讲，也是对孩子们讲的。应当向他们解释并指明应该怎样参与家庭的精神生活。应当激励他们，使他们充满崇高精神，教会他们把自己的精神力量同成年人的精神力量连接起来。儿童心灵中的任何一种高尚的活动都是来之不易的。这种活动有时是十分微弱的、不易察觉的。应当鼓励它，因为它能帮助人在对待人与人的关系中表现出自己。

18. 怎样培养父辈和孩子们之间的和谐关系

世界上有父母和孩子们。你的父亲和你的母亲，也是他们的父亲和母亲的孩子。人类种族代代相传，这是我们生活的伟大智慧。人世间几代人——年老的一代、创造力旺盛的一代，还有刚刚出生仅仅开始意识到自己存在的新一代，同时生活在这个世界里。我们的生活，除了许多其他关系外，还有代与代之间令人激动的关系。你属于新一代，你就像那高高升起在地平线上的太阳，到中午还相当遥远。生活对你来说，就像那一望无际、迷人、美妙、清新而同时又是谜一般的田野。面对生活，你充满力量和彩虹般的希望。在你面前有两代人，一代对你来说有如太阳当顶，一代有如夕阳西下。一个人是要死的，而一个民族是永存的。之所以永存，就在于代代相传。历代的智慧都在书中保存下来，载入史册；就是人们为你所创造的那些人民的精神财富，也都在老一辈的记忆里、行为中保存下来。无论你成了什么人物或将来会成什么人物，你都必须敬重老一辈。你要记住，你的爷爷或你的父亲那求知、聚精会神、深思而同时又是困惑的目光怎样使你感到惊叹。这目光，仿佛专门去注视你的心底似的，是一种焦急、不安的目光。你的爷爷和你的父亲渴望从你身上看到他们自己，他们在深思怎样才能从你身上再现自己，而且使你能够在自己身上塑造出自己的东西，他们有权这样看你。

尊重、敬慕老一辈，这是我们生活的法则。之所以应当尊重老人，是因为他们比你聪明，精神上比你富有。

在跟长辈交往的时时刻刻，都要善于向他们学习。千万不要自以为是，过于自信。不要以为你多年轻，精力如何充沛，你能肩负何种重任。要知道，有些事只有老年人才能胜任，因为老年人积累了几代人的智慧。老年人的意志和话语，对我们大家来说就是一条条法则。

这些教诲在培养两代人之间（父辈与孩子们之间）的和谐关系上起到了非常重要的作用。我认为有一点十分重要，就是使少先队员们和共青团员们都能理解老一辈的智慧价值。向青少年们揭示这种思想，即共产主义道德在使人高尚的同时，还能教会珍惜人多年来所积累的一切，这是非常重要的。

在你未将自己的激情传输给年轻一代时，不应让任何一种明哲思想悄然消逝，不应让任何一种深刻的道德信念熄灭；这并非书本里，而是生活本身所提出的教育真谛，其中含有多么深刻的明哲思想啊！

国内战争年代里发生过什么战役，你可能已经读过了。但是，无论从哪本书里，你也汲取不到战士们饥寒交迫去攻打敌人、相信共产主义理想必胜的那种永不熄灭的激情。这种信念的新鲜血液是注入不到那些字里行间的，只有在人的身上才能感受到它。

那些有如太阳已近地平线的老年人，正是学生们最聪明的老师。每当他们讲到祖国的神圣时刻，总是把爱和恨的火焰、战士的激情灌输到少年心灵中去；他们的每句话，都是即将离别的教导和赠言。正由于这样，在那些人口里讲出的话语，应当说是最主要的、最重要的话语。孩子们遇见老一辈人时，仿佛是走向道德信念的热火中。孩子们要敬慕这种人，在他们面前要脱帽，深深地鞠躬、敬礼。

我们尊敬的并不是白发本身，而是白发以外的东西，所以老年人应受到普遍的尊重和敬慕。有时也会有例外，但普遍的规律是：人的年龄越大，他从自己身上，从自己的心灵里给世界留下的东西就越多，他所具有的精神对新生一代就越有崇高价值。

我从事教育工作多年，经验告诉我，对那种由于素养低下、情感不文明而产生的不能容忍的行为领会与体验得越深，对长辈的敬重感就越强烈。因此在我们的道德教育中规定出了"十不准"。遵守这些规定，则被认为是集体事业中的荣誉和美德；而违反这些规定，则被认为是可耻的，道德上是愚昧无知的。

这"十不准"如下：

①在大家劳动的周围，不准袖手旁观。在你清楚地知道长辈正在干活而不允许你休息的时候，游手好闲、沉湎于种种娱乐，都是可耻的。

②不准嘲笑老年人，这是对人最大的不尊敬。对老年人只应说尊敬的话。世界上有三种东西，即爱国主义、对妇女的真诚之爱和对老年人的尊敬，无论在何种条件下都不应该被嘲笑。

③不准同尊敬的人、成年人，尤其不准同老人进行争吵。对于长辈们的建议，匆忙表示怀疑其真实性，这种人是不配称有理智和通情达理的。如果你有什么疑问，想说的话到嘴边最好先停一下，考虑考虑，做出判断后再去请问长者，以免惹长者们生气。

④不准因为自己没有某种东西而表示出不满。尽管可能你的同龄人有这种东西，而你的父母又没有关注到这一点，即使这样你也没有权利向自己的父母要求什么。

⑤不准逼迫父母给你连他本人都不肯给自己的那种东西。如餐桌上最上等的食品、高级糖果、高级衣服等。要学会谢绝礼物，如果你知道在别人送礼物之中也有送你的礼物，你父母谢绝了，你也要谢绝。你想拥有某种特权的思想是危险的，这是毒害你心灵的毒药，对这种毒药表现出不能容忍的态度，则是你最大的幸福。

⑥不准去做长辈们所谴责的事，不论是当着他们的面也好，还是背着他们也好，都不准去做。要用长辈们的观点（他们是怎么考虑的）来审视自己的行为。任意纠缠、无端企望长辈们注意自己，提出种种显示自己的要求，对这一点是特别不能容忍的。母亲和父亲是从来不会忘记你的，你不在他们面前要比你在他们身边想你要多得多。你要记住，母亲和父亲有自己的精神世界，他们有时也想独自一个人待在这个世界里。

⑦不准将年长的亲人，特别是你的母亲丢下不管，如果在她身边除了你，没有别人的话。在欢乐的节日里，任何时刻都不能让她一个人独处；而你本身，包括你的语言、你的微笑、你的交往，有

时就是她生活的唯一欢乐。人越是接近晚年，体验到自己孤独的痛苦就越尖锐。要记住，人的一生总会经历这个时期，就是说，除了与人交际的欢乐之外，任何其他的欢乐已不可能有了。

⑧不准不经长辈们（特别是爷爷）的允许和劝告就启程赶路；不要在他们向你发出一路平安的祝愿之前，不留下祝福的话就不辞而别。

⑨不准不先请长辈们坐下，自己就先坐下吃饭。只有道德无知的人，才会像只顾解除自己饥饿的牲口那样去吃，而且担心在场者要抢走属于自己的那份食物。人吃饭，不只是为了解饿，不只是新陈代谢生理活动的需要，人们坐在一起共同进餐，桌上可以进行有趣的精神交流。如果你善于劝说老年人同你共享一份食物，你就给他带来了更大的欢乐。

⑩在成年人、上了年纪的人，尤其是妇女站着的时候，不准你坐下。同长辈相遇时，你应当首先问候他，不准等长辈先跟你打招呼；告别时，要祝他们身体健康。在这些礼貌的规矩里，含有深刻的、内在的本质，即对别人的尊重。不善于尊重他人，你就如同一个对着大海那美丽的波浪吐着唾沫的浪子。大海还是那般雄伟且美妙，你的唾沫丝毫玷污不了它，只会玷污你自己。

这"十不准"的实施，要求我们更多地关注整个教育过程的和谐。凡是那些应当受到尊敬的人才能受到尊敬。只有那些去照亮道路的人，才有可能成为指路灯。在学校对家长的工作中，我们对"怎样使年轻一代成为值得尊敬的人"这一问题予以特别注意。我们的个人品行，我们的思想方法，我们彼此间的关系以及社会的道德价值，这一切，形象地说，就是调准孩子们信念的一种"音叉"。

我们的每一句话，对孩子们来说，都带有真理的含义，问题就在于他们以什么样的行动来对待我们的话。如果我们的话与行为举止脱节，我们就会培养出两面三刀的人，也会把整个老一代人装进被扭曲的镜子里。不尊重别人的孩子，就不可能尊重真理。

19。培养尊敬爷爷奶奶的情感

晚年不可能是幸福的。说"幸福的晚年"的人就是不尊重事实。到了晚年只能有安宁或是不幸。在大家都尊敬老年人的时候，他会是安宁的。如果大家把他忘掉，使他孤独，他会感到不幸。

要记住，你将来也会老。仔细端详爷爷奶奶，几十年后，你也会成为他们那样。珍惜爷爷奶奶的健康吧，他们已步入晚年，所剩的岁月比你要少得多。

爷爷奶奶在家里，要被置于受人尊敬的地位。如果有一个复杂而又难办的事要解决，应先让爷爷奶奶发言。在跟他们谈自己的欢乐或自己的痛苦时，不必害羞，也不必担心。他们会用生活的哲理使人的欢乐大放异彩，而这种欢乐会使你感到倍加幸福。他们善于肯定人身上的精神力量。你能注意倾听他们的建议，这件事本身对他们来说就是一件莫大的欢乐。如果爷爷奶奶不在你家里住，要给他们写信。在人晚年的时候，特别珍惜别人没有忘记他这一点。在节日里，要向爷爷奶奶祝贺。被人忘记意味着一般的不幸，在晚年被人忘记，则更加不幸。如果人感到有人把他忘记是因为他们知道他快死了，那么这个人就会产生他周围的人都是残酷无情的念头。爷爷奶奶对你说什么、教导什么，要仔细去听。他们有这个权利。假如你充分地尊重老人的智慧，生活中由于无知、自信、轻率而产生的那种青少年的蠢事就会少得多。

如果爷爷奶奶去世后留下了他们的心爱之物，你应该神圣地珍藏它们，要传给自己的子孙，作为纪念一代一代流传，因为这也是一部人民的生动历史。

我再一次重申：我们培养孩子们对年老一代的尊重情感，不管你们付出多少心血都是不够的，这是一个非常细微的道德关系问题。

我们奉劝年轻的父母们和未来的父母们懂得这一思想：最小的一代和最老的一代精神上的交流，对孩子道德观念的形成具有十分重要的意义。如果这种精神上的交流不断地发展和巩固，我们做父母的就不必担心自己的孩子了。这种交流的本质，必须包含着老一代人去激起孩子们有生活欢乐的思想、一个人对他人应尽义务的思想。聪明的、德高望重的老年人往往不遗余力地去爱孩子们，每次表露这种情感都会激发孩子们对长辈们的热爱，激发他们对长辈们的健康和幸福的关怀。年轻父母们的任务，就在于像保护非常娇弱的、易碎的东西那样去保护老人这种爱。应当像对待珍宝那样把爷爷奶奶为孙辈所做的好事永远珍藏在心中。我知道有这么一个家庭，家里保存着爷爷留下的一支钢笔已经 30 年了。如今，孙子常常用这支钢笔给自己的孙子、曾孙子修改作业中的错误。在他的帮助下，孙子、曾孙子都成了优秀的数学家。

爷爷奶奶对孙辈这种细微的关心，往往在一些具体的事情上反映出来。父母和教师应当爱护这种具体的义务和关系。由于父母的忽视而刺伤了孩子的心，会给他的心灵留下了一道终生无法抹去的深深的伤痕。我知道有这种情况发生。

在这里，我想对父母说：您一定要去爱护这件易碎的、美丽的、娇弱的东西，即爱护爷爷奶奶对孙子的那种爱和孙子对爷爷奶奶的那种爱。这种相互的爱，奠定了人道主义最细微的根基。

应当教会青少年们以关心的态度去对待那种复杂的人际交往，如果忽略了老年人的心易受伤的事实，那就往往会刺伤老年人的心。我们应该教育自己的学生："孩子们，想想吧，如果在节日前夕你们没去看望自己的奶奶，你们的奶奶会多么伤心啊！如果去看望了，在老人家的心里就不会留下痛苦的回忆——事情就是这样。"让青少年们和上了年纪的人在精神上进行交流，能暴露他们的良知，培养对人怎样去生活的那种敏感性。

有一件事，对于父母和教师来说，对于所有我们的教育者来说，都是非常有教育意义的，它迫使我们往教育那个重要的、细微的方面去思考。

村外有一片森林，每当夏季集体农庄的养蜂所便搬到这里来。蜂场的主人是马特维爷爷，他住在一个白色的农舍里。林中绿地上放着一排排蜂箱。从早到晚，蜂场上空奏着奇异的音乐，仿佛有人在弹拨着那看不见的琴弦，发出轻微的音响……

有一天，马特维爷爷的两个孙子来到蜂场，他们一个叫科利亚，一个叫瓦夏，是一对十岁的孪生兄弟。他们给爷爷送来一件绣花的衬衣，是他们妈妈送的礼物，爷爷用蜂蜜款待了两个小孙子。但孩子感到，爷爷想激起他们心灵中对奇异音乐的惊奇感——蜜蜂的演奏，这是马特维爷爷对蜜蜂不停地嗡嗡叫的称呼。

"孩子们，你们听，这是音乐，多好听啊！"马特维爷爷说，"好像阳光轻轻触及着金色的蜜蜂翅膀，在弹啊，弹啊……"

从那天起，科利亚和瓦夏常常到蜂场去。每过一两天，孩子们就到爷爷那里去一次。跟往常一样，爷爷总是用蜂蜜款待他们。但孩子们感到他在以疑问的目光观察着他们，看他们是否在听蜜蜂的演奏。

夏天过去了，秋天来临。蜜蜂已不酿蜜了。孩子们再次来到蜂场，爷爷已没有什么来款待他们了。所有灌好了的蜜都已经送到农庄仓库了。爷爷担心两个孙子不会再到蜂场来了。就在那天快要分别时，爷爷的眼里含着泪花，孙子们细心地感受到马特维爷爷的精神世界，他们理解爷爷的不安心情。

"爷爷可能想，我们到蜂场来是为了吃蜜的。"科利亚在要回家时说。"难道家里没有蜜吗？"瓦夏接着话茬激动地说，"我们是来蜂场看爷爷的，是来听蜜蜂演奏的，不是来吃蜜的……"

孙子们不是隔三岔五才来一次，他们第二天就来了，这使爷爷感到惊奇万分。

"可这里没有蜜了……"爷爷刚说又停住了。

这时科利亚和瓦夏委屈地说："爷爷，难道我们是为吃蜜而来的吗？我们到您这儿来是做客，听您讲蜜蜂的演奏……。您讲得多好啊，跟您在一起听蜜蜂演奏有多妙啊……"

黄昏之前，孩子们留在了蜂场，他们用烤土豆款待爷爷。跟马特维爷爷交谈，对孩子们来说，是最大的欢乐。爷爷也感受到了这一点。深秋之前，趁蜂箱还没搬到越冬蜂房，孩子们经常到马特维爷爷那里去做客。

应当教会孩子这一点——教会他们做好事并教会他们获得需要人—— 老人、能人、经验多的人那种细微的情感。

对于富有同情心和人道主义课程来说，这种情感有如无边无际的人际关系那样，是一片漫无边际的田野。我们曾经专门教孩子们怎样去对待爷爷奶奶的慷慨无私、好客款待。对这种精神上的激情抱有共情态度，会给老人带来莫大的欢乐。

我们教育集体非常关心孩子们与老一代的相互关系，力求使他们的个人世界能够充满真诚、亲切的气息，而且，无论在什么情况下，都不能带有某种政治运动色彩。假如学校集体把与受人尊敬的老人会面变成了美好的表演，把对老人的关心变成了履行义务，那简直太可怕了。对待上了年纪的人的态度，应当是怀有满腔热情的。孩子将来成为什么样的公民，很大程度上将取决于他怎样对待年老的一代。

要教会孩子懂得人性，这是一项复杂的、艰难的工作。这意味着孩子已经确立需要朋友的想法，懂得了世界上再没有比朋友更珍贵的道理。孩子最大的快乐之一，就是与人进行交往：我到你身边，因为没有你我不能生活。可惜，有时不是这样。

在我的学生中间有几个态度冷漠的男孩，属于比较难教育的孩子。由于种种原因，他们的心变得麻木不仁、冷漠无情，无论用什么教育方法也不能使他们那颗冷冰冰的心变热。为了洞察这些孩子们的心，我带学生们到老人之家去。男孩子们在那里看到了一个单间，里面住着几位老态龙钟的老人。

这些老人的样子使我的学生感到惊讶。孩子们问我："他们生病了吗？"

"不，他们没有生病。他们只是老了，太老了。暮年，就是最无情的疾病。得了这种病是不会恢复健康的。加上他们感到孤独——他们没有亲人——噢，这些人，他们还想着奉献自己的力量，以缓解他们的孤独。实际上，他们无人相助，身体虚弱无力，因为他们孤单。如果这些爷爷奶奶中每人有一个可亲可爱的人，那他们就会精神饱满，乐观愉快起来，也会自己管理自己了。孤独和失望使人无助……"

"就是说，他们在这里活着——在这里活着只是为了……"最难教育、最冷漠的男孩彼得罗说。他只说出一点儿心里话，脸色便苍白了，再也无力去说在那一瞬间使他大为震惊的那些话。我接着他的话茬说：

"……只是为了去死。他们悲惨的处境，就在于他们懂得：别人把我们送到这里来，是让我们死在这里……"

"不，这怎么行呢？"彼得罗吃惊地说，"怎么会出现这样的情况呢？"

我并不担心在孩子面前展现出人生忧郁的一面。这一面你在其他地方很难找到。我高兴的是，这使我那些最冷漠的、最难教育的孩子们的心展现在人的世界面前。

假如您想让您的学生去思考生活的意义、生活的目的、我们世界的道德价值，去思考每个人都应有无数可亲可爱的人，去思考没有这一点的话，生活就可能变成地狱，而到暮年就可能成为极大的痛苦；假如您想使这些教育构想成为现实的话，那就让您的学生亲眼去看一看那些清楚地知道自己是无人需要的人的处境吧。

⑳。父母在孩子生活中的作用

父母给了你生命，他们为了你的幸福而活着。你要珍惜他们的健康和安宁，不要给他们带来痛苦和烦恼。父母给予你的一切，都是用他们的劳动和血汗换来的。你要善于尊重父母的劳动。你能正直地生活，热爱劳动，在学习年代勤奋学习，这对你的父母来说，就是一种最大的幸福。你要给家里带来欢乐，珍惜家庭的幸福。如果有人把你看作坏人，则是你父母最大的痛苦。如果你真正地爱你的父母，那你就要给家里带来平静和安宁。

要珍惜家庭的荣誉。你要懂得，你所在的家庭，不仅仅是你父母的家，也是你做子女的家。你的一言一行、一举一动都对你的家有影响。对待所有的人都应当是忠诚的，对你父母，哪怕有一点点虚假，只要他们珍惜自己的荣誉的话，就会是莫大的不幸。不要去要求父母答应你去做那些违背他们心意的事。儿女真正的自由，就是做个听话的孩子。听从父母的心意是进行公民教育、培养你良心的第一所学校。如果你没有学会听从父母的心意，并且没有从中看到自己的真正自由的话，你就不可能成为一个刚强不屈的战士，一个守纪律的劳动者，将来也就不可能成为一个忠实的父亲。

父母与孩子之间的问题，是教育中最复杂的问题之一。在你面前有多少活泼、独特的学生，这个问题就有多少个方面。首先必须谈到的是，如果父母不是那种人们真正需要的、有道德素养的、使孩子生活充实的人，对孩子施加教育影响的一切尝试都将成为泡影。只有在父母拥有道德权利的条件下，那些对孩子的教诲，才能灌输到他们心灵中去，才能引起情感上的共鸣，唤起良好的愿望。

一边对父母进行教育，一边要对儿童、少年、青年进行道德启蒙教育。怎样在现实生活中实现对父母的那些教诲呢？

我认为格外重要的一点，就是要在学校里营造一种崇拜母亲的气氛。当然，和谐的教育一般要比父母在精神上的友爱对孩子的影响重要得多。对孩子来说，父母之间的爱、友谊和支持，是引导他进入复杂人际关系世界的范例。父亲和母亲处于一种互补的关系。如果父亲对母亲情深谊长，孩子就会真正认识自己的父亲。但是，孩子道德发展的总起源和最细微的总根，就在母亲的智慧、情感和精神的激情之中。一个人的自身道德发展会成为什么样，这要看他的母亲在这方面如何，确切些说，要看他的母亲精神世界里的爱与意志的和谐程度如何。母爱之道，就在于使意志控制着爱，而人的真正的爱，使意志的主要促进因素——人的未来的责任感充满了崇高精神。

要在孩子的精神生活中树立对母亲的崇拜，在崇拜中，尊重渗透着深刻的理解，理解又激发着尊重、爱戴、敬慕。这要求我们教育者要巧妙地、聪明地、高尚地同孩子们去谈母亲那崇高的使命。

情愿为自己的信仰和信念牺牲的公民、战士、英勇不屈的人，都是从对母亲的忠诚、无私而慷慨的爱开始的。我认为，在培养儿子的时候，不是使他感到只在困难时，而是在任何瞬间都需要母亲。母亲是世界上最亲爱的人，没有母亲，他会觉得空虚而无生命力，只有在那时，才能培养出真正的人。我认为重要的教育使命，就在于使儿子善于怜悯、保护母亲的心，因为这颗心饱含着无穷无尽的爱。在我所著的道德文选里，有好几篇故事和童话是讲母亲的心的。

在同受教育者，特别是同童年和少年的受教育者的交谈中，要使孩子有个清晰的念头，即母亲的平安和幸福取决于她的孩子们，我认为这一点是很重要的。母亲的幸福，往往是由儿童、青少年们创造出来的。

我们常常对年轻的母亲们说：你们的儿子是幸福的，就是你们做母亲的最大幸福；你们的儿子一切顺利，你们的内心就会感到平静、安宁、舒畅。

要使孩子们相信：你们心脏的跳动，你们生活的欢乐，对崇高理想的向往，在创造中自己表现出的高尚激情，你们的爱，人的忠诚的幸福，造就出新的生命，在生活最艰难的时刻本身那种不屈不挠、不可战胜的信念、战胜困难的欢乐以及本身勇敢的意识——所有这一切都是来自母亲。母亲不仅给予孩子生命，而且养育孩子。如果她只是生孩子，她就不可能成为人的造就者。母亲丰富我们的精神世界，她用你的民族的精神、祖国的语言、思想、爱情与憎恨、忠诚与毫不妥协使你那生机勃勃的小生命充满着崇高精神。母亲造就你那独特的个性，我们称为诞生的艺术和技巧就在这里。母亲，使你同自己的人民在一起，你是人民血管里的一滴血，但同时，你又是世界上单独的一个人。你在吮吸着母亲乳汁的同时，也吮吸着人类那独具风格的东西。

爱护母亲，则意味着关心生育你的源泉的纯洁并使之不变浑浊，因为你从第一次呼吸起就吮吸着这口源泉，一直到自己生命的最后一息为止。

在寂静的、舒适的走廊里，有一个烈士母亲之角。这里陈列着儿子在前线牺牲的母亲的肖像。孩子们怀着激动、景仰的心情注视着叶皮斯季尼娅·费奥多罗夫娜·斯捷潘诺娃的像。她的九个儿子都在为保卫苏维埃祖国的战斗中牺牲了。这位母亲忧郁的双眼，注视着孩子们的心底。母亲的目光中，充满着伟大的思想，世界上伟大的、唯一的情感——忠于我们人民、我们祖国那种神圣的东西。

教育者的使命，就在于使俄罗斯伟大母亲的目光能触及孩子们心灵上那个最细微、最敏感的一角。

在那位母亲肖像旁边，还有一位母亲，是我们的同乡。她的三个儿子、两个兄弟和自己的丈夫都在保卫祖国的战斗中牺牲了。

教育者的使命，就是要在儿童的心灵之中树立把母亲当作世界上最亲的人的关怀之情。甚至要使其产生失去母亲是可怕的这样的念头，使其产生母亲的每一句话都是神圣的，母亲的意志对孩子来说就是法律的念头。

这便是逐渐地、不停地在向道德顶峰攀登。应当利用每一种生活环境，让孩子懂得母亲是什么样的人。只有一种眷恋情感是不够的。孩子应当尽可能早些学会思考、领会和判断。这种思想越成熟，儿童的情感就会越深刻。母亲在自己的孩子身上会造就人的那种独特的、无与伦比的个性，教师同样会在他的学生身上造就其对待母亲的个性态度。

应当观察儿童心灵中的种种活动。应当找到通向每个儿童心灵的途径，那就是让孩子接触世界、接触种种现象和事实、接触各种人，这不仅能唤起他的善良情感，而且能唤起他焦急的、不安的思考，首先是失去母亲是无与伦比的痛苦的思考。

在我的童话故事读本中，有一篇讲了七个女儿的故事。在讲这个故事的同时，我力求在女儿和儿子们的意识中唤起成年人的思想：为什么我需要母亲？为什么我要珍惜她？鲜花需要阳光，干涸的土地需要水，雏鸟需要鸟妈妈的关怀，蜜蜂需要花，玫瑰需要晨露，樱桃园需要夜莺的歌声……。这一切需要都是为了使我变得更美好、更舒畅、更愉快、更美丽。在儿女们的心灵里树立一种情感：母亲的可贵，主要不是作为个人的欢乐和幸福的源泉，而是作为一个生动的、可爱的人，她有自己的情感和思想世界，这一点是多么重要啊！

也许，教师们会有一个困惑不解的问题：为什么没有一句是谈父亲的呢？我对教育上一系列最细微的依从关系有我自己的观点。我坚决相信，母亲有着自己的丰富的精神世界、文化素养、广泛的社会兴趣、自尊感、对丈夫的忠实，而同时对丈夫有一种高尚的爱的需求，对恶（在家庭中恶的主要表现，暂时还在于妇女是精神上的奴隶，隶属于奴隶主——丈夫那神话般的权威）严厉、不屈不挠、毫不妥协的态度，这样的母亲，应当成为家庭中道德上、精神上的支柱和主宰，对母亲这种使命，应当从童年就去培养。现在我想说的，以培养对待母亲这种高尚的态度为目标的全部教育工作——则是树立父亲权威的奠基石。上述的那种意志与爱情的真正和谐，往往在那些有道德伦理和精神心理关系方面母亲占优势地位的家庭里体现出来；在那些孩子对每天能发现源于母亲的那种人类之美而感到惊叹的充满智慧之光的家庭里体现出来；也在那些丈夫对妻子与家庭有着精神美、高尚品格和忠诚的家庭里体现出来。母亲的聪颖可以产生一种精神力量，这种精神力量，足以使父亲严守道德，树立对家庭负责任的那种高尚情感。在一个好的家庭里（我之所以称为好的家庭，是因为在这个家庭的精神源泉里，有着一位聪颖的、精神丰富的、自豪的而又善于珍惜自己品格的母亲），这一切都细微地、优雅地、不易察觉地存在着……

　　但是，绝不能否定父亲在教育孩子方面的特殊作用和特殊地位，这如同那种复杂的乐队一样，同样少不了与母亲齐心协力去管教年轻一代的父亲的作用。父亲的作用取决于他的责任感。具有责任感的父亲，会善于尽父亲的义务，做一个真正的男子汉。他的意志就是一种力量，能使孩子严于管束自己的思想、情感、愿望和激情。家庭中的关系，历来就很复杂。比如父亲对孩子们的健康、生活、幸福的劳动的关心，就成为其道德的基础。对于男子汉来说，对这种劳动越是向往，越是欢乐，作为丈夫、父亲的那种道德面貌就越高尚、越纯洁。父亲的这种欢乐、向往的劳动能使男性成为真正的男子汉。

　　男子汉、丈夫、父亲的刚毅性格，则表现在善于去保护儿童和妻子方面。男子汉的道德义务和道德责任，要求他成为孩子和母亲的主要供养者，这是因为在一定的时期，母亲的劳动只能局限在教育孩子身上。男子汉、丈夫、父亲的使命就从这时开始了。如果我们谈到父亲的公民面貌，谈到他成为孩子楷模的能力的话，那么，男子汉的公民觉悟首先表现在他承担义务的能力。对你所生育的人负责任，这就是你为祖国尽一个公民责任的头一次磨炼。对一个真正的男子汉来说，通往为祖国服务的小路，往往是从家庭、从对妻子和孩子的奉献、从对人的责任等方面开始的。只有沿着这条小路走下去，男子汉、父亲才有能力去攀登为祖国服务的高峰。

　　我们培养孩子们、青少年们对待父亲的爱戴与尊敬所应有的道德观点就是这样。

我们常常教导自己的学生：父亲，就是你最亲近、最可爱的人。在父亲的品格中，对你来到世上，对你的每一步、每一行为举止，对你整个的生命旅程（从生到死）都表现出做人的责任感。身为父亲的伟大使命，在于繁衍人类种族、造就新生命、代代继承、自身个性的道德完善以及由父母所创造的新生命的个性的道德完善。母亲给予儿女生命，父亲不仅给予儿女生命，他还要在自己的儿女身上体现出自己，继承和发展着自己，并将自己的精神因素连同母亲的精神因素都融合到儿女身上。父亲应受到尊重，是因为他具有责任感和奉献精神。父亲的责任感与奉献的程度，则取决于你，作为儿子对他听从的程度。

父亲是个公民、劳动者，也是你母亲最亲爱的朋友。你的父亲为祖国服务，忠实于社会主义祖国，忠实于共产主义理想，这是你的骄傲。善于做自己父亲的继承人，就要去珍惜他已经奉献的和正在奉献的那些东西，珍惜他以自己的心灵、自己的智慧为祖国的物质和精神财富而留下的那些东西。

做一个无愧于自己父亲那样的人，这是你个人的荣誉。从你开始成为公民起，就要善于珍惜父亲的名声、荣誉和劳动，记住这点吧！对父亲的荣誉和人格应当加倍地去爱护，但不能把它当作生活的资本，也不能把它当作谋取福利和特权的辅币。你的根基已植入你父亲的荣誉之中，但你要记住，这恰似民谚中一句重要的遗训：不能忘本。如果你忘记你的根本是你父亲，那你就会成为无源之水，无本之木。你父亲对社会的贡献之光越明亮，你自己所必备之光也就要越发明亮。

你的父亲是祖国的保卫者。他在苏联军队里服务过。他掌握必要的武器，如果敌人向我国进攻，他就会向敌人开枪还击。如果燃烧起战火，你的父亲会参加战斗。他会用自己的胸膛去保卫你，去保卫你的妈妈、爷爷和奶奶，去保卫你的全家、整个人民。要记住，有几百万个父亲为保卫社会主义祖国而在伟大卫国战争的前线牺牲了。做一个英勇无畏的军人，乃是每一个男人的天职。

我们极力主张在对父亲的爱慕之中，把尊重同严格要求结合起来。孩子很想让他的父亲明显地表现出美好的个性来。我们对学校里盛行对母亲的崇拜这一点越关心，对父亲的要求也就越严格。

我知道许多孩子的父亲，他们是在伟大的卫国战争前线牺牲的。孩子们多年来像珍藏爱物那样保存着父亲遗留下来的某些东西，如小红星、钢笔、荷包、手帕、皮带、旅行包等。这些都是活生生的人民历史的篇章，是无价的道德财富，没有这笔财富，想进行教育是不可能的。我们极力使每个孩子看到、发现自己父亲身上的那些美好的个性，正是由于这些才创造出那些并非只存在于一时的财富——荣誉、自豪和家庭的自尊感等。要认识自己父亲身上的那些道德财富，这是任何东西都无法替代的荣誉课。在《这并不难》和《儿子，这是我的田》这两篇故事里，就包含着两堂这样的课。

在培养孩子对父亲的爱慕和尊敬的情感时，应当更加拥有敏锐性和分寸。比如有些孩子，甚至一提到"父亲"这个词就感到头痛。这是我在一堂课上看到的。

"孩子们，现在我们来写我们最喜爱的词，"女教师对一年级学生们说，"谁能猜到这是个什么词啊？"

孩子们都思考起来。大家纷纷举手，意味着都猜到了。

"'妈妈！'，这是我们最喜爱的词。"大家都把"妈妈"这个词写了下来。

女教师又问："还有什么词，你们想写下来呀？""爸爸！"孩子们说着，每个人眼里都充满着欢乐。

只有蓝眼睛的小萨沙没有笑。大家都在写"爸爸"这个词时，只有他不写。他的眼里露出痛苦的表情……。这个孩子大哭起来，并从教室里跑了出去……

为了不触痛任何一颗心，老师应当具有多么好的敏锐性、洞察力、细心和远见啊！

在此我想对教师们进一言：在谈到父亲时，你们必然会触及儿童心灵上那细微、敏锐、易受损伤的一角。你们要善于去触及，但同时也要保护好，不要损伤这一角，或者说，不要让孩子的心变得冷酷，使他成为无情的人。

我还想进一言：你们的使命，就是保护儿童的心灵。有时会有这种情况，孩子感觉仿佛有一把尖刀出现在面前，他很害怕，闭上了眼睛，心怕得快要停止了跳动。这种情感往往在孩子想要隐藏在家庭里的那些隐私的东西被暴露时才体会得到，比如他的父亲失足了，甚至犯了罪。可这并不意味着儿子应当蔑视父亲。一个怙恶不悛的罪犯，他的儿子因为父亲的堕落而感到非常痛苦，罪犯往往会在这种情况的感召下而深感悔恨。

你们要爱护儿童这种对人的爱和信任，你们要创造，要看到这些高尚的、纯洁的情感——这是对教育工作者的一条圣训。家庭，是人们真正表达爱的一所学校，这种爱是相互信赖的、严肃的、温柔的，而且是严格要求的。我们教育的这些圣训，往往能在对儿童、青少年进行道德教诲中折射出来。

21. 怎样教学生成为好子女

你们要做自己父母的好孩子。"人生有三大不幸：死亡、衰老、子女不好。"这是乌克兰的一句民谚。死亡是不可抗拒的，衰老是不可避免的。谁也不能把这两种不幸拒于自己的家门之外。但是家庭可以避免孩子不好，这不仅取决于你的父母，而且也取决于你们这些孩子本身。

怎样才算好子女呢？好的子女会给家里带来和睦、安宁、欢乐和幸福，不会给家庭带来忧虑、烦恼、埋怨和耻辱，决不允许自己用可耻的行为去伤害年迈的父母。关心家里的和睦与安宁，关心父母的欢乐与幸福，应当成为你生活中主要的愿望。这种愿望如同舵一样，操纵着其他所有的愿望。任何愿望都要受理智、思想、意识的监督。当产生愿望时，首先要问一下自己：这个愿望对我的父母的内心世界会有什么影响呢？这个愿望会给予他们什么，又从他们身上带走什么呢？

你常常会听到"为人民而活着"这句话。你要好好深思，这句话是什么意思。为人民而活着，就意味着要做父母的真正的儿子、真正的女儿。要善于为人民而活着。要善于根据教科书去理解这点，因为教科书正是几个世纪的智慧、人民的道德和许多代人的经验的结晶。要善于读这本教科书，并对它进行思考。

"子女若好，平安到老；子女不好，受苦到老。"乌克兰的一句民谚就是这样说的。请记住：你怎样对待自己的父母，将来，在你成为父母的时候你的孩子就会怎样对待你。你要做一个善良的儿子，做一个善良的女儿，这应当在童年、少年、青年、成年和老年时期体现出来。一个人到了自己的末日时，仍旧是子女。他对自己孩子的责任越大，孩子的义务感就越强，即使他的父母已不在人世，亦是如此。要记住：世界上现在和将来永远会有比你老的人，这里不完全以年岁而言，而是就道德财富、人品和受人尊敬的程度而言。

要善于感受母亲和父亲内心世界最细微的活动。他们生病，就是你的痛苦；他们工作不顺利，就是你的不幸；他们的耻辱，不仅是你的耻辱，而且是你的不幸。只有去克服它，才能避免它。如果家里有了痛苦、不幸和不愉快的事，你要百分之百地尽到自己的责任，以保证家庭的安宁。只有坚持不懈地劳动，你才能减轻自己父母的劳动。你的这种劳动，则是人类最复杂的事情，因为这种劳动是指心灵上的劳动。父亲的不幸、痛苦，常常需要你想些什么、怎样去想的那些东西去克服。要善于认真思考，善于在思想情感中做个善良的人。

要爱护父母的身体。要记住，父母的过早衰老和患疾病，与其说是由于劳累所带来的结果，不如说是由于内心的不安、痛苦、烦恼和受气所致。儿子的忘恩负义，儿女在自己的劳动、生活、行为方面对自己父母的身体表现出一种冷漠的态度，这是最伤父母的心的事情了。

这是代与代之间敏锐的相互关系的最重要的道德教诲之一。我坚信，公民学会奉献最初的学校是从孩子的思维开始的，就是说，母亲和父亲对我的行为说些什么，又想些什么呢？在发展孩子对父母的情感、体验、思维，总之对他们的精神世界细微的感受方面，我认为这是一项非常重要的教育任务。

　　要尽可能少请家长们到学校来对孩子进行道德训斥，用父亲的"强硬手腕"来吓唬儿子，说什么"如果再这样继续下去是危险的"来警告孩子。而应尽可能多地让孩子同父母在精神上交往，这种交往能给母亲和父亲带来欢乐。这就是我们一方面既教育如何对待父母，另一方面又教育如何对待孩子所遵循的十分重要的原则。

　　我们认为非常重要的一点是，使孩子在父母面前因做错事而有羞愧感（不过，父母也应在孩子面前有种羞愧感，这是个特殊的问题），使孩子从小就懂得给父母带来幸福、满意，精神生活丰富，该是多么大的欢乐啊。你们就这样去培养孩子吧，让他们有欢乐，他们的欢乐又会变成父母的欢乐。在初年级，也可以说，我们学校正是依靠这一点办学，而无其他教育法。在孩子们的头脑里、心灵中、笔记和日记里所有的一切，我们都是从孩子与父母相互关系的角度来审视的。孩子给父母带来某些苦恼这一情形，这是决不能允许的，是一种错误的教育。值得注意的是，正是这个时期，在初年级，有些孩子尚未成为"坏孩子"，母亲的心还没有变得冷酷，孩子要做好孩子的愿望尚未熄灭。孩子与父母之间的相互关系，只应当建立在孩子要做好孩子的愿望之上、给家里带来欢乐的基础之上。这是学校教学上一个特殊的、很少有人研究的一个方面。它的本质在于对孩子进行全面教学，也就是对孩子进行全面教育。不管您对他讲什么、解释什么、问什么，您都会触及他的心灵，您放出的光和热，到最后必将反映在父母身上。

　　我们常常邀请父母到学校里来参加"母亲节""父亲节""书籍节"和"创造节"。在这里，父母可以了解到自己孩子的智力、才能、爱好。在这里，父母们可以看到子女们的脑力劳动和成绩。每一位母亲，每一位父亲，都想从这里带走使子女们的成绩给他们带来欢乐的那种秘密的希望。在今天，虽然说这种希望不一定都能实现，可任何一位父亲，任何一位母亲总少不了这种希望。没有这种希望，对孩子的教育就不可想象。

　　有一件事让我觉得奇怪、吃惊，而且百思不解，那就是大多数学校都忽视了激发孩子好好学习、做个好人的这个最重要的刺激因素，即给家庭带来欢乐、幸福、和睦和安宁的愿望。这种愿望，是把学校同家庭联系起来的最细微而同时是最牢固的纽带。如果没有这种纽带，或者它断了，父母的教育就将成为空谈，学校请求家庭的帮助也不会有任何期望的结果。只有在子女极力给家庭带来欢乐时，学校和家庭的努力才有可能统一起来。当然，这里谈的是道德健康的家庭，这种家庭是建立在相互爱慕、忠诚、帮助，每个家庭成员共同参与创造公共幸福的牢固的基础之上的。

我想起一件有趣的事，这件事就发生在某个孩子的家里。

八年级学生维克多·马特维延科没有突出的才能，但他的特点是勤奋和爱劳动。数学对他来说是一块绊脚石。他费了九牛二虎的劲儿才得了"3分"。这个男孩子给自己定了个目标：一定要学会解算术题，更扎实地掌握理论资料，争取得个"5分"。他参加了一个数学小组，一连几小时坐下来解难题。他心中的希望，就是想让父母不再一提起数学就忧伤叹气。有一天，他高高兴兴、喜气洋洋地放学回家来，一进门就高声喊："数学，'5分'！"

男孩没有注意到父母十分激动的心情，母亲眼里充满了痛苦的泪花，父亲激动得双手发抖。维克多一点没有看到。他不知父母之间刚有过严重的争吵。母亲正向父亲提出一个问题：像我们这样生活，是否能继续下去，我能忍受住我心头那些苦恼吗？父亲在母亲提问题时打断了她。

就在这一刹那，传来了儿子那欢乐的声音。父亲还从来未见到过儿子眼里的这种欢乐。他把自己的欢乐带给父母。这种欢乐，如同用巨大的劳动取得的财富一般。"儿子带来的欢乐使我大为震惊，"那位父母对我说，"是他使我们家庭的不和之火熄灭了……我感到羞愧，我懂了，我们的儿子不是一时发奋，他总在想如何能给我们带来幸福。如果在这一时刻我去想别的什么，我算什么父亲呢？请相信，儿子带来的欢乐，拯救了我们，避免家庭破裂，确切些说，使我免于背叛……"

孩子给家庭带来的欢乐、和睦和安宁，使父亲与母亲之间那种微妙的、深深的裂痕消失了，我知道的这样的家庭就有几十个。父母把自己的子女的幸福看作与自己共同创造的幸福，而且越深刻地感到这种幸福，父母的精神共性和相互忠诚就越巩固，人的精神实质就是这样。

在巩固家庭方面，学校有着很重要的使命。学生应当从学校给家里带去欢乐。那种人云亦云的见解：孩子学习很差你能怎么办？你让他怎样带回去欢乐？对于这种见解我从来就不赞同。问题在于，不应当使任何一个孩子意识到：我是个学习不好的人，我将一事无成，不会有什么出息了……。这些念头一旦在孩子的头脑里产生出来，那他就不再是你的受教育者了，而他的家庭——父母也会从你的教育影响范围中消失。而且教育者人道的使命就在于，让学习最差的学生感受到成绩提高的快乐。只有在这种条件下，他才算是你的学生，而在他的家庭里，那些小小的快乐，往往是巩固母亲与父亲精神上一致的巨大精神力量。在孩子从学校给父母带回快乐时，父母对教育者的帮助，要比您把他们请到学校逼迫孩子成为好学生，要好上许多倍。您可以逼迫孩子去干什么，但不可能强迫他成为什么样的人。我们呼唤做好孩子的意向中，最重要的一点就是孩子善良的意志，这是奉献的源泉，是心灵敏锐的一角，是他任何时候都不会变得冷漠无情的一个条件。

如果一个人感到他在别人心目中无比珍贵的话，就会从他的机体的秘密深处喷起一股神秘的源泉，他就有能力去战胜可怕的精神痛苦。

我教导自己的学生们：母亲的心灵，有如花朵初绽时娇嫩的花瓣。你说出不善良的语言，就是在母亲那脆弱的心灵上面划出一道伤痕。母亲能经受住屈辱、疼痛、不幸，但是那道道伤痕将永远给母亲留下一块心病。孩子们，记住这一点吧！

在一次毕业晚会上，欢送青年公民走向独立生活的时刻，我向他们讲述一个《我的小面包飞到窗外去了》的童话。

愿你们每个人，未来的母亲们、父亲们，当你们吃了那飞往窗外的小面包时，当你们的妈妈为了不使你们特别难过，只悄悄地叹息一声，然后跟你们谈到这件事，使你们能了解她的真正用意。愿那一瞬间的思想在你一生中永远闪射着耀眼的火花吧，让它时刻警告你们不要冷酷无情，时刻提醒你们：注意啊！这个世界上我只有一个母亲，这个世界上我只有一个父亲。

如果你善于在男女青年告别学校的庄严时刻，生动鲜明而又语重心长地向他们讲述这个故事时，那将是最好的临别赠言。请记住：远不是你所有学生都会成为工程师、医生、科学家和艺术家，可是所有的人都要成为父亲和母亲、丈夫和妻子。假如学校按照重要程度提出一项教育任务的话，那么放在首位的是培养人，培养丈夫、妻子、母亲、父亲，而放在第二位的，才是培养未来的工程师或医生。

22。怎样祝贺亲人的生日

当你的同学有了弟弟或妹妹，你要祝他幸福。祝贺他人的生日，是体现一个人修养的标志。

对于每个人来说，自己的生日，是生命中最幸福的一日。如果没有人向他祝贺生日，甚至没有人向他提到这一点，那么，这个人就是个孤独而不幸的人。如果有些人孤独也不足以让他们伤心，那么他们真是倍加不幸。你应当知道，而且要终生牢记你父亲、母亲、爷爷、奶奶、兄弟、姐妹的生日。家庭的幸福，就在于我们彼此去奉献自己心中的温暖。家里有多少个人，就有多少个生日。

在你亲人生日那天，要比往日早起一些。来到过生日的人跟前，对他说："祝您生日快乐！我衷心地祝您健康、幸福，精力旺盛，思维敏捷。"如果你祝贺小弟弟（或者小妹妹）的生日，可以提醒他说，今天满几岁啦，使他高兴。在童年，年龄的增长会使人兴奋；在少年，年龄的增长会使人欢乐；在青年早期，年龄的增长会使人焦虑；到了成年，年岁的增长则使人忧郁；而到了晚年，年岁的增长甚至使人悲伤。不应去计算你的父亲或母亲、爷爷或奶奶满多少岁了，在你姐姐生日的时候，不要去提多少岁，特别是在她20岁以后。女人希望自己永远年轻，这是人类那半边天的权利，我们从她们富有活力和表现力的身上看到自己的美。美应当永远不凋谢，岁月可以创造美，但岁月又可以破坏美。时间一去不复返，就像经历过和体验过的东西不再复返一样。

人的幸福并不在于又增长了一岁，而在于它给我们带来了什么。祝贺生日要心思细腻并注意分寸。在你祝贺生日的时候，回忆什么，想到什么，该说什么，不该说什么，都反映出你的素养。在祝贺孩子生日时，不要说："我祝你长寿……"对孩子来说，这些话说明不了什么，因为要理解和感受这些话，必须有丰富的生活阅历。

在祝贺生日时，不要忘记给亲人送上一份礼物。生日礼物，是你的素养的象征和你心灵纪念的物质上的表示。要会做礼物或买礼物。对你的亲人、你爱的人来说，最珍贵的礼物，莫过于你亲手做点什么，比如你亲自栽培出的鲜花、一张素描、一首诗，或者一本小小的纪念册，甚至有你的素描或诗歌的普通的笔记本，这些都是好礼物。如果你不善于写诗，那就写使你终生难忘的一件小故事。母亲过生日时，你可以写一篇关于自己的回忆：描述在你最初的记忆里，你母亲是什么样。在父母过生日时，向母亲或父亲要钱去给他们买礼物是很不妥当的。如果你不善于亲手去做点什么，或者懒得去做，又要在良心上过得去的话，你可以迫使自己放弃一点必要的开销去买一件礼物。如果母亲每天给你 10 个或 15 个戈比的午餐费，你几天都没有花的话，那就用这些钱去买书吧，你知道这会博得你父母的喜欢。不要想着去买那些贵重的东西，毕竟礼轻情义重。生日礼物的价值，是道德价值，它是不能用物的价值来衡量的，而是用你准备给亲人带来欢乐时所倾注的精神力量来衡量。

在你爷爷奶奶生日时，你的祝贺对他们来说特别珍贵。忘记他们的生日，就意味着道德上的愚昧无知。不要忘记你的年迈的老师的生日，尤其在他孤独一人的情况下更不要忘记。

生日，是家庭的喜庆日。这是亲人的节日，而不是社会上的节日。在社会上，如果有的人早于 50 岁或者这个人未得到社会上的普遍承认就庆贺生日的话，那是不谦虚的表现。但在家庭里，通常只有在家庭里，才应当隆重地庆贺成年人的生日。

不应当为每个学生，而且是在学校大集体宿舍里举行隆重的生日庆贺活动。很可惜，这种情况还不少。学生们聚集在大厅里，让所有在上个月出生的人都坐到光荣席上接受大家的祝贺……。很难想出还有比这种表演更冷漠无情、更愚蠢的了。从教育的观点来看，这样庆祝生日，会伤害少年的心灵，会使孩子从童年起就养成为装门面而去搞大型活动的习惯。生日，是亲人心里的节日，决不能忘记这一点。德高望重的人往往在俱乐部里举行生日庆祝会，发表隆重演说，会后，亲人们总要欢聚一堂，不这样做，这个生日就不可想象。亲人心里的生日，只有那些拥有道德权利能触及你心灵隐秘一角的人们才能参加，只有这样才会成为像样的生日。学校宿舍，也跟任何其他社会大集体一样，不可能拥有真正触及每个孩子心灵的那种家庭的精神力量。在这个大集体里，有生活在同一房间里的小集体。应当利用这些小集体进行教育工作，创造家庭气氛，否则，培养个性，唤起和树立热心的情感、心灵上的近似、同情是不可能的。让我们来思考一下列宁这句话：

"在所有的门窗从来不上锁的家庭里是不可能生活的，门窗经常面对着大街敞开着，任何过路的人都认为有必要去看一看，您怎么办呢？假如我不得不住在类似 1902 年马尔托夫、扎苏利奇和阿列克谢耶夫在伦敦组织的公社里，我会发疯的。这种大敞开窗子的房子，就是可通行的院子。车尔尼雪夫斯基说得没错：每个人都有生活的一角，任何人任何时候都不应该溜进去，而且每个人都应当有只供自己一个人用的'特殊房间'。"（参见《青春》杂志）

绝不能把学生宿舍变为门窗敞开的大房间，因为人在这间房子里起先会觉得害怕、不适，而后会变得冷漠无情。学生宿舍的存在完全不是为了显示它在儿童心灵上都做了一些什么事。我看到一些学生宿舍，一间房子里住了 30 多人……。这种生活是可怜的，但是那种不能容忍的"集体主义"没有使教育者感到心情沉重，那才是最可悲的。在这种情况下，儿童的心会变得愚蠢、麻木，他们对身边所发生的事情也好，对其本身的事情也好，都将变得冷漠无情。

应当教育孩子们学会祝贺生日，学会赠送礼物。不过，只有在孩子学会如何感受的时候，教师的话才能打动儿童的心。每当孩子们面临人际关系中某方面的问题时，才会感受到教师、父母的每一句话充满着深刻的含义，这种情况在生活中时有发生。有时，一句普通的话，会使孩子们面前出现奥妙神奇的色彩，触动他们隐秘的个人世界。你们要善于让孩子们用自己的目光观察世界，这一点，是教育技巧的源泉之一。

23．怎样培养对亲人和亲近的人的忠诚感

你可以在住宅旁边的地里栽上一棵代表母亲的苹果树、一棵代表父亲的苹果树、一棵代表奶奶的苹果树、一棵代表爷爷的苹果树、一棵代表兄弟姐妹的苹果树。从这些苹果树上收获的头一次果实，要送给母亲、父亲、奶奶、爷爷和兄弟姐妹。你奉献出来的东西，是属于你的；你隐藏起来的东西，你将永远失去。[5] 即使在大城市里，你也可以在室内建造代表母亲与父亲、奶奶与爷爷的花园。最主要的，是善于把自己的高尚情感奉献给人、奉献给劳动。如果你住在农村，可以为孤独的人种上一棵苹果树，由于孤独，这些人的生活很艰难。等到果实熟了，要把果子送给他们。在给别人带来欢乐的同时，你自己也就变得高尚起来。

你要永远做自己母亲的孩子，因为你对她来说，即使到了六七十岁，也是孩子。向她请教，把自己的欢乐和苦恼都带给她。你加入少先队，成了共青团员，得到身份证，要把自己的这些欢乐带给父母。你第一次领到工资，要买些礼物送给母亲、奶奶。这种礼物，则是你感恩的表示。要善于在父母面前说话，要善于履行自己的诺言。在父母面前履行诺言，是你荣誉与品格的反映。要使自己去做那些应该、必须去做的事。对待父母的态度，是你品德教育的第一课。

这里谈及的，是伦理学上一个非常细微的方面，它既可以在对忠实、忠诚、不屈不挠的献身于理想的情感与认识之中反映出来，也可以在对背叛、背信弃义、变节行为和伪善态度的不能容忍的情感和认识之中反映出来。

我们崇高的目的，是培养社会主义祖国的忠实儿女，永远忠实于共产主义思想，为我们祖国的自由与独立、为劳动人民的神圣的东西与财富、为共产主义的胜利，随时准备献出自己的生命。

忠实于崇高的理想，是个人道德发展的顶峰。这种高尚的情感，是从对人的忠诚开始的，也是从爱戴与忠实于为使我们社会里自由的人能得到幸福、物质与精神财富的那些人开始的。忠诚，是孩子的坚强信念的产儿，以及孩子与他人（首先是与他们有血缘关系的母亲、父亲、兄弟姐妹）共同活动的产儿。个人的思想、信念、原则性以及个人对共产主义事业的忠诚——这些特性本身的最细微的根源，就是孩子对他人，首先是对父母的信任。从小就开始培养原则性，这是我们教育的一个基本思想。少年坚定地从老一辈手里接过革命的旗帜，准备终生高高举起它，能否做到这一点，则取决于父亲、母亲、老一辈的忠实朋友对孩子的坚强而有力的支持。在家庭中，孩子与父母之间，小孩与大人之间应该形成的一种关系，首先就是培养信任和忠诚的关系。

我们的教育理想，就在于使信任与忠诚成为孩子整个身心的一部分，成为他一生的目标；使孩子在对父亲、母亲、兄弟姐妹的忠诚之中，认识到生活的欢乐。在童年与少年的交界时期，孩子应当想到自己要追求什么，要向何处去。那朝思暮想的生活目标，已在这个时期变成照耀他心灵的光，帮助他看到并认清自己的价值。但这一切，只有当他拥有了某些宝贵的东西——宝贵的人、宝贵的情感和体验、宝贵的希望和期待时，才会变成现实。对思想、理想、信念的信任是与对人的信任分不开的。在孩子身边，特别是在少年身边，伴随着毫不动摇的信任，这是多么重要啊。珍惜真理、信念与自身人格的最重要的才能，取决于对人的信任。

珍惜才能，是点燃忠诚与信任火药的火花。使一个人在童年与少年时期就去珍惜真实的价值，使孩子周围的人们都无愧于他的忠诚与信任，这是多么重要！我了解一些家庭，孩子对父亲、母亲、哥哥、爷爷的信任是非常充分的。这些人与孩子在道德上的统一，已然成为巨大的教育力量。

存在于孩子心灵中的这种信任，是克制孩子生活道路上常见的邪恶、谎言、欺骗、伪善的种子与幼芽的最有效的抗毒剂。我还了解，有些家庭的孩子在童年与少年时期就没有遇到值得信任与依靠的人。在这样的家庭里，孩子的童年往往是在没有信任、没有依靠之中度过的。孩子在面对伟大理想与原则的时候显得精神空虚、道德无知、心灵与智慧闭塞，其主要原因就在于此。在有的人面前，真理并不是作为榜样和优秀思想被展现出来，这样的人既不可能有信念，也不可能有原则性，因为他是个不忠实的人，他对所爱的人的态度，既没有表示出他的忠诚，也没有任何的亲爱可言。

我敢说，儿童集体首先是靠着对教师的信任、忠诚和爱来维持的。孩子们对某种神圣的东西与毫不动摇的东西，对某种信任、忠诚，对人的爱所抱有的义务感是最为生动的道德源泉。这种源泉，是他们已知的，在更大程度上是他们亲身感受到的，他们甚至准备为之献出自己的生命。教师每当谈及这个问题时，从来不去惩罚；对学生处以最重的惩罚，是会使教师伤心的。有时，教师喉咙痛，很难高声说话，一连几天只能小声说话。

在这种情况下，班上反而会绝对安静，孩子们生怕热闹起来影响了课堂氛围，所以他们不仅能忍住动作，有时甚至会屏住呼吸。他们害怕给教师带来困难、痛苦与伤心。

对于孩子是否应当怕长者的问题，有人拿不定主意，为此我建议要想一想教师的劳动。是的，孩子应当怕。有时孩子的行为对其本身来说，并不是有害的、令人不快的，但可能会引出邪恶或者欺骗的后果，使他人难过。害怕与畏惧，就像无所顾忌与勇敢一样不是同样的东西。无所顾忌，不是勇敢，不是大胆，而是放肆无礼。有一点儿害怕，只会给孩子心灵上带来更细微、更敏感的情感。我们应当去培养孩子的这种畏惧感，这是与信任、忠诚分不开的。

有的孩子努力学习，是因为想给父母带来欢乐，在他的心灵里存在一种怕给父母带来痛苦的担忧。

我知道有个男孩很苦恼，是由于妈妈看了他的日记，变得若有所思的样子，整天唉声叹气，有时还隐隐约约地摇着头，因为日记里有好几处记着令她不满意的"3"分……。加上孩子感到在这种分数的后面隐藏着无数未知的知识……。为了不让妈妈唉声叹气，使她的眼里充满希望，他迫使自己努力学习，尽管他很难达到比"3"分高的成绩。他一大早就来到学校，这时候教室里空无一人，他坐在角落里，发奋学习、刻苦地复习功课。男孩努力提高自己平庸的成绩，虽然这对他来说是相当难的，但他还是取得了胜利——日记里出现了"4"分，甚至"5"分，他怀着极度紧张的心情盼望着母亲开心起来。

如果父母不是值得孩子信任、正直、忠诚的人，那么，在孩子的心中就会产生消沉的情绪。孩子就会认为世界上根本没有真理。这种悲剧一旦出现在孩子的精神世界里（这是千真万确的悲剧），那就必须去帮助他，以防不幸发生。

24．只有学会爱才能成为真正的人

去爱吧！爱，是你道德的核心。一个人活着，就要使你的道德核心健康、纯洁和强大。做一个真正的人，则意味着奉献你的全部精神力量，以使你周围的人们变得更美好，精神世界更丰富；以使你生活中所接触的每一个人，都能从你身上、从你的精神劳动中得到某些美好的东西。

人的爱，并不是无所作为的、田园诗般的享乐，也不是把对方改变成适合自己的人。爱一个人，首先要忠诚，要为道德理想而斗争。

但在对人的爱之中，也就是在我们取之不尽的财富之中，也有其他的精神因素。我们之所以去爱人，是因为在这个过程中自己也会获得欢乐，也会感到幸福。在对人的爱之中，我们每个人都把自己看作人民的儿子。只有去爱人，只有我们每个人都为公共福利奉献出自己的一部分，"人民"这个概念本身才能存在。

在我们人类之爱当中，还有一个精神因素，这就是我们对人的需要。在没有感受到和认识到"我"是别人所珍重的，而且没有人认为他的生活全部意义只是因为这个世界上有"我"，在这种情况下，"我"是不能活下去的。

爱，就是一个人对另一个人的忠诚。在人类之爱当中永远闪着火花。这种火花，在我看来是一个人属于另一个人，成为他所爱之人的精神准备。这不是服服帖帖的奴性，而是对个性的真正赞扬。在这种精神因素之中，包含着人的尊严、骄傲、独特个性的根基。当孩子在感受和意识到母亲或奶奶把他当作世界上最亲的人的时候，他会体会到精神自由的真正幸福。

如果你善于揭示爱的所有这些精神因素，你便找到了生活真正的幸福。爱，是一种强大的教育力量。它可以使一个人在遵守生活道德准则方面更加纯洁、更加忠诚、更加严格。这后一种，对于你的道德形成与发展起着非常重要的作用。

我多年来从事儿童教育工作，亲眼看到孩子们成长为少年、青年、成年人、父母，我意识到有一条很重要的教育使命，就在于使我的学生把真正的爱看作人的功绩，把人的崇高的爱看作是功绩的源泉。应该像对待功绩那样去对待爱，使孩子充满崇高精神，发出童年的赞叹，这是一件很细微、很柔弱的事物，每一位教育家都应当把心倾注到这件事物上来，形象地说，要像对待娇嫩的小花那样去对待它。我认为非常重要的一点，就是要像讲功绩那样去讲爱，让教师的话语激发孩子去追求爱，并且乐于去做个可爱的人，不错，这也是人的心灵上非常细微的一种本能。

如果孩子不善于去爱，他就不可能生活，不可能真正地在道德上得到发展，也就不可能逐步进入公民生活的大世界。我编了一个叫《小驼背和闪闪的星星》的童话故事，只是为了让孩子们在听到和感受到这个童话之后，能以惊讶的情感去展现人的生活的一个重要真谛：一个人只有在懂得爱的时候，才会成为真正的人。

这个童话永远铭记在儿童的心灵里。童话里那鲜明的虚构的形象都具有人的特性。甚至最幼小的孩子也萌发出这一念头：真正的美就在于忠诚地、努力地去给他人带来快乐。我的童话始终教育孩子们去珍惜人的忠诚和爱。要感受到和理解到别人也在珍惜你，这一点则体现了人的巨大价值。我们的教育使命就在于使每一个孩子都能认识这种价值并去珍惜它。

紧靠着我们学校的村子里，不久前发生了一件十分感人的事。有七个孩子（三个男孩，四个女孩）聚集在绿色的草地上。明天是快乐的节日。今天，节前的一天，历来的传统是大人给孩子们赠送礼物。孩子们七嘴八舌地夸耀起父亲和母亲、爷爷和奶奶赠送给自己的礼物。

在三天前他们就买了一辆自行车赠给最大的科利亚。父母心想，科利亚还不知道这礼物，于是他们把自行车藏在无人居住的房间里。

但是你是瞒不住他的，他已试着骑起来了。他们给米沙的礼物是一件玩具炮，给塔尼娅和莉达的礼物是洋娃娃，给奥莉娅的是玩具小熊，给济娜的是彩色铅笔。

"可奶奶把我抱起来，吻我了。"八岁的一年级生谢·廖扎说，他的眼中流露出快乐的神情，大家都很羡慕他。这时，自行车也好，玩具炮也好，洋娃娃和玩具小熊也好，彩色铅笔也好，与谢·廖扎体验的心情相比都显得平淡而微不足道了。礼物刚刚买来，还没有赠送，孩子们就马上交换起礼物来。用洋娃娃换玩具炮，用玩具小熊换洋娃娃，用彩色铅笔换骑车旅行一次……

只有谢·廖扎独自骄傲地坐着，他的财富是其他任何人不可能得到的，这就是爱。爱比其他一切财富都更珍贵。

如果所有成年人都能理解到孩子对母亲和父亲、爷爷和奶奶的爱是那么的珍贵该有多好啊！

怎样才能使孩子去珍惜父亲和母亲、爷爷和奶奶的爱呢？这里有一个非常重要却难以觉察出来的东西：孩子永远应当感到他还未成为他的亲人们所希望的和他们所爱的那种人。因此，孩子的整个身心都应当永不停息地去追求道德上的完美。这是纯洁的、高尚的、成为可爱的人的一种追求。谢·廖扎之所以珍惜奶奶的吻，是因为奶奶并没有每天去吻他。她经常语重心长地告诉他应当成为什么样的人，很可惜，他还没有成为那样的人，所以他还应当努力，将来一定要成为一个真正的人。聪明父母的孩子，永远认为他们是世界上最好的人、道德上高尚的人、值得自己尊敬的人。

25. 怎样使学生们获得求知的快乐

学习、掌握知识、埋头读书是人最大的幸福。你的爷爷和祖爷爷都不曾有过这种幸福。坐在书桌旁拿着书本读书写字、认识世界对他们来说只能是一种梦想。你的童年、少年、青年早期，则是一座被知识之光照耀着的宫殿。

没有知识，这座宫殿就可能变成黑暗的地窖。思想、智力上的需要和创造——你的这些幸福都是因为工人们和农民们付出了自己的劳动才会得到的。工人们和集体农庄庄员们为每一个高年级学生和大学生劳动着，才使他能够脱产、不参加创造糊口之粮和其他物质福利而去学习。

如今在我们社会里，人人都能享受到学习，学习变成了一种义务，所以在许多年轻人的眼里，学习已不再是一种幸福。更糟的是，部分学生把学习看作负担，有时甚至把它看作惩罚和苦恼。老师们，要记住，如果问题到了这一步，那么任何的道德教育成绩都是空谈。在学校里，只有当学生渴望学习，只有在学习中（上学、读书、写字、认知）感到快乐和骄傲时，学校里其他的一切才会成为现实的、可以达到的。学习吧，因为学习是一种福利和幸福。这些话我在学校里多次讲过，但其深刻的含义远没有打动孩子们的心。究竟怎样去培养、怎样去教学、怎样去启发和鼓励学生们主动学习并能感受到学习的魅力呢？这是学校里诸多事情中一个最复杂的、最难解决的问题。

首先，应当把学生看作人，而不应当看作接受、接受、再接受的知识库。知识只有从人的内在精神力量与人所认识的世界的融合中产生出来时，知识才能成为一种福利。快乐学习知识的最重要的源泉（这种快乐学习知识的情感，也是能长成丰硕的精神生活大树的一粒种子），就是体验和感受到知识是自己的智力创造的结果、探索的结果、心灵劳动的结果。在满足个人物质需求的同时，人们往往无法区分真正的需求与不正确的愿望（有时简直就是无理要求），在这一社会里，一个人的道德情操在很大程度上取决于他什么样的精神需求会产生出什么样的活动。我们学生的主要需求应当是思考、探索、发现真理，而在这一范畴之中恰恰应当发展精神活动。当我们培养的首先是思想家的时候，学习才能作为一种幸福、福利、引人入胜的活动而被想到和体验到。只有当孩子每天体会到产生新的思想、理解某一真谛、深入了解世界的秘密的快乐时，精神活动才能获得思想，才会产生对精神财富的渴望。

在进行道德教育时，我认为带领孩子到思维的发源地去旅行是具有重大意义的。孩子们跟着教师到花园里，或到老橡树跟前，到茂密的灌木林中，或到养蜂场，到池塘边，或到一个深山谷中去，这些地方，形象地说，就有滋养学生渴望知识的细根，这些地方会使孩子萌发出一种愿望——要做一个有智慧、有学识的人。这时，教育者的使命就在于为孩子们展示他们不懂的东西，唤起他们去求知的欲望。在这里，哪怕是最胆小、最腼腆的学生，也会变成好问的思想家。教师越是巧妙地打开学生们的眼界去看那些不懂的东西，学生的好奇心、求知欲望就越强烈。

多年的教育工作经验使我坚信，孩子来到学校上学，为的是从校门里出来时能成为一个有文化素养、有教养的人；只有把他当作思想家的时候，当他的思维生活在某种程度上不依赖于他在课堂上学到的和正在学习的知识的时候，孩子才会成为好问的、求知欲旺盛的、勤奋的学生。课外的思维活动，是不以初级阶段教学课程为转移的，要比孩子在课堂上所学的一切都更重要、更丰富、更广泛。如果孩子的精神发展没有蓬勃的、泉水般涌出的思维生活，想让他对待学习像对待幸福、对待快乐那样，一般来说是无法想象的。思维课应当在教会每一个字母、每一道算术题之前，在思维的最初发源地——大自然中进行。

学校里的第一学年，是孩子智力发展有巨大进步的一年。我认为这一年有非常重要的意义。这一年，孩子们在班上获得知识与在广阔天地里通过思维课获得知识是并行的。这一年的教学共分60课，每一课都有一个主题。比如：《大自然的冬天和春天》《冬季花园里的动、植物生活》《大自然从冬季梦中醒来》《自然中的有机物与无机物》《自然怎样创造美》《蚂蚁与蜜蜂的生活》《从早到晚的草原生活》《大自然、人与劳动》等。每一堂思维课，都是对自然之谜的一次观察和赞叹，一次思索与发现真理的过程，一次获取知识的欢乐体验和作为思想家的骄傲。有12堂思维课是讲观察樱桃幼芽的。孩子们观察幼芽是怎样形成的，怎样在严寒中锻炼，怎样敏锐地聆听着大自然的脉搏，春天和畅的微风与阳光又怎样使它放出新绿，樱桃幼芽怎样"舒展开双臂，脱去了幸福的襁褓"（这是孩子语），怎样长出小绿叶。樱桃园里叶的生活开始了，又绽出新的幼芽，这些幼芽待来年又变成叶。这一幅幅令人惊叹的生命情景展现在孩子们面前，促使他们揭开世界上数十个新的秘密。他们生活在思维的世界里，这决定着他们这个时期的精神生活。

从学年初期开始的思维教育，一天也不应停止。孩子潜在的智力才能越多（我深信，在十四五岁这个年龄的少年，如果能正确地安排智力教育，是可以顺利完成现今的中学课程的），那种与功课无直接联系的智力生活想必意义就更大。但是思维教育要循序渐进，其内容除了自然界之外，还有图书世界。

让学生在图书世界里生活，这是当今学校一个最重要的教育问题。我认为一个非常重要的教育任务，就在于使读书成为每个孩子最强烈的、精神上不可压抑的欲望，使人终生都迫切地想同书中的思想、美、人的伟大精神、取之不尽的知识源泉打交道。这是一条最基本的教育规律。如果一个学生没有发现学校里的图书世界，如果这个世界没有为学生展现出智力生活的欢乐，那么，学校也不会给他什么，他只能怀着空虚的心走进生活。为此，应当教会孩子们去掌握图书世界里的欢乐。在低年级班里，我把人类宝库最优秀的图书给学生们阅读，这些书的内容通俗易懂，很适合孩子的感情世界。比如：杰克·伦敦、显克维奇①、雨果、斯托②、马克·吐温、斯威夫特③、凡尔纳、果戈理、屠格涅夫、科罗连柯、托尔斯泰、契诃夫、萨尔蒂科夫—谢德林、高尔基、肖洛霍夫、列昂诺夫、谢甫琴科、柯秋宾斯基④、伊万·弗兰科、冈察尔等的作品。这许许多多作品，构成了一个富有魅力的美的世界、思维的世界和人类情感的世界，为孩子展现了生活的欢乐。我极力使我的孩子们觉得，如果不去反复阅读那些令人喜爱的图书，不静下心来去攻读那些图书，生活就会像是阴暗的牢狱。要使人认识到只有图书才是无价的、永久的财富，其他的一切都是暂时的。

实际上，要达到这个目的必要的一点是什么呢？就是教师同自己的学生能在无拘束的情况下，长时间地交流读书心得。图书是摇篮，在这一摇篮里，对待思维、科学、学说，应像对待巨大的财富那般爱护。阅读，首先能在他们面前展现着他们自身的心灵世界，

---

① 显克维奇（1846—1916），波兰作家，作品有历史长篇小说《火与剑》等。
② 斯托（1811—1896），美国女作家，著有长篇小说《汤姆叔叔的小屋》。
③ 斯威夫特（1667—1745），英国作家，著有《格列佛游记》等。
④ 柯秋宾斯基（1864—1913），乌克兰作家，著有中篇小说《海市蜃楼》等。

也就是说，能使孩子们认识到人的精神的伟大，充满对自身的尊重感，使他们想在充满文化价值的世界里过着有趣的、丰富的生活。同时，图书仿佛让人产生一种畏惧感：必须急于去掌握人所创造的精神财富；你浪费时间，就等于浪费自己的财富。热爱图书，感受到思维、科学、知识是一种巨大财富，教育一个人从小就应当去珍惜时间；对于道德教育而言，时间感起着非常重要的作用。对此，我们还要不止一次地提到。

在一个宁静的夜晚，上床睡觉之前，你正在阅读一本有趣的图书，或者在聆听音乐。请你记住，就在这个时候有千百万个工人正去上夜班。正因为他们去上夜班，你才能有机会读书和听音乐。正是因为这些工人和集体农庄庄员们在清晨时分便走上工作岗位——采矿、炼钢、制造机器、造船、耕地和饲养牲畜、往田里运肥、铺设铁路，你才有可能一觉醒来后，吃早点、做早操、上学校、坐在课桌旁学习、掌握知识。为了能使你安静地、安心地学习，成年人（工人、集体农庄庄员们）都在为你工作。假如你不想去上学了（很遗憾，的确有这种现象），则意味着成年人要为你的闲散白白付出自己的劳动，意味着你在欺骗自己的国家、工人阶级、人民。你会变成吃闲饭的人、寄生虫。凡是不知自己精神财富源泉的人，就会过上那种空虚的、毫无意义的生活。

26。怎样激起学生的求知欲

你已经上学了，可你的父亲和母亲还觉得你是个小孩子，是个没有自主能力的人。确实，你也需要大人们经常照顾、操心和帮助。在当今复杂的世界里，你是非有他们不可的。你现在是个孩子，但不要忘记，十年后毕业了，你会成为大人的。过了十个春秋，你就不再是七岁的不懂事的孩子了，你会成为一个独立的劳动者、战士、未来的父亲。那么女孩呢？十个春秋之后，就要考虑生儿育女的事了。这十年，对于一个七岁的孩子来说，似乎是难以想象的一段艰巨的生活——事情就是这样，而且应当在孩子的头脑里有所反映。

要善于联想到自己的成年时期。这会帮助你成为一个真正的人。成年人，即你的母亲、父亲、老师，他们千方百计造就你成人，但是，你应当记住，你将成为什么样的人，取决于你自己的努力，取决于你的自主性，而且这种努力和自主性应当逐年增长。我作为你的老师，毫不夸张地对你说这番话：你将成为什么样的人，你的才能将如何发展，在你的身上将显露出什么东西，这一切正是取决于你在童年的那些年代里的活动。要珍惜大人给予的照顾和关怀，要感谢他们，同时也要千方百计地、尽快地摆脱他们。不要怕成年人的劳动和成年人的困难，总之你不要怕任何困难。你引以为荣的，是你学会做个顽强的人、勤奋刻苦的人，而且在热爱劳动、顽强性、自觉性方面你已接近大人了。

是否应当向孩子讲这一切呢？多年的教育经验使我深信，总把孩子看作小孩子，这是学校教育、特别是家庭教育的不幸。忘记"孩子明天就会成为大人"，常常会带来令人不愉快的结果。培养孩子成熟，是道德素养的一个系列问题。一个人在智力、道德、创造性方面的成熟，仿佛就融合在此。这种教诲不仅是对七岁的孩子而言的。应当年复一年地去讲它，但首先要谈及的是培养孩子具有创造性才能的特殊重要性，使每一个人都能展现出才华。决不能把这个问题看作狭隘的心理问题。

一个人的个人幸福，归根结底取决于他具有什么样的才能。这方面的才能，将体现在他的一生之中这一点上。个人的幸福，某种意义上，就是社会的幸福，因为无论少年、青年还是成年，假如全社会都是一知半解的人、没有任何才干的人、失败者的话，一个和谐的社会是不可想象的。才能的形成和发展，是广泛道德方面的问题。一个人的才能是从童年就开始形成的，多年的经验令我信服这一点。为了使孩子在意识中达到思想成熟、精神成熟，重要的就是要教会孩子去思索成熟方面的问题。

每一个心理健康的孩子的头脑，已为创造性才能得到广泛的发展奠定了可能性。天赋为每一个正常的头脑打下了必要的、充足的根基，使每一个人都有机会成为创造者。孩子将会展现出什么样的才能，这取决于他在幼年时的活动。同时，对于孩子如何对待这种活动，我们成年人能在孩子的思想意识中唤起并树立思想成熟、精神成熟到什么程度，是具有非常重大的意义的。这就是有必要唤起孩子去思索成熟问题的原因。

处在紧张、鲜明、充实的精神生活的情况下，孩子的大脑的成熟期，看来是一种无与伦比的奇迹，但这已不是天赋的奇迹，而真正是人的奇迹，因为孩子在生活，在发展，有欢乐和忧愁，有笑和哭，有爱和恨。

父母培养孩子的聪明才智，就在于使孩子的大脑在最大的可塑时期能进行频繁的活动。这种大脑的活跃，取决于孩子对自身的看法。比方说，在孩子两岁时，他是否会使用叉子、从厨房拿碟子放到餐桌上……。孩子在某种意义上说是无能为力的，没有我们的关心和帮助是不能生活的，但不要让他认为自己是无能为力的。相反，要让他的一举一动都使他相信自己是坚强有力的，在他的周围还有无数比他弱小的人，这些人更需要去保护和照顾。

经常讲"你现在是孩子，但不要忘记，你总会长成大人的"这个道理是多么必要啊！

27。怎样培养学生对待学校的正确态度

每一个老一辈的人都是你的老师，如果他有这个道德权利的话。然而社会建立了一个专门机构，让孩子们在里面学习、受教育，这个机构就是学校。我们的国家、我们的人民、我们的社会主义制度的未来将取决于学校办得如何，人民的精神财富在学校里体现出来的程度如何。我们正在建设的社会命运，则取决于学校的设置，取决于学生们如何看待生活，他们的精神和激情集中到何处，把什么当作自己的理想。学校就是共产主义大厦的一块奠基石。学校是造就人的地方，是人民的圣地和希望。

在学校里，不仅教孩子们读书、写字、思考、认识周围世界和科学与艺术的财富。在学校里，还要教孩子们学会生活。学校，

是人民的精神摇篮。没有学校，人民就没有未来。学校的教育智慧越多，人民的未来也就越辉煌。学生们不仅仅是聚集到一处的孩子们，他们还需要按照自己和谐法则去生活、发展，构建属于他们的儿童社会，同时也是装点着成年人的社会。学校得以存在的一些法则是民族的产物，体现民族生活的精神。学校里一直保存着很多世纪因袭下来的民族文化。你不只是一个来到这个永久的泉水前饮水的旅行者，你也是一只使民族文化蜂箱丰富起来的蜜蜂，你的义务，是为这个蜂箱做出自己的贡献，丰富人民的精神财产。

根据一个人（从生到死）对待自己学校的态度，就可以判断出他的内心素养和品格，判断出他珍惜人民荣誉的能力。你的义务，就是像对待圣地那样。永远珍爱着自己的学校，并把这种对待学校的态度传给自己的子孙。无论你为科学做出多大贡献，无论你为人类奉献多少智慧，学校连同它的基础知识、识字课本和第一堂课，连同它的老师、它的第一本书，都将作为你的智慧、你的才能、你的品格乃至你的教养的第一源泉，永远留在你的心中。学校，永远是人民智慧最重要的发源地。

这一番话，在道德素养和道德文明的整个系统中具有特殊的含义和特别的意义。

学校是人民的摇篮，就这个意义来说，它是人民灵魂的主要塑造者，能为学生的文化面貌打下永不消失的印记。让真正的学校引以为豪的，是所有具有高尚品格的成年人都称自己是它的学生。你们崇高的使命就在于，使所有送自己的后代到你们学校去学习的成年人，永远处在这所学校的精神影响之中。

在学校里，人的心灵的摇篮、公民的道德集中点正在形成并受到保护。你们在本校的小集体中（小是与整个苏维埃社会比较而言）建立起来的相互关系，就像在一滴水中那样，能反映出我们的共产主义思想和我们对未来的向往。孩子们的幼小的心灵只有意识到自己在学校里是个公民，是人民精神的保护者，是人民的思想、财富永恒的伟大的保护者的时候，学校才会成为人民的摇篮。

您要对自己的学生讲本国历史上那些最艰难的时刻，甚至在我们民族命运面临抉择的时候，真正的爱国主义者的公民良知是如何被唤醒的，以及如何为保卫广义上的学校而去英勇斗争的，这正是为保卫人民理想的摇篮而去英勇斗争。

我常常对孩子们讲，在法西斯占领的一些乡村和城市里，人民教师创建了地下的、秘密的学校，为的是不熄灭孩子们心中对祖国热爱的火花。

我努力要在孩子们的思想意识中，树立正确地对待学校的态度，像对待新生儿、文学作品和人民最重要的精神财富那样的态度。使每一个人在回忆起学校的铃声、课桌、课本和教室里严肃的气氛时，内心始终保留非常激动的、敬慕的情感，伴随他的一生。使每一个成年人在路过学校的时候不由自主地脱帽，使人们怀着爱与敬慕的情感回忆自己的学生年代。

我认为培养青少年正确对待学校的观点，就像对待人民精神生活最重要的发源地那样。学校应当成为精神财富的宝库，不论是人工制造的，还是非人工制造的，都是如此。

学校一旦建成，就会有学生跨进它的门槛；教师的思想和心灵一旦与孩子的心灵开始细致接触，学校的使命也就从这时开始了。要把图书放到学校图书馆的书架上去，让图书永远保存在这里。这不是一座普普通通的图书馆，这个图书馆里的书可以借阅。从广义来讲，这是学校的精神文明宝库。学校存在 300 年、500 年、1000 年，学校图书馆里的书也会保存那么多年。千年之后，学校奠基的石头、砌墙的砖可能会风化，最终变成尘土，而图书却永远不会这样。把学校看作人民的摇篮，人民的精神和文化的摇篮，这首先应记载在书中。让教师们和学生们都理解这一点是多么重要啊。

每一所学校都应当有其独特的面貌：自己的习惯、传统、节日。我们学校的节日，就是图书的节日。这个节日要在学年开始之前举行。每一位父亲和母亲都要在这一天给自己的孩子买一件有纪念意义的礼物——书。要用这本书充实家庭图书馆。但是，这个节日最有意义的、最有象征性的举动，则是向学校永久性的图书馆捐献一本或几本当年（或近几年）出版的图书。放到书架上的图书将是永久性的。孩子们在永久性图书馆书架上看到的旧书越多，意识到并感受到应当捐献的念头就越深。你看，这里有他们的爷爷、祖爷爷当时学习用的初级课本，有我们祖国历史方面的最初出版的图书，有著名作家早期出版的作品，还有列入祖国文学宝库的图书，虽然这些书在问世年代很少为人所知。要为永久性的图书馆选择最好的图书，让孩子们感受并意识到什么是任何时候也不能被忘却的东西，学校的面貌及其独特性恰恰表现在这一点上。为学校图书馆选书，我们要担负起对未来的一代学生的责任。不能允许有一本毫无价值的书被放到这个图书馆里，同时也决不允许放过任何一本有价值的书。

在学校图书馆书架上存放的书中，都是一些有生命力的万古流芳之作。如果我们能成功地在每一个少年心灵中树立这种对待图书的态度，那么他们就会成为我们的教育对象，也就会愿意在我们的学校里学习。当年幼的公民认识到学校是人民文明、光荣、伟大的摇篮的时候，就会觉得连学校的围墙都富有教育意义，当他从校门口走过时，总要举手脱帽表示敬意。当我们的学生们成为父母之后，不仅善于启发自己的孩子去尊敬学校，而且会树立一种信念，即共产主义道德核心的信念：摇篮也好，人从摇篮出来进入社会生活的大世界也好，这一切都是祖国——她比我的个人的生命更珍贵，我准备为她奉献自己的一切。

一所学校没有永久性的图书馆是不可思议的，如同人民没有记忆、没有历史一样。学校图书馆的门有时开放，学生们到这里来浏览一些图书（至于要阅读的那类书，也就是最近的出版物，在一般的学生图书馆里都有）。他们深信，在人民的精神生活之中，存在着一些只供观看的东西，而且这些东西存在的时间越长，它对人民、对每个人就越珍贵。

只有书能创立学校。只有对待书像对待最重要的、最永久的精神财富那样，才能像对待人民的摇篮那样去对待学校。

学校以自己的学生为荣。从学校毕业的人在创造学校的面貌。雏鸟的翅膀越坚硬、展开的幅度越宽，向上飞得越高，鸟巢对雏鸟的吸引力就越大。走出校门的每一个人，都应当在自己的学校里留下痕迹，如果做不到这一点，作为教育发源地的学校也就没有教育性了。在学校的办公室里，有每个学生的第一次作业、第一张图画、第一篇关于大自然的作文、第一次争论与思考。当您到了四五十岁，在回忆起自己的童年时，便可以到学校去看看当年的您留下的痕迹，您会看到许多年前的情景是个什么样子。

学校是善良的情感、细微的感受、童年美好的回忆的集中点。我们力求在学校里使人与人的接触更细心而温柔，使每个人都去创造美和保护美。在校园里，在孩子们跑跳的地方，多半会设有一个小玻璃房子，里边是花的王国。即使在严冬，这里仍盛开着郁金香、石竹、铃兰花和菊花。美把孩子们都吸引到这里来，因为这里能产生美的思想、对美的赞美的伟大情感，在这里孩子们能看到自己的聪明才智，体验创造美的欢乐。

学校，是美的永久发源地。在每一个青年的回忆中，学校作为童年的美、世界的美、聪明才智的美、高尚情操的美保存了下来。如果没有人感到学校是美的，也没有人体验到因此而产生的高尚情感，学校就不能成为人民教育的发源地。

学校因它对学生的关怀、劳动、创造而留在每个学生的记忆里，我们认为这一点具有非常重大的意义。每一个人都应以自己的良心去行动，通过行动努力去增添学校的美，这就是我们教育的法则之一。

28. 怎样把教师劳动的意义传送到学生的意识中去

尊重并热爱老师吧！为了能使你成为祖国的真正公民，成为社会主义祖国的爱国者，成为一个具有高尚情操、聪明才智、内心纯洁、心灵手巧的人，教师不遗余力地奉献着自己的精力、智慧，甚至自己的一生。真正的教师（我们之所以与你谈真正的教师，因为也有不好的、很不像样子的教师，但这是令人遗憾的例外，我们不必去考虑他们）有自己最艰苦的生活，也有最欢乐的生活，有令人非常感动而又相当复杂的创造，有不可思议的那些细微的而且是终生去完善的手段，他用这些手段去感化人的心灵。教师在造就人。要知道，教师的最大幸福，就是能把你塑造成他理想中那样的人。如果你想给教师带来一点欢乐的话（教师就是你年长的朋友和同志，他终生都在努力去做你的朋友和同志，如果你们之间没有这种友谊和同志关系，就不可能去谈及教育），那你就去做他的志同道合者，跟他一道去追求理想。

　　教师的劳动是无可比拟的，也是任何劳动都不能相提并论的。纺织工人工作一个小时就能看到自己的劳动成果；炼钢工人工作几个小时后，就能高兴地看到火焰般的铁水，这是炼钢工人理想的顶峰；农民经过几个月才能欣赏到田里长出的谷穗……。可教师需要年复一年地劳动才能看到自己造就的对象；有时，要经过十几年，他的意图才勉强地显现出来；任何人都不会像教师那样经常碰到一些不满的情绪；任何一种劳动也不会像教师的劳动那样一旦犯错往往导致严重的后果，教师必须对社会负责任，对孩子的父母负责任，这就要求他工作必须做得准确无误。在教师身上表现出来的点点滴滴的美，都是他用不眠之夜、一头白发、个人幸福换来的。是啊，教师往往想不到自己，因为他必须去想着别人，对教师而言，这并非自我牺牲，也不是听天由命，而是他个人生活的真正的幸福。

　　祖国和你的母亲已把你的命运、你的生活委托给了教师。教师每时每刻都要观察着三四十名学生中的每一个，要了解他在想些什么，是什么占据了他的心灵，有些什么样的苦恼使他不安。教师是你的幸福、你的欢乐的创造者。要记住，如果你对教师冷漠，如果你不理解、不能感受到教师劳动的复杂性，那你就会对人类最有价值的东西表现出一种轻率的态度。

　　你应当懂得，教师在掌握教学之道以前，要进行多年的学习。教师的劳动，首先是紧张的精神的劳动，而正由于是精神的劳动，才是一种智能的创造。要记住，世界上没有任何一种极为艰巨、极为繁重的精神劳动能与教师的劳动相比。教师也像你的父母那样，是活生生的人，他也有自己的家庭，自己的孩子，自己的苦与乐。有时，教师很需要一个人静下来，在大自然中休息一下，这对他是非常有益的；有时，教师也有揪心之苦，甚至不想活下去，可你总想看到教师是快快乐乐的，而且是关心人的样子；休息一下也好，一个人静下来也好，对于教师来讲都是不大可能的，因为他要去上班。要记住这一点，走进教室前，你的教师通常会逼迫自己不去想自己的不幸和创伤，咬牙克制内心的苦痛，使自己的思绪纳入正常的轨道。

不要忘记还有一个很重要的、平凡的真理：教师应当拥有巨大的热爱人和无限热爱自己的劳动的才能，首先是热爱孩子们的才能，以便能长年保持精力充沛、头脑清晰、感情敏锐，没有这些品格，教师的劳动就会变得枯燥无味。

为了正确地进行教育，为了使我们的学生们成为有教养的人、受过教育的人，我们应当把教师劳动的意义传送到学生们的意识和心灵中去。这并不是对我们劳动的怜悯，而是为了学生成为教师的志同道合者所必需的一种深刻理解。

要实现这一教诲，只有在一种重要的条件下才有可能：那就是学校里的任何人都不应该把教师的劳动看作吃苦受累。如果教师把自己的劳动看作一种负担的话，那么从他嘴里发出的任何的道德教诲，在学生们听来都是对真理的一种嘲笑，会摧残少年的心灵。如果说这种话的人没有这个道德权利的话，无论他的言辞多么正确、多么漂亮，也会成为道德败坏的工具。

如果整个学校的伦理学没有建立在教师"自我"的统一上，那么，无论我们讲教师劳动是多么的高尚、复杂、伟大，我们的话都将是空谈。学校伦理学，就是我们召唤孩子相信富有魅力、真实性和智慧的那种道德理想与教师人格。没有教师的人格（在学生们眼里这种是权威性的、坚定不移的），理想就会变成被旗手丢弃的旗子，成了一块废布而已。教育上许多不幸的根源，恰恰就隐藏在往往只号召学生去打旗，却谁也不愿意去擎这面旗的情况之中。要做一个理想的旗手，用这面旗子引领理想的火花，这就是教育权威的秘密所在。孩子们细微地感受到旗手就在自己的教师之中，他们多么善于识别有的地方是真理的火花，有的地方是虚假！孩子们对您的信赖——对您欣喜万分、敬佩不已，因为您是带领他们去攀登高峰的领路人，因为您是不畏惧风暴的航海家，因为您是一位坚强勇敢的人，随时随地准备把他们置于自己的保护之下……。孩子们百分之百地信赖某人的精神力量，学生服从教师的权威（同时服从父母的权威），这是在承认您的鲜明性、完整性，与您完美的人格是分不开的。这里我是指您的形象既是教师，又是朋友和同志。您既是聪明的父亲、母亲，又像是知晓一切秘密、一切把戏的同龄人；既严格要求他们，又为他们奉献，对他们负责；一方面您既是解开孩子们许多困惑的聪明的百事通，另一方面，无限展现在您面前的世界，也跟展现在您的学生们面前的世界一样，永远让您去认识，永远使您惊叹。一位教师如果在道德上的"自我"是虚伪的，是两面派，那么这不仅会丧失他的权威，而且会使孩子变成不可教育的人，这就是不幸之所在。

一个孩子，如果您认为怎么对他说都是无济于事，那么在您面前的这个孩子，他的心会为之震荡，会被自己的遭遇所伤害，那么这个人就会成为一个不相信任何神圣的事物和真理的人，对人没有信赖的人，即一个不可教育的人。

我认为，孩子认识世界是从认识人开始的，在孩子面前出现最多的人是父母和教师。我们在自身上表现我们的"我"和谐统一的同时，要在道德上培养孩子，教他以人道的态度去对待为他人的幸福而奉献自己精神力量的人。在教孩子这一点时，应当细致而敏锐，要使道德理想展现在孩子面前，要与孩子最细微的内心活动相一致。同他关于善良、正义、美的概念的理解相一致。我们的每一句话，都应带有善良、正义和美——我们道德上的训言的实质就在于此。这件事并非小事。有时您的一句话，都有可能破坏孩子对您这位教师的信赖，给儿童的心灵带来恐慌。

教师和孩子之间的关系，不仅是学校纪律和秩序方面的问题。孩子与成年人之间的相互关系，一般地说，应当渗透着尊重劳动的精神。不尊重劳动和不尊重劳动者的人，就会产生懒惰、懈怠的行为，对物质财富、精神财富和道德财富采取漠不关心的态度，只顾去满足个人对福利的要求。

那么，怎样去树立尊重劳动的精神呢？

这里最主要的是那种相互间的情感，最严格的不可调和性（我是指对游手好闲、懈怠、浪费时间和浪费其他财富的不可调和性），以及细微的相互间的劳动感受。孩子们对热爱劳动的教师是尊重的。

教师在道德上"自我"的中心，体现在他对知识、脑力劳动、科学、文明、阅读、图书的态度。孩子们心目中的教师形象就应对智力生活、科学无限忠诚。教师对知识的迷恋会令孩子们折服。如果您想成为受人尊敬的人，那您就去做孩子们探索真理之路上的领路人，您要跟孩子们一道去发现真理。孩子们觉得发现者是他们，而您只能做他们的助手，没有您，他们是行不通的。只有在您的帮助下，孩子们思考、发现真理，感到惊叹，那时他们才会真正认识到您的劳动的意义。一个只会向学生灌输现成的知识，要求背熟、背熟、再背熟的教师，定会激起孩子们的反感，然后便是内心的愤懑。您要注意，您的智慧不只是在您检验学生的知识时，才会在他们面前展露。教师利用自己的智慧过多地强调孩子们的无知，或者在他们身上显示自己的优势，再没有什么比这更为有害的了。教师的智慧不是堵塞道路，而是开拓道路，照亮一条知识之路。您要善于安排孩子们的智力劳动，让他们感到，他们跟您在一起会变得聪明一些，每学到一点新的知识都会使您高兴。

激发孩子们对自己智力劳动的敏锐性越多，您对孩子劳动的感受就越细微。教师应把对游手好闲的毫不留情、毫不妥协的精神，同以爱护关心的态度对待孩子在智力活动中所取得的最小的进步结合起来。特别重要的一点，就是使孩子们理解并感受到，在教师的帮助下，他今天掌握的知识比昨天更丰富了。一个真正的教师的技巧，是善于去找到两者之间的和谐：一方面使孩子在头脑中去积累一些实际知识，另一方面就是培养孩子的智能，锻炼其独立掌握知识的才能。学生们往往怀着极其感激的心情回忆着教会他们成为知识的主人的教师们。

那些令人吃惊的、令人折服的智力劳动课被看作难忘的童年、少年、青年早期的一种幸福，将终生留在他们的记忆里。在少年心目中，学校被当作无价之宝，首先是由于学生的脑力劳动和教师的劳动的那种无与伦比的美。在这种劳动中的人，人的智力教育，则是教师关心的最重要的对象，而把自己当作善于独立思考的人去认识。您要教自己的学生去思考，他会终生把您当作智慧与道德的教师来回味并表示敬重。凡是笼罩着死记硬背气氛的地方，就不会去重视智能；凡是不重视智能的地方，就不会把脑力劳动当作最艰难的事来敬重；凡是不敬重脑力劳动的地方，教师就不会深入了解学生的精神世界，也就不会作为一个鲜明的、有主导作用的和有号召在校园里，"信念"这个词是经常被提到的。一个真正的人按其本质来说，往往是从知识变成他的信念这一点上开始的。只要有火花，知识的火药燃烧起来时，就会变成信念的火焰，可这种火花究竟在哪里呢？教师的脑力劳动就是这种火花。如果您想让学生热爱和尊敬您，那您就应当像怕掉进昏暗的旋涡里那样，害怕自己在事实与真理的世界中，变成一个毫无热情的评述者、冷冰冰的说明者和冷漠的引路人。要使自己的学生们尊重我们的燃烧精神，那就需要教师在与学生们一起理解真理的同时，燃烧自己的那颗心。这种燃烧，只有在知识成为战斗的武器时，在学生感到自己不是被灌输知识的无底容器，不是厌恶真理的那种冷漠的人，而是一个小战士时，才有可能。

教师之所以被称为"人民教师"这一崇高称号不是偶然的。

在学生们的记忆中，教师总是年富力强的、朝气勃勃的。教师最大的不幸，是体力与精力的衰弱，他们把必要的力量都花费在治理少年的心灵上了。当你的老师变得年老力衰，你更要去尊重他，因为他把自己的全部力量都献给了你。其实，一位真正的教师从来不会让从前的学生们看到自己衰弱的一面。

29。怎样教孩子正确对待脑力劳动

在科学的入口处，正像在地狱的入口处一样，必须提出这样的要求：这里必须根绝一切犹豫；这里任何怯懦都无济于事[6]。做一个有思想的人吧！要善于在读书时思考，在思考时读书。做一个知识的探索者和孜孜不倦的求知者吧！思维是最复杂的劳动。学校给予你知识，是为了使你学会去猎取新知识。要活在有思维的世界中，要理解思想。凡是不愿思考的人，最终会丧失理解的能力[7]。

我思索，意味着我存在。没有思索地活着，就等于过着极可怜的生活。没有思索的一天，没有阅读的一天，就等于虚度的一天。浪费时间，就等于浪费人生无价的财富。要谨防少年心灵上的空虚、思想上的轻浮和生活上的消遣。对于付出最小的努力却想获得最大满足的一切想法，我们都应该蔑视。轻易得来的满足，到头来必然带来思想上和心灵上的匮乏。

图书是知识不可缺少的源泉，是精神财富取之不尽的源泉。建立自己的小图书馆吧！不仅要善于阅读，而且要善于去反复阅读。阅读是一种劳动，是一种创造，是对精神和意志的自我教育。

任何时候也不要把工作推到明天去做。不仅如此，还要逼迫自己今天做完一部分明天的工作。如果你总在想你的时间很少，那就什么也做不成了[8]。

某些教育家对劳动和劳动教育的粗浅的看法令人震惊。有人似乎觉得，劳动就是手拿铲子或扫帚。这是一种渗透在实际中对劳动本质不正确的看法，会带来更大的不幸：少年们对铲子和扫帚、对犁和拖拉机手的方向盘会产生一种轻视的态度，因为他们（从自己到学校的第一天起）还没有认识到劳动的多面性。劳动不只是铲子和犁，而是一种思维。让我们的学生们以亲身的经历去理解思维是一种艰巨的劳动有多么重要啊！而恰恰是它的复杂性、艰巨性才给人带来巨大的欢乐。在脑力劳动与体力劳动的和谐的前提下，我们才能够去培养孩子们、少年们、青年男女们，使他们真诚地渴望做一个有智慧、有文化、有教养的人。培养已经坐在书桌旁的小公民，就意味着教育他们像列宁那样去猎取知识，像列宁那样聚精会神地读书。去唤起少年心中对列宁式的热爱劳动、忠实于真正的科学以及热爱图书的赞美，是一项非常重要的教育任务。在当今实现普及中等教育的条件下，应使我们的学生们都能以亲身的经验相信，凡是难以完成的，不仅是需要的，而且是美好的、值得赞美的，这是尤为重要的。

我建议每个学校都能在最明显的地方写上马克思的"在科学的入口处，正像在地狱的入口处一样"那句话。不是为了吓唬人，而是为了培养思想家的勇敢精神。培养真正有文化素养的人，这是学校里真正的劳动精神，真正的孜孜不倦的求知精神和真正的奋进，真正思想上永不满足的精神。我们一向推崇、全面支持使思想深化，并且一向提倡使这种思想成为信念——学习越刻苦，做个克服困难的胜利者就越光荣。牢固的数学、物理、化学知识，是当今爱国主义者手中的尖锐武器。只有掌握这种武器，才能维护我们社会主义祖国的荣誉和尊严。无知或知识浅薄的人投入思想斗争，不仅不是个好的战士，而且是个不爱国的人。此时引证高尔基的话最适宜，他说：做一个爱国者是不坏的，完全不坏；但要做了愚笨的爱国者，这就不幸了！必须永远记住，"人家傻，咱开心，可自己傻，就是耻辱"[9]。

少年的心中不该产生这种思想，即认为学习是一件轻松的事。有的少年、青年男女之所以常常感到学习很难，是因为他们一直认为学习是件很轻松的事，没有做好迎接困难的准备。为了使学习最终变得轻松（这里是指学习的困难要经过顽强的努力去克服），必须把学习当作一种难事，必须使人不绕过困难而去想走轻松之路。

学生在每一天、每堂课上都应当用自己的努力获取知识或技能，这不仅是普通的教学法则，而且是重要的教育规律。在一些优秀的教师面前，学生们的认识与求知的愿望永不熄灭，因为他们会感到自己是知识的探求者。如果您想让学生永不丧失对知识的兴趣（而且只有在这种条件下，他才不只是您的学生，也是您的教育对象），那您就要善于确立对思考、对思维的态度，就像对劳动的态度那样。如果您能做到这一点的话，知识就会变为您的学生的最宝贵的东西，而您，自己教育对象的教育者，则会成为一位"天才"的教育家。

只有在学校中形成这样一种理念，即知识不是僵死的、一成不变的，而是在不断积累和创新的，思维才会成为一种劳动。知识不是一成不变的，它涉及对待义务和纪律，友谊和责任心的态度，应当进入集体的精神生活中去。带着书包坐在书桌旁的人，应当意识到自己是明天的劳动者和战士，是未来的父母。

课堂教学是启迪学生思维的策源地。我认为课堂教学最重要的教育目的，就在于去点燃孩子们渴望知识的火花。如果学生在上完课之后，没有感受到他想要知道的比教师对他讲的要多得多的话，如果这种愿望没有变成一种追求，没有变成激发用更多的时间去读书的动因的话，课堂教学的目的便没有达到。您要带着一种状态走进教室，形象地说，带着一种对知识的惊叹走进教室。我的学生应当在浩瀚的知识海洋面前体验到震撼，感到自己不是一粒微不足道的尘埃，而是一位大无畏的航海家。我的课堂应当使我的学生受到勇敢精神的鼓舞，而这种勇敢精神正是在知识海洋航行所必不可少的东西。只有图书才能使这种震撼变为求知好学。只有阅读才能为学生展现出绚丽多彩的智力生活。

如果学生只会学习一些书本上的知识，如果他的学识只局限在这一点上，那他的智力生活就会是贫乏而有限的。所以，要谨防青少年们的智力生活全部表现为死记硬背。死记硬背是和谐发展的大敌。一个人只有在不去死读书的时候才有可能拥有真正的智力生活。我们的教育集体要关心每个学生阅读与功课无直接联系的图书的情况（当然，也有可能是由于功课而产生出的兴趣和问题去阅读的）。根据思维发展的需要，青少年应当加倍地去阅读，其阅读量要大于教科书所提出的阅读要求，这就是我多年的教育经验得出的结论。根据思维发展的需要去阅读，不去死读书，乃是智能发展、创造性思维能力形成的主要条件。根据思维、认知的需要去阅读，孩子会对智能的伟大和力量感到惊叹，个人智力生活的含义也在于此。没有这种阅读，单纯死啃书本不可避免地会变成读死书，会使人头脑迟钝，把学习变成为令人不愉快的负担。没有根据思维、认知的需要而去阅读，学起教科书来也是吃力的。缺乏丰富而充实的智力生活，儿童就会产生不愿意学习的念头。教师一旦认识到这种现象是危险的，并能正确地了解到它的起因，就会努力去寻找防止学生产生懒惰、游手好闲、虚度光阴等缺点的唯一正确道路。这条路，就是去唤起学生们对思考、对图书、对阅读的兴趣。有了阅读兴趣的时候，学生才会愿意去掌握教科书上的必需的材料。

当今，青少年生活在一个丰富、快乐的世界里。他们喜欢踢踢足球、打打篮球、听听音乐、看看电视，尤其是观看体育比赛，真是让人大饱眼福，心情愉快。但如果让这些快乐耗费了人的全部精神力量，那他就会成为一个知识贫乏、精神空虚的人。快乐世界丰富多彩，反倒成了一个很重要、很复杂的教育问题。若想解决它，只能依靠家庭、学校和社会的共同努力。这里，最主要的一点，就是在一个人的童年、少年、青年早期，在他的精神世界里，就应当使他对阅读和读好书、有趣的书和需要的书产生浓厚的兴趣，感受和体会读书带来的满足感。使他认识到，任何其他的快乐都不能与图书世界里思想的美好、生活的欢乐相比拟。能否做到这一点，仍然取决于教师以什么态度去对待孩子们。谈图书、谈思想的时刻应当成为孩子们同教师在精神上交往中最密切的时刻。

30。学习应成为青少年的自觉追求

知识是为共产主义而奋斗的战士的精神力量和武器。在当今的时代，如果一个国家的公民文化水平不高、缺乏求知好学的精神、没有丰富的智力生活，这个国家就不可能独立、强盛。列宁说过，我们需要真正有知识的、受过教育和训练的人[10]。你学会数学、物理、化学、生物，就是在准备用自己的智慧和知识为祖国服务；你学会人文科学知识，就是在培养自己成为一个好公民，成为一个具有高度发展的、崇高的兴趣和追求的人。

知识是一种无价的财富，你应当在童年、少年、青年早期时代得到这种财富。如果你在少年时代没有获得的那些知识，在以后任何时候都是很难得到的。你要努力去做掌握这种无与伦比的财富——知识的男子汉。你的天职就是竭尽全力去学习。男子汉的人格就是不当寄生虫、好吃懒做的人。要蔑视那种思想上的懒惰。掌握知识后，要把全副精力用在公民的利益上。对公共利益无动于衷的男子，充其量只是个会刮胡子的男性而已[11]。在学习上懒惰、懈怠、缺乏意志、松松垮垮，就意味着你为自己的寄生生活埋下了祸根。

这段教诲的目的，就在于去培养儿童和青少年们以公民的态度去对待学校、教师、科学、图书，更重要的是，能以公民态度去对待自己的思维、脑力劳动。只有在这种条件下，即每天都在使孩子在学校里增添一点公民意识的情况下，我们教师才会成为真正的教育者。我们的任务，不仅在于让孩子们去想在学校里学到的那些规则、现象、定律、公式，他们还应当去想认识世界的劳动者的天职，以便使自己成为一个积极的、活动能力强的人民的一分子。

要实现这段教诲，关键要使孩子感受到劳动的魅力，且对懒惰毫不留情。当孩子坐在书桌旁，聚精会神地去记忆、理解、领悟的时候，他就应当感受到，自己已经是劳动人民的一分子了。

我们应努力使孩子们感到，不劳动的一天，就是自己生活中不幸的一天，是任何东西都无法弥补的巨大的损失。这就是我教育孩子们的章法。

我力求使孩子们感到，大家都在劳动时，自己却游手好闲，这种情况是可耻的。学习的习惯，只有在学生不是机械地死记硬背，而是进行具有鲜明的道德色彩的脑力劳动时才能培养出来；人只有在劳动的时候，才能被称为真正的公民。形成这种信念并非易事，须知，我们工作的对象是孩子。我经常给孩子们展现那种决定劳动力量的思想的宏伟图景。比如讲讲矿山和水电站的建设、工厂的建造、探矿、海底研究、增加土壤肥力、大自然的保护等。要把思想、劳动、公民觉悟的统一作为生活的规律渗透到孩子的意识之中。

我力求让学生们在刚刚成为青少年之前就感到，他们的生活价值中最首要的并不是物质生活，不是对穿着、住所、美味佳肴的关心，而应当是精神生活的欢乐。就这个概念而言，人在青春时期就应当成为理想主义者。只有在用精神、理想去审视人的动物性的时候，而且去审视那种无所用心、不问世事的情形的时候，知识才有可能成为十足的为共产主义而奋斗的精神力量和武器。人是要吃东西的，否则他就不能活着，但如果他变为一个贪吃的人，就会有失自己的脸面，失去精神美。人应当住在漂亮而舒适的住宅里，穿戴也应美丽得体，但是，如果这一点超出人的精神和理想，那他就会变成一个庸人。

我们号召自己的学生为共产主义理想而生活、学习、奋斗，这绝不是老生常谈。因为这是为了每个人的公共福利和幸福。我认为，教师有一项特殊的教育任务，就是消除青少年思想意识中的那种虚幻的、世俗的理想。我给青年男女们讲了《什么是真正的富有》的故事，这个故事迫使他们去思考财富的真正含义。

列宁在《宁肯少些，但要好些》一文里，着重指出了科学真正根深蒂固地变为生活一分子的必要性。列宁写道，我们需要的人是"可以保证决不相信空话、决不说昧心话的分子，不怕承认任何困难，不怕为达到自己庄严的目的进行任何斗争"（参见《列宁选集》）。列宁的许多著作都贯穿着一条红线，这条红线就是向青年宣传共产主义思想，这也意味着要使青年把共产主义作为自己的信念。在当今复杂的时代，正值共产主义意识形态与资产阶级意识形态进行不可调和斗争的关键时刻，列宁关于共产主义信念的思想，就成了照耀教育这条艰巨道路的指路明星。

如果成千上万的青年男女们没有在最紧张的发展年代去掌握知识的话，那他们就谈不上在机床旁和在田野里劳动，谈不上用自己的力量和才能去创造物质财富和精神财富。

学习的目的不应该只局限于为未来积累知识。我们教学的目的，就是去创造我们社会最重要的财富——人。如果我们想培养出真正有渊博知识的人，学习就应当成为今天年轻人积极的、有思想性的、公民的生活……

课桌旁的公民生活意味着什么呢？意味着在掌握知识的过程中培养一种对待知识、对待科学的态度，这种态度会使一个人相信自己是作为一个为共产主义的理想与敌对的意识形态进行毫不妥协斗争的战士、作为一个爱国者、劳动者、军人而处在社会生活之中的。思想工作与教学的统一，这就是教学过程中的教育。培养重视知识、科学、劳动的列宁主义的态度以及课桌旁的公民生活，是我们对青少年的整个教育工作中最复杂、最细微的部分。就其本质而言，这是一项思想政治工作。课桌旁的公民生活，始于个人对其自身思维活动的认知。须知，知识并不是一成不变的真理；知识，是个人多方面的、思想上和情感上丰富的生活。当你认识、理解到这点时，你就会愿意使你的学生在了解知识之后成为战士——你的志同道合者，使他在了解和感受知识的同时，确立自己的思想观点。我认为教师的使命，就在于使课桌旁的公民生活的形成，自始至终用观点、信念、追求、评价与自我评价的教育去进行。所有这一切，都包含在"态度"这个多方面的概念之中。

只有在拥有追求的时候，学生才会成为公民。人类的知识往往是在十分艰巨的浴血奋战中获取的。知识，是人类功绩之美，是自我牺牲的精神。人类斗争的历史篇章如同烧红的铁那般火热。这些历史篇章中的每一页都在燃烧着永不熄灭的人类激情之火。

培养真正有渊博知识的人，对知识有列宁主义的态度的人，就意味着要在孩子面前展现出那些为真理的胜利、未来一代的幸福而献身的革命者的光辉形象。要培养为共产主义而奋斗的战士，就意味着要使我们年轻公民的心永远追随着伊万·苏沙宁、谢尔盖·拉佐、费里克斯·捷尔任斯基、尼古拉·加斯特罗、德米特里·卡尔贝舍夫、亚历山大·马特洛索夫、尤利乌斯·伏契克、卓娅·柯斯莫捷米扬斯卡娅的火热的心而跳动。我努力燃起少年的心灵之火，激起他们忠实地为祖国服务的志向。没有志向就不会有公民的觉悟。

培养真正有渊博知识的人，首先要具备：英勇精神、忠于祖国、忠于信念、准备并善于掌握为人民的幸福而需要的思想财富以及为祖国的福利和荣誉而发展科学技术的才华。

列宁的伟大形象具有巨大的教育力。他那闪光的生活、革命的思想、马克思主义的信念和目标、尊重珍视知识的品质，这一切都将成为学生自我教育的标准。要去讲述列宁，就需要我们每一位教师具有崇高的精神和教育素养。这种素养的实质就在于教师本人能燃起崇高的理想之火，树立对共产主义的坚定信念，使自己的学生能用行动去表达为共产主义而奋斗的崇高志向。当我谈到列宁的时候，我极力激发孩子们对思想美、忠于理想的美、为共产主义胜利而劳动的美的兴趣。

认识和理解这种美，是激起学习欲望的最大的动力，是做个有智慧、有教养、有文化、精神上丰富的、思想上不屈的人的一种志向。只有当这种美变成学生个人财富时，知识才会变成力量，智慧才会变成精神力量。

要培养真正有渊博知识的人，就要想方设法让公民坐在课桌旁学习，这意味着使他们成为思想家和劳动者。我的学生不应当是现成知识的需求者，而应当是未来知识的猎取者。如果学生不去猎取知识，也不去体验精神上的压力，那他就不可能成为我的学生。我所讲的关于为共产主义而奋斗的话就不能打动他。在许多学校的高年级里就有这样的学生：他们以冷漠的目光看待一切，教师的话也点燃不起他对知识兴趣的火花。

为什么会出现这样的情况呢？这是因为教师总以老一套的方式

传授知识，而学生的使命也只是去死记硬背，他们认为把知识记在脑子里就行了，遇到教师提问，便把学到的知识来个"和盘托出"。这种情况下，学习自然松松垮垮，而知识也会变得没有教育力量。

做一个爱学习的公民——这意味着要成为一个有思维的劳动者，要像列宁那样去掌握知识，也要像列宁那样去珍惜知识……

知识和思想的公民觉悟，始于学生们对科学真理的关切，而科学真理，则是在科学反对黑暗、愚昧，进步反对反动的斗争中产生的。比如说，你要跟五年级的学生讲述那久远的事件——希腊波斯战争和布匿战争。要讲古罗马的奴隶情况和在斯巴达克领导下的奴隶起义。如果你是一位真正的教育者，你的话就不会是冷淡的"材料叙述"，而是对学生的意识和良心的召唤。不管在课堂上发生什么情况，一旦谈到社会、人民、国家、阶级斗争、人、意识形态、人的思想与激情的艺术表现，你的话就是对思想和良心的召唤。只有当你同你学生的关系中产生一致的观点时，学生才会成为你的受教育者。在感受到教师——老同志、丰富阅历的人——的召唤时，他们才会感到自己是向知识荆棘小路进军的参与者，才会跟教师一起沿着这条小路走向真理，他们的心才会跟教师一起由于同情真理和正义而痛楚，才会衷心地期望真理、正义取得胜利而痛楚。如果你想号召自己的学生树立共产主义信仰，那你就要讲过去的事，让学生感到自己就是被锁在古罗马的三层舰上的奴隶，是个骄傲的、自由的斯巴达克军队的战士。如果你善于激励学生的这种情感，他们就不会是 13 岁的小孩，他们在思想上和情感上将参与追求真理、反对敌对的意识形态和反对仇视人类的斗争，共产主义理想将永远成为教师和他们学生所追求的美和火花的标准。

做一个课桌旁的公民，意味着他十分关注苏维埃祖国，她的光荣过去，英雄的现代和辉煌的未来。只有以自己心灵的全部力量热爱祖国，为她饱尝艰辛、饱经苦难，觉得自己是人民感情深厚的一分子的人，才可能以列宁爱国主义者的眼光看现代。做一个我们祖国真正有知识、有学问的人，就意味着热爱老一代所创建的祖国，这是在敌人入侵年代经过浴血奋战得来的祖国。这只是真正公民觉悟的一半。真正公民的文化素质，若没有使我们祖国变成更强大、更幸福的创造、劳动的志向，是不可思议的。坐在课桌旁的青年，只有看到、理解、关切我们祖国的不幸和痛苦时，才会成为公民。这些不幸和痛苦，在我们的经济发展中存在，在人与人之间的关系中也存在。坐在课桌旁的青年，只有看到眼前的荆棘小路，并准备沿着这条路走向生活而更多地为祖国增光的时候，才会成为公民。看不清这条路，缺乏沿着这条路走下去的热情和精神准备，公民教育就是不可思议的。这是一个非常重要、复杂而细致的问题。如果让一个人总觉得世界上的一切都是美好的，那你就培养不出公民的觉悟。

真正可以热爱的东西，只有是你首先为提高祖国的荣誉和尊严，提高自己的公民尊严，而深刻了解并感兴趣的东西。关于祖国的知识，是公民尊严的奠基石。要在年轻人的心中树立列宁主义态度对待了解祖国——我想把年轻人这种精神状态同渴望雨水的沃土相比拟，只有这样，年轻人才会如饥似渴地汲取关于祖国的每一点知识。不只是简单地了解，而是感受自己苏维埃祖国的历史，这是我们每一位教育工作者应当具备的教育理想。对于到了 17 岁，也包括 18 岁的读书人来说，创造物质财富和精神财富将是他未来的基本活动。对祖国的了解，必须不仅仅局限于他应掌握的一些事实和结论。我们的学生应关注祖国的命运；与祖国同甘共苦，怀着与人民的命运休戚与共的思想，一遍遍地阅读人民英雄史的每一页。历史，是塑造公民的一股强大的、永远充满生机的力量。我们的教育理想，是使我们每个学生的才智和心灵，都投入关于祖国的每一本书上，投入到字里行间去。无论我的学生未来成为什么样的人——科学家、农民、泥瓦工——在少年时代和青年早期，都应当以敞开的心扉、敏锐的心灵、求知的头脑去熟知苏维埃历史的方方面面。每个少年都有属于自己的历史小书库，里面有关于我们祖国光荣过去及其忠实儿女的图书。在这些书中摆在首位的是关于列宁生平和斗争的著作，关于乌里扬诺夫一家的著作。在课桌旁培养公民的觉悟，就要善于鼓舞年轻人思考苏维埃祖国的命运，善于唤起骄傲的情感，我是世界上第一个社会主义国家的儿子。

在研究历史、社会学、文学和其他学科上的真正教育，始于人应当与资本主义国家压迫下的劳动人民有共苦的感受，是与劳动人民血肉相连的阶级兄弟，而我们社会的每个劳动人民，是他为建设共产主义而奋斗的志同道合者和战友。

教育者的崇高使命，是教育青年人看到我们的现代，我们社会的英雄主义的东西，赞美那些普普通通的和日常生活中的东西，面对社会主义制度的伟大创造———一代新人而感到吃惊和敬仰，理解斗争的幸福，而如果生活需要，就要为了祖国、为了她的荣誉和独立而牺牲自己。能在日常的、平凡的、习以为常的事物中，看到伟大的具有历史意义的事，这是公民的思想核心，是共青团员、少先队员的爱国主义灵魂，是渴望成为真正的人的强大因素。只有对那种人，我们教育工作者才善于给予这种观察能力，也只有那种人，才能从自身找到强制自己、控制自己、驾驭自己的意志力。真正的觉悟、真正的纪律和律己，就要对冷漠无情和无所事事、玩忽职守和任意浪费精力和时间的现象采取不能容忍的态度。所有这些精神品质使人相信，只有在公民对世界认识的基础上，只有亲眼看到历史事件的发生和我是参加者的基础上才有可能。游手好闲的人和懒汉，首先是道德上的盲人和聋子。预防人在认识和了解方面所采取的冷漠态度，预防人的心灵和头脑僵化，是教育青少年的主要任务。

按照列宁那样去教育、去培养真正有渊博知识的人，就意味着不仅要在我们学生的思想意识中去确立一般的真理，更要去确立如火如荼的革命斗争的真理、热爱劳动人民的真理、对我们思想上的敌人毫不妥协的真理、对祖国的敌人憎恨的真理。我们的学生应当向往知识、向往真理，应当一想到这些心便咚咚直跳。遵照列宁的遗训，就意味着教师不应只是把自己头脑中的知识搬到学生的头脑中去，而是要去号召、去引导年轻的公民前进。

31. 良心是行为的敏锐卫兵

从你在大地上迈出第一步并开始观察世界的那时候起，年长的人们就对你有着一定的看法。这种看法多半是变化着的，但有时也是不变的。亲人和外人会看到你身上优秀的品格和不良的行为，会用一定的方式对你进行评价，并采取某种态度。每个人都有不同的特点，就连吃奶的孩子们也不相同，有的爱哭，有的好静，有的调皮，有的温顺。起初，对你的优、缺点的评价反映在妈妈的微笑中或忧郁的脸上，反映在父亲的疑惑神情或摇头之中，反映在对你的赞扬或训斥之中。你步入人的世界，是从人们对你的赞扬、夸奖，或者责备、批评开始的。而你本身仿佛成了善言与恶语的储存所。当你进入社会的、公民的、劳动的、创造的、智能的生活时，人们对你的优、缺点的评价，对你的态度，就会变得更加严格要求、更加严肃认真、更具有意义，因为他们此时对你的评价不是以个人为出发点，而是以社会、以集体为出发点。要善于理解和领悟社会对你的评价，社会对你的态度，这不单单是看别人喜欢不喜欢你的问题。社会对你的态度能够反映出公共利益所需要的那种人的本质。在我们社会里，存在着赞扬、夸奖、责备、斥责、惩罚，为的是使你学会服从，自觉地去完成他人的心愿——这也是为了你的利益，你要学会控制自己——控制自己的行为，约束自己的想法。

在六七岁的时候参与劳动和智力生活，在童年时代学会正确地去对待赞扬与责备，这一点对你来说很重要。常常有这种情况，在家里有人夸你，父母宠爱你，可在学校却有人对你不满意——不只是责备你，而且是非难、斥责、惩罚你。你自己要善于认清这种不一致；要懂得，无限的夸奖不仅会削弱一个人的精神力量，而且会产生一个危险的特点——自我怜悯。凡是不健康地滋长这个特点的人，他在任何时候都不会成为勇敢的人。要做一个精神上坚强而勇敢的人，首先要学会正确对待自己。凡是真正珍惜你身上做人的品德的人，一定不会去过分夸奖你。要常常坐下来扪心自问。一个善良的人有时候甚至会在狗面前感到羞愧，请记住契诃夫这句良言吧[12]！如果你听到年长的人、自己的同伴对自己指责和批评，你要记住他们的指责和批评的话，这对你有好处。

要发展你良心的敏锐性。

这段教诲的意义，归根结底在于使孩子学会以批评的态度对待自己，使良心成为孩子行为的敏锐卫兵。

我认为有一点非常重要，这一点似乎很简单，但其实又不那么容易做到，那就是使人一想起童年时做出的不体面的举动，就应当终生感到内疚、懊悔，痛苦万分。要使人做到这一点是不容易的。这里最主要的，是要使他能够扪心自问，使善良的思想之光照亮他的心灵。如果专门讲一下培养良心的课，这个思想会变得更为鲜明。

我和孩子们一起到田里去挖土豆。

"你们都八岁了，"我对孩子们说，"干活就该像干活的样子，一个土豆也不该落在地里。"

我安排费佳在我旁边干活。我包四行，他管一行。我们一边挖一边捡，把土豆放进筐里。

干着，干着，费佳不想干了。他只捡土地面上的土豆，埋在土下层的，他就不想捡了，于是这也落一点儿，那也落一点儿。他这样干活我全看在眼里，我感到心里很不安。我把费佳丢下的土豆挖出来，并说：

"你这样干活不感到羞愧吗？有人在看着你，而且看到了这一切。" 费佳惊奇地打量了一下四周，问：

"那人在哪儿呢？他看到什么啦？" "费佳啊，他就在你身上，他是人。他会看到一切，发现一切，不过，他对你说的那些话你一向不去细心倾听而已。只要你试着去细心听一下，就会听到你身上那个人的声音，他会告诉你你是怎样干活的。"我告诉费佳。

"他是人？那他究竟在我身上什么地方？"费佳更为惊奇地问道。

"就在你的头脑里，思想里，情感之中。"

费佳去找新秧，捡躺在上面的土豆。本想捡完上面的就走，这时，仿佛有人在责备他：费佳，你这是在干什么？要知道土下面还有土豆呢。费佳很惊讶，往四周看了看，同学们都在干活，他们不在我们旁边，没人听见我们的谈话。虽说身边没有旁人，可是仿佛又有人在看着他干活，为他感到羞愧。

"也许，真的有人在看我干活。"费佳想了想，于是他耙开土，又找到了几个大土豆。这时，费佳的心里轻松多了，他轻轻地舒了一口气，甚至高兴地哼起小曲来。

费佳干了一小时、两小时，越来越感到惊讶。他想，干吗把土要耙得那么深呢？也许那里没有土豆呢。但这个念头刚在头脑里一闪，仿佛有人就看出他这个念头，这让费佳感到羞愧，但又感到高兴。为什么高兴，他自己也搞不清楚，可为什么感到羞愧，他明白了，这是因为他不想做个坏孩子。

过了 22 年，费佳 30 岁了，已是两个孩子的父亲，他对我讲起当时的情感和感受：

"现在一想起当时不愿意把开土把所有的土豆都捡起来时，我就感到羞愧……"他说。

应当引导每个学生，让他们感到自己身上有个人。这里特别重要的一点是，孩子一旦做了不体面的事，责备他的并不是年长的人，而是孩子本人。年长的人只能去点燃善良思想的火花。

你的每一步，必然在你的亲人身上有所反响，因为你的行动总是有某个方向，而且带着某种目的；你的每一句话，会在别人的心灵中有所反应，但如何反应，完全取决于你。经常观察你周围的事物，你会发现，这里边既有善良，又有邪恶——这一切都取决于你看到了什么和怎样去看。

我们就是这样去教育自己的学生的。

人的看法也能带来善和恶，就像《微笑》故事中讲的那样。与人为善的人常常严于律己，因为善良也是一种财富，这种财富带给你的，要比起你给别人的多得多。要善于观察世界，就要培养对自己的严格要求，要有自己负责的本领。一个人只有勇于责备自己的时候，善的思想才会真正地在他心中树立起来。这种责备的力量是巨大的，往往可以伴随一生。

一个教育者，只有当他正确地看待善与恶，正确地评价心灵、思想、动机、志向的细微差别的时候，才会成为一个理智的、善良的、永久的传播者。正确地看待善与恶是公正的基础。当孩子感到他被不公正对待的时候，教育也就不能被称为教育了。不公正会产生侮辱、愤怒、卑鄙和虚伪。

这是发生在二年级的一件事。

在课间休息时，不知是哪一个学生用墨水弄脏了靠门的那面墙。墙上留下了手指的痕迹。上课铃响了，教师走进教室。他看到墙上的指印后，便问：

"是谁把墙弄脏了？"大家都默不作声。

坐在最前面课桌的是米什科。他的手指上沾上了墨水。教师仔细地看了看：他的手指上似乎还有白粉的痕迹。米什科是个淘气的孩子，准是他……

"是你干的吧？"教师问道。"不，不是我！"米什科回答。

"真不害臊！"教师愤怒了，"是你干的恶作剧，还嘴硬不承认。"

米什科低着头站着。此时此刻，他正期待着坐在他后边的彼佳能站起来说："是我……。"但是彼佳把手藏到书桌底下，一声不吭。

这个典型的例子说明，教师不善于观察，会产生更严重的恶果。把弄脏的墙重新刷白是一件很容易的事，而被不公正玷污的心灵却将终生伤痛，如果这颗心没有变得冷酷，也没有养成卑鄙和伪善的习惯的话。有的教师可能没有注意到，正是由于自己不善于观察善与恶，往往在不经意间帮学生播下了伪善与背叛的种子。凡是从小就学会隐藏脏手的人，到了成年时期，很可能为保全自己的性命，而把同伴推向深渊。有人做了一点点坏事，躲躲闪闪，逃避责备，也不感到问心有愧，这种人会成为潜在的恶棍。

做坏事的人，往往是从一点坏事开始做起的（似乎是如此），而正是由于一个人干了一点坏事（起初并不严重），却没有受到惩罚，有了头一次，他会从内心深处开始放纵起来，变得不守纪律，把别人的善良当作宽宏大量。教师要教会学生严格要求自己、养成善于扪心自问的习惯，形象地说，要在少年心灵中树立一个理想的人，这个人好像总在一旁看着这个少年，看着他的所作所为，从不放过任何一点过错。这在种种错综复杂的现象之中，是具有特别重要意义的，可惜，我们没有把这一非常重要的任务放在首位。

一个人感到羞愧的时候，才会产生对自己严格要求的愿望。当他在为自己不体面的行为感到羞耻的时候，会想到别人正在看着他，这如同又一次地感到那个理想的人在心灵之中看着自己。羞耻往往比来自外面的最严厉的惩罚更有力量，因为这是用自己的良心去惩罚自己的良心。

培养孩子的羞耻感，是每位教师需要掌握的一根魔杖。我相信，这根魔杖恰恰也是父母手中的一个强有力的工具。培养孩子的羞耻感，无须任何药方，生活中会接触到无数的事物和情况，在每一件事中，都可以找出不可避免地产生羞耻感的那种情形。如果我是那位不公正地责备米什科，而没有看到真正有过错的彼佳的老师的话，我就会那样做的。我会责备米什科：你干吗要伸出手指并举手呢？你满可以像你的几个朋友那样把手藏在书桌底下不就行了？只要把手藏在书桌底下，不就神不知鬼不觉了吗？起初，米什科可能不会感受到我的话里有讽刺的色彩。过一会儿，他就会意识到我话里的含义和色彩，这会使他不安起来……。可彼佳会羞得无地自容。他或许会哭起来，或许一边在书桌底下摆弄着手指，一边看着我。要知道，他不是那种怙恶不悛的罪犯，他只不过是个淘气的孩子。他一声不吭，不是因为有意识想去背叛朋友，而是因为害怕教师的训斥以及训斥中的恐吓。可是，教师的吓唬并不一定能得到好的结果，这样做往往事与愿违。任何情况下教师都不能这样做！这样做会把人吓呆的。最主要的是，这会使孩子羞耻一辈子，一想到那事就心生畏惧。

羞耻，形象地说，如同空气，有了它，责任感的翅膀就能翱翔。人有了责任感，才会生畏，才会怕做坏事。这种恐惧不会束缚力量，而是在产生勇气、无畏、道德上的坚强和不屈的同时，对力量产生一种强有力的刺激。

32。怎样培养良心

一个人生活在社会里，要善于控制自己的行为、举止和意图。只有当你的心中存在良心、羞耻、责任和义务的时候，你才会成为有道德的人。这是使你具有高尚道德情操和道德素养的四个最重要的源泉。它们是相互联系着的，彼此之间又是密切交织在一起的。对我们、对社会、对他人，包括对自己本身的那种义务的认识和感受，都和谐地融合在良心里。一个人从幼年起就要学会这样去生活：当你为别人做了好事的时候，你会感到心情愉快；当你做了一件坏事、一件令人谴责的事情的时候，你会感到难受。一个人的良心，只有在他有羞耻之心的基础上才会存在于人的心灵之中。良心，这是几倍于**体验和感受**的认识。羞耻、责任、义务、奉献就是从这一举动之中派生出来的。

有的人可能意识到应该有良心，可是他自己却是个没有良心的人。一个人只有在心灵里有良心存在的时候，良心才会成为行为的卫兵，而这意味着你要经常加倍地去体验和感受对良心的训练。这是一件非常细致的在头脑中与心灵中进行的工作。它体现在活动、举止之中，以及对自己行为的思考之中。你对这种心灵深处的工作做得越细、越积极，你的羞耻感、良心就越能得到强化。

要为自己的心灵空虚而感到羞耻。更要为你没有自己神圣的东西，没有自己颠扑不破的、无可争议的真理，没有准则和原则而感到羞耻。

要为自己的软弱、无原则性、"没骨气"感到羞耻。假如你感到你身上有个卑鄙的家伙产生了"这不关我的事"的念头，你就要为此而感到害臊。

要为自己在公民生活、义务、责任等方面所表现出的冷漠无情和漠不关心的态度感到羞耻。这样的冷漠无情有损于男人的体面，也有损于女人，尤其是未来母亲的体面。

不仅要为自己有明显的卑鄙行为感到羞耻，而且要为别人一想到你，就把你看作一个卑鄙的人感到羞耻，哪怕只有一丝一毫这种看法。

要记住，童年和少年时代出现的卑鄙行为，仿佛都是从一些很小的事情上开始的（往往是从你的本能出发，这当然是与人的精神相违背的），比如想逃避责任、躲避危险、见到他人不幸不去相救，比如把因无知、疏忽、冒失、误会而导致的某种事故的责任推给别人，等等。卑鄙行为还包括你从自己的小洞里默默地向外张望，好奇地期待处在危险之中的同伴会有什么遭遇。其实这小洞、小巢——就是初看起来是无害的一种利己主义的摇篮。要为自己处在阴暗角落里的表现感到羞耻。即使淘气、吵闹，也要比顶嘴来个"这不关我的事"要好些。

要为自己的不负责任、轻浮、情感上的轻率感到羞耻。在情感上，应当学会做一个忠诚的人、富有责任感的人。

要为自己的无礼感到羞耻。以无知为傲，这就愚蠢到了极点。理智和情感上的无礼，会降低人格，使你成为蒙昧无知的人。愿羞耻感永远做你品行端正的卫兵，以防蒙昧无知的、自身不完善的东西来侵扰你。

良心、羞耻心、责任感、义务感的培养，是精神上、道德上完善和自我完善最精细的范畴之一。在这一教育范畴之中，人更多地应该去思考自身的问题。是的，为了不使自己成为一个没有良心的自私自利者，人应当学会严肃认真地去进行自我反思。

良心的作用，就在于它能使一个人以个人的名义去评判自己的行为和品质。如果仔细认真地去研究良心来自何处的话，那我们就会得出这样一个结论：只有从幼年起就习惯并深知自己是处在众人眼前的时候，内在的"我"的声音才会开始在人的身上说话。良心和羞耻心的培养也恰恰在于使孩子感受到这种渗透，即用别人的思想感情渗透到他内心的世界中去。应当给孩子创造这种感受：虽然周围没有一个人，也没有任何人在注视他，他仍感到自己处于众目睽睽之下。不应该经常不厌其烦地去催促他，丝毫不放过他的每一个动作。过分的监督会使良心麻木，使它变得虚弱而无力。教育的艺术就在于使孩子能善于自己去处理自己的问题。只有这样，他才会发展对自身的观察力。

在跟孩子们谈论构成良心、羞耻、义务、责任的意义的一切真理时，应当说得细致一些、亲切一些，而特别重要的一点，就是启迪孩子们的良心，召唤他们用良心去从事某种活动。启迪良心，就意味着信任。如果我想去检查一下自己是一个什么样的教育者，我会这样做。我会将我的学生在学校（包括课堂上、小组活动等）、在家里所做的一切都记载下来。

有时候，为了让孩子用别人的眼光来看自己，不仅应当去利用环境，而且应当去创造一个必要的环境。在培养良心方面，就像人是独一无二的那样，也要有独一无二的条件。

三年级学生斯坦尼斯拉夫无论在勤奋学习方面，还是在勤勤恳恳做社会工作方面，成绩都不突出。教师也好，家长也好，费了好大的劲儿迫使他去完成自己的义务。可是，这个孩子还是没有做到。良心的谴责从来没有去触动他一下。这种无动于衷的原因，就在于孩子在家里养成了凡事只为自己着想的习惯，而且他唯一的快乐源泉就是需要福利（这里的这种欢乐是自私的，没有良心谴责的）。教师和父亲逼着这个男孩去为鸟做个饲料槽……。但是直到现在斯坦尼斯拉夫每天总得有人监督才干活，监督松一点儿，他就不干活了。

暑假临近了。在学校的生物角里有一个小鸟笼，鸟笼里养着两只小山雀。这两只山雀都受了重伤，不能飞了。夏天，小山雀需要特别护理。教师把这件事委托给斯坦尼斯拉夫去做。他得每天到学校去，喂饲料、清洁鸟笼，还得去贮藏备用饲料和越冬饲料。小鸟爱吃新鲜饲料，斯坦尼斯拉夫一天要到学校几次才行。

这是以班集体的名义委托给他的任务。学生们知道斯坦尼斯拉夫一向不尽心尽力去做事，所以孩子们都怀着极大的兴趣去关注这位同学能否胜任这项艰难的任务。在众位同学面前，斯坦尼斯拉夫感到有数十只眼睛在注视着他，但同时，他又是一个自行其是的人。良心使他扪心自问，但同时他也懂得：善于强迫自己——则意味着善于去完成同学的意愿。

两个月的暑假对于斯坦尼斯拉夫来说，是艰苦而紧张的，但又是愉快的。因为他体验到自己终于成为战胜消极怠惰和冷漠无情的胜利者。

有时候，应当专门去创建一种使人感到羞愧的必要的环境，让一个人以局外人的眼光观察自己，使他能亲眼看到自己的不端品行。

1965 年 12 月，少年队大队收到一张参加共和国少先队夏令营的请柬。队委会把这份请柬交给了一个优秀中队。在队会上，少先队员们决定派积极上进、勤奋好学、热爱劳动的男孩子尤尔科去参加夏令营。孩子们在送别他的时候，请他帮忙买些鲜花种子。他们给了钱，甚至把信封交给他，让他把种子装进信封里寄回来。尤尔科满口答应一定完成大家的委托，他也迫切希望他们中队的"美之角"成为所有中队"美之角"中最好的一个。

尤尔科走后，就把自己的诺言给忘了。教师本来可以写上一封信，严肃提醒他注意少先队的荣誉；本来可以提醒他别忘了他所做的一切是为了集体的利益……。但教师却采用了另一种方式。他给尤尔科写了一封信，信中写道："你一到夏令营，便立刻把种子给我们寄了回来，我们收到了。你看，我们糊的信封多么好啊，一粒种子也没丢。我们把种子撒在寒冷的土壤里，等春天一定会发芽。太感谢你了，尤尔科。你这样做，说明你履行了自己的诺言。"这些话比责备和警告更有力。尤尔科为自己的疏忽和言而无信而感到羞耻。他立刻把种子寄回来了。孩子们认为尤尔科真是好样的，没有忘记自己的诺言。但是，问题不只在于这一举动本身，而在于那种对羞耻的、深刻的痛苦体验，将给一个人的品行打上一个烙印。尤尔科从夏令营回来之后，我们发现他变了，变得更谦虚、持重，对他人的利益和愿望更加关切了。

善于使人感到羞愧，是一种艺术。当一个人体验到羞耻感时，他才会在发展自己的道德意识的道路上迈出一步。在激发羞耻感时，教师要特别注意分寸。

应当注意的是，羞耻同侮辱、讥笑不应有丝毫共同之处。体验到这种羞耻感的人，一定会成为精神上坚强的人，而不会成为一个软弱无能的、逆来顺受的人。羞耻的强大教育力量，就在于它没有使人失去个性，而恰恰使人的个性中那些优点得以突出。我坚信，体验过羞耻感的人，会变得更加纯洁、更加美丽。你看他，仿佛脱胎换骨一般，身上没有一点偶然沾染的、故意装出来的东西。有羞耻感的人用自己的全部精神力量奉献给您，他会感受到对人的一种迫切需要。

对别人进行讽刺挖苦，通常是不道德的。把人的羞耻拿来进行笼统的评论，就意味着刺激他人的心灵。如果您打算使人有羞耻感，那您就应当学会宽恕和怜悯他人，因为凡是有羞耻感的人，只要您不去侮辱他，他定会靠近您。善于使人有羞耻感，是那个称为有教育分寸的奇妙的花坛里最芬芳的鲜花之一。使人有羞耻感，就意味着给人本身一个斟酌、思考、分辨自己行为的机会。羞耻永远要求保密。所以，教育者把那些可以唤起羞耻感的行为提出来加以集体讨论应当非常谨慎。

33。怎样使行为举止听从良心的召唤

做应该做的事，不是为了给人看，也不是为了让别人表扬你的做法，而是凭自己的良心办事。做一个真正的能扪心自问的人，比被别人品评举动、称赞善良和批评邪恶要困难得多。对着自己的良心去解释，要比当着别人面去解释要困难得多。如果你独自一人做了某件坏事，而且认为无人知道这件事，那你就错了。隐藏起来，不让别人知道，这种行为是卑鄙的；隐藏起来，进行自我欺骗，更是可耻和虚伪的卑鄙行为。哪怕独自一人时，也要做一个堂堂正正的人。

这段告诫说的是对心灵中最细微、最娇嫩、最敏感的一角——自尊心的轻微触及。怎样才能使行为举止达到听从良心的最强有力的、最无情的指挥和裁判呢？这里主要的一点，就是应当保护儿童的心灵不受虚伪和可耻行为的侵扰，培养他们纯洁的良心。

道德培养，应当从点滴做起。我认为非常重要的一点，就是要使孩子能独立地将自己的精神力量化作物质的东西，并体验到自豪感，让孩子在劳动中能看到自己的愿望成为个人的满足和个人的欢乐。

应当珍惜心灵中的这些激情，把它视为无价的道德财富，不要被冷漠所污染。只要细心观察孩子的劳动，你就会发现许多"干枯了的树木"。一个男孩在学校里得到一个橡实，答应把它栽到父母的宅旁园地里，并希望它能长成橡树，但是他忘了橡实的事了，它在窗台上足足放了几个星期，这也是干枯了的树木和干枯了的理想。一个女孩要了一只小猫崽，但在第一夜，小猫崽就弄坏了东西，她的妈妈很不高兴，把小猫崽扔掉了。

这更加糟糕：这不仅是干枯了的树木，而且是刺伤了的心灵，摧残了的良心。

良心，是一种非常细嫩的、非常任性的东西。如果你由着它的性子为所欲为，它就会变为残酷的东西。应当教育孩子们，特别是

少年们能主宰自己的良心，能够管束住它，那么它就会成为一个人一生行为举止的聪慧的、卓越的卫士。

尼·亚扎博洛茨基有一段精彩的诗句：

不要让心灵偷懒吧！

可不能竹篮打水一场空，夜以继日，夜以继日……心灵应该劳动！

天将破晓，启明星微微闪亮，怎能让它安睡在床上，

要管束，把它管住，

对待偷懒决不能宽宏大量！假如你以宽容相待，

它会变得游手好闲，

到头来，它会毫不留情地

从你身上剥下最后一件衬衫。

严格要求自己，对懒散毫不妥协，对"马马虎虎"不能容忍，对这些自我教育的基本真理，孩子们应当练就一种特殊的敏锐性。

我常常给孩子们讲我们那个地方鲜为人知的一个故事。

当克列缅丘格水电站建成的时候，第聂伯河沿岸的一个村庄被水淹了。人们只好抛下故土迁入新的居住地。有一位老集体农庄庄员运走了所有的家当，甚至拆了房子，把一砖一瓦都运到新的居住地。宅院里没有留下一件东西。但这位老庄员、一家之长对全家人说：

"大家都聚到一起，我们去做一件重要工作。"

家里所有的人——妻子、两个儿子、儿媳、女儿、孙子们都已坐在车上了。他们只好下来，走到旧的宅院里。大家都莫名其妙：要干什么呢？老人拿来 12 把扫帚，递到每个人的手里，说："去扫一扫吧，大家动手扫扫院子，不要留下一个干树枝，也不要丢下一片纸。"

大儿子问父亲："我们干吗要这样做呢？反正这里要成为海底的……。有什么必要把垃圾装上车……"

老头儿生气了，示意大家停下手里的活，他说：

"人的良心应当是纯洁的——这就是为什么我们要去扫院子并

把垃圾运走的道理。我们这样做不是为了鱼，而是为了自己，也就是为了使自己的心灵不觉得惭愧。在死后，走进地狱时，我们就能将那件白衬衫保存下来，记住这一点吧，我的孩子们。"

不要忘记：我们是人！我教孩子们要听从自己良心的支配，严格要求自己。

我们在椴树下的森林草地上休息。我们举行野餐，吃着甜甜的西瓜。草地上散落了一大堆西瓜皮。有的孩子往灌木丛里瞧了瞧，噢，他们想把这些西瓜皮丢到那里去。你们要冷静地想一想，你们在打算干些什么事。不错，谁也没有看见我们，再说，即使有人看见了，似乎也不会去指责这一点的，但是……良心！难道我们的良心不觉得惭愧吗？难道一想起把成堆的废物丢在开花的灌木丛下发臭，我们能高兴吗？于是，我们收集西瓜皮，带到田里，埋进土地里。这种腐烂的东西对土壤有益，而我们的心灵也不会由于这种腐烂而发臭。

从森林归来时，我们在新耕耘的田里见到一只翅膀被打伤的小乌鸦，它把头转向我们，用悲哀的目光看着我们——就像个小孩那样。我亲爱的孩子们，如果你们将这个无依无靠的小东西丢在这里，你们会终生难忘那双眼睛。我们保护小乌鸦，护理它：这事儿并不容易，但我们的心情是舒畅的——这就是自我培养良心的方式。

我常常向青少年们建议：在你们的床头柜上应放一些你要去读的书。你要在 7 点钟准时起床，要做早操、洗漱、吃早点，然后去上学。如果你强迫自己在 5 点钟起床，每天就可晨读两小时。床头柜上的一摞书会一本一本地读完。一周、一个月、一年过后，你会看到晨读两小时给你带来的成果。是的，凡是在天将破晓时刻肯于发奋的人，他们的眼前会展现出一个奇妙的世界。两小时的晨读会给人带来无价的财富。如果在天将破晓时刻贪睡的话，几年之后，青少年们用智慧和心血取得的东西将会丢得一干二净。

孩子们、青少年们每走一步，在他们面前都会出现挡路的石头，当然可以绕着走过去，但也可以把石头从路上搬走；为他人扫清了道路，也就扫清了通往自己良心的小路。教育的艺术和技巧，就在于使学生们不留下一块挡路的石头，就在于让那种软绵绵的、初看起来并非有害的东西（给它起个名字为懒惰）在心灵之中微微活动起来的时候，还有良心使人不得安宁。

34。怎样教孩子理解道德上的自由

当你还是孩子的时候，父母常常高兴地拉着你的手，在他们的保护之下，你觉得非常得意。但是长大后，父亲、母亲、老师的保护反倒使你不好意思起来。你想成为一个独立自主的、不依赖别人的、富于创造活动的人。想把自己本身的、真正的人的本质在自己的道德活动中反映出来。道德自由乃是人类的最大财富。这种财富不是大自然给予的，而是公正的制度、真正自由的社会主义社会所给予的。但是这种财富，只有在人能意识到自己是集体、社会、人民的一分子，只有当人懂得大家的共同利益和需求，只有当人听从自己的义务感，并在处理个人的愿望、个人的意志方面，如同集体、社会、人民认为应该的那样处理的时候，才会成为一种福利。

你的道德素养取决于你对公共需求的认识有多深，取决于你在自己的活动中为大家付出的自觉程度有多高。为别人做好事，应当成为个人的道德倾向，成为你的需求、追求和愿望。只有在这种条件下，你才会成为真正自由的人，即一个幸福的人。

这是一条最复杂的、包罗万象的告诫。这些看似抽象的真理，应当成为每个孩子眼中通俗易懂的东西，应当善于以生活中鲜明的事实去揭示真理的具体的含义。要教会正在成长中的人独立地反映自己个性中人的真正本质，这并非一件容易的事。首先我们要去跟儿童的愿望打交道，我们应当去尊重这种愿望，应当关切地去对待它，并去发展它。道德自由的培养是不断地与愿望的素养相联系的，在这种愿望素养的基础上，往往形成高尚的道德需求。孩子想要的一切并非他真正需要的，这是众所周知的。

教师控制学生意志的艺术和技巧就在于使道德上理由充足的、受社会称赞的需要成为学生的愿望、内心的动机。

教师应当深刻地了解儿童的愿望、志向的逻辑，及其与真正的需要、与人的全面发展需要的相互联系。决不能不去考虑孩子想去做又不被允许做、被禁止去做的事。《孙子的请求》这个故事已讲过很多遍了。是什么问题呢？为什么孩子，特别是少年会对被禁止的东西感到好奇呢？

在我参加教育工作的初期，有一件让人不痛快的事。住在少先队夏令营里的孩子们，进入了集体农庄的果园。他们觉得偷偷摘下的苹果分外香甜可口，还没吃上半个，便把它放到了枕头底下（为了闻味）。面对这种情况，似乎想不出任何补救办法，但是，大家还是找到了补救办法：在果园里，为孩子们建了两个小棚子，允许孩子们去摘里面的苹果，想吃多少都可以。这一下子，苹果似乎变酸了，孩子们想去吃的兴趣也消失了。然而孩子们又发现了新的"禁果"——离果园两公里处的西红柿熟了，于是他们又向尚有些发绿的、味道鲜美的西红柿进攻了。

看来，问题在于孩子在某个方面想去表现出自己作为人的本质，想去尝试、检验、证明自己的个性。他们对被允许的东西，似乎并不感兴趣；被禁止的东西，往往诱惑力特别大（我从不禁止高年级学生在回答文学课上的问题时利用书本：请吧，拿出书本读吧，把应该读的都读出来吧。但要提醒一下，光靠照本读来回答问题是十分不够的。应当深刻地去理解所读过的东西，从中领略书中没有直接写出来的那部分内容）。

究竟怎样才能解决这一非常细致的问题呢？怎样去培养人在自己的道德活动中表现自己的真正人的本质的能力，同时又能表露出独立性，展现并确立个性的力量呢？教育技巧的秘诀就在于使人去控制自己的意志，让控制意志的精神在学校里形成风气，让意志力不仅能创造出物质和环境，而且能创造人本身。为此，应当用孩子感到困难的东西去替代被禁止的东西，甚至让被禁止的东西变成被允许的东西，而且要展示出其中的艰难性。当战士面前出现一条河，并要在敌人的炮火中渡河时，这时没有什么是禁止做的。被禁止的只有胆怯，其余的一切都是允许的和受鼓励的。我认为，一个学生假如有什么值得他骄傲的东西的话，那就是他能成为一个道德上自由的人，而且成为在精神上坚强的人，有坚定目标的人，勇敢的、独立的人。这是我们教育的理想，是我们渴望达到的理想。一个人不以自己的高尚情操、忘我精神而自豪，就不会表现出鲜明的个性。阿·瓦·卢那察尔斯基把这种个性，当作一种共产主义制度最本质的东西来看待[13]。为使自己的学生变得出类拔萃，各具个性，为此，你要在实际工作中，把自己的学生带到一条大河的岸边，用崇高的理想去鼓舞他们：只有向前！

我们对人的教育责任，就在于使他不会错过那幸福的时期和良机，也就是说，一旦他们天才的、创造性的出类拔萃的才能展现在您面前的时候，要能够发现它。这也是教育上的处女地，下面我们还会谈到这块处女地的。

教师要有很高的素养并掌握分寸。让少年感到别人对他置之不理或认为他没有才能是完全不能允许的，甚至是糟透了的事。在学校里，这是一块圣地，应当充满着仁慈和关怀的气氛。在学校里，人应当感到的只有骄傲和欢乐，而不应当感到痛苦、屈辱，甚至变得冷漠无情、麻木不仁。总而言之，决不能把一个精神上正常的人，时而看成有才能，时而看成没才能。事情往往是这样，一个人在某一件事上可能有才能，而在另一件事上，就可能没有才能。即使是天才，也可能在某件事上没有才能。学校的使命，就在于去寻找每一个学生本身的创造才能的源泉，甚至在他的童年就要去发现其生活、劳动、创造的唯一幸福的源泉。

在形成和发展个性道德自由方面，反映道德上的高尚品质占有特殊的地位。这是一个人心灵深处的巨大劳动，其含义在于孩子能将自己的力量、自身的一部分东西奉献给别人。

一个人只有具有高尚的道德情操时，他才会成为别人所需要的、必不可少的人。对于个人来说，满足对人的需要，是使社会利益成为与个人的利益密不可分的唯一途径。共产主义的社会关系不是从书本里诞生的，而是从活生生的活动中和心灵激奋之中产生的。

35。忠诚感意味着什么

人应该使自己永远留在人们心中。不仅因为人类的传宗接代在于此，而且因为每个人的幸福也在于此。生活的最大幸福和含义归根结底就在于使自己留在人们心中。如果你想在死后永远活在人们的心中，那就把自己培养成一个真正的人吧。要使自己留在人们心中，不仅仅意味着生儿育女。人要有一种精神，他与动物的区别就在于我们传宗接代的同时，把自己的美、理想和对崇高事业的忠诚留在了人们心中。青年男女们，你们越是善于深刻地在人间反映自己、刻画自己，你们作为公民的生活就会越丰富，你们的个人生活就会越幸福。这种公民生活和个人生活融为一体，还会铭刻在你们的孩子心中。因为它既是你们个人的幸福，而同时也是人民的希望。

"祖国"这个词，是我们语言中最美的词，不仅是因为它反映着公民的、全民的本质，而且因为它扎根于个人的内心世界。

我给一代又一代的青年男女们讲过《两个母亲》的故事，这个故事给我这个教育者留下了深刻的印象。它教导我们，爱国主义要从幼年起开始培养。凡是不能成为父母的真正儿女的人，就不可能成为自己祖国的真正的儿女。

爱就是忠诚最微妙的根源。它是整个教育体系中一种最微妙的东西——即在少年心灵中树立一种忠于伟大祖国的情感，树立对背叛、背信弃义、伪善态度不妥协的情感。

忠于崇高理想和共产主义道德原则，形象地说，就是剃刀的刀锋，它的名字叫良心。只有当我们学会对伟大的、至高无上的、毫不动摇的东西树立一种忠诚感的时候，我们才能谈论纯洁的良心，才能谈论人自我教育的能力。培养人很重要的一点，就是要培养对别人、值得爱的人、忘我劳动的人、自我牺牲的人的忠诚。为了自己心爱的人的幸福，要随时准备献出自己的生命——公民的献身精神和忘我精神就是从这一点开始的。贯穿青少年集体精神生活的一条红线，应当是思维和关注。我们每个人都会有孩子，热爱、抚爱孩子，唤起他意识到自己是我的儿子，我所珍爱的人，这一点并不那么困难，但要在他的心灵里树立对自己的每一步负责的责任感，树立起对我——作为过去所经历过并且铭刻在记忆中的事物的活生生化身的忠诚感，要困难得多。我向一代代走向独立生活的青年男女们提醒，他们将来的孩子如何，是他们对社会、对人民所要负有的责任。

父母若能培养出对祖国忠诚的儿子，那就是为自己树立了一座不朽的纪念碑。假如你的儿子成为祖国、人民的叛徒（这种事是有的，而且应当把这种严肃的话告诉未来的父母们），你们被人瞧不起和被人忘在脑后是理所当然的。背叛是最可怕、最卑鄙的犯罪。未来的父母们，你们要记住，背叛那令人蔑视的种子，就是利己主义和自私。

在学生毕业晚会前，我和即将得到毕业证书的学生们一起到森林中去。在那鲜花盛开的大自然里，我们彼此之间进行了一次最推心置腹的谈话。我心里把这次谈话称为是对未来的父母进行的最后一次告诫。在这次谈话中，我选择下面一些话语，以便触动公民良心中隐秘的一角。

我对即将毕业的学生们说：请你们记住，一个人最高的荣誉，就是为社会造就出真正的公民；如果你们善于造就的话，你们必然会得到做父母的最大的幸福。而在这一幸福之中，实际上就包含着你们生活的意义。小伙子们，姑娘们，你们要三思我的这些话——你们要像害怕可怕的不幸那样去担心你们的意识丢开那些不愉快的思绪。一切不合心意的、不愉快的、艰难的东西应当为自己的意识所吸收，贪婪地吸收。你们把那些不合心意的、不愉快的思绪从自己的心灵中丢开过一次，你们就会习以为常地那样下去，就会变成不合格的父亲和母亲，也就变成不合格的公民，而你们的幸福就会成为一种幻梦。年轻的公民们，请你们记住，一心只想着享受幸福、吮吸着幸福，就像干涸的土地总是贪婪地吮吸着水滴，却不为他人的欢乐放射出一点光来那样，这样的心终将变成自私的、利己主义的，与那种崇高的激情和志向截然不同。应当像鹰在学习飞翔时担心撞上峭壁那样，你们——未来的父母也要担心自己的子女为个人的幸福而不愿去奉献。凡是不知为他人创造幸福的人，就不可能理解什么是祖国。

每一个人都应当有责任感，每一个人都应当奉献，要有对劳动、对行为、对爱与恨以及对所说的话负责的责任心。但最崇高的、最艰巨的、确定不移的责任，就是父亲对儿子的责任。这种责任的最高裁判，则是人民、祖国和我们的良心。青年男女们，你们将来会成为农民或医生、钳工或工程师、水泥工或老师……，但你们每个人同样要成为父亲和母亲。为父为母，我们为关切和爱付出的劳动、我们对过去和未来的看法，这一切都造就着人民。在父母对邪恶行为采取严格态度、进行毫不妥协斗争之时，人民才是美好而强大的。

每当小伙子的眼睛同姑娘的目光相碰撞的时候，那一颗颗火热的心总要剧烈地跳动，呼吸仿佛要停止了似的。你们每一次的彼此接触都会产生难以理解的情感、希望、幻想的冲动。你们憧憬着幸福。老一辈人把无价的财富——祖国、社会主义制度、自由的劳动传给你们，但是这种财富要成为你们的幸福，只有在你们的心与它息息相通的时候才有可能实现。老一辈人可以把一切都传给你们，可谁也代替不了你们去造就人。这需要你们去劳动。这个世界仿佛是随着每个人的诞生而重新诞生的。决定你们的世界会变成什么样，那就是你们的责任。

36。怎样培养学生共同参与、共同感受的能力

你生活在人们中间，就要细心去观察你周围所发生的一切：人们怎样干活，怎样上下班，怎样休息、生病、治疗、康复和死亡，怎样去做客和待客，怎样分离和重逢，他们长期等待着那个时刻，为此奔波，忍受着痛苦和艰辛；人们怎样去实现自己的目标，又怎样提出新的目标。

有些人活着，不知他们是为什么而活着，而有些人为了崇高的目的，善于燃起自己生命的火花。人虽然要吃饭，但人并不是为了吃饭而活着；人劳动是为了活着，但活着也并不是为了劳动。

你和你周围的人身上产生出复杂的、无限的、无穷尽的人的精神生活。人人都要表现自己，而且每一个人都是按照自己的方式来表现自己的，此外，还想给他人留下一个我是怎样表现自己的印象，而且让人们都感受到我的"自我"。人们都是通过自己的信念、观点、疑问、思想、情感、感受、情绪、状况、彼此之

间的关系，以及对生物和感受到的东西的关系来表现自己的；人们还在行为举止之中，在欢乐与痛苦、善与恶的感受和对待这种永恒的人的状况之中，在成绩与失败、希望与失望、满意与不满意、高兴与苦恼、怜悯与冷漠、悲观与懊悔、委屈与伤心、善意与难以容忍之中表现自己。

在你的周围，有伟大的人，也有渺小的人；有可以挽救的人，也有不可救药的人；有希望在诞生，也有希望在毁灭。每个人都是一个复杂的世界，你只要接触上十个这样的世界，你的世界就要每天出现在这十个人的面前。

这一切都反映出人的精神生活。要掌握精神素养（人际关系的素养）中最主要的东西：要善于识别人身上光明的一面和阴暗的一面。一个人在你看来不管多么不可救药，你也要善于在他身上看到优点、闪光点。

什么叫尊重人？尊重人就是相信人身上有着善良的因素。只有对蓄意侵犯或正在侵犯我国独立、玷污我们神圣的东西和理想的敌人，我们才能去憎恨，并进行毫不妥协的斗争。尊重人，就要对他严格要求。在道德关系上不可能圣徒式地宽恕一切，也不可能有普遍的抽象的爱的那种甜蜜的安慰。善良只有在强有力并善于自卫的时候，才能被称为善良。一个善于尊重别人的人，如果不善于蔑视、憎恨和做不妥协的斗争的话，他就可能成为软弱无力、没有自卫能力的人。

人的精神生活不仅表现出人的本质，而且表现在为伸张真理和正义的斗争方面。要善于做一个战士。有的时候就需要去做一个善于抚爱的人、温存的人，有的时候就需要做一个严格的、毫不留情的、铁石心肠的人。当邪恶觉得自己的牙齿被拔了出来，它也会呼唤慈悲心。不要忘记这一点！这一切对你来说是必要的，虽说你突然接触邪恶的机会并不多。丑陋的人在好的家庭里也会出现，你要永远记住这一点！

人的精神世界中的生活，要求人不仅要具有强大的意志力，而且要具有思想上的坚强信念，要善于看到每一个人身上的价值，善于挽救这种价值。一个人遇到不幸，往往是由于在不幸发生之前没人及时告诫他，当他明显地滑向不幸时没有人阻止他。

七年级学生保尔的母亲突然生病了，可同学们正高高兴兴地准备去旅游。

教师召集打算去旅游的同学们说："同学们，难道我们能把一个人丢在生病的母亲床边，自己想着去娱乐的事吗？"

大多数男孩子们和女孩子们沉默不语了，看得出来，他们是多想去旅游啊，但同时在同学们面前又不好意思说出口。只有科利亚坚决反对。虽说他比自己的同学们还大一岁，可他无论对谁也不讲奉献之情，这也表现在他对同学的态度上。

他说："保尔只是一个人，可我们是 30 个人，难道能够为了照顾一个人，而让其余的人不高兴吗？"

教师听到这些话很吃惊。如果不当着同学们的面把这些话的错误之处进行揭露的话，那就有可能使一个人走上更危险的道德败坏之路。教师说："这就等于把病人、软弱无力的人丢在路上，这就等于在荒漠中不把水分给即将渴死的同伴喝。谁同意这种卑鄙的行为，我请他倒退回去，回到林中去生活。谁不同意让冷漠的行为在心灵中播下背叛行为的种子，跟我走。我们到保尔的母亲那里去，这是我们集体应当去做的。"

教师的话深深地打动了少年们的心。他们个个都明显地感受到成为卑鄙的恶棍的危险。使人恐惧似乎是不道德的，可这恰恰是引向崇高品格的一种情感，应当善于使孩子们，尤其是少年们懂得这一点。有一句谚语说得好：哪里有恐惧，哪里就有良心。人应当有所畏惧：不是畏惧神话式的某种报应，而是应当畏惧在他人面前可能变成一个卑鄙的人。

教师一号召，大家便都跟他去了。科利亚也低着头跟着去了。如果这时候老师企图把他赶走，像轰走一个社会上的恶棍那样（应当让学生们懂得恶棍的含义了！），他就会含泪请求不要赶走他，他会跟在集体后面，把集体的事当作个人的幸福去对待，他会请求去做最艰巨的工作。

教育的哲理和技巧就在于使集体生活体现在孩子们对善与恶的冲突中、在善良战胜邪恶方面的感受之中。对厚颜无耻行为的谴责，这本身就是在追求善良的集体。

教师带领着孩子们来到保尔母亲的身边。这是一位经历许多不幸而郁郁寡欢的人。她的身体急剧恶化是孤立无援之感和孤独感造成的。教师和孩子们对她的不幸给予同情，她看到一些心地善良的人们来到她的身边，并无私地去帮助她做各种各样的杂事儿——这一切都使这位母亲的心灵里充满了力量。

这时最热心的一位同学倒是科利亚。教师再一次确信，在人的心灵之中不给厚颜无耻和卑鄙行为以一席之地是多么重要。再没有比卑鄙行为与高尚品格的冲突使人高尚的力量更强大的了，这里那种真诚的、纯洁的、高尚的人的品格成了战胜者。此时的科利亚已深感羞愧，尽管谁也没说一句话，更没有人去羞辱他。

教育技巧的特点，就在于使教育的整个过程成为教师过问人的精神生活的整个过程。我坚定地相信，我们号召自己的学生们要做到的一切行为、一切事情，都应当看作在人的精神生活之列。

37。怎样培养孩子与人为善

我们常常说：祝你一切顺利，祝你幸福。这不仅仅是出于礼貌，这些话也反映出了我们做人的本质。应当具有巨大的精神力量，去祝愿他人的幸福。以善良的意愿出发去感受和观察你周围的人，这不仅是道德素养的体现，而且也是丰富的内心活动的成果。真挚的、心地善良的愿望是与自我教育分不开的。一个真正善良的人，今天会比昨天表现得更好。善良的动机会给他自身带来幸福。美好而善良的愿望只在那些善于为他人奉献自己精神力量的人心中存在。真正的善良应当表现在愿意去看到你所接触的人的长处。假如你心里由于你的同伴不如你而有一股欢乐感在蠢蠢欲动的话，那就意味着你必须更多地去学习，自己教育自己、改掉自己身上利己主义、虚荣和缺乏毅力的毛病——是的，因为嫉妒是软弱、胆怯、缺乏毅力的产物，而正是这些毛病加在一起汇成了意志薄弱。

我们彼此见面要道声："您好""祝您健康"。这些话里包含着深刻的道德含义；这些话里也包含着心与心沟通的最本质的关系。我们用这些话来反映自己对待最宝贵的财富——人的态度。见面不说"您好"，就意味着严重的道德无知。

我们常说："我感谢你""谢谢"。感谢，就意味着别人给你带来幸福、造就福利。"谢谢"一词，自古以来就是维护人与人之间相互关系的公式，表达出我们对那些为我们造福的人的一种态度，我们的愿望是使那些为他人造福的人永远感到幸福。问题不只在于在必要时善于说这些话，更在于心里的感受，在于用自己的心灵活动去报答他人的好意。

在提出请求时，我们常常说："请"。这个朴实而又美妙的词，能产生具有魔力的效果，包含着我们对他人人格的尊敬，其中包括对其自主性、独立性和善良意愿的尊重。为了能够以尊敬的态度对待他人，我们就要培养自己的人品，同时，要善于报之以"请"。请求，是心灵的一种激情。请求的态度是常有的，当一个人去恳求另一个人的时候，要善于听取别人的请求，并予帮助。在这一细微的精神生活范围里，没有修养和愚昧无知会导致铁石心肠、冷漠无情。请注意，冷漠无情，是最有害的一种恶习。做冷漠无情的人，实质上就意味着丧失了感受自己身边人的能力。为了避免冷漠无情，必须拥有同情、怜悯的情感，而同时，要拥有高度的原则性，对邪恶坚决不能容忍并毫不妥协。我们要善于将人的无关紧要的弱点同丑恶灵魂的毛病区别开来。

形象地说，为了让善良在儿童的心灵里安家落户，应当从童年起就培养他们具有善良的情感。健康的追求最不应当以不健康的愿望去损害他人的形式表现出来。在这一细微的方面，教育的技巧和艺术，就在于使人意识和感受到本身的人格同焦急不安的情绪（为什么我的同学不与我往来了呢？）和谐地结合起来。要善于正确地、以善意的眼光去看待自己的同学，善于培养善良的情感，这只有在进行不断的智力发展和道德发展、不断地完善每个人的条件下才有可能。凡是感到自己今天比昨天好的人，就会有能力给他人以善良的祝愿。善良的祝愿、善良的情感是骄傲和自私的最关键的解毒剂。大家都不喜欢那些心地不善良的人。教师应当以敏锐的目光去观察，避免心地不善良的种子落进儿童的心灵里。假如发生此事，不幸就是不可避免的了。

善良的情感——是在所有学生（无一例外）的才能都得到和谐发展的条件下培养出来的情感。不能，也不应当使集体中的任何一个人成为"没有任何才能的人"。不应当把学习成绩，形象地说，看作唯一的土壤，即培育人品的种子的土壤。在那没有任何别的土壤的地方，个别的学生永远会感到自己是学习差的、落后的学生。如果集体当中有这样一些人，他们经常作为被同情的对象，那么，就谈不上才能的和谐的发展，他们在道德上的发展也不会和谐。

为了培养人具有道德方面的修养，我认为非常重要的一点，就是要使一个人，无论在私人关系方面，还是在集体的精神关系方面，都应以善良的愿望为纽带与他人联系。让他从认识周围世界的第一步起，便对他人的幸福或痛苦，抱有一种欢乐或不安的感受。让他以亲身的经验确信，他心中的平静和安宁，取决于他怎样看别人、怎样对待别人。这是培养观点、信念和生活理想的最细微的一个范畴。

有一所不大的农村学校，学校里有 32 个学生。学校的院子里有一口井，集体农庄的人们常常来打水。有一位名叫亚历山大的老爷爷，几乎每天在同一个时间挑着水桶来学校院子里打水。孩子们都认识他，他是卫国战争时期的残疾军人。老爷爷的右手少了三个手指，他的左腿是一条假腿，可他仍在干活，照管集体农庄的养蜂场，培植树苗。每一次老爷爷来打水时，孩子们都会跑到井边来帮他提水。

"老爷爷，您身体好吗？"每当老爷爷来到院子里时，孩子们都问道。

"谢谢孩子们，"老爷爷回答，"身体挺棒。现在正是蜜蜂酿蜜的时候，你们到我那儿去，我用蜂蜜招待你们……。你们学得怎么样？书都念得不错吧？"

"不，老爷爷——不是所有的——我们在学习上碰见个别词儿读起来还结结巴巴。"

老爷爷伤心地摇着头，答应孩子们到养蜂场时，给他们看一本有趣的书，孩子们个个兴高采烈起来："老爷爷，您那本有趣的书是什么啊？"于是他们凑到一起，交谈起来，感受到对彼此的需要，这一点对老爷爷来说是满足的，对孩子们来说也是满足的。他们以善良的愿望为纽带彼此联系着。

这是一笔多么巨大的精神财富啊！实际上，我们教师正是为了把这种财富传给自己的每一个学生，才燃烧着自己，直到生命的最后一刻。

亚历山大爷爷住在离学校有 50 米远的地方。孩子们去担水送到老爷爷的房子跟前。上课铃响了。"祝您幸福，老爷爷！祝您健康！……"孩子们说完，便纷纷地朝学校跑去。"我之所以活着，也许，只是因为我有这些小朋友，"亚历山大爷爷讲着，"在不眠之夜，我期待着白天的到来，只是为了能在课间铃声响起的时刻，挑着水桶去学校。我期待着这一时刻的到来，是因为这时我能见到孩子们，能听到孩子们的问候声：'老爷爷，您身体怎么样？'我期待着告别的那一瞬间，因为在这时候我能听到：'祝您幸福，老爷爷……祝您健康……'假如没有这一点，我的生活就会失去一切意义。"

教师们，让我们品味一下这些话吧！我们燃烧自己，是为了用善良愿望的纽带把人们连接起来，是为了使一个人由于人们跟他生活在一起而想活着。

在"您好！""日安！"这些话里，包含着人际关系细微的一个方面。我专门跟学生们进行过有关这类话语和情感的谈话，多少世纪以来，人类用这些话语和情感一点一滴地浸润着他们的心灵。我觉得很重要的一点，就是让这句话从孩子们的嘴里讲出，形象地说，就像是奏出情感、激情、愿望、追求的清脆乐曲。

在一个宁静的春天早晨，正值苹果花、梨花、杏花和桃花盛开的时候，我们来到果园里最美的一角，这里只有我和我的学生们，当时，我的内心深处只有一个愿望，就是陶醉于这美景之中，而孩子们也都感受到"您好"这个聪慧、美好的词语的最细微的色彩。

我们首次聚会在鲜花盛开的树下，我向孩子们讲"对人要说：您好！"这句话的奇妙故事。须知，"您好"这句话拥有奇妙的特性。它能唤起相互信任的情感，使人亲近，彼此之间敞开心扉。我们教孩子们懂得，向人打招呼、问好，这不仅仅是对待生活、对待自己周围世界以及对待他的一种方式。要知道，向人打招呼、问好，也是一种生活的欢乐，而生活中最大的乐趣就是同人打交道。每逢节日前夕，孩子们总要去看望老人、孤独的人们，给他们带去善良的情感和祝愿。这些看望的全部含义就在于孩子们去问候老人，关心他的健康，祝福他健康。

这里仿佛并没有什么复杂的、不同寻常的东西，但深刻地去考虑这种独特的心灵与心灵相接触的情形，这一切复杂而又有意义的程度，就会一目了然。

善良愿望的纽带是无形的，但却是所有其他精神活动中最为牢固的东西。为了用这一纽带把孩子同别人连接起来，应当培养他在整个精神生活方面具有一定的意愿——与人交往的意愿。与人交往的意愿最主要的前提之一就是严格要求自己。我在幼年时代对善良愿望的纽带体会得越精细，就越能严格地品评别人的行为举止。我给别人带来慷慨和真诚，对于他如何表现自己，我不能无动于衷。多年的教育经验使我坚信，具有善良愿望的人会严格要求自己，对邪恶作不妥协的斗争，去憎恨不可容忍的现象，就像热爱善良那样。

感谢，是人类无与伦比的、独一无二的人际关系的一个方面。重要的不只是教孩子们在什么样的情况下说"我感谢你""谢谢"等，而应当以崇高的动机、激情、志向鼓舞他们具有高尚精神。

感谢是奉献的产物。

感谢与奉献是高尚道德情操的标志，而同时又是基本的品质，没有它，我们就会变得愚昧无知。我力求使孩子的头脑里树立这样一种信念：忘恩负义是最恶劣的行为。人应当懂得感恩，就因为他是人。

孩子们第一次到森林里去旅行，头一次喝到潺潺流淌的泉水，这时候，我便讲述了"谢谢"一词的故事。

感谢，是一种情感，在学生的集体中，在同成年人共同的劳动中，我们力求用人与人之间相互关系的全部实践去发展这种情感。在打开孩子们观察世界的大门时，我们要去帮助他们理解和感受到：每一个孩子的幸福，都是由许多人的劳动创造的。我们应当理解和感受到这些人的辛劳和付出。孩子对自己幸福的劳动源泉理解得越深刻，他的义务感就越强烈，他对人们的感谢之情就表现得越明显。

我们力求使孩子明白：他在学习上有了进步，不是什么特殊的功绩，而是一种义务。他在学习上取得了成绩，应当去感谢自己的母亲、父亲、老师，而不需要大家去感谢他，也不需要大家去奖励他。

意识到和感受到别人的谢意，这在道德教育中起着巨大的作用。我们力求使孩子们以自己的劳动、关心和自觉去限制自己的需要（这也是必要的），来得到成年人的感谢。孩子那种想得到感谢的思想越明显，他向老一辈人尽义务的愿望也就越迫切。

对忘恩负义采取蔑视态度，是一种高尚的情感，这种情感应当从小培养。忘恩负义不仅是心灵上严重的愚昧无知，而且本身就是一种邪恶。我坚信，忘恩负义首先可以用"黑了心"来解释，直到不能扪心自问为止。实质上，忘恩负义所带来的，不仅是放肆无礼、轻浮、自大、粗野，而且是懈怠、懒散、游手好闲和头脑简单。对忘恩负义的蔑视态度，只有在终于成功地唤醒良知的时候，才可能培养出来。我认为，非常重要的一点，就是要使孩子们把忘恩负义看作最愚昧无知的粗野行为。

38。怎样教孩子明确意识到自己的过错

善于反思自己的错误是人的一大财富。每当我们犯了错误，侮辱或伤害了别人，打扰了别人时，我们就会受到良心的责备，然后说："请原谅""对不起"。也许是我们专门向某人提出一种请求，也许是由于不谨慎而触犯了某人，于是我们使用这些话来表示对其人格的尊重，请求对方的宽容。在我们说这些话时，也希望对方对自己报之以尊重、善意和谅解。

要培养自己在他人面前感到有一种义务。良心永远会提醒你，什么时候应当向亲近的人说"请原谅""对不起"。请求原谅不一定说明我们有错，但不善于尊重人、不尊重别人的人格确是一种过错。要学会做个谦虚的人，防止自己放肆无礼、喋喋不休、惹人厌烦。不要打听人家的私生活，要学会爱护他人的不可侵犯的权利和个人的隐私。要将自己的烦恼隐藏在心中，不要使它们成为普遍评论的对象。要善于共同体验、共同感受，真正的同情不需要多嘴多舌，它应当像谦虚那样沉默。

在认识人的价值世界时，我认为非常重要的一点，就是使一个人在童年时代，特别在少年时代就能体验到因自己轻率、粗心大意的行为而深感懊悔，以自己良心的全部力量去责备自己的错误、疏忽大意、不慎和慌张。道德上的愚昧无知，往往是从不善于观察周围开始的。如果这种不善于变成一种习惯，而且变成一种本性和特性的话，那么，在人身上就可能产生粗野和无礼行为。

教育者的任务之一，就在于教会孩子看到自己每个行为的后果。为了能看到这个后果，就应当提前想到这个后果。良心的眼睛就是思维。我们在进行教育的同时，要教会一个人去思考自身和周围的东西，并设身处地为他人着想。一个真正的教育者在引导自己的学生进入人类复杂世界的同时，要去关心那种我称为良心的敏锐的眼睛的发展。这是对思考中道德细微之处的关怀。培养孩子具有聪明而有道德地观察与思考的能力，其潜力是无穷无尽的。

孩子们从教室里蜂拥而出，跟着您一起出去。您正处在人的欢乐与忧愁、希望与期待、信赖与失望的世界之中。您和孩子们正一起向森林走去。路上，路过一个紧闭着窗户的人家。孩子们在高声地谈笑着。您让他们别说话了，离那间紧闭窗户的房子有很长一段距离时，您问："你们知道现在这座房子里的情况吗？"是的，许多孩子都知道，房子里有一位重病人。也许，这一瞬间他正安静地睡着，可我们一路喊叫……。安静下来的孩子们思索起来。这很好，让每个孩子都好好地思考一下，为什么就不能记住要小心一些呢？

让孩子们扪心自问，自己有什么错误和过失。没有思索的地方，就没有良心的责备。

你们从森林归来，正值炎热的七月天。

你们走到一棵高大橡树下的井边。越到井边越渴，大家都想喝水。这时，从另一方向有一位老人正向井边走来。他走了很远的路，疲惫不堪，也想喝水。孩子们都看到了这位老人，但脑子里却没有想到他。眼睛是看到了，可心灵并没有觉察到。

孩子们与老人几乎同时到了井边。井架上有一桶清澈的凉水。

再过一瞬间，孩子们就会走近井边，把水桶围起来，只顾自己大口大口地解渴，却把老人挤开，谁也不会想到他。

如果一个人的天性胜过在智慧和思维的土壤里精心培养出来的人格，那这个人就会变得可怕和丑陋。要善于防止可能会在这一瞬间发生的事，不要让天性发作，要激起你的学生渴望拥有人类高尚思想的念头。不要错过任何一个机会使你的学生因为一己私利而感到羞耻。要用轻松的，但又威严而果断的话说："停下！"您要让孩子们环顾自己的周围。

这时，孩子们会看到一位头发斑白、因炎热而疲惫不堪、两眼红肿的老爷爷。随后，孩子的脸上会流露出歉意的微笑。于是，渴得要命的念头已不在孩子们的头脑里像烈火那样燃烧了，只是在某个角落里微弱地闪现一下。而且他们的头脑里还会闪现一个新的念头：这位老爷爷是从另一方向跟我们同时来到井边的，我们都看见了他。可为什么就没有先想到他呢？怎么会出现这种事？

"孩子们，我们坐下歇会儿……"您轻声地说。孩子们会跟您一起坐在大橡树底下。

"请原谅我们吧，老爷爷，"您对老人说，"我们差点儿占用了水桶。请您先喝吧，然后我们再喝。"

"请您原谅，老爷爷。"孩子们一个接一个地重复着说。看到老人累得手脚直发抖，孩子们是会感到羞愧的。因此，他们嘴上说的"请您原谅"，不是俗套话，而是真心实意的情感的反映。在这一瞬间，孩子们头脑里都会描绘出一幅图景：他们若是将满桶的水喝了个干净，一点儿没剩，那么，一滴水也没喝着的老爷爷，就不得不再从深井里打水。

"孩子们，不要担心我，"老人在孩子们的"请您原谅"声中回答说，"我是不能喝水的——天气太热，喝了凉水会出毛病，我的心脏不好。我只是洗洗眼睛，漱漱口就行啦……"

吃惊的孩子们注视着老爷爷。老爷爷漱了漱口，没喝一口水，洗了一下眼睛，又去赶路了。他难过的是不能坐下来休息一下，因为一坐下就很难起来了……。当老爷爷动身的时候，孩子们都站了起来，祝他一路平安。

孩子们面前展现出了一幅非常奇妙的人生画卷。教师，您的责任就在于把这幅画卷终生刻印在他们的心灵里。老爷爷走了，可孩子们谁也没有急着到水桶跟前去喝水。这时，您要帮助自己的学生们深刻地领会他们头脑中朦朦胧胧描绘出来的东西。您在创造思维，这是教育上最复杂的一件事。在孩子们的思维世界里形成一种深刻的情感——同情老人，并因自己的过失而羞愧的感受。

小孩子犯了错误之后，自发地感到自己有过错，深受良心的谴责，这一点会给教育者带来更大的欢乐。我把这种情况看作自我意识的胜利，是精神上骄傲的飞跃，是勇敢地面对真理的表现。作为一个教育者，我认为，孩子每一次这种精神上的飞跃，都是他们道德上的财富，因为在道德上使学生们形成一种思维——这是我们孩子们最宝贵的东西。对于教育者来说，他的学生每次精神力量的表现，就好比采金者采得一块金块、农民得到丰收那样喜悦。

39。怎样教孩子正确对待批评和惩罚

你周围的人们，包括亲人、朋友，以及素不相识的人，他们都在品评着你的行为举止正确与否，你的道德面貌善良与否，他们都在看着你身上好的，或者不好的东西。那些好的东西往往成为我们生活的准则，可是，这一点常常不被察觉。然而坏的东西却往往会引起周围的人的注意。永远牢记这一点：你周围的人比你有修养。这样，你的人际关系就会比较融洽。要做到这一点，就要培养严于律己、自我监督、对自己的坏毛病不容忍的品格。

和睦相处的一个方面就在于人人都对坏的东西表现出责备的态度。即使是在电车里坐在你旁边的人，对你来说都不是不相干的；更何况那些注定要和我们长期相处的人所表现的行为，就更不能让我们冷漠相待了。要善于观察和感受你在他人精神世界里的印象如何。在人的社会里，责备可以表现为道德上的评价和法律上的评价，一个人从小就应当对上述两点有敏锐的感受。如果你不学会自觉地遵循召唤你去做好事的道德准则的话，那你就有可能受到法律的制裁。在我们的社会里，既有聪慧的、告诫的话

语——善良的、严厉的、严格要求的话语，也有把危害社会的人暂时隔离开的监狱。如果你不善于以道德的约束力控制自己，那么别人就会把你置于法律的控制之下，这样做是为了大家的幸福和福利，自然也是为了你自己的幸福和福利。

　　教师对待邪恶所采取的毫不妥协和不留情面的态度，也反映在种种惩罚之中。惩罚可以使用道德标准，也可以使用法律武器。任何一种责备、惩罚，既是为了社会的福利，也是为了受罚者的福利。大家一边惩罚你，一边希望你变好。不过，惩罚是一种激烈的责备，它不可能让人愉快。即使是学校里最无恶意的惩罚，也必然要限制你的愿望、你的自由，否则是不行的。限制愿望和自由是一种手段，对你的生活和你的未来负责的年长的人们靠着这种手段迫使你去想：我做了不利于他人的事吗？怎样做才能使我的行为成为美的呢？大家都去看电影，却对你说：待在家里。就是说，这是为了他人的幸福，也为了你的幸福，有必要这样做，使你能检查自己、反省自己。实际上，惩罚的存在就是为了使一个人能检点自己和反思自己。

　　一个人对待别人的批评和责备的态度，能够反映出他的道德修养和素养。要善于理解和感受到在对你的行为进行责备时，会有一种正义感的流露，没有这种正义感，就不可能有一般的幸福。谴责不会给你带来欢乐，但是你应该去感谢它，因为它可以拯救你，使你不至于堕落。如果人们能在学生时代就理解这一点，那么，到了成年时期遭遇到的不幸就会少一些。

　　要学会感激人。听到夸奖之后要感谢人家，同时又要为你朝着人的完美方向前进而高兴。听到指责之后，也要感谢人家，因为他们在教你像个人那样去生活。他们的话也许很严厉，但这是对你的关怀，良药苦口嘛。在父亲、母亲、教师们苦口婆心的、严厉的话语中，饱含着巨大的劳动、精神力量和心灵上的动力啊。能对你说些苦口良言是很不容易的。如果你不愿意听这些话，那你就再也听不到这些良言，给你带来的好处就更少了。

　　这是一种最复杂、最细微的道德上的告诫。只有在教育上充满着相互信赖、心胸坦荡的条件下，它才能打动少年的心灵。这里我们谈到了责任感、感谢和深刻理解正义的情感和谐的问题。人从幼年起，就应感受和理解到什么是道德关系中真正善的含义。重要的是，让人能亲身领略到：善并不总是愉快的，它有时像腊月里寒风那样凛冽刺骨。我坚信，使孩子正确地、庄严地领会年长者那些尖锐但又中肯的话，并不那么容易，所以必须长期地、坚定不移地进行教育。这里最主要的是提供经验，让每个人都能根据经验得出结论：我所高兴的、期望的一切，不一定也是别人高兴的和期望的。

同样，说那些尖锐但又中肯的话也不容易。善于做到这一点，就是把教育的技巧和教育艺术融合在一起了。遗憾的是，许多教育者并不善于说那些能使孩子们正确领会的尖锐而又中肯的话。最令人难以忍受之处，就在于教师与学生谈话时常常先带有情绪。这样一来，教师就会给学生留下一个印象：教师的个性不招人喜欢，学生还会觉得，除了他个人的行为之外，一定还有一些其他的原因促使教师找他谈话，因而这种谈话会使学生感到委屈，也会使教师不信任学生。凡是委屈和不信任相冲突的地方，那里必然产生对立情绪；教师本想制止学生的坏毛病，而结果适得其反。所以，教师应当采用几十种、几百种不同的方式，始终表达自己对学生坏毛病的批评和责备的态度，而且应当做到使学生在您面前能敞开心扉，而不是默不作声、大发脾气，更不是把教师尖锐而中肯的话语看作因怀有成见而发泄怒气的话语。如果有人问我，在我们复杂的教育职业中最隐秘的东西是什么，我会回答：善于培养自己的学生能以明晰的态度对待我的批评和责备。

要责备什么呢？对什么毫不留情呢？对这些问题的正确回答在很大程度上取决于道德教育的成绩。但是，决不能时时处处都使用那些细致的、不无危险的教育技巧。对于教师而言，很重要的一点，就是善于发现需要责备的行为。教育过程的一个不足之处，就在于许多教师花费大量精力去同孩子的淘气、恶作剧作斗争。值得去责备的应是那种播下利己主义种子的行为以及以冷漠的态度对待他人精神世界的行为。

十岁的萨沙是一名四年级学生，课后留在长日班里。他每天课后都要和同学们一起到食堂用餐。值日生已准备好了午餐，餐桌上已摆好了每人一份的汤、小肉饼、茶，盘子里放着午餐面包。每个学生都知道自己那份午餐在哪里。萨沙坐下用餐。他的同学米沙今天是值日生，他要在大家吃过后再去用餐。可萨沙呢，自己那份午餐不够吃，便去拿值日生的那份，吃了一半，然后把剩下的一半推到对面。他很快吃饱了，之后便扬长而去，去干自己的事了……。一块面包、一个小肉饼似乎也算不了什么……。值日生米沙是个非常温文尔雅的孩子，他一句话也没说。但是不幸就在于他一句话没说，而那个男孩子的这个行为可能无人知晓。

您是教师，应当觉察到这一点，因为您面前的这件事，正是应当严厉谴责的。在萨沙的行为中，埋下了铸成大错的小种子。在一个人童年时代就对他进行责备、批评，这恰恰是为了去抵制那些小的、初看起来不易觉察的坏毛病的出现。做坏事的行为越是无关紧要、不易觉察，您对孩子的责备就越迫切，您的话在他们的心灵里留下的痕迹就越深刻。

长日班的学习结束了，您留下萨沙，跟他谈话。您很费劲儿地跟这个孩子讲清他的行为如何不体面的本质。"如果你伸手去拿属于你同学的面包，那你就玷污了自己的良心，你就企图扼杀人的高尚品格。也许你会说，我们周围是物质的世界，这些物质是属于人的，它们是为我们所用，人有支配物的权利。但我们决不能忘记，这些物质是由人创造出来的，是为了满足我们的需要。对待物的态度，也反映出自己对待人的态度。让我们想一想，萨沙，人应当怎样活着，应当做个什么样的人。让我们想一想，什么是人的高尚品格吧。"

童年和少年时代应有这样一些日子，这时思考的东西比以前度过的岁月里所思考过的东西还多。人的记忆应当永远把这些日子作为永放光芒、永不熄灭、照耀自己生活和心灵的火花保存下来。

我相信，教师同萨沙的谈话将终生留在他的记忆里。在他离开时，他会想到；在他回家时，他会想到。懊悔会使他坐卧不宁。只有在这种条件下，当懊悔的激烈情感（迫使他因疑虑而苦恼的情感）总缠绕着他的时候，道德上的谴责才会见效。这种情感的源泉就是思想和信念。

童年和少年时期，当恶习没有成性而莠草刚刚生根之际，就要对它们进行谴责。只有在谴责之后出现自责——良心感到痛苦之时，谴责才会有成效。请相信语言的力量吧！这语言，必须是诚恳的、智慧的、信任的、真实的、在心灵中深思熟虑的，如果您愿意的话，也可以说是痛苦的。谴责的语言——这是教育者最大的、无可比拟的责任。用这种语言，去对待心灵中恶习生根的人，形象地说，您就把他的心握在了自己的手心里。谴责的力量取决于这种谴责的独特性：没有"普遍"的人心，有的只是具体的人的世界。谴责的语言只有针对具体的萨沙或格里莎、奥利娅或塔尼亚，它才能获得强大的力量。依我看，当怒气冲冲的教育者责备自己的学生集体时（这是常有的情况），往往是"一般"地痛斥恶习，并指望自己责备的语言或许可以触及那些现在一点过错也没有，然而以后可能犯错误的人，殊不知这恰恰表现出教育的无知。这么做等于给所有人都开一种药，希望这种药对不需要治疗的人无害，而对需要治疗的人恰到好处。

您在孩子的行为中看到的恶习种子越少，责备的话就应该越委婉。您的任务是使受教育者了解，道德约束并不是锁链，而是积极的行动。人在感到良心有愧时，应该陷入思想和激情的急剧转变之中。不要让悔过在思想上成为对自己过失的悲观失望，而要成为清醒的、活跃的、旨在弥补过失的行动。十分遗憾的是，在教育伦理学中，不知为何总回避这一术语①，对现象的本质，许多教育工作者没有明确的概念。然而，只有在产生弥补过失的愿望时，教师对恶习的责备才能发展成为学生的自我教育。没有改过的意图，就谈不上对自己的过失有什么觉悟。

如果深入了解学校为了克服恶习、消除不道德行为所做的一切，我们就可以得出这样的结论：不强调弥补过失会在道德上把孩子引入歧途，会使他相信，只要下个"保证""口头应允一下"，就可以瞬间摆脱过错。轻描淡写地催促儿童、半大孩子："答应吧，保证你会改正错误！"这是不能被允许的无知行为，是可怕的、不明智的教育态度。让孩子们这样做，我们等于在培养恶棍。

会议上宣布的，甚至作了记录的一切训诫、警告、意见也是一文不值的。把大人生活中的这一切带进儿童生活中，只能引起人们的嘲笑，也许其中还隐藏着严重的危险。下个"保证"，或受到一

---

① 指赎罪、弥补过错。——译者

点训斥时，小孩子以为就完事大吉了。但教育的目的在于让孩子从自己身上用积极的、长期的手段弥补过失，也就是用行动和劳动弥补过错。悔过越深刻，受教育者这种改过的意图就越真诚。应该注意改过是如何进行的，在这个时期，教育者要委婉地接触孩子，指导他走上正确的道路。无论什么"保证"，无论什么允诺，都不能代替那种决定对人态度的内部精神活动。

应该教人学会自责，但如果没有理想，这是不可能的。我之所以能比较容易实现提出的教育目的，是因为与我打交道的人正处在愤怒、仇视的本能与渴求赞许的本能交织在一起这样一个特殊年龄段。矛盾的思想和感情令幼小的心灵产生慌乱，我指望的正是这一点。我的学生，由于人的美使他惊叹不已，他会对自己说：我坏透啦，应当受到高尚的人的鄙视。厌恶、不满意自己——这实质上就是弥补过错的内部精神活动的开始。

独自受良心谴责之苦——积极的行动就从这一点开始了，犯错误者以这种行动竭力证明，他是值得原谅的。如果说，他过去对于人们对他的印象置若罔闻的话（确切地说，无动于衷的感情是思想缺乏的结果），那么，现在他觉得自己好像赤裸裸地暴露在人的面前。他为自己的完全裸露感到羞愧，竭力想掩盖这种裸露，这便是改过。

改过和自我教育的道路是艰难的。旨在把孩子引向改过道路的谈话是复杂得使人难受、使人疲惫不堪的一种劳动。没有什么能比你以一个责备者的身份严厉地训斥一个人，同时又力图成为他的朋友这种困难使命付出精力更多的事情了。能通过交谈解决的问题，我把它叫作我们劳动的幸福。这是在痛苦中产生的我们工作的快乐。我们在谴责恶习的同时，也就把人争取过来了。

40。怎样培养孩子慷慨大方和大公无私的品格

要做一个慷慨大方和大公无私的人。吝啬使人贫乏，会把人变得自私自利、视钱如命。物质是为了人而存在的，人不能变成它的奴隶。物质和福利是劳动的体现，所以，从你对待物质的态度上可以判断你对待人的态度。吝啬，就是唯恐将自己的

心灵的一部分奉献给别人，并使其生活得更好的一种利己主义的病态。吝啬会逐渐变为贪婪，它会摧残人的个性、精神世界、需求和兴趣。贪婪会导致缺乏人性，仇视人类。解决吝啬和贪婪的解毒剂，就是在童年、少年、青年早期去培养慷慨大方之心。你要努力使你为他人所创造的东西变成你心灵的一部分。不过，在你为他人奉献时，不应该感到这是忍痛割爱。慷慨大方之心，是同情心的产儿，没有这种同情心就谈不上人的高尚品格。善于去热爱他人、怜悯他人，才可能成为真正的慷慨大方的人。然而，没有起码的慷慨大方的火花，对他人的热爱是不可思议的。

要善于观察自己周围的慷慨大方和吝啬，心灵上的真正财富和丑陋与空虚。吝啬与贪婪这些恶劣品行，要能经常激发你的愤怒、责备和蔑视。教师对你讲吝啬和贪婪，不是为了使你发笑和感到惊奇，而是为了使你思索人类那些最见不得人的恶习，使你能有自知之明，即使发现最细小的垃圾，也要把它从自己的心灵中清除出去。吝啬和贪婪是从过去那个人压迫人、人的价值取决于他的钱有多少、爱情和美可以购买的世界里传染给我们的。虽说这样的世界已成为过去，但它却以奇特的形式在人心灵中的诸多方面反映出来。这诸多方面还能一代一代传下去，完全是由于有人抱着那许多的习惯、弱点、传统的缘故。同时，也是由于我们周围的资本主义世界，把幸福同拥有金钱和物质等同看待，散发着腐臭的影响的缘故。正确地看待自己周围的慷慨与吝啬、大公无私与贪得无厌，这意味着一个人从童年和少年时代起，就要懂得这一真谛：我国最宝贵的、无与伦比的财富，就是精神财富。这些精神财富包含了理智、知识、智能、天才、创造、人的永恒的友谊与爱情，以及反复在人身上延续下去的幸福。要学会掌握这些财富，这就是真正慷慨大方的秘诀。

正如节俭与贪婪不可调和一样，慷慨大方与浪费和小市民式的那种过度奢华的追求也是不可调和的。要学会使自己的心灵像谴责浪费和过度奢华那样去谴责吝啬和贪婪。用圣－埃克苏佩里① 的话说：人的生活中最大的奢华，莫过于人的交际中的奢华。

---

① 圣－埃克苏佩里（1900—1944），法国作家。著有长篇小说《南方邮航》等，他的作品充满哲理，富有人道主义精神。——译者

以自己的辛勤汗水去创造、寻找、争取人，这才是求得奢华的最高尚的劳动。人过得奢华一些是当之无愧的，我们不能用禁欲主义来束缚自己。如果我们在一定的意义上来说不是贪婪的话，那我们的生活就会失去任何意义。但是，我们的这种"贪婪"，只有在它为了最终变得更慷慨大方而获取精神财富时，才能在道德上证明自己是对的。

我所关心的，就是要使我的学生们都能成长为在精神上美好的、勇敢的、诚实的、公正的人，也就是要成为同形形色色的邪恶进行毫不妥协斗争的战士。慷慨大方与大公无私是教育上最微妙的工具之一。我力求使学生们在童年和少年时代就能从慷慨大方中获得激动人心的快乐，在他的心灵里留下永不磨灭的回忆。

一个人的道德面貌如何，在颇大程度上取决于在童年时有多少快乐和幸福……。养育一个孩子，不仅用母乳和粮食，而且要有精神食粮。您要学会用快乐和忧愁去哺育他，教育的艺术也就在这里。一个人的高尚情操，归根结底取决于他在童年时代有多少喜悦与忧愁。而慷慨大方和大公无私完完全全取决于喜悦与忧愁、欢乐与不幸的这些高尚的源泉。我毫不夸张地说，我会使我最亲爱的读者——青年教师相信，慷慨大方的快乐是一种最高尚的精神力量，它能激起幼小心灵对人的高尚品格的赞美，使孩子们为参与创造这种高尚的品格而感到自豪。在谈到慷慨大方的无私时，决不能忘记我们所指的是物质上的无私。慷慨大方作为一种积极的活动，作为体力上和精神上的一种奉献，需要被鼓励。孩子们没有这种鼓励简直不能生活。应当让他们体会到，人们对他们这种高尚的品行并非漠不关心。让那个需要慷慨无私帮助的人，需要善举的人，始终不知道是谁给他带来了欢乐，又是谁给他解除了忧愁和孤独。即使没有任何人当众向帮助者表示谢意，他们也会感受到和理解到：我给人们带来了幸福。这才是主要的。

多年的教育经验使我确信，慷慨与无私无论以什么方式来表现，都不应当去奖赏。慷慨不应当作为某种特殊的东西来理解和体验。但愿有更多不留名的人去表现慷慨的品格。愿人们由于人的无私而感受到一种喜悦，却不一定要让他们知道究竟是谁给他们带来了欢乐。

培养孩子对吝啬抱有一种蔑视的态度，这是一项非常精细而复杂的任务。这里的问题不只在于让孩子去嘲笑这种坏毛病。孩子的世界观要用朝气蓬勃的思想乳汁来哺育，即去思考坏毛病的原因，思考人的真正的幸福和个人的未来。世界观是与对自己的心灵的态度不可分的。我认为非常重要的，就是要使孩子尽可能长久地保留我所讲的关于人的故事的印象，能把这些思想从学校带回家，而且能在独自一人的时候细细去品味。

思维是哺育高尚情操巨大的力量源泉。有了思维、思想，才会形成个人的信念、人生观、世界观。我力求使我的那些有关道德的故事不给孩子们留下一个浮皮潦草的印象，而要使他们产生深刻的思维。正因为每个故事里都为他们展示了正直的人的行为、思想、关系、命运、生活，只有这样，为孩子留下深刻的思维才会成为可能。有一个《世界上最吝啬的人》的故事，讲的是一个坏的毛病——吝啬。现在一年级学生的长辈们都非常了解这件真人真事。

这是一个令孩子们难以忘却的故事。他们在思索着生活的美、目的和意义。在这个故事的影响下，孩子们往往把吝啬的思想同孤独的思想连在一起。而对我来说，如果能在孩子们的头脑里唤起幸福的思想，我会感到特别欣慰。唤起孩子们懂得真正的幸福，并不在于一个人回避个人拥有多少财富，而在于人能在精神上更富有。在教育上很重要的一点，就是要经常让孩子们树立这样一种思想：一个人离开人群越远，他就会越不幸。

我力求使孩子们拥有成为一个慷慨大方与无私的人的愿望，使孩子们懂得只有给予才能成为幸福的人。要做到这些，必须使慷慨大方充满诱惑力。我为年纪小的学生们准备了许多故事和童话，在这些故事和童话里，慷慨大方不仅笼罩着浪漫的光环，而且以简单易懂的形式出现在孩子们面前。教师要提醒孩子们怎样才能成为慷慨大方的人，要使他们懂得必须时时处处去做，才能表现慷慨大方的品德。这些故事给小孩子们留下很深的印象。一旦他们想要表现自己的慷慨大方时，教育者应该怎么办呢？这里引用一句成语"趁热打铁"。不能允许孩子那股崇高的精神，在还没有燃烧之前就消失了。我着重指出，要让那些向往成为一个慷慨无私的人的孩子们，找到展示自己力量的地方，这一点是非常重要的。在儿时表现出利己主义是非常危险的。这种利己主义的情感往往是从小孩子一切围绕着自己打算、他的全部精力都是集中在满足个人欲望上开始的。在这种精神生活的方针指导下，孩子会有一种对自己本身的怜爱感，会逐渐发展成为好哭的人。凡是怜爱自己成性、心灵不能表现出慷慨无私的人，都会变得对他人的疾苦不闻不问，直到他那颗冷酷的心灵很难被启迪为止。

您要知道，如果您那同情人的号召丝毫不能打动孩子的话，那么，您那些关于精神高尚的、给人深刻印象的故事，也就没有号召力和吸引力了，那么站在您面前的这个人，只能是怜爱自己本人的人。如果您能唤起对慷慨大方的赞美，使它充满崇高精神的话，那您就能引导孩子们走上这条既充满欢乐而又布满艰辛的小路。

41. 怎样培养谦虚的品质

要做一个谦虚的人。谦虚是有关人的关系、行为举止、愿望、思想和感情、意志和性格的一门学问。做一个谦虚的人，则意味着任何时刻也不能忘记——首先，你所接触的每一个人，都有自己的优点和长处，因而你真正自由和幸福的生活就源于肯定每个人的优点和长处，而这种肯定只有首先去尊重他人才有可能。做一个谦虚的人，意味着不许有一点这样的想法：我有这些特殊的优点、品质，因而就该享有优待和宽容自己等特殊的权利。社会纪律面前人人平等。凡是要求别人做到的，也应该要求自己去做到。

要善于正确地看待自己的优良品质和不足之处。不管别人怎样夸奖你，你都要有自知之明——离完美无缺还差得很远呢。你要明白，别人在童年和少年时代夸奖你，多半是鼓励你去自我教育。如果人家夸你，那你就要想如何做才能好上加好。停止自我修养和自我教育，这就是骄傲的一种表现，而骄傲就是谦虚的反面。

学习、认识和掌握知识，是揭示你在学生时代品格的重要方面。学生的谦虚，往往是从他对自己智力财富的认识与自己的努力相符合的程度开始的。智力品格上的谦虚是你生活理想形成过程中一件很重要的东西。在青少年时代，你必须正确地看待自己，冷静地评价和估计自己的才能。你对未来的期望和计划越是谦虚，你的整个身心为克服困难、争取达到似乎不可能达到的目标而产生的能量就越大。

凡是谦虚地估计自己才能的人，在掌握知识方面通常会取得更优异的成绩。

谦虚，是热爱劳动、勤恳、顽强这些品质的"亲姐妹"。勤恳的劳动者从来不夸夸其谈。脑力劳动对人的要求是特别现实、特别冷静、特别认真，只有这样的人才能进行脑力劳动，而这一切又构成谦虚，它好像是一把尺子，人借助于它可以去衡量自己。思想上傲慢，对青少年来说危险性更大，这可以说是青少年目前的通病。它往往表现在知其皮毛，对那些非常复杂的，被人看作知识的东西只有个肤浅的认知。殊不知，傲慢就等于无知。

做一个谦虚的人，就是说要做一个对别人的小缺点能容忍的人，如果这些缺点没有对社会构成危害，而只涉及个人利益的话。如果我们每个人对别人的要求都能以谦虚这把尺子为准，如果我们每个人不只是善于去要求别人，而是善于去体谅、宽容别人，那么人们的生活就会轻松得多。我们每个人是如此，整个社会也是如此。最大的不幸，就是人们只是用这把尺子去严格要求别人，却根本不用这把尺子去严格要求自己。正因如此，种种矛盾、冲突、家庭悲剧、"性格不合"便产生了，也由此产生了不幸的孩子。

谦虚，被人们称为一切美德的桂冠，因为它本身和谐地把纪律、义务、责任和意志的自由融合在一起了。一个谦虚的人，把自身一切值得称赞的东西看作应该的，而且是理所当然的，那么他就会把纪律看作真正的自由，并去向往它。

把美好的东西看作应该的，这是道德教育中一条最富有哲理的原则。夸奖、抚爱非常必要，但应该恰当地去运用。

在同孩子们交谈时，我讲了一个关于"粉红色牛蒡花"的童话。

这个童话讲的是：在学校的台阶旁，偶尔长出一棵牛蒡草，这是棵平平常常的牛蒡草，可它竟如此大胆，居然长在那个地方呢！这棵草真是不寻常，真是令人惊奇，所以谁也没去毁掉它。它长啊长，居然开了花。

粉红色的牛蒡花，并不十分美丽，也没有诱人的芳香。但是从它旁边路过的人，都微笑着说：多么好看的"美人"啊！听到这样的赞美，牛蒡花得意地认为自己的确是美人了。到了学校的节日，孩子们把带来的许多鲜花摆在窗前时，牛蒡花便嘲笑说："你们全都是丑八怪，你们瞧我，我才是美人呢……"

我力求使孩子们懂得：不应该得到的夸奖其实是一种侮辱，就像不应该得到的欺侮一样。下面这个关于"蚊子功绩"的童话，给孩子们留下了深刻的印象。

在极深的悬崖上有个大木桶。多年来，它一动不动地立在那里，大家都感到纳闷：这只大木桶立在那里，居然谁也不能挪动它一下。有一天，飞来一只蚊子。它远远一看，发现有个东西立在悬崖的陡岸上。

"这是什么东西呢？"蚊子想了想。于是它飞到跟前，发现是一只大木桶，就坐在上面休息。可就在它坐在大木桶上的那一刹那，大木桶突然滚到深渊里去了。人们纷纷惊叫着："蚊子的力量真大呀，居然挪动了大木桶，把它推到深渊里去了！"

蚊子听到人们在夸奖它，便飘飘然起来："我真的力大无比啊！"谁也没有想到，恰恰是大木桶不想让蚊子叮咬，才滚到深渊里去的。

凡是需要履行义务的地方，不应允许有虚荣心存在，也不应允许陶醉在赞扬声中，这种思想对培养谦虚的品质会起着很大作用。不适当的夸奖会歪曲用以衡量英勇行为的那把尺子。在集体中要形成这样一种共识，那就是金无足赤、人无完人，只有在这种条件下才会产生谦虚，这要求高超的教育技巧。

谦虚反映在情感和需求那种内在的和谐之中，在这种内在的和谐的条件下，人才能体验到做好事给他带来的全部幸福。对于做了好事就大肆宣扬，把这种事当作不寻常、非常特殊的事来声张，作为一个真正的人来说应该感到不舒畅。这种曲解劳动美德的观念会给教育带来严重的危害。在学校的教育实践中常常有下面的情况：

孩子们在自己的实验园地里种上点什么，并没有花费多大的力气，只是遇上个好年景，就得到了好收获。其实这不过是大自然的恩赐。可是一谈论起成果来，便大肆夸奖这是劳动的成果，实质上并非这样，这会把小劳动者教坏的，会使这些孩子们不再成为劳动者。让精神上的力量给人带来内心的欢乐，这对正确的道德教育来说是何等的重要。

假如孩子并不具备某种美德，那就绝不允许去夸奖他有那种美德。这是错误的行为。

一年级学生斯捷潘科在校园内拾到了 20 戈比。他想："这准是谁丢的钱，我要送到老师那儿去。"

斯捷潘科把钱交给了老师。老师玛丽亚·格里戈里耶夫娜夸奖他说："你是个诚实的人，应当经常这样做。"

这件事在校园里掀起了"波澜"。斯捷潘科听到学校的新闻广播报道了他的事迹。报道中说：我校一年级有个男孩子，为人诚实、正直、善良，他在校园内拾到 20 戈比，可他并没有据为己有，没有去买糖果、冰激凌，而是把钱送到老师那里。这个孩子会成为真正的少先队员。

第二天，斯捷潘科在墙报上看到了自己的照片，并读到了"要以这位学生为榜样"的话。

过了一天，斯捷潘科的同班同学谢缅科也走到老师面前说：

"老师，我在校园里拾到 30 戈比，不知是谁丢的……"

"真的吗？"老师问道，"一下子就拾到 30 戈比？"

"是啊，两个 10 戈比的硬币和两个 5 戈比的硬币……"

"好的，丢的人会来找的。"

一天、两天、三天过去了，每天谢缅科都问老师："丢钱的人来找了吗？"

"没有，没人来找。你想想，谢缅科，也许是你自己丢的，你忘记丢钱了吧？"

谢缅科低下头，脸红了。他感到羞愧了。老师痛心地想到这正是由于不适当的夸奖造成的。

学校教育按其本身的特点来说，就是为劳动结果能经常进行评比创造了条件。在校园里处处可以听到表扬和批评声。同时，学校教育并不经常考虑一个学生付出多少精神力量，是否应当得到夸奖。时常出现这样的事：夸奖的对象不是劳动本身，而是大自然所赐予的财富；责备的对象是个别学生的能力有限。教师在责备学生的同时并没有把懈怠同脑筋迟钝、不善于劳动、不善于聚精会神区别开来，这是整个教育工作中一个非常严重的问题。要使每个学生成为劳动者，使他们的精神生活和才能在劳动中充分显示出来，这是培养学生谦虚和艰苦奋斗精神不可缺少的条件。

42．怎样培养高尚的行为举止

你的生活是由行为举止组成的。诸多行为举止能反映出一个人的道德品质。行为举止永远受人的道德意识活动所控制。比如，你到商店排队买东西，该轮到你了，这时，你突然看见旁边站着一位老大娘，你便让她站在自己的前面，把自己的位置让给她，并帮她买好东西——这一切都是因为你的道德意识在起作用。我们永远要让良心的内在心声指挥行动。而当你什么也不做，甚至只是蒙头睡大觉的时候，情况多半是这样：你不仅将无所作为，还会造成过失，会永远受到共产主义道德准则的严厉谴责，而且在一些情况下还会受到法律的严厉谴责。

行为举止能反映一个人道德修养的水平。假如我们中的某个人住在无人岛上，那就没有任何"行为"可言了。有时一个人出门在外，不知会做出什么事——是帮助残疾人而听到几句感谢的话，还是因流氓行为被警察逮捕；也可能碰上一群没有道德、没有坚定信念的人。所以，你的精神状态如何、心灵是否平静和安宁、生活是否幸福、身体是否健康，甚至你与之交往和接触的那些人的生活如何都取决于你的行为。

人的行为举止也反映在语言上，甚至在眼神里，语言与心灵息息相关。语言可能是含情脉脉的亲吻，又可能成为散发芳香的小花；语言可能是行善使人复活的圣水，又可能是插入心间的一把尖刀；语言既是烧红的一块铁，又像是一桶冷水，或者是一团发臭的污泥——这一切都是人的语言。甚至在沉默的时候，语言常常会成为最意外的举动。在那需要辛辣、直率、诚实的语言的地方，有时我们会遇到可耻的沉默，这是最卑鄙的举动——背叛。而有时正相反，当我们应该沉默、保守秘密时，这时语言就成为背叛。聪慧、善良的语言使人欢乐，愚蠢而恶毒、轻率而缺乏分寸的语言给人带来不幸。语言可以置人死地，也可以使人新生；可以给人造成创伤，也可以给人抚平创伤；可以使人惊慌、失望，也可以使人充满崇高精神；可以使人垂头丧气，也可以使人消除疑虑；可以引人发笑，也可以叫人流泪；可以产生对人的信任，也可以播下不信任的种子；可以鼓舞人去劳动，也可以使人的精神力量麻木。那些凶恶的、令人不满的、有失分寸的蠢话会使人受到侮辱、叫人伤心、为之震惊。当你接触的人，需要你说话的时候，或者当他急需你沉默的时候，你要善于了解到和感受到：你的一句话，就可能给别人造成蛮横无理、愚昧无知，或夸夸其谈的印象。要爱护、要怜惜人的不可侵犯性、易感受性和易伤性。不要令自己的举动使他人遭受凌辱，使他感到痛苦、焦急和不安。不要让自己的愚蠢和不妥当的行为在人的善良本质中播下不信任的种子。生活中的不良行为越多（不良的行为有可能是话语，也有可能是沉默），道德根基不坚固和缺少经验的人们就越有理由对善良和公正的胜利表示怀疑。当人们不再注意反映在积极活动中的那些不良举动的时候，那种毫无意义的行为数量就会增长。两者交织在一起就会造成不利于培养人的环境。也就是说，在那种环境下，形象地说，不可能像培养生物培养基那样，像培养高尚行为举止的根基那样培养道德意识。由此，你可以得到一条十分重要的生活准则：假如你对丑恶现象视而不见，继而用市侩哲学"与我无关"来安慰自己，那你就会在丑恶现象面前失去自卫能力。你越是逃避同丑恶的现象的斗争，你就越容易遭到丑恶现象的攻击。因此，为了生活安全起见，你应当永远做一个在道德上进攻的人、一个毫不妥协的人、一个不屈不挠的人。

这段教诲的力量，取决于一个非常重要的规律性，准确地说，取决于在学校生活中如何体现这种规律性。这里涉及的是道德意识活动。被受教育者当作善的表现来理解的道德真理，存在于行为之中。道德只有在行为之中，表现在人的相互关系之中才有活力，只有在这种情况下，上述的教诲才不至于化为乌有。如果对良好行为的教诲只停留在滔滔不绝的口头上，而没有落在良好的实际行动中，那么，教育集体的精神力量就将消耗在同这种过错进行的斗争之中。你的智慧和意志就将放在对是谁做的、谁是过错人的判断上。凡是道德不体现在崇高行为之中的地方，就会出现大量受害者，也很难找到过错人。

绝不能忘记，我们在学校内是跟孩子们打交道的，他们的道德意识正处在形成之中，而且恰恰在行为举止中才能产生道德意识。校园里应该充满鲜明的、有道德的气氛，而这种气氛使人相信，高尚的道德情操会成为主流。在有许多鲜明的道德行为的地方，善才会成为消灭恶的一种力量。在受到高尚行为鼓舞的少年心灵中是决不能容许恶劣行为存在的。

一天，课程结束了。天渐渐黑了，下起了雪，继而是暴风雪。这在村里是最不安的时刻：许多孩子回家路程很远，有的要经过草原和峡谷，很有可能迷路。家长们一般都来接孩子，但有 13 个孩子因为没人来接回不了家。教师把这些孩子们委托给高年级学生。我们启迪他们，号召他们发扬勇敢精神。学生们懂得，他们身上担负着多么重要的责任：他们要对那些孩子的安全负责啊。每个小孩由两三个力气大又勇敢的高年级学生护送，以防发生意外。当力量和无自卫能力相接触的时候，就会产生高尚行为和勇敢精神。每一个对小孩负有责任的高年级学生都会感到自身的担子不轻。有时恶劣的环境是难以忍受的，他们为了克服积雪的一段路，不得不把小孩子抱在怀里。

困难越大，心灵就会变得越高尚，年轻人身上那种自豪感就会越深刻。这种情感应当成为心灵的财富，对此，不必大肆评说，对这种忘我精神也不必大肆去夸奖。

越深刻地确立这是履行义务的思想，认为这件事并没有什么不寻常的，那么，对丑恶现象和不端行为的观察就越敏锐，感情就越细腻。道德意识在起作用，意味着高尚的行为在同过去的行为进行斗争。

　　在那件艰难而又欢乐的事之后，也就是当高年级学生们初次感到自己是个勇敢的人之后，仅仅过了一周就在学校内发生了一起不愉快的事件。15 岁的学生亚历山大放学回家，在堆满积雪的一条小街上，他追上了小莉娜。小莉娜为了给他让路，陷入雪堆中，还掉了一只靴子。亚历山大看到此事，非但没有去帮助，反而笑了起来。小莉娜坐在雪堆上哭了。一位妇女看见了，过来帮助了她，相比之下，小伙子对待小女孩的行为多么糟糕啊。亚历山大没有料到他的行为会激起同学们强烈的不满，特别是那些曾经在暴风雪中护送孩子时表现出顽强、不屈不挠精神的同学，他们非常关心这件"嘲弄人"的事（15 岁的学生维克多的话）。他的同学们在同亚历山大谈话中纷纷地说：

　　"卑鄙行为是不用智慧，也不需要勇敢的。下流的家伙就是卑鄙的人，这就是一切。"

　　"瞧你干的事，把人家孩子挤到雪堆里，而你却在幸灾乐祸。"

　　"嘲笑儿童哭泣，这是背叛行为。""你应当把她抱起来，带到没有雪堆的地方，而且跟任何人也不要谈到此事才对。"

　　亚历山大的过失对大家在精神上有着很大的震动，这事让我们感到欣慰。就是说在这些小伙子们的态度中（要知道他们的道德正处在形成之中），在他们的愤怒中，在他们的激情中，在这一切都有着天然的性格中，我们已看到道德意识在起作用。

　　我们毫不怀疑，只有在好、坏行为发生冲突的时候，道德才会成为一种积极的力量，青年人对卑鄙行为才会报之以愤慨、不满、毫不妥协的态度。这是复杂的、细致的心灵活动，谴责坏行为本身就是一种高尚行为。这对于教育学生集体，对于形成道德信念，其作用是不可估量的。被亚历山大的坏行为激怒了的同学们说，不想把他看作是自己的同学，而且他应当想一想，怎样"表现自己"才能得到人家的尊敬（这是 16 岁的学生米哈依尔的话）。

　　在道德上鲜明的高尚行为去战胜精神贫乏、道德无知、思想空虚的时候，高尚与卑鄙是有冲突的。在这一冲突中，我把在善良战胜邪恶看作集体的首创精神。关于这种首创精神已谈得很多了，而且在许多情况下暂且只是一种理想。要把这种理想变成现实，这对教师而言是一种真正的幸福，是道德标准的一个顶峰。要达到这个顶峰相当艰难。怎样才能达到这个顶峰呢？怎样才能达到使道德意识活动变成集体的真正首创精神，怎样使道德信念在行为中永存、反映出来、巩固和强壮起来呢？最主要的一点，就是要使集体的生活永远应当成为思想的生活。教师的使命就在于使集体永远有一种精神去追求高尚品格，去追求道德美。应当在儿童、青少年的思想意识中播下善良行为的种子，使他们有能力去同冷漠无情、道德无知、利己主义斗争，使大家的思想意识永远处在对抗不道德行为的境地，使每个少年心灵中的善良能随时反对邪恶，使邪恶成为一种不能被人容忍的东西。教师应当是道德财富的创造者，而不应当被迫经常充当同不道德行为的肇事者斗争的裁判。

集体的精神状态应当永远向上，使那种坏行为、不良思想引起普遍的激愤。打个比方，我们大家，我们这个集体好比是个合唱队，我们正在唱着美妙的歌曲，我们的心灵已被我们所创造的美所陶醉，可是突然，有一个流氓出现在我们面前，他想以自己的造作、忸怩作态、怪相来破坏我们所创造的美。在我们心中必然会激起一股愤怒，有人会把这个流氓赶走，然后继续做我们的事，而且这个令人愤慨的事会像令人遗憾的争吵那样永远留在人们的记忆里。

这就是思想生活。我是这样理解集体生活，即思想生活的：对于想去破坏我们所创造美的流氓，我个人是不能容忍的，因为它不让我生活，一时不除掉这种丑恶现象，我就不会得到安宁。我对邪恶毫不留情、毫不妥协，使我和我的学生们的这种情感融为一体，共同组成一股力量，这股力量会使行为不轨的人感到很不舒服。这就是道德意识的活动，以及它付诸行动的一种准备。没有这种活动和准备，学生集体就会在邪恶面前解除武装，不会再是一股严厉谴责邪恶的力量，相反，它还不得不防备意外行为的袭击。

我们教育工作者所关心的是使学生们能细致地感受到语言的道德和情感色彩，使他们能在语言中理解和感受到某种行为，而如果这些行为本身带有非道德的东西，他们就会站出来谴责它。有时候一句话就能玷污自己和自己的家庭，这是我们要告诫孩子们、青少年们要明白的。你说的每一句话，往往都能表现出你的道德纯洁或者行为卑鄙。

有一天，一群少年在体育场踢球。他们踢得甚是开心，无忧无虑。

有一位拄着手杖的老奶奶从体育场旁边经过。她眼神不好，步履艰难。突然，有人踢过来一球，把老奶奶的手杖撞掉了。老奶奶只好站住，弯下腰寻找手杖。这时有几个孩子停止踢球跑过来，帮助老奶奶找回手杖，并道了声"对不起"，可是也就在这时，传来一句嘲讽的话，有人嘲笑老奶奶人老无能。老奶奶哭了起来。她抓起手杖，也不听道歉的话，摇着头就走了。少年们不再踢球了。许多人因此事心情沉重，只有某些人不大理解，为什么不踢球了。大部分少年因为自己的同伴的行为而感到羞耻，他们无精打采地走到那个同伴跟前说："你怎么能这样？"他们因感到羞耻而回家了。而那个侮辱老人的少年，躲到一旁，莫名其妙地坐在草地上。教师得知这件事后，沉思了许久。他知道这些少年还缺乏勇气去谴责这种行为，他们只能做到使那人感到羞耻。在这种情况下，应当帮助他们学会观察到丑恶现象，并能对照自己。

下课后，教师请少年们到村头，一起坐在绿色的草坪上。大家看到白房子旁边的长凳子上坐着一位白发苍苍的老人。

"你们看看这位老人。"教师说，"你们到了老年也会像他那样。他都 70 岁了，还在耕地种田。如果不是这些人辛勤劳作，这个世界上就不会有你们，也不会有你们的父辈们。劳动也在等待着你们。你们要为他人的诞生和成长而生活和劳动。因为劳动和代代传承，人民才会不朽。在这些老人身上，我们能看到人民的不朽。应当像珍爱人民的无价财富那样去尊敬老人。凡是愚蠢地侮辱老人的人，都应当向被侮辱的人赔礼道歉。如果是极其恶毒地说出侮辱的话，那就等于背叛。"

许多年前，我们的教育集体就考虑到，有个别学生在童年、少年和青年早期都没有迈出需要付出精神力量的任何的一步。虽然他们从来不违反纪律，也没有给教师带来不宁。但这样勤奋的学生从学校毕业一两年之后就很难被想起来，他的面貌已模糊不清了。而且他的生活会很艰难：在困难面前会惊慌失措，在应该表现出独创精神的地方显示出软弱无能。在细心观察这种得过且过、缺乏进取心的学生时，我们便得出一个结论：他们把自己置身于教育的影响之外了。如果一个人没有什么可表现自己的地方，没有拿出任何一个需要付出精神力量的行动来，那他就可能在实际生活中表现为一个精神上的软弱者，会轻易受骗上当，走上一条错误之路。我们认为一项非常重要的教育任务，就是不要培养出任何一个没有勇敢行为的人，应使每个人能在某种具体的、感觉得到的事物中表现出精神的力量，与那种对待邪恶采取不关心、不闻不问的态度相对立。我们所担心的一种教育危险，就是培养出的人，成为只会躲避暴风雨和恶劣气候的娇生惯养的人。

激发学生们具有勇敢行为，是教师一项智慧与意志方面的工作，这项工作要求教师善于看到可能激励学生本身具有精神力量的那无穷尽的天地。

五年级学生格里沙，是个软弱、缺乏意志力的男同学。在低年级时，教师为此感到不妥，得常常保护这个男生免受欺负。当格里沙到了五年级时，他已无须帮助了。但又出现了一种危险和令人不安的情况：格里沙部分地能习惯忍受欺负，部分地学会了避免与同学发生冲突。格里沙不再受人注意了。教师们的注意力和精力都被那些具有狂热而自我表现的自相矛盾的个性鲜明的学生吸引过去了。然而，就是这个集体被一次意外事件引起不安：格里沙每天借给学习懒散的同学沃洛佳抄习题答案。

毫无个性，严重消极，应当救救这个孩子。这是个长期而艰难的工作。

格里沙住在离学校只有 1500 米的地方，从他家的窗口可以清楚地看到学校的窗口。在一个窗台上放着一个鱼缸。冬季，白天晚上都有一盏小电灯给鱼缸里的水加温。有一次，格里沙对教师说："夜晚我能看见鱼缸里的光。有一次，我似乎看到小鱼在游。"教师对这些话思来想去，脑子里闪现出一个有趣的念头。明天开始放寒假，外面正值寒冬了。

"格里沙，"教师说，"假期里，晚上你可要保护好小鱼，别让它冻死了。"

"您说什么？"格里沙惊奇地问。

"学校里夜间没有人。一旦灯泡烧坏，到了明天早晨小鱼就会死掉。你能看到鱼缸里的灯光，只要灯光一灭，就是说，应当马上到学校去。这里放着十个备用灯泡，怎么换你知道。"

教师的要求令格里沙又高兴，又难为情。格里沙有点怕，夜晚他能大胆地出去吗？但他羞于说出自己的胆怯。他同意了。教师把学校的钥匙交给了他。

假期开始了。格里沙待在家里，望着窗外，欣赏学校窗外那远方的小星。快到半夜了。突然灯灭了，格里沙穿上衣服，朝学校走去。周围一切都沉睡了，多可怕呀，可是不去吧，意味着丢脸。格里沙走到学校时，已冻得发僵了。他打开放着鱼缸的那间房门。鱼缸里的水已冷了。他换上了一个新灯泡，轻轻地说："小鱼，暖和暖和吧！"然后就回家了。

过了一天，灯泡又烧坏了。又得在夜间两点钟时出去。经过墓地和老教堂是很可怕的。但夜间外出回来后有股说不出的高兴劲儿！格里沙在假期中到学校去了五次，而且都在夜间。

男孩变得不胆小了。他不仅不怕天寒地冻，而且也不怕沃洛佳了。当沃洛佳说"把笔记本给我，我抄一下习题"时，格里沙说："自己解题吧！"沃洛佳从桌子底下伸出拳头来，格里沙摇了摇头，也伸出了拳头。课间休息后，沃洛佳走进教室，像只公鸡，头发蓬乱，满脸通红。格里沙回到教室也是红红的脸，但很平静。他们之间发生了什么事，谁也不知道。被教师称为"班里最后一个食客"的沃洛佳，开始自己解答习题了。

对于每个需要激发精神力量的学生来说，我们认为这天地可以在战胜困难中反映出来，表现出来。我们不允许任何一个人在道路上掉队，这条路的名字就叫"勇敢行为"。

43. 怎样把孩子行为中的"应当""困难"和"好"连接起来

人的最大的胜利就是战胜自己。一个人从童年起就要学会支配自己，从小就要学会命令自己，管束自己。逼迫自己去做应当做的事，而且把应该做的事变成愿意做的事。这是一种和谐。

这种和谐，是你的纪律性的基础。履行义务，则是意志的主要源泉。

如果你只善于听命于他人的意志，那么，你只能长成一个苍白的影子。真正的人善于命令自己，而且善于看到那些应当命令自己的环境。这也就是善于生活。

只有在你懂得什么是困难的时候，你才会成为一个真正的人。如果你在童年、少年、青年早期，处处感到轻松，那你就有可能长成一个软弱无能的人。只有那种不去逼迫自己去做应当做的事的人，才会感到轻松。既懂得"应当"，又懂得"困难"，把两者结合起来，这便是自我教育之道和真正的人的成长之路。要学会去判断什么事是应当做的和什么事是你要逼迫自己去做的。

不要走轻松之路，要走最艰难的路！克服困难能使人变得高尚。凡是能吃苦耐劳、克服困难的人，都会完全以另一种方式——成年人的方式去看待世界和理解人们。了解人，这是独特的一种人的智慧，是学校课程表上所没有列入的一门课。这种智慧只有在你的心灵里将"应当"和"困难"结合在一起的时候才能理解。掌握了解人的才能，你将能避免许多危险和意外。在了解人方面，最重要的是严格要求、尊重和考虑人的个性的可能性。不严格要求，既不能去评价、尊重人，也不能去珍惜人。

如果你本人不能逼迫自己，不能严格要求自己，即使给你派来一百位教师，他们也是无能为力的。如果一个人靠他人逼迫自己去学习，靠他人逼迫自己去劳动，靠他人逼迫自己成为自己父母的好儿子，成为自己孩子们的好父亲，这种人就会成为社会的异类，因为社会的精神和本质就在于创造。

这段教诲涉及一个人的自我教育的问题，是集体和个人精神生活中艰难而复杂的一个方面。在教育工作方面有个很严重的问题，那就是许多教师只会去逼迫学生去做某事，而不会启发学生让他自发地行动起来。

如果学生不能理解教师的良苦用心，便会使教师和学生的关系渐渐疏远。在学生们看来，他们之间有一些利害关系，可教师却有着另外的利害关系。由此某些学生和教师之间产生了不信任和不信赖的情感，因此教师很难再组织学生去做好事和需要做的事，如果教师不能卓有成效地去组织学生做好事的话，那他也就不能成为合格的教育者。凡是没有自我教育的地方，教师就很难开展工作，完不成的工作会逐渐多起来。如果教师在学校里总爱采取"逼迫"的方式（遗憾的是，这种事经常出现），那么，他们便会对教育学上的许多思想和理论原则丧失信心。可以想象得到，这种情况的出现在学校里是一种非常令人痛心的事。不仅如此，令人痛心的危险还在不断加深，这是由于谁也没有看见这件事的任何危险和任何令人痛心之处。在这样的集体中会产生一种念头——教育只不过是一番理论，实际上是不能实现的。

教育者的使命就在于教会孩子们去追求美好的东西，去逼迫自己做好事，对自己心灵上的消极和懒惰要感到不满。我们应当启迪自己的学生产生一股精神力量，使他们想成为好人，而且使这种愿望转化为他们自愿的劳动。凡是做到这一点的地方，在相当艰难的教育事业中，学生本人会成为教师的第一助手，他会分担您在教育上的负担，和您一起面对困难，他会同情您、怜悯您、帮助您。

在实践中，我们怎样才能做到这一点呢？应从何下手呢？怎样为这种教诲准备土壤呢？

依我看，最主要的，就在于在儿童的思想意识中，不能把美好的东西同愉快的，尤其是轻松的东西混淆起来。应当使一个人从幼年起就懂得，美好的东西是劳动的结果，是手和脑创造的结果。美好的东西，往往来之不易。没有劳动，你甚至领会不到大自然的美。

在我们集体农庄里，有一位农艺师，他有个五岁的儿子。夏季，天刚蒙蒙亮，父亲就唤醒儿子："起来，谢辽扎，我们去寻找美。"

儿子很快起了床，穿好衣服，跟着爸爸走到田野里。东方的天空出现鱼肚白，渐渐呈现出蔚蓝色，然后又现出玫瑰色，星星渐渐隐没。远处田野里的某个地方升起灰蒙蒙的一团，渐渐升向高空。突然间，那灰蒙蒙的一团像火一样在浅蓝色的天空中燃烧起来，而且就在这一瞬间，父亲和孩子听到了美妙的音乐。田野上空仿佛有人在弹琴，又像是一只小火鸟，用翅膀拨动琴弦，在田野上空发出美妙的声音。儿子屏住呼吸，头脑里产生一个问题："如果我们还在睡觉，云雀还会唱歌吗？"

"爸爸，"男孩子小声地说，"现在睡觉的人，不会听到这奇妙的音乐吧？"

"是的，听不到。"父亲小声回答。"那他们的生活该多么乏味啊……"

整个暑假男孩都在田野里干活。每天他特意比父亲早起半小时，到村边去听云雀唱歌，看日出。然后，父子俩再一起到田地里干上一整天，到了傍晚才一起回家，一路上，他们观察着星星的闪烁，体会着夜晚的寂静。

我坚信，人的精神力量是从理解美开始的。会思考、会创造、会控制自己行为的人都懂得并感受过克服困难的快乐与美好，他们的良好品格也正是伴随着克服困难产生的。要使"应当"和"困难"结合在一起。没有这种结合，一个人就不可能具备强大的内心，就不可能有能力战胜自己的弱点，并感受到自己胜利的果实。这种结合是从孩子在精神生活中克服困难、创造美开始的。美的创造，是使人逼迫自己成为好人的某些力量的源泉。

创造美的概念相当广泛。创造美，并非只意味着卷起袖子下地干活。农艺师的小儿子早早起床，匆忙下田，为的是聆听云雀的歌唱。这也是劳动，是创造美的劳动，况且还是不轻松的劳动。所以，只有在孩子理解艰苦最终会变为美好之后，他才会自愿去做艰苦的事。在我们面前的教育中，精神力量、劳动、美、自我教育等有着千丝万缕的联系，展现出十分意外的从属性。

没有劳动就不会有精神力量，没有美的创造就不会有劳动，没有基于劳动的精神力量和美的创造，就不会有自我教育和自我约束。这些事物之间的相互作用创造着一种理想，即善于使人去看到自己生活和斗争的目的，善于想象出自己的创造和自己的未来。

在整个教育过程中，有一件特别重要的东西就是培养人的这种精神力量的方向，使他想象到未来——为什么而去劳动。我们的学生在把荒地变成良田的同时，会为一种崇高思想所鼓舞，即这块荒地将会成为美好的园地，在这种美的创造当中，他会看到自己的未来。只有受到崇高理想所鼓舞的人才有可能逼迫自己去做应当做的事。这种理想便是劳动、美、精神力量、自我教育和自我约束综合教育的结果。我坚信，学生对劳动（包括对学习，这是非常复杂而紧张的劳动）持消极、冷漠的态度，是教师不善于在自己的学生面前展现美好的未来的缘故。

我认为有一点十分重要，就是要使一个人在青年时期的追求水平比少年时期更高。青年时期的勇敢精神必须在少年时期锻炼出来。这就要求孩子在少年时期能有许多提高追求水平的练习机会。少年时代蕴藏着无穷无尽的力量。让每一个少年想去做似乎难以做到的事，让无穷的胆量和悲观的情绪同时涌现出来，这要比沉默地服从和一味地盲从好得多。

引导一个人用自己力量沿着惊奇之路度过自己的童年和少年，我们的教育智慧就在于此。凡是有惊奇和喜悦的地方就有不满足。人的追求是无限的，人的追求水平越高，他对自己所取得的成绩就越不满意。在这种情感之中，产生了一种似乎微不足道的刺激因素，这种刺激因素会使人懂得什么是"应当""困难"和"好"。

44。怎样教孩子懂得敏锐而有分寸的行为

要容忍别人的个别弱点，对邪恶则应毫不妥协。容忍与毫不妥协是一个人精神素养中非常重要的因素，你必须掌握，为的是了解人的种种激情和性格的复杂性。容忍、善良，同毫不妥协、决不折中，你应当兼而有之。你可以不去计较别人的弱点，对它采取宽容的态度，但在学会宽容他人的同时，也应当毫不留情地对待邪恶。

有时，必须学会装着看不见你亲近的人的弱点，特别是老年人的弱点，你的道德修养就反映在这一点上。人类社会是个复杂的世界，在这个世界里，有善良的东西或邪恶的东西，有对周围有益的东西或有害的东西，有令人迷惑或令人讨厌的东西，还有稀奇古怪的、难以理解的东西。弱点往往会变为邪恶，这种变化取决于人的道德发展被弱点影响到什么程度。要自己教育自己，不允许这个弱点变化成邪恶，也要善于告诫学生预防这种变化。在你与他人接触的时候，要善于发觉弱点转化为邪恶时的一刹

那。如果你发现正确而又有分寸地干预他人生活的精神力量和方法时，那你不妨尝试去预防产生这种邪恶。即使失败了，对你来说也是一次经验教训，你将在自我教育中变得更聪明。要记住，过于仁慈和无条件的忍让，可能导致宽恕一切；过度的不容忍，会导致任性和专横，妄自尊大，也就是不善于看到自己弱点的那种自尊心，将会变成自私自利和自我陶醉；习惯于消磨光阴，会变成懒惰和懈怠；对孩子无故的过分宠爱，会对邪恶产生放任和纵容；谨小慎微，会变成胆小怕事，畏葸不前；犹豫不决，会变得意志薄弱、精神空虚；过于谨小慎微，会变得缺乏自我的信念；过于节俭，会变得吝啬和贪婪；过于慷慨，会变成铺张浪费；经常对某事和某人不满，会对神圣的东西产生不尊重；过于关心个人，会变得利己主义；多疑，会发展成为病态的疑心重重；对好事情的盲目自信和对坏事情过分敏感，会成为蛊惑性的奢谈和诉苦；一味平静，会导致冷淡；过于健谈，会变成说大话、不谦虚；过于好奇，会成为不知深浅和爱打听人家的私事；轻易爱恋而又轻易抛弃，会变得放荡；处处轻浮，会导致背信弃义；各方面都爱出风头，会导致认为自己比别人都好，养成骄傲自大、不尊重别人的恶习；过于富有同情心和感伤，会变得多愁善感……

在对待老年人所有的弱点方面，要表现出忍耐、有同情心和有分寸。

要宽容病人的毛病。你对自己的同龄人所讲的话，不能当着老人和有病的人的面全讲出来。对有生理缺陷的人，应当特别容忍和宽容。

有些人非常老实而忘我地干活，但取得的成绩极其平淡，如果因此就认为这种人不合格，甚至在他们面前显示自己的成就，这种做法是没有分寸、不谦虚、很不正派的。

有的人个人生活很不顺利，我们要善于体贴和理解这种人的痛楚。要懂得，如果经常在亲近的人面前显示自己的幸福和顺利，一定不会使他们高兴。展示幸福和顺利时要谦虚和有分寸，这是表明你为人正派的一个非常重要的特点。

我们要特别注意，应使孩子们、青少年们做到会忍耐、宽容，而对老年人表现出来的弱点尤其应当同情。跟孩子们谈谈老年人，依我看，这是有关智慧和尊严非常重要的课题。根据你怎样对待年老体弱、虚弱无力者的态度，你怎样对待作为人类不幸衰老的态度，我作为一个教师就能得出一般情况下你是什么样的人的结论，并且也能得知我对你的教育能达到什么效果。青年不喜欢接近老年人、不乐意与老年人为邻、不善于同情老年人、不关心与他们和睦相处，这是很大的不幸。对于这种不幸，我们社会应当予以更大的关注。老年人有智慧，有丰富的生活经验，有其独特的见微知著的观察能力，只有他们才能帮助年轻人树立品行端正的人格。但是，我要再一次地强调：老年人不仅有智慧，而且有不幸，特别需要人的同情。

一个人从童年起，他的精神生活就与这个非一般的不幸——衰老相邻。我教育孩子们，并向他们建议，要与爷爷奶奶共享自己的欢乐。每逢节日，你要同他们在一起，在老年人生活中，会有些东西让你觉得奇怪和不习惯（将来等你老的时候，也会有这种古怪行为），不要为此感到不安。多年来的经验告诉我，孩子同老年人生活在一起，会产生和发展心灵上的高尚品质。孩子尊敬有智慧且有弱点的老年人，这种仁慈心会变成心中一股巨大的力量。使仁慈心变得坚强有力，使孩子充满意志力和不屈不挠的精神，这一点是非常重要的。

毫无疑问，医治这些不可避免的不幸（老年人的许多弱点）产生的最有效的药方，就是忠实、真诚和信任。老年人对于别人怎样对待他很敏感，他们会以内在的巨大力量去酬谢仁慈，旨在消除自己的弱点。所以，要像担心更大的邪恶那样，担心孩子们对老、弱、病人和孤寡人的弱点采取不宽容的态度。这种不宽容的态度，宛如有毒的果子，是从利己主义和自私自利的小花逐渐长成的。

一个人只有当他从幼年起就生活在操心、焦灼不安和忧虑的世界里，才会成为幸福的人。尊重人的这一复杂的、有时是矛盾的、在我们觉得又是奇怪的世界，就意味着要教育未来的公民学会观察自己和严格要求自己。我多次地强调，一个在童年、少年时期没有任何毛病的人，不可能成为可靠的、忠实的丈夫和父亲（同样也不可能成为可靠的、忠实的妻子和母亲）。不理解人的弱点这一真正的天性，就做不到对人的真正的爱，因为爱在一定程度上是理想化的。理想化则要求非凡的智慧、高超的技能。为了使可爱的人完美，而且在完美的可爱人的面前，自己本身也要追求达到理想目标而奉献出自己的精神力量，这一切都是与"不断地克服缺点"的艺术分不开的。

45。怎样培养人的尊严

有一种细微而娇嫩、坚强而勇敢、摸不着而又不屈不挠的概念，那就是人格尊严。生活中，人总是要接触美与丑，欢乐与痛苦；在人的精神生活中，往往有庆幸的时刻，也有痛苦的时刻；充满整个身心的爱和对卑鄙行为的感受交替振荡着人的心灵；常常会有一种紧急情况和偶然情况，需要你放弃快乐、做出牺牲；为了亲友的幸福，特别是妻子和孩子的幸福，应当用自己的思想、信念的力量，去战胜情感和冲动。

这一切都需要尊严。人应当有尊严地活着、劳动着，享受属于你的物质财富和精神财富，有尊严地去感受欢乐和痛苦，有尊严地对待病痛和迎接自己生命的最后时刻。在最艰难的情况下，甚至在失去生命的情况下，都不能跨越理智控制行为的那条界线，并且绝不能让本能的落后势力和利己主义的动机抬头。要珍惜、树立、发展、提高自己的人格尊严。你的尊严的根基，就在于你具有高尚的信念和思想。人之所以被称为人，是因为人能用自己的思想控制生活中任何可能的激情、追求以及愿望。

尊严，是控制自己感情的一种"智慧权"。你人格的高尚表现在你善于明确而细致地判断什么是体面的、什么是不体面的。体面的东西应当成为你精神素养本质的东西，不体面的东西应当激起你的蔑视和极端的厌恶。

懂得卑鄙、下流、丑恶、庸俗是不体面的东西，这应当成为你的性格的特点。

我认为一个非常主要的教育任务，就是去培养个性（我着重指出，尊严属于深层个性的范畴）都能反映出体面与不体面观点的独特世界观。既然人的尊严就是学会克制自己，那么公民从小在头脑里就应当树立关于抵制不体面的卑鄙行为的信念。这种信念能够使人产生道德免疫力，帮助人维护自己的尊严，保持高尚的品格。

多年来，我校在教育工作实践中制定了关于"哪些行为是不体面的"的道德准则。我们要在孩子们的思想意识中树立关于不允许卑鄙行径和一系列坏行为存在的思想。只有在这种思想、信念的基础上，蔑视不体面的行为的情感才会得以巩固。信念与情感的融合，才能树立个性的重要道德特征——厌恶自己行为中不体面的东西，积极追求使人向上的体面的行为。

这里谈谈几种**不体面的现象**，一个道德正派、精神美好的人的信念和感情世界就建立在蔑视这些现象的基础之上。

靠压制别人，给别人安排不当的工作，使别人苦恼和不安而获取自己的幸福、欢乐、满足和安宁是**不体面的**。不让别人欺负自己，但也不要欺负别人。

我们尽最大努力使孩子集体中充满一种幸福、欢乐、和谐和气氛。一个孩子的幸福不应当建立在损害别的孩子幸福的基础上。孩子不应当局限于自己幸福的小圈子里。我们认为，理想的情况就在于一个幸福的人要能为自己的同龄人失去幸福而感到良心受到责备。这种感受，是儿童心灵中最敏锐的一角，它隐藏着微妙的尊严感。真正有尊严的人，不可能对他人身上所发生的事感到扬扬得意、安然自在。

在同志处于不幸、危险之中时，丢下他们不管，对别人的痛苦、忧伤采取冷漠的态度，是**不体面的**。道德上的聋人、盲人，心灵麻木不仁，是最恶劣的毛病。感受到别人的不幸，并对别人的不幸采取不予理睬的态度是恶劣的和令人讨厌的——这是整个教育工作的一条主线。我有几个形象的故事，这些故事对孩子们的意识和情感世界来说都是容易理解的，这些故事揭露了对他人不幸采取冷漠态度的卑鄙行为和不正派行为。教育集体通过高尚品德的教育，会使学生逐步树立起正确的世界观，提高他们的思想水平，使他们具有美好的情感。体面的东西会给人带来欢乐，而不体面的东西，则会激起大家强烈的谴责和不满。

应把在掌握知识方面的不顺利，视为学习上的最大不幸。所以，在培养如何对待不幸这一点，学校生活起着非常重要的作用。尤为重要的是，要使孩子们在同学学习落后的时候，看到他们的不幸并同情他们，而不是对班里的这些同学采取冷漠的态度。

躲在别人的背后，享受别人的劳动成果是**不体面的**。这是非常细微的精神关系的范畴，这种精神关系是与学习相联系的，也是与集体和个人生活的各个方面相联系的。劳动者光荣，不劳而获者可耻。我们认为培养这种观点就是培养信念的核心。

蔑视懒惰、游手好闲和懈怠，憎恶那种靠别人来养活的人和长期受人抚养的人——这些道德面貌的宝贵特征，是在体力劳动受到崇高思想动机的鼓舞和充满思想的地方才能培养出来的。按其本质来说，一个人正在形成的尊严，就是给他打下劳动的根基。劳动能够培养孩子克服困难的精神，提高他们的自豪感，缺乏这种劳动的尊严是不可思议的，因为在劳动中，体现了我的力量、我的智慧、我的创造。

做一个畏葸不前、软弱无力的人是**不体面的**。在危险面前，表现出犹豫不决、退却、哭泣是可耻的。胆小、犹豫不决会造就胆小鬼、可耻行为和背叛行为。英勇果敢才是勇敢精神的源泉。凡是有危险的地方，就应当挺身而出，我们教育工作者的任务就是要把这样的道德原则变成为行为准则。这种道德原则的实现要求一定的条件，那就是表现出英勇行为。发现生活中的这些条件或创造这些条件，是件很细致的事情：教师要对学生的生命和健康负责。如果我的学生在童年时期不敢爬上树顶，不敢游泳过河，不敢深更半夜到森林中去找回一根需要的木棒或行军时某位同学丢失的指南针，不敢从屋顶上把过早爬出鸟窝并卡在瓦缝中的雏鸟捉回鸟窝，不敢在暴风雪中护送年幼的、无自卫能力的孩子回家，那我就把这种教育说成是温室里的教育。只有培养学生敢于去做那些事，才能教育出英勇果敢的学生。在那些勇敢行为中永远会有冒险的成分，但是，没有聪慧的父亲般的冒险，是不可能谈及教育的。

在面临危险时表现出英勇、无畏、果敢、坚强——这是一种无与伦比的精神状态，它会给人的整个面貌打上烙印，从而能产生出真正的高尚品格。我坚信，一个人只有具备英勇无畏的品格才会真正地反映出和认识到自我。只有具备英勇无畏的行为，才会对别人需要去保护和同情的不幸和痛苦，终生保持着心灵和思想上的那种细致的敏感性。英勇与无畏、果敢与坚强，是注入少年心灵中的一种对卑鄙行为免疫的最有效的抗毒剂。高尚的英勇精神，形象地说，这是创造人类真正美的一把最精致的刀具。我通过了解数十人的经历，可以得到这样的结论：英勇、无畏、果敢、坚强能磨砺出对劳动的特殊态度，也就是说，人们认为在做艰难的事情中表现出轻浮和缺乏意志都是有损于人格的。在劳动中表现出刚毅和意志力，才是童年时代英勇行为之花结出的果子。

我一向关心的是，如何在集体中营造一种蔑视胆小、软弱、犹豫不决、爱哭的气氛。这是人的精神生活非常重要的一个特征，它决定着人与人之间相互关系的高尚品格，并成为每个人自我教育所必需的力量源泉。只有在蔑视意志薄弱的地方，孩子才能感到羞耻。蔑视胆小、软弱的精神，同时也是一个人避免自私行为的约束力。凡是在蔑视恐惧、胆小的地方，凡是在认为"这不关我的事"是卑鄙的想法的地方，利己主义永远处于阳光普照之下，无处藏身。

怎样才能使这种精神在集体中起决定性作用呢？最主要的，就是当需要表现英勇、无畏、坚决的一瞬间能毫不迟疑地表现出来。教师应该敏锐地感知什么是需要英勇的环境。

放任的要求和欲望，不受人的精神的监督是**不体面的**。你想吃或想喝，想休息或想在篝火旁取暖——这是你身体的需要，但不要忘记，你是人！在满足自己需求的同时，你应该表现出审慎和克制。这不是谦虚，而是一种更为崇高和更有意义的品格：在控制住自己的要求和欲望的同时，应使自己的精神本质高尚起来。

我总是向步入少年时代的孩子们讲述一位高尚的旅行者的故事。有一个人在荒无人烟的草原上走了三天。他已没有食物了，只有一壶水，在他渴极了的时候，才喝上一口。旅行者终于走到了一个有人居住的地方。当地人很好客，热情地迎接了他。他们在绿荫如盖的苹果树下铺上了桌子，摆上了好吃的食品。但旅行者并没有马上坐到桌旁享受，因为他是人。他同住宅主人一道去绿色草原中间的井边去取水。主人抱怨说：井里的泉水被淤泥污染了，可他又没有力气去清理。于是，旅行者清理了井，取了水，然后才坐到桌旁。

他喝了一碗汤,吃了一小块鱼肉。主人再三劝那位旅行者多吃点儿,好有劲儿继续赶路,可他没有再吃。

孩子们应当学会控制自己的愿望、要求和欲望。

我们到森林里去,路上经过一片被晒得发烫的草原,大家疲倦极了。突然遇见一口清泉,大家都想喝。但教师告诉孩子们要克制。孩子们便坐下休息,谁也没到泉水边去。问题的关键不只在于天热时喝冰冷的水不好。教师告诫大家:"你们想一想,大家都挤到水边,彼此头碰头了,我们谁也喝不到水,这是有辱人格的。最好让女孩子们先喝。"听了教师的话,孩子们按顺序去喝水了,只有身材魁梧的、灰眼睛的托里亚不知为什么没有去喝。于是教师问:"你不想喝水吗?"托里亚回答说:"想喝,但我不急于去喝。我想成为一个真正的人。"教师微笑着。让他高兴的是,他看见托里亚正在从事最繁重的劳动——自我锻炼。

在培养克制、宽宏大量的品质的同时,教师要在少年心灵中树立重要的道德品质——文化修养、意志的纪律、相互关系的高度素养。孩子们要学会互相让步。

特别重要的一点,就是要使学生从小就认为在劳动中表现出自己的软弱、疲倦、无力是不体面的。你可能一点儿体力也没有了,也可能挪不动脚步,或者拿不动铁锹了,但在明白你是真正的人之后,只要你有精神力量,那就谁也不会考虑到你已经筋疲力尽了。我们认为这种精神状态,是真正道德教育的一个非常重要的条件。

当说话能表达你的诚实、勇敢的高尚品格的时候,你沉默不语是**不体面的**,这种沉默就是意志薄弱和卑鄙行为。当需要你用沉默来表达诚实、高尚品格和勇敢的时候,你却说话了,这也是**不体面的**,因为你的话就是意志薄弱和卑鄙的表现,甚至是背叛的表现。

如果一个孩子不认为当着众人的面,或教师的面公开说出他所犯的不道德的行为是对他有益的话,那么,整个教育工作体系就归于失败。我认为非常重要的一点,就是去培养孩子在责任感面前对自身的怯懦、意志薄弱和恐惧感到蔑视。不道德行为可能是个错误,而怯懦比这更危险。我努力做到能使孩子的头脑中树立这样一种思想:对自身的卑鄙行为应有一种不妥协的态度。在道德教育的细节问题中间,有一个最细微、最敏感的问题,就是在自己良心面前培养责任感的问题。我极力使一个有不道德行为的人，能用良心责备自己，使他自身的胆怯像压在心头上的石头一下落了地，整个人变得轻松。使孩子感到轻松的，不只在于不去隐瞒那些不道德的行为，而在于他有了勇气从蒙受耻辱的秘密中解脱出来。很重要的一点，就是使一个人在童年时代要感受到这种放松。

如果有人做了不道德的事，我要教他勇敢地去承认，并考虑自己去惩罚自己。惩罚犯错的人是为了他好。要考虑怎样给自己带来最大的好处——使自己变得更好。

我教育孩子们：要保守朋友的秘密。有很多东西是不能说给大家听的。高尚的沉默，也是一种独特的勇敢。把应当成为内心友谊世界的财富都拿出来夸耀，就意味着降低人格。废话也有可能导致背叛。

一个真正的人，不仅认为撒谎、口是心非、卑躬屈膝、听从某人的意志行事是**不体面的**，而且认为没有自己的观点、丢失自己的面子也是**不体面的**。暗中诽谤是卑劣的、令人厌恶的，它比背叛还要恶劣。暗中诽谤、出卖同志，就等于从背后开枪。为了培养学生说话的勇气和沉默的勇气，教师本人首先应当是品德高尚和勇敢无畏的人。应当善于尊重儿童，特别要尊重他们自己的观点和信念，即使他们的行为似乎没有全部被我们所理解和证实，我们也应尊重。压制观点、摧残信念，原则上可以达到这一点，然而结果是一种卑鄙行为。

观点和信念受到摧残的人会变得可怜，他在精神上也会变得空虚。摧残个人的观点和信念，则意味着使一个人变得更加冷酷无情。

不履行诺言，轻率、不负责任地乱说是不体面的。教师精心培育真正人的性格的最精细的一个方面，我认为就在于使学生能成为说话铿锵有力、说话算数的人。为此，必须培育少年心灵中具有意志高尚的品格。一个人从幼年起就应当学会向自己提出自我教育、自我完善的目标。尽管这一目标一开始似乎并不大，但一个人不应虚度年华，应当有一种志向推动着他。达到目的会给他带来快乐和骄傲。在我们艰难的事业中，一个最脆弱而且难以捉摸的东西，就是用志向去鼓舞人。志向根本不同于愿望。愿望往往产生于懒惰的心灵之中；大人不让孩子付出紧张的精神劳动而满足他的愿望越多，孩子生活中意志的高尚品格就越少。志向是同一个人对自己的约束、承诺、要求相互联系的。

你要把让孩子懂得把这一真谛看作自己的崇高使命。只有在这种情况下，孩子才能珍惜自己的话，才会懂得不负责任地乱说、信口开河，就是在破坏自己许下的诺言。

学校应当成为一块圣地，校园里应当只有诚实、坚定、勇敢的话语。这是培养人品最基本的一条。我认为集体精神生活最重要的方面，就是应当让孩子们从小就树立蔑视说空话的思想。

对自己过分怜悯、对他人冷淡无情是**不体面的**。过分夸大个人的痛苦、委屈、不幸、苦难是**不体面的**。哭哭啼啼是不体面的。人应当用克制来装点自己。

教师应当善于看到那种危险，如果说有个别学生从童年爱哭，一直到少年、青年早期仍旧爱哭，这种人的生活不会轻松，一旦碰到真正的困难就会不知所措。

"一个真正的人因为疼痛而哭泣是**不体面的**。痛苦时，你要忍耐。不要从心灵上垮下去，要做一个坚强的人。"这是教师在孩子遇到困难时所应该说的话。有一次去森林旅游时，一个九岁的男孩从树上跳下来，不小心摔伤了腿。教师给他包扎伤腿时，对他说："男子汉，由于疼痛哭鼻子可难为情。你应当勇敢、克制、坚强、不屈不挠。在你们的生活中，一切都可能发生，在精神上要有准备，要有在战场上负伤的准备，要有经常在零下 50 摄氏度严寒条件下生活的准备，要有不间歇地百公里行军的准备。"

要有坚强、坚忍、不屈的气氛，形象地说，这好比灯光，孩子借助于这种光能看到自己行为的真正价值。我教育孩子们从小起就要有一种信念：因自己的痛苦而流泪是可耻的，能够克制是英勇行为。

身旁的妇女遇到困难时，你不闻不问，表现出若无其事是**不体面的**。

关于在道德价值上，人们对待妇女的态度起了什么作用，我们还将不止一次地谈到。这是个相当重要的问题，可以毫不夸张地说，为了培养真正的人，我们足足有一半精力是花在如何教育孩子们、男人应该怎样对待女人的崇高态度上的。有些道理暂时还不能对年幼的孩子讲得很清楚。应当从最起码的一点做起：让孩子们感到对待妇女采取冷淡无情的态度是卑劣行为。我极力使孩子们，首先是男孩子们意识到这样一种思想：妇女身上体现出了人类的伟大。女人的崇高使命总是伴随着艰苦的劳动。女人要比男人艰难得多。女人不是"弱者"，可女人需要关怀和保护；女人是坚强的、勇敢的，但女人的处境又很艰难。男人应当与女人分担这种艰难。

　　"如果你听到'女人'一词，你的意识，你的整个身心，都应渗透着一种想法：我应帮忙她们做点什么呢？"当我的学生已懂得"我是女人生的"这一真谛时，我便这样去教育他们："女人有特殊的权利要求我们男人时时处处去减轻女人的生活困难，因为她是女人。看到女人有了困难时，采取无动于衷、不闻不问的态度，是可耻的。"我们生活中的奉献，实质上就是从我们每个男人做起，去感谢母亲给自己带来的幸福。我们社会里的男女平等是有前提的，那就是男人没有权利拣轻的担子挑，而女人有特殊权利去选择较轻松的劳动。这并不说明女人弱，而是因为女人的艰难是男人无法比拟的。不理解女人的艰难，有与女人斗争的想法，是不可思议的。

　　酗酒和贪吃的人是**不体面的**。酗酒与人的关系就像背叛与忠诚那样不能相容。酒会使人失去意志、露出本性，甚至使人变成禽兽。我认为学校一个非常重要的使命，就是在少年心灵中去树立蔑视这种卑劣行为的情感，在这项教育工作中最主要的，就是去丰富学生们的精神世界，培养他们作为有思想的人的自豪感。对孩子，特别对青少年们来说，最大的幸福和享受就是同好书打交道，去读书，去思索。同样细心地去理解和感受大自然中、艺术中、人际关系中的美，也能培养出蔑视毒害意识的情感。我们的理想——美，应当成为个人品德的尺子，使享受和美融为一体。对美的理解和感受越细微，对一切粗鲁的、无理性的、本能的东西的厌恶就越深刻。

　　人的精神不应该是空虚的。在业余时间，少年的心灵首先应当成为美的容器。对美的吸引，对丑恶事物的厌恶，是防止产生酗酒行为的一种强有力的抗毒剂。

46。怎样培养孩子自觉地去追求善良

你生活的世界有幸福、善良，也有罪恶。你的父辈、你的人民、你的祖国的最大幸福，当然也包括你个人的幸福，就是社会主义在你的国家取得了胜利，并正在进行共产主义建设。你生在一个没有人压迫人的社会里，在这个自由的社会里，彻底消除了"人吃人"这一仇视人类的现象。社会主义生活的幸福，正是指祖国的一切财富属于全体劳动人民所有；正是指你在为自己的同胞工作的同时，也在创造大家的和你个人的幸福；正是指在我们社会里，人与人都是朋友。这正是你要感悟的一种不言而喻的真谛，你要把它看作一件东西，从老一辈那里承继下来。是啊，要成为社会主义各种利益的继承者。这不单纯是一种莫大的幸福，而且要求你具备很高的道德水准，要求你具备远见卓识的才智，能洞察过去、现在和将来。

你那公民的智慧应当懂得，我们的祖辈用鲜血和无穷苦难换来的社会主义福利，是善良永恒的基础。向我们提供社会主义福利，就是为了弘扬善。随着你的意识的初次闪现，随着你对周围世界的初次领会和思考，善良的意念就会进入你的脑海和心中。当你年龄尚幼，刚刚学会迈步时，看到一位老人受欺，老人在你面前现出痛苦不堪的样子，你就懂得，并用咿咿呀呀的儿童语言说：不该这样！再不能这样！这是不公正的！善，会战胜恶的！当你走到妈妈、哥哥跟前寻找善和被践踏的正义时，你就懂得邪恶和不公正在哪里，自己行为的过错在哪里。当你看到人们为别人所创造的财富被浪费时，你会愤怒：不该这样！再不能这样！你本人还无能力同破坏善的现象作斗争，但你已经感到，在我们的社会中有一股强大的力量，它能够制止邪恶。你已经朦胧地意识到，在我们正义的社会中有着保护善的一种法宝，那就是社会主义制度。随着时间的推移，这种概念会变成你自觉的观点，变成你的信念。

善的意念似乎是你自身的一部分，它与你的思想、观点和信

念是分不开的。善的意念好比一把尺子，用它可以去解释和评价自己周围的人际关系。你的道德教育和自我教育归根结底取决于善的意念在你的意识、你的生活和你生活的实践中持久地树立到什么程度。善的意念，并不是老一辈人向你的心灵灌输的抽象真理。列宁认为，善被理解为人的实践。善就在于：世界不会满足人，人决心以自己的行动来改变世界[14]。善，并不只是一朵美丽的小花，还是一朵娇嫩的、无力自卫的小花。善是为正义思想的胜利而斗争的武器，是我们的活动、我们的意志、我们的劳动、我们对恶毫不妥协的斗争。

善的意念在你的头脑里确立，本身就是作为你对人际关系的一把尺子，没有你的意志和积极活动是不可思议的。善就是加上意志的一种思想，只有在这种情况下，我们才会得到与邪恶毫不妥协斗争的结果，而这也就是善的本质。

可是，世界上不仅有善，而且也有恶，有社会的恶，那就是资本主义社会里的人压迫人，秘密准备可能毁掉人类的罪恶战争（请深思这个问题吧！），或者使人类倒退到几千年前的野蛮时代。你心灵的每一部分都应当憎恨社会的恶，并随时准备同它作斗争。你并不是一粒默默无闻的、无能为力的尘埃，你具有强大的力量。全国人民在信念上的一致，这就意味着社会主义国家不可抗拒的强大。帝国主义的思想家们总想去腐蚀苏维埃人，特别是苏维埃青年人的心灵，他们把赌注押在今天正坐在书桌旁学习的你身上。他们总是幻想使你对政治冷淡、漠不关心，让国内外发生的一切都触动不了你的心灵，以此看作他们自己的巨大胜利。因为一个精神空虚的人，对善与恶采取冷漠的人，不可能成为为了善良而斗争的战士，也不可能是我们生活中巨大福利——社会主义成果的保卫者。善的意念应当在你心灵中扎根，应当每时每刻用它去衡量我们星球上任何地方，包括最遥远的角落所发生的一切。这样，孩子的公民生活的世界也就无限扩大了。

我们内部也会有恶——道德上的恶。在社会主义社会里，没有道德上的恶的社会根源，但这种恶习依然存在，而且通常滋长得特别快。它以各种形式出现，如凶杀、仇视人类、背叛、暴力、盗窃、虚情假意、欺骗、背信弃义、胆怯、卑鄙等。科学家们对滋生罪恶、违法行为、家庭破裂、孩子们的不幸等道德上的邪恶根源考虑得很多。解释这些原因，并不是我们研究的直接对象，然而应当指明道德上的恶，对社会上的恶有着非常复杂的、非直接的关系。恶之所以存在，是因为它是在善淡薄的地方生长起来的。使一个人变坏，无须付出特殊的力量，但要使一个人成为好人，那可得要付出极其艰苦的劳动啊！恶是从道德无知、缺乏道德教养，是从人在本身发展的一定阶段里不懂得人的素养的基础上开始的，所以才会逐步掉进道德无知的泥沼中去。这就是为什么道德教育在我们社会里有着社会的、政治的意义之所在。

这一大段教诲，乍一看似乎是抽象的，而读者可能有所怀疑：以这种形式是否能够把道德修养和素养的真谛传送到孩子们、少年们、青年男女们的意识中去？

多年的教育实践使我深信：理所当然要同小孩子们谈这些道理，如果您在培养的同时，想看到今天的不机灵的孩子会成为明天的公民、劳动者、祖国的保卫者、父亲和母亲的话。在七八岁孩子的意识中，应当有"什么是好"和"什么值得称赞"的抽象的道德思想的初步轮廓。自觉地追求善和自觉地去达到既定的目标，请记住，要达到自己的智慧、自己的意识提出的目标，在这个年龄就应当给人带来更高的、无与伦比的满意和生活充实之情感。

善的意念的取得，善于用唯一精确的道德理想的尺子衡量世界以及对恶进行毫不妥协的斗争——这一切都是与劳动、幸福和义务紧密相连的。劳动、幸福和义务在少年心灵中的有机融合，就是对善的吸引、真心地赞美行善，并对恶行产生厌恶、不能容忍、毫不妥协的一种必需的条件。善的意念并不喜欢大肆宣扬自己，善作为一把道德尺子，是非常温文尔雅而又害羞的东西。真正的教育之道就在于树立善的意念之后，学会少谈一些善，少发一些誓言。在童年、少年和青年早期，道德是逐渐形成的，孩子对一些概念、观念、思想、信念、关系的看法在不断地改变。在这个时期内的任何一种道德特征、道德状态和道德特点，决不能说都已经成形了。

在学生时代，一切都在向往着未来，一切也都处于自我监督状态之中，当然，这要在正确地进行教育的条件下。但决不能在少年心灵中建立一种已胜利和完成的幻想。

人的信念，是意志活动的集中点。我认为教育的实质就在于使每个学生在培养自己的信念时，去锻炼自己的意志和精神力量，去反映自己积极的对善的追求，果断地去达到善的理想。

47. 怎样培养个人对待邪恶毫不妥协的态度

在我们的生活中，还存在着种种道德上的邪恶，它会贬低社会主义社会里的人与人之间关系的公正、庄严与高贵品格。在我们美好的世界中，最大的丑恶现象，就是我们当中的个别人只去追求和习惯于"吃喝玩乐的生活"。（参见《陀思妥耶夫斯基全集》）利己主义是对心灵、性格、个性的一种可怕的歪曲。利己主义者目光短浅，不会为天下之忧而忧。

丑化生活、使人丧失幸福的恶有各种形式，如虚情假意、两面派、谄媚、见风使舵、卑躬屈膝等。使人降低人格的恶，则是懒惰、玩忽职守、追求轻松安逸的生活。

我们社会机体上的溃疡就是酗酒。它能严重地损害人格。嗜麻醉品有瘾的人，就其个人而言已濒临死亡的边缘。酒鬼类似牲畜。

对待丑恶现象的积极态度，首先是要憎恨它。去憎恨恶，对它采取不容忍、不妥协的态度，说明你在反对恶。对于刚步入社会生活的青少年来说，要做一个为我们世界真正的美而斗争的战士，就要勇敢地去树立自己的道德品格。勇敢地对待恶，意味着在你看到恶的现象时，不能置之不理，更不能保持平静。要以勇敢的态度去反抗恶，对自己的行动要深信不疑。如果你见到丑恶现象，如果你确定身边发生了不公正现象，那你就要勇敢地、直率地去批评它。你不仅要通过自己对道德准则和我们社会基础的态度反映出已形成的信念，而且要去培养它。勇敢的人宁可死，也不会背叛自己的信念。

要深思这些话的意思：最难得的勇敢精神，就是那平素积累起来的勇敢精神，日常生活中的勇敢精神，以及发生在你眼前的小事（比如，社会企业里一个不重要的地方放着一台生了锈的机器，或者村边住着一位把经管葡萄当作自己生活全部意义的人），似乎不会触犯任何人，也不会直接有害我们社会的利益，这时你表现出来的勇敢精神。日常生活中丑恶的危险性，就在于我们对一些不良现象感到习以为常，视而不见，似乎在同它和睦相处。你应该在道德上迈出独立的头几步，善于发现和感受你身边的恶现象，使你的智慧、你的心灵去反对恶现象，这才是你应有的态度。

诚实心灵的初次活动是最高尚的活动。看到恶现象无须去思量，也不要去掂量是斗争呢，还是不予理睬。听凭心灵和良心的安排就可以了。高尚的情操是良心的忠实捍卫者。但是，没有思维、没有意识、没有信念，是一定不会有良心发现的。以勇敢的态度去对待恶现象，并且果断地去行动，这些只能在生活智慧的土壤里培植出来，在这个以"一切都是为了人，一切都是为了人的幸福"为旗帜的社会里，人们的相互关系的公正、美的意识就建筑在这个基础之上。古人云，思想是通过感情之门进入我们的心灵的。这一真谛就是一个规律，它在教育上起着非常重要的作用。然而，如果一个人没有丰富的思维生活，无论我们心灵的大门怎样敞开，都不会有什么东西进来。形象地说，感情是需要丰富的食粮的，这种食粮就只能是思维和思想。没有思维、思考、思想，感情就会变成微不足道的东西。在如何对待恶的教育中，思维与情感的相互联系起着特别重要的作用。我们常常谈到的诚实心灵的初次活动会变成一股特殊的毅力，当然，这只有在思维使人不宁，在一些生活中所见到的小事情上，才有可能使你产生大的思想波动。

这段教诲涉及道德关系上一个最复杂的范畴，即个人对恶现象的评价，以及个人对成为冷漠的旁观者的前景毫不妥协的态度。培养真正的公民的教育信条，就在于使一个人能看到并感受到自己身边发生的恶现象，并能勇敢地、无条件地站出来反对它。这件事看起来并不那么简单，其原因似乎是恶现象并不会直接伤害人。我认为教育任务非常重要的一点，就在于使少年公民的意识中消除这种幻想。更准确些说，就是以小的恶现象引起少年心中的大波澜，只有那时他才会成为一个真正的公民。

当学生即将成为少年的时候，让我们跟他们一道去体味高尔基这段意味深长的话吧。他说："我不会宽恕任何有害的东西，尽管它没有伤害着我。我不是一个人生活在这个大地上！如果今天我允许有人欺侮自己，即使可能这种欺侮没有刺伤我，只是自我解嘲一番，那么，到了明天，欺侮者在我身上试验了自己的力量之后，就会从别人身上剥下一层皮。（参见《高尔基全集》）"很重要的一点，就是使小孩子能感到自己是个公民，在恶没有能力去剥下一层皮的时候，他看到恶现象后，就要去反对它。

当我们坐在林边，回味高尔基那番深刻而又有教益的话时，在我们面前，突然展现出我们以前谁也没有注意到的一个情景。在上百公顷的大片田野上，我们影影绰绰看到了一个小水沟。这个小水沟是不久前形成的。田野有个不大的坡度，雨水顺坡而流淌，已"勾画出" 未来沟壑的最初线条。孩子们！你们现在已经 11 岁了，你们刚刚迈向少年时代第一个阶梯。你们要仔细去看看这片土地。要想一想，我们应如何对待这片土地。这块肥沃的土地，是人民最大的财富，这百公顷的每小块，都是我们生活的源泉。这个源泉有着自己的局限性。如果我们祖国肥沃的田地变为贫瘠的荒地，那我们将来吃什么呢？它不是任何人的财富，而是人民的财富。你、我、我们中的每一个人，对它都有责任。在那勉强看得见的、被春天雨水勾画出小沟的地方，再过 10 年就会出现一米深的大沟，再过 30 年，就会出现 3 米深的沟壑，它将侵蚀掉 20 公顷的肥沃的土地。这块地里有一条小沟，那块地里有一条小沟，第三块地里也有一条小沟。你们看，附近的这块地里不也出现一条不大引人注意的小沟吗？现出弯弯曲曲的地带，是自然的破坏力在起作用的呀。

这是巨大的恶现象。你们要思考一下，年幼的朋友们，假如有人把一枚拨到 10 年，甚至 30 年的定时炸弹放到我们的床底下，我们会感觉如何？我们能睡得安稳吗？须知，这里就如同在我们床底下放上一颗定时炸弹，怎能叫我们安稳地去睡觉呢？

要打开孩子对待似乎是无害的恶现象的眼界，不是一件容易的事。以小的事实唤起更大的思想波澜，才会认识到这是一种恶现象。我再一次地指出，从您当老师的最初开始，就应当有反对恶现象的构思。不应让恶现象安稳地睡觉。看到和感受到恶就应当唤起公民的觉悟和公民的责任去斗争。

我看到我的学生们的眼里有一种不安的神情。好极了，这正是我渴望达到的目标。他们的目光注视着我。在学生们的目光里，我发现了一个问题：我们怎么办呀？这是我曾谈到的那种伟大思想的头一次火花。这一火花会使儿童变为少年，会使他的生活充满一种公民的激情。

"现在怎么办呢？"我听到我的一个学生这样问。这个问题让我的心激动不已。是啊，不应当用话语同恶现象斗争，而应当用行动，对待那种似乎没有直接作恶者的情况，这一点尤为重要。尽快地行动起来，以便能安宁地生活并使自己的心灵从一种因恶现象造成的负疚感中解脱出来。

我们围绕田地走了一圈，从不同的方面查看了一下可能形成的沟壑，研究了水是从什么地方流下来的，无数的小水流是怎样汇集成大水流的。我们终于弄清了这里的情况。必须阻挡住造成破坏力的水源，把水引到森林中去。水流到那里，一部分滋润土壤，一部分引入小溪，注入邻近的池塘中去。我高兴地看到我的学生们都充满一种思想：我们并不是软弱无力的，有些事我们能够办得到。

我们去请林学家和农艺家来帮忙。他们跟我们来到田里，重新查看，研究了一番。我们冒着大雨，也感到是一种幸福，因为我们看到了水流的形成和怎样才能保住这块地。现在的危险性尚不大，劳动也不需要那么多：应当垒一条土堤，在堤上栽上树，树根会形成一条强大的保护体系。

我们行动起来了。这件事似乎不像最初想得那么简单。不过有一种思想在鼓舞着我们，那就是我们都是抵抗邪恶的战士，我们要去做好事。

生活经验多次地使我相信：假如您想使自己的学生们能把自己的思想提高到信念的话，就要使自己的思想在劳动中反映出来，加以巩固，并可以说，让它在劳动中取得胜利。一般地说，没有创造，没有积极的创造性的劳动，反对恶是不可能的。

为人民的福利而去劳动，才能使人对恶的现象采取不妥协的态度。只有甘愿用劳动确立真理的人，才能勇敢地去捍卫真理。

48。当产生爱的欲望时，男女青年应该具有怎样的素养

生活中的伟大的幸福和伟大的劳动之一，就是爱。青年男女之间的爱、夫妻之间的爱，是独特的道德主权范围的爱。学会不去干预人际关系中这一极细微的领域，是教育上的、人的智慧与文明的标志和准则。不经允许就闯进他人幸福之室，窥视、好奇地打听、粗鲁地干涉别人的私事，再没有什么比这更明显地表现出无知的了。爱情、婚姻、生育，是人的自由的一个最细微、最公开而又最脆弱的方面。凡是善于聪明地、美好地、富有自尊地去爱的人，才会有真正的美，真正的自由。在爱情方面无知、缺乏修养和道德上的卑鄙，都会使人变成禽兽。

爱情具有不可侵犯的主权的特点，同时又在我们社会的基础上深刻地表现出来，因为爱情能创造家庭，生儿育女。要做一个有高尚情操、道德纯洁而美好的人。要记住，这是人最美好的自由，同时也是最严肃、最不可违反的义务。爱情，只有当一个人在行为上把"我想要"和"我应当"和谐地融合在一起的时候，才会是高尚的。在爱情上最能反映出人的欲望的素养。从精神上培养自己具有高尚的爱，这意味着要学会表达和控制欲望。请记住，你的人品就表现在控制欲望的素养之中。能自觉地控制自己欲望的人，大多能成为真正的人。实质上，人与那些只会盲目的本能冲动、粗暴地去满足肉体需要的动物的区别也就在这一点上。动物靠强制手段去满足肉体的需要，而人则不同，人是受精神所支配的。真正人的自由与美表现在人能决定自己，能决定他想干什么或不想干什么，能向别人合理地表达自己的欲望，或者严格地控制自己的欲望。人的欲望应该与人的身份相称，不相称时便会受人谴责。道德上的纯洁和美，反映在人对不相称的欲望表现出不能容忍和毫不妥协的态度，摒弃和抑制自己身上的欲望，也憎恨别人身上的这种欲望。对不健康的欲望采取不容忍的

态度，首先需要我们最大限度地远离动物的欲望，并且最大限度地去攀登人类素养的高峰——坚信自己的高尚欲望。

要像怕火一样害怕自己的欲望放任自流，缺乏教养。如果你不善于预防这一点的话，这一最大的道德缺陷将会给人们带来不幸，也会使你的个人生活变得空虚。青年男女之间、夫妻之间在精神心理方面和道德美学方面表现出来的轻浮，都是欲望方面严重的无知所造成的结果。

人的精神是完整的，无穷无尽的。爱情是需要付出巨大努力的劳动。这些努力也可能花费在一些琐事上，要当心这一点。爱意味着奉献出自己的全部精神力量，把它倾注在自己所爱的人身上。乌克兰有句谚语说得好："有好丈夫就有好妻子，有好妻子就有好丈夫。"如果在爱情中能将"我应当"和"我想要"和谐地融合在一起的话，那么，相爱的双方就会变得更完善，就会为自己、也为他人创造人类的美。这种美，会成为教育他人的一种力量。创造和形成的这种欲望的高尚和美，是培养孩子们的最巨大的精神力量。凡是没有这一极美的精神力量的地方，人就会变成一个有知识的禽兽，这太可怕了。

在你爱上一个姑娘，或者爱上一个小伙子之前，首先爱的是她或他本人。要有从精神上多方面的、丰富的与人交往的欲望——从此出发，可以使欲望变得文明，使欲望变成需要。要教人去爱人，这是教育之道最细微的一个方面，这里教育技巧与教育艺术是密切相关的。

每个人都能享有一定的爱，爱的力量并不是无穷无尽的，所以应当慎重地去使用它。

从少年时起，就要珍惜自己的荣誉。不要在一些小事情上浪费自己的精力。如果你从青年早期起就浪费精力，无休止地沉湎于爱情，经常去寻找新的恋爱对象，那你就会怀着空虚的心灵进入成年生活。

如果你以冷淡无情的态度对待自己的母亲、父亲，那么，你的子女将来也会以那样的态度对待你。

爱的情感是要经受时间考验的。要知道，你那年轻美丽的妻子最终会变成老太婆，而你，也会变成老头子。真正的爱，就是坚贞不渝地去爱。即使人已死去，仍旧去爱，那是充满怀念的爱。

我们认为，使学生成为具有高尚欲望修养的人，有着特殊的重要意义。在这一极其微妙的教育领域中，我们是在培养未来父母的高尚道德情操。培养出好的母亲、好的父亲，这实质上就解决了学校全部教育任务的一大半。

在我们每天接触孩子们时，看到他们从家里出来跨进校门那一瞬间的眼神时，从每一个孩子的话语中、眼光中、微笑和忧伤中捕捉到成年人之间复杂关系的反映时，我们更加相信，成年人欲望的高尚与否，对孩子道德品格的形成起着何等巨大的作用。成年人那些低级下流的、不道德的、与人的称号不相称的欲望，一旦在行动中表现出来时，会使儿童心灵空虚，受到荼毒，从而引出一些低级下流的情调，更可怕的是，它会毁掉对善良、对人道的信仰，使他们变成小骗子和小伪君子，打从童年起，他们就准备着从精神上去奴役别人，或者对别人奴颜婢膝、阿谀奉承。遗憾的是，怀有这种不道德欲望的家庭确实还有，如果不采取任何措施来改变的话，那么，这个人从小就会可能变成难于教养的人，或者成为十分没有教养的人。

在向孩子们讲述高尚欲望的巨大力量时，要使他们相信，良好的欲望能鼓舞一个人有忘我行为，能拯救一个人，而不良的欲望能毁掉一个人。教育上的一个最重要的任务就在于使每个孩子的心都能受到人的崇高欲望的鼓舞，而给别人带来欢乐、幸福和安宁。使孩子具有高尚的欲望、充满崇高精神的行为，这大概是教育中一个最复杂的问题。这也就是真正去爱人的一种道德素养，即一种对人的内心精神世界培养敏感性的素养，为了亲人的美好而准备奉献自己全部精力的素养。

在童年时期，尤其在少年时期，自觉地控制自己欲望将会起到很重要的作用。

要教会孩子去真正地爱人，要做一个忠于自己义务感的人，要做到这一点，只有在心灵中产生被美好的、纯洁的、高尚的思想之光所照耀的欲望时才有可能。只有善于用高尚的品格去思考的人，才可能拥有高尚的欲望。

对良好欲望的向往，只有在鲜明的、崇高的道德思想影响下才会产生和确立，而这种思想本身是不会在儿童的头脑中自行产生的，它要靠教师去灌输。我力求做到使每一个学生能看到一条可以达到拥有良好欲望的小路。最主要的是，使孩子看到、感到并理解亲近的人的心灵，能看到自己周围需要在道德上得到支持的人。当我的学生受到人之间的爱那种美的鼓舞时，我就暗示他注意几周前从学校退休的一位女清洁工，现在她感到孤独的日子很不好过。只要有一点暗示，这个八岁的小女孩就会产生去帮助那位退休的女清洁工的欲望。

帮助孩子在思想意识中去弄清人与人的相互关系、细腻色彩、思想、什么是好、什么是坏的思想越鲜明，他们对自己冷漠无情的羞耻感就越深刻。羞耻感是思想意识的产儿。不善于思考自己行为的人，永远不会感到耻辱。马克思说，耻辱就是一种内向的愤怒……。耻辱本身已经是一种革命[15]。教育者的任务，就在于在每个少年面前展开生活的各个方面，通过认识生活的各个方面唤起积极的追求，以便用崇高道德的尺子去衡量自己。衡量这一点的结果在于使孩子愤怒并仔细地去想：我做得好不好呢？一个人只要有羞耻，只要对自己有愤怒，他就会以批评的态度对待自己的欲望。这不是悔恨自己，因为悔恨自己是指扼杀、压制自己的欲望。以批评的态度对待自己的欲望，是一种高尚的心灵活动，它能把"我应当"和"我想要"融为一体。

我认为非常重要的一项教育任务，就在于使学生们在刚刚跨入童年和少年时期，特别是少年时期，就能把爱当作道德上的高尚和美来看待，把生活中的爱当作无限的忠实、人对人的忠诚来看待。爱的思想应当是对人的真正的美的认识。我在培养孩子们时，力求使我的每一代学生对这种美感到惊讶和心旷神怡，让忠诚之光去照亮少年智慧和心灵上的生活之路。我竭尽全力使我的孩子们接触到这种光，使他们在少年时代就去赞美人的忠实的美，而同时，要用自己的全部精神力量使自己在初期萌动的性欲变得高尚起来，使自己对将来做丈夫、妻子、父亲、母亲的崇高使命有所准备。爱之纯洁、高尚、忠诚，是人们组合最持久、最牢固的家庭的一种力量。真正爱的榜样能启迪少年心灵中隐秘的一角，而且那颗心也很容易受到教师教诲的影响。

几乎每个星期日，男孩子和女孩子们总要送彼得·阿法纳西耶维奇爷爷到森林去，并在那里等待他回来。遇到寒冷天气，他们便燃起一堆火。老爷爷归来时，满意地坐在火旁休息。他去过我校的温室，带来有根茎的铃兰花，教孩子们领会和感受美的最细微差别。

一天，我发现孩子们在打算做点什么。噢，猜对了。他们想做些让彼得·阿法纳西耶维奇爷爷高兴的事。而且孩子们想，做了让他高兴的事，还不能被他发现是谁做的。看来，他们打听到了爷爷故去的妻子的生日，在她生日之前，孩子们给墓上送去一束玫瑰花。孩子们对这件事守口如瓶，老爷爷也只字不提这件事。但关于老爷爷看见玫瑰花的事，孩子们个个都知道。就在当天，他给妻子的墓上带去了特别美的一束花。彼得·阿法纳西耶维奇爷爷沉静思忖了好几天，后来，他遇见孩子们显得格外高兴，抑制不住自己的情感。在这位卓越的人的影响之下，孩子们变得更加温和、善良、热诚了。

我更加相信，这种美和忠诚的思想会使孩子们的情感变得更加细腻。

49。怎样培养青年们正确对待爱

你喜欢上了一个姑娘，这是种族繁衍本能的唤醒。人的文明使种族高尚起来已有数千年之久。自从人成为整个生物界的最高层那时起，人的性本能就不再是盲目的了，人就有了人类之爱的初次火花。你来到人间，为了使种族繁衍的本能逐步变得高尚，同时，把自己的一点一滴的天才和创造带给伟大人类的美。

你是人，你有性的本能，如果它不变成高尚的、崇高的、美好的人类之爱，就有可能使你变成动物状态。要提防这一点！爱情上的道德无知会给我们社会带来数不尽的不幸。凡是认为爱情只是一种玩乐的人，必定会给他人带来痛苦、不幸和悲伤。有些子女们被父母丢下不管，有些子女不知谁是自己的父亲，有些孩子的父母并不喜欢他们生下的孩子，这都是人在应尽天职和义务方面严重愚昧无知的结果。性的本能只是爱情之花的一个小花瓣而已。人与动物之所以不同，就在于你要对社会的未来和命运，以及要对与你相伴的那个人的幸福负责任。

要尊重姑娘，要爱护她们的名誉、人格、自尊和自由。引起你好感的姑娘，有可能成为你的妻子，你的孩子们的母亲。她会在新一代人身上再现你和她自己，人类种族得以延续就体现在这一点上。爱，并不只意味着性的关系。如果你以为婚姻和长年的夫妻生活只表现在性的关系上，那你在道德方面就是无知，而在生活中可能成为下流的人。

你对妻子的爱，你对丈夫的爱，是在精神生活、精神心理和道德美学上的一个最细微的方面。请记住，要思考一下，终生都要用自己的心深刻地领会这一真谛：爱，是一种关系。一个人只有对爱是始终专一的时候，他才会有最牢固的、最高尚的爱。忠实于自己的爱情的人，意味着把自己的一部分给了所爱的人。如果过去的确存在爱还去背叛自己的所爱，这就意味着去破坏用自己的精神力量所创造的财富和美，如果存在这种财富和美的话。

爱，不仅仅是充满激情的欣赏，为你所创造的美的一种享受，而且意味着要为你所爱的人永无止境地创造美。凡是不会创造爱的人，很快就会感到失望；外表看起来很美的人，也会变得令人讨厌。跟他交往使人厌烦，可他又会吸引着别的"爱的对象"。这不是爱情，而是不道德行为，是精神上的空虚。为了能做个一辈子忠于自己所爱的人，人应当一辈子去创造美，时时处处去修复他的美，为此在奉献自己的精神力量的同时，还要倾注自己的智慧、情感和志向。

在这种奉献中，在这种创造中，与人相称的欲望起着决定性的作用。只有善于控制自己欲望并能在高尚的情感冲动中找到真正的幸福的人，才会深深地爱恋着自己的妻子。形象地说，我们欲望的素养，就好比人类智慧之树的花朵。我们感情上是否融洽，对自己所爱的人是否忠诚，取决于我们欲望的高尚程度。

道德上的"我"是不可分的，也是分不开的。一个在精神心理上、道德关系方面渺小而空虚的人，绝不可能成为一个好公民，也绝不可能成为一个为崇高理想而奋斗的真正战士。爱情上的背叛者和下流的人，在其他方面也会是个背叛者和下流的人。孤芳自赏的人不可能拥有真正的爱，尽管自我欣赏的自私自利者们也会热烈地爱恋着姑娘，但这种爱，只是为了追求享受。因为利己主义是毒化爱情的一种病。

多年的经验令我相信，父母的爱，是教育子女最重要的精神力量。

母亲对父亲和父亲对母亲那种爱情的高尚品格、道德上的美和纯洁，他们之间的相互尊重、彼此信任、坦诚相见、志趣相投、彼此忠诚、同甘共苦，这一切都是形成少年心灵上敏感的核心部分的不可缺少的道德基础。

"爱，是一种责任。"我们极力使那些怀着惊讶和喜悦的心情初次敞开爱情的男人和女人，以及那些正在以自己的言行和自己的经历教育子女的人，在他们的思想意识中能树立这种信念。不负责任的态度，到头来定会得到报应。对背叛者的父亲，忠实的子女们会投以蔑视的目光。无论是青年人，还是年轻的父亲们，都要认真深思那个《父与子》的故事，故事的主人公们就生活在我们中间。

青年男女们，你们想想吧，总有一天你们会成为自己子女的父亲和母亲，最终你们会变成体弱多病、行动无力的人。你们本人也好，你们的子女也好，都清楚你们余生无几了。然而唯一能减轻晚年生活之苦的，就是子女们对你们的诚挚的、忠诚的爱。在这崇高的、真正人的欢乐面前，所有其他的欢乐都显得逊色。只有一生都善于点滴积累这种财富的人，才是真正幸福的人，真正英明的人。这种财富的库房就是你们孩子的心灵。给它起个名字，就是你们对孩子的责任感。只要你们关心这种财富，它就会回到你们身边。要知道，总有一天你们的孩子会变得比你们更强、更聪明，这是不可避免的，是一条很有哲理的生活规律。

青年人对待爱情、婚姻的精神准备，首先是关于人的相互关系的那些明智的忠告和教诲。

我认为教育上一条很重要的、细微的，也可以说优雅的使命，

就在于使青年男女们在结婚前就去思考怎样培养自己的子女对他们的忠诚感。

50。致未来的父亲：与小伙子们谈爱情

在建立家庭之前，要检查一下你自己是否对下列问题有所准备：你是否能成为一个忠诚的人；

你是否懒惰、自私、冷酷无情；

你是否善于控制自己的欲望；

你是否对家庭物质上的保证有所准备，因为你的妻子可能长期不工作，她要养育你的孩子。

在结婚前，要征求父母的意见。他们的生活智慧会帮助你正确地迈出生活中这尤为重要的一步。家庭生活的意义和目的，就是教育子女。如果你在结婚前夕，不去想未来子女的事，这就好比，你打算终生去远方旅行，既不清楚自己的能力，也不知道你所要走的路。

家庭生活不可能也从不会总是节日。家庭生活中的忧虑、不安、操劳、苦恼往往多于快乐。家庭生活的快乐，就是对家庭生活目的的理解，为了这个崇高的目的人要经受忧虑、不安、操劳、苦恼。为照亮你领着自己所爱的人走的那条路而耗尽自己，这就是家庭生活幸福的意义。你要同你所爱的人分担不幸、苦难和忧愁，要学会承受命运的打击，保护好你所爱的人，你精神上的高尚、舍己为人的品格就表现在这一点上。要善于勇敢地同可能落到你家庭的不幸和痛苦作斗争。家庭遭受到的最大不幸，就是你所爱的人生病。在不幸的时候，你要做个忠实的人，这要求一个人具有巨大的精神力量，而有时还要做出自我牺牲。要善于去爱，尤其在她体弱多病的时候更要去爱她。

在家庭生活中，应当尊重所爱的人的思想、信念、感情和志向。在不失去自己的尊严的同时，应当学会彼此让步。"女人在奴隶出现之前就已是奴隶了。（参见倍倍尔《女人与社会主义》）"要善于克服恶劣的家庭奴隶制。要像防火那样防止自己的独断专

行。从你听到自己的孩子哭声那时起，你那最复杂的、最负责任的、最微妙的公民生活便开始了——你要成为父亲。要知道，你的公民生活、你为祖国爱国主义服务的最重要方面就是教育子女。任何一个工作人员（从卫兵到部长）都可以被同等的人或更有才能的工作人员替代，唯独一个好的父亲是不可能用同等的好父亲来替代的。怀抱婴儿的母亲，摇篮旁的她，就如同守卫边疆的边防战士那样，在创造着未来，也在保护着未来。母亲，创造着我们祖国的伟大事业。母亲，是国家的第一公仆。千百万个家庭就是滋养常青大树的千百万个细根，这棵常青大树的名字就是祖国。当了丈夫以后，你的公民责任就加倍了，因为你建立了家庭。

在教育孩子方面，在创造和保护未来的过程中，每一个人都可能达到顶峰，即成为真正的大师、艺术家、诗人、哲人、社会活动家。父母的智慧，是我国无价的道德财富。要做个善于培养真正公民的、有智慧的父母，国家应该像珍惜杰出的学者、思想家、艺术家那样去珍惜那样的父母。在校园内就要获得这种智慧，你们要用自己的一言一行去教育自己的子女。孩子刚开始认识世界，父母就给他们展现了关于人的最初印象。孩子的好坏，完全反映了你们的道德水平、你们的公民义务、你们的行为、你们的素养。

结婚后的生活，不再是花前月下的幽会，而是一种相当复杂而又快乐的劳动，之所以说快乐，是因为能得到无与伦比的财富的奖赏——繁衍新一代。

结婚后，夫妻相互之间的教育和自我教育一刻也不能停止。婚姻幸福的一个方面就在于夫妻的精神世界比较丰富；精神丰富的感受会使夫妻双方感受到生活上的充实与快乐。未来的丈夫和父亲，你要懂得，培养你在婚姻上的精神素养的最重要的方面，就看你对待妇女——你孩子的母亲、自己的母亲的态度上。要善于爱自己孩子的母亲，要善于珍惜她的健康、美和荣誉。要保护她免于生病，不使她过度疲劳，不让她受到不公正的待遇。你的妻子和你孩子母亲的荣誉，就是你家族的荣誉。

酗酒，一向是幸福的大敌。如果你们的孩子是在"醉醺醺的时刻"受的孕，他们生下来可能就是畸形儿。即便有感情的冲动，也要优雅一些，如果没有这一点的话，就更谈不上爱情，剩下的只能是兽欲。

男人对女人的爱，女人对男人的爱，是一种隐私的而且不可侵犯的情感。男女双方都要保守爱情的秘密。把内心的、隐私的东西和盘托出，大肆炫耀自己"爱的成就"，是不道德的。我们口中可以讲些高尚的爱情话语，但也不能滔滔不绝。如果一个人用不堪入耳的话来谈论最美好、最隐私的爱情，那他就相当于侮辱、伤害了自己的母亲。不应该举办有关爱情的辩论会，要珍惜爱的不可侵犯性。

侮辱人格，背叛人类最崇高的情感——爱，是最糟糕的事情。背叛了人类伟大的作为父亲、母亲、丈夫、妻子的天职的人，他在任何方面都不会可靠。

我们认为这些教诲，就是培养未来父母的一种途径。可以大胆地说，高明的教育之道，就是善于把不懂事的小孩子当作明天的父母来看待。乍一看，小孩子当父母似乎是非常遥远的事。但如果您是教师，仔细观察刚刚跨进校门的学生们的眼神，会体会到他们的思想，那么，您就会把他们看作未来的父母，您就会按另一种方式教育他们。

为爱情做好精神准备，就是要培养自身的智力、感情、美学、道德财富，这其中反映出人的复杂的境界，即思想与情感美、充满崇高志向的精神、与他人交往的快乐、与邪恶毫不妥协的斗争。

我认为一个非常细微而又复杂的教育任务，就在于使一个人在童年时代就能去珍惜在各个方面表现出来的美，把美当作高尚的东西看待，努力追求创造美，保护美并确立自己周围和自身的美。爱情的高尚、道德上的伟大和尊严就体现在充满美的高尚精神的同时，并能使人成为对美好的事物温柔的人，对庸俗、丑陋、不成体统的事物严厉和毫不妥协的人。

我们常常跟少年们、男女青年们谈论如何教育子女的问题。

过些年后，你们会从你们爱情结晶身上，也就是从我们教的学生身上看到你们自己。生育并不等于创造。人的创造是从你把自己的智慧、意志和美倾注到你的孩子身上开始的。从你的孩子第一次啼哭时起，你就会接触到他的欲望问题，请你记住这条古代名言：如果你想毁掉一个人，那就给他所希望的一切。能巧妙地控制孩子的欲望，这才是做父母的聪明所在。

道德教育，就是在智慧上加以限制。孩子应当理解三样东西：可以、不行和应该。形象地说，可以、不行和应该就是三盘菜，有些父母正是由于不善于正确地轮换使用这三盘菜，所以才犯下了极其严重的错误。他们对 12 岁以下的孩子，有时对 14 岁以下的孩子，更多的是对 16 岁以下的孩子往往只上一道菜：可以。孩子想要什么就满足什么。印在孩子脑子里的只有一个概念：我就是宇宙中心，周围都围绕着我转。接下来，就会像民间传说的那样：孩子竟然要骑在父母的脖子上。于是心急火燎的父母便更换第二道菜：不行！突然在孩子面前又出现全新的、他尚不了解的另一个世界，即这不行，那也被禁止。小孩子感到自己受了委屈，他会曲解善与恶、公正与不公正的概念。直到现在，他全身的每个细胞都感到他给父母带来的只有快乐，因为他无论干什么，父母都会夸奖他，他甚至用小拳头威吓奶奶，父母也会夸奖：瞧我们的儿子真勇敢！可是突然间他又觉得自己给父母带来的不是快乐，而是不幸和烦恼。这时，他已不是"宝贝疙瘩"，也不是"心爱的乖儿子"了，不时会遭受一阵劈头盖脸的惩罚——打后脑勺，要不就是被抽一顿皮带，替代了之前那温存的空谈。这时，孩子过分的自尊心发作了。父母的每一句尖刻的话语，仿佛都是往孩子自尊心伤口上撒一把盐。怜爱自己已成为一种心理状态，我毫不夸张地把这种状态称为利己主义的根源。千万别让你们的孩子出现这种状态，因为它会使人变得冷酷无情。但愿人对自己怜爱的程度，与他对待别人的友爱程度相当。

有些人说，真正的思想教育是从孩子戴上红领巾的那一刻才开始的，这就大错而特错了，思想教育从孩子能喊"妈妈"的那个时候起就应该开始了。

一个在童年、少年和青年早期就冷酷无情的人，将来会变成一个可怕的人，至于是些小叛徒还是些大叛徒，这要取决于他们的"活动领域"。这样的人成家以后，每天都会出现背叛行为：摧残孩子，虐待妻子，自私自利，对人冷酷无情。

如果一个人在少年时代和青年早期不能以亲身的经验来理解我们生活中最主要的财富是友谊，不能忠实于自己的理想，那他就不可能成为幸福的人。

想成为一个真正的男子汉，就应当在青年早期对他人敞开自己心灵上的友谊财富。爱情的纯洁，决定着你未来家庭的幸福。

友谊是培养爱情的精神准备。我们需要友谊，并不是为了用它去占满时间，而是为了确立自身的高尚品格。为了友谊，我们可以向别人奉献出自己的全部精力，本人也会因此变得更快乐。

没有友谊的爱情是渺小的，假如一个小伙子尊重姑娘首先尊敬的是人，他爱她首先爱的是人，那么，这种崇高的、高尚的友谊本身也跟爱情一样是美好的。不要把友谊建立在性欲上，只有在相爱双方先建立起牢固的友谊时，爱情才可能在道德上证明是正确的。并非爱情本身鼓舞人在道德上的纯洁，正相反，是由于崇高的道德才使人具有爱情的高尚和美。

指望在性欲上能建立精神一致的人，恰恰是不珍惜爱情的。没有崇高精神生活的爱，没有对统一理想的志向，没有为此而建立的友谊，爱情就可能变成肉体上的满足。我们每个青年小伙子都要在笔记本里记下别林斯基的一段话，要经常去读、去思考。别林斯基说："爱是生活的诗和太阳。但不幸的是，我们今天有的人总想把自己的幸福建立在只有爱这一点上，而在生活中，心里总想去寻找完全能满足自己的欲望……。假如我们生活的目的只建立在个人的幸福上，而我们个人的幸福，只放在一种爱里边，那么生活就会变得黯然失色、死气沉沉，甚至麻木不仁。（参见《别林斯基全集》）"

一对恋人精神交往的最大欢乐，就是在智慧上、美学上的相互充实，一起去逐渐认识和发现更新的美，这其中包括恋人之间彼此吸取更好的东西，再彼此奉献出更好的东西。忠诚的爱，要始终不渝地去爱……

说来并不存在专门的"爱的科学"，只有人性的科学。凡是准备去建立高尚的精神心理和道德美学关系的人，就得去掌握它的基础知识。爱对人性来说是个严峻的考验。列宁在同克拉拉·蔡特金的一次谈话中强调指出，爱情中必须克己、自制（参见《列宁论教育》）。这里起主导作用的是男人。

要做一个能克制感情冲动的人。要懂得，一对恋人只有在精神上特别亲密，即准备共同生活、生儿育女、教育子女、同甘共苦的基础上，彼此发生性关系，在道德上才是正确的。要知道，在结婚之前，青年小伙子就要求发生性关系，只会使精神世界丰富、聪明、纯洁的姑娘深受侮辱，感到愤慨。青年人最幸福的日子，就是精神世界丰富、纯洁的、理想的、充满爱的日子。

男女青年们，请记住，人在结婚后，不仅要承担法律、物质上的责任，而且要承担精神上的责任。社会上的精神财富往往取决于家庭关系的特性。为什么有些年轻夫妇刚刚共同生活不久，"爱情之诗"就消失了呢？这是因为有些人在结婚时认为：作为对性关系和精神上的亲密完全没有障碍的爱情本身，会带来永不枯竭、永无止境的幸福。不要忘记，爱情之火，形象地说，需要好的燃料，即多方面的精神生活，如果没有这种好的燃料，爱情之火很快就会熄灭，或者只会冒烟、产生毒气，既毒害了自己，也毒害了别人。除了爱，还需要其他的元素来巩固家庭，这时候的爱才能称为真正的爱。如果爱只局限在性欲上，那么，这种性欲的精神外壳会相当软弱无力，夫妻间脆弱的关系很快就会表现出来，这种性关系也会变得令人厌恶。

要教会青少年们懂得，结了婚的青年人要成为爱情的创造者，而不只是爱情快乐的需求者。结婚之后，爱的创造应当胜过爱的需求。如果缺乏对爱情经常性的精神财富储备的创造，到了某个阶段，丈夫和妻子就会感到山穷水尽，再也没有什么可以向心爱的人表露的了，也没有什么可以为家庭的精神生活奉献的了。有时还会发展到这种地步，婚前哪怕是短暂的离别都会倍感痛苦，可现在却一刻也不能容忍对方了。家庭生活变成地狱，最痛苦的是孩子。要做一个在各方面都合格的公民，就意味着首先要关心社会的未来，而社会的未来就是孩子。年轻的男子们——未来的丈夫和父亲们，请你们记住，如果想要建立家庭，那你们就应当好好地去检查一下，你们是否为履行自己的公民义务做好了准备。

年轻的男子们——未来的丈夫和父亲们，你们要善于珍惜自己朋友的女性气质。这种骑士精神和高尚品格，正是男子汉的崇高荣誉。你们要记住，对待女人的态度，一般就是衡量一个人的道德标尺。马克思说："根据这种态度，可以判断出人的一般文化修养的程度。"（参见《马克思恩格斯早期著作选》）对待妇女蛮横无理的人，在各方面都会表现出蛮横无理。女性的气质，是人类之美的最高反映。

女性的美，是身体美和精神美的融合，这种美的形成，多半取决于男性。女性的气质，应当成为人类美的主宰。如果女人理解而且珍惜自己在形成新生命中的特殊作用的话，她是不可能不美的。许许多多外表并不惹人注目的姑娘，却有着诱人的魅力，原因就在于她们拥有女性独特的气质，我们认为自己最重要的教育任务，就在于使青年小伙子能看到并珍惜这种女性的美。只有在这种美的影响下，青年小伙子才会成长为男子汉。

51.致未来的母亲：与姑娘们谈爱情

姑娘们对待爱情可要严肃认真、严格要求。爱，是一种炽烈的情感，但应当用理智去控制它，对姑娘们来说这尤为重要。你是未来的母亲，本性和社会赋予了你特殊的责任。你是女人，你要知道，真正的女性气质是温柔与端庄、抚爱与不屈不挠的结合。你的智慧、你的持重、你那严格要求的态度，是对青年小伙子强有力的教育。女人的智慧，能培养出男子的诚实。只是由于有了姑娘的端庄和严格要求的态度，青年小伙子才会成为真正的男子汉。社会中总有一些轻浮之徒。如果所有的姑娘们都持有端庄的、严格要求的态度，整个社会道德水准将会高得多。

爱情不等于轻率。你如果仓促地、未经深思熟虑就去嫁人，就等于冒险去做个有可能不幸的人。你委身于自己的丈夫，但不要相信"跟爱人在一起住窝棚也是天堂"的鬼话。

如若想做一个被爱的女人，你应当是个聪明的、精神丰富的人。缺乏理智和感情上的无知，在当今会成为一种道德缺陷。

只有当你成为聪慧的人时，你才可能会是一位幸福的人。这是我们想向未来妻子和母亲表达的诸多想法中的最重要一条。你们，成千上万个未来的妻子和母亲们，也许都会怀着不安的心情在思考：什么是爱情？

我收到过许多封姑娘们和青年妇女们的来信。

这些信仿佛是一片片被烧得通红的铁片。信中发出了绝望、惊恐的声音：他爱我，但不尊重我……。怎样做才能使他既爱我，又尊重我呢？

在同姑娘们谈论诸如此类的不幸和卑鄙行为的同时，我想告诫她们别犯那些错误，不然的话，是要付出很大代价的。这代价就是她们的幸福、健康，有时甚至是生命。人的爱不仅应当是美的、忠诚的，也应当是理智、慎重而敏锐的。只有理智而慎重，爱的结果才可能美满而幸福。姑娘们应当意识到，生活中不仅有美的东西、高尚的东西，遗憾的是，也有卑鄙、狡诈、自私、蛮横、无知、无情和残酷的东西。姑娘呀，你不能只有坦诚、善良的心肠，还要有端庄、严格要求的态度、不屈不挠的志气、不轻易接近的品格，做不到这些，就不可能具有真正的高尚品格和心灵的坦诚。在人际关系中，任何方面的轻率都是非常有害的，在精神心理、道德美学方面，它甚至是致命的。

有些唯命是从、温良驯服的女人说："即使他打我，我也爱他。"不知这条充满奴性意味的哲学从何而来？当你看到如此侮辱人格的时候，不会没有欺人太甚之感吗？究竟应该怎样向这种现象作斗争，怎样去克服它呢？看来，女人的心将会成为人世间精神奴隶制的最后栖身地。姑娘们，你们要像怕火那样怕这一点，避免成为有教养的、有丰富知识的奴隶。在精神奴隶制中，无知与卑鄙融为一体。"他爱我，但不尊重我……""他打我，可我能忍耐。因为我爱他……"这是无知到家的想法，是在精神心理关系方面严重缺乏修养的表现。

仿佛她们认可：这就是爱，这就是尊重……

但这里的问题不仅在于无知和没有教养。近些年来，一些广为流传的有关婚姻问题的图书和文章阐明一种"理论"，它对少年们影响极深。最令人不安的就是爱情消逝论。尤·留里科夫在他所著的《三欲望》一书中和一系列文章中都试图论证一个人的文化修养和知识水平越高，婚后爱的情感就越不持久，即爱情会消逝。

我把这种"理论"称为令人憎恶的、卑鄙的理论。这种"理论"就是不相信人的高尚品格，认为爱情的消逝是我们社会文化进步的一种规律，实质上，这是把爱情看作一种兽欲。这种对爱的轻蔑态度，就是否定爱的精神因素。如果赞同这种"理论"，一种爱情的消逝必然导致新的爱情的产生，那么，从一开始就会使年幼的心灵对神圣的、不可动摇的信仰产生不信任。就是说，既然爱情会消逝，我们过上一段时间，然后再分手吧，而社会也会把这一点看成幸福，因为我们之间没有爱了，没有爱情的婚姻是不道德的……

在"没有爱情的婚姻是不道德的"这一主张中，存在某种有害的因素。年轻人的那种炽烈的爱，那种狂热劲儿不会持久。

近几年来"感情不和"的字眼变得时髦起来。年轻夫妇不善于安排生活，不善于维护彼此间的关系，把婚姻中出现的问题当作观点、性格、习惯不合等来看待。决不许滥用这个概念！"不合"是有其道德、伦理的基础的。只有在人们只企图在爱情中得到满足，而不去创造双方之间的美的地方，才会产生出变化无常的人。

学校的使命，就是培养公民与劳动者、拥有爱和忠诚的夫妇与父母成为和谐的统一的人。教育的目的不是看考卷答得是否漂亮，学校的主要庆典日是否隆重，也不是在于颁发毕业证书的那一日是否激动人心。教育的目的在于培养真正的公民、真正的劳动者、彼此相爱且忠诚的夫妻。学校的主要庆典日，依我看，是在父母（过去是我们的学生）把自己的子女送到我们学校的那一天。而我们，教育工作者们深信，我们的学生们通过学习不仅会再现自己，而且会把自己提高到人类美和道德高尚的新阶段。由此可见，爱拥有巨大的力量，是一种非凡的智慧、无与伦比的艺术，它能创造奇迹——创造人的奇迹。

在同姑娘们交谈的过程中，我常常教育她们：每当青年小伙子在场的时候，当你一想到他心就咚咚直跳的时候，当你想让青年小伙子以惊讶和钦佩的目光看着你，并把你当作世上唯一的爱人来看待的时候，这就是说，你已经是个女人了，有条件做母亲了。从这一瞬间起，你的新生活便开始了。从这一瞬间起，你不仅要对自己负责任，而且要对未来那个与你休戚与共、时刻把你放在你心上的人负责任，这是由于人的本性所决定的。但这本性只是创造美好的——人生的未来的一种建筑材料；而这座人生美好未来的大厦，则需要你去建造，需要你同爱你的人和你所爱的人一起去建造。

姑娘们，请你们记住，你们身上女人意识的唤醒（如同男孩子身上男子汉意识的唤醒），可以比作你们来到采石场挑选精美大理石块的过程。只有当你们把一块大理石看作你们想要采集、创造、雕刻成小花的那块大理石的时候，你们才会成为因人类伟大的爱而变得聪慧。请你们记住，你们是人。人与动物不同的是，人能抬头仰望群星。人与美丽的扁角鹿不同，尽管它也很美！人不仅追求与自己相类似的东西相结合，而且能以人的深刻的追求去看待与自己相类似的东西，恰恰是这种追求，能把人提高到万物之上。

少年时代和青年早期，就仿佛人生的朝霞。在人生的朝霞阶段，人应当为聪慧的、勇敢的人类的爱去创造精神力量。姑娘，你要考虑到这一点：为了爱去创造自己的精神力量，这种爱你应当终生去珍惜，一直保持到生命的最后一刻。

我之所以把爱情称为是聪慧的、勇敢的爱，是因为这种爱，只有真正的人才会拥有。

女人是爱情的主宰和主人，是培养真正男子汉的强大力量。女人的勇气和勇敢精神能创造男子的精神高尚、美和忠诚。

对人的负责精神，是家庭生活美满的一个重要因素。每当你看到对大事的不负责任的态度是由于对小事的不负责任的态度产生的时候，你会痛心。相爱的结果是孩子！恋人羞答答的目光、拥抱、接吻，这些构成了朝着创造新生命迈出的第一步。孩子的幸福、整个人类世界的命运取决于你如何看待自己爱情的幸福，你在爱中寻找什么和发现什么。令人可怕的是，我们常常能看到一些因父母轻率而生下的孩子们，遇到他们那忧郁的、失望的目光时，我们的心都快要碎了。没有任何爱情，没有任何诞生新生命的思想准备，对他们来说，孩子出生好像只是个意外。这样的孩子是不幸的孩子。我就知道有这么一个不幸的孩子，他心中就充满了愤恨，而最初的信念就是世界上没有真理。

一个阴郁的秋天，下着小雨。汽车场门口站着一个七岁的小男孩科利亚。他到那儿干什么呢？原来他没有父亲。他从妈妈那儿，从别人那儿得知他的爸爸在这里当汽车司机。一天，有人指着一个男人对他说：那个人就是你爸爸。男孩子记住了爸爸的样子，现在他想看看他。在科利亚的内心深处还抱着一丝希望：也许爸爸会停下车，从驾驶室里下来，走到他跟前问："儿子，你最近怎么样啊？"也许，还会让他坐到驾驶室里……。那颗童心一想到这儿就开始发慌。可是，他的爸爸从旁边开过去了。科利亚发觉爸爸认出了自己，然而他却无动于衷……。孩子忍受着痛苦和愤怒回家了。他，一个小孩，现在是对什么都不信任了，对他来说，世界上已经不存在任何神圣的东西了。

姑娘们，未来的母亲们，你们知道吗？孩子内心的痛恨和不信任，对于社会来说该是个多么大的不幸啊！有的孩子了解自己的身世、体验过苦难后，他们认为谁也不需要我，我来到人世间是偶然的，对母亲来说我就是痛苦和惩罚。要教育好这样一个孩子是多么艰难啊。

爱是人类一种高尚的情感。根据一个人怎样去爱人，可以准确无误地判断他是怎样的一个人，因为在爱中能最为鲜明地展现出一个人对未来社会的责任，对其道德基础的责任。我们每个人都应当成为积极的社会活动家，不管你在什么岗位上，都要去完成这一崇高的使命。

52。美是培养善良、爱劳动、热诚的重要手段

世界上不仅有人需要的、有益的东西，而且有美的东西。从人成为人那一刻起，从人在观赏到花瓣和晚霞那一瞬间起，他就注视着他自身。人就知道美。

美是一种人类所独有的深奥的精神体验，美的存在是不以我们的意识和意志为转移的，但是美可以为人所发现，为人所认识，存在于人的心灵之中。若是没有我们意识的存在，也就没有美。我们来到世界上就是为了认识美，确立和创造美。

美是我们快乐的源泉。人之所以成为人，是因为他能看到蔚蓝色的天空、一望无际的草原上的薄雾，粉红色的晚霞余晖，风暴前那火红色的日落，地平线上那若隐若现的海市蜃楼……。人看到了，感到惊奇，他无论走到哪里，都会创造新的美。当你停在一个地方，会面对着美感到惊讶，美会在你的心中盛开出高尚品格的花朵来。在人的面前能展现出生活的欢乐，是因为他听到树叶的沙沙声和鸟鸣，欢乐的小溪那潺潺的流水声和夏日炎热天空中云雀的银铃般的鸣叫声，小雪的唧唧细语和暴风雪的呼吼声，波浪轻柔的拍溅和夜间庄严的宁静，这一切他都听到了，并屏住呼吸在聆听着千百年来生命的奇妙音乐。你要善于聆听这音乐。要珍惜美，爱护美。

我们常常反复向孩子们讲这番话。

在低年级教学期间，我经常领着自己的学生们到美的发源地去。这里是观察美的课堂。孩子们要学会观察、欣赏、聆听周围世界的音乐，并理解它。

美是滋润善良、热诚的一条小溪。孩子们对长满红浆果、黄叶子的野蔷薇丛，对小槭树和有几片黄叶子的齐整的小苹果树，对被初秋寒夜冻着了的西红柿丛感到惊讶，这些都会唤醒孩子心灵中对有生命的、美的东西的关爱、善良和关心的态度。

我认为有巨大教育意义的一点，就是使孩子能看到、理解、感

受到大自然中的生命蕴藏着巨大的秘密。第一批春天花朵的开放、幼芽的萌发，第一批嫩草破土，第一只蝴蝶飞舞，第一声蛙叫，第一只春燕飞来，第一声春雷，麻雀第一次春浴，这一切我都当作永恒生命的美展现在孩子们面前。他们受到这种美的感染越深刻，去创造美的欲望就越强烈。

在幼年就去创造美的东西，这是具有特殊意义的。幼龄孩子的劳动，首先要能体现美的物质财富的创造。

我认为重要的一点，就是培养人从幼年起在思想意识里将女性美（姑娘们、母亲们的美）置于崇高的光环之中。

女性美，是人类美的高峰。荷马、但丁、莎士比亚、歌德、普希金、谢甫琴柯、密茨凯维奇都在他们创作出的不朽的艺术形象中体现出对女性美的赞颂。被他们纯洁地赞颂着的生动的女性美，大多是自己爱恋过的女性身上具有的，已成为许多代人的道德纯洁的标准。

内心美和外表美的统一，是道德高尚的一种美的反映。追求美，热爱美，这是人之常情。不过这种追求的实现，要取决于人的道德面貌，也就是取决于人的美同他的创造、活动的本质融为一体到什么程度。当人在从事自己所喜爱的活动时，他的美表现得更为明显，他的外表仿佛由于内在的灵感而现出光彩。

如果你想成为美的人，那就忘我地去劳动吧！劳动能使你感到自己是你所喜欢事业的创造者、大师和主人。劳动能使你的目光反映出人类伟大的幸福——创造性幸福的崇高精神。外表的美是来自内在、源于内心的道德美。创造性劳动往往给人的脸上留下痕迹，使他变得更清秀、更富表现力。

内在的创造性的生活，给外在的美留下最清晰的印迹，这不只是新的财富的创造。这同样要善于观察周围世界的美，凡是细心地观察和感受到美的人，他自身就会成为美的人。相反，内心空虚的人，只会表现出迟钝、冷淡、毫无表现力外表。

如果内在的精神财富能创造这种美，那么，不尽职现象，尤其是不道德的行为便会断送这种美。

不道德的行为会使人变丑。养成撒谎空谈的习惯渐渐会使人的目光变得游移不定，他会常常躲避别人的眼睛。人们很难看出他的眼神中有思想，那是因为是他把思想掩藏起来了。

人美的理想，同时也是道德美的理想。全面发展的和谐，也就是身体、道德、美学和谐的统一。决不能出现这样的情况：我们的生活是美的，而人都不能成为美的人。人美的高峰，就在于我们千千万万个成员中的每一个人，形象地说，都能闪耀着内在美的光辉。

53．在当今做个革命者意味着什么

应该懂得，你一诞生就是世界上第一个社会主义国家的公民。应该懂得，你享有人类最大的幸福——自由劳动的幸福。应该懂得，在你面前展现出了丰富的精神生活，以及精神上成长、发展、完善的道路。应该懂得，你要把对吃、穿、住的关怀放在头脑里的第二位，而放在第一位的是对智力和情感、创造和美、图书和音乐的关怀，这一切你应感谢伟大十月社会主义革命。

是革命拯救了你的祖国，使之免遭外国奴役的威胁。是革命拯救了人民、你的祖辈，还有你和你的后代，使你们免遭贫穷、苟且度日、精神空虚和愚昧无知。是革命把你的祖国在全人类面前抬高到光荣的高峰。

要珍惜伟大十月社会主义革命的成果。要珍惜共产党的思想和原则，是党引导你的祖国走向强盛和幸福的顶峰。做个忠实于我们伟大革命和共产党的思想、原则、法律、传统的人。做个革命者和共产主义者，这不仅使你肩负祖国的命运的重任，而且使你的生命有着深刻的意义。

这是一段最复杂的道德上的教诲，它包括思想、事件、现象、事实的巨大世界——从古罗马在斯巴达克率领下的第一次奴隶起义起，直到 17 岁的列宁在母亲得到大儿子亚历山大被处决的消息而悲恸欲绝时说出"我们不能走那条路"这句预言为止；从阿芙乐尔巡洋舰一声炮响起，到少先队员从集体农庄已收获的田里捡来的麦穗打成一把小麦为止。这里，无论在集体和个人的口头上也好（而崇高、鼓舞人的话语——是少年心灵上燃起的火花），实际行动也好，最主要的内容是什么呢？就是在集体和个人的智力生活和思想生活中应当充满解放的——自由劳动的列宁思想。人要站起来去反抗压迫者，永远为自由劳动而斗争。在当今做个革命者，意味着不仅要做一个新的——自由的、创造性劳动的主人，而且要做一个创造者。对待劳动、粮食和人的品格的态度，永远是衡量一个人革命修养的一把尺子。无论在田野里、在畜牧场、在锅炉、在机床旁，还是在社会主义祖国的边防哨卡，革命都在继续进行。

在教育孩子们忠实于革命和共产党的思想时，我极力使小公民们在童年时代就能用自己的心去理解并用心去认识社会主义世界同资本主义世界的天壤之别。这里有大量报道美国存在饥寒交迫现象的书信和照片。在那个社会里，有些思想家们把自己的世界称为自由民主的象征，可那里有千百万人在忍饥挨饿，孩子们由于贫困和饥饿挣扎在死亡边缘。我给孩子们读了美国一位女教师叙述四个小姐妹悲惨遭遇的信。信中说，几个月来，她们一直过着忍饥挨饿的生活，正当孩子们一点吃的也没有的时候，她们的父亲又失业了。几个小姑娘都饿成了皮包骨，一动也不能动了，最终死在医院里。孩子们渐渐懂得，是伟大十月社会主义革命拯救了他们，使他们远离痛苦和灾难。

我认为，在对苏维埃学生们进行道德教育的过程中有一个非常严重的不足，那就是我们很少教自己的学生们去思考幸福——思考全体苏联人民的幸福，思考每个家庭的幸福，思考我们的社会主义制度在每个人面前展现的真正的宏伟蓝图。现在，教育的智慧和技巧，在于首先使儿童们、青少年们思考幸福，并去珍惜它。我们所教育的这种精神、智力生活的方向对孩子的世界观和信念的培养起着非常重要的作用。我正在把我们人民走什么样的道路才能得到自由劳动的幸福，用什么代价才能获取有关衣、食、住、温暖的第二位的幸福的这种思想，一点一滴地渗透到自己学生的头脑中去。关于这种思想，孩子们应当思考、思考、再思考。借助于这一思想，孩子们应当不断地去开辟我国社会主义生活的新领域；教师应从这一思想出发去启迪孩子们进行自我教育的最初愿望，让孩子们体验忧虑、担心和良心的谴责，这是更为重要的。

54. 怎样培养年轻一代在伟大卫国战争英雄面前的责任感

许多年前，在你还没有出生的时候，我们苏联人民曾遭受到巨大的灾难——法西斯德国侵占了我国。法西斯匪徒妄想消灭我们的社会主义国家，夺取我国的财富。他们制订了一个要消灭俄罗斯、白俄罗斯、乌克兰民族的魔鬼计划。他们的工程师们在被占领的国土上、在德国本土上建造了一些巨大的杀人工厂，在那里，每个昼夜都有数千名苏维埃人被毒死在瓦斯室里，然后被丢进火炉里焚烧。

记住吧，孩子们，永远不要忘记，也不要让自己的后代子孙们忘记，是法西斯分子企图彻底消灭我们的民族，而后消灭其他民族，从而统治世界。假如全体苏联人民没有在伟大的卫国战争中奋起抗击法西斯侵略者的话，法西斯分子就有可能霸占世界。在这次战争中，有两千万苏联士兵和军官为社会主义祖国的自由和独立而献出了宝贵的生命，你要记住这一点，让你的儿子和孙子记住这一点，也让你的子子孙孙永远记住这一点。法西斯分子已经犯下的和企图犯下的罪行，我们决不能忘记，也决不能饶恕。如果我们忘记了这点或者饶恕了这点，那我们就会在死去的孩子们、兄弟们、父辈们、祖辈们的墓碑前感到羞耻。

从斯大林格勒到柏林、布拉格，从白海到黑海——处处都有墓碑，这样神圣的英雄墓碑有两千万座。如果没有这两千万英雄用自己的生命保卫我们的社会主义祖国，如果没有 19 岁的亚历山大·马特洛索夫在严冬的早晨用胸膛堵住敌人的枪眼，如果没有飞行员尼古拉·加斯捷洛驾驶燃烧着的飞机去冲击敌人的坦克群，如果没有 17 岁的姑娘卓娅·科斯莫杰米扬斯卡娅走到绞刑架前高喊："消灭法西斯！"（这句话如同炮弹，因为它号召人民起来去斗争），或许你不会来到世上，即便你生在这个世上，也有可能像奴隶那样苟且偷生，像牲口那样被拴在牛棚里，吃着发臭的猪食，睡在麦秸上。

记住吧，孩子们，永远不要忘记，也不要让自己的后代子孙忘记，是谁拯救了你，拯救了你的家，拯救了我们的祖国、我们的民族、我们的精神财富、我们的历史，使我们幸免于毁灭。伟大的共产党，正是党鼓舞我国人民投入了这场神圣的战争。

我认为最重要的教育任务，就在于使孩子们能在过去的英雄事迹中领悟到共产党的思想。

教育的意义，实质上就在于使崇高的思想成为个人的志向和理想，因为这种志向和理想在使人充满崇高精神的同时，又能展现出他自身的美。当崇高思想通过战士的光辉形象展现在少年公民面前的时候，信念便从为人民的自豪感中产生出来，理想便会变成期望的、诱人的高峰。进行思想教育，培养信念，首先就要使一个人能正确地去对待神圣的祖国——即正确地对待亲爱的国土、她的自由和独立、荣誉和尊严，以及人民英勇的历史和壮丽的现在。做一个思想上有教养的人，就意味着拥有忠诚的爱和毫不妥协的恨，意味着要把对祖国的爱和对敌人的恨融合在一起。

55。怎样培养孩子们的共产主义理想

在我们的生活中有些极为神圣的东西，即共产主义理想，社会和人民的财富。这些财富是用宝贵的生命、鲜血和斗争换来的。我们伟大革命的红旗、少先队员的红领巾、少年列宁主义者少先队员的称号，对我们的社会制度、人民、共产党的爱国主义的忠诚，这都是我们应当去珍惜的神圣的东西。提到这些神圣的东西时，决不能把它变为漂亮的词句到处去说。决不能把神圣的东西变为辅币。

这是一段相当微妙的、聪慧的而又有着相反作用的教诲，也就是说，这条教诲实行起来在颇大程度上取决于我们这些教育者们如何对待孩子。在这个非常娇嫩、细腻的相互关系范畴之中，教育者们的错误会导致严重的后果。

四年级有个黑眼睛的男孩子，名叫帕夫洛。他的爷爷也叫帕夫

洛，在前线牺牲了。奶奶把爷爷的勋章、奖章、奖状、嘉奖书珍藏在匣子里。每当节前，孙子总要来到奶奶跟前，请求打开那个绘有花纹的古老的匣子，久久地欣赏着里面的物品。

胜利节前，有人画了一张帕夫洛爷爷的肖像，挂在教室里，当然是挂在孙子学习的那个教室里了。当黑眼睛的男孩帕夫洛看到爷爷的肖像，胸前戴着勋章和奖章，帽子上闪着红星，眼里盈满着微笑时，他的心情非常激动，高兴极了。

课后，大家都回家了，帕夫洛却留在教室里，他走到肖像跟前，仔细端详着爷爷。在这一瞬间，男孩帕夫洛仿佛听到爷爷在问他："孙子，你怎么样？"

可是过了一段时间，快乐就被忧愁代替了。不只是在四年级里，甚至在全校，帕夫洛都被认为是最爱吵闹、最淘气的孩子了。女教师娜杰日达·依万诺夫娜常常在下课后叹着气说："这个男孩真够呛……"当有人把那张爷爷的肖像挂在离孙子书桌不远的地方时，老师高兴极了。她想："帕夫洛应该不会把麻雀装在口袋里了，也不会在教学试验园地干活时往女孩子脖领上扔青蛙了，若是再淘气，他会感到羞耻的。"

娜杰日达老师万万没想到，这个男孩，用她的话说，变得"更糟了"。从前他淘气还是无恶意的，可是现在帕夫洛成了容易抱怨的人、好发脾气的人，常常用粗鲁的态度对待别人。有一次，他没有完成作业，甚至连语法本都忘带了。

"你怎么就不感到害羞呢？"娜杰日达老师责备说，"你的爷爷是位英雄，你就坐在他的肖像旁边……"

男孩帕夫洛脸红了。

过了几天，帕夫洛又把一面镜子放在书桌上，镜子反射出太阳的光——多有意思啊！明亮的太阳反射光随着镜子转动，也在天棚上旋转起来，吸引着孩子们。

"上课的时候你怎么能这样？"女教师问道，她想再提孩子的爷爷，可又止住了。

在星期六，两堂课后，娜杰日达老师对孩子们说："现在我们到森林去。你们快回家，放下书包，带上食品和水。我们要在森林里待到傍晚。"

孩子们个个兴高采烈起来，一齐涌向教室门口，都想赶快回家，快点返校。帕夫洛一看，若是一个个按顺序出去，自己就是最后一个了，于是他窜到打开的窗户跟前，跳了出去，就要往家跑，就在这时候，突然从教室里传出娜杰日达老师严厉的声音：

"帕夫洛！你回来！马上回教室来！"

帕夫洛回来了。这时教室里已经没有一个学生了。女教师坐在桌旁，帕夫洛低着头站在她的面前。

"少先队员能这样做吗？"娜杰日达老师痛心地说。

帕夫洛感到老师很伤心，他甚至有一点可怜娜杰日达老师了。假如谁也不知道这件事，尤其是没看到这件事，而帕夫洛又像怕火一样害怕这件事，他会走到老师跟前，拥抱她，安慰她。帕夫洛当时猛地抬起头，为的是看一看窗外，有没有人看到他那因为心情激动而变得夸张的表情……，可他看到了有的学生带着手提包和水壶已往学校院里走来了。这时，老师发现男孩的眼里充满了懊悔，他是在用自己的方法解释心情的激动。

"他感到害羞了，"娜杰日达老师想了想，"这可好了……"这时男孩子低下了头，尽量使自己的脸上露出若无其事的神情，更不能让第一个返校的学生尤尔科从窗外看到他的"难为情"。女教师没有发现男孩心理活动的剧烈变化。想到帕夫洛已懂得了自己的举动是不体面的，女教师的心肠也就软下来了。她既激动而又善意地对男孩说：

"你想想，若是大家都跳窗户会成什么样子……。你是少先队员，应当珍惜红领巾的荣誉。少先队员这样做是不能容许的。还有一点你也要想一想，"女教师放低了声音，拉着帕夫洛的手继续说，"要知道，你爷爷的肖像就在你旁边！他可是英雄。要以他为榜样。去问问你奶奶：你爷爷到学校里，什么时候跳过窗户？要知道，他就在这个班里学习过。"

娜杰日达·依万诺夫娜同帕夫洛高高兴兴地分别了，她的心情也平静多了。过了五分钟，帕夫洛提着装满食品的提包跑来了。

森林里的活动既有趣又快活，给孩子们留下了生动的回忆。星期天过去了。到了星期一，第一堂课刚刚开始，帕夫洛就举起了手。老师很久没看到他举手了，也很久没看到他那双快活、敏锐的眼睛了。帕夫洛想起了自己的事：

"娜杰日达老师，您让我问奶奶……""什么事来着？"娜杰日达老师使劲去想，可怎么也想不起来了。"问爷爷在学校学习的时候，跳没跳过窗户……""怎么，你问了吗？"

"问了。""奶奶怎么说？"

"她说，爷爷有一次因往教室里带麻雀，课后被留下了……""是吗？"娜杰日达老师感到有点不妙，便戒备起来。

"他是由烟道管爬到屋顶，又从屋顶跳到地上跑回家的。"教室里一片寂静。孩子们以赞赏的目光看着爷爷的肖像。

"奶奶还说，"帕夫洛继续讲着，"爷爷的语法也得'两分'——她说，我大概跟爷爷一样……"

帕夫洛眼里闪出喜悦的目光。他微微一转头，看了看爷爷的肖像。这时，吃惊的女教师似乎透过孩子眼里那欢乐、喜悦、胜利的眼神，看出深藏在心里的得意感：爷爷都能从烟道管爬出教室，而他只不过是跳了窗户。

我没有讲娜杰日达·依万诺夫娜的感受和感想。但是我为什么要讲学校生活中这件小事呢？如果在这件事里边，就像在一滴水里边，没有反映教育上的一种重大问题的话，那看起来这件事不过是个滑稽可笑的事情而已。

娜杰日达·依万诺夫娜犯了一个错误。从事情一开头，她就指望爷爷的肖像能成为对孩子的特殊约束力。错误还在于对儿童的心灵、行为的观察本身。决不允许一看到有的孩子用镜子射出太阳的反光、往教室里带小麻雀、向同班女学生的脖领上扔小青蛙，就用爷爷——英雄的事迹加以联系和对照。这岂不是用高射炮打蚊子吗？

只要有的学生没带笔记本，没有完成作业，上课迟到了，在课桌上乱画，就会听到：你像个少先队员吗？难道真正的列宁主义者能这样干吗？

难道列宁会这样干吗？列宁学习成绩都是"5"分，可你的考勤簿上记的是什么？难道你配称"真正的列宁主义者"吗？

我认为，这是轻率的态度，这与聪明地运用我们最细致的教育工具相差太远了。

个别教育者无论如何都不会理解，孩子或者少年得了"2"分这件事，不应当与他的少先队工作、少先队的荣誉、少先队的尊严有任何联系。"2"分与少先队员列宁主义者称号是完全不同的两件事。我们从来不在少先队集会上谈学习成绩。

请您珍惜少年心灵中我们共产主义的神圣的东西，这就是我想要向每个教育者、每位父母提出的建议。您应当敏锐地关注我们的儿童们、青少年们的理想和信仰，使他们对这种理想和信仰决不动摇，用马克思的话说，就是不要去撕裂他们自己的心 16。共产主义教育的核心，就在于使我们每个学生都能生活在我们神圣的东西、我们的理想的世界之中，要珍惜它们，信仰它们，理解并感受到自己与它们有关——这是非常重要的啊！一定要像珍惜自己的尊严、公民的荣誉那样去珍惜这种关系。

56。怎样培养忠于社会主义祖国的情感

在我们的生活中，有可以度量的财富，也有不可以度量的财富。同样，还可以讨论什么是最好的——是组织家庭好，还是单身好；是热衷于所选定的理想好，还是对什么都漠不关心好……。但有的东西是任何东西都不能与之相提并论、不能与之相比拟的，那就是对祖国的忠诚、对生你并使你长大成人的那片土地的忠诚、对哺育你成长的人民的忠诚、对伴随你从生到死的欢乐与忧愁的忠诚。

"祖国"一词的字根，也就是"父母"一词的字根①。当你成为一个有思想、有觉悟的公民，一个劳动者，一个为真理和幸福而奋斗的战士，一个由于你是人民的儿子而顾家的人，这才意味着你成为一个真正的人。在你身上，如同一滴水反映阳光一样，反映出人民悠久的历史、它的伟大和光荣、它的爱和希望……

---

① 俄语"祖国"（родина）和"父母"（родитель）的字根相同，都是"род"。
——译者

　　母亲只生下你的身体，祖国却产生你作为人的公民的灵魂。没有什么比祖国更宝贵的了。为了祖国的独立、强大和昌盛，一个真正的人要毫不动摇地奉献出自己的生命，因为没有这些，我们的生活，不仅是痛苦的，而且是可耻的。俄国没有我可以生存下去，我若是没有俄国———一钱不值。[17]我们的祖国伟大而辽阔，这是我们的先辈一手创造的苏维埃社会主义共和国联盟。你是世界上第一个社会主义国家的公民，为此你应感到自豪。你生长的这块土地，正是全世界劳动人民的领袖和导师、我们党的缔造者、我们可爱国家的创建人、伟大的思想家、世界上最人道的人弗拉基米尔·伊里奇·列宁诞生的地方。要为你是列宁的同胞而感到骄傲并去珍惜这份荣誉。

　　一个人对自己祖国的认识和理解，爱国主义思想核心在我们心灵中的形成，在童年、少年和青年早期的爱国主义教育，一个爱国者在精神上丰富的、充满活力的、忘我的生活，这些最细微的、最复杂的东西就存在于称之为爱国主义教育的那些思想、行为、信念、思维、志向等极为错综复杂的交织之中。爱国主义情感、思维、信念、行为教育的复杂性和无与伦比的独特性，就存在于在普通的生活中、在日常劳动中，生活不会给人们测量爱国主义这个很难理解的品质的尺子。却把这个委托给我们教育者——父母、教师，只有在艰难的考验年代，在祖国面临生死存亡关头才去使用。对爱国主义情感和信念的真正的考验，就是战争。只有在生死存亡的冲突之中，忠实、忠诚的真正本质才能完全显露出来。

　　关于这一点，我们做教师的一刻也不能忘记。学校的爱国主义教育，是心灵与肉体上的一种锻炼，为准备同万恶的敌人——帝国主义进行残酷的毫不妥协的斗争的一种锻炼。我们最高的使命，就是培养精神上强大、勇敢的人，彻底忠于理想的人，准备为苏维埃多民族的祖国的幸福、独立、强大、荣誉和尊严在战场上献出生命的人。

　　爱国主义教育是多方面的。其中首要的是认识世界。在一个人面前展现出他有意识生活的最初几步，即从他会思考和感受时起，他不仅应当去观察和理解世界，而且应当去热爱和珍惜世界，认为世界是属于自己的，感到自己是世界的一分子。要关心把个人与祖国连接起来的上千条细线，这就是在爱国主义教育方面向父母、教育者提出的首要的建议。

在意识和情感中确立无与伦比和不可比拟的东西，并不是为了让人消极地去欣赏美。真正地珍惜美，就意味着保护美、爱惜美，并成为关心祖国命运的人。小公民一想到可能有人来侵犯那可爱的、不可侵犯的国土时，就应当义愤填膺。

战争年代，在第聂伯河岸边一个大村子里曾发生过这样一件事。法西斯分子占领村子后，一些法西斯军官进入了学校。校园里美丽的天竺牡丹吸引了他们的注意。这群军官谈到明天他们要开晚会，想用这些花装饰大厅。他们的谈话被五年级学生沃洛佳听到了。要知道，这些花可是他照管的，就在昨天晚上他还给花浇了水。法西斯分子的话激起了沃洛佳的愤怒。他在夜深人静的时候来到了学校，把花摘下来放到教室里列宁的像前。在讲这件事时，我不去做评论和总结，让学生们自己去做。由于憎恨侵犯我国神圣领土的敌人，他们的小拳头会攥得紧紧的。

对祖国敌人的憎恨，是一座高峰，孩子登上这座高峰就能看到世界。正因为有了这种情感，祖国，作为无与伦比和不可比拟的化身展现在孩子面前。只有对祖国的敌人有一种强烈的恨，不妥协的斗争精神（这是一代接一代保存和珍惜的那种阶级意识和高尚心灵的怀念），才会在少年公民面前展现出衡量有价值的东西的真正尺子：祖国的命运会比个人的生命更崇高、更珍贵。憎恨使孩子从小就渗透着这种思想：对敌人顺从、在敌人面前屈膝，对敌人的恶意无动于衷，这对我、对我的家族、对我的母亲来说，就是一种永久的耻辱。憎恨的情感会把思想变为个人的信念。

从孩子们入学的最初几天起，我就跟孩子们一起到为了我们祖国的伟大、荣誉、光荣和独立而建立的功绩世界里去旅行，到英勇顽强、艰苦斗争和自我牺牲的世界里旅行。我极力使孩子们的心里对那些企图消灭我国，使我国人民屈膝的奴役者和征服者永远怀有劳动人民的那种强烈的阶级仇恨。由于怀有这种阶级意识和具备高尚的心灵，我的每个学生，祖国大地未来的主人，在今天、在童年时期就要开始过公民生活，他会变成劳动人民的一分子，体验到劳动人民的命运，会把祖国的欢乐与忧愁贴在心上。我力求使我国的英雄业绩、人民的光荣史册，永远以灿烂之光去照亮学生们现在和未来的道路。

有经验的教育工作者极力使孩子忠诚于崇高的思想，能在光辉的行为中，以及人的激情中反映出来。我认为非常重要的一点，就是使一个人在童年时就能对忠于祖国的行为感到赞叹。一个孩子只有在他对攀登上道德品格高峰的人深表敬意的时候，才会真正地受到教益。孩子应当去仰望人的高峰，而不应当低着头去凝视坑洼和沼泽。让少年公民的头永远仰望着闪着崇高思想的高峰，只有在这种条件下，他才会体验到对祖国的高尚情感，在祖国面前的责任感。善于向少年公民指出人的高峰，是教育技巧和教育艺术的一个细微的方面。要对孩子们讲述英雄业绩美，使他们的目光永远向着高峰。

在我们的列宁纪念室里有一本剪报。里边都是有关俄罗斯、白俄罗斯、乌克兰村庄被毁时发生的英勇而悲壮的故事，打开这本剪报读一读，少年公民就会感到惊讶：成千上万的人在面临死亡时手挽手，决不屈膝，发出了不妥协和仇恨的呐喊，这才是人最光辉的高峰。这是忠于祖国的苏维埃人的道德美，它可以使人的英勇、意志、毅力增加千百倍。

宁愿站着死，不愿跪着生。人的生命是极为宝贵的，但有比我的生命和你的生命更宝贵的东西，那就是祖国永恒的生命。我们的祖国将永存下去，是因为有千百万个英雄为她的生存、荣誉和尊严而牺牲了自己。当祖国面临严峻考验时刻，有人为了活命背叛祖国，躲避危险，这是可耻的，也是令人极端厌恶的。在所有语言中，"叛徒"一词，都会使人对背叛人民者产生一种愤怒的蔑视。一个人要有在战场上英勇牺牲的思想准备。大无畏的精神，具有忠于祖国的崇高思想，这些都是你最强有力的武器。即便去死也要死得其所：就是说要善于以你的死去换取胜利，使敌人乱作一团，在你面对死亡时能仇恨敌人，这就是你的胜利。假如这个人只有一种抉择——以自己的身体去挡住敌人的枪弹，那么，他就没有白来人世。[18]勇敢地面对死亡，这并不意味着在战斗前就准备死，而是意味着在蔑视死的同时，准备去胜利。

我常常向未来的公民们、劳动者们、父母们、战士们渗透一种教育思想，让他们从小就去蔑视变节者和背叛行为。思想教育一个最重要的任务，就在于使人能看到人在精神方面的高峰，使人忠于祖国、使信念充满崇高精神，使生活对崇高的真理——人民的不朽充满欢乐和信仰。我极力使小公民们理解和感受到，有真正的人的生活，也有被收买成为叛徒、践踏理想，过着奴颜婢膝、奴才般的生活。对奴颜婢膝行为的憎恨的态度，就是一种伟大精神的道德基础。我极力使我的学生们在童年和少年时代就能去赞美那些敢于去蔑视苟且偷安、敢于英勇赴死的英雄们。

我接二连三地在孩子们面前展现人的精神的新高峰。就拿一位英雄的雕像来说吧。孩子们看到了那受伤的，但显得高尚的脸和英雄的眼里闪出人的高尚的美。这是一位真正的人，他的功绩使他的名字不朽。在伟大卫国战争年代的一次战斗中，他，苏军战士阿列克谢·别秋克在执行战斗任务时，被法西斯分子抓住了。他们把别秋克带到德国军官面前，让他交代出军事秘密。面对法西斯分子所有的提问，阿列克谢·别秋克只回答："不知道。"当时，一个希特勒分子割下他一只耳朵，战士别秋克痛得钻心，但他仍没吐露一个字。发了疯的希特勒分子又割下了他的另一只耳朵和他的鼻子。苏维埃战士咬紧牙关一声不吭。他们便用刀子割开他的嘴，拉出舌头用钉子钉在桌子上，然后又割掉他的舌头。这位鲜血淋漓的俄罗斯英雄昏迷过去，倒下了。法西斯分子认为他已经死了，所以在我们部队的攻击下撤退时，就把他丢下了。现在阿列克谢·别秋克还活着，在顿巴斯工作。这位英雄的名字在城里居民中家喻户晓。

孩子们，这是一位活着的烈士。这位英雄的名字在全国人民中间鲜为人知，只是因为在生死考验的年代，英雄的人民中出现了成千上万个为祖国的荣誉和光荣而献出自己宝贵生命的人。

未来的公民们和战士们，你们要记住，你对死亡采取蔑视的态度，对待背叛行为就像对待卑鄙无耻的东西那样，你就能战胜敌人。憎恨和蔑视可恨的奴颜婢膝行为，是战士强有力的武器。你们要知道，这武器曾经千百次地化为强大的力量，在伟大的卫国战争年代，敌人的士兵亲眼看见了这种力量，并使他们思考一个问题：我为什么打仗，我的对手又为什么打仗？请你们记住，凡是在蔑视死亡、背叛行为和变节行为的地方，那里就会有不放过贪生怕死念头的英勇壮烈的行为，那里也会有两种思想、两个世界、两种信念的冲突，而最后的胜利定会属于我们共产主义世界、属于我们共产主义的意识形态。

我极力使我的学生们懂得，爱国主义的一个功绩，就是对死亡的蔑视，这是公民最高觉悟的反映。一个人在建立这种功绩的时候，内心仿佛在品评自己的生活。在对世界进行爱国主义的观察时，主要在于去理解我是人民的一分子、为了人民的永生我应当在死亡面前成为英勇不屈的人。思想属于人民，与人民生死与共——这是我要通过所有蔑视死亡的英雄故事所要达到的目的。英雄依万·苏萨宁、卓娅·科斯莫杰米扬斯卡娅、亚历山大·马特洛索夫的英雄业绩，在我的那些故事中占有特殊的地位。这里特别重要的，就是要使少年们对愿意为祖国献出生命这一点有精神准备。

如果一个人只想成为一个真正的公民，一个英勇不屈的爱国者，不知疲倦的劳动者，忠实的丈夫和父亲，他就应当拥有一种高尚的品格—— 不吝惜自己。不吝惜自己，是世界上最值得骄傲、最美好的品格。不吝惜自己的人万岁！世界上只有两种生活方式：腐败与燃烧。胆怯的人和贪婪的人会选择前者，而英勇的人、慷慨的人会选择后者。凡是爱美的人都清楚，辉煌壮丽的事业在哪里（参见《高尔基全集》）。

这里所谈及的正是培养不吝惜自己的品德。这一道德品质的基础，就是英勇与无畏。父母们、教育者们，你们要像怕火那样怕孩子怜悯自己。为一点点小疼痛哭鼻子抹眼泪，这正是利己主义、胆怯、变节和背叛的长久存在的种子。

我认为一个非常重要的教育任务，就是使每一个人都能在童年时代表现出英勇与无畏。决定性的一步可以直接改变心灵，应当帮助那些畏葸不前的孩子迈出这一步。

教育者们，为每个畏葸不前的、爱哭鼻子的孩子感到不安吧。你有责任让他成为一个顽强的、英勇无畏的人。

57. 用追求理想的方法培养思想

　　祖国，就是你的家，你的摇篮。在你那可爱的家里，不是一切都那么甜甜蜜蜜的，也会有不幸和痛苦。在谈到这点时，你们要记住，你所谈的是你可爱的家中的不幸和痛苦。为了有道德权利去谈本国人民的不幸和痛苦，就应当十倍地为巩固自己的祖国去做些具体的事。要蔑视蛊惑宣传和说空话。你所想和所做的一切都是为了使善良和正义得到胜利。不仅善于去看，而且要仔细地去观察，对世界应有自己的观点。为了能有自己的观点，就应当留心去观察你周围的和你身旁的那些东西。只有当你在生活中观察到并创造出对你来说是珍贵的东西时，正确的世界观才能形成。

　　在 14 岁那年，你就应当自觉地向自己提问：我活在这个世界上是为了什么，而且要以公民的身份予以回答。

　　在 14 岁那年，你要加入共青团了。团证，是属于志同道合者——列宁主义者战士的政治组织的第一个证件。

　　在 14 岁那年，当你回首往事时，应当看到自己劳动的成果，并对自己的公民生活做出初步的总结。

　　共产党员——列宁主义者的崇高称号，是我们道德、行为、生活的理想，也是我们为了苏维埃祖国的幸福、伟大和独立而劳动的理想。

　　祖国、爱国主义和世界观，是三块基石，在这三块基石的基础之上，应当去培育忠于我们列宁主义理想的共产党员和战士，他们要时刻准备在生活中、和人的相互关系中为理想抛头颅洒热血。

　　究竟应该怎样去培养智慧、正确的世界观、思想性和追求理想的志向呢？

　　达·芬奇写道："智慧是经验之女。好铁不用会生锈，清水不流会发腐或在严寒时冰冻，而人的智慧不用则会凋萎。"[19] 智慧的勇敢和诚挚，是集体思想生活中的一根红线，人借助于这根红线去追求理想。我力求使少年们和男女青年们勇敢地、诚实地去思考最艰难、最复杂的问题，这些问题的根本，就是爱国主义情感和信念的根源，对理想忠诚的根源，也是思想不坚定、变节和背叛的缘由。

请你们记住，男女青年们，一个人要是与他人相处时表现出冷酷无情的态度，那他就不可能有一点神圣的和高尚的东西。祖国的实质就是母亲的心。对祖国和对人们的爱，是两条急流，一旦汇合，就会形成爱国主义的大江。不要忘记，少年公民，在你的生活中，有时候会需要你有勇气，坚定地准备投入紧张的体力和脑力劳动中。一方面你将得到欢乐、满足、利益；而另一方面，你也可能痛苦，可能自我牺牲，甚至为了他人的生命和幸福需要献出自己的生命。要有所准备，在必要的时刻去攀登高尚品格的高峰，并争取胜利。

在我们校内的光荣榜上，贴着一个 18 岁青年列奥尼德·谢甫琴柯的肖像。他是在垦荒的最初年代自愿到哈萨克去的垦荒者，他在那儿当拖拉机手，他在保卫社会主义财产时，牺牲在战斗岗位上。他的肖像下边有一行字："人的生命好似铁，如果用它干事业，它会磨光闪亮；如果不用它，它会腐蚀生锈。"让你的心燃起明亮的火焰吧，让它照亮你，也照亮你孩子前进的道路，生活的幸福就体现在这一点上。谁的心被无所事事所锈蚀，谁就会过着可怜虫般的生活。列奥尼德·谢甫琴柯认为燃烧总比腐蚀好。在 1956 年的腊月天，他和同志们一起到 50 里外的地方去拉干草。在返回的途中遇见了暴风雪。本来，他可以丢下拖拉机，到路边不远一个养畜的土窖去避一避，但谢甫琴柯没有丢下拖拉机。他对同志们说：

"你们快走，去避一避暴风雪，我留下来，给发动机加加热，要是丢下它不管，那就再也发动不起来了。"暴风雪越来越大，变成了可怕的飓风，严寒更加剧了，这时人已经不可能走近拖拉机了。一昼夜过后，同志们在驾驶室里发现了谢甫琴柯，他身体已经冻僵了，那只冻僵了的手还在抓着驾驶盘。

列奥尼德·谢甫琴柯的母亲曾这样教导自己的儿子："你是生活在人们中间的，要记住，你最大的欢乐，就是给人们带来欢乐。回想起列奥尼德的童年和少年，他也跟千千万万个其他孩子一样很普通。他在休息时也常常淘气，跟同学打架、打弹弓……"母亲教育自己的儿子，为了别人要不吝惜自己。

58。怎样培养学生当军人的道德准备

你不仅是未来的劳动者，而且是未来的战士。从小就要有服兵役的准备。要做一个能吃苦耐劳的人，不要惧怕困难。从童年起就要做个信守诺言的人。信守诺言，是道德上的一种高尚品格，你应当在自己身上发展这种高尚品格。

"宁肯牺牲自己，也要去救同志"，这句民谚之中含有一种深刻的道德含义。朋友之交，要有高尚的情操。丢下不幸之中的同志、朋友不管是可耻的。如果你的朋友犯了错误，便去跟他断绝友谊关系，这是不正直的。

为保卫祖国而奉献自己的生命，这是青年人的荣誉。

有时，你会碰见手拄拐杖、胸前佩戴奖章的人，要向伟大卫国战争的残疾人点头致意。他曾用胸膛保卫了你和你的孩子们。正因为他，你才能在这个世界上幸福地、自由自在地活着。当你碰见了苏军官兵，要向他们点头致意，是他们在保卫着你的生命，是他们在捍卫着我们的安宁和幸福。军队是我们祖国强大的盾和剑。盾应当永远坚固，剑应当永远尖锐。我们不打算侵略任何人，但是，如果有人胆敢侵略我们，那我们就应当还击。

要珍惜伟大卫国战争中遗留下的珍贵遗物：你祖父，曾祖父的书信、奖章、勋章、照片等，这是你家族的光荣和骄傲。

要珍惜与敬仰历史古迹。我国人民的历史，就是你的精神财富。要把自己家族的传说以及祖辈功绩的故事传给你们的子孙。

当军人的道德准备，是从对友谊忠诚、诚实，对恶势力毫不妥协，准备捍卫自己的信念开始的。

培养真正友谊的情感，这是人心灵上一个最细微的活动之一，在接触这一活动时，教育者应特别敏锐、有分寸、深思。应当记住，青少年有自己的友谊和忠诚的法则，如果老师想成为孩子聪慧的心灵的主宰者，那他就不应当破坏这些法则。

为祖国忠诚地服务，履行军人的天职，严格纪律和责任，这一

切，如果没有真诚的、忠实的友谊是不可思议的。我想向教师进一言：你们要像珍惜最骄傲、最脆弱的花朵那样去珍惜青少年的友谊。友谊是培养高尚情操的一种方法。忠于友谊，忠于朋友，能激起儿童和青少年们自我牺牲的行为举止。

培养每个学生那种高尚的、严格的、忠诚的、慷慨的友谊所必需的精神财富，这是在教育上最细微地触及学生个性最敏锐的一角。我们力求使集体中青少年都能树立由许多届校友所制定的友谊法则。这些法则本身，就是集体在道德上的巨大财富。

下面就是这些法则。

（1）不能丢弃身处不幸的朋友。在友谊方面做个忠诚的人，这意味着与朋友不仅要同甘，而且要共苦。你的朋友可能有错、有困难、受到了考验。如果你看到朋友有困难，你要去帮助他。在朋友遇到困难的时刻离开了他，这意味着在道德上背叛了朋友。

（2）要关心你朋友的为人。友谊使人在道德上更加充实。有一位可靠的朋友，你会精力倍增，会变得更纯洁、更丰富、更美。要知道，有一位忠实的朋友，你会每时每刻不仅看到自己，而且会对自己信得过的朋友坦诚相见。

（3）友谊首先是对朋友的信任、严格要求和奉献。这三者的和谐，会给你与在精神上、理想上亲近的人进行交往时增添无与伦比的幸福，你对朋友的信任越深，就应越严格要求，你的奉献也就越大。

（4）友谊与利己主义是不可调和的。友谊教人要奉献精神力量、财富和关怀。当你有一位忠实可靠的朋友的时候，你会变成这样的人，即一个对世界上所发生的事都相当感兴趣的人，比如：你周围都是什么人、他们神圣而珍贵的东西是什么、他们为什么活着、他们认为欢乐的东西是什么、他们爱什么、恨什么……

（5）友谊教你去忠诚地爱，也教你无畏地去憎恨，成为毫不妥协的人。我把友谊称为一个高峰，借助于这个高峰，能在人面前展现出各种高尚的、美好的东西，也有卑鄙和丑陋的东西。友谊使人能敏锐地注意到善与恶。交朋友，这意味着你要在严格要求的学校里当个勤奋好学的学生。

（6）友谊要在不幸与危难中经受考验。最大的不幸和危难的考验就是战争。你应当在精神上有所准备，要经得起这种考验。友谊是忘我、英勇和刚毅精神的强大和无穷无尽的源泉。一个人在最艰难的条件下表现出必胜的信心，主要是因为他感到有战友在身边。

（7）要善于使你和你的朋友在精神上和理想上取得一致。忠于思想、理想和斗争，是人在精神活动方面最明显的表现。共产主义教育和自我教育之道，就在于使人们能在少年和青年早期就善于为了具备忠诚、不屈不挠和夺取胜利的坚强意志而把自己的力量连接起来。只有当友谊是理想的幼芽，并从这幼芽长出生活目的的强大幼林来，友谊才会强大而高尚。没有未来的共同理想，真正的友谊是不可思议的。

（8）少年时代没有忠实、忠诚的友谊，就会贫乏而空虚。不善于交朋友，你就会成为孤单的人。

（9）友谊能培养出忠于崇高的、理想的东西，是因为为友谊而奉献出的东西要比得到的更多，而且必须因为奉献才会真正得到，最慷慨的人才会成为最富有的人。为了理想，时刻准备奉献自己最宝贵的东西，哪怕是在为人类的幸福的斗争中抛头颅洒热血，这一巨大的道德财富，只有那种把生命看作比一块面包和舒适的小窝重要得多的人才能得到。真正的友谊能抵制利己主义，教人蔑视自私。

（10）在友谊中，你会得到真正的无私的教育。友谊能在你的奉献之中给你带来无与伦比的欢乐。友谊，从本质上说，给我们带来生活的真正意义。

（11）如果你建立的是真正友谊，朋友应成为你本身的一部分。如果你从朋友身上看到某种不好的东西时，你应当坦率地告诉他这一点。互相负责，会给你们的友谊增添光彩，是你们忠诚的最重要的源泉。

（12）缺乏忠诚的、严格要求的、具备奉献精神的友谊，集体就是不可思议的。只有在使友谊忠于理想，生活目的鲜明，对邪恶进行毫不妥协的斗争而大放光彩的地方，才会有最坚强的、思想上最牢固的集体。

（13）做个对友谊严格要求的人。如果你的朋友背叛了构成友谊的某种东西的话，你要有勇气去中断这种友谊。如果你们没有精神上、理想上、观点和信念上的一致，如果你们不善于齐心地去爱和恨，如果你们彼此之间只有苦闷和孤独，那你们就会丧失友谊或者根本就没有友谊。

（14）集体的道德力量是由牢固的、思想丰富的友谊之砖砌成的。集体面前的义务感和责任感，是与羞耻感密不可分的。只有想看到自己成为无愧于道德高尚和美好的人，才会特别关心人们对他的议论和想法。我们教育工作者坚信，以上这些友谊法则，就是培养未来军人的重要的原则。培养保卫祖国的人，不仅要给他掌握现代强大武器所必需的教育，不仅要在教育中树立对敌人毫不妥协的情感，还要看到，在思想上、战斗中，连队的友谊和团结精神的培养会起到巨大的作用。

从小就应当培养学生的勇敢精神，这是培养保卫祖国的精神的一个最明显的方面。我们的父母、教师们应当记住，在家庭生活和学校生活中都会有危害孩子心灵的致命"暗礁"。这些"暗礁"有时是漠不关心，有时是市侩作风，大人们通常有的"这不关我的事"的想法，以及常常有的不善于教育等。

说空话，言行不一，这对培养英勇精神是个极大的危险。一切虚假的、摆样子的东西都会损害心灵，会产生出可耻行为、变节行为和其他低级下流的东西。学校神圣的法则应当是：不许说一句空话，不许把诺言当作漂亮话来谈，不许有一件虎头蛇尾的事，不许对孩子们的劳动有言过其实的过高评价。

不该教儿童和少年们去说漂亮话，而应当教他们去做漂亮事。

我们认为有特殊意义的一点，就是使我们每个学生的头脑中在少年和青年早期就形成一个坚定的信念：每个公民，无论在何处工作，无论他的兴趣和爱好是什么，永远是自己祖国的忠实保卫者，时时刻刻都要准备拿起武器去同敌人作战。军人的勇敢意识，争取胜利的无畏勇气，是我们培养的人所应具有的爱国主义精神的核心。英雄主义精神照亮我们学生的童年、少年和青年时代，不仅是为了赞美过去；我们的学生们在赞美革命先辈并以他们的光荣为骄傲的同时，从思想上向往着未来——这是最主要的。我所说的军人的勇敢意识，是这样的思想状态和思想目标：当我们祖国处于艰难的时刻，人应当准备用自己的全部精力倾注到唯一的活动中去——同敌人战斗。这种思想、情感、志向状态的显著特点，就是在人考虑祖国命运时，不要把自己看作微不足道的沧海一粟，而要把自己看作一股巨大的力量。

我们苏维埃的教育者们，丝毫不隐藏自己的思想目的。我们就是要培养学生对敌人的憎恨。如果忘记了这一点，我们等于背叛了自己的理想，就会变成乡村和城市中冷漠的居民，而不会成为忠于祖国的爱国者。我们需要憎恨，就像祖国的心脏需要护卫盾牌那样。我们的憎恨不是去侵占别国的领土，而是保卫自己。

只有用手中永远燃烧的火把去点燃少年心灵中对敌人仇恨之火的人，才是培养少年爱国者的真正教育者。我认为，自己的教育使命就在于精心细致地用这种火把去触及每个少年的心田，并在他身上点燃起这勇敢的仇恨之火，这也就是培养对祖国的一种忘我的爱。

59．怎样教孩子们理解和运用苏维埃国家法律

要尊重和履行苏维埃国家的法律。我们国家的法律是公正的和人道的。这些法律集中了我国人民许多世纪以来的智慧和对善良与公正的追求。法律保护的首先是你、你的家、你的幸福、你未来的孩子们。

如果我国法律对邪恶现象表现不出强有力的威力和震慑作用的话，那我们的法律就不可能是公正的、人道的。我国法律的强大武器，不仅是千百万劳动人民的意志，而且还有法庭、警察、监狱。我们的制度和我们的相互关系最高的人道主义表现，就在于用法律惩处罪犯。

要善于尊重世世代代以来在劳动人民中间所形成的、由社会主义法律巩固下来的人的相互关系的准则。如果破坏这法律，你就会因不公正地对待自己的同胞而受到谴责。表面看来，这似乎是轻微的违法行为，但再往前迈一步就是犯罪了。

要学会遵纪守法，遵守秩序和社会主义社会生活的规矩，这是高度自由的表现。违反苏维埃法律就会受到严惩。你是社会主义国家的自由公民，但自由是一种巨大的力量，应当审慎而理智

地去使用。失去理智的人手中的自由会变成不幸的根源。公民教育和自我教育之道，颇大程度上在于学会拿起和使用这一强大的、有效、柔弱而同时又是危险的力量——自由的力量。

在破坏法律现象面前不能充当袖手旁观者，要找到积极的方式来反映你对违反者不容忍的态度。

法治教育，预防违法和犯罪，是我们社会最尖锐的社会问题之一。在许多不幸的父母的信中（这些父母因儿子，有时是女儿，被关进监狱而陷入苦恼）常常问道："怎么会发生这种事呢？这种事怎么能发生在我的儿子身上？我和他爸爸够关心他的了，为他而活着，一切都给了他……"

可怕的精神空虚，可怕的不理解这种生活的伟大价值，就是导致犯罪的原因。应当进行专门的教育工作，目的在于能使我们社会没有犯罪分子和违法的人。

这项工作的意义何在呢？实际上应当做些什么和怎样去做才能使我们社会里没有一个犯罪分子，没有一个违法者呢？这在我们的教育体系中已形成一系列准则，我将一一陈述如下。

（1）孩子们和少年们具有天然的性情直率的特点：要清清楚楚而不模棱两可，要准确而无任何条件地对他们说明什么是好，什么是坏，哪里是白的，哪里是黑的。对他们就得这样公正，非此不可！他们把整个人的世界划分为善与恶，好与坏。不仅一刻也不能忘记这一点，重要的是，而且要以他们生活的初步经验为基础去充实孩子的思想。

要爱护和发展孩子们暂时所特有的天然直率的性格，而后它会变成战士的勇敢意识。孩子会按照自己的性情直率的童心世界去行事，有时会过火，但你不要怕这一点，也不会有什么危险，迟早一切都会改正过来的。

蓝眼睛的一年级女生迈娅跑到我跟前，抱怨地说："维佳弄了一根棍子，在草丛中乱打，草丛中有各种花，有金黄色的蒲公英小花，多像一棵小向日葵啊，他为啥要打它们呢？"这孩子跑到我跟前不是为了去抱怨维佳。假如我在此时此刻处罚了维佳，迈娅会感到为难的，心灵本身也会受到刺伤。她是为了寻求真理来到我跟前的。我应当首先说：这是坏毛病！同时她在期待着我眼里充满愤怒之火，这就是她跑到我跟前来的目的。我当然表现出对维佳的过错而愤怒的情绪，女孩高兴了，于是我们一同走到维佳跟前，一为保护花，二为使男子汉感到害羞。这两者都是善良与公正的胜利。但两者同时又是磨刀石，靠这磨刀石可以使孩子对邪恶现象的不宽容、不妥协、蔑视、憎恨的刀锋磨快。

千万别让孩子的思想和心灵受到邪恶的、不公正的影响，那样孩子会变成冷漠无情的人。我再一次强调，在孩子的道德发展方面，从低级到更高级、更艰难一级的阶段上，这尤为重要。

你们应当这样去教育孩子，让孩子们看到善良终究可以取得胜利，让他们感到自己参与了这种胜利，非常关切个人的欢乐和个人的忧愁……，这是非常重要的！

让孩子在童年时代成千上万次地感受到公正的胜利吧。

（2）我们跟自己学生的父母们一道认为我们长期工作的目的，就在于使孩子们懂得和感到世界上还有卑鄙无耻的行为。

对这些东西感到厌恶、愤怒，表现为道德上的高尚品格。而在某种程度上染上了恶习，就是卑鄙和背信弃义，就是变节和背叛。

在我们这里被认为是卑鄙无耻的行为，列举如下：

当着人的面做事一个样，背着人独自做事又是一个样；

懒惰、游手好闲、为人懒散、好吃懒做；

把本来是自己应该做的分内事说成是高尚品格和功劳；

伸手向父母索取不是靠自己劳动所得的东西；

贪婪、自私、不好客；

轻视父母所从事的简单劳动；

侮辱老年人；

口是心非，说的不是你所想和你所感受的话；

奉承比你强的人；

说空话，说话不算数；

对同志进行诽谤、告密；

遇事胆怯，对自己的行为不负责任；

对别人的不幸、痛苦、绝望表现出漠不关心的态度，用自己软弱、无能为力来搪塞；

用自己的力量、体力上的优势去作恶；

该说话的时候沉默，该沉默的时候说话；

贪图安逸，在危险面前退缩；

用同志的艰苦来换取自己的轻松；

侮辱少女、姑娘、妇女；

不听父母的话，欺骗父母；

崇拜圣名；

嘲笑残疾人；

不爱惜动物并去欺辱它们。

我力求使孩子们从小就能用理智和心灵去对待他们眼前这些卑鄙无耻的行为，激发他们对这些行为的蔑视、愤怒和厌恶。

（3）我们教自己的学生从小就珍惜生命和自由，珍惜那朴素的，同时又是贤明的真理的认识，生命和自由是反映人本质的最伟大的价值。只有在这种认识成为教育的红线的情况下，人才能增强避免走上违法和犯罪道路的免疫力。没有这种认识，想要对卑鄙行为采取不容忍、不妥协的态度是不可思议的。对于理解什么是生命和自由的人来说，卑鄙行为就会变成个人不能容忍的东西。凡是以自己心灵的全部力量去爱生命和自由的人，才会真正地蔑视和憎恨恶，并真正地站起来为善良而斗争。

只有在童年就理解自己的自由和欲望是有限制的人，才会珍惜生命和自由。这种有限制，就是一种最精细的教育手段。轻率地对待自由，不会控制欲望，形象地说，会使孩子成为一匹"野马"。这种任性的"野马"是相当危险的，它蕴藏着低沉的、抑制不住的、到适当时候会爆发出的一股力量，这力量乍看起来似乎会"突然"

地把人推向犯罪。

（4）为了防止滑向违法犯罪的道路上去，我们认为不让可耻行为在人身上滋长是非常重要的。可耻行为是心灵上的危险恶习；可耻的人起初对别人如何看待他采取无所谓的态度，然后发展到连对自己的命运也采取无所谓的态度了。

一个犯有严重罪行的、16 岁的青年人在回答法官问他从事什么职业时，他回答："流氓……"对于这种下流货，还能找出比这更恰如其分的词来吗？厚颜无耻、卑鄙下流、背信弃义、变节背叛，这些恶习中的任何一种，都是无耻行为和心灵空虚的产物。

应当怎样做才能预防产生这些恶习及其精神上的祸根——无耻行为呢？学校里严禁说空话，无聊乱侃。要珍惜你所说的话，让它落地有声。这是我想对教师们提的一个建议。你们在启发孩子们讲出自己的想法时，一定要非常小心谨慎。不要借孩子之口说出孩子还不能理解的话。决不允许让崇高的、神圣的语言，特别是热爱祖国的语言变成辅币。真正的爱不是用语言来表示的。

您应当教孩子们去爱，而不是去教他们谈爱。教他们学会感受和珍藏自己的情感，而不是教他们去寻找话语来表达虚无的感情。要知道，虚伪就是这样产生出来的。一般地说，学说话是重要的，但学会不用语言来表示同样重要。

无耻行为是从不履行诺言中产生的。不要逼迫孩子随便许下诺言，因为孩子对这种诺言，在精神上是没有准备的，心灵上也不具备足够的力量和刚毅精神。如果他自己许下什么诺言，你要去倾听，要给予信任，但同时你也要告诉孩子：要认真考虑一下自己的诺言，如果做不到就不要轻易许诺。你要记住，经常许诺和赌咒发誓是不好的习惯，因为忘记自己的诺言会使心灵僵化和麻木不仁，同时也会使人感觉不到谎言的卑鄙。

在学校里（同样在家中）大家都说真话，都相互信任吧！让在学校里所讲的每一句话都能结果，不要做"谎花草"。

这就是为预防违法与犯罪的那种心灵工作的意义所在。

给教师的 100 条建议

周 蕖　王义高　刘启娴　董　友　张德广　译
申　强　校

教育首先是关怀备至地、深思熟虑地、小心翼翼地触及青年人的心灵。为掌握这一门艺术，教师就必须多读书、多思考。

代　前　言

　　我在帕夫雷什中学工作的年代里，同刚开始工作的年轻教师进行过数百次会见和谈话，收到过他们成千上万封信，这些促使我不得不写这本书。

　　我了解几十种专业的工作人员，但我深信，没有比教师更富有求知精神、不满足现状、更充满创造思想的人了。我永远不会忘记来自遥远的卡巴尔达山村的一位年轻女教师。她大学毕业后开始工作的第一年教英语，遇到了很多困难。这个姑娘本来迫不及待地盼望着迈出自己创造性劳动的第一步，向往着和学生进行快乐的思想交流，但是，她发觉自己似乎没有从事教师工作的才能，做的是自己不会做的事。好几封充满忧虑的信贯穿着一个问题：什么是才能？怎样确定自己的才能？如何确立、形成自己对事业的热爱？我的回信不能使她满意，她就来找我了，希望在面对面的交谈中说清楚这些令她焦虑不安的事情。年轻的女教师说："我到上百所学校去，会遇到成千上万名教师，但是，我想知道，我有没有做学生工作的才能。"

　　每一个有文化、有教养的人都向往创造性劳动的快乐，以及由此带来充实的生活。如何揭示自己在教育年轻一代这一崇高事业中的才能，如何在这样一种最有趣、最复杂、最人道的事业中发现自己的才能，是一个令人深感不安的问题。它在无数封信和无数次谈话中都被提及。无论是刚刚读完中学的17岁姑娘，还是师范学院的毕业生，或是已经体验到初次成功的喜悦和失败的苦恼的教师，都想找到这个问题的答案。那么，我现在就从这个问题开始，对教师提出一百条实际建议。

上　篇

1. 什么是从事教师工作的才能，它是怎样形成的

正如任何一种有专长、有目标、有计划的系统性工作一样，教育人是一种职业、一种专长。这是一种特殊的、不可以和其他任何工作相提并论的职业。它具有一系列特点。

（1）教师是和生活中最复杂、最珍贵的无价之宝，也就是人在打交道。他的生活、健康、智慧、性格、意志、公民表现和精神面貌，他在生活中的地位和作用，他的幸福，都取决于教师，取决于教师的能力、水平、工作艺术和智慧。

（2）教育工作的最终结果如何，不是今天或明天就能看到的，要经过很长时间才见分晓。你所做的、所说的和使儿童养成的一切习惯，要过5年、10年才能显示出来。

（3）许多人和生活现象都会影响儿童的成长，对他起作用的有父母、同学、所谓"街头伙伴"、读过的书和看过的电影（这些你是不知道的），以及和有能力影响年轻心灵的人进行的意外会见等。对儿童的影响可能是积极的，也可能是消极的。有的家庭中有一种沉重压抑的气氛，会为人的一生打下不可磨灭的烙印。亲爱的同行们，学校的使命，我们最重要的任务，是为人而斗争，克服消极的影响，使积极的影响发挥作用。为此，必须使教师的个性对学生的个性施加最鲜明、有效和有益的影响。德·伊·皮萨列夫写道："人的本性是如此丰富、有力而富有弹性，它能处在最坏的环境中保持自己的鲜艳和美丽。"[1]但是，只有当儿童遇到聪明、能干、有智慧的教育者时，他的本性才能得到充分的显示。

（4）教师的工作对象是正在形成中的个性中最细腻的精神生活

领域，即智慧、感情、意志、信念、自我意识。这些领域只能用同样的东西，即智慧、感情、意志、信念、自我意识去施加影响。我们作用于学生精神世界的最重要的工具是教师的语言、周围世界的美和艺术的美，以及创造最能鲜明地表达感情的环境，也就是人际关系上的全部情绪领域。

（5）教师创造性的最重要特征之一，是他的教育对象——儿童——每天都在变化，永远是新的，今天不同于昨天。我们的工作是培养人，这就使我们担负着一种无可比拟的特殊责任。

以上这些就是教育工作的特点。那么，教育方面的才能是什么？需要哪些客观条件？如何培养、确定、发展和磨炼这种才能呢？

每个人都有一种根深蒂固的、无法改变的精神需要，这就是要与他人交往，在交往中，他能找到生活的乐趣并充实自己的生活。但是，在有些人身上，由于某些原因，这种需要发展得不尽如人意，而在另一些人身上，它却似乎成了性格中占主导地位的特征。有些人，如人们所说的，"天性"孤僻、不爱交际、沉默寡言、喜欢独处或只与少数朋友交往（当然，"天性"在这里并不起决定作用，起决定性作用的是教育，特别是幼年时期的教育）。如果和人多的集体交往令你头痛，如果你感到工作时独自一人或两三个朋友一起比和一大批人在一起好，那就不要选择教师工作作为自己的职业。

教师职业是一门研究人的学问，要长期不断地深入人复杂的精神世界。在人的身上经常能发现新的东西，对新的东西感到惊奇，能看到形成过程中的人——这种出色的特点就是滋养教育工作才能的基础。我深信，这是在童年和少年时期形成的，是在家庭和学校中形成的。它的形成来源于父母和教师这些长者的关怀，因为他们始终用热爱人、尊敬人的精神教育儿童。

既然产生了想当教师的愿望，那就请你检查和考验自己一下。你在九年级或十年级学习时，可以请求共青团委员会任命你担任少先队辅导员或十月儿童小组的教导员。于是，你面前就来了40个小家伙。你一眼看去，他们从外部特征上似乎非常相似。但是在第三、第四、第五天，到森林、田野去过几次以后，你就会发现，每个儿童就是一个完整的世界，没有重复，各有特色。如果这个世界显示在你面前，如果你感觉到每个儿童都有个性，如果每个儿童的喜悦和痛苦都敲打着你的心，引起你的关注、思考和忧虑，那你就勇敢地选择崇高的教师工作为职业吧，你在其中一定能找到创造的喜悦。因为我们工作中的创造性（我以后还要谈到它），首先是要认识人、了解人，对人的多面性和无穷尽感兴趣。

如果你感觉这40个学生一模一样、单调乏味，如果你要很费力才能记住他们的相貌和名字，如果他们的每一双眼睛对你来说并不意味着某种深具个性的东西，如果从花园深处某个地方传来儿童响亮的声音，你不知道是谁在喊，喊声说明什么（而且过一星期、一个月你也不知道），那么，俗话说，三思而后行，你得再三考虑，然后再决定是否还打算做一名教师。因为，没有一条教育规律或者真理是对一切儿童绝对**适用**的。因为实践教育学已达到熟练水平，并提高到艺术高度的知识和能力。因为，培养人，首先要了解其心灵，看到并感觉到其个人世界。

伟大的思想家阿拜·库南巴耶夫说过："如果我手中有权，谁要说人是改不了的，我就割下他的舌头。"[2]这句话深深地印在我的心里。每当我思考教育的才能，或是和年轻教师谈到他们的喜悦和苦恼、成就和失败时，这些火焰般的字句就在我面前发光。如果你想把自己的一生贡献给崇高的教师工作，那么，我们心中就应对人、对其身上的良好本质具有无限的信心。这不是对某个抽象的人的信心（这种人在自然界是没有的），而是对社会主义社会中发育成长着的我们苏维埃儿童的信心。

教育才能的基础，是深信有可能成功地教育每一个儿童。我不相信有不可救药的儿童、少年和男女青年。要知道，我们面前的这个人才刚刚开始生活在世界上，我们可以使这个幼小的人身上所具有美好的、善良的、人性的东西不受压制、伤害和扼杀。因此，每个决心献身教育事业的人，应容忍儿童的弱点。如果仔细地观察和思考这些弱点，不仅用脑子，而且用心灵去认识它们，就会发现这些弱点是无关紧要的，不应对它们生气、发火和加以惩罚。不要理解成我在宣传全面的容忍、抽象的容忍，号召教师忍耐。这里说的完全是另一回事，说的是父母和教师这类长者要具有一种英明的能力，能够理解和感觉到儿童产生过错的最细微的动机和原因。要理解和感觉到的正是这样一点，即这是儿童的过错，不要把儿童和自己混为一谈，不要对他提出那些应该对成人提的要求，但是自己也不要孩子气，不要降到孩子的水平，同时还要理解儿童行为的复杂性和儿童集体关系的复杂性。

如果儿童的每一次淘气都会让你苦恼和心悸，如果你认为他们已经闹到了极点，应当采取一些特别的"消防"措施，那你就该再三斟酌自己是否适合当一名教师，如果你和儿童总是会发生无休止的冲突，那你也当不成教师。首先要懂得，你是在和儿童打交道。要有制止冲突的能力，这种能力来自滋养教育才能的一条深根，即能够理解和感觉到儿童是一个变化着的人。

还有一个特征是教师应该具备的，一个人如果不具备这个特征，依我看就不可能有教育才能。我想把这个特征称为心灵与理智的和谐。除了教师和医生的职业外，未必有其他的职业需要如此多的热忱。你可能不止有40个学生。如果你在高年级教课，那你将会有100个或150个学生。应把自己的心分给每个人，让心中装满每个人的欢乐和痛苦。同情心、对人由衷的关怀同教育才能是血肉相连的。教师不应是一个冷漠无情的人。如果只抱冷漠无情的理性态度，对发生的一切都仔细地斟酌，唯恐各种可能的规定遵守得欠准确，儿童就会对教师产生戒备和不信任。过于重理性而轻情感的教师，儿童不仅不喜欢，而且绝不会在他面前吐露自己的心声。

在任何情况下都要按照最初的内心冲动所要求的那样做——这种冲动总是最崇高的。但同时，教师还应当会用理智控制自己的内心冲动，不要屈服于自发的情绪。在处理学生的错误、冒失或不正确的行为时，这一点尤为重要。

教师的艺术和水平，表现在是否善于把热忱和智慧结合起来这一点上。

有时需要采取暂缓的解决办法，使感情"稳定"。每当有必要和学生谈论反映其复杂矛盾的内心活动的行为时，我经常会把这种谈话刻意推迟几天。我敬爱的同行们，请相信我，这样做会使你语言的情感、对待学生的理智和心灵的情感更加充沛，因为在这种情况下，感情似乎因你的英明见解变得高尚起来。而你的见解、你的话就更容易进入学生的心灵深处，因为它们热情洋溢，似乎掩盖了你内心的焦急不安。善于**激起**自己和学生，特别是和少年进行知心交谈的**情绪**，是每个教师都应当为自己建立的教育方法宝库中特别重要的一种能力。要在自己身上培养、形成这种能力，使它完善、"精练"，变得更加敏锐、有效。

要培养这种能力，必须深入儿童的心灵，仔细研究他们的心思集中在哪些方面、他们是怎样看待世界的，以及他们周围的人对他们有什么影响。

我亲爱的同行们！为了成为一个真正的教育者，就要经受这类热忱的锻炼，也就是说，要在很长的时期内**用心灵来认识**学生的心思集中在哪些方面，他在想些什么、高兴什么和担忧什么。这是我们教育事业中的一种最细腻的东西。如果牢固地掌握了它，你就会成为真正的能手。

②. 谈谈教师的健康和充实的精神生活问题——有关工作乐趣的几句话

我记得一次隆重的晚会，主要内容是欢送一位教师退休。邀请我参加这场晚会的女教师还相当年轻，她从20岁开始工作，到退休也不过45岁。阿娜斯塔西娅·格里哥里耶夫娜为什么要退休呢？大家都不理解。奇怪的是，这位女教师连多工作一天都不愿意，恰好在学校工作满25年的那天离开了工作岗位。阿娜斯塔西娅·格里哥里耶夫娜本人对我们这些当时还年轻的教师作了告别讲话，消除了所有的疑问。她说："亲爱的朋友们，我离开是因为学校工作不是我喜爱的事业。我在这个工作中得不到满足，它没有给我任何乐趣。这是不幸，是我生活中的悲剧。我每天都盼望着课快些结束，喧哗声快些消失，可以一个人独处。你们一定会感到惊讶，一个45岁的妇女在身体健康的情况下离开了工作岗位。不，我的健康状况并不好，我已经受了内伤。受内伤的原因是工作没有带给我乐趣。我的心脏病很严重。我想劝告你们，年轻人，自己检验一下，如果教育工作没有带给你们乐趣，那就离开学校，为自己做出正确的选择，找一个心爱的职业。否则，工作会使你们感到痛苦。"

亲爱的朋友们！让我们思考一下这个悲伤的故事。健康、情绪、充实的精神生活、创造性劳动的乐趣、从心爱的事业中得到满足，这些都是紧密联系、互相制约的。在这里，占首位的是健康和精神力量的和谐。教师需要健康的身体，要是无法医治的疾病不知不觉地来临，他生活中会出现多大的悲剧啊！因为，往往有这样的事，有些教师年龄才45—47岁，却已经**衰颓**了，他们刚刚进入教育智慧的顶峰，掌握了教育者的技艺和艺术的奥秘，形成了自己的教育信念，力量却已经消耗尽了。一个从16岁起就开始从事教育工作，有25年工龄的教师写信给我说："我多么害怕到45岁就成为'主席团名誉成员''婚礼上的将军'①。怎样工作才能使健康不受损伤？因为工作和创造需要健康，没有工作，我无法想象什么是幸福。"

我和45—50岁的400名教师进行过谈话。谈到健康问题时，许多人诉苦说："心脏衰弱了""心脏时常犯毛病"。心脏和神经出毛病——正是这方面的疾病不知不觉地袭击教师，不仅限制他们的创造性劳动，而且常常使他们完全停止工作，不得不提前"退休"。教师要保护心脏和神经。我们应当工作到60岁还能保持身体健康、朝气勃勃。很难想象有什么比一个教师感到自己脑力足、设想多而体力不支使他更悲哀的事了。

但是**怎样**保护心脏和神经呢？不是躲避所有能引起个人情绪的事，也不使自己养成冷漠无情的态度，这里首先要考虑的是我们工作的特殊职业条件。

我们的工作是用心脏和神经的工作，确实是每日每时都在消耗大量的精神力量。我们的劳动处于经常变化的局面中，有时激动万分，有时需要抑制情绪。因此，善于**掌握自己**、**克制自己**，是一种最必要的能力。它既关系到教师的工作成就，也关系到教师的健康。不会正确地抑制每日每时的激动，不会**掌握局面**，是最折磨教师的心脏、消耗教师神经系统的事情。

但**如何**培养这种能力呢？首先要**了解**自己的健康状况，了解自

---

① 意思是用来装饰场面的。——译者

己神经系统和心脏的特点。人的神经系统，按本质来说，具有很大的灵活性，教师应把这种灵活性引导到控制情绪的艺术高度。我培养自己这种能力的办法是，不容许一些消极现象萌芽，如忧郁、夸大别人的毛病、极力渲染儿童"不正常"的意图和行为（这一点很难用语言来表达，但却是我们的修养和教育工作方法的明显不足），习惯于对儿童提出只能对成人提出的要求，使小学生不是成为好发议论者，就是成为以冷淡态度对待道理和教训的人。我经常力求不使自己激动，不加剧激动，而是让情绪缓和下来。怎样才能做到这一点呢？如何避免经常强制地按捺住自己呢？最根本的办法是：第一，把整个集体（包括教师本人在内）的精力放到一种需要大家精神一致、集体创造、人人聚精会神、相互交流知识财富的工作上。经验使我信服，正是这种集体活动仿佛能使教师为了抑制激动，把为了不让怒气发泄出来而常常不得不压紧的弹簧松弛下来。如果不使这种弹簧松弛，如果像俗话说的，压住心头怒火，那就会苦恼、生气，就会出现极度不安和心神不定地提防发生情绪问题的危险。这种危险每次之所以发生在我们的工作中，不是由于感情得到充分放纵，就是相反，由于感情被熄灭和受压抑。

我和同学们到森林里去。我们的集体中有一个年龄很小的同学，活泼好动，他就是翘鼻子、有雀斑、蓝眼睛的尤拉。学生们正集合在草地上听我的指示：应该上哪儿去，在森林中怎么做才能不丢失、不迷路。这时候，尤拉却跑到密林深处，藏在一个山沟里，高喊"阿乌"来招呼人，他这样做有不好的意图，是想搅乱我们的森林旅行。但是，我对自己说，不能对儿童的想法说得太过分。因为，尤拉还不过是一个小孩，二年级学生，他不可能想得那么远。于是，我不着急、不生气，也不激动，并借此安排了一个很有趣的游戏。我说，同学们来吧，不要作声，要躲过尤拉。我们不去找他，让他来找我们。我们走动得非常轻，连脚踩在草上也没发出声音。我们偷偷地钻到一个我知道的林中穴洞里去，在那儿躲起来。同学们非常高兴地观察着这个隐蔽所。尤拉高喊了几声后就沉默了。他已经到了一个地方，模仿着黄鹂的歌声，走近了我们坐过的草地。他又高喊了，从他的声音里我听出他惊慌了。后来，他走到草地上，不再高喊和模仿鸟唱歌，而是惊慌地叫我们："你们在哪里？快回答我！"

不是强迫自己压制住激动，而是要寻找一种活动，使你能完全从另一个角度来看待令人激动、气愤、又不得不把起抑制作用的弹簧压紧的事情。使令人不愉快的、感到气愤的事情成为可笑的事情吧！这样，你就成了集体思想和情感的全面主宰者。

消除激动和气愤，放松抑制的弹簧的第二个方法是幽默。如果你具有幽默感，那么，最紧张的，有时能引起很长时间气愤的局面就可以得到缓和。学生们之所以热爱和尊敬快乐、不泄气、不悲观失望的教师，是因为他们自己是快乐的、具有幽默感的人。他们会从每一个举动中、每一个生活现象中看出很细微的可笑的事。善于无恶意地、怀着好心地嘲笑反面的东西，用笑话支持和鼓励正面的东西，是一个好教师和好的学生集体的重要特征。

如果教师缺乏幽默感，就会筑起一道师生互不理解的高墙：教师不理解儿童，儿童也不理解教师。意识到儿童不理解你，就会使你生气，教师生起这种气来，就往往无法摆脱。亲爱的同行们，相信我，侵蚀学校生气勃勃的机体、毒害学生集体生活的冲突，多半正是这种互不理解引起的。

教师工作的特点，是高度脑力紧张时期与比较平静的时期相互交替。多年的实践有力地表明，教师的心脏和神经需要长时期停止消耗，也就是说，需要停止消耗神经和精神的力量。这种力量必须得到补充。这种补充的必要条件，是合理使用休息时间。正确的休息，特别是在夏天和冬天，能发展并增强神经系统的补偿能力，有助于养成沉着、平稳和使感情爆发服从于理智控制的能力。许多在学校工作了三四十年的有经验的教师总结说，使他们养成沉着和自制力的因素中，特别有效的一个因素是和自然界的长时间接触，这种接触能使体力的紧张与思想、观察相结合。

同时，要善于在日常工作中爱惜神经力量，这是保证心脏和精神健康十分重要的条件。

③。怎样在日常活动过程中防止神经衰弱

我们的工作是在儿童世界中进行的，这是时刻也不能忘记的一点。儿童世界是一个无可比拟的特殊世界，我们应了解这个世界，但仅仅这样还不够。还应**习惯于**儿童世界，也可以说，每个教师身上应闪耀着小小的儿童火花，永不熄灭。

什么是儿童世界？我在这里仅仅给教师提一些实际的建议，并不企图对儿童的一切特征下科学的和心理学上的定义。我想说，儿童首先是用情感来认识周围世界的。儿童世界，首先是儿童用心灵对周围所见事物和自己所做事情的认识。内心生活明朗、生气勃勃、含义丰富，感情和情绪容易表露——这就是作为我们教育工作对象和工作环境的儿童时代。

儿童的内心生活时时刻刻给我们带来满意和不满意、高兴和苦恼、忧愁和欢乐、疑惑和诧异、宽慰和愤怒。在儿童世界给我们带来的极广阔的情感领域内，有愉快的和不愉快的、高兴的和伤心的曲调。善于认识这种和谐的乐声，是教育工作中精神饱满、心情愉快和取得成功的最重要条件。如果和儿童交往给教师带来的只是伤心、愤怒、生气之类的情绪，这不仅会在教师心灵上留下深深的、不愉快的感受，而且也破坏了他们内部器官的工作。不善于看到和感觉到儿童世界及其复杂情绪的和谐性的教师，常常会有种种神经失调的现象，其中最令人苦恼，甚至十分可怕的一种是神经衰弱。

唐波夫州的教师恩·丽奇娅写道："我每天仅有3节课，但回家时已筋疲力尽，不仅没有力气备课或阅读，甚至没有力气思索。这是怎么回事？在学校工作的时间里，我就像拉紧的弦。学生们淘气，使人不得安宁。我甚至感觉每个男生都一心想干使我不愉快的事。我看见费佳在课堂上捅了瓦尼亚的腰部一下，瓦尼亚对费佳还手，用尺子打了他的头……。这些事情，别的教师认为是小事，但我却无法平静地看待这一切。我全身发热，心几乎要从胸口跳出来，手脚麻木。我想平静地对学生提意见，但说话时声音都会发颤。学生们注意到这一点。我感到他们在笑，还故意搞些新名堂使

我不高兴。我该怎么办？"

　　这已经是神经失调了，其原因就是不理解儿童世界。我亲爱的同行，整体来说，儿童世界是美好的，如果你了解它，在其中感到如鱼在水中一样，那它会给你带来良好的感受和心情，要比不好的多得多。要学会用心去倾听、理解和感受被称为儿童世界的这种音乐，首先是其中光明愉快的曲调。不要只当儿童世界音乐的听众、欣赏者，还要当它的创作者——作曲家。要在儿童世界音乐中创造光明愉快的曲调，因为这种音乐关系到你的健康、你的精神力量、你的内心状况。你的钢琴、你写儿童世界音乐的乐谱和指挥乐曲的指挥棒，是一件很简单而又很复杂的东西，它就是**乐观主义**。请记住，在儿童、少年和男女青年中间没有存心作恶的歹徒，即使有时出现这种人——一千或一万人中有个把，那么，邪恶既然创造了他们，医治他们就要靠善良、人性以及乐观主义，这个有魔力的小提琴和有魔力的指挥棒。

　　儿童身上没有任何东西是需要教师严酷对待的。如果儿童心灵中出现了毛病，那首先要靠善良来驱走它。这不是提倡不对抗邪恶，而是对儿童世界的现实看法。我痛恨对儿童抱嘀嘀咕咕的疑心态度，痛恨形式主义的清规戒律。这不是在宣传马虎对待和"自由教育"，而是坚信，对儿童和善、亲切、热爱，并不是抽象的，而是人性的、现实的，充满了对人信任的和善、亲切和热爱——这是一股强大的力量，能在人身上创造一切美好的东西，使他成为一个理想的人。我不相信，一个受到正确教育的儿童会成为流氓、寄生虫、厚颜无耻的人、爱说谎和腐化的人。

　　乐观主义相信人是教育者和受教育者的创造力、神经力量和健康永不枯竭的泉源。不要让不信任他人的种子在自己的心中生根发芽。对他人的不信任，不管在开始时多么微不足道，却终能发展成我想称为不友善态度的可怕癌症（因为是在谈论身体和精神的健康问题）。不友善是心灵的一种危险疾病，既影响心脏，也影响神经。它遮住了教师的眼睛，使他看不到人身上的优点。不友善是一副玄妙的眼镜，它的镜片使优点缩小到极微小的程度，而使缺点扩大到丑陋不堪的地步，掩盖了人性最细微的特征。年轻的朋友，告诉你，教师健康上的毛病，始于他容许不友善态度发展起来，用与乐观主义地信任人毫无共同之处的意图和举动来培植这种态度。不友善是愤恨之母，而愤恨，形象地说，是一种尖锐的刺，经常扎到心脏最敏感的角落，使心灵疲惫，使神经衰弱。

谨防最微小的幸灾乐祸，比如（但愿永远不发生这种事），你"训斥"了一个学生，"触痛"了他，在日志上记下了他的不体面行为，你的思想深处微微地活动着一个高兴的念头，好像对学生说：你父亲是个要求严格的人，看了我的记载，肯定会收拾你的……。你看了一下那孩子的忧愁的眼睛，自己毫无惶恐，仍然很坦然。亲爱的朋友，请记住，正是从这个时候起，你的巨大不幸开始了：你的心灵深处滋生了幸灾乐祸。它起初似乎是一只软弱无害的小兽，而事实上却像一条毒蛇。幸灾乐祸又产生出不能容忍，幸灾乐祸把人的心变得又聋又哑，抓不住儿童内心细微的活动。幸灾乐祸的人，把一般的儿童淘气现象看作邪恶和存心不良。不能容忍儿童的恶作剧和淘气，就会使教师成为冷漠的好说教者和只重理性的监视者，而受到儿童憎恶。他们对付他吹毛求疵的办法是逗他发脾气，"得罪他"。如果已经开始出现这种情况，那么，教师的心就会由于时时刻刻都不得不压制自己的愤恨而逐渐衰竭。我的朋友，你应该把这种情况视作很大的不幸。如果避免不了这一点，你就会成为肝火旺盛、容易激动和情绪不稳定的人，工作对你来说就是受罪，你会百病丛生。

互相关怀、善待他人，是儿童集体生活应有的气氛，是师生相互关系应有的主要品质。**关怀**——这是多么美好的词，同时又是多么深刻、复杂、多方面的、有人性的态度。如果关怀是相互的，那就是说，一个人可以把自己心灵深处的一切向他人敞开。

我已无数次说过，并且到死也要说，教师和儿童的相互关怀，是联结心灵的极细红线，依靠它们（请注意，这在我们教育工作中是极为重要的），一个人可以不通过语言就理解别人，能感觉到别人内心最细微的活动。多年的学校工作经历使我坚信，如果我关怀儿童，并培养他们的这种态度，他们就会爱惜我的心和我的神经，在我心情沉重甚至很难说话时能够理解我。学生觉察到我有情绪，感觉到我心情沉重，他们说话时就会轻声轻气，避免吵闹，力图使我在课堂上和课间休息时都能尽量得到安宁。我亲爱的同行，这种心连心的感觉，善于看到别人的内心，是使你保持健康的永不枯竭的源泉。但在这里，我们进入了学校生活的一个十分特别的领域，关于这个领域谈论得还很少，要大为谈论而且要理智地谈论。我指的是对人关怀的实质——这是情感教育的一个极其重要的方面。

④。要善意待人

这条建议，一般来说，属于教育修养的初步常识，具体地说，是教育修养的情感问题。要善意待人，就是说对待学生犹如对待自己的孩子一样。学生学习成绩不好、难以像同班生那样专心学习、做了错事——所有这些都是糟糕的事。如果是你的孩子遇到了这种糟糕事，你会怎么办？不见得会提出开除、减品行分数之类的处理办法。当然，理智会提醒聪明的父母，**这些办法**也是需要的，但你的心里首先会提出最必要的办法去挽救孩子，因为只用惩罚是不能挽救人的。你心里会要求采取一种能在孩子心里建立道德的纯洁和美的办法，使他成为一个真正的人。这种心愿就是善意待人。教师的善意待人，首先表现在努力不使学生成为坏孩子，防止他走上错误的道路。像父母一样地希望学生好，就要阻止邪恶进入他们的心灵，把邪恶关在他们的心灵外。如果你心里对每个学生都抱有**这种**焦虑不安的关切，如果每个学生对你来说不是班级记事簿上的一行字和一个号码，而是一个活生生的人，一个有个性的人，一个独特的人的世界，那你就可以相信，要是学生遇上了糟糕的事，你内心会提醒你该怎么办。这种内心的命令就是见诸行动的善意待人。

说"要善意待人"很容易。但善意待人这种品质是需要培养的。只有当这种内心状态是相互的，也就是说，当教师愿学生好、学生愿教师好时，才能把它培养起来。这是学校生活中最微妙的和谐。以善相待，是在富于情感修养的气氛中培养起来的。我总是认为，有一个最重要的教育任务，就是要教会学生用心灵认识世界，用心灵了解人——不仅是亲友，而且是生活道路上遇到的任何同胞——的处境。教会小学生感觉出他所遇到的人内心沉重、有某种悲痛，是一种最细致的教育本领。我想谈谈自己的经验，以说明教师是如何培养自己具有这种本领，如何培育学生的情感修养，以及如何使这种修养成为彼此以善相待的基础的。

春天，校旁的田野里有一些女庄员在甜菜种植场工作。每天早上，一轮红日刚从地平线出现，妇女们就一个接一个下地了。我的一年级学生也是这个时候来到学校的花园里。我们在自己的"美丽角"里迎接日出。这个角落是蔚蓝色天空下的一个绿荫教室——一个很大的绿荫窝棚，浓密的葡萄叶子遮住了炎热的太阳。女庄员们从我们旁边两三米远的地方走过去。我们看得见她们，看得清她们的脸庞和眼睛，如果我们屏息静坐，还听得见她们的呼吸声。她们却看不见我们。我教导同学们说：看看妇女们的眼神，学会感觉和了解她们每人内心的状态——是晴朗的平静还是乌云般的苦恼。我们每天看到这些姑娘和妇女。我们经常看到一个有着蓝眼睛和淡褐色粗辫子的年轻妇女，她是两个孩子的母亲，总是唱着这支或那支歌儿去上工。她常常在小丘上停住脚步，看看蔚蓝色的天空，听听云雀的歌唱，脸上现出微笑。我对孩子们说："她热爱生活，她是幸福的。"我们大家在看到别人幸福时，自己也感到很高兴。另一个妇女每天拐到狭窄的田间小道上时，总要折几枝野花，我们从她的眼睛里看出，她在想光明、愉快的事。有两个姑娘走近草地上缓缓淌出泉水的地方，拿泉水当镜子照，整理发型，欣赏自己的美丽。我说，同学们，你们看，她们的眼神充满了喜悦和向往。那个黑眼睛的妇女不仅摘了不少野花，而且在树墩上坐下，把它们编成了一个小小的花环——当然，这种花环只能编给小姑娘戴。我说，亲爱的同学们，你们仔细看她的眼神，会感觉出爱的温暖。但是在这里，同学们，你们注意看，有一个白发妇女走来了。你们看看她的眼神，多么悲伤、忧愁。她的目光中包含着多少烦恼和痛苦啊！她现在停下来了，看看太阳，看看淹没在一片绿色花园里的村庄，沉重地叹着气。你们看，她不走田间小路，而是走通向村子中心的大路。她在路边掐下野花，拿着花走向和法西斯作战时在这里牺牲的战士纪念碑。看，她在墓前献了花，哭起来了。

同学们，你们正在面对人类在世界上最伟大的悲痛——母亲的悲痛。她现在又一次走过我们的"美丽角"，你们留心细看，再一次瞧瞧她的眼神。

同学们屏息坐着。周围的一切都是静悄悄的，没有一片树叶或一根小草颤动。我们面对着这个母亲悲伤的眼神，我们听见了她再次回头看战士纪念碑之后的沉重叹息。

同学们不需要任何话语和解释就明白了，这个母亲的儿子在战争中牺牲了。我讲述了她的不幸遭遇：她的两个儿子和丈夫都牺牲了。

随后，一堂接一堂上越来越新的课，教儿童用心灵认识人。我们到田野里去，坐在乡间土路旁，时时有人从我们身边走过。

看看一个人的脸色和眼神，儿童就感觉出了他的内心世界。头一个人对现实生活感到高兴。第二个人在向往某种令人激动的宝贵东西。第三个人只不过是表现出疲乏和漠不关心的神情，不，这个人心里也不怎么好受。第四个人忧心忡忡。可能是为些日常生活琐事操心，也可能是为某件大事担忧。现在来的老爷爷，则有着某种悲痛。同学们一惊，警觉起来。他们在人们的眼神中还从未见到过这种悲痛。同学们说："他很痛苦，准是遇到了很大的不幸，需要问问怎么帮助他……"

他们走近老爷爷身旁问道："有什么可以帮助您吗？"老爷爷把温暖的手放在小季娜长着浅色头发的脑袋上，沉重地叹着气说："亲爱的孩子们，你们帮不了我什么……。我的妻子刚刚死在医院里，我现在去叫汽车……。我们在一起度过了47个年头……。你们帮不了什么忙，但我还是感到轻松了一点，你们真是好人……"

儿童的情感"修养"，就是这样培育起来的。这是一个非常细致而长久的过程，要求教师很懂得分寸、细心、会思考问题，并深知每个儿童的内心世界。

能用心灵感觉出别人情绪的儿童，就会变得以善待人。不过，还有很重要的一点是，他们对教师的善意很敏感，能感觉得出来，并以好心还好心。这种情况在教育工作中的重要性，是怎么估计也不会过分的。应把儿童的心灵培养得能接受用爱抚、善良和热忱进行的教育。你大概听到过教师们的牢骚话（可能你自己也说过）："有什么办法呀？学生不懂得好话。我对他爱抚、一片赤诚，而他却无情无义，讥笑我的好心。"遗憾得很，时有这种事情发生。这种铁石心肠的根源，是缺乏情感教育，是幼年时期没学会用心灵认识人。

如果你把学生教得会用心灵了解人，那你的善意就能创造出奇迹。教师的善意为了什么？首先为了儿童的脑力劳动。希望儿童的脑力劳动更棒，这意味着要了解他的优点和缺点，懂得脑力劳动的细微特征。你的善意，作为一种强大的教育手段，会一直起作用，直到你的学生想成为一个好人，直到他个人产生自尊心并不断发展。我们都知道，在教育工作上，各种现象和事实是紧密相连的：学生的学习成绩影响他的精神状态，其精神状态影响教师精神生活的充实和身体健康。如果学生力图成为一个好学生，想很好地掌握知识，就已是你工作乐趣的一半了。

学生的个人自尊心取决于他的学习成绩，而学习成绩则取决于教师的善意，当然，也取决于学生的心灵肯接受教师的善意到什么程度。尊敬的同行们，请记住，学生的学习成绩、个人的自尊心，是你创造性劳动乐趣的火花。只要这火花在发光，你就会感到自己精神生活的充实和创造活动的乐趣。

但是，又产生了一个问题：如何使学生的学习经常取得好成绩？如何培养他的个人自尊心？如何用一股巨大的精神力量——当一个好学生的愿望鼓舞他？我现在就谈谈另一条建议，这条建议可以用几个字简短地表达如下。

5。请记住，没有也不可能有抽象的学生

为什么早在一年级就会出现一些成绩不好、学习落后的学生，而到二三年级有时还会遇到不可救药的落后生，以至于教师对他已经不抱希望了？这是因为在学校生活的最重要领域，即脑力劳动领域，教师对儿童没有区别对待。

可以假设，要求所有刚入学的7岁孩子都完成同一种体力劳动，比如提水。一个孩子提了5桶水就已筋疲力尽了，而另一个孩子可以提20桶。要求弱小的孩子提20桶水，会使他过于劳累而受伤。他到第二天就什么事都不能做了，甚至还可能进医院。同样，儿童从事脑力劳动的力量也是不一样的。一个学生对事物感知、理解、识记得很快，能持久和牢固地保持；而另一个学生的脑力劳动则完全是按另一种方式进行的：对教材领会得很慢，对知识记忆得不持久、不牢固，但在以后，这个学生却比那个当初学习好的学生在学业上和智力发展上取得了更大的成绩（这是常有的事）。没有抽象的学生可以对其机械地套用一切教育和教学的规律。没有什么统一的先决条件能使全体学生都获得**好的学习成绩**。**好的学习成绩**这个概念本身是相对的：对一个学生来说"5分"是成绩好的标志，而对另一个学生来说"3分"就是很大的成功。会正确地判断每个学生当前在哪方面有才能、今后他的智力怎样发展，是教育才智中极为重要的内容。

保持和培养每个学生的自尊心，取决于教师如何看待学生的个人学习成绩。不能要求学生做他不可能做到的事。任何一门课程的教学大纲，只不过是对一定水平和一定范围的知识提出要求，而不是直接针对活生生的儿童。不同的学生，是以不同的方式达到这种水平和掌握这个范围的知识的。一个学生在一年级就已经能完全独立地阅读并解答习题，另一个学生要到学习的第二年末甚至第三年才能做到这一点。应善于判断用什么途径、要多久和克服什么困难，学生才能达到大纲规定的水平，如何在每个学生的脑力劳动中具体地实施大纲。

教育和教学的艺术和技巧就在于，发挥每个学生的力量和可能性，使他们感受到在脑力劳动中取得成绩的喜悦。这就是说，在学习方面应予以个别对待，不仅在脑力劳动的内容（习题的性质）上如此，在时间上也是如此。有经验的教师在一节课上给一些学生布置两三道甚至四道题，而给另一些学生仅仅布置一道题。一个学生的题较复杂，而另一个学生的题则较简单。一个学生在语文方面要完成创造性的书面作业，如写作文，另一个学生则仅学习文学作品的课文。

用这种方法能使全体学生都在前进，只是有些人快些，有些人慢些。儿童从作业的得分中看到了自己的劳动和努力的成果，学习给他带来精神上的满足和获得知识的喜悦。同时，师生间的相互关怀与信任也建立起来了。学生不再把教师只看成严格的检验员，把分数只看作棍棒。他会坦率地对教师说：这件事我没做好，我不会做。他的良心是纯洁的，他不可能采用抄袭的办法，他想建立自己的尊严。

学习成绩，形象地说，如同一条小路，通向儿童的心灵深处，那里燃烧着想当一个好学生的愿望的火花。教师要保护这小路和这火花。

我有一个朋友，他就是出色的数学教师茨·格·特卡钦柯（基洛沃格勒州波格丹诺夫中学）。他这样讲述自己的备课情况："我仔细考虑每个学生能做些什么。我为所有的学生挑选他们都能做好的作业。如果学生在掌握知识的道路上没迈出哪怕是小小的一步，那对他来说，这就是一堂无益的课。"无效的劳动，大概是学生和教师都面临的最大的潜在危险。

让我们看看帕夫雷什中学的教师阿·格·阿里申柯和姆·阿·雷萨克的数学课。在解题时（解题占90％的时间），他们的班似乎分成了几个小组。第一组是成绩最好的学生，他们不需要任何帮助就能轻而易举地解答任何习题。这个组里还有一两个学生会口算，不需要用笔记下来；教师还没说完条件，学生已经举起手了。对这个组，除大纲规定的习题外，教师还选择超出大纲范围的材料。要给这些学生的头脑以力所能及但不是轻而易举，而是需要经过努力才能完成的作业。有时还要给他们布置一种不能独立解答的习题，不过，教师的帮助也仅是稍加指点或暗示。

第二组是勤奋努力的学生，对他们来说，出色地完成任务需要经过紧张的脑力劳动、探究和克服困难。关于这些学生教师是这样描述的：以勤劳和埋头苦干取胜，获得成绩是因为他们勤奋和坚持不懈。

第三组学生可以不需要帮助能自己解决中等难度的习题，但复杂的习题有时不会做。帮助这些学生学习需要有高超的教学技巧。

第四组学生理解和做习题都很缓慢。他们在一堂课上比第二、第三组学生可能少做一半或三分之二的习题，但对他们无论如何不能催促。

第五组是个别学生，他们没有能力解答中等难度的习题。教师要专门为他们选一些能使他们取得哪怕成绩不大的习题。

这些学生小组不是固定不变的。凡是能使学生因取得成绩而感到喜悦的脑力劳动，总会起到使才能得到发展的效果。

在能使每个受教育者都得到进步的教师的课堂上，请仔细观察一下学生进行脑力劳动的情况。这里充满了前面谈过的那种相互关怀气氛，笼罩着智力活动的灵感。每个人都力求靠自己的努力来达到目标。你可以在学生的眼神里看到时而精神高度集中，时而迸发出喜悦的火花（找到了正确的方法），时而沉思默想（从哪个方面解题）。教师在这种气氛中工作是极大的享受。亲爱的同行们，请相信我，在**这样的**一节课上，不管教师的工作多么紧张，他总可以有**喘息**的时间，否则，是很难一连上四五节课的。

有几年，我在五年级、六年级、七年级教数学，这些课与文学课和历史课交替进行，对我来说，的确是真正的休息。能使每个学生都由于有成绩而体验到个人喜悦的课，不会使教师感到苦恼和疲劳：他没有紧张地等待着出现不愉快事情的心情，他不用留神注视那些活泼的、不安静的、由于无事可做而不时用淘气来"招待"教师的孩子，因为在这些课上，他们的精力被引入了正轨。如果教师能把淘气鬼和闹将"套住"，让他们从事力所能及的、可以指望取得成绩的脑力劳动，那他们会多么勤奋和集中精力地工作啊！紧张的劳动显示出他们积极的精神状态，他们变得认不出来了，因为他们把全部注意力都集中在如何更好地完成作业上。

某些教师抱怨说，学生在课堂上淘气、做小动作等。这种话总是使我苦恼和疑惑。亲爱的同志们，如果你们认真地考虑过如何使每个学生都致力于学习，就不可能有这种事发生。

我们部分地涉及了工作中存在的一个尖锐问题，即如何能使劳动不给我们带来疲惫，以及神经和心脏的无穷尽的紧张。这种紧张是由于经常不断地忽而出现"特别事件"，忽而出现"天真的淘气"而引起的。这些虽然都是细小的、几乎难以觉察的事情，但如果数量很多，就会使人既不能正常工作，也不能正常生活。

⑥。从哪儿找时间，一昼夜只有24小时

这两句话引自克拉斯诺亚尔斯克市的一位女教师的来信。是的，**没有时间**。这是刺向教育工作的一把利刃。它不仅伤害学校工作，也打击着教师的家庭生活。同其他人一样，教师也需要有时间照顾家庭和教育自己的孩子。我有非常准确的材料说明，许多中学毕业生害怕上师范学院，是因为他们认为从事这种职业的人没有空闲时间，即使有很长的假期。

我还有很有趣的统计材料。我曾向孩子上了高等学校的500名教师提出了这样一个问题："你们的孩子在哪些高等学校、哪些系学习？"只有14人的回答是"在师范学院"或"在综合大学学习，准备当教师"。我又问："为什么你们的孩子不想当教师？"486人回答说："因为他们看到了我们的工作多么不容易，没有一分钟的空闲时间。"

那么，教师究竟能不能工作得使自己有空闲时间呢？这个极难解决的问题甚至往往用这种方式表达出来。事实上，形成了这种情况：语文、数学教师每天除在学校工作三四个小时外，还要用五六个小时备课和批改作业，还有不少于两小时的课外活动。

如何解决时间问题？这是学校生活中的综合问题中的一个问题。它和学生智力发展的问题一样，确实是由学校的**全部**活动所决定的。

主要问题在于教育工作的作风和性质本身。一个在学校工作了33年的历史教师，上了一堂题为《年轻苏维埃人的道德理想》的观摩课。区训练班的学员和区教育处视导员出席了这堂课。这堂课上得非常出色。原来教师们和视导员打算在上课的过程中做一些笔记，以便课后提意见，但他们都忘记做笔记，他们和学生一样，屏息坐着，听得入了迷。

课后一位邻校的教师说："是啊，你把心交给了学生，你的每一句话都具有巨大的思想威力。请问，你花了多少时间来准备这堂课？可能不止一小时吧！"

那位教师回答说："这节课我准备了一辈子，而且，一般地说，每堂课我都准备了一辈子。但是，直接针对这个课题的准备，也可以说是教研室里的准备，则仅花了约15分钟。"

这个回答开启了一个窗口，从中窥见了教育技巧的一个奥秘。像这个历史教师一样的教师，据我所知，仅在我的区里就约有30

个。他们不抱怨缺少空闲时间，每个人都会说，每一堂课都准备了一辈子。

这种准备究竟是什么呢？这就是阅读。要天天看书，终生以书籍为友。这是一天也不断流的潺潺小溪，它充实着思想江河。阅读不是为了明天上课，而是出自本性的需要，出自对知识的渴求。如果你想有更多的空闲时间，想使备课不成为单调乏味地坐着看教科书，那就请读学术著作，要使你所教的那门科学原理课的教科书成为你看来是最浅显的课本。要使教科书成为你的科学知识海洋中的一滴水，而你教给学生的只是这门知识的基本原理。到这个时候，备课就无须花几小时了。

优秀教师教育技巧的提高，正是由于这种持之以恒的阅读不断地补充了他们的知识海洋，如果在从事教育工作初期，教师所掌握的知识与应教给学生的基本知识的比例是10∶1，那么，到了15—20年教龄时，这个比例应成为20∶1、30∶1，甚至50∶1，而这一切全靠阅读。在教师的知识海洋中，教科书一年比一年成为越来越小的一滴。问题不仅在于教师的理论知识有数量上的增加。量变转变为质变：衬托着教科书的背景越宽广，使教科书发出像细小光线在明亮的光流中一样，那么，作为起教育技巧基础的业务品质就表现越明显，这就是在课堂上叙述教材（讲述、讲演）时分配注意力的能力。例如，教师在解释三角函数，但他所想的主要不是函数，而是学生：他观察每个学生怎样学习，哪个学生遇到什么理解、思维和记忆上的困难。他不仅教课，而且在教课的过程中训练学生的智力。

教师的时间问题与教育过程的其他一系列因素密切相关。这些因素，好比是把水供给河流的小溪，而河流就是教育工作和创造的时间。怎样使这些小溪总是生气勃勃，保持潺潺流水的状态？关于这一点，我想提一些建议。

7。教师的时间和各教学阶段的相互依存性

这条建议主要是针对小学教师的。尊敬的同行们，尊敬的小学

教师们，你们怎样工作，关系到中、高年级教师的时间预算。如果注意观察第二阶段（四至八年级）、第三阶段（九至十年级）的教学过程，就可以得出这样的结论：在这里无情吞掉教师时间的是无止境和无效果的"赶尾巴"：教师还没有来得及讲新教材，就已发现部分学生并没有掌握旧教材，与其说考虑如何沿着认识的道路向前推进，不如说考虑如何消除部分学生已经滞后的现象（有时这**部分**学生如此之多，以至教师几乎不得不给全班一起补课）。这就要花费教师在学校和在家里的大量时间。

为什么会发生这种情况，即教学过程怎么会受到这种似乎是不可避免的工作（消除许多学生的滞后现象）的牵累？

我想给低年级教师提几条建议。

亲爱的同行们！请你记住，所有中、高年级教师的时间预算取决于你们，你们是教学和教育中首创精神的缔造者。在小学面临的许多任务中，首要任务是教会儿童学习。你们一个主要关注点，是在儿童掌握的理论知识量和实际能力、技巧之间确定正确的比例关系。

请你记住，中、高年级后进生主要是不会学习、不会掌握知识。当然，你们应致力于使儿童的一般发展具有很高的水平，但是应首先教会儿童熟练地**读**和**写**。不会迅速地、自觉地、富有表达力地阅读和领会所读的东西，不会流利地和正确无误地书写，就谈不上日后在中、高年级能顺利地学习——无须教师无止境地"催赶"落后。要教会所有低年级的学生阅读，使他们学会边读边思考和边思考边读。阅读的能力应当达到自动化程度，使通过**视觉**和**意识**领会含义比发出声音早得多。前者提早得越多，阅读时思索的能力就越敏感，而这是顺利学习和整个智力发展的极为重要的条件。我坚信，中、高年级的顺利学习首先取决于自觉阅读的能力，即边读边思考和边思考边读的能力。因此，低年级教师应仔细地研究每个学生的这种能力是如何得到发展的。30年的经验使我相信，学生的智力发展取决于是否会很好地阅读。会边读边思考的学生，比起那些不会快速阅读的人来，处理任何事情要快些、顺利些。这种快速阅读的能力并不像初看起来那么简单。会边读边思考的人的脑力劳动中，没有死读书习气。他阅读教科书或其他书籍，和不会边读边思考的学生是完全不同的。他读过书以后，能想象出完整的事物及其组成部分，它们的相互依存性和相互制约性。

会边读边思考和边思考边读的学生不可能落后，而如果没有落后生，教师工作起来就容易了。实践证明，如果阅读对学生来说已成为通往知识世界的最重要窗口，那么就不需要用许多时间来补课了。这样，教师就有可能和学生进行个别谈话，这种谈话不是长时间的课业，而是有关如何独立地掌握知识、防止不及格和落后的指导及建议。

如果学生不知道他在哪方面落后，需要什么帮助，教师就约他进行个别谈话。

中、高年级的顺利学习，也决定于学生在低年级时学会快速和自觉地书写到了什么程度，以及这种能力后来是怎样发展的。如同阅读一样，书写也是儿童用来掌握知识的一种工具。学习的成绩和合理地使用时间，取决于运用这个工具的程度。我建议低年级教师，要把儿童在读完四年级时能快速地、半自动地书写作为目的。只有在这种条件下，学生才能顺利地学习，教师不必经常操心去消除部分学生落后的现象了。应努力使儿童学会边书写边思考，使书写字母、音节和词不成为他注意的中心。要提出更具体的目的：你给学生讲什么时，让他们一面听和思考你所讲的，同时只简要地写成**自己的**思想。在三年级就应教会学生这样做了。如果能做到这一点，你就可以放心，你的学生永远也不会落后和不及格；他们学会自己去**获取**知识，就等于节约了中、高年级教师的时间，保护了他们的健康。

⑧。让学生牢记基础知识

我从事学校工作30年，发现了一个依我看来很重要的秘密——一条独特的教育规律：中、高年级出现学生落后和成绩不好的现象，主要是由于学生在低年级学习时没把作为知识"地基"的基础知识牢牢地保存在记忆中，终生不忘。不妨设想，要建造一幢漂亮的楼房，地基却打在很不结实的水泥上，灰浆总是脱落，砖石不断下掉；人们每天忙于修补未完工的地方，人们经常处于房子要倒塌的威胁之下。四至十年级的许多语文和数学教师，就处于这种境地：他们在建造房子，而地基却在瓦解。

小学教师们！你们最重要的任务，是打好牢固的知识基础。要使它十分牢固，以便后来工作的教师完全不需要考虑基础问题。你们从一年级开始工作时，就要把四年级的教学大纲拿来，首先要拿语文和数学的教学大纲，还要拿五年级的数学教学大纲。此外，也要拿历史、自然、地理的课外读物和这些课在四年级的教学大纲。把所有这些材料加以对照和比较，并考虑一下，为使学生能在四年级和五年级顺利地学习，三年级的学生需要掌握什么。

首先要注意最基本的识字问题。俄语中有2000—2500个单词，好比是识字和知识的骨架。经验说明，儿童如果在小学牢固地记住了这些单词，他就会成为一个识字的人。但问题不仅在于识字。在小学学会的识字，是中、高年级掌握知识的工具。

我在低年级教学生时，经常带上一张主要词汇表，它可以说是一种最基本的识字教学大纲。我把2500个单词分配为每个工作日让学生学3个单词。学生把这些单词写在练习本上，并记住。这项工作每天只需要用几分钟时间。童年时代的记忆力是非常灵活锐敏的，如果会掌握它，不使它负担过重，它就会成为你的第一助手。学生在早年记住的东西是永远忘不了的。在这种情况下"掌握记忆的办法"如下：在工作日开始的时候（第一节课前），我在黑板上写出3个**今天的**单词，例如，**草原、热、沙沙响**。学生进入教室后，立刻把这些单词写在3年中一直使用的生字本上。他们要思考这些单词的含义，并在旁边再写出几个同一词根的单词。这些事只费时三四分钟。学生对此就逐渐形成了习惯。

随后的学习带有游戏的性质，鲜明地表现出含有自我教育和自我检查的成分。我对学生们说："在回家的路上，想想我们今天写下了哪3个单词，它们是怎么写的。回想一下这些单词的字形。明天早晨醒来后，立刻再想起这些单词的写法，把它们默写在练习本上。"（这是一个普通练习本，就好像是第二个生字本。）如果这种游戏从一年级就开始，如果教师相信这样做会取得成效，如果他爱学生，如果在他一生中没有对学生所做的事情感到一点厌烦，就没有一个学生会不喜欢这种游戏的。

上课时，堂堂课都进行各种各样的练习，使已记住的单词经常得到复习和使用。我认为，让学生记住400个修辞短语是一项重要的练习，我坚信，它们是一种最基本的语言修养框架。在低年级学习期间，学生要记住由于日常用语影响而常犯典型错误的那些修辞短语。

我想再一次强调，教学过程中的游戏成分具有十分重大的意义。我有600个"童话"单词，就是在儿童童话中经常重复使用的单词。我和同学们在小学四年学习期间**画出**了几十幅童话，他们在这些童话下面写了说明，所用的词包括在这600个单词中。这是巩固最低限度词汇的一种非常有效的方式。

在低年级学习期间，学生在数学方面要记住一些基本的运算，这些运算由于常用，就成了十分熟悉的数学公式，以至每次使用时不必花脑筋去想。这不仅是指乘法表，也包括经常使用的1000以内的加减乘除。这也是数量大小的最典型的测量和变化。我的出发点是，中、高年级学生的智慧不应担负很重的单词作业，以便尽可能多地把脑力用于创造性的工作。

当然，整个学习要以自觉地掌握材料为基础。但不能不考虑到，会有不是一切都能解释清楚的情况发生。我力求把有意注意和记忆同无意注意和记忆结合起来。

⑨。把握"两个教学大纲"，发展学生的思维

教师的时间不够，首先是因为学生的学习有困难。我多年来一直在思考如何减轻学生的负担问题。实际能力，作为获取知识的基础，仅仅是问题的开始。怎样记住知识不忘，则是问题的继续。我建议每个教师：**要分析知识的内容，把其中学生应牢记不忘的部分明确地挑出来**。非常重要的是，教师要会正确地判断教学大纲中的"重点"知识，并要有运用知识的能力，思维和智力的发展，取决于"重点"知识是否巩固。这种"重点"知识，就是反映事物特性的重要结论、概括、公式、规则、定理和规律。有经验的教师会要

求学生用专门的笔记本来记下需要牢记不忘的材料。

需要记住的材料越复杂，需要记牢的概括、结论和规则越多，学习过程中的"智力底子"就会越厚实。换句话说，为了牢固地记住公式、规则、结论和其他的概括，学生应该阅读和思考许多无须记住的材料。阅读应和学习紧密联系。如果阅读加深了对事实、现象和事物的认识，而这些事实、现象和事物是保存在记忆中的概括的基础，那么，这种阅读就能帮助记忆。这种阅读也可以称为建立学习和记住材料所必需的**智力底子**。学生仅仅由于对材料感兴趣，由于想认识、思考和了解而阅读得越多，他就越容易记住必须牢记不忘的材料。

考虑到这个非常重要的规律，我在实际工作中经常想到**两个教学大纲**：第一个是必须学会并记住的材料，第二个是课外阅读以及其他知识来源。

物理是最难记住的一门课，特别是在六至八年级更是如此。这个阶段的教学大纲包含了许多概念。这门课我教过6年，总是力求使课外阅读配合每个新学到的概念。某个时候所学习的概念越复杂，学生读的书就应当越有趣，越有吸引力。在学习电流定律时，我凑集了一套专门的小丛书，供学生个人课外阅读用。这套丛书包括55本有关自然现象的小书，主要是介绍物质具有多种多样的电性能的。

我努力使学生思想活跃，爱动脑筋。他们纷纷向我提出问题：什么？怎么？为什么？在所有提出的问题中，约80%是以**为什么**开始的。许多事情学生不明白。他们对周围世界不明白的事情越多，求知的愿望就表现得越明显，**接受知识的敏感性**就越强。学生对我向他们讲的一切，简直是"一听就明白"。我给少年们讲过电流是自由电子流这个关于电流的第一个科学概念后发现，他们提出的许多问题正是有关这个复杂的物理现象的。回答这些问题，好比是在世界图景的空白处放下砖块，而世界图景则是学生根据阅读和早先获得的其他知识在想象中已形成了的。

我在高年级教过3年生物课。这门课有很多抽象概念，很难理解，当然，更难记住不忘。学生学习**生命、生命物质、遗传、新陈代谢、有机体**等第一批科学概念时，我从科学和科学普及杂志、书籍和小册子中为他们挑选了专门的材料。"第二个教学大纲"包括阅读这种小册子、书籍和文章，看过这些材料后就会对一系列复杂的科学问题产生兴趣，因而也对新书产生兴趣。学了生物学的男女青年对周围自然界的现象，包括对新陈代谢这种形式极为多样的现象很感兴趣。问题越多，学生们对知识的记忆就越深。他们的回答如果要评分的话，没有一个是低于"4分"的。

我建议所有的教师，要为记住和牢记不忘教学大纲的材料打好智力底子。学生只有用脑子思考时，才能学得扎实。要考虑如何使课堂上正在学习的或即将学习的东西，成为思维、分析和观察的对象。

10。关于做"困难"学生的工作

大概不会有教师不同意，我们教育工作中最"难啃的骨头"之一，是对"困难"学生做工作。他们在理解和记住教材上比一般学生要多花三五倍时间，第二天就忘了所学的东西，因此，在学习教材后不是隔三四个月，而是隔两三周就要让他们做防止遗忘的练习。

30多年的教育工作经验使我深信，正是上面提到的"第二个教学大纲"，对这些学生起到了特别重要的作用。对他们来说，把学习仅限于必须记牢的材料是特别有害的，会使他们迟钝、僵化，养成读死书的习惯。我试验过许多减轻这些学生脑力劳动的方法，结果得出结论：最有效的方法是扩大阅读范围。是的，这些学生需要尽量多读些东西。我在三至四年级和五至八年级工作时，经常关心为每个"困难"儿童挑选一些用最鲜明、有趣和吸引人的方式阐明概念、结论和科学特点的书籍和文章，供他们阅读。应当让这些学生对周围世界的事物和现象尽量多产生疑问，带着这些疑问来找我，这是对他们进行智力教育很重要的条件。

在"困难"学生所读的书里和在周围世界所看到的东西中，应不时出现某种会使他们感到惊奇和赞叹的东西。我对"困难"学生做教育工作时，一直遵循这个要求，这也是我对所有教师的建议。大脑半球皮质的神经细胞萎缩、怠惰和虚弱，可以用惊奇、赞叹来治愈，正如肌肉的萎缩可以用体操治愈一样。当学生面前出现某种使他们感到惊奇、赞叹的东西时，很难说清楚他们头脑中发生了什么变化。但是，无数次观察使我们得出结论：在惊奇、赞叹时，有一种强烈的刺激在起作用，仿佛唤醒了大脑，迫使它加紧工作。

我永远也不会忘记小费佳。我从三年级到七年级教过他5年。他的"绊脚石"是算术题和乘法表。我确信，这个学生只不过是来不及记住习题的条件，作为条件的基础的事物和现象，来不及在他的意识中形成概念：他心里刚想转入下一步，却忘了上一步。和费佳相似的学生在别的班也有，虽然总数不太多。我为这些学生专门编了一本习题集，约有200道题，主要取自国民教育学。每道题都是一个吸引人的故事，绝大多数题无须做算术运算，解这种题首先意味着要思索和动脑筋。下面就是我编的《散漫和粗心儿童习题集》中的两道题。

（1）三个牧羊人，由于夏天炎热而感到疲劳，躺在树下休息时睡着了。一个淘气的牧童用橡树上长的"墨果"把睡觉人的额头涂黑了。三人醒后都笑起来了。但是，每个人都以为其他两个人是在互相笑对方。突然，一个牧羊人不笑了，他已经猜到，他的额头也被涂黑了。他是怎么想的？

（2）古时候，在广阔的乌克兰草原上，有两个相隔不远的村庄——真话村和谎话村。真话村的居民总是说真话，谎话村的居民总是说谎话。假设你们当中有谁突然能回到古时候去，来到了这两个村庄中的一个村庄，只要向头一个碰到的当地居民提出一个问题，就可以知道是到了什么村庄。那么，应当提什么问题呢？

开始，我们仅仅读习题，这些习题是有关鸟类、动物、昆虫和植物的一些有趣的小故事。过了一段时间，费佳才明白，这些故事就是习题。他思考了一道最简单的习题，在我的帮助下解了这道题。解法之简单使他感到惊奇。费佳问道："那就是说，这里的习题每一道都是可以解的？"于是，他整天整天不离开习题集了，每解一道题就感到像是取得了一项巨大的胜利。他把解出的题抄在一个专用的练习本上，在文字旁边还**画出**了题中的鸟类、动物和植物。

我为费佳专门配备了一套小丛书，有近100本小书和小册子，他从三年级一直读到七年级。后来，我又建立了另一套小丛书，有近200册书，除费佳外，还有3个学生也使用了两年。一部分书和小册子同课堂上学习的内容有直接联系，另一部分则没有直接联系。我把阅读这些书看作一种智力锻炼。

到五年级，费佳的成绩就赶上来了，能和其他学生解同样的算术题。到六年级时，他突然对物理产生了兴趣，成了"少年设计师小组"的一名积极分子。创造性劳动引起他的兴趣越大，他就阅读得越多。以后，他在学习上还遇到过困难，特别是历史和文学课。他的每个困难都是通过阅读来解决的。

念完七年级后，费佳进了中等专业学校，成为一个高度熟练的好专家——调整车床的技师。

我从来没有给费佳及其他这样的学生为了学会课堂上未掌握的东西而补过一次课。我教儿童阅读和思考。阅读似乎起了诱导作用，唤醒了思想。

请记住，越是困难的学生，他在学习中遇到似乎不可克服的困难愈大，他就越需要阅读。阅读能教他思考，思考会刺激智力觉醒。书籍和由书籍唤起的生动活泼的思想，是防止读死书的最有力手段。读死书能使智慧愚钝。学生思考得越多，在周围世界中见到不懂的东西越多，他接受知识的能力就越强，而你，作为一名教师，工作起来也就越容易。

11。知识既是目的又是手段

我坚信，学生在学习上遇到困难的一个原因，就是知识对他们来说往往成了滞销的"货物"，知识的积累似乎是为了"储存"，而不进入"流通过程"，得不到运用（运用首先是为了获取新的知识）。在教学和教育工作实践中，"知道"这一概念对许多教师来说，意味着会回答问题。这种观点促使教师片面地估价学生的脑力劳动和才能：谁善于把知识记住并能按教师的要求立即把它们"亮出来"，谁就算是有才能和有知识的。这在实践中会导致什么结果呢？结果是，知识似乎与学生的精神生活和智力兴趣不相干。掌握知识对学生来说，变成了累赘、讨厌的事情，希望尽快摆脱它。

首先应当改变对"**知识**""**知道**"这两个概念的本质看法。"知道"就是会运用知识。知识只有在成为精神生活的因素，能吸引住思想和激起兴趣时，才谈得上是知识。知识的积极作用和生命力，是使知识本身不断发展和加深的决定性条件。知识只有在不断发展和加深时，才能存在。只有在知识不断发展的条件下，才能实现一条规律：学生掌握的知识越多，学习就越省劲。可惜实际情况往往相反：学生的学习一年比一年困难。

从这些道理中究竟可以得出什么实际的建议呢？

要努力使学生不把获得知识当成最终目的，而当成一种手段，使知识不变成静止的、僵死的学问，而经常起作用于学生的脑力劳动、集体的精神生活和学生的相互关系，起作用于生动和连续不断的精神财富交换过程，没有这一过程，智力、道德、情感和美感的真正发展是不可想象的。

为此，实际教学过程中我们应做些什么和怎么做呢？

在低年级，刚开始学习时，知识的最重要成分是语言，确切地说，是语言所表达的现实的周围世界，语言向学生揭示出他在上学前所完全不了解的新境界。学生通过语言认识世界，就是在知识的阶梯上迈出了最初的、在我看来是最宽阔的步子。十分重要的是，要使语言生存和活跃在学生的意识中，使它成为学生用来掌握知识的工具。如果你想使知识不变成僵死的、静止的学问，就要把语言变成一个最主要的创造性工具。

在有经验的教师的实际工作中，上述这种教学和教育方针的表现如下：在学生的脑力劳动中占首位的，不是熟背、死记别人的思想，而是学生自己进行思考，这种思考是一种生动的创造，借助语言认识周围世界的事物和现象，因而也是认识语言本身的细微差别。

我跟学生们一道来到秋日的果园。这是一个晴朗初秋的艳阳天，柔和的阳光温暖着大地和静静的树林，果实累累的苹果树、梨树和樱桃树的枝丫显得绚烂多彩。我给学生们讲述金色的秋天，讲述自然界的各种生物，如树木、掉落在地上的种子、在我们这里过冬的鸟类、昆虫等，怎样在为度过漫长的寒冬作准备。我确信学生们对词和词组的丰富含义和感情色彩有了感受和体验后，便提议要他们叙说一下自己的所见所感。我亲眼看到，马上产生了描述周围自然界的惊人细腻而清晰的思想："一群白色的天鹅渐渐消失在蔚蓝色的天空……"，"啄木鸟敲击着树皮，敲得树身嗒嗒作响……"，"一只鹳呆立在窠里，眺望着遥远的地方……"，"一只蝴蝶停落在菊花上，在晒太阳取暖……"。孩子们不是复述我的话，而是说出了自己的词语。思想活跃和丰富起来了，儿童正在养成思考能力，尝到了思索的无比快乐和认识的极大喜悦，觉得自己变成了思想家。

你是否见过（或从别的老师那里听说过），学生对教师的语言表示冷淡和漠不关心？你给他讲述一件很有趣的事情，可他无精打采地坐在那里，你的语言没有打动他的心。你有充分的理由担心：这种对语言冷漠和麻木不仁的态度是学习上的一大缺陷；如果这个缺陷扎下深根，人就会对学习不感兴趣。

为什么会出现这种缺陷呢？它的根源何在？

如果语言不作为一种创造手段占据学生的心灵，如果他们只会熟背别人的思想，而不创造自己的思想并通过语言来表达这种思想，他们就会对语言冷淡、漠不关心、麻木不仁。不可忽视这种冷漠态度，不可忽视学生没精打采的神情，要教会他们积极热情地对待语言。

12。如何获取知识

关于学生脑力劳动的积极性问题，人们谈论得很多，也很频繁。但积极性可能是各种各样的。学生背熟了所读的书，或记住了教师所讲的内容，能迅速回答问题，是一种积极性，但这种积极性不一定能促进智力的发展。教师应努力发挥的是学生思维的积极性，使知识因为运用而得到发展。

进行教学，要靠已有的知识来**获取**新的知识。这在我看来，就是教师水平高的表现。我在听课和分析课堂教学时，正是依照学生脑力劳动的这一特点来对教师的教学水平做出结论的。

究竟怎样使学习成为动脑筋的活动，能获取知识呢？这里最重要的是什么？

获取知识，意味着发现了真理，能回答问题。要使学生看出和感到有不理解的东西，使他们面临着问题。如果你能做到这一点，就是成功了一半。

但要做到这一点并不简单。备课时要从这样的角度对教材进行深入思考，即找到若干初看起来不易察觉的关键地方，而这里却存在因果关系，从这种因果关系中产生问题，因为问题才能唤起求知欲。

例如，我面前摆着"光合作用"这一课的教材，应给学生们讲清楚，植物的绿色叶片里发生了什么变化。可以把这一切讲得在科学上有根有据，在理论上和教学法上头头是道，但完不成激发学生一定智力积极性的任务。我对教材琢磨了一番：有因果关系的关键在哪里？有了，关键就在于变无机物为有机物。这是一幅奇异而神秘的图景：植物从土壤和空气里吸收无机物，在自己的复杂机体中又把它们变成有机物。这个制造有机物的过程到底是怎么回事呢？植物的机体像个复杂得不可思议的实验室，能在阳光下把矿物肥料这些无机物变成鲜美多汁的西红柿瓤，变成芳香扑鼻的玫瑰花，那里面究竟发生了什么变化？

我讲述时，注意**引导**学生意识到这个问题，使他们激动不安：怎么搞的——一切都发生在我的眼皮底下，可我为什么没有思考过这个问题？

怎样引导学生提出问题呢？

要做到这一点，必须懂得什么该讲，什么该留着不讲完。不讲完的东西，就好比是学生思维的"引爆管"。这里没有任何万灵药方。一切都依具体教材的内容和学生已有的实际知识为转移。在某个班里应不讲完某项内容，在另一个班里则应不讲完另一项内容（尽管教材一样）。

马上，学生的思想中就产生了问题。

接着，我力求从学生以前上生物课、从事劳动和看书所掌握的全部知识中抽出为回答问题所必要的知识。这种吸取已有的知识来回答问题的做法，就是获取新知识。这里不必把学生一个接一个叫起来回答问题，不必细听谁在说什么，以便从不完整的回答中凑成完整的答案。采取这种办法，能产生表面的积极性，但不经常是每个学生都有真正的思维积极性：有些学生在回想和回答，而有些学生只是听着。我是要使所有的学生都思考，都大动脑筋。因此，我最通常的做法是，一面引导学生产生疑问，一面自己讲解教材，而不把学生叫起来回答一些个别的、零碎的小问题。

为使学生通过思考获取知识，教师应十分了解他们的知识状况。有的学生对学过的东西记得一清二楚，有的学生却忘掉了些什么。在这种情况下，我就要充当脑力劳动的指导者，使每个人听我讲解时，按自己的方式跟上来，从思想仓库提取储存的东西，如果这种仓库的某处是空白点，如果某个学生的思维线索中断了，我就要用补充说明来填补这个空白，要排除思维的脱节。但这要求有高超的教学艺术和技巧。我探索过用什么方式重复说明已学过的内容，以使最有才华的学生也能从中发现一些新东西。在知识没有空白和脱节的场合，我采用简略说明的方式。这里没有表面的积极性，学生默不作声，不作问答，不互相补充但却在获取知识。我把这种获取知识的方式叫作学生自己思索，"查验"自己的知识仓库。

13。怎样引导学生从了解事实到认识抽象真理

你一定遇到过这样的现象，即学生把规则、定律、公式、结论记得（背得）烂熟，可是却不会运用这些知识，甚至并不理解所背内容的实质。这种弊病特别表现在语法、算术、代数、几何、物理、化学等学科的学习方面，这些科目的内容为整套概括性结论的体系，而掌握这些科目的知识又首先表现为善于把这种结论运用于实际工作中。

在这种情况下，人们通常说：学生没有理解就死记硬背了。但为什么会死记硬背呢？为了防止这种弊病又该怎么办呢？

识记（背熟）应建立在理解的基础上。要引导学生通过对大量事实、事物和现象的思考（认识）及理解来进行记忆。不可记忆那

种还不理解、不懂得的东西。从思考事实、事物和现象到深刻理解抽象真理（规则、公式、定律、结论），必须通过实践性作业，这就是掌握知识。

有经验的教师，善于教学生在理解的过程中进行记忆，即在深入思考事实、事物和现象的过程中进行记忆。例如，学生遇到俄语硬音符号的拼写规则时，教师便通过对大量实例的分析，即对许多要求有硬音符号的词作分析，说明这些词的拼写法，以此引导学生记住拼写规则，养成自觉运用这一规则的能力。实际上，这一规则通过不断举出新例子来分析而得到了反复多次的理解。学生便逐渐意识到，他们接触到了一条概括性的真理。这一真理对许多词都适用，便被理解为一条规则。这条规则因得到多次认识，就被记住了。

有经验的教师教课时，学生对规则和结论不是通过专门背熟而记住的，因为，不断地理解实例的同时，就把结论逐渐记住了。理解和熟记结合得越好，知识就学得越自觉，学生也就越会把知识运用于实践中。把知识运用于实践性作业的能力如何，一般说来，取决于学生怎样或用什么办法来记忆知识。如果学生的知识不是通过理解和分析事实和现象而记熟的，他就不会运用知识。

这是教学过程的一条十分重要的规律。多年的经验使我得出这样一个结论：如果学生在小学时期就是在理解事实和现象的过程中掌握抽象真理的，他就具备脑力劳动的一个十分重要的特点，即善于了解许多相互联系的事物、事实、情况、现象和事件，换句话说，他**善于思考**因果、从属、时间等关系。无数事实使我确信，学生思考算术题条件（特别是在四、五年级时）的能力，取决于他们掌握抽象结论的能力。没有理解大量实例而仅背熟抽象结论的学生，不会思考习题，不善于认清数量之间的依存关系。相反，如果在学生的脑力劳动中对抽象真理的记忆，是建立在深入思考实例的基础之上的，如果他们**不用背熟就能记住**，他们便会把算术题看成不是数字的某种组合，而是数量间的依存关系。他们在看习题条件和理解时，先抛开数字，从总体上解题，而不做具体的算术运算。

无数事实和学生的例子使我确信，有些学生之所以在算术（以后则在代数）方面落后，是由于脑力劳动中存在一种难于发觉的缺点所造成的。我现在就要谈这种缺点。人们对于课程之间的联系，谈论得非常多。每个教师都清楚，应在自己的课程中寻找与其他课程的教材有关联的地方。但课程之间的联系不仅仅在于这一点。我坚信，最深刻的联系与其说是实际教材的内容，不如说是脑力劳动的性质。学生们建立在科学基础之上的脑力劳动，会带来一种结果：数学有助于学生们掌握历史，而历史则促进数学才能的发展。

大家都知道，许多低年级教师以及语言和文学教师的一个难点是，如何使学生自觉地掌握语法规则。相当一部分学生文字不通，是学校的一大灾难。我遇见过这样的事：学生初学俄语教材时对前缀 раз–、без– 和 рас–、бес– 的拼写法就未掌握牢，在这个规则上犯了许多错误。教师力争消除这种落后现象，时时让学生练习有关的规则。他教导学生说，你先好好复习规则，然后再做练习。这项工作似乎应取得良好的效果，但事实并非如此：十年级的学生仍然出错，在作文试卷上写的是："разцветает"，"расбежался"①。

问题究竟在哪儿呢？这种怪现象的原因何在？多年的经验得出的结论是：是否善于运用知识，取决于在掌握知识的过程中是否理解事实，这种依赖关系在学习语法时表现得最为明显。这里，对抽象真理和结论（如语法规则）的**初次认识**，具有决定性的意义。不能让学生在首次学习教材时闹出许多差错，同时却要求他背熟规则和正确地叙述规则——这个任务不像乍看起来那么简单。

因此，应专门谈谈教材的初次学习问题。

14。教材的首次学习

学生学习落后和成绩不佳的根源之一，是对教材的首次学习学得不够好。

对教材的首次学习指的是什么？这个术语用得合适不合适？依我看，是合适的。因为知识在不断发展，教材的学习也要长期进

---

① 正确的写法应为：расцветает，разбежался。——译者

行，知识的每一次运用，同时也是知识的发展和深入。而首次学习，就是从不知向知、向理解事实、现象、品质、特征的实质迈出的第一大步。

例如，学生在许多课堂上都要跟简略的乘法公式打交道。经验令人确信，学生在学习公式的头一节课上对它理解得深与浅，关系到非常多的问题，其中首先关系到，是不是随时准备把它当成工具去获取知识，换句话说，关系到首次学习随后的新概念、新真理。还有一条重要的规律是：学生的意识中模糊不清和含混肤浅的观念越少，他感到的落后压力就越小，他思想上对首次学习新材料就越有准备，课堂上的脑力劳动就会越有成效。

学习教材的第一堂课，应成为特别的一课。就是说，这堂课的教学目标必须**明确**，学生的独立劳动效率在这堂课上具有特别重要的意义。要力求在首次学习教材时，能看到**每个学生**的脑力劳动成绩。在首次学习教材时，察看"困难"学生独立做作业是极为重要的，因为他们的思考力和理解力迟缓，为理解教材的实质需要较多的实例和时间（往往提供给他们理解的实例，也要和给一般学生的不同）。

有经验的教师总是力求在首次学习教材的课堂上，察看学生是怎样独立完成作业的。在这种课堂上，一定要让学生独立做作业，在做作业过程中理解实例并进而懂得概括性的真理（这里指的是自然学科的课堂教学及语法课）。

还有十分重要的一点是，要使学生在理解的过程中含有运用知识的成分。正是在这里需要做"困难"学生的工作。应走近他们每一个人，看到每个人的困难所在，只把专为他准备的作业给他做。有时在课堂上要弄清楚，必须给哪个学生布置单独的家庭作业；有经验的教师通常就在课堂上及时布置这种作业。成绩不良的学生脑力劳动的效率，首先依赖于首次学习教材时他**在课堂上**当场有逻辑和有条理地工作到何种程度；不可只让他听同学们的正确回答和抄写板书；一定要促使他自己动脑筋，耐心而有分寸地激励他在每堂课上多获得一点脑力劳动的成果。

我教语法时，总是努力使学生在首次学习教材的课堂上和紧接着这之后不在书面练习中出差错。可能这听起来有点不合情理，但这是真理：如果学生在课堂上做到了不出任何一个差错，他就把语法掌握住了。如果在课堂上不出错，在家庭练习中也不会出错（或很少出错）。语文教师工作困难的一个基本原因，是学生上课时就在书面作业中出错；教师的失策在于，他没有把力求不出错当作目标提出来。

然而怎样在实际上使学生不出书面错误，从而奠定牢固的知识基础呢？这取决于许多因素，也许首先取决于学生的阅读速度。要使书写合乎语法和不出差错，学生就应学会浏览。还有其他的因素，如课堂教学的结构以及课堂教学的工作方式方法。我备语法课时，力求预先估计到在什么地方、在哪个词上学生可能出错，具体是谁可能出错。对任何一个"有疑问的"词，都要先解释清楚。

我建议，不要让学生在首次学习教材时肤浅地理解事实、现象和规律，不要让他们在首次学习语法规则时出差错，在首次学习数学定律时不正确地做例题、不正确地解习题，等等。

15。理解新教材是课堂教学的一个阶段

每个老师大概都遇到过一种现象：昨天在课堂上所有学生对规则（定义、法则、公式）都十分了解，能很好地回答问题和举出例子；而今天，你瞧吧，班上足足有一半人对学过的东西感到有些模糊，有的人甚至全忘了。原来，许多学生做家庭作业时遇到了很大的困难。这些困难在上课时却没有显露出来。

了解，还不等于**知道**，了解了什么，也不是有了这方面的知识。要牢固掌握知识，必须进行理解。

理解意味着什么呢？这就是学生思考所学的内容，检验他对教材的了解是否完全正确，并尝试把获得的知识运用于实践。

我来举例说明。学生在几何课上获得了关于三角函数的初步概念。教师对正弦和余弦的函数关系下了定义。教材并未引起困难，似乎全都懂了。但懂了，并不意味着牢固地掌握了。教师讲过新教材后，给学生若干思考新教材的时间。他们打开草稿本，画上直角三角形，记下教师讲解的全部内容，复习正弦和余弦的定义，自己

举例说明其函数关系。在这里，知识的复习似乎跟知识的初步运用相结合了。结果却是，自我检查时，许多学生不会重讲一遍，无法复述讲解的内容。他确信自己忘了讲解中的某个环节，便去查教科书，但这样做之前，他要尽力让自己回想。

对"最差"和成绩不良的学生来说，专门理解新教材的阶段尤其必要。有经验的教师非常重视使成绩不良的学生把注意力集中于教材的要点上，这种要点实质上就是因果关系，也就是知识的基础。多年的经验令人确信，成绩不良的学生掌握知识不牢固的根源在于，他们没有看出或不懂得事实、现象、真理、法则的联结处，即因果、从属、时间等关系的发源"点"。正是应该把成绩不良的学生的注意力集中于这种发源"点"上。

以给学生讲解副动词短语为例。这种场合的难"点"在于：副动词似乎是次要的、第二位的谓语，附属于主要谓语——动词。我给学生一些理解教材的时间后，就让成绩不良的学生注意：他造带有副动词短语的句子时，应表现出同一对象在完成两个动作，一个是主导的、主要的动作，另一个是从属的、次要的动作。于是，学生一面考虑现实生活中的动作，一面造句。

不管课堂上学习的教材多么纯理论性，总可能找到实际练习的机会，以便让学生更好地掌握教材。在历史课和文学课上，理解新教材，通常是要学生找出刚刚讲过的教材中的因果关系和意思上的联系。例如，教师讲述了俄国农民1861年摆脱农奴制依附关系的历史。为了领会新教材（时间为5—7分钟），提出了一些问题：如果沙皇政府不解放农奴，俄国农业经济会沿着什么道路发展？1861年以前俄国工农业资本主义发展的相互关系如何？这种关系在农奴解放后的表现如何？1861年以后是什么继续阻碍了俄国资本主义的发展？俄国农业经济中的封建残余甚至在1861年改革后仍继续存在的原因是什么？我把这些问题写在一大张纸上，刚刚讲解完就把这张纸贴在黑板上。我坚信，一个最紧张而有趣的课堂教学阶段便开始了。学生回忆原先学过的各部分材料，在教科书（顺便说，教科书在人文学科的课堂教学上必须首先用来理解新教材）中"翻寻"。产生了学习过程中最需要的、在我看来是最有益的活动，即用**不通读全部教材**的办法来复习已学过的教材。这种复习最有成效，因为，它实质上是一种思考。

总之，不要害怕在每堂课上抽出尽量多的时间来掌握新教材！这样做将得到加倍的补偿。为理解知识而付出的脑力劳动越有成效，学生做家庭作业需要的时间就越少，下一节课用于检查家庭作业的时间也越少，而留下来供讲解新教材的时间也就越多。要懂得这个依从关系的实质，这样，你就能冲破一种困境——学习新教材的时间不够，是因为时间花在检查家庭作业上，而检查家庭作业需要很多时间，是因为教材学习得不够好。

16。怎样使检查家庭作业成为有效的脑力劳动

我曾多年为家庭作业检查办法的不良状况感到不安，因为时间往往被白白浪费了。结果造成了我们每个人都熟知的情景：被叫起的学生刚一开始回答，其他所有的学生便各人干起自己的事来，至多也只是预料会被叫到的学生才考虑如何回答问题。有个念头在我脑子里萦绕不止：怎样在检查作业时使所有学生都来思考提出的问题，使教师有可能对全班的学习加以检查呢？

草稿本帮助解决了这个问题。几何课开始了，全班准备检查家庭作业。教师给全班布置任务：推算圆面积的公式，编出一个圆面积的习题加以解答，简述全等三角形的特征。全体学生把任务记在草稿本上。这时，草稿本代替了黑板，暂时不叫学生到黑板跟前去。教师细心查看每个学生的学习情况。如果他想弄清楚某个学生对推算出的公式理解深度如何，便叫这个学生说明在做什么、为了什么、怎么做的等问题。同时，不必把学生叫到黑板跟前去。这样，每个学生做题就跟在黑板上做一样。教师在学生完成作业的任何阶段，都可以随时让全班或部分学生把作业停下来。

这种工作方式的优越性首先在于，不要学生复述他掌握的知识就可以进行检查。教师对学生的知识状况能得到大致的了解。同时，每个学生都是完全独立地在做作业。这里还有两点也很重要：第一，检查知识就是积极运用知识；第二，教师有机会细心注视困难学生做作业，并照顾到他们的个人能力和特点。

我们学校检查三至十年级家庭作业时，全体学生都使用草稿本。否则，我们现在无法设想如何进行作业检查。经验证明，这种检查能使学生养成简明扼要地表达思想的习惯，防止死记硬背。努力死记硬背的人，永远不能简明扼要地回答问题，说出最主要的内容。我们的作业检查法，可以教会学生边读、边记、边思考。

如果用新事实对结论做出新理解，用新理解来检查结论性知识（规则、公式、定律、结论），则这种检查的脑力劳动效率将大大提高。我们学校的低年级，一般不在上课开始时专门抽出时间检查学生的知识。检查跟知识的深化、发展和运用融合在一起。例如，教师想要检查学生对句子的主要成分和次要成分、主语与谓语及主要成分与次要成分的语法关系等定义掌握得怎么样，便让学生打开草稿本，给他们布置一道实践性的作业：造6个句子，使**道路**一词在6个句子中分别以主格和其他各格的形式出现，并说明主要成分与次要成分的语法关系。为很快就能完成作业的学生再布置一项工作：造3个分别带有一个、两个、三个同类谓语的句子。学生在完成这种实践性作业时，既运用了知识，又加深了对知识的理解。

切莫把给学生评分作为检查知识的唯一目的。要使评分尽可能跟其他目的结合起来，首先是跟知识的进一步理解、发展和加深结合起来。不可走极端，如对每一个回答、每一份书面作业都评分，这样做会带来不良后果的。至于为什么会这样，必须专门予以说明。

17。评分应当有分量

不应当把对知识评分当作一项独立的事情从教学过程中分离出来。只有当师生关系建立在彼此信任和关怀的基础上时，评分才能成为促使脑力劳动积极起来的推动力。也可以说，评分是一种最微妙的教育工具。根据学生怎样看待教师所给的分数，可以准确无误地推断出他对待教师的态度如何，对教师信任和尊敬的程度如何。关于对学生知识的评分问题，我想提几点建议。

第一，宁愿评分的次数少些，但要使每次都评得更有分量、更有意义。我在漫长的教育生涯中，教过中学教学计划的几乎所有科目（仅制图为例外），从没有对学生在一堂课上的回答（即使是对两三个乃至更多问题的回答）评过分。我总是对学生在某一时期的学习予以评分，这种评分包括好几个项目在内，如回答问题（可能是对几个问题的回答）、补充同学的回答、书面作业（少量的）、课外阅读、实践性作业等。我定期研究学生的知识状况，学生也感到了这一点。到一定时候了，我就说："现在，我该对你评分了。"下一个研究知识状况的时期又开始后，学生就知道，什么都逃脱不了我的注意。有的读者可能会问：难道教师要把一切都记住吗？可能有的人很难记住有关学生脑力劳动的一切，但我始终觉得这是最重要的事。如果忘记了值得注意的事，难道能做到在教学中教育，在教育中教学吗？

第二，如果学生由于某些条件和情况而**没能**掌握好知识，我从不给予不及格的分数。没有什么比意识到无前途、认为自己啥也不行更使学生感到压抑。灰心丧气和闷闷不乐这类感觉严重影响学生的整个脑力劳动，会使他的头脑好像处于麻木状态。只有愉快的乐观主义感觉，才是注满思想江河的潺潺溪流。苦闷和抑郁，会使管感情冲动和思想的感情色彩的大脑皮层下的神经中枢，不再促使智慧去劳动，反而像是把智慧禁锢起来了。我总是努力使学生相信自己的力量。如果学生想学知识而做不到，就应帮助他向前迈出哪怕是微小的一步，这一步便是推动思维取得认知的愉快感的情感动力。

绝不要急忙打不及格的分数。要记住，成绩带来的愉快是一股强大的情感力量，学生想当一名好学生的愿望就依靠这股力量，要使儿童的这股内在力量永不衰竭。倘若没有这股力量，任何教育绝招都是无济于事的。

第三，如果你发现学生的知识含混不清，发现他们对正在学习的事物和现象的理解不能明确，就根本不要作任何评分。每堂课我都对学生的精神生活进行细致的研究，凭他的眼神就可以看出他对我提的问题是懂还是不懂。如果学生的眼神说明他对回答问题没做好准备，我根本不去评价他的知识状况，应当首先使学生掌握知识。

第四，应当避免提出这样一类问题，即要求的答案只是十分准确地重复教师讲解过的东西或从书本上背熟了的东西。教学过程中有一件十分有趣的事情，我把它称为知识的转化，这是指思想不断深入知识，使学生每次再回到原先学过的东西上时，能从事实、现象和规律的某些新的方面、特点和特征加以考察和分析。知识的转化应作为复习的基础。关于这一点，我想单独做一条建议提出。

18。学习之母不应变成"后娘"

民间教育学常说，复习是学习之母。然而，实际情况往往是，这位慈善的母亲变成了狠毒的"后娘"。当学生被迫在一天或几天之内做完几个星期或几个月所做过的事情，例如，被迫复习10节课、20节课或更多节课所学过的教材，这种情况就会发生。大量的事实和结论压顶而来，使他脑子里乱成一团。因为这时他不仅要复习一门课程的材料，还要学习其他功课！于是，正常的脑力劳动不可能进行，学生感到精疲力竭。

怎样正确组织复习才符合教学规律呢？首先，我建议考虑课程和具体教材的特点。这是因为，比如在九年级，复习几节物理和复习几节历史是大不相同的。

有经验的教师安排复习物理、代数、几何、化学这类课程的规则、定律、公式、结论时，以完成实践性作业为主，如做练习、做习题、画图形、绘图表等。在这里，教师应特别注意的是，要使学生为完成一项实践性作业，应懂得两项或更多的概括性结论。完成这种性质的作业时，产生了一个对于智力发展十分必要的认识转化过程——概括性结论通过相互的联系和相互依赖性而获得重新理解。学生则从他以前未知的角度来考察事实、事物和现象。例如，数学教师为达到复习目的给学生布置许多习题，学生通过解题，在思想上既复习了几何图形的体积，又复习了三角函数。多年的经验令人确信，如果一个理论性结论跟另一个理论性结论有了关系、联系和"连接"，则在知识的转化上似乎会产生一个飞跃：两个结论都会得到更深的理解，学生能从这些理论性结论中发现他过去未发现的东西，一个结论的明确性似乎能使另一个结论变得更明确。

我建议在复习代数、几何、物理这类科目时，采用我们学校优秀教师在实际工作中所用的**综合**复习法。这种复习法可以是多种多样的。例如，布置给每个学生的作业是制作几何图形模型，借以复习一系列重要公式；或者学生根据教师的布置，制作能表明几个定理的几何图形示意图。

人文学科如历史、文学的复习，则性质不同。复习七八堂课所学的教材，便意味着要读四五十页书。这里当然不能用学习教材时的办法来复习。复习数量很大的材料时，似乎应当站得更远一点去看，以便使主要的东西更明确，次要的东西不突出。如果学生复习时重读一遍全部教材，就会负担过重，而且更主要的是，教材的主导思想会被忽略，其教育作用会被削弱。

应引导学生从教材中解脱出来，即放过细节，抓住主要内容。要用几堂课来复习历史和文学的题目和章节，要说明不通读时怎样复习。跟课堂上（和以后在家里）复习的材料"有牵连"的知识越广博，对材料的掌握也就越深刻。

要教导学生，特别是高年级学生，抛开次要材料，集中注意力于主要内容上。这种能力是世界观形成的基础之一。

还有一种复习方法。我教数学、物理、化学、生物时，总是遵循一个我认为很重要的原则：在每门课的笔记本专门留出的空白边上，用红铅笔记下应当永远牢记的内容。学生在翻阅课堂笔记时，应当重点复习这些规则、公式、定律及其他结论（数学和物理每周复习一次，化学每两周复习一次，生物每三周复习一次）。

19。怎样减轻批改作业之苦

"批改作业占去了我全部的业余时间。"这句话出自一位女教师的来信。成千上万的教师都会同意这位教师的说法。面对着一摞摞作业本要批改，不止一个教师会感到不寒而栗，这不仅是因为要耗费许多小时的劳动，而令人苦恼的是，这是一种单调的、非创造性的劳动。

教师和国民教育工作者都力争最大限度地缩短批改作业本的时间，但却毫无效果。这是为什么呢？因为学生作业本中存在大量错误。作业本的批改问题，是有赖于许多条件和前提才能解决的问题之一。这里不可能提出单独一条建议，说"你这么做"就行了。但如果全校和整个教师集体的工作能遵守一定的条件，就可以使花在批改作业上的时间比通常减少三分之二左右。

全校师生首先要有**高度的语言修养**，应充满对语言十分敏感的气氛：说得不正确或写得不正确，不仅使老师，而且使学生都感到不和谐，就像一个具有高度音乐听觉的人感到音调不准一样。应向低年级的教师建议：**要培养学生对语言的感情色彩的敏感性。要使学生感到听语言如同听音乐一样**。形象地说，学生应当成为"语言的音乐家"，应当珍视语言的正确、纯洁和优美。要带领学生观赏大自然，为他们展示颜色、声音、动作的细微差异，向他们说明人的劳动就是创造，并使这一切通过词语和说话的语气反映出来。

我们学校专门安排了若干节课，学习如**霞光、傍晚、草原、田野、河流、潺潺、闪烁、轰鸣**等词。我跟学生一道用这些词造句。词语深深进入了学生的精神生活，他们学习用词语来表达最细腻的感情，反映对周围世界的印象。这是一门不易掌握的，甚至也许是最复杂的学校科学。而这门科学的基础是在小学奠定的。小学疏忽了的东西，是永远也无法弥补的。

要把学生从书本和思想引向活动，再从活动引向思维和语言。活动应转化为学生自己的思想，而自己的思想则应用语言来表达。实际上，这是要使学生尽可能经常以自己的活动作为其思索、判断的对象。让学生叙述、议论、报道他们亲手所做和亲眼所见的事物。如果词语不与学生亲身所做、所见、所察、所思的事物发生联系，学生便会词不达意，语言混乱。应给学生布置这样一些作业，要求他们进行叙述、总结、汇报，使他现有的知识**得到运用**，也就是说，要使语言成为创作的手段。

为什么学生的作业会犯许多错误呢？为什么会书写得不合语法规则呢？据我看来，错误的根源在于技能与知识之间的比例失调。在绝大部分课程，特别是语法、规范阅读、数学这类课程的学习体系中，学生的能力普遍落后于知识。当必须为知识"服务"的能力低下、"薄弱"时，知识便成了力不从心的沉重负担。

减轻批改作业的负担，跟教学的一系列根本问题有关，下面举出减轻这种负担的几个前提条件：第一，在每堂语法课上抽出一定时间，让学生书写和记住可能犯语法错误的词语。第二，为家庭作业的完成做细致、周密的准备工作，以防出错。第三，应该说，凡是有经验的语言、文学、数学、物理教师，都有自己批改作业的方法。经验表明，最合理的方法是定期抽查，教师每隔一段时间收几个学生的作业本批改，只有测验时才全面批改所有学生的作业。

⓾。学生学习课程的积极活动内容

有经验的教师在教课之前，便会拟出学生在整个课程学习期间（在小学则是整个教学周期）的积极活动内容。这样做的目的，不仅是为了培养学生生活和劳动所必需的实际技能，而且要使他们在课程学习的体系内开展积极的活动。这里指的首先是智育，是发展思维和语言。我说过，学生的语言修养以及词汇掌握在学生精神生活中的作用，同他们积极活动的性质有很大的关系。

怎样组织学生的积极活动，以促进其智力成长，发展其思维和语言能力，以及培养语言修养呢？

积极活动，犹如一座连结语言和思维的桥梁。我为小学教课作准备时，给全体学生拟定了一种积极活动，使事实、事物、现象、劳动过程之间的关系和相互联系通过这种活动明显地表现出来，因而获得清晰的理解。换句话说，我力求通过劳动引发学生产生思想，不仅仅是巩固学生在课堂上学到的知识，学习课程时的活动，应不仅是以实例说明知识（这当然是必要的），还应成为新的道理、发现和规律的源泉。例如，每个学生在几年学习期间培植一棵小果树。这期间，他不断有新的"发现"，新的思想使他激动不已，他把这些思想表达出来。词语成了他表达自己思想的手段和工具，而思想是他通过劳动发现了事物之间的种种关系和相互联系所持的见解。这样，词语就加入了他会使用的语汇储备，并促进情感和思维的发展。

大量学生的例子使我确信，一个学生如果被不断揭示新的关系和相互联系的有趣劳动所吸引，他的思想就不可能杂乱无章，语言也不可能因循守旧，因为他不仅劳动，而且还在思索和判断各种因果关系、在规划未来的工作。每过一年，我都更加坚信，明确地表达出思想的积极活动能发展学生的语言，提高他们的一般素养。应当说，劳动只有从小学学习之初就开始进行并经过周密的组织，才能在学生的智力发展上发挥作用。

我们学校每个中、高年级教师备课时，都会为学生设计一种积极活动，以提高学生的智力水平，使学生掌握更加丰富的概念和规律。我坚信，没有人与自然的相互作用，智力发展是不可思议的，就像没有旋律不可能有音乐，没有词汇不可能有语言，没有书籍不可能有科学一样。在生物、物理、化学、数学等课程的学习体系中，劳动与思维的统一、活动与词语的统一，是学校作为思想的发源地赖以生存的基石。有经验的教师为讲授这些课程作准备时，总是仔细思考应该怎样和通过什么劳动才能揭示在课程学习体系中思维所依据的种种关系和相互联系。例如，物理讲授体系中的基本关系和相互联系表现在诸如物质、能、运动、能量转换、物态变化等现象和概念之中。物理教师便寻找机会组织一种劳动，通过劳动把所有这些概念体现在具体关系中。例如，布置给一个学生的作业是制作一种用于演示原理的仪器模型，在这种装置中机械能可以转化为电能，电能可以转化为热能；另一个学生的作业则是制作另一种模型，演示机械作用怎样引起物态的变化。这种劳动，不是单纯以实例说明知识，可以说，其本身就是一种**运转中的知识**。

我向教师们建议：如果你们希望学生成为善于思考的人，希望严整的、明确的、逻辑性强的思想能通过清楚的说明和解释表达出来，你们就要把学生吸引到富有思想内容的劳动中去，要通过劳动把知识体系的种种关系和相互联系体现出来。你们要记住，劳动，不仅仅能训练实际技能和技巧，而且首先是智力发展的途径，是一种发展思维和语言素养的手段。

21。教学生观察，教学生细看

应该指出，在有些学校里，教师并没有把观察当作一种积极的智力活动和发展智力的途径，而只当作证实某些题材和章节的手段。

教学工作的水平，在很大程度上取决于观察在学生的智力发展中占何种地位。从观察中不仅可以吸取知识，而且知识在观察中可以**活跃**起来，可以说是**进入了流通领域**，作为一种工具在劳动中获得运用。如果说，复习是学习之母，那么，观察就是知识的理解和记忆之母。观察力强的学生，绝不会成绩不佳或文字不通。善于帮助学生利用已掌握的知识不断进行新的观察的教师，能达到这样一种效果：学生的知识越"老"，就越巩固。

低年级学生需要进行观察，如同植物需要阳光、空气和水一样。这里，观察是**智慧**的极重要源泉。学生要理解和要记忆的东西越多，他们就越需要看到周围自然界和劳动中的种种关系和相互联系。

我教小学生时，总是引导他们在平常的现象中看出不寻常的东西，经常要他们回答**"为什么"**的问题引导他们探寻和发现因果关系。

二月，正是深冬严寒袭人的季节，但恰好遇上了一个艳阳天。我们来到一个白雪覆盖的、寂静的果园。我对学生们说："孩子们，仔细看看你们周围的一切。你们看得出春天就要到来的初步征兆吗？你们中间哪怕是最不细心的孩子也能发现两三个征兆。谁要是不仅看，而且想，便能发现20个征兆。谁要是会听大自然的音乐，便能听出春天已苏醒的旋律。你们看吧，听吧，想吧！"我看到，学生们是多么仔细地在观察盖满白雪的树枝和树皮，是怎样侧耳倾听大自然的各种声音。每一个小小的发现都给他们带来惊喜。每个人都想发现某种新东西。过了一周，我们再次来到果园，而且每过一周就来，反复来了几次，每次都有新的东西展现在好奇的儿童眼前。在低年级受过观察训练的学生，会明确地区分懂和不懂的东西，尤其可贵的是，他们会积极地对待词语。教师从受过观察训练的学生口里，常听到种种充满智慧的、令人意想不到的"哲理性"问题。

要教学生观察和细看周围世界的现象。在大自然的急剧转变时期，要带领学生到大自然去；这时，大自然正在发生猛烈、急速的变化——生命在苏醒，生物的内在活力在更新，强大的生命冲动能量在聚积。

学龄早期的观察训练，是智力发展的必要条件。

22。怎样通过阅读拓展知识

在学龄中期和晚期，阅读科普读物和科学书籍所起的作用，与学龄早期进行观察的作用相同。善于观察的学生，就比较容易养成对科学书籍敏感的态度。不经常阅读科学和科普读物，就不可能对知识产生兴趣。如果学生不越出教科书的范围，就谈不上对知识有持久的兴趣。

科学正以空前的速度向前发展，但不可能经常把不断出现的新概念和规律写进中学教学大纲中去。因此，阅读科学读物，就成了现代学校教学过程的一个极重要的组成部分。

要善于激发学生阅读科学读物的兴趣。为此，在叙述教学大纲规定的新教材时，应当用大纲以外知识的火花来阐明某些问题。有经验的生物、物理、化学、数学教师在讲课时，好像只是把无边无际的知识世界之窗微微打开一点，刻意留些东西不完全讲透。学生看到了超出教学大纲必修教材界限的可能性，畅游广袤无垠的知识海洋的前景使他们激动起来——这正是促使他们去阅读的动力，因为青少年都渴望获得知识。

在学校图书馆或教师私人藏书中，应当备有发展了教学大纲材料知识的书籍。这类书籍已出版很多，正在出版的也不少。阅读有关现代科学前沿的书籍，尤其显得特别重要。阅读这类书籍有助于理解学校的基础知识。

具有极其重大意义的是，通过阅读发展教学大纲最难部分的知识，而这部分与其他部分知识有关。有经验的教师，力求把科普读物的阅读安排在这种最难部分的学习之前，或同时进行，或紧接着学习之后。学生尚未学量子理论的基本概念，就喜欢读有关这个问题的书籍，尽管许多问题并不理解，也没有什么影响。学生的问题越多，课堂上和学习新教材过程中的求知兴趣就越浓。课堂教材学习前的问题积累过程，一般说来，是个十分有意义的教学法问题。

23. 阅读是"困难"学生智力教育的重要手段

这里指的是这样一些学生，他们对所学教材的领会、理解和记忆都很困难、很迟缓：一项内容还没有理解，另一项内容又该学习了；一项内容背熟了，另一项内容又忘记了。有的教师认为，要减轻这类学生的学习负担，必须最大限度地缩小他们脑力劳动的范围（如有时教师对学习困难的学生说：你只读教科书就行了，不要分散精力去读别的书）。这是一种完全错误的见解。学生的学习越困难，在脑力劳动中遇到的困难就越多，他就越需要多阅读：就像感光力弱的胶卷需要更长的感光时间一样，成绩差的学生的智力也需要更明亮和更长时间的科学知识之光来照耀。不是补习，不是没完没了的"督促"，而是阅读、阅读、再阅读，阅读在学习困难学生的脑力劳动中起决定性作用。

在基洛夫州波格丹诺夫中学的优秀数学教师，乌克兰共和国功勋教师伊·古·特卡钦科那里，没有成绩不佳的学生。他的创造性劳动有一个卓越的特点，就是合理地组织我们所说的这种能发展智力的阅读。在他任教的五至十年级中，每个年级里都有一些困难学生，要是没有一个极好的图书室，拥有不止100册书，以明晰而吸引人的形式叙述这位教师看来是世界上最有趣的科学即数学，那么，这些学生永远也不会成绩合格的。在开始学习方程式之前，学生们便阅读了几十页关于方程式的材料，其中首先是关于方程式构成民间益智游戏难题的有趣故事。

问题不仅在于，阅读可以使学生摆脱成绩不佳的状况，而且在于，阅读可以发展学生的智力。"困难"学生阅读的东西越多，他的思想就越清楚，他的智力就越积极。

引导成绩不佳的学生对科普读物进行专门考虑过的、有规定和有组织的阅读，是教师要关心的一件大事。实质上，这是学校生活实践中称为对后进学生做个别工作的主要内容。

24。技能和知识之间不可比例失调

技能和知识之间的比例失调表现在：学生还没具备应有的技能作为掌握知识的工具，教师却不断塞给他种种新知识，叫他：要掌握住，不可放过！这样的学生恰似一个没有牙齿的人，不得不囫囵吞枣，起初感到不舒服，以后就害起病来，甚至什么也不能吃了……

上面我已谈到过，许多学生之所以掌握不了知识，是因为不会快速而用心地阅读，不会边读边思考。这是一种最可悲的比例失调。会快速而用心阅读——既会朗读，也会默读，这不单纯是有文化的起码表现，而且是在课堂上和独立看书时，能真正进行逻辑思维的一个极其重要的条件。

不会快速而用心阅读的人，不可能学好知识。快速而用心的阅读，是通过目视和心想去领会句子的一部分或不长的整个句子，眼光离得开书本，口头说得出记住了的东西，同时还进行思考——不仅思考所读的内容，而且思考跟所读材料有关的情景、形象、观念、事实和现象。

在小学阶段就应使阅读达到**这种**完善程度。否则，便做不到用心地掌握知识。不仅如此，不会快速阅读而努力掌握知识，还会使学生的智力钝化，造成思维的混乱、不连贯、不完整和简单化。你大概遇到过有些五六年级的学生，像俗话所讲的，一句完整的话都不会说。我逐字记下了这类学生的话，作了分析，发现这种话似乎是一些与上下文脱节的单词，相互没有任何联系。这样的学生根本不能把自己的有些概念用语言表达出来，因而说话**含混**不清。对这类可悲事实的多年研究使我得出一个结论：智力上的含混不清（我这样描述这个缺点），是由于不会快速而用心阅读、不会边读边想造成的。学生之所以不理解某些词，不过是由于他们来不及很好地阅读和领会这些词的含义，更无法在意识中把它们跟有关的概念联系起来。学生不会快速而用心地阅读，就来不及思考。阅读时缺乏思考，儿童的智力就会变得迟钝。

怎样使阅读快速而用心，学生如何通过目视和思维能迅速领会含义相连的一整批词语？为了做到这一点，我们需要进行系统的练习。这里谈谈我教学生时，怎样检查阅读的快速程度和用心程度。一个学生正读着（初次）童话或故事，如关于原始人生活的故事。我在他眼前，即在黑板上挂一幅绘出原始人生活的鲜艳图画，有烧火、准备食物、捕鱼、儿童游戏、为衣着操劳等内容。如果学生（这里指的是三年级学生）朗读故事时，不能把眼光离开书本，在快读完时好好地看一下画，并记住故事中完全没有讲到的细节，便表明他不会阅读。阅读过程中什么也无法领会的学生，实质上是不会边读边想，而这恰恰不能称为用心的阅读。

在学习的某个阶段，学生应当掌握快速书写的技能，能边写边想。如果缺乏这种技能，便会造成又一个比例失调。只有通过充分的练习，才能掌握这种书写速度。书写过程应达到自动化程度，学生无须考虑怎样把字母联结成词和写上什么字母。只要做充分的练习，在第四学年可以达到这一目标。但书写的自动化有赖于阅读，阅读差的学生书写总是会出错。

为了养成快速而用心书写的技能（在学生阅读能力良好的条件下），可依照下面的方法进行练习。教师给学生讲述某种自然现象、事件、劳动过程；讲述中明确突出有逻辑联系的各部分，每部分都有主要内容及与之相关的细节。讲述时，学生按教师阐述材料的顺序把主要内容记录下来。缺乏边听边简略记录讲述（讲授、解释）内容的技能，掌握知识是不可能的。许多例子中学生落后的原因，正是由于他们缺乏这个最基本而又十分复杂的技能。

这一技能的作用，并不只是实际运用。它是智能发展的必要条件。不会边听、边写、边想（也像不会边读边想一样），拓展知识是不可能的。

善于选择、综合和分析事实，是一种十分重要的技能，同知识是否掌握得好有很大关系。有经验的自然科学各科教师和语法教师，会注意不使学生的思维受教师阐述（解释、讲授）时援引事实的限制，而使知识与技能之间产生比例失调。这种比例失调带来的后果是知识毫无发展，停滞在学生脑子里成为僵死的负担，因为知识没有发生转化，缺乏新的事实加以充实，无法用来解释新的事实。这就发生了我想称为知识僵化的情况。由于知识处于这种状况，便可能遇到一种乍一看来十分奇怪的现象。例如，学生背熟了4种物质状态的概念，但在生活中却不注意大量事实可用来从原先不知道的新角度解释这种概念。于是，在知识测验时，学生遇到了物质从固体状态变为气体状态的事实，他面对这种生活中每一步都遇到的现象茫然失措，不能理解和解释其实质。

为了善于自觉地把知识结论运用于生活实际，必须独立地收集大量事实，对这些事实进行了解、综合、比较、分析。收集和处理事实——这本身就是知识的一种**状态**，即活动状态。这种状态指的是，从课堂上所获得的知识体系中自觉地选择所需要的规律、说明和定义。使知识处于这种状态多么重要啊！多年教学工作的经验使我确信，收集和处理事实，是一种特殊技能，它能使知识经常处于发展状态，而这种发展是十分独特的：学生不仅对他周围的事物，而且对自己的种种想法都进行分析。学生收集和处理事实时，便走上了自我培养智力的道路。

某门课程体系内的事实特征，在我看来，是一个十分重要的教学法问题，同时也是一个一般的教育问题。形象地说，事实犹如思维的翅膀所依托的空气；要以这样看待事实的观点分析教学大纲。要考虑选择哪一部分事实用于课堂讲授，留下哪一部分让学生去收集和处理。要为收集事实这一过程本身拟定方法上的指示并且引导学生去思考事实。

25. 兴趣的奥秘何在

每个教师都渴望使自己课堂上的学习令学生感兴趣。怎样把课上得充满趣味呢？是否每节课都能令人感兴趣？兴趣的源泉何在呢？

课上得有兴趣，意味着学生在学习和思考的同时，还感到兴奋和激动，对发现的真理不仅感到诧异，有时甚至震惊，意识到和感觉到自己智慧的力量，体会到创造的愉快，为人类伟大的智慧和意志感到自豪。

认知本身是一种最令人赞叹、惊奇和感到神奇的过程，能激发高昂而持久的兴趣。事物的本质、事物的种种关系和相互联系、运动和变化、人的思想、人所创造的一切，都是无穷无尽的兴趣源泉。但在某些情况下，这个源泉像潺潺的小溪流入我们的眼帘，你走近一瞧，大自然奥秘的美妙图景便展示在你的面前；在另一些情况下，兴趣的源泉隐藏在深处，需费力才能找到它、掘出它，而且情况往往是："接近"和"挖掘"事物本性及其因果联系的实质这一过程的本身，就是主要的兴趣源泉。

如果你只指望靠表面看得见的刺激来激发学生对学习、对课程的兴趣，那就永远培养不出学生对脑力劳动的真正热爱。要使学生**自己去**发现兴趣的源泉，使他们在这种发现中体验到自己劳动付出和成就，这本身就是最重要的兴趣源泉之一。没有积极的脑力劳动，学生的任何兴趣、任何注意力都是不可思议的。

求知兴趣的首要源泉和燃起的头一颗火星，包含在教师对课堂讲解的材料，和对被分析的事实所采取的处理方法中。学生在思想上明白道理，来源于认识了事实和现象的接触点，认识了联结这些事实和现象的线索。我备课时经常尽力考虑和领会的，正是一些接触点和线索，在这里，由于种种念头互相联结，在认识周围世界的道理和规律方面就会揭示出某种新的、意外的东西。例如，下一节课将要学习植物的根部系统及其在生命过程中的作用。学生已无数次见过植物的根部，乍看来，教材中未必会有学生感兴趣的东西。但是，兴趣却往往在于认识隐蔽的、一下子看不出来的事物。我给学生讲述，纤细的根毛怎样从土壤中吸取植物所需的物质。我把注意力放在事实的一个接触点、联结点上，即土壤中时时刻刻都在进行生命活动，这种生命活动在土壤的深处不论盛夏和严冬都永不停息；数10亿微生物好像都在为众多的根毛服务，没有这种复杂的生命活动，树木便无法活下来。我对学生说："孩子们，让我们认真观察一下这种复杂的**土壤生命活动**，仔细想想，这种生命活动是怎样依靠周围环境所提供的物质的。你们面前展示着生物和非生物的相互作用。"非生物**怎样**为生物提供建筑材料，我阐明并集中注意力于这一点，便是在学生面前揭示出某种新事物，能促使他们对大自然的奥秘感到惊叹。少年学生越是被这种情感所吸引，他们就越想知道、理解、明了更多的东西。

兴趣的源泉还在于运用知识，在于体会到智慧能统率事实和现象，人的内心有一种根深蒂固的需求——总希望自己是发现者、研究者、探寻者。在儿童的精神世界中，这种需求特别强烈。但如果不向这种需求提供养料，即不积极接触事实和现象，缺乏认知乐趣，这种需求就会逐渐消失，求知兴趣也与之一道消失。我认为，不断扶持和加深学生想成为发现者的愿望，并通过特殊的工作方法实现他们这一愿望，是十分重要的教育任务。在课堂上激起学生对土壤中不能直接观察到的过程产生兴趣后，我们便来到田野，以专门考察土壤的剖面情况。学生们惊异地观察到小禾本植物的根居然有2米长。这对孩子们来说是一个真正的发现。但实际上，他们还只是刚刚踏上发现者和探寻者的道路。我把几种草地的草根和草原的草根指给孩子们看。这些草根连茎都没有，其中许多草根乍看起来像完全枯死了。我们把这些草根种在地里，它们后来竟然成活了，长出了芽，变成了青草。还有一棵葡萄藤的根也生长发芽了。

这使学生们深受鼓舞，他们的思维变得好钻研、活跃起来了。他们体验到作为人所具有的无可比拟的自豪感，并认为我们主宰着事实和现象，知识在我们的手中变成了力量。感到知识具有使人变得崇高起来的**力量**，——很难找到比这种感觉更强烈的刺激来激发求知兴趣了。可见，不使掌握知识的过程折磨学生，不把他们弄得筋疲力尽，对一切抱冷漠态度，而使他们的全部生活充满愉快，是多么重要啊！自然，学生在直接进行研究并有所发现时，在了解了一些具体事实和现象时，便会产生最强烈的**知识主宰者**之感。此外，纯粹的思维活动，即智力对材料进行综合和系统整理的活动，也会带来愉快感。

对于读过许多课外书籍的学生来说，课堂上所学的任何新概念、新现象，都**纳入了**他得之于书籍的知识体系中，于是，课堂所讲的科学知识便具有特殊的吸引力：这种知识被视为必不可少的东西，有助于弄清楚"头脑中已有"的知识。

26。要赢得学生的思想和心灵

在有优秀的数学教师任教的学校里，数学便成为最受人喜爱的、最有趣的课程，许多学生卓越的数学才能便得到显露。如果一个有才华的生物学教师来到了学校，你瞧吧，经过两年，生物学就会成为学校里受人喜爱的课程，会涌现出上10个有才能的少年生物学家，他们非常热爱植物，醉心于在学校园地上进行试验和研究。

在有的学校，各门课程的讲授仿佛成了教师之间为赢得学生的思想和心灵而展开的善意竞赛。在这种学校里，智力生活显得朝气蓬勃。这种竞赛是教师集体从事创造性劳动的一个方面，表现为每个教师都力求激起学生对自己课程的兴趣，确立自己课程的吸引力。我们可以设想，一个刚开始读四年级的学生碰上了一个教师集体，他们全是有才华的人，至少是醉心于自己所教课程的人，都善于燃起对自己那门最有趣的科学的爱恋之火。在这种情况下，每个孩子的天赋一定会显露出来，形成爱好、能力、志向和才干。

在这里，我们便进入了教学过程的一个最有趣的领域，这个领域在许多学校的实际工作中还是未经考察的处女地。我坚信，学习的教育作用，首先表现为每个学生，形象地说，在科学基础知识的和谐乐队中，都能找到自己喜爱的乐器和自己喜爱的旋律。没有对具体课程、具体科学知识领域的迷恋，就不会有智力充实和精神丰富的个人生活。

使学生对你所教的课程最感兴趣，使尽可能多的学生如渴望幸福一样渴望在你向他们讲基础知识的这门科学领域里有所创造，——你要把这件事看作自己的光荣。要赢得学生的思想和心灵，要跟自己的同事即其他课程的教师展开竞赛。比如说，你给200名八至十年级的学生讲授物理，他们全都是你的学生。但是在你脑子里还要有关于**我的学生**的另一种概念。应当有10个或更多的学生（也可能少些，如五六个人，情形有时也会如此，没有什么可指责的），会永远把自己的心灵献给物理研究，坚决把自己的生活跟技术和科技思想方面的劳动联系在一起。此外，你还应当有一二十个学生对物理的兴趣，如俗话所说的，还是刚刚"啄破壳钻出来"，其中有些人将来会爱上你的这门课程，也有些人会在其他知识领域的某个地方发现自己的**"金矿"**，因为，在生活理想的发展上没有什么东西比形成志向更复杂了。你教200个学生，把最基本的学校物理教程知识牢牢地传授给他们全体，这只是你工作的一个方面。但不可忘记，你还担负着教学创造活动的另一方面，即关心喜爱物理这门科学的青年形成物理方面的才干——掌握技术、机器、机械、科技知识的才干，因为课堂上所能了解到的，只是这门科学的初步知识。你在学校里应当有校中之校——青少年物理学家之校。

这一切到底怎样做呢？这里最重要的是什么？应从何着手？

学校里当然会有物理专业教室。不用说，你每天都会在那里工作一两小时：或钻研书本，或"粗略地"试做将要做的实验，或用心思考仪器的图样或模型。我可以告诉你，我若处在你的位置会做些什么。我会把瓦尼亚、科利亚、根卡、斯拉夫卡、佩特尔、萨沙等已爱上物理的青年叫到专业教室。有些八年级生，甚至七年级生也会来这里，他们还没有爱上我教的这门课程，但我讲述反粒子和光子火箭时，他们的眼睛闪闪发亮，想伸手去拿关于核物理的有趣的书。我的物理专业教室有一个角落，我把它叫作"思维之角"。这里的墙上有法国名雕刻家罗丹创作的版画《思想者》，柜子里有少量藏书，是关于科技最新问题的图书和小册子。这些东西是诱导青少年超越教学大纲奔向未知的远方的星星之火。我的专业教室里还有另外一个角落，叫作"难事之角"。这里有几幅设计思想不易懂、不寻常的模型图，用金属和塑料按设计做成这种模型，要克服相当大的智力困难。在这里思想懒惰是不容许的，智力焕发和敢想敢做在"难事之角"里不会成为惊得目瞪口呆的旁观者，而成为创造者的主要条件。这里还有我的一个小型教学创造实验处——为上课作准备的备课角落。我在这里像耍魔术似的摆弄新教具。跟我一道工作的还有我的助手——帮助备课的高年级学生。

我为爱上了物理或尚未完全爱上，但闪烁着热烈兴奋目光的学生敞开了所有这些角落的大门。

我特别重视"向往之角"。在这里，科学知识的大篝火在这里点燃了立志献身的星星之火。这里使少年确信，思维是一种艰巨的劳动，这种劳动不轻松，极其复杂，有时使人精疲力竭，但又令人有希望得到无可比拟的愉快，即认知带来的愉快，以及因意识到自己主宰着知识而产生智力自豪感。训练学生接触科学知识，是从"思维之角"开始的。这里既有刚出发去知识海洋里游泳的学生所需书籍，也有已坚决选定科学技术、实验室工作或工厂复杂机床劳动为专业的毕业生所需书籍。我十分注意使那些头发蓬乱的男孩一定来"思维之角"，他们在我讲课时目光里燃起了好奇之火，总是有一大堆**"为什么"**的问题要问。我了解他们每个人心里在向往什么，便在书架上专门为他们每人摆上几本有关的小书。

许多聪明的、有天赋的儿童和少年只是在亲手参加创造性劳动时，才产生求知兴趣。[3]我一旦发现某个儿童或少年想伸手摸机器和机械的模型，摸仪器和各种设备，就一定带领他去经历"难事之角"。

有一些学生很长时间里对任何事情都未表现出特殊兴趣。如果学校不展开教师之间赢得学生思想和心灵的竞争，那么许多学生就永远也显露不出对任何课程的兴趣。学校里对学习、对知识抱冷淡态度，对任何课程都不感兴趣的青少年越多，教师就越不容易倾心地传授求知兴趣的火种。在学生对待知识的态度上最令人苦恼不快的，是漠不关心的学习状态。学生在这门或那门课程上落后和成绩不良并不可怕，可怕的倒是冷漠的态度。

要唤醒漠不关心者的意识。一个人不可能对什么都不感兴趣。克服智力冷淡的最正确途径就是思考。只有通过思考才能唤起思考。每个教师对漠不关心知识和脑力劳动的学生，应当试用自己的一切**智力手段**。这里指的已不是竞争，而是把人从智力惰性中拯救出来。我们的教师集体中形成了一种规矩，即在心理学委员会开会要讨论对知识抱冷淡态度的学生问题。我们设法找出人与自然、人与知识起相互影响作用的领域，在这里，**认知能使人精神焕发**。最主要的是，要使人终于有一天发现自己是知识的主宰者，感到自己掌握了真理和规律。通过认知使人焕发精神，意味着使思想同人的自尊感融合起来。达到这种精神状态的途径，是使知识发挥效力、起积极作用。我们认为，使学生在某件事情上显示自己的知识，在智力活动中**表现自己**，表现个人，便能唤醒抱冷淡态度的学生，把他们从智力惰性中拯救出来。

我在五至七年级教过几年数学。我在班上建立了两个数学小组，一个是最有才能和天赋的学生组，另一个是对知识抱漠不关心态度的学生组。关于怎样唤醒后一类学生的意识的故事，会是一篇关于赢得他们的思想和心灵的十分有趣的叙事小说。我力求使学生在小组里获得的知识影响人与人在集体中的关系，即树立个人的自尊感。一个人在没有感到自己是个有思想的人以前，不可能真正会自豪于自己是个有用的人。至于**怎样**使思想同公民应有的人的自尊感融为一体，必须专门做一条建议来谈。

有经验的教师，力求使学生对所喜爱的课程知道的东西比教学大纲的要求多一二十倍。感到有力量主宰所喜爱课程的知识，是促进一般智力发展的最强大的动力之一。如果学生有一门喜爱的课程，你就不必为他的其他各门课程不都是五分而担心。身为优等生，却没有一门喜爱的课程，倒应引起更多的担心。多年的经验使我确信，这样的学生是没有个性的人，不懂得脑力劳动的愉快。

27。怎样使思想和自尊感融为一体

这是我们教学工作一个十分微妙的问题。怎样使学生因学习得好而感到自豪，为自己取得成绩和掌握知识而体验到自尊感呢？

我坚信，达到这一目标的途径，是使知识和智力财富成为个性的自我表现。应从低年级开始进行这方面的培养工作。我教低年级学生时，力求实现一项原则，即每个学生都应为集体的智力生活做出自己的贡献。应对自己的知识、思想、能力感到**光荣和体面**。仅仅让学生集体知道某个学生怎样学功课，听他怎样回答问题，是怎么也达不到上述目的的。我们让一年级的学生开始这么做：设立名为《朝霞》的集体创作汇集簿。我们师生形成了一种习惯：春季和夏季都起得很早，天一亮就起来，去果园或池塘边迎接日出。每个学生要完成一页创作（如愿意的话，也可以两三页）——画上自己所喜爱的景物，写上一句话、几个词，"但这些词要像歌曲一样优美，"——我对孩子们这么说。自然，每个孩子都想画出和写出美好的东西。画得好和用词美，是他们每人认为光荣的事。我现在还收藏着这个创作簿。二年级时，我们在冬天的黄昏编故事和童话。每个人不是讲自己生活中发生过的事情，就是讲曾经想过或临时想出来的事情。很难表达学生们对这种创作有多么大的兴趣，人人都感到会构思，会讲述。这是一种道德上的尊严。

学生们相互交流智力成果和精神财富，一年比一年更确定了他们之间的关系。三、四年级时，我们开始举办"读书晚会"，学生们在晚会上讲述自己读过的书的内容，进行朗读，还朗诵诗歌和艺术散文片段。这是智慧和水平的一种竞赛。

从五年级开始，我的学生便成了他们的学龄前小朋友和一、二年级小学生的积极的智力辅导员。12名五年级学生指导着一些很小的诗歌创作小组。每个小组有5—7名小学生。五年级学生教他们写关于自然界的短小作文，给小朋友读自己写的作文和诗歌。这种做法确立了大孩子心目中的自尊感。

在六至八年级，有几个学生成了一至三年级学生的"少年数学家小组"的领导者。在这种小组里，学生们编创可以测验"机灵"程度的算题。在五至八年级整个学习期间，有些学生还充当外语学习小组的领导者，指导一、二年级学生学习读、说法语。

在七至十年级，每个学生都在科学技术晚会上作报告或汇报。我们这里的每个少年，都把尽可能充分地准备这种报告或汇报当作光荣的事情。

所有这些工作方式的目的，是使学生感到知识和智力生活是他们的一种道德尊严。教师这样培养学生，使不学无术和对书本抱冷漠态度在他们当中被视为不道德的表现。

28。传播知识与参加社会生活

在农村地区，学校是文化和知识的主要基地。我们认为，把知识的发展和加深过程纳入农村社会生活，是一项十分重要的教育任务。教育性教学的最重要特征之一，是训练学生参加教育工作。我们的高年级任课教师经常训练自己的学生参加这种公益活动。村里有近2000家农户，共分成180个文化基地。**文化基地**的中心是一家庄员的农舍。庄员们和工人们不时在这里集会。三四个高年级学生来到这里，举办纪念列宁的报告会、自然科学知识晚会和文学晚会。

共青团员学生不只是简单地给人们带来知识，他们似乎是在长辈面前汇报工作。男女青年不仅仅叙述自己的知识，而且进行说服教育，往往还要跟反科学的观点进行斗争。团员们遇到了对周围世界的事物和现象抱错误观念以至迷信和无知时，不是简单地否定说："不对，不是这样的。"我们教导自己的学生：要进行说服，用科学道理去消除有神论的、反科学的偏见，不能对违背真理的一切偏见抱调和态度，但要懂得，反科学的观点和信仰在有些人的意识中根深蒂固，为消除这些观点和信仰，就要掌握许多知识和本领，要有坚定不移的态度。在绝大多数情况下，我们的学生是能够胜任自己担负的教育重任的，而工作中的失误，则更增强了他们认识科学的决心，激励了他们对知识的渴求。

学生在给别人传授知识的过程中，自己也弄清了许多东西，并产生了许多问题。他竭力想搞清楚细微思想的"转弯"，搞清楚隐蔽的因果关系。在运用和发展知识上，没有比在社会教育工作中应用知识更为积极的方式了。青年人在确立、保护和捍卫真理的同时，自己对真理也就确信不移，并产生进一步扩大和加深知识的要求。怎样使青年渴望学习呢？如果知识停留在学生的意识中成为"自己的珍宝"，而不获得道德色彩，不令人感到是自己的愉快、光荣、财富和尊严，那么，这个目标就永远也无法实现。

29. 怎样按季节安排学生的学习

这是关系到学生身体发育、增强健康和全面发展的重要问题之一。一年分为几个季节，每个季节人的机体活动能力都不相同。例如，众所周知，机体的防护力到春天就减弱，到秋天则增强。考虑这种周期性的波动，对学校来说特别重要，因为我们打交道的对象，是正在成长发育的身体，是形成中的大脑，而外部环境对人的大脑有非常大的影响。春天的学习和脑力劳动，特别是在低年级，完全不应像秋天那样安排。

我建议低年级学生全年的脑力劳动安排如下：大约到第三学季中期（2月底），应基本上结束语法和算术方面最重要理论概念的学习。在正是春天的第四学季，脑力劳动应主要包括能发展、加深和系统整理早先获得知识的一类学习。我还想建议，春天应加强培养下一学年能顺利学习所必需的能力。春天，似乎是专门用来进行最费力的观察的时节。春天，还应为下一学年头两个学季要学习的理论性结论积累实例。上面谈到的知识与技能比例失调问题，正是由于春天跟秋天一样灌输复杂的理论概念而引起的。

在中年级和高年级，应利用一切可能在春天最大限度地减轻脑力劳动。不能不估计到，由于维生素储存耗尽，在少年的机体内尤其如此，以致春天视力最容易减弱，并发生眼病，而眼睛在脑力劳动中却有特别重要的作用。不能像许多学校的教学实践中往往存在的情况那样，把阅读大部头文艺作品，把为了复习而重读许多页历史课本和文学课本的任务放到第四学季。尤其不可采取机械的复习方式，使复习与初学教材毫无区别。春天应给学生带来——形象地说——教学法的更新。教师在第四学季的**备课**，应使已有的知识引入积极活动状态成为你教学法的主导思想。不必因此而让学生按教师的问题概括各部分教材时，不断地啃书本。通过综述性的讲解概括教学大纲的一系列问题，能促使知识积极活动起来。考虑到高年级学生的疲劳程度，教师应善于采取一些措施，以减轻他们的复习负担。

我在许多年内总是给八、九年级的学生布置如下夏季作业：阅读下一年将要学习的文艺作品。这就大大减轻了他们的脑力劳动，解除了过重负担，使第四学季不至于过度紧张。

你可能要问，究竟怎样才能实际减轻第四学季的脑力劳动强度？要知道，许多学校的学生在大量作业的压力下"呻吟"。如果前三个学季的脑力劳动安排得更紧张些，又会怎么样呢？

对，这是我们教学业务中最突出、最困难的问题之一。但我敢冒昧地说，普通中小学的教学大纲不存在负担过重的问题。我亲爱的同志们！负担过重产生于我们的实际工作中和教学方法上。如果教学工作安排得足够科学，如果儿童和青少年时期（尤其是儿童时期）的一切潜力都利用和发掘出来，那么，在普通中小学里能够学好不止一门，而是两门外语，并在小学就能达到实际掌握的程度。

为使实际工作负担不过重，到底应怎么做呢？回答这个问题，就像回答如怎样做到不从学校里毕业出学习不好、教育不良、教养肤浅的男女青年这个整体性问题一样，不容易。防止负担过重意味着：第一，从儿童3—5岁起，就要关心使他有丰富的智力底子，以便在家里获得智力的发展，因此，要不断提高父母的教育修养。第二，不可使技能与知识比例失调，要切实保证学生学好知识和掌握学习技能的过程，因为知识和学习的技能是他们从事脑力劳动的最重要手段。第三，要在实践中贯彻教育心理学的原理，这也是教学法理论的最重要原理，即没有抽象的学生；要把知识传授得深刻，意味着要察看每个儿童的脑力劳动。第四，要关心知识的不断发展，使知识"流通起来"，而不是停留在脑子里成为僵死的负担。第五，不可使学习变成没完没了地补习落下的功课，不要无休止地赶做未完成的"尾巴"。总之，不造成学生负担过重，就意味着要做到上面所说的一切。但还有两个十分重要的条件，这两个条件也跟已谈过的许多问题一样，是确实同学校的全部工作有联系的。关于防止负担过重的这两个条件，我想作为专门的建议提出。

30。关于学生的智力生活

这是一个跟学校的全部工作有联系的问题。如果教师考虑的只是怎样迫使学生更多地啃教科书，怎样把他们的注意力从其他一切活动上转移过来，那么，学生的负担过重就是不可避免的。除上课、教科书、家庭作业、分数之外什么也不考虑的学生，其遭遇不会令人羡慕。千万不要让学生充满学究气。除一些通常的学业、观念、兴趣之外，学生应当有丰富多彩的**智力生活**。这里指的是学生的课外阅读，特别是少年时期的课外阅读。

如果任命你当五年级的班主任，或像人们说的，当教养员，你要把形成学生的这种精神需要当作主要任务之一。你要列出供学生在中学时期应阅读的书籍清单，并设法使班级的藏书中备有这些书。

如果青少年没有自己喜爱的书和喜爱的作家，我不能想象他们会得到真正的全面发展。我在培养学生和设计他们的个性时，总是力求让学生在小学阶段就有自己的少量藏书。在中年级和高年级，他们的藏书就很不少了，会有100—150册。就像乐师不随时拿起自己喜爱的乐器便无法生活一样，喜欢思考的人若不反复读所喜爱的书，便不能生活。

把每个学生引导到书籍的世界中去，培养他们热爱书籍，使书籍成为智力生活的指路明灯——这有赖于教师，有赖于书籍在教师本人的精神生活中占据何种地位。要使课外阅读成为学生的精神需要，就必须让他们感到你的思想在不断丰富，确信你今天没有重复昨天说过的内容。

如果教师的智力生活停滞、贫乏，产生了可称为"对思想不尊重"的表现，就会明显地影响教学活动。我认识一位教师，他已经"厌烦一切"了，据他说，他不愿意经常重弹旧调。学生们从他的话中感到他的思想处于停滞、僵化状态。他们用不尊重教师来回报教师对思想的不尊重。但最危险的是，他们也跟教师一样不愿意思考。

不能把个人的智力生活看成是狭窄的、与外界隔绝的小天地。一个人使集体的智力生活丰富时，也享受着集体的精神财富。我们力求使自己的学校有许多智力生活蓬勃开展的集体。这首先是各门课程的科学小组，如数学科学小组、科学技术小组、化学科学小组、生物科学小组、文学科学小组、哲学小组。也许"科学"这个词用得有点夸大，但能反映一个真实情况，即青少年走上了科学思维的道路。无论如何也不能把这些小组看成各门课程的附属品或防止成绩不良的手段。这些小组是智力生活的基地，小组中充满求知好学的精神。学生在各学科小组学习时，自然是讲述他们正阅读的内容（作报告、汇报），但这里有一个使思维具有真正创造性的特点：他们珍重自己给青少年同学所讲述的道理和规律，把这些道理和规律当成像通过个人努力得来的财富一样，而且关于劳动和创造的想法，关于未来的想法，都与这些财富联系在一起。

参加科学小组学习和晚会活动的，也有学习困难的学生，对他们来说，负担过重是一种特别严重的威胁。浓厚的智力兴趣气氛促使他们去阅读，而阅读是使他们学习得好的最重要的补救手段。

◇

31。为了不造成负担过重，必须有自由活动时间

学生只有不把全部时间用于学习，而留出许多自由活动时间，才能学习得好，——这种说法乍看起来，似乎自相矛盾。但这不是自相矛盾，而是教学过程的逻辑。学生的工作日越为学校的课业所填满，用于思考与学习无直接联系的事情的时间留得越少，就越有可能造成负担过重和学习落后。

自由活动时间问题，不仅在教学上是一个最重要的问题，而且在智力培养和全面发展上也是最重要的问题之一。学生需要自由活动时间，就像健康需要空气一样：之所以需要这种时间，是为了使学生可以学习得好，不经常感到有落后的危险（大家知道，情况往往是：只要学生病上几天，他便会落后一大截）。自由活动时间是学生智力生活丰富的首要条件，能使他们生活中不仅有学习，而且意味着使学习富有成效。

自由活动时间产生于课堂教学中，有头脑、好思索的教师是这种时间的创造者。教师创造自由活动时间的首要助手是学生自己，知识处于什么状态——是积极活跃状态还是僵死状态，在很大程度上取决于学生。但是，还有一个决定这种时间能否造成的条件，便是作息**制度**。

首先，我想根据多年的经验提出告诫，在脑力劳动制度中什么事情是不容许的。让学生在学校上课之后马上看书和做练习几小时，使高年级学生往往在下午半天实质上从事跟上课一样紧张的脑力劳动三四个甚至五六个钟头，——这是绝对不容许的。为回答教师的提问而每天读书、听讲、理解、记忆、回想、复习10—12小时，是一种力所不及的繁重劳动，归根结底会损害学生的体力和智

力，使学生产生对知识的冷漠态度，使一个人只有学习而没有**智力生活**。

经验表明，可以这样安排脑力劳动，使下午半天摆脱教科书和作业本。下午应成为学生的自由活动时间。在这段时间里，学生可以阅读课外书，参加科学小组的活动，在野外劳动，观察自然现象和人们的劳动。

我尊敬的同事们！我想你们会问：那么学生什么时候做家庭作业呢？

早睡早起，在早晨上学之前完成家庭作业，是我们学校绝大多数学生学习制度的一项基本原则。我们多年来一直向家长们解释：科学证明早睡早起是必要的，醒后8—10个钟头从事紧张的脑力劳动有好处。新一代父母成长起来了，我们在家长学校向他们传授教育知识，其中首先要讲的就是孩子们脑力劳动的文明和卫生。我们使90％的儿童、少年和男女青年遵守下列作息制度：低年级学生晚上9点睡觉，中年级和高年级学生晚上10点睡觉。低年级学生早晨6点起床（睡9个小时），少年和男女青年早晨五点半起床（睡7个半小时）。在简短的建议中不可能充分科学地论证这种制度的合理性，但应当说，一天之末（晚上12点钟以前）入睡的时间越长，睡眠就越能消除疲劳，醒来也就越容易，投入脑力劳动也就越迅速。学生在起床后和上学前有两个至两个半钟头可用于准备功课，这是我们作息制度的核心，但也只是全部教育体系的一个组成部分。多年的经验使我们全体教师坚信，高年级学生完成全部家庭作业不需要两个至两个半小时以上（中年级和低年级学生需要的时间更少些），不过要有先决条件，即学习要在精神生活丰富多彩的广阔背景中进行，知识能在各种智力活动中不断获得发展，学好知识的过程，形象地说，有一整套求知能力作为工具予以保证，每个学生的个人力量、天赋、才能在他所喜爱的课程中都能得到发挥，因为这一切是互相联系着的。如果没有这种条件，就绝对不可能采用我讲的这种经验。如果不具备上述条件而企图只做到**一件事**——迫使学生早起，并在上学前完成家庭作业，便会一无所获（许多学校的大量事实使我深信，即使最宝贵的经验，由于"移植"在不合适的环境里，就不可能用得上。例如，如果学生还不会很好地阅读，教师没有看到这一点就教他们写作文，便会毫无效果）。

学生完成家庭作业以后上学，走在上学的路上就是休息，然后再开始最紧张的脑力劳动时刻——上课。应当设法在要求智力高度紧张的各类课之间，以改变活动性质的形式（如体育、绘画、唱歌、劳动等课），穿插一个或两个小时的休息。

早晨两个至两个半小时的脑力劳动比课后四五个钟头看书和做练习的效率高得多。然而，问题不仅仅在于效率，还应考虑到学生的健康，考虑到我想称为一天脑力劳动制度中的**"平衡"**。为使一天里的一部分时间可以充满紧张的脑力劳动，另一部分时间就应摆脱紧张的脑力劳动。在作为学生**自由活动时间**的下半天里，应安排能照顾学生重大兴趣特点的脑力劳动。这些特点是什么，怎样照顾这些特点，下一条建议将会谈到。

32。教儿童利用自由活动时间

儿童对时间流逝的感觉完全不同于成年人，这是我们任何时候都不能忘记的。不考虑儿童这一特点的人，往往无法理解儿童的心灵。在森林里度过一个晴朗的夏日，对儿童来说就像过了一整年，在少年夏令营里度过一个月，则是无限久。不要用硬性的计划规定来束缚学生，要让他们仔细看、看个够。也许要拿出一整个小时让学生各人干自己的事情。儿童的天性使然，不这样儿童就不可能认知和思维。

要懂得，生活的每一步都在儿童面前展示出某种吸引他们、迷住他们理智和心灵的新事物、未知事物，他们不仅无暇顾及其他，而且也感觉不到时间的流逝。毫不奇怪，儿童被如此平稳缓慢而又不可遏止的童年潮流吸引住，常常忘记，并且是完全忘记诸如他们今天应当做家庭作业之类的事。我亲爱的同事们！不必奇怪：当你们问起作业时，儿童有时会坦率地说："我可把它忘了。"他说这件事时，并没有把它当成过错，而是当成某种使他自己也感到奇怪、不能理解和诧异的现象。亦无须大惊小怪：儿童在课堂上出神地看着树影在墙壁上的太阳光圈里怎样**闪烁**时，绝对听不进你所说的任何一句话。是的，他听不进，确实是听不进，因为童年潮流把他吸引住了，他对时间的感觉与你完全不同。不要斥责他，不要在全班同学面前说他不注意听讲、不努力学习，完全不必这么做。要悄悄地走近他，拉住他的手，把他从神奇的童年独木舟引上全班乘坐的那艘认识快艇上。更重要的是，不妨有时也和儿童同坐童年时代的大船，跟他待在一起，用儿童的眼光看看世界。真的，如果你学会这样做，学校生活中就不会经常出现由于互不理解而产生的许多冲突：教师不理解学生在做什么和为什么做，不理解他为什么那样行动，学生也不理解教师要他做什么。

我作为成年人，为某件有趣的事物所吸引，难于放下这件使我迷恋、给我快乐的事情，但这时下意识的深处会产生使我不安的念头：要知道，可没有谁会来替我做工作。来自下意识的这个信号，能帮助我们控制时间。儿童则缺乏这种控制，他们把时间忘了。应当教他们利用好自由活动时间。

应当采取怎样的教法呢？要求他想着点儿时间？指出他陶醉于什么时忘了功课？预防他跟有趣的事物接触？

不能这么做。不能破坏儿童的天性。教他利用自由活动时间意味着，力求使有趣的、令儿童惊奇的事物同时成为他们的智力、情感和全面发展所必不可少的东西。换句话说，儿童的时间应排满种种吸引人的活动，以便既能发展他们的思维，丰富其知识和能力，同时又不破坏童趣。为儿童创造自由活动时间，并不是说他们可以想干什么就干什么。自发性可能养成懒散、懈怠的习性。

教会儿童利用自由活动时间，不是靠解释（小孩子还不懂得解释），而是通过组织种种活动，通过示范和集体劳动。

33。把每个学生引向兴趣的发源地

认真考虑一下，每个学生在什么地方和怎样利用（不是度过，而是利用）自由活动时间，要合理地利用这种时间。

这里仍回到书籍上来。读书应成为最重要的兴趣发源地。学校应成为书籍的世界。你可能是在偏远的地方工作，你所在的乡村可能与文化中心相距数千公里，你学校里可能缺少很多东西，但如果你那里有充足的书籍，你的工作就能达到与文化中心同样的教育水平，取得同样的成果。你也不必担心，看书会使学生分心，影响学习知识。

在1—3年级，务必建立（分别在各个年级）图书角，摆上内容充实而又使学生感兴趣的书籍，让每个学生经常利用生活中最初接触到的藏书。我建议一至三年级，至少一至二年级的学生最好不要到学校图书馆去找书，因为没有任何人比教师更了解这些学生该读什么书。有时应该让一个学生读他当时最需要的一本**适合于自己的**书，这一点，谁也没有教师知道得清楚。

要记住，任何爱好如果不触动学生的思想和打动他的心，就不会带来益处。我要强调的是，对书的爱好应成为学生首要的爱好。这种爱好应终生保持下去。不论你教什么课程——文学或历史、物理或制图、生物或数学，书籍都应成为兴趣的首要发源地。你必须把学生引向这一发源地（只要你想当他们的教师）。

书籍也是一所学校，应教会每个学生在书的世界里遨游。因此，我建议从低年级开始建立本班的图书角，然后再逐步教学生利用学校的图书馆。对这件事绝不可放任自流。要跟自己所教的学生一道去学校图书馆，向他们介绍那里有什么书，建议他们可以借哪些书来阅读，也可以给图书管理员开列阅读推荐书目（当然，书目应包括藏书架上陈列的书籍）。

应当引导每个学生去接近的第二个兴趣发源地，是他所喜爱的学科。学生只有在求学年代拥有最贵重的财富——自由活动时间时，才能产生对学科的热爱并发挥智力积极性。教师集体应深刻思考，如何做到下半天在学校里使激起学生深入钻研各门科学的许多兴趣发源地都开动起来。这不仅是指上面谈过的各学科的科学小组，还包括从事一些积极的活动，在这些活动中理论知识成了促进创造和完成智力任务及劳动任务的主要动力。在我们学校，成为这种智力兴趣发源地的是两个"难事室"———一个是物理和技术室，另一个是生物和农艺室。这里的全部工作都建立在课余活动的基础上。由高年级学生主管这两个室，对一年级到十年级所有的学生都开放。学生在这里解决着各种工艺学和生物学课题。例如，要求学生设计出一种设备的活动模型，这种设备的一个工作部件要能用另一个来代替，设备本身还要能用于几项劳动操作。生物学方面提出的课题是：在两年内把一块生荒地改造为沃田并取得收成，创造条件以培养有益的微生物。

学生怎样利用自由活动时间是一件至关重要的事情。要培养学生形成合理的爱好。

34．通过爱劳动促进学生智力发展

几十年的学校工作使我确信，劳动在智力发展中起着极其重要的作用，儿童的智慧来源在他的手指头上。

这个教育信念是通过观察得来的。我发现，那些双手灵巧的学生，热爱劳动的学生，能够形成智慧的、好钻研的头脑。这里指的不是随便一项劳动，而首先是指复杂的、创造性的劳动，它里面包含着思考和精巧的技能和技艺。事实越来越使人相信，手和脑有着直接的联系。儿童和青少年的手已掌握或正在掌握的技艺越高明，他就越聪明，深入分析事实、现象、因果关系、客观规律的能力也表现得越突出。

我竭力想弄清手脑依赖关系的科学依据，我读了一些学术著作，同时还研究了教学和教育过程的不同方面和种种现象。我打算实际利用劳动来培养学习困难儿童和少年的智力，于是便吸引他们参加要掌握复杂的实际技能和技巧的工作。这种劳动的突出特点在于，各阶段和工序之间存在着依从关系，要求高度注意、精神集中和进行思考。手的动作和思维之间不断进行传导：思想检验、矫正和改善劳动过程，手则似乎把详细情况报告给思维，劳动发展着人的智力，教人逻辑连贯地思考，深入了解各种事实和现象之间无法直接观察的依从关系。

吸引思维迟缓而紊乱的学生参加复杂的、**动脑的**劳动，并长期观察他们的劳动活动，帮助我更清楚地认识到思维的形成途径。我懂得了，如果一个人在学习上遇到困难，那么产生困难的最主要原因，是他不能**看出**种种关系和相互联系，即不善于超脱"事实"进行思考。最容易看出事物之间种种关系和相互联系的地方，也就是说，这些关系和联系呈现得一目了然的地方，是在劳动活动中。

经验证明，为促进学生智力的发展，应选择下列劳动形式。

（1）设计和安装机器、机械、仪器的活动模型。我们学校里每一个学习困难的学生，都会到学校实习工厂参加**精巧**的机器、机械、仪器、设备的模型研制工作。在这里，理解种种关系和相互联系，是思维的源泉和动力。一个少年模型设计家小组在两年内设计出了一台木材加工万能机床。这个小组有15名学生，其中3人是学习困难学生。这种启发和发展智力的劳动有一个最重要的特点，就是不断发展构思能力。青少年学生的眼前好像总是有未来机床的构思图样。为检查构思是否正确、合适，组员们会进行试验：他们不断地试验各部件和零件在不同的设计方案中怎样**发生相互作用**。在一种条件下情况可能会怎样，在另一种条件下情况又会怎样。对这些问题的思考，促使学生瞻前顾后，反复琢磨，进行分析和比较。

理解劳动过程中的**相互作用**，在发展跟因果关系、从属关系、时间关系有联系的重要思维领域上是极好的手段，依我看是无可取代的唯一手段。思考相互作用的特殊价值在于，思维总是处于运动和探寻中，人的思维视野面前就会出现跟概括性结论有关的一些明显观念。这里发生了从具体到概括的过渡，没有这种过渡就不可能有思维，而学习困难学生所缺乏的正是这种过渡。

（2）选择能量和运动可以传递、转化的方式。这里指的是设计和安装某类模型、机械、设备、仪器或机器装置，例如，电能可以转变为机械能或热能，直线运动可以转变为旋转运动，或者相反。这里，思维好像是一瞬间就从抽象概括转向具体事物，即表象、形象、图景。怎样把概括性的观念化为现实的、具体的行动呢？深入探讨这个问题，就会激发学生思维的力量，促使他们从已知的东西中寻找建设性的解决方案。选择传递和转化的方式，是培养观察力和好钻研的智力（这正是学习困难学生所缺乏的）。这需要仔细察看一个整体中的细节、局部和构成元素，从具体中探寻一般，学习把一般观念从一具体情况转用于另一具体情况。这些应当在手的技艺和技能上反映出来。我们力求使旨在发展智力的劳动对象，是活动的、变化的，使构思者和实现构思的能手成为同一个人。

尽量多做实验和试验，尽量让双手和手指头多做灵活的动作，是在劳动过程中培养智力的原则之一。

（3）选择对材料加工的方式，选择工具、机械和操作方法。我们力求使工具跟手似乎融成一体，成为手的一部分。如果要培养出机敏的、富于创造性的智力，那么没有学会用自己的手和思想对劳动对象作精巧的加工，是不可想象的。这种加工体现了脑的思维和手的劳动的实际结合。当一个人用双手借助于手工工具或机械工具对某物进行加工时，便出现了一种极为复杂的现象：信号在每一瞬间多次从手传到脑，又从脑传到手，脑教导手，手又发展和教导脑。人的构思在这时不仅付诸实现，而且不断地发展、深入和变化。思维在这时是不能中断的。用手工工具和极简单的机械工具对材料进行加工，是"医治"学习困难学生的好药方，因为这些学生不会思考长时间的劳动过程。

（4）创造动植物正常生长过程的所必要的环境，并控制这种环境。学生在农业试验（作物栽培和动物饲养）中应从事这方面的劳动。这是使具体表象**转变**为概括性结论，以及从结论过渡到实践的好办法。这种劳动在教育方面的特征就在于，人可以从思想上掌握在不断变化的条件下长时间进行的**过程**，同时，应有意识地影响并改变这些条件。我坚信，农业劳动是一种**最有智慧的**劳动活动。在我们学校里，加入少年作物栽培学家、育种学家、生物化学家、农业技术学家等小组的，有最"困难的"学生，他们在求知道路上遇到了似乎不可克服的障碍，而智慧的农业劳动教导他们怎样去思考。

在一个少年试验家小组里，学习困难的儿童和少年参加创造性劳动已有15年以上，他们在解决这样两个问题：通过环境条件影响种子的发芽能力和植物发育初期的生命力；通过土壤和外部条件影响产量。

为了让手促进智力发展，当然应当经常阅读，书籍不仅能造就聪明的头脑，而且能培养出灵巧的双手。

35。怎样使学生集中注意力

我带领27个小学生到草地参观，目的是让他们看看各种植物是怎样传播种子的。我们要看的植物生长在草地很远的边缘。要让所有的学生都围拢过来看植物，我就得用很细的丝线拴住学生们的注意力。这确实就像是一根无形的"缰绳"。在这些植物中间，紧挨着这些植物的地方，还有好几十种多种多样的、令人生趣的事物。只要有一个学生去看其中的某件东西，那么拴住注意力的那条丝线就会被拽断。于是，我给他讲的和指给他看的东西，他就不看、不听了，因为他的思想已经开了小差。譬如说，一只彩色蝴蝶翩然起舞，瓦尼亚、柯利亚、尼娜和娜塔洛奇卡这4个学生好奇的小眼睛就盯住了那只蝴蝶，于是就有4根丝线断了。一只小青蛙从脚下跳出来，结果，又有几根线被扯断了……

这种情况在课堂上也是常见的。怎样才能把这群坐立不安的、好奇心强的、随时准备去捕捉蝴蝶的学生都吸引在你的身边呢？当你开始讲述一些枯燥无味的知识时，他们脑子里却在想着那些有趣的、令人神往和激动人心的事物，怎样才能吸引住他们呢？

控制学生的注意力，是教师工作中最微妙却被研究得还很不充分的领域之一。要控制注意力，就必须懂得儿童的心理，了解他们的年龄特点。多年的学校工作经验使我深信，控制儿童的注意力只有一条途径，就是要促使儿童首先形成、确立并保持这样一种**内心状态**，即情绪高涨、智力振奋的状态，让他们体验到追求真理、进行脑力劳动的自豪感。

应当用智育的一整套手段来建立这种状态。仅仅用课堂上的某些专门的方式，如选用恰当的直观手段，是不可能建立上面所说的情绪高涨状态的。这种**状态**的形成取决于许多因素，如学生的思维修养和情感、见识的广度等。

控制注意力，意味着教师对学生的思维施以非常细致而微妙的影响。例如，我知道学生要学一年生物学，其中包括许多初看起来毫无趣味的知识，如蠕虫的机体结构和生命活动等。在讲授这些教材内容时，如果学生的意识中没有所谓能"挂上钩"的思想，那教师就无论如何也无法控制他们的注意力。在这里，学生的注意力是受他们所懂得的一些常识制约的。教师如参照这些常识来讲解教材，学生就会把完全枯燥无味的教材看成有趣的教材了。例如学习有关蠕虫的内容时，学生应知道的常识有：益虫（如蚯蚓）对土壤的构成和植物的生长起着有益的作用，各种自然现象之间存在着普遍平衡状态，一种现象与其他现象之间有着隐蔽的依赖关系等。

为使学生具有必要的情绪状态，以便细心理解关于蠕虫的教材内容，我总是把一些关于自然界和土壤的有趣书籍推荐给他们看。我在讲解那些初看起来枯燥的内容时，我的话针对学生的思想，我仿佛触动了他们的思想，因而讲述的内容引起了他们的兴趣。这种兴趣首先是由内部的刺激和动机引起的，即学生在阅读过程中形成的思想似乎活跃起来，得到更新并与我的思想趋于一致。也就是说，他们不是单纯地听讲，接受他们所不知道的新教材，而是在自己意识深处搜索事实和现象，**并对它们进行思考。**

无意注意应与有意注意相结合。只有当学生边听讲边思考时，才会出现这种结合。而能够实现这种结合的唯一条件，就是学生心中有"引起思维的导火线"，也就是说，关于所讲的东西学生已略有所知。学生在理解教材的过程中思维活动越积极，学习起来就越轻松。通过阅读培养出来的注意力，是减轻脑力劳动最主要的条件之一。只要能在课堂上把学生的无意注意和有意注意结合起来，他们就不会感到疲劳和倦意。

如果教师不想方设法使学生产生情绪高昂和智力振奋的内心状态，就急于传授知识，那么，这种知识只能使人产生冷漠的态度，而不动感情的脑力劳动就会使人感到疲倦。哪怕是最认真的学生，哪怕他有意要集中精力来领会和记住教材内容，他也会很快地"越出常规"，丧失理解因果关系的能力。而且他越是努力，就越难控制自己的思想。那些除课本之外什么书也不看的学生，对课堂上所学的知识总是掌握得很肤浅，并把一切都推到家庭作业上去。他们的家庭作业负担过重，没时间阅读科学作品和杂志，结果就形成"恶性循环"。

众所周知，直观教具能提高学生对所学科目的兴趣，增强学生的注意力。但是，这种直观教学原则具有更加广泛的意义，如果把直观教具仅仅看作引起学生注意的手段，那么这不仅对教学，甚至对智育，都是很有害的。

36。直观是认识的途径，是照亮认识途径的光辉

培养注意力的唯一手段就是对思维施加影响，而直观只有在促进思维过程时，才有助于发展和加深注意力。物体的直观形象本身，能长时间地吸引住学生的注意力。然而，直观的目的，绝不是使学生的注意力在整节课中都固定在直观教具上。课堂上使用直观教具，为的是使学生在认知的某个阶段能脱离形象，进而领会概念和理解规律性。在实际教学过程中常常会遇到一些出人意料的情况，即直观教具的某个细节吸引住了学生的注意力，这时它不仅不能帮助学生思考教师想要他们理解的抽象真理，反而起了妨碍作用。例如，有一次，我给学生带来了水轮机活动模型。推动着轮子转动的水，飞溅起水花形成水雾，在阳光的照耀下映射出一道彩虹。我没发现彩虹，学生却看见了。于是，他们的全部注意力没有集中到我想引导他们领会的概括性结论上，而集中到当时完全是偶然出现的这个有趣的自然现象上，可想而知，这节课的效果并不好。

使用直观教具，要求教师具有很高的科学和教育学修养，懂得儿童心理学，了解知识的掌握过程。

第一，应记住，直观性是低年级学生脑力劳动的一个普遍原则。康·季·乌申斯基说过，儿童是用"形式、声音、色彩和感觉"来思维的。[4]这一年龄规律，要求在自然环境中发展小学生的思维，使他们同时能看得见、听得见、感受得到，并能进行思考。直观性是一种发展注意力和思维的力量，能使认识带有情绪色彩。由于视觉、听觉、感受和思维是同时进行的，儿童的意识中就形成了心理学所说的情感记忆。记忆中形成的每个表象和概念不仅同思想有联系，而且同情感和感受也有联系。如果没有形成发达的、丰富的情感记忆，就谈不上童年时代有充分的智力发展。我建议，低

年级教师要在思维发源的地方，在自然界和劳动中，教儿童进行思考。要让进入儿童意识中的词汇具有鲜明的感情色彩。直观性原则不仅应贯穿整个课堂活动，而且应贯穿在教学工作的其他方面和学生的全部认识过程中。

第二，采用直观教学法时，教师要思考如何由具体事物过渡到抽象思维，在上课的哪个阶段直观教具已不再必要，学生不应再对其加以注意。这在智育上是十分重要的原则。因为直观手段仅在使思想活跃起来的一定**阶段**才是需要的。

第三，应当逐渐由直观的实物过渡到造型，然后再由造型过渡到物体和现象的象征性图形。在一二年级时，要让儿童逐渐**脱离**直观的实物，但这绝不意味着可以完全不要直观。有经验的教师在一年级到十年级各年级的教学过程中，都使用直观原则，而且把这一原则体现在一年比一年更复杂的工作方法和方式中。即使在十年级，有经验的语文教师也还会把学生带到林间、河畔或春花怒放的庭园里，可以说是在这里推敲用字和遣词的感情色彩，加深和发展青年人的情感记忆。

由实物向造型过渡，是一个较长的过程。这一过渡并不等于教师上课时带一张小猫的图画，就可以代替活猫。即使造型确切地表达了实物的形式、颜色和其他特征，也总归是一种概括。教师的任务，是要在采用造型手段方面逐渐过渡到越来越复杂的概括。教儿童理解象征性图形，如素描和简图，是特别重要的，因为这类图画对发展抽象思维起很大的作用。说到这里，我就很想使用黑板的方法谈几点希望。

教室里设有黑板，不仅是为了在上面写字，也是为了让教师在叙述、说明和讲课的过程中可以画些草图，如素描、简图和图样等。我在教历史、植物、动物、物理、地理和数学时，几乎在所有的课上（约80%的历史课，90%的植物课、动物课和地理课，100%的物理课和数学课）都使用黑板和彩色粉笔。我认为，不这样做就无法表明抽象思维的发展过程。我把这种造型方面的直观性，不仅看作使观念和概念具体化的手段，还看作脱离表象世界而进入抽象思维世界的手段。

造型的直观性，同时也是使学生进行自我智力教育的手段。在二三年级，我的学生都把算术练习本分成两边：左边解题，右边做习题的直观图形、简图。学生在着手解题之前，先**画出图解**。让学生学会图解，意味着使他们学会由具体思维到抽象思维过渡。起初，儿童画实物，如苹果、篮子、树和鸟，然后画简略图形，用方块和圆圈等表示这些实物。我特别关心学习差的学生怎样做习题图解。如果不采取这种教学方式，他们未必能学会解题和思考习题的条件。假如学生学会了图解习题，我可以有把握地说，他一定会解出习题。有的学生几个月都学不会把习题的条件用图形画出来，就是说，他们不仅不会抽象思维，而且也不会用"形式、声音、色彩和感觉"来思维。应当先教他们形象思维，然后再逐渐转向抽象思维。

如果你教的低年级里有些学生数学学习差，不妨试试教他们学习图解习题。应引导儿童由鲜明的形象过渡到象征性图形，再由图形过渡到理解事物之间的关系。

第四，由造型的直观逐渐过渡到词的形象。用词表示形象，是由用"形式、声音、色彩和感觉"进行思维过渡到概念思维的一个步骤。有经验的低年级教师，不仅能用词塑造出不可能指给学生看的东西形象（如北极地带的大群冰块、火山爆发等），而且能塑造出在自然界和在我们周围的人类劳动中可见到的东西形象。这些用词表示的形象，对形成情感记忆和丰富心理学所说的内在言语，具有极其重要的意义。

这里还要再谈谈对学习困难学生做工作的问题。经验表明，这些学生的智力发展，很大程度上取决于由形象思维向概念思维的过渡需要多长时间和经历怎样的步骤。有些学习困难学生总是**无法进步**，老师也不知道拿他们怎么办，不知道如何激发他们的思维。这主要是因为他们还没经过长时间的"形象思维"训练，教师就催促他们快些过渡到抽象思维，学生对此完全没有准备。要知道，学习困难学生往往不会举例子说明费大劲才记住的规则，这是形象思维和概念思维脱节的后果之一，是教师操之过急的结果。

第五，直观手段应使学生把注意力集中于最主要、最本质的东西上。

我想再说一遍：运用直观性原则要有很高的艺术，要了解学生的心灵和思想。

37。给刚参加学校工作的教师提一些建议

我记得，我在学校工作的头十年过得很慢。后来，就感到时间过得快了，而现在我觉得，一学年才刚刚开始，就好像快结束了。我谈这一点个人体会，是为了给新教师提示一个很重要的道理：不管青年时期的工作多么紧张不懈，总能找出时间来逐渐地、一步一步地积累我们的精神财富——教育智慧。要记住，你的20年从教生涯不知不觉就会到来，你会迈进人生的第五个10年，感到时间不够用的时期很快就会到来，那时候，你就会忧伤地说："唉，我要是早知道该这样做，在青年时期就开始这样做，那么，年老时工作就会轻松些了。要知道，我还得再干20年工作哩！"

为了在进入老年时不至于后悔，青年时期应着手做些什么呢？

要做的事情很多，首先应一点一滴地积累教育者的智力财富和教育智慧。你面前的道路还很长，在这条道路上，你会遇到种种极其令人感到意外的人生命运。年轻学生爱思考，他们会把目光转向你，向你寻求一些问题的答案，如：应当如何生活？什么是幸福？真理在哪里？为了回答这些问题，你就应当了解人们追求真理、渴望人类理想胜利实现的辩证发展过程，应当领会并用心感受人类为争取美好的未来而斗争的最终目标——共产主义思想及其具体的实现方法。

要成为一个真正的教育者，就应将毕生都投入科学共产主义理论的学习之中，用马列主义世界观教育自己。要记住这一点：学会用共产主义者的眼光看待世界和看待人，是需要长年累月学习的。你个人的藏书中，应当有马克思、恩格斯和列宁关于社会、革命和教育的重要著作。形成自己的共产主义世界观，并不意味着背诵马列主义经典著作品中的词句，而是首先要学习用共产主义的观点来看待世界和人。

青年朋友们，我想跟你们谈谈，我过去和现在是如何从马克思、恩格斯和列宁的著作中寻求实际工作中遇到的最复杂的问题答

案的。我面前展现着学生的生活命运，他们每人都是一个独一无二的人生世界。我认为自己最重要的教育任务，是把共产主义理想在这个世界里体现出来，独特地、具有深刻个性地反映出来。每当我看到不可重复的人生命运中出现细微的转变时，都感到有必要反复思考马克思、恩格斯和列宁奋斗终生所追求的共产主义的人的标准和理想形象是怎样的。形象地说，如果不反复向马列主义奠基人关于人的英明论断的思想海洋去求教，我就不能深刻地思考具体的人生命运。因为在他们的著作里，有共产主义人学①的百科全书。他们的英明思想，能帮助我们理解共产主义理想发展的逻辑，如理解关于个性全面发展的观念。马克思、恩格斯和列宁的著作，曾帮助我分辨清楚，培养人的兴趣和志向所依赖的错综复杂的条件。无论你到图书馆多么容易借到任何所需要的书籍，我还是劝你建立起自己的藏书。我有一套个人的藏书，这些书是我的老师，我每天都向它们请教：真理在哪里？怎样认识真理？怎样才能把人类创造的、积累的和获得的道德财富，从长辈一代的心灵和智慧中传授到年轻一代人的心灵和智慧中去？这些书也是我的生活老师，我每天都带着这样一些问题去向它们求教：怎样生活？怎样成为学生的楷模？如何使理想的光辉照耀到学生的心灵中去？

青年朋友们，我建议你们每月都要购买三种书籍：（1）关于你所教的基础知识的科学书籍；（2）关于作为青年楷模的人的生平和斗争事迹的书籍；（3）关于人，特别是儿童和男女青少年的心灵的书籍（心理学方面的书籍）。

希望你们的个人藏书有以上三类书籍。你的科学知识每年都应加以充实。希望你在教学工作满10年时，觉得教科书像识字课本一样简单。只有这样你才能说，你一辈子都在为教好书而备课。只有不断地充实自己的科学知识，你才能在讲述教材的过程中看到学生的脑力劳动，这时，你的注意力不是集中在考虑授课的内容，而是在考虑学生的思维。这是教师的教育技巧的高峰，你应当向这个目标努力。

请你像寻找宝石那样寻找关于杰出人物的生平和斗争事迹的书

---

① 指从心理学和社会学方面研究人的学问。——译者

籍，这种人物诸如：菲里克斯·捷尔任斯基、谢尔盖·拉佐，依万·巴布什金、雅可夫·斯维尔德洛夫、尤里斯·伏契克、尼科斯·别洛扬尼斯等。要把这些书籍放到你个人藏书中最显要的位置上。要记住，你不仅是教课的老师，而且是学生的教育者、生活的导师和道德的引路人。

你要用心理学书籍充实自己的藏书。教育者应是受教育者的知心人。每当我听到或看到**对人采取个别对待**的说法时，我脑子里总是联想起另一个概念——思考。要进行教育，首先得有活生生的、富于钻研精神的、好探求的思考。没有思考，就不会有所发现——即便是微小的、初看不易觉察的发现也罢。而没有发现，就更谈不上教育工作的创造性。要记住，心理现象的规律尽管很多，但每条规律都表现在成千上万个人的不同生活命运中。我坚信，刚从师范学院毕业的教师，只有整个**教育生涯**都不断地研究心理学，加深自己的心理学知识，才会成为教育工作的真正能手。

整个教育生涯中，你都应成为教育者，而要进行教育，离开美和艺术是不可思议的。如果你会演奏某种乐器，又稍有音乐天赋，那你作为教育者就有许多优势，在教育方面也是权威，因为音乐能沟通人们的心灵，能打开学生内心最隐秘的角落。如果你不会任何乐器，你手上和心里就应当有另一种影响人类心灵的强大手段——文学作品。要具备能够丰富自己的文学作品的藏书。要根据你教的儿童的年龄，每年买上数十本文艺书，它们能帮助你找到通往学生心灵的道路。不要忘记，学生读过的文艺作品，是用他们求知的智慧和敏感的心灵来感知的，这往往能起到教师力不能及的作用，好比只要给道德的天平上加个小砝码，就能使它向着你所需要的方向倾斜。在充实自己的藏书时，应记住的最主要的一点，就是在你要给学生看的书里应当有关于如何生活的教导。这种书中的英雄形象，应该能够吸引和鼓舞你的学生，使他们心中树立一种信念：人类是伟大的和强有力的，共产主义思想是真理和正义的最高理想。每当我在书店中为自己的**教育藏书**选购著作时，总是竭力思考哪本书给我的哪个学生看最为合适。

请你记住，教育首先是关怀备至地、深思熟虑地、小心翼翼地触及青年人的心灵。为掌握这一门艺术，教师就必须多读书、多思考。你们读过的每一本书，都应该作为一件精巧的新工具，设法收入你们的教育工厂里。

教育者还须具有非常细致的美感。你应当热爱美、创造美并保护自然界和学生心灵中的美。要知道，如果你喜欢种植果树，喜欢到蜂房一带听听你亲手培育的鲜花盛开的树上蜜蜂嗡嗡的鸣叫声，你就会找到通往人的心灵的捷径——在创造美的劳动中跟人的精神交往。

你在学校工作的每一年里，都应使你的教育劳动的"工艺实验室"不断充实起来。教师必须为全班学生和个别学生做个人练习准备好大量习题和例子。这些材料应年年积累，按照教学大纲的各课题和各部分配齐成套。我认识一些有经验的数学教师，他们在15年工作期间积累出数量可观的、独一无二的成套代数和几何习题。这种汇编用于对学生进行个别指导，是非常便利的。

38。向准备教一年级的教师提一些建议

你在小学工作，现在教三年级。不久，你就要教一年级学生了。他们都是5岁半到6岁的孩子，经历了家庭和幼儿园的培育。还有一部分儿童上学之前仅受到父母的教育。正是入学前一两年这个时期，孩子受到的教育如何，同以后有很大的关系。你应很好地了解自己未来的每个学生。

了解儿童的含义是什么呢？

首先要了解他的健康状况。我在开始教儿童的一年半以前，就有了自己未来学生的名单。我熟悉孩子们的父母，我会推测有哪些疾病可能遗传给儿童。当然，这种推测要由医生来检验，这样我就掌握了我未来学生的身体重要器官，如神经系统、呼吸器官、心脏、消化器官、视力和听力等状况的材料。

不了解学生的健康状况，就不能正确地进行教育。从事学校工作30年的经验使我确信，要依据健康状况对每个学生不仅需要采取个别对待的态度，而且需要采取一整套爱护和增强体质的保护性措施。经验证明，教育应促进人的疾病痊愈，使他摆脱在童年时期产

生疾病的困扰。有心血管系统障碍的儿童，要采取特殊的教育方法和专门的**医疗**教育学措施。

我认为，家庭中的相互关系处得好，有助于儿童疾病的预防，如果儿童由于某种原因已得了病，也有助于治愈。儿童的神经系统和心脏的健康状况，尤其取决于家庭的情况。那些在叫喊、责难、训斥、不信任和侮辱的气氛中成长起来的儿童，是很难进行教育的。这种儿童的神经系统常常处于不安状态，很容易疲劳。对患有神经官能症的儿童，要给予特别的关心和照顾。应当用医疗教育学的专门方法教育和培养他们，预防有害的刺激，防止他们从一种情绪状态急剧地转向另一种情绪状态。

我建议准备教一年级学生的教师，在儿童入学前的一年半时间里（如可能，两年更好）就召集家长到校（请父母亲务必都出席），和他们谈谈家庭中的相互关系问题，因为这种关系有助于形成孩子健全的神经系统，从而形成良好的道德心理品质。

家庭的智力气氛对儿童的发育成长具有非常重要的意义。儿童的一般发展和记忆，在很大程度上取决于家里的人们的智力兴趣、读些什么书籍、成年人考虑些什么问题，以及在儿童的思想里留下些什么影响。你要告诉学生的家长："孩子的智力取决于你们的智力兴趣，取决于书籍在家庭的精神生活中占有怎样的地位。"

我深信，至少必须用一年时间研究每一个儿童的思维，只有这样，才能为教一年级的课做好准备。

39。怎样研究学前儿童的思维

人类的思维有两种基本类型：一种是逻辑分析思维（即数学思维），一种是艺术思维（即形象思维）。伟大的生理学家巴甫洛夫所做的这种分类[5]，对解决儿童的智力教育问题以及个人爱好和能力的形成问题，具有极其重要的意义。

请你在9月的一个晴朗的日子里，把要上一年级的学生集合起来，和他们一同到秋天的树林中去，你就会立即发现，这两种思维类型在儿童身上表现得很明显。树林，特别是初秋的树林，总是吸引儿童的注意，他们在这里不可能无动于衷：他们情绪激动、表示赞赏、发出惊叹，这就是对周围世界产生了逻辑认识和感性认识，即靠理智来认识和靠心灵来认识。蔚蓝的、深远的天空，装扮得绚烂多彩的树木，披上了明朗的初秋色泽的林边和林丛——这一切都吸引着儿童的注意力。不过，他们对待周围世界的看法却是各不相同的。只要细心观察，你就会看到两种感知类型——这是两种思维类型的表现。一部分儿童为十分和谐的大自然美景所陶醉。他们惊叹和赞赏美景时，是把各种物体当作一个整体来认识的。他们既看见了日出，也看见了树木披上秋装后美不胜收的色彩，又看见了神奇莫测的密林。然而，儿童把这一切都看成像多种乐器奏出的复杂音响中的和声一样，他们没有听到个别的声音，没有从周围世界中区分出个别的细节。而当某个物体或某种现象吸引着他们的注意力时，他们以为这个物体或这种现象就包罗了一切。例如，儿童注意了一簇满布着琥珀色果实和银白色露珠的野蔷薇，那么，他们除了这簇花以外，再也看不见其他什么了，他以为自然界的这一创造物就是整个美妙的世界。

这就是对周围世界的艺术认识或形象认识的最突出特征。具有这种认识的儿童，兴致勃勃、津津有味地讲述着自己所见到的情景。他们的叙述，形象鲜明。他们是用画面、形象来思维的，用色彩、声音和动作来思维的。他们对周围自然界的音乐很敏感，而且一般说来，对自然界的美很敏感。他们的知觉里，似乎感情因素占优势，心灵和理智相比，他们好像更多地用心灵来认识事物。要记住，这对于他们在学习过程中的脑力劳动会有深刻的影响。艺术思维特征突出的儿童，对学习文学感兴趣，喜欢读书，热衷于诗歌创作。他们学习数学时，常常会遇到很大的困难，这门课一般都学得不好。

对另外一些儿童来说，则似乎不存在什么和谐的美。不妨想象一下，一个和暖的秋日里，松林边夕阳西下的景色：深红的晚霞，坚固得宛如铜铸的老树干，以及各种色彩在静静的湖面上变幻无穷的闪光等。但在学龄前儿童的集体里，总能找到所谓不理解这种美的儿童。他会问道：为什么太阳落山时变成了红色的？它夜里躲到哪儿去了？为什么秋天有些树叶变成红色，有些变成橘色，有些变成黄色？为什么橡树叶子在霜冻前很久都是绿色？他们首先看到的，不是世界的形象方面，而是它的逻辑方面，即因果关系方面。这就是逻辑分析思维，或叫数学思维。具有这种思维的儿童，比较容易发现事物的因果关系和依赖关系，用思维把握住一连串事物和现象之间的联系。他们容易进行抽象思维，喜欢研究数学和其他精密科学。他们对抽象概念的逻辑分析，如同具有艺术思维的儿童对鲜明的形象那样感兴趣。

这两种类型的思维是客观存在的，教师应当了解，在每个儿童身上哪一种类型占优势。因为，这一点对于从教育上正确地指导学生的脑力劳动极为重要。教他们学会思考、发展思维，就意味着一方面要发展每个儿童的形象思维和逻辑分析思维，不可有片面性，同时又要善于把每个学生的智力发展引导到最符合其先天因素的轨道上。

儿童的思维也有速度上的区别，可以说是思考的快慢不同。

有些儿童的思维很活跃。他本来在想蜜蜂怎样从花上采蜜，教师介绍了花朵的复杂结构后，于他的思想就很容易地转移到另外的目标上去了。再拿解算术题时的思维情况来说，有的学生在思想上能把握住习题条件中所讲的一切——筐子、苹果和园地里的树木。而另一些儿童的思维则完全不同，我想称之为稳定集中性思维。他的思想如果集中在某件事物上，就很难转移到其他事物上去。他思考问题时，常常会顾此失彼：想着每千克苹果的价格时，就忘记每筐苹果有多少千克和总共有多少筐。教师往往把这种思维特点看作智力发展的反常现象，是不对的。智力活动迟缓，不论是具有形象思维的儿童，还是逻辑分析思维表现得明显的儿童，都是常有的事。教师往往不加分析，对儿童的智力发展作出完全错误的草率结论。对思维过程明显迟缓的学生所产生的误解，尤其令人痛心。他们通常是一些聪明伶俐的儿童，但其思维的缓慢却引起教师不满，于是，儿童焦急不安，思想似乎麻木了，而且完全不再能想什么了。

对于这些现象，在开始上课前就应看清楚和了解清楚。没开始教课时，研究儿童思维的特点，是最容易的。我向将要教一年级学生的教师建议：在儿童入学前的一年内，带领他们到大自然——思想的源头去旅行二三十次。把儿童带到这种环境中去，他们既可以看到鲜明的形象，也可以看出各种现象之间的因果联系，他们会在美景前赞叹，体验到惊奇之感，同时，也学会进行思考和分析。

40。怎样发展儿童的思维和智力

怎样发展学生的智慧，提高他们的智力？据我看来，这是一般学校教育中最尖锐却研究得不够的问题之一。传授知识，只是智育的一个方面，探讨这个方面时，不能离开另一个方面，即培养和发展智力。发展思维和智力，就是发展思维的形象和逻辑分析的成分，提高思维过程的活跃程度和消除思维迟缓现象。

多年的经验表明，有必要为学生开设专门的**思维课**。在上学前，就应常常上这种课。从一年级开始，思维课就应成为智育的一部分。思维课的内容，就是生动地、直接地感知周围世界的形象、画面、现象和事物，并进行逻辑分析，获取新知识，进行思维练习，寻找因果关系。

你如果想教"头脑迟钝"的学生学会思考，就要把他们带到思维的源头去，让他们观察**一系列现象**，从而了解其因果关系。思维过程迟缓的儿童有所思地认识这一系列现象，努力记住一些事实、事物和种种关系，这就是在经受着任何东西都不能替代的思维锻炼。要使儿童在观察种种现象时能接连不断地有所发现，仿佛在他面前燃起了思考的火花，从而促使思维过程活跃起来。思想的火花一经点燃，儿童就想知道更多的东西，想深入了解新的现象。这种想法和愿望，就是加速思维过程活跃程度的动力。

41。怎样培养记忆力

培养记忆力是学校工作实践中的尖锐问题之一。大概我们每个人对记忆力"有漏洞"的儿童都会束手无策：他今天记住了，明天又忘记了。我打算提出的关于培养记忆力的意见和建议，都是以实际材料和经验为依据的。

依靠自己的努力和顽强的意志力获得的知识越多，逻辑认知对学生的情感触动得越深入，知识就会记得越牢固，新知识在头脑中就越有条理。

儿童在开始记忆之前，应进行上面所说的思维训练。对记忆提出的任务越复杂、越困难，对思维、思考和智力的培养就应当越精心、越细致。如果一个儿童只能看见事物和现象的表面，即所有的人都看得很明显的方面，在考察事物的内部实质时没有任何"发现"，没有体验过各种现象发生意外的相互联系时的惊奇感，那么这种儿童就很难记得住什么东西。

我坚信，不论在课堂上或家里，儿童还没有达到能熟背和记住不忘的年龄时，应特别关心培养他的记忆力。学前和小学学习时期，是为牢固的记忆力打基础的黄金时代。应设法使儿童在直接观察的过程中，掌握有关周围世界的现象和规律的重要原理，而无须专门去熟背和死记。

恐怕我们每个人都会在这种奇怪的现象面前感到莫名其妙：儿童在低年级学习成绩优良，小学毕业后却开始学习不好。这是怎么回事？为什么会出现这样的现象？原因之一，就是小学没有专门针对学习进行发展思维、培养智力和给记忆力打基础的工作。在小学里，应奠定记忆力的牢固基础，这种基础就是儿童在教师的指导下直接认识周围世界时所获得和掌握的知识。

42. 要爱惜并发展青少年的记忆力

死记硬背总是有害的，在青少年时期，尤其不应该这样做。在这种年龄，死记硬背会造成幼稚病——使成年人停留在幼稚阶段，使他们智力迟钝，阻碍才能和爱好的形成。死记硬背的产物和不良后果之一，就是**书呆子气**。就其实质来说，就是把儿童教育的方式和方法搬用到青少年身上，这样做的结果是青少年的智力尚处于幼稚阶段，却又企图让他们掌握严肃的科学知识，这会使知识脱离生活实践，使精神活动和社会活动的范围受到局限。

造成这种不良后果的主要原因之一，是少年和青年用儿童的方法去获得知识：分批背熟课本上的材料，为的是后来再分批把自己的知识说给老师听，好得个分数。过多的有意记忆甚至可以使人变成傻瓜。

把"书呆子气"驱逐出学校，是非常重要的教育任务之一。然而，如果中、高年级的大部分教材偏偏要求有意记忆，让学生坐下来背熟。那么，又如何能做到驱逐书呆子气呢？

要做到这一点，唯一的办法是：建立有意记忆和无意记忆的合理比例关系。如果八年级学生应记住的教材数量用 x 表示，那么，在这个时期内学生应理解和思考的教材就应多几倍，为 3 x。同时，要记住的教材内容和只要求理解而不是非记住不可的教材内容之间，应有一定的联系——不一定是直接的联系，但最好是与问题相关的联系。例如，解剖学和生理学中研究人的神经系统，这部分教材里有许多全新的知识，几乎都应当记住。为使学习不致变成死记硬背，可建议学生看些关于人体的有趣书籍，以了解人体的各种器官、神经系统以及著名科学家在这些方面的研究成果。学生在阅读中会不知不觉地记住许多东西，但这完全是另一种记忆，是无意记忆，同学生有意地去记住教材内容是有质的区别的。这种识记建立在兴趣、思考和读书入了迷的基础上，认知的情感因素在这里起着很大的作用。看有趣的书籍引起的无意记忆，有助于活跃人的思想。思想越活跃，无意记忆就越发达，就越能保持和再现大量材料。如果理解的教材内容比应按课本背熟的材料多好几倍，那么，按课本记（背）教材内容，就不会是死记硬背，而成为有理解的阅读和有思维的分析过程。多年的经验使我确信，如果有意记忆以无意记忆为基础，即以阅读和思考为基础，那么，学生在学习课本的过程中就会产生许多问题。他知道得越多，不懂的地方就越多；不懂的地方越多，他按照教科书学正课就越容易。

建立无意记忆和有意记忆的合理比例关系，首先取决于教师。作为教科学基础知识的老师，你不应单纯是知识的传授者，而应成为青年思想的主宰者。你对新教材的叙述和讲解，应含有星星之火，它能点燃学生勤奋好学和渴求知识的火药。听了你的课后，学生会有强烈的愿望想要阅读你顺便提到过的书籍。他对这些书念念不忘，无论如何一定要找到它。

由此可见，青少年记忆力的发展，取决于中、高年级教育过程所培养的智力水平。

43。培养儿童的绘画兴趣

在小学里怎样安排绘画教育，以及教师在教学过程中给予它什么地位——这个问题对学生智力的发展具有直接关系。我教小学儿童时，把绘画看作发展创造性思维和想象力的手段之一。我深信，儿童画是通向逻辑认识道路上的必要阶梯，更不用说绘画有助于发展儿童对世界的审美观。

起初，我教孩子们写生，画树木、花朵、河流、动物、昆虫、鸟类等。不管儿童的绘画结构多么简单，画中总是能反映认识、思维和审美评价的个人特征。有一次，我们画长着三叶草的田野，有些儿童力求把正在开花的整个庄稼地、云彩、蓝天和唱歌的云雀都画出来。我看到，另一些儿童则仅画了一棵盛开鲜花的三叶草和落在花瓣上的一只蜜蜂。还有个小姑娘用一整张纸画了一只张着小翅膀的蜜蜂、三叶草的一片小花瓣和太阳……

我们多次举行野游，让学生接触大自然这个思维的源头，纯粹是为了使他们对周围世界的认识充满着鲜明的审美情感。我们画池塘边的朝霞和晚霞、草地牧场上夜间的篝火、飞向温暖地方的鸟群、春汛的情景等。我得出了一个令人欣喜的结论：描绘令人激动、赞赏和惊奇的东西，就是对周围世界进行一种审美活动。儿童画出体现美的东西时，对美的感受就似乎要他们用语言加以表达，激发他们的形象思维。

我逐步地教儿童掌握了绘画的基本技能，使他们学会了表达明暗和远近的画法。早在一年级的儿童绘画中，创作就占有重要的位置。他们用图画编故事，**画童话**。图画成了发挥创作想象力的源泉。我相信，绘画过程中发展的想象力同儿童的语言是有直接联系的。可以毫不夸张地说，图画"打开了话匣子"，使平时沉默寡言、非常腼腆的学生说起话来了。

在二至四年级里，学生开始把绘画包括到创造性的书面作业中，即根据对大自然现象和劳动的观察材料写成的作文中。我发现，当学生找不到确切的、恰如其分的词汇来表达自己的思想时，就采用绘图的办法。有个男孩力图表达他在刺猬的"仓库"里看到的种种宝藏时的惊奇情绪，干脆直接画出了这些宝藏：苹果、土豆、青绿的甜菜叶和各种颜色的落叶。

我力求使绘画在儿童的精神生活中占有一定的位置。在我们坐车沿第聂伯河向基辅行驶的途中，学生们对沿岸的草地、山冈、树林和远方草原上的丘陵所构成的美景极为赞赏，竭力用线条和色彩把这美景充分描绘出来。

没有绘画，我不能想象怎样上地理、历史、文学和自然课。例如，讲述遥远的澳洲的动植物时，我们总不可能把一切都画成现成的图画带来上课。因此，我迅速地在黑板上画出许多植物和动物来。这样做不仅没有打断儿童的思路，而且激发了他们的想象力。上历史课时，我一边讲，一边用粉笔在黑板上画出古代人们的服饰、劳动工具和武器等。经验告诉我，在历史课上，尤其是在四、五年级的历史课上，在讲解过程中随时在黑板上画些表明主题的情节画，起着很重要的作用。例如，在讲到斯巴达克起义时，我就在黑板上画出设在山顶上的起义者的军营。这种在讲解过程中随手画出来的图画，比起现成的、甚至是彩色的图画，有更多的优点。在低年级的数学课上，有时候还有必要把应用题画出来——这一点，我已在前面讲过了。

44. 训练儿童流利地书写

读和写是学生最必要的两种学习方法，是通向周围世界的两扇窗口。儿童如果不会流畅地、快速地和有理解地阅读，不会流利地、快速地和半自动化地书写，那他就像个半盲人一样。我认为一项很重要的任务，是要在三年级（在四年级则更肯定无疑）就使学生学会笔不离纸地写出较长的单词，能不看练习簿就写出单词（甚至短句）来。书写过程的半自动，是学会读写以及自觉地掌握知识的极其重要条件。学生不应再去思考怎样写某个字母和如何把它同其他字母连接起来的问题。只有在这样的条件下，他才能考虑语法规则的运用和他所写的东西的意义。流利地书写还会逐渐培养语法规则方面的自动化：儿童已不在考虑某个单词怎样写，因为他已经多次地写这个词了。

快速书写字母和单词，逐渐做到半自动地掌握正字法，书写时考虑含义——这一切都应当同时进行。培养流利书写的技能，首先要对手的小肌肉进行一定量的练习。多年的经验证明，这种练习应在书写前进行。我指的是用双手——右手和左手从事精细的**劳动**动作。上学前一年就应当让儿童进行以下几种劳动：用小刀（雕刻刀）和剪子剪硬纸板和软纸、木刻、编织、用木块制作小模型等。细致的劳动动作能使手指的动作具有必要的配合性和节奏，使手指灵活并对小型图画有敏感性（字母实质上也是小型图画）。

应尽力使小学生的劳动动作成为审美的创造活动。在儿童制作的物品中，要多让他们重复圆形、椭圆形和波浪形的线条，让他们从幼年起就习惯于细致而平稳地使劲，这要求高度的"工具灵敏性"。

经验证明，如果儿童完成足够数量的精细的劳动动作，那么他在流利地书写方面就有了充分准备。当然，系统的书面练习也是不可缺少的。

45。教儿童用左右手工作

人类的历史发展过程造成这样的结果：与思维相连、靠手指头传达思维的最**灵巧的**劳动操作，都是用右手完成的。左手在进行创造性劳动过程中只起辅助作用。我们用右手拿工具，用右手持钢笔和铅笔，画家用右手创作出不朽的绘画作品。

人只使用右手，是足以攀登上他所能达到的精神文化的顶峰的。然而，如果有的人不仅会用右手做细活，还会用左手做，那么，这些人劳动技巧的提高和智力的发展就会快得多。这里所谈的不仅是劳动教育的另一个前提。手脑之间有着千丝万缕的联系：手使脑得到发展，使之更明智，脑使手得到发展，使手成为从事创造活动的聪明工具，成为思想的工具和镜子。我多年的经验证明，如果最细致最灵巧的劳动不仅右手能做，而且左手也能做，那么，这种手脑之间的联系就会增多，表现事物、过程和状态的**相互作用**和相互关系的聪明经验，会由手传导到脑。这一结论是通过经验取得的，它反映了一条实际存在的规律：借助双手的创造性劳动活动而理解和领会的相互作用，会给思维的活动带来一种新的质——人能够从思想上纵观一系列有相互联系的现象，把它们看成为统一的整体。

我在7年里教学生（7—14岁）用双手工作。他们学会同时操作两种刀具，能用左右手装配式样复杂的部件，用左右手在加工木材的车床上干活。我看到，在这些学生的活动中，创造性的因素逐年发展起来。创造性的特点就是构思新颖、有发明创造精神。会用双手从事劳动的能工巧匠们，比只会用右手干活的人在同一现象中能看出更多的东西。我的学生在使用工具加工材料时的特点是，劳动动作极其精细、**柔和**、优美。他们都爱上了这种灵巧的创造性劳动。

46。向在规模大的学校里工作的教师提一些建议

教师在有几十个教员的学校里比在规模小的学校里更容易提高自己的水平。大集体里总会有一些经验丰富的教员。不过，教育经验的借鉴是一项很复杂的工作，是一种**创造**。

比如说，你已经大学毕业，有了担任低年级教师的资格证书。在你分配去工作的学校里，除你以外，还有16名低年级教师，他们之中有些人被校务委员会会议评为优秀教师，另一些人则表现一般，还有些人不时被指出缺点。你作为教育园地里的新手，几乎每一位教师，即便是在学校里刚工作几年的也罢，都有你可以学习的东西。但借鉴别人的经验时，应注意节省时间。如果你依次去听所有教师讲课，那就很难得到教育技巧的要领。

我建议你先看看所有低年级学生练习本。如果你看到绝大多数

学生练习本里的字写得漂亮、清秀、正确，这就是直接的标志，说明在这个班里能学到许多东西。学生的练习本是整个教育工作的一面镜子。你应该去听这位教师讲课，不仅听书写课，还要听其他的课。练习本反映了整个教学过程的成果。书写的好坏，取决于儿童的阅读情况如何，他们阅读了些什么，阅读的多还是少。

如果尚未深刻了解教师所做的全部工作，不了解他们对儿童所施加的影响，是无法了解任何一个方面的教学经验的。起初，你到经验丰富的教师班上去听课，只是为了解一下他是怎样教学生把字写得工整。但听他的课时，你会看到许多似乎和你要观察的事物没有直接联系的东西。你不必为各种现象的复杂依赖关系感到迷惑不解。要取得经验，首先意味着要理解一件事情取决于哪些条件。否则，就无法理解，也不可能借鉴别人的经验。要知道，学习优秀的经验，并非把个别的方式和方法机械地搬用到自己的工作中去，而是运用其中的**思想**。要向优秀教师学习，就应从中获得某种信念。

在学生的练习本吸引你注意力的那位同行的班上，你会发现学生的阅读能力也很出色：他们能迅速地阅读词句，能边读边思考，因此朗读具有鲜明的感情色彩。你仔细了解阅读的教学法，却没发现任何新东西。你再听一节课，以后接连听下去，并把听课的一切细节同自己的课对比。你完全照他的办法教，而结果却不同。那就请你探索，反复探索：优异的成绩究竟取决于什么。

你仔细询问学生，尽量了解他们的家庭生活情况，你就会逐渐认识到，学生良好的朗读是取决于多种因素的：家庭的文化生活如何，学生在童年时代听过些哪些童话，课外阅读习惯如何，教师对学生学知识与学实际技能的比例关心得如何，等等。你会得出结论：教育事业中没有任何一项结果仅仅取决于某一个因素，似乎只要你这样做，就一定会有这种结果。每项结果都是靠几十种、上百种乍看起来跟所研究、观察、探索的对象相距很远，没有直接联系的因素决定的。

领会优秀教师的经验，能帮助你看到自己在工作实践中要取得某种成果时，是什么在起决定作用。

提高教育技巧，首先要靠自修，靠你个人努力提高自己的工作素养，特别是提高思想素养。没有个人思考，不对自己的劳动采取钻研态度，任何教学工作都是不可思议的。

你对老同事的经验观察和研究得越多，就越需要进行自我观察、自我分析、自我修养和自我教育。在自我观察和自我分析的基础上，你会逐步形成自己的教育理念。例如，你研究所做的事与其结果之间的联系，就会得出这样的结论：种子**今天**播在耕耘得极好的土壤里，**明天**并不一定有望发芽。今天所做的事，往往若干年后才可以进行评价。这是教育工作中非常重要的规律之一，它要求我们以长远的眼光来看问题。

47。给单班制学校教师的建议

现在和将来很长时期都会有这种学生数量很少的学校——单班制和双班制的小型学校，里面只有两个或甚至一个老师工作。

如果你在这种学校里工作，那么你要付出很大的努力在自己周围建立并长期保持丰富多彩的精神生活气氛，这一点是很重要的。如果没有一般文化和教育上的高度素养，你就可能走下坡路，使自己遥远的居住点成为偏僻落后的地方。如果出现这种情况，只能归咎于教师本人。在远离大城市的最闭塞的角落里，能明亮地燃起文化、思想和创造活动的火焰——这一切都只能取决于你。你恰恰应把全部力量都用于使这种火焰燃烧得越来越明亮。这对于你学生的教育程度、文明行为和知识，也起着决定性的作用。

为使文化和思想的明亮火焰熊熊燃烧永不熄灭，你应专门做许多事情。遥远的居住地没有大图书馆，而书籍（最新的书籍）却像空气一样，正是这里所需要的。

因此，要使自己学校的小图书馆成为大文化中心的大图书馆的借阅者，如苏联国立列宁图书馆或国立乌申斯基国民教育图书馆的借阅者。要经常翻阅《图书评介》周刊，把凡是必要的、使你感兴趣的书借阅两三周，把它读完。我知道边远的农庄里有多年不外出的教师，却建立了供集体农庄庄员借阅的"民间图书馆"。你也可以考虑这件事，在学校里建立人民文化中心。

在单班制学校里，儿童的课内阅读极其重要。你应当同公众一道，设法使学校图书馆里配齐可供儿童借阅的一切必要读物。每一所最小、最边远的学校，都应有供儿童阅读的世界文学名著。要做到这一点并不太困难，只要你热爱儿童并且有勤奋精神。我相信，正是在远离大城市的学校里，教师可以创造条件使阅读成为学生精神文化的主要源泉。

应购买电影放映机和幻灯片放映机，及时订购新的教学用电影和幻灯片。

对于边远地区的小型学校的教师来说，同大村庄或大城市的好学校保持经常的联系是非常重要的。我建议你一年去这种学校两三次，每次在那里停留三四天。你要去听课，同教师们交谈，必须亲眼看到每个勤于思考和工作有创造性的教师所向往和追求的成果。你应当以这种成果（学生的知识、能力和书面作业）为准绳，衡量自己学生的成绩。如果可能，还可以邀请这些优秀教师中的某一位到你的学校里来，哪怕只待两天也好。

春季和夏初，你应带领学生外出旅行，让他们看看城市生活，参观工厂和印刷厂。要利用每次旅行来丰富学校的图书馆和影片库。

夏天，你不要总是待在学校里，要到大城市去旅行！应当计划一下，在担任这个边远学校的工作期间，你应到莫斯科、列宁格勒和其他大文化中心去旅行。你在城市逗留的时间里要过得充实：到剧院、音乐厅看演出，见识一下我国杰出演员精湛的表演艺术。我再重复一遍，不要忘记买书！

我还建议你们做几次远途旅行，去看看乌拉尔、西伯利亚、阿尔泰山、中亚细亚、高加索、俄罗斯北方——阿尔汉格尔斯克州和诺夫戈罗德州。你的见闻越多，你用来影响学生的教学法手段的宝库就越丰富。

48。教师应当制订哪些计划

这是一个经常遇到的尖锐问题：有时候教师被一些没有必要的文牍压得透不过气来。但是，往往在"官样文章"受到激烈批评时，个别教师又得出结论说，什么计划都不必制订。

以上这两种看法都不正确。对工作有益的计划是应该制订的。

对小学教师来说，制订为期数年的远景计划是很重要的。这种计划包括些什么内容呢？根据我自己的工作经验，应包括如下几点。

（1）儿童在小学阶段应阅读的文学作品的书目。当然，只有当学校图书馆有这些必要的儿童读物时，计划里的这一点才能实现。

（2）儿童在学校里应欣赏的音乐作品（学校里最好有一个音乐教室）。

（3）跟学生们进行谈话时使用的绘画作品。

（4）要求学生背诵的课文和文艺作品的片段。

（5）最低词汇量，也就是要求学生在小学里应牢固而永远熟记其正写法的那些词汇。

（6）为拓展学生的知识面而需要阅读的科普读物的书目。应单独列出供学习差的学生——思维过程迟缓的儿童阅读的书籍和小册子。

（7）思维课的主题，即带领学生到思维和母语的源头去参观的课题。

（8）儿童在小学阶段各年级要写的作文题目。

（9）教师和儿童要制作直观教具的大致清单。

（10）小学期间要进行的参观。

我建议初、高年级各学科的教师也要制订这样的远景计划。当然，订这种计划时要注意学科的特点。例如，生物教师在远景计划里列入在自然界进行系统的观察，使学生形成一些必要的概念。地理教师可以把必须记忆的术语列入参观计划。物理教师的计划里要订有观察工农业的生产劳动。

远景计划是一个重要的努力目标，教师根据这种计划每天在翻阅和思考教学大纲时，就在检查自己的工作，什么已经做完，什么还需要去做。根据远景计划完成的情况，可以判断学生掌握的知识质量。

每个教师还应订出专题计划或每节课的计划。专题计划是根据教学大纲分配给本专题的课时，包括数节课的一种计划。专题计划只适用于不大的课题（2—5节课能讲完的）。在专题计划里要注明授课的宗旨和方法，应避免对讲课的内容作冗长的书面抄录。教师给学生传授的知识，应记在教师的脑子里，无须作详细的笔记。专题计划是一种教学预见和根据，而不是详细的讲稿。计划里应写明对教材进行创造性加工的内容，如检查家庭作业时要让学生回答的问题，学新教材时要独立完成的作业种类等。布置给学生的习题和练习，一般不列入计划（通常都把它们抄在专门的卡片上或练习本里）。

写专题计划的笔记本，必须留有空白的地方，以便在出现未能预料的偏离计划的情况时，对原计划做必要的修改。

有些教师不喜欢订专题计划，而宁愿订每节课的计划。他们对题目反复思考，预先订出初步的方案，但仅仅安排一节课的内容。每个教师都可以按照自己认为最适宜的方式去做。最主要的是要以远景计划为目标，不要忘记最终目的，经常考虑到教学大纲及其说明，并不断地把它们和远景计划加以对照。

担任班主任的教师，还要制订教育工作计划。关于这种计划，以后在专讲教育问题的建议中再谈。

⁴⁹。关于写教育日记的建议

我建议每位教师都写教育日记。教育日记并不是在形式上有某些要求的正式文件，而是一种个人的随笔和札记。这种记载对日常工作颇有益处，它是进行思考和创造的源泉。记了一二十年，甚至30年的日记，就是一笔巨大的财富。每位善于思考的教师都有自己的体系，自己的教学素养。如果一位内行教师、富有创造性的教师，在结束其一生的创造活动时，把他在长年劳动和探索中的一切成就都带进坟墓的话，那将会损失多少珍贵的教育财富啊！我真想把教师的日记当作无价之宝珍藏在教育博物馆和科研机构里。

我记了32年的日记。当我作为一个小学教师，刚跨进学校的大门开始从事教育工作的第一天，有件事使我沉思不已。那时，我们村里有一位医生，大家都说他是个古怪的人。我看到，这位古怪的人检查一年级新生的身高和体重时，详细地记录了所有的材料。我们在一起聊了一会儿天，并翻阅了他的记录。使我大为吃惊的是，他已经进行了27年的统计。

我问："您为什么要作这些记录呢？"

医生回答说："这是一项很有意思的事。您看，27年来，孩子们的身高平均增加了4.5厘米。是啊，我能再多活30年该多好啊……"

当时，还没有人想到过儿童会加速成长的问题。战争开始时，医生患了重病，他把自己的记录交给了我。我从学校工作的第一天起，就开始记录儿童的身高、体重和他们智力发展情况。现在，我掌握着59年来该村儿童发育的资料，在我看来，这是极为珍贵的材料。

32年来，每年开学后的前两周内，我都要记录儿童的知识面和概念的一些材料。每年都要让儿童回答同样的一些问题。

例如：从1数到100，说出你知道的植物、动物、鸟类的名称，叫出你所认识的机器的名称，说说它们有哪些用处……

我觉得，儿童对这些问题的回答，同样具有重要的价值。例如，有些资料是值得注意的：1935年，35名一年级新生中能从1数到100的仅有1人；能数到20的有5人（当时儿童是8岁入学）。到1966年，36名一年级学生中能数到100的有24人，其余的12人能数到20、30、40（儿童7岁入学）。儿童对机器和工艺流程的知识逐年增加。但遗憾的是，儿童对于植物、动物和鸟类的知识却在逐年减少。

1935年时所有的35名儿童都看到过朝霞，能描绘日出的情景。1966年时，36名一年级新生中在6月份看到过朝霞和日出的只有7名。

我在自己的日记里还记录着，学生家里有哪些书，家长受过何种程度的教育，父母用多少时间教育儿童。把这些材料进行比较，也很有意思。

在我的日记里，关于后进生的记载占有重要的地位。我认为，注意观察他们在课堂上和家庭中行为上和脑力劳动方面最细微的变化，是非常重要的。把观察和记录下来的情况加以思考，对教师的工作有很大的帮助。例如，我考虑到有些儿童思维活动迟缓，他们的知识面相对地受到局限，从而得出一些结论，譬如这些儿童应阅读哪些科普读物，以及他们应怎样阅读。

记日记还有助于集中思想，对某件事进行深入思考。我在日记里专门留出几页，用于记录有关知识的巩固性的想法。把这些记录加以研究、对比和分析，就能看出知识的巩固性取决于许多先决的前提和条件。记日记能教会我们思考问题。

50。关于对自己子女的教育问题

遗憾的是，现实生活中有一种自相矛盾的现象：教育别人孩子的教师，却没有时间去教育自己的子女。应当避免这种情况。为此，我想建议当教师的父母亲做到如下几点。

不要忘记，对自己的孩子来说，你们在家里既不是老师，也不是班主任，首先是父亲和母亲。因此，不要把家庭变成小型的学校，尽可能别把学校的气氛带到家里去，这不过是为了让你们和孩子组成一个美满的家庭。

教育，并非某种特殊组织的和人为安排的"措施"，教育首先是一种生活方式。教师的手里拿着一把强有力的，而又不无危险的工具，这个工具就是"管人"的权利。它要求教师在使用工具时具有高超的智慧和审慎的精神。教师只应在学校里明智地、小心翼翼地使用这件工具，切不可把它带回家去。教师应把自己许多传统的习惯和做法都留在学校里，为的是避免使自己的孩子带有"教师气"。如果你们的孩子熟悉教师职业的全部细节，知道教师的工作是怎么回事；它与什么有关系；教师怎么做对，怎么做不对；教师有权做什么和无权做什么，那就很糟糕。教师绝不可当着孩子的面，毫无顾忌地评论某些学生和教师。因为教师的孩子要是听多了这类议论，就会变得傲慢起来，会滋长出优越感，认为自己比别的学生条件优越。他们往往会对教师说话粗暴无礼，以后对自己的父母也会这样。到那个时候，你们这些家长即便是有经验、有才智的教师，也会失掉对自己孩子的权威。任何时候都不要让自己的孩子比其他学生有任何特殊的地方。

如果有可能，要把你们的孩子编到同事任教的班里，而不要编在自己的班里。这样做会更好一些，这使你们作为父母亲，更亲近自己的孩子。

尽管我们一辈子时时处处都在教育别人，但仍然需要有专门教育子女的时间。你每天都要抽出一些时间和自己的孩子聊聊天，同他一起读读书，陪他到大自然去散散步。这对做父亲的来说，尤为重要。

在学校里，如果你因为对教学过程的某方面或对学生的行为不满感到气愤，情绪很激动，切不要把这种情绪带到家里来。否则，这对你们的孩子来说，则是个很不好的榜样。如果儿童从幼年起就看到学校给父亲或母亲带来的只是种种不快，他们就会逐渐产生对教育工作的反感。产生这种情绪的恶劣后果，不仅会使你们的孩子长大不想当教师，如果只是这样，那还不算太严重，而实际上问题却要复杂得多：学生如果对教师工作怀有反感，就会逐渐变成口是心非、夸夸其谈的人。

你们具有优越的条件来培养自己的孩子爱劳动、爱读书、爱科学的好思想。教师的劳动，就其自身的性质来说，是一种品德崇高的榜样。要让你们的子女感到你们的劳动和你们对别人命运的热心关怀是高尚的。

你们有自己的藏书。你们的孩子一旦上学，就要给他留出书架，要教育他热爱读书，尊重文化珍宝。

下 篇

51。谁在教育儿童，什么在教育儿童，在教育方面什么取决于教师，什么取决于其他教育者

有时过分简单和绝对地肯定某种教育因素是唯一主要的，会使青年教师无所适从，因为在教育过程中，**一切都是重要的，一切都有自己的意义。**

我想把我们开始教育和培养的儿童，比作一块大理石，几个雕塑家带着自己的刀子同时来到它旁边，要把它塑造成一座雕像，使它具有灵性，体现出人类的理想。这些雕塑家有多少人？他们都是谁？

有许多力量参与人的教育过程，第一是家庭，家庭中最细致、最有才干的雕塑家是母亲；第二是教师，他有精神财富、智慧、知识、能力、爱好和生活经验，有智力、审美和创造等方面的需要，有自己的兴趣和志向；第三是对每个人产生强大教育影响的集体（儿童集体、少年集体、青年集体）；第四是每个受教育者个人（自我教育）；第五是受教育者在智力、美感、道德等珍宝的世界中的精神生活——我指的是**书籍**；第六是完全未料想到的雕塑家（学生在街上结交的少年；来做客一周而使儿童一生都酷爱无线电工程或星球世界幻想的亲属或熟人）。

如果这些起教育作用的雕塑家，始终行动得像一个组织得很好的交响乐队一样，那么，教育的利剑和长矛往往为之交锋和折断的许多问题，就会非常容易地得到解决。

然而，每个雕塑家都有自己的性格、风格和长处（有时也有短处）。有时，一个雕塑家对另一个雕塑家的技艺和创作往往持批

判态度，不仅力图用刀子在未加工的大理石上精心雕刻，而且总想对另一个雕塑家刚刚做好的地方乱加修补。然后，大理石就不再是"石块"了，逐渐变成有思想的生物，不仅认识自己周围的世界，而且认识自己本身，不仅用理智来认识，而且用心灵来认识。接着，"大理石块"表露了想照镜子的愿望，说："喂，尊敬的巧匠们，你们干了些什么呀？"我们的雕塑半成品便拿起自己的刀子，照着镜子（即端详周围的人们，对有些人赞美，对有些人没有表情，对有些人愤怒），自己开始雕刻起来，甚至开始修改别人已经雕刻过的地方。创造热情就在这里燃烧起来：刀子同利剑相互交锋，大理石碎屑飞舞，不时整片整片从洁白大理石上劈落下来……

你看到这种利剑、刀子交锋并听到刀响和雕塑教育家"对骂"时，心想：这种关于主要和次要教育因素的论断多么天真幼稚！它给整个教育事业带来多大的危害呀！所谓单独一个雕塑教育家万能的奇谈怪论，倘使没有深入家长的意识中去，那我们怎能会碰到有些家长这样断言："我把自己的孩子交给了你们，请你们教育吧！你们和学校是专管这事的。"

你跨进学校的大门，决心把自己的一生献给教育人——共产主义新社会建设者——的事业。应当记住，你不仅仅是活的知识库，不仅仅是一名专家，善于把人类的智力财富传授给年轻一代，并在他们的心灵中点燃求知欲望和热爱知识的火花。你是创造未来人的雕塑家，是不同于他人的特殊雕塑家。教育，创造真正的人，就是你的职业。社会把你看成能工巧匠，我们国家的未来在很大程度上就取决于你。要记住，你的每个错误，都可能变为个人的畸形和精神痛苦。人的创造者，应以自己的水平、能力、艺术为其他雕塑家作出榜样。为使我们在苏维埃学校里创造出来的人，成为德育、智育、美育的完美结合，就需要所有接触"大理石块"的雕塑家配合行动，需要**使创造真正的人的活动和谐一致**。那么，谁应当是形成这种和谐一致的敏锐的、明智的、有经验的、细心的和勇敢的指挥者呢？那就是教师。

你作为教育者的任务，首先是要看到雕塑家组成的整个合唱团，要敏锐地听到每个团员的演唱，并指出哪里的音不准。换句话说，你应了解，在困难多的教育过程中什么取决于谁。必须看到，每个雕塑教育家在共同努力创造的人身上做了些什么。我的青年朋友！要记住，刀子稍一接触洁白的大理石，就会留下终生不可磨灭的痕迹。你应知道，谁在什么时候怎样接触了你们的创作。为此，只有对儿童的热爱是不够的，像神话中的雕刻家皮格马利翁，热爱自己亲手雕刻的哈拉齐娅一样热爱自己的创作是不够的。应当对儿童有了解。应当有对因果关系进行逻辑分析的能力。

做雕塑巧匠合唱团的明智的指挥，并不是要你周密地分配任务和责任，说：这由家庭负责，这由学校负责，这由少先队组织负责……。创造一个人不是按各部分进行的：有人雕耳朵，有人雕前额，有人雕鼻子，如此等等。这种情况在我们复杂而困难的事业中是没有的。你从学校工作的初期起，就要时常同家长交谈——不仅在会上谈，更多的是个别交谈。任何时候都不要试图严格地分配任务，说：这是你们家长应负责的，这是我们学校应负责的。对教育负有责任的不仅仅是学校，家庭也能够并应该做很多事，以使我们的共同产儿成为有聪明才智、能敏锐地理解和深刻地感受的人。要记住，对我们创作的哈拉齐娅，有时会有各种力量在同一处地方作完全不同的接触。你刚刚教育自己的学生要正直和爱护社会主义财产，而你或家长从来不认识的一个"雕塑家"意外地出现，教他去偷窃和欺骗。指挥教育过程者的才智和本领，就在于不让对你们的创造物的任何一次接触不被察觉。

乌克兰哲学家和教育家格·斯·斯科沃罗达教导说，了解原因就是了解一切。[6]我的青年朋友！对这个教导要认真考虑。教师因为没有了解行为的原因而得出不正确结论的事例，在学校生活中难道还少吗？要知道，有时是这样的情形：责任本来在学校，却把家长请来，要他们相信，是他们对孩子照管得不够，把他娇惯坏了，等等。

错综复杂的善与恶有时很难分辨，然而，必须加以分辨，因为这是教师的神圣职责。青年朋友！你参加了崇高的人民教育工作，不仅是能进入造就共产主义新人作坊的若干雕塑巧匠之一，你还应成为其他巧匠的老师。你的优势，是你能够依据教育科学来了解学生。假如我不相信教育人的科学具有极大的力量，那我一天也不可能在学校里工作，更不可能写这本书。你应成为教育科学知识的明灯，它的光应照亮创造人的其他雕塑巧匠的工作。作为教师和班主任，你有哪些办法可以影响学生的家庭呢？学生的自我教育怎样进行，教师在这方面的任务是什么？教师个人怎样进行教育？集体具有巨大的教育力量的秘密何在？在什么条件下有集体，在什么条件下没有？书籍应怎样教育人？怎样使意外的教育者对少年心灵的影响和学校的方向一致？我认为，就这些问题提出建议，对青年教师将有裨益。

52。怎样培养父亲和母亲做好学校和家庭的协同教育工作

在我们的时代，在共产主义社会人的教育方面，据我看来，没有比让母亲和父亲学会如何教育自己的孩子更为重要的任务了。根据多年的工作实践，我们得出一个结论：不关心家长的教育修养，任何教育和教学任务都不可能完成。**家长教育学**，即父母关于怎样培养子女成人的初步知识，是整个教育理论和实践的基础。在我们学校的母亲教育学陈列室里，以显著地位写着恩·伊·皮罗戈夫的话："让妇女们懂得，她们照料摇篮中的孩子，创造他童年时代的游戏，教他牙牙学语，因而成了社会的主要建筑师。基石是她们双手奠定的。"[7]这句话表明了我们整个家长工作的基本思想。

我们这里设有**家长教育学校**，其中分为：学前部、一至三年级学生家长部、四至八年级学生家长部和九至十年级学生家长部。在送自己孩子入学前3年，母亲和父亲就开始在家长教育学校里学习。他们每两周听一次课，由校长、主管教育和教学工作的副校长、主管课外工作的副校长和3年后将担任一年级工作的教师讲课。下面是家长教育学校学前部1964—1967年的工作计划（在这里学习的家长，其子女于1967年秋季进入一年级学习）：

（1）4—7岁儿童的身心发育；

（2）怎样预防儿童患病；

（3）儿童的生活制度、饮食和身体锻炼；

（4）4—7岁儿童的智育；

（5）父母如何关注儿童语言和智力的发展；

（6）怎样预防儿童的神经官能症；

（7）4—7岁儿童的劳动教育；

（8）怎样培养儿童尊敬长者；

（9）学前儿童的大自然教育；

（10）学前儿童需要和兴趣的发展；

（11）学前儿童对现实的认识和情感的发展；

（12）怎样培养儿童具有人的情感；

（13）4—7岁儿童的美学教育；

（14）4—7岁儿童的创造；

（15）怎样防止儿童变得冷漠无情；

（16）怎样教育儿童学会克制自己的欲望；

（17）儿童对植物和动物的关心是教育的一种手段；

（18）游戏及其在学前儿童的智育、德育、情感教育和美育中
　　　的作用；

（19）母亲是儿童的第一个教育者和老师；

（20）家庭是人们相互关系的学校；

（21）父亲和儿子；

（22）母亲和女儿；

（23）儿童对学校教学的心理准备；

（24）儿童道德修养的基本要素；

（25）我们怎样看你们的孩子，你们应怎样看他；

（26）家长在子女教育方面易犯哪些错误，怎样避免这些错误；

（27）祖父和祖母是教育者；

（28）给学前儿童教些什么和怎样教；

（29）怎样使家庭中充满慈爱与和睦的气氛；

（30）怎样教育儿童和善待人；

（31）怎样做到互相谦让；

（32）怎样抑制自己的感情冲动；

（33）怎样培养儿童立志做好人；

（34）怎样防止儿童任性；

（35）家长的权力是什么以及怎样使用这种权力；

（36）怎样进行无惩罚教育；

（37）惩罚是利多还是弊多；

（38）什么可以和什么不可以要求于儿童；

（39）教育子女是父母最重要的社会义务。

作为教师，你必须准备和讲授这些题目，因此我想对这件并非轻而易举的事情提出几点建议。你要让家长认识到，教育是最崇高的、人道的、高尚的创造事业，是履行崇高的社会义务。我们有许多优秀的班主任，善于把创造人这种思想贯穿在每次向家长讲课和谈话中，启发母亲和父亲为创造地球上最美好的、最崇高的东西而自豪的感情。他们把家长教育学作为**劳动、科学、技艺**和**创造**加以阐述。

这些班主任，从不以"整人"的角度对教育中犯有过错的家长进行讲课和谈话。我的青年朋友，我建议你也不要这样做。有些家庭的生活中还存在一些不好的现象。如果你开始"揭人心事"，把他人的不幸（不善于教育首先就是不幸）置于众目睽睽之下，那么，来听你讲课的家长会越来越少，你将使他们远离学校，而特别危险的是，他们会对一切都不在乎，说：我无论怎样做也不会成为好父亲，别人家的孩子是好的，我的孩子注定是不好的。永远不要忘记，你在同家长谈他们的孩子时，好像是在迫使他们照镜子。如果你对一个人说：瞧，你多么难看……。那么他对你的话会采取什么态度，是不难想象的。

这项建议绝不是说，要回避和缓和教育方面的尖锐部分。恰恰相反，一些人的失败可作为另一些人的教训。没有什么比**学校家庭**教育更为复杂和矛盾的了，这种教育充满无数冲突，需要理智地、巧妙地、策略地、耐心地和有条不紊地加以解决。但是，对坏事情也不应回避，讲时不要侮辱和贬低他人。我们**在大庭广众**之下讲坏事，通常不点犯错家长的姓名。

为了深刻反思过错，为了开诚布公地交谈家庭具体情况下的教育，还有另一种工作方式，即同家长进行个别谈话，特别是女教师同母亲谈话和男教师同父亲谈话。决定家长一般精神修养和教育修养的条件和前提，没有两个家庭是绝对相同的。每个家庭都有自己的特点。因此，同母亲和父亲进行个别谈话——**儿童不在场的谈话**，是我们家长教育学校的一个有机组成部分。我特别强调，这是儿童不在场的谈话。任何情况下都不要让儿童知道教育中的困难和烦恼、成功和疏忽，知道了只会有害处。在良好的家庭中，父母善良和睦、互敬互爱、互相谦让是教育影响的主要力量，正是家庭中一切都好，对孩子起了教育作用。

我们已经使学前儿童在家庭中上一种特殊的母育学校。这是任何东西都代替不了的德育、智育、情感教育和美育的学校。任何幼儿园，哪怕是最理想的幼儿园，都不能取代母育学校，或者弥补母亲和父亲在人的精神生活最敏感的领域，即个性教育方面由于疏忽所造成的缺陷。我们非常重视母育学校中培养**人的情感**的教育。在有关这个问题的讲课中，以及同母亲和父亲的个别谈话中，我们都用具体的例子说明，**怎样**使儿童养成一种复杂的精神能力，即总是感到自己是生活在人们当中，要善于限制自己的欲望而考虑他人的利益。在我们的学前儿童家长教育学校里，我们逐步强化了这个极复杂的课题——生活在人们当中的能力。

母亲教育修养的重要性，是怎样估计都不过分的。我们的教师集体坚信，家长教育学是共产主义教育学的第一篇章。我们关心使母亲成为精巧的、智慧的、精神健美的、受道德美的崇高概念所鼓舞的雕塑家，归根到底就是关心儿童心灵的敏感性和同情心，关心他们内心深处对善与美永远的永恒向往。

53。怎样使教育者的话进入受教育者的内心

我们力求使儿童在母育学校里养成细致的、温和的、敏感的、富于同情的心灵。要让儿童不仅用头脑和理智，而且用心灵去认识周围的世界。还要让儿童多多关心这些现象：有人折断了树枝，雏鸟从窝里滚落在草地上作无力的挣扎，花园里出现了不知谁扔掉的**无主的小猫**。我们用不少时间给家长讲，怎样实际创造条件来培养儿童的自治能力，使儿童当别人需要时总是表现出自己的同情心：对某人怜悯，对某人爱抚，对某人保护，对某人关心，为某种原因而焦急不安，为某件事而悲伤。我的青年朋友！这里指的是雕塑巧匠——母亲和父亲最精细的雕刀，是他们最精巧的动作。学校工作

了三十多年的经验使我确信，在儿童入学后，才由我这个教师去接触母亲和父亲都没有触动过的大理石，开始培养情感，已经为时过晚。假如儿童在家里没有接受情感教育，他就不可能用心灵认识世界和接受教师的话。他所能了解的，只是他听到和读到的东西的逻辑意义，而情感上、心灵上的潜台词，他是不会明白的。

这是学校、家庭教育中最复杂的问题之一。为什么往往学校生活开始已有几天，儿童对于教师的好话还完全没有反应？为什么教师不得不大声吆喝、用拳头敲打桌子呢？学习开始一个月以后，儿童已经经历过墙角罚站，受到过处分，但为什么这样做也无济于事呢？祸根就在于缺乏情感教育。

我的青年朋友！假如你想要让你未来的学生留心听你的每句话，**领悟你的话**，就要关心儿童家庭情感关系是否丰富的问题。道德害怕心灵的孤单，如同思想害怕周围无人一样。你要使儿童与他人因为相互负有义务、相互爱慕、尊重和关心联系在一起。你未来学生的道德，在很大程度上取决于自己是否把心灵献一点给别人，或者闭锁在自己的小天地里过着只关心自己和自己狭隘利益的生活。个人主义始于缺乏情感教育。

你要走访自己未来学生的家长（三年当中可以走访每个儿童的家庭两三次），去了解一下是什么给他带来了快乐：仅仅是年长的人给了他什么东西，还是他用自己的微薄力量给别人做了什么事。如果享有父母创造的幸福是他快乐的唯一源泉，那么情况就不乐观——你这个学生来学校也将是个无情义的人。你可以和家长谈谈，共同思考：怎样为孩子开辟其他的快乐源泉：在花园里种植的树木或玫瑰、搭建供人游玩的小葡萄园、制作小鱼缸、建立图书室和可供父母休息的恬静角落。要知道，关心这件事，你就是在使儿童的心灵高尚起来，在给学校学习时期的德育、智育和美育、情感教育打基础。

关心学前期培养高尚的情感时，切不可对儿童采取体罚的办法。没有什么比"强力"迫使手段更为有害的了。用小皮带抽打孩子，而不用聪明温暖的良言善语对待孩子，就如同是用生锈的斧头而不用雕塑家脆柔和锋利的雕刀。体罚不仅是对人肉体的伤害，而且是对人精神的摧残；皮带不仅会使脊背失去知觉，而且会使心灵和情感麻木不仁。在家里受惯了皮带抽打的孩子，在学校里对于良言善语也会置若罔闻。我知道有些儿童由于遭到毒打而变得冷酷无情，挨打的人，自己也想打人；童年就想打人的人，成年以后可能就想杀人——犯罪、杀人、残暴的根源产生于童年。我在家长教育学校学前部讲课已有10年。从事这项非常重要的教育工作使我确信，把下面这条真理灌输到父母的意识和心灵中是非常必要的：一颗播在童年时代早期心灵中的小种子，在成年时会成为一棵大树。一切都取决于播下的是什么种子和播在什么土壤之中。在儿童入学前3年如果他的心灵没有变得敏感、温和、善良，热爱善良，憎恨邪恶，与邪恶和谎言势不两立，我是不会有权被称为人民教师的。

同时，如果想使你的每个学生都成为真正的人，你应该让家长从儿童四五岁起就对他进行劳动教育。儿童从会用手拿汤勺并自己把食物送到嘴里的时候起，就应当从事劳动。充满智慧的国民教育学教我们这样做，我们在教育工作中遵从了这个多年的智慧结晶。不要担心这样做会过早地迫使儿童参加劳动。如果有人，说；"啊呀，是不是太早了！"那么有朝一日他就会懊悔地确信：已经太晚了。我们认为自己的神圣职责是，鼓励父母去让他们五六岁的孩子在春季种植母亲苹果树、母亲葡萄藤、父亲苹果树、父亲葡萄藤、祖母苹果树、祖母葡萄藤、祖父苹果树、祖父葡萄藤。当然，如果得到哥哥和姐姐的帮助，儿童能更加出色地完成这个任务，并且会细心地照护苹果树和葡萄藤，因为他们向往着给母亲、父亲、祖母和祖父带来快乐——用果实招待他们。

形象地说，这一切就是按教师的话对土壤进行情感方面的开垦。对于入学前就体验到给母亲送自己亲手栽培的葡萄这种无与伦比的感觉的人来说，**妈妈**这个词的含义，与那种只知道通过消费寻求快乐的人是迥然不同的。我的青年朋友！你要明白，只有体验到创造快乐的儿童，才能用温暖和善良来教育，才能不用叫喊和处罚来教育。

在这里有的教师会产生疑问：教师有力量做到这一切吗？他能够既担任日常的学生教育工作，又担任4—6岁儿童入学前的准备工作吗？

我的回答是：我们在工作中不做那种没有实际收获的事，就是说，不做归根结底对我们的困难没有帮助的事情。对学前儿童教育的这种关心，是会得到加倍补偿的。正因为有了这种关心，我们的工作容易做了，我们没有遇到其他学校的那些困难。据我了解，那些学校简直无法组织正常的教学和教育活动。我们学校不存在学生无纪律，不想学习这类困难。我们实际上并没有其他学校所采用的处罚形式。这些成绩来源于我们和学生家庭的共同努力。这种家校配合起了极其重要的作用。我们不会命令家庭绝对按照我们的要求去办。问题的关键恰恰在于，我们和学生家庭作为并肩工作的两个雕塑家，有着相同的理念，并朝着同一个方向行动，要知道，在创造人的工作上，两个雕塑家没有相互对立的立场是极为重要的。

54。作为教育者，父母怎样做到行动统一

我们应使父母对自己与学校一起进行教育子女有统一的看法，并进而使父母的要求统一，其中首先是父母对本人要求的统一。作为教育者的父母，要想行动统一，就要给予孩子明智的母爱和父爱，使爱和严、柔和刚达到和谐。我们要做得很有分寸，不触及个人的、往往是近乎病态的表现，防止家长在这个最敏感的精神生活领域中犯错误。家长教育不明智，母爱和父爱就会使儿童畸形发展。我们用具体的例子来说明，无条件的溺爱、暴君式的爱、只提供金钱的爱，会给儿童带来多么巨大的危害。

溺爱是家长和儿童关系上最可悲不过的东西。这是一种本能的、缺乏理智的爱，甚至可以称为"**母鸡似的爱**"，父亲和母亲为儿童的每一举动都感到高兴，但却不考虑这是什么举动，会得到什么结果。受这种态度培养的儿童不会懂得，在人与人的共同生活中有"可以""不可以""应当"这些概念。这种儿童觉得，对于自己来说一切都是被允许的。他变成了任性的，甚至是近乎病态的人，生活中的少许困难，对他来说都会成为无力承担的重负。用溺爱的方式培养出来的人，是自私自利透顶的人。他不知道自己对双亲负有义务，不愿也不想劳动，因为他目中无人，内心里感受不到他周围的人——母亲、父亲、祖母、祖父——也有自己的愿望和需

求，有自己的精神世界。他觉得，自己生活在世上，他的存在，就已经给双亲带来了快乐和幸福。

只有当你和母亲、父亲同时谈话时，才能做到防止溺爱。这里说的是对家长的情感教育问题，而情感是非常细腻的东西。为了对年轻家长进行情感教育，教师要请学前儿童——我们未来的学生的父母不仅来家长教育学校学习，而且参加特殊的实习课。在低年级（特别是一二年级）学生进行集体的公益劳动的日子里，年轻的家长帮助了我们。他们和我们一起指挥劳动，教儿童控制自己想做其他事的愿望，使之服从于劳动，服从于纪律和集体的意志。通过对儿童的教导，自己作为教育者也在不断学习。

还应该告诉家长要当心另一种不理智的、本能的爱。这就是暴君式的爱。这种爱的根源，是有些家长既自私自利，又不文明。他们像对待物品一样对待自己的孩子：这是我的桌子，我想放到哪里，就放在哪里；这是我的女儿，我想说什么，就说什么，我想起了什么，就要求什么。我知道有一位父亲简直发展到了这种地步：他给15岁的女儿（八年级学生）买了一双新潮的鞋子和一件漂亮的连衣裙。他吩咐把皮鞋放在这姑娘做功课的桌旁，把连衣裙也挂在那里，并预先招呼说：如果在学季末各门功课都不低于4分，你就可以穿连衣裙和鞋；但是只要有一门功课得了3分，就别想碰新装。

我的青年朋友，在我们的社会中还有人像暴君一样陶醉于管辖别人，并从中感受到乐趣。你要知道，同这种现象作斗争是非常困难和复杂的。但是，我们教师首先要同这种现象作斗争。

不可让任何一个家庭出现吹毛求疵、责备、歇斯底里地抱怨和非难等情况，因为在这种气氛里，儿童会**变得冷酷**。我认为，这是对少年心灵的一种可怕的打击。你在讲课和谈话中一定要说明，吹毛求疵会把善良的人变成恣意妄为的人，而恣意妄为会驱赶正常家庭中儿童的善良，以及合理的审慎和谦让所产生的心灵感动。这种心灵感动就是**爱抚**。童年时期未受到爱抚的人，在少年和青年早期就会成为粗暴的、无情义的人。

你大概听到过，有的家长焦急不安地寻思说：儿子小的时候善良、温顺和听话；长大后却变得粗暴、任性了。为什么会发生这种现象呢？怎样给家长解释，并且为他们提点什么建议呢？我已无数次得到证实并确信，发生这种现象的原因就在于不善于使用**家长的权力**。在这种情况下和父母同时谈话特别重要，因为，家长的权力就是母亲和父亲智慧的结合，双方意志、情感、愿望的统一。热爱孩子的两个成年人，如果不把智慧结合起来，家长的权力就会变成专横。只要儿童感到母亲和父亲对**可以、不可以、应当**等概念有不同的看法，那么，最合理的事情在他看来也会是暴力、强制，是对他自由的践踏。到这时父母也不得不感到惊讶：不用打骂、皮带和棍棒为什么无法教会孩子生活呢？这就是因为，孩子把合理的、必需的要求也看作压迫他个人意志的一种恶势力。

还要防止家长对孩子表现另一种不理智的爱——只管花钱的爱。有的父母真诚地相信，只要满足孩子的一切物质需要，就是履行了自己做父母的义务。孩子有衣穿，有鞋穿，吃得饱，长得壮，有全套的教科书和直观教具，还需要什么呢？这样的家长认为，父母的爱可以用物质耗费来衡量。在这种情况下，学校碰到的是少数患有道德和情感上的铁石心肠毛病的父亲。他们实质上并不懂得什么是父母的爱。在母亲当中，只要她们与孩子用日常共同的精神纽带联系在一起，就几乎没有这样的人。道德情感上的铁石心肠，对自己子女冷酷无情，并不一定是父亲教育水平低的结果。这是把教育儿童看作同社会义务无关而完全独立的某种现象的结果。

为了防止这种恶习，就要在向家长，特别是向父亲提出的对子女教育的建议中，贯穿关于教育子女是父母的社会义务的思想，以及他们应对子女的未来负责的思想。

在家庭中，如果父亲仅把自己的义务理解为保证孩子的物质需要，而母亲又没有成为儿童精神生活的中心，那么，他们的孩子就会处在精神空虚、贫乏的气氛中。他生活在人们之中而又不了解人们，这才是这种家庭中最可怕的现象。儿童的心灵不认识、感受不到人与人之间的细腻情感，如爱抚、体贴、同情和仁慈，他们就可能成为情感上无知的人。对这种儿童，学校所承担的教育义务尤为重要：他们应在教育机关里对孩子进行情感教育的专门训练。这是理论教育学和实践教育学的一整套问题。遗憾的是，教育理论实质上还没有这一章节：谁都没有专门研究过怎样培养情感，特别是怎样教育这种儿童，他们在道德和情感方面由于家庭环境影响而陷于空虚，变得缺乏个性。

55. 培养情感的教育应当是怎样的

这里所要讲的全部内容，都是教师和家长的协同工作。我们不仅要谈在家里没得到家长衷心关怀、亲切对待的儿童的教育，而且要谈所有儿童的道德情感教育。

教孩子用心去观察、理解、感知周围人们——这看来是花园中最为幽香的一朵花，它的名字就叫作情感教育。我们对儿童的爱，应能唤起他用敏感的心灵去关怀周围的世界，关怀人所创造的一切，服务于人的一切。当然，这首先是关怀人本身。我坚信，在儿童的心灵中培养人的高尚情操，应这样来着手：使他对别人的态度**人道化**，使这种态度充满一种纯洁的、高尚的、尊重人、首先是尊重父母的情感。

一旦跨进学校的大门，儿童就成了学生。在儿童学校生活的最初几年里，学校同家长——我再强调一下——同两位家长，即母亲和父亲的联系，具有特别重要的意义。教师或校长同家长进行个别谈话、深刻思考并提出建议，是我们的教育实验活动。我们共同研究：儿童应该做些什么，从事什么积极活动，才能使他从心灵上感到自己生活在人们中间。

我们和家长一起，努力使儿童在学生时代，特别是在低年级学习时期，受到热忱待人的训练。这种训练中最有价值的课程，是创造美和关心人所享受的美。一切能使儿童得到美感快乐的东西，都具有神奇的教育力量。儿童为家庭、父母和其他人创造着美。

秋天，我们要过玫瑰节。这是家庭的节日，也是学校的节日，但首先还是家庭的节日。节日中，儿童没有聚集在一起，没有那种隆重气氛，在这种气氛中，很遗憾，真诚纯朴的儿童情感很少，而非儿童本性的人为成分倒很多。我们的儿童节日主要是在家里过，但做儿童过节准备工作的是学校。

秋季玫瑰节这一天，每个儿童要在家长的宅旁园地里栽几株玫瑰。我们把花秧分给儿童，让他们拿回去栽上，照料好，以便创造出美来，给母亲、父亲、祖母和祖父带来快乐。

儿童栽了玫瑰后，必须常常提醒他：要松土、浇水，保护玫瑰不被冻伤。他并不习惯操这些心，也不擅长日常劳动。距劳动成为他的乐趣还很远，还非常远。我们告诉儿童，栽玫瑰的结果是长出芳香四溢的花朵，但在他的观念里这是遥远得不可想象的未来。儿童还不善于耐心等待并努力达到目的，因此，要教他这样做，而且是通过劳动来教。

于是，第一个花蕾出现了，接着又有了第二个、第三个。花蕾绽开了，鲜红的、粉红的、蓝色的、淡蓝的花瓣在阳光下闪耀。这时，儿童目光中高兴的神采，简直不可比拟。这不是从家长手里得到某种礼物的快乐，不是闲散休息的快乐，不是想象旅行参观如何令人兴奋而感到的快乐。这是为最亲爱的人们——母亲、父亲、祖母、祖父做好事而产生的快乐。儿童的心灵为这种好事而感动、激动、愉悦，恰恰是因为这种好事就是美。

儿童摘下一朵玫瑰花送给母亲，一瞬间他的眼睛里闪耀着一种特殊的光芒，看到这一幕，我感到是再幸福不过的事。这种纯洁的人性光芒，正由于内心十分欢快而发亮。

这是培养情感所最需要和最重要的功课之一。儿童体会到为别人创造美所带来的初步欢乐，对美产生了新的想象。他把鲜花盛开的苹果枝条、成熟的一串串葡萄、凝神沉思的菊花，看作劳动、关切、焦急的体现。他的手不会随便去折断枝条，掐掉花朵。

当然，我的青年朋友，我不是在用美的某种抽象说法把美、把美"本身"加以理想化。只有当美充满崇高理想和共产主义人性——对劳动人民热爱和对阶级敌人憎恨、不可调和、势不两立时，美才能成为强大的教育力量。

学校生活的第一年即将过去，儿童就要转入二年级时，我们同他们一道建立一个敬老园。这是为那些在大地上工作过40年、50年、60年、70年，而有的可能工作过八九十的老人开辟的果园。我们通常会选一块荒芜贫瘠的土地，把它开辟成敬老园，用劳动把这块地变成肥沃的土地，种植葡萄、苹果树、梨树、李树。这不是一种轻松的劳动，有时要运来几十吨肥沃的淤泥，才能使土地恢复生机。但是，这种劳动具有崇高的目的——我们要给人们带来快乐，这种劳动的愉快是无可比拟的。

敬老园里的第一批果实成熟了，儿童把尊敬的同村人——爷爷和老爷爷们请到园里来。尊敬老年人，是尊敬他人最明显的表现。对老年人不尊敬甚至持冷漠态度，是对社会的一种激烈报复行为，其表现为冷酷无情、邪恶、精神空虚、易犯罪。

我亲爱的青年朋友，指导学生沿着这条道德发展途径走下去吧！这里的劳动充满着崇高的精神，你可以看到，学生在敬老园摘下果实献给在大地上劳动了半个世纪的人这一瞬间，会在他的心灵中留下不可磨灭的印象，因为他好像登上了自己道德发展的第一座高峰。

儿童体会到做好事带来的大公无私的快乐，就获得了宝贵的精神财富。他内心就会懂得，在一起生活的同学、朋友或亲爱的人在什么时候和什么地方需要进行帮助。儿童感到需要做好事，感到需要别人（马克思说这种需要是自由的人最伟大的精神财富[8]），他就会成为对周围世界、对人们、对各种行为、事件和人与人的相互关系非常敏感和富有同情心的人。

56。为使儿童愿意好好学习该做些什么

我坚信，儿童脑力劳动的人道化，使这种劳动由于想要给亲爱的父母带来快乐而高尚起来。这是推动儿童自觉而勤奋地从事脑力劳动最强有力的刺激力量。对人热忱和富有同情心的儿童，会在乍看起来并无不良行为的地方也觉得有表现不好之感。四年级学生科利亚有一天对我说："我应该好好学习，妈妈有心脏病。"这孩子感到，假如他的成绩单上出现了不及格的分数，母亲是会难过的。他想要让母亲放心。他知道，用自己的劳动可以使母亲放心，不让她焦虑。

如果你想使儿童愿意好好学习，并力图以此给母亲和父亲带来快乐，那就要珍惜、爱护和发展他作为劳动者的自豪感。这就是说，儿童应看到自己的学习成绩。不应让儿童因为成绩落后或有其

他方面的不足而感到痛苦不堪。儿童的乐观主义、对自己的力量有信心，是把学校和家庭联结起来的一条结实的细带，是把父母吸引到学校来的一块磁石。如果儿童的乐观主义世界观遭到破坏，就相当于在学校和家庭之间筑起了一道石墙。

为了保住儿童乐观主义的星星之火，要让母亲和父亲，形象地说，站在儿童知识的摇篮旁，直接参与他的学习，同他一道为他的成绩而高兴，对他的成功和不快表现出由衷的关切，这是非常重要的。母亲教育学，不仅仅是教育，而且是教学。在学校教育开始前两年，我们学校就开始和家长一道进行有目的的、计划周密的共同工作，以使儿童学到读写和算术的初步知识。未来的学生每周要到学校去一次（在学校学习开始前半年，则每周去两次），将在低年级教他们的教师和他们一起学习。儿童学习字母、认读和做算术题。当然，如果不在家里巩固学习效果，每周在学校学一小时是毫无作用的。在家长学校上课时，我们给母亲和父亲、祖母和祖父讲怎样教儿童识字和算算术，并制定出一些家庭母亲教学的有趣方法。这种方法的基础是：培养儿童对知识和书本的强烈兴趣，使游戏和有目的的脑力劳动相结合，家长同儿童经常进行思想交流。为识字和算术的教学，高年级学生还制作了专用的直观教具。我们的儿童刚上一年级就会读会算，这在很大程度上减轻了下一步的学习负担，使脑力劳动变得有趣。但是，问题还不仅如此。为上学作准备可以使儿童和家长在思想上接近起来。母亲和父亲由衷地关注儿童的成功和失误，进而理解了一门细致的学问，即尊重孩子做一个好儿童的愿望。同时，学前教学还可以防止家长产生一种不正确的想法，以为"狠狠地压一下"，儿童的学习就会得"5分"或"4分"。我们力图让父母明白：学业成绩的评分，并不代表道德品质的评分。违反这一点，就会给儿童造成很深的创伤，甚至会摧残儿童的心灵。把学科评分和道德面貌等同起来，就是不假思索地追求表面上不错的指标——数字。我们认为，不应该把一切归结为一个简单的结论：分数好，孩子就好；分数"不合要求"，就等于学生"没有达到水平"。这种奇怪的、无知的观点，不懂得人是许多种特点、品质、能力和喜好的和谐统一体。

遗憾的是，这种观点已渗入不少家庭和社会生活之中。大量文章中贯穿了这样一个中心思想，3分表明知识差、不中用。这使我不能不气愤。尊敬的教师同志们！应当坚定地告诉自己，3分表明知识完全合格。顺便提一下，假如所有的教师对于这件事都有正确的看法，那么，蒙混过关的现象就会绝迹——不及格的知识不会评定为3分（遗憾的是，在许多场合还是这样）。家长也不会要求自己孩子做他做不到的事情，要知道，不是所有的儿童都具有同等的能力：一个儿童的学习能轻易地得到"5分"或"4分"，而另一个儿童能得到"3分"就是不小的成绩了。现在，我们正处在实现普及中等教育的前夜，了解这一点尤其重要。

57.怎样随着儿童的成长和发展加深对家长的教育工作

在学校对家长的全部工作中，我们贯彻了一系列教育思想。我们认为，儿童的家庭精神生活和学校教学应该统一的思想具有特别重大的意义。教师集体力图使父母相信，家庭中应该充满尊重科学、文化、书籍的精神。我们和家庭一道举办"图书日"，其用意就在于让父母为家庭图书室购买文艺书籍。我们在家长教育学校的各部讲课时，在进行个别谈话时，都要谈家庭图书和家庭集体的精神生活问题，我们力求培养儿童具有多方面的精神兴趣和需要，其中对书的需要应当是首要的。我们已经使不少家庭把傍晚前一小时作为读书时间，儿童在这时阅读自己家庭图书室的书或学校图书馆借来的书。

此外，我们也非常重视另一个十分重要的教育思想，即儿童、少年、男女青年的自我教育。离开家庭和图书，这种教育是不可想象的。我们努力使正在成长的人学会利用业余时间，珍惜它，并用发展精神需要的活动来充实它。

我们向儿童的父母讲，从懂事的初期起，就应该让公民的品质在儿童心灵中形成、树立并巩固起来。公民意识和公民情感发源于儿童时代；播在儿童心灵中的一粒小小的种子，会生出苗壮的幼芽，长出深根。我们认为具有重大意义的是，怎样埋下这颗公民种子，公民意识又怎样生长出来。我们告诉家长，要这样培养儿童的意识：使公共福利、关心他人的福利成为这个未来公民个人切身的事情，使他的思想感情世界不局限于物质财富和精神财富的消费上。这里有必要再提醒一下，一个人的道德面貌，在很大程度上取决于儿童时代感受快乐的源泉何在。生活中有很多机会能使儿童关心乍看起来与他无关的事情。我们在帮助家长看到这种机会的同时，告诉他们教育就是创造。例如，庭院前的街道上有一棵枯萎了的小树，不知是谁在什么时候栽的。如果不关心它，就会枯死掉。提醒你的儿子，二年级学生，注意这个他到现在为止尚未看到，而且如果在他心中的公民情感没有被唤起就永远看不到的东西。让他来护理这棵枯萎的小树，给它浇水，保护它不受病虫侵害。帮助他再栽几棵小树，让他体验一下为人们做事产生的第一次自豪感。儿童年龄越大，他做的事也越有意义，而这些事情就是构成公民情感的现实基础。

在对家长进行的一整套工作中，我们非常重视少年和青年的**社会成熟性**问题。在这个十分细致而又难以捉摸的精神生活领域中，学校和家庭力量的统一，具有特别重大的意义。在这方面如果撇开家庭，是什么事情也做不成的。而研究社会成熟性如果脱离母亲教育学，也是白白浪费时间。少年和青年社会成熟性的最主要标志，是对家庭开支的劳动贡献。我们认为，在学校毕业前男女青年只当一名物质财富的消费者，这是完全不应该的。这是部分青年幼稚病的基本原因。我们和家长一道关心中、高年级学生的社会成熟性，力求使每个男女青年都参加社会生产，认真从事劳动，这不是为了学校通常提出的教育目的，而是为了物质目的——创造物质财富。正是由于提出了这个更切合生活实际需要的目的，劳动就从具有某种学究式、服役制色彩的活动，变成了生活本身的事业。在劳动中学校教育的元素越少，确切些说，学究式教育的元素越少，劳动的真正教育意义就越深刻。由于学校和家庭的理想一致，对少年和青年的劳动生活要求一致，我们形成了一个传统：

从12—14岁时期，少年要挣得购买冬季衣鞋所需的费用；

从14—17岁时期，男女青年要挣得全年衣鞋所需的费用；

教科书和教学辅助材料，从学生10岁开始通常是用其劳动所得来购买。

一个人怎样劳动，他做什么以及具有什么样的目标，决定了他的思想。如果学生时代的劳动成为教育的某些附加品，那么任何自觉的未来计划和任何郑重的职业方向都无从谈起了。如果少年和男女青年的劳动不是一种十分认真的**成人的**事情，我们甚至就不可能同家长来谈论他们子女思维的成熟性、学习的独立性、公民的责任心、男女青年建立自己家庭的精神准备等问题。

58。怎样同家庭一道指导儿童劳动

我再强调一下，把儿童、少年、青年的劳动纳入家庭经济物质生活，使它成为其中不可缺少的有机组成部分，使母亲和父亲把它看作子女的神圣义务，这一点具有极其重大的意义。如果不这样做，学校的任何教育策略都绝对不会有什么结果。如果家庭认为儿童不需要劳动，如果家长为使子女生活得轻松而不让他们劳动，那么，学校组织的周实习课、双周实习课、月实习课，对于儿童来说，都不是劳动，而是游戏，并且仅仅是游戏，是一种令人讨厌和感到累赘的、正想尽快摆脱的游戏。劳动只有成为经济上的需要时，才具有教育力量。如果实现了这一点，那么，其他一切就会迎刃而解了：学习也是一种劳动，父亲患病不能工作这件事，也会引起少年像成年人那样认真思考。

在农村学校，解决儿童劳动的组织问题和教育问题是很容易的。我再重复一遍，这里讲的正是儿童劳动。只有当劳动对于一个人不是抽象的教育练习，而是缺少它就没有饭吃、没有衣穿的事情时，他才能成为真正的劳动者，成为真正的人。我们和家长一道，设法给儿童找到力所能及而生产效率又较高的劳动。7岁、8岁的儿童可以跟母亲和哥哥、姐姐一起在养蚕小组劳动——采摘桑条，送到蚕架那里，分放到各架上，并清扫垃圾。9岁、10岁的儿童除了养蚕小组的劳动以外，还可以挑选玉米种子，采集菜籽，捡拾农家肥并施到菜地里去。11岁、12岁的儿童，可以晾晒干草，摘蔬菜和水果，放牧牛羊。

少年可以照管畜牧场的牛、青贮饲料作物、净选种子。有些

12—14岁的男孩，可以驾驶菜地用的拖拉机。男女青年可以驾驶各种农业机器，用它们来耕地，给技术作物和蔬菜松土、播种，收割庄稼。

我的青年朋友！你可能会感到，尽早引领儿童参加真正的生产劳动是件不寻常的事。我知道，有些教师对我们的劳动教育制度有疑虑，他们会问：儿童有休息时间吗？他们的负担不会过重吗？我们是没有这些疑虑的。这种制度并不是我们想出来的。这是国民教育学的悠久传统：儿童帮助家长劳动，家长在劳动中也很需要儿童的帮助；只要儿童学会了用手把汤勺送到嘴里，他就是在劳动，这不是为了练习劳动，而是因为儿童周围的任何人如果不劳动就不可能生活下去。

国民教育学知道，儿童的力量能做到什么和不能做到什么。因为它把生活的智慧同父母的爱有机地结合起来了。国民教育学并不担心劳动会使儿童感到疲乏，它知道，劳动不可能不流汗水，也不可能不长老茧。

知道劳动具有神奇力量的国民教育学，为我们开辟了教育智慧的新源泉，这是书本教育理论所不知道的。我们深信，只有通过有汗水、有老茧和会疲乏的劳动，人的心灵才会变得敏感、温和。只有通过劳动，人类才具有用心灵去认识周围世界的能力。劳动儿童和劳动少年对人们的看法，和没有真正劳动过的人是完全不同的。

59。怎样通过劳动培养人性

我记得有个小女孩，名叫卓娅。母亲对她十分宠爱，迁就了她的一切怪脾气。后来，母亲生病了，得的是慢性虚弱病，有时好些有时又会突然恶化。卓娅所在的三年级，打算去第聂伯河作一次为期5天的有趣旅行。卓娅的母亲来到学校，商量怎么给女儿做出游准备。她虽然感到身体很不舒服，但仍尽力不理会病痛的折磨。我好不容易说服了母亲，告诉她卓娅不能去旅行——难道可以这样丢下母亲不管吗？我把这个小姑娘从课堂上叫来告诉她说，她不能去旅行了。卓娅大哭起来。

"难道你没有看见妈妈这个样子吗？"我问道，"要知道，她有重病。她要费多大力气装成没病的样子——难道你不会因此而不安吗？"

女孩子莫名其妙地看了我一眼。

"我怎么会知道这事？"卓娅漫不经心地说，"妈妈并没有说，她病了还是没有病。"

卓娅对不能和同学们一道去旅行，显然是不满意的。理智在提醒她，不能丢下母亲不管，可是，心灵却什么也没有说。这就是不幸。

我用了不止一年的工夫来使这个女孩的心灵醒悟。在教育上我首先关心的是，要让卓娅体会到为母亲和同班同学付出劳动的自豪感。见到她眼里闪烁着作为人的这种自豪感后，我才能说，现在，这个人身上的人性诞生了。

卓娅现在已经成年，是两个孩子的母亲了。她的大儿子是学前儿童，我们同母亲一道在对他进行着教育。

学校在培养共产主义的人。在我们建立的社会里，人与人应当是朋友、兄弟、同志。只有当一个人为他人的幸福用心付出时，才能养成这种崇高的品质。**献出**精神财富——只有这才是精神财富的**获得**。人与人的关系在劳动中表现得最为鲜明，这时，一个人正在对另一个人有所创造。劳动是一个无穷尽的概念，因为它是人类的概念，不仅仅表现在人们种庄稼和栽树木的地方。最细致、最复杂的劳动还表现在这种时候，即一个人到另一个人那里去，从他的眼神里看到，或在他"言外"之意中听到求助的呼吁。这种劳动是人类精神活动的最高阶段。但是，为了达到这个阶段，必须经历初级阶段——为家庭的物质福利而劳动，为创造人的吃、穿、住（设备完善的住宅）所必需的物质财富而劳动。

⑥⓪.怎样和家长一道培养未来的父亲和母亲

这件事应该与家长配合进行。学校培养的人，不仅是公民和劳动者，而且是未来的父亲和母亲，即自己子女的教育者。我们教师集体还操心一件事，即防止青年对婚姻、爱情、生儿育女持轻率的、不郑重的态度。遗憾的是，这种态度在青年中还可以见到。我们让家长也分担这种操心。在家长教育学校的讲课中，我们要对父亲和母亲讲，在子女接近性成熟时期，家长面临着什么任务。在关于怎样使性的本能变得高尚的问题上，我们力求同孩子的父母达成一致。后来，待到儿童成长为男女青年时，我们同他们进行座谈——男教师、父亲同男青年座谈，女教师、母亲同女青年座谈。多年的学校工作使我深信，这是十分必要的一件事。这可以说是对青年的心灵进行最温柔、最细腻的、小心翼翼却又必要的接触。我们教男女青年如何生活，教他们成为真正的人。这个使命只能委托给最有爱心和富于人性的教师承担。

我们告诉青年和家长，没有什么专门的爱情"科学"，只有人性科学，谁掌握了它，谁才能在精神心理和道德审美方面建立人与人的崇高关系，才能创造新的人。爱情是对人性最严格的考验。但是，一个人在儿童时代和少年时代把自己的精神力量贡献一点给他人时，就是经受这门课的入门考试。

我的青年朋友，我建议你在培养人从事最明智的创造，即创造人的时候，要从紧密联系和相互依从的角度培养他的智慧、意志和情感。在这个精神生活领域中，智慧和意志应成为情感——性欲的特别警觉卫士。不要相信有些作家和评论家的论断，他们认为不能给感情下命令，他们说：人无力支配自己的欲望。他们是想用这种论断作为柔软的遮羞布，以掩饰性的放荡和所谓"爱情自由"，而这种行为是列宁所强烈反对的。

我的青年朋友，你要把人类伟大真理传授给站在生活门槛上的青年：爱情首先要求对你所爱的人的命运负责。在爱情上只求寻欢作乐的人，是淫荡的无耻之徒。爱，首先意味着**奉献**，意味着把自己心灵的力量奉献给所爱的人，为所爱的人创造幸福。

让你的学生终生牢记，男女婚前关系的性质如何，这种关系中精神心理和道德审美的因素所占优势的程度如何，决定了他们一生的道德纯洁性。

不要怕给男女青年讲什么是家庭生活，以及在家庭生活中精神和物质两方面的内容是如何交织在一起的。我告诫男女青年，不要让感情遮盖了未来家庭物质需要这个明智、清醒的想法。俗话说："跟相爱的人在一起，窝棚也是天堂"——这话今天不灵了。假如连生活最必需的东西都没有，那就不是天堂，而只能是痛苦的深渊。我们告诉男女青年，建立家庭的前提条件是掌握专业知识、有工资收入、能独立生活。

教导的话语在教育中起着重大的作用。但是，要使生活的教导进入青年心灵，还需要很多条件。应再重复一遍，只有从事劳动并把为人们带来福利的愿望贯注于劳动之中的人，只有已经感受到为人们创造幸福的愉快的人，才能对话语有心灵上的感应。只有在进入青年时代早期之前，即在少年时代，就已经具有相当丰富的劳动道德经验，待成为青年时，心灵深处才更容易接受话语。起初，先唤醒心灵，使它感受为人们创造福利的快乐，然后，再运用激动振奋的话语来开导，这就是教师对青年心灵施加教育影响的逻辑步骤。在施加这种影响时，要把积极的精神活动同话语有机地结合起来。当讲到未来的丈夫和妻子、父亲和母亲的教育问题时，这种结合就显得特别重要。在人类生活的领域中，受教育者的积极精神活动同教师的话语相结合，发源于世界上最圣洁的溪流，它的名字就叫"尊重妇女"。没有学校和家长的共同合作，这条溪流很快就会干涸，为它供水的源泉也会枯竭。

61.怎样培养对妇女——姑娘、母亲的尊重

我的青年朋友！你要善于使学生从心灵和理智上接受一个真理，即爱国主义的神圣情感来自母亲。要善于教自己的学生学会观察生活，尽管现实生活中人际关系极其复杂，这一切都在向青年直接呼吁甚至大声疾呼：不要放过，要干预你们见到的情况。

在一个严寒的日子里，到处都是雪堆。我的八年级学生好不容易来到学校，他们聚集在学校的暖和走廊里，抖掉身上的雪。有人突然想起：我们教学楼旁的小房子里不是住着一位老奶奶吗？她现在怎么样了？雪已经下了一天多，让我们到她家去看看吧！我们难道可以安然地坐在暖和的教室里，却忘掉了那座被雪盖住的有人的

小房子吗？很可能连给老奶奶送水的人都没有。

我们越过雪堆，好不容易走到了小房子前，把门打开一看，老奶奶在发烧。怎么办？我们赶紧给医院打了个电话。

需要把病人送到医院去。集体农庄派了汽车，可是由于积雪太厚，汽车无法开出院子。老太太在呻吟，烧得翻来覆去；青年人的眼里急得冒火。这是我从未见到过的情景，他们表现出帮助人的勇气和决心。我们立刻做了一副担架，给病人裹上大衣，把她抬出去。6个人抬着走，12个人在前面扫雪开路，每走200米轮换一次。我们的行进很有计划：由一批人抬到前面某个雪堆，再由另一批人抬到另一个雪堆。野外零下20摄氏度严寒，我们眼眉上落着雪花，却浑身大汗，不觉得冷，也不感到累。奋斗了5个小时，我们来到了医院，黄昏时终于把病人放在病床上了。

在这一天里，男子汉诞生了。14岁的少年们升级到勇敢的第一层次上来了。我们永远不会忘记这一天。现在，他们已打开心扉，贪婪地接受我关于妇女、母亲、姑娘，关于美和勇敢的话语。我同他们，连续几天寂静的傍晚，在我们称为思想室的房间里聚会。我觉得，崇高的行为在话语的伴随下触动了灵魂，开垦了心田。话语在有些情况下是空话，尽管话语相同，内容也相同……，要使有关妇女的话语令青年的心跳动得更快，那就得把少年提高到勇敢的第一层次上来，让他们为妇女做出崇高的行为。

我给少年讲身为母亲的妇女，我说：儿子永远不要忘记，母亲是生命的创造者。她给予你生命，养育了你；她向你展示了世界的美和母语的美，向你的心灵灌输了善恶和荣辱的初步概念。子女们要懂得，母亲对于孩子、对于孩子的命运倾注了全部心血、关怀和焦虑。如果孩子们的心地和行为善良，就是她的幸福，如果邪恶，就是她的痛苦。每个妇女都是母亲或者未来的母亲。她用自己的方式深刻地体会到自己对整个人类负有的责任。母性使妇女变得美好和贤明。从妇女成为母亲的那一刻起，她的情感就具有崇高的，除她之外谁都难以理解的意义。

62。作为教育者的教师应具备什么品质

只要学校还存在，乌申斯基的这段话就是颠扑不破的真理："在教育中，一切都应当以教育者的个性为基础，因为教育的力量仅仅来自人的个性这个活的源泉。任何规章制度和纲领，任何人所设置的机构，不管它设想得多么巧妙，都不能取代教育事业的个性……。没有教育者个人对受教育者的直接影响，就不可能有深入人性的真正教育。只有个性才能影响个性的发展和定型，只有性格才能养成性格。"[9]

生活使人们信服，受教育者是教育者的一面镜子。教育的艺术和水平在于，要善于通过受教育者的形象看到自己，通过我们从**小培养起来**的有思想、有感觉、有体验的人看到自己。"有教养的人，是其身上人的形象占统治地位的人"[10]——卢那察尔斯基的这句妙语，使我们不得不思考教师的真正作用。一个人的教养，不仅在于他的知识，而且在于他这个人的多方面的总形象。教师个性的教育力量，就取决于他把教书和育人有机结合的程度如何。如果我们说，学校用知识进行教育，那么，知识的教育力量首先就在于教师的个性。

我的青年朋友！要知道，**把自己的所有传给**我们的学生，并不意味着机械地把知识从自己的头脑移到我们所教的人的头脑中去。一刻也不要忘记，在帮助别人认识周围世界时，我们自己也作为周围世界的极重要成分出现在别人的智慧和心灵面前。别人认识世界时，不可能不认识我们。我们教给他的知识，并不是能与人的个性分得开的东西，而是同人的感觉和体验的世界融合在一起的。这种融合中隐藏着一个"秘密"，即在教育和教学工作中，我认为这种融合是人的形成过程——知识变为信念的过程中最难捉摸的因素之一。问题在于，我们的学生对于在学校获得的知识抱什么态度，大多取决于学生怎样对待教师——知识的明灯。热爱自己所教学科的教师，他的学生也充满热爱知识、科学、书籍的感情。教师的话语中不仅包含了学科的意义和内容，而且包含了思想的情感色彩；只

有热爱科学的人出现在学生面前，才能调动学生的情绪、唤起学生的情感。

什么叫热爱一门学科？它来源于何处？怎样**培养对科学的热爱**？我坚信，这首先要求教师的智力财富永无穷尽。只把自己知识的1％用于课堂讲授就够了的教师，才是真正热爱自己学科的人。教师的知识越丰富，他个人对知识、科学、脑力劳动、智力生活的态度就表露得越鲜明。这种智力财富，就是教师对自己的学科、对科学、学校和教育学的热爱。

热爱自己所教学科的教师，大多具有一种非常宝贵的品质。他不仅向学生传授知识本身，而且能够唤起他们的求知欲望。所有努力用知识和对科学的热爱来进行教育的教师，都力求做到这一点。他们认为自己个性对学生的影响，就是把自己的智慧、清晰的脑力、根深蒂固的求知欲和需求留给学生。上课时似乎在必要的知识和超出教学大纲范围的知识之间架起了一座小桥，教师引导学生在这座小桥上走——只有在这种情况下，教育者的个性对受教育者的个性的教育影响才能达到高水平。我把课堂上传授给学生的知识看作种子，它能生出苗壮的思想幼芽，提供丰盛的收获——使学生渴求知识，力图成为更聪明、更发展、精神更丰富的人。如果没有这种收获，学习就会变成读死书，上课也会变成对熟背的检查，学生会变成会背诵知识的听话机器。我认为，只有当学生产生了想要比在课堂上获得更多知识的愿望，这种愿望成为推动他学习和掌握知识的一个主要刺激因素时，教师才能成为知识的明灯，成为真正的教育者。

我力图做到，在上课时把知识的种子播撒在充分翻耕的土壤中之后，便开始丰富的智力生活，让我的学生在这种生活中，从知识江河驶向知识海洋。如果把学习局限于课堂、课本、从某页到某页的家庭作业等，那我就不可能成为教育者，知识也不会起到教育作用。只有课后学生身上燃起无数热烈求知思想的火花时，知识的种子才能破土而出，长出苗壮的思想幼芽来。

求知思想的火花，首先是在书籍世界里进行的个人阅读和精神上的充实（关于这个问题，我还要回过头来讲）。第二个非常重要的思想火花，是学习小组，有了这种小组，教师就成为教育者，学生成为受教育者。我坚信，如果没有这个精神生活的发源地，上课就变成了把枯燥无味的知识从教师头脑向学生头脑简单搬运的过程。要记住，我们每个人，不论教师还是学生，都是科学知识海洋中的旅游者，我们总是在准备有关科学最新成就的报告和报道，以及评介科学杂志中的论文。

我的青年朋友！我想向你建议：**你的知识、你对知识的渴望和阅读爱好，就是你个性教育力量的强大源泉。**你要善于发现这个源泉，并引导学生走近这个源泉。要做自己所教学科的主人，教学大纲和教科书对你来说只是最基本的知识，如同字母表对于已掌握修辞学奥妙的人一样。要孜孜不倦地经常充实自己的科学知识储备，在你讲授基础知识的那门科学方面，你的私人藏书应当非常多，多到你能够在4—5年中给你的学生每人每个月（有的人也可能是每周）提供一本新书阅读。要善于发现和培养自己的学生，要培养与你的爱好、兴趣、志向、才能相近的青年人。让每个班级都涌现出热爱你这门学科的学生。让每个教师都有自己的学生：语文教师有自己的学生，历史教师有自己的学生，地理教师、生物教师、数学教师都有自己的学生。

你的学生越是深深地爱上你所教的科目，作为教师你就越优秀，在你个人身上育人者和教书者的身份也就愈加有机地结合在一起。没有教师的个性对学生个性的直接影响，就不可能解决能力、志向、才干的培养问题。因为能力只能由能力来培养，志向只能由志向来培养，才干也只能由才干来培养。

说到这里，似乎离题稍远了一点儿。应当说，好教师是从在课桌旁当学生时开始培养的；有能力燃起学生热爱教师职业火花的，正是那些热爱儿童和具有教育大智慧的人。这种教育智慧，就是善于在青年心灵中不断激起做好人的愿望，希望今天比昨天做得更好的愿望，以及对自己应有的自尊感。

我想象中的理想学校，是每个教师都有我们上述讲过的那种学生的校中之校。有人可能会问：如果每个教师都力图给自己的学生创造一个有些独特的智力世界，会不会削弱基层集体和全校集体呢？当然不会。这里不仅没有任何危险，而且恰恰相反，如果每个教师都有自己的学生，那么，只是这时才可能有作为教育力量的真正集体。

⑥3。集体是教育的工具，怎样建立和维护集体

集体——儿童的、少年的、青年的集体，是很复杂的统一体。这是由成千上万条溪流汇合成的江河。集体是渐渐地建立起来的。我观察一年级学生的生活32年，教过不止一代一年级到四年级的儿童。我想，我有资格说，在儿童跨进学校大门以后的一段时期，班级里还没有，也不可能有我们的集体概念所指的集体。集体是逐步产生的。有一种说法很幼稚：集体借以维持的主要因素，是严格要求和组织上的从属制度。严格要求、责任心、服从和领导，都是集体借以维持的非常重要的因素，但如果没有其他同样重要的因素，那就没有，也不可能有集体。有些教师希望从学生中选出一些领导者，对他们进行职责分工并提出要求，认为这样集体就建立起来了。这种希望在实践上是无结果的。一般来说，在像学校集体这样极其复杂的精神共同体中，把某一因素绝对化是不行的。不可作一般或绝对的结论说：这样做只会是好的，而那样做只会是不好的。集体并不是一种不知来自何处的东西，集体是教师的创造。在集体中，如在水滴中一样，反映出的是教师的教育理想和他的世界观。

我认为，形象地说，集体是在共同的思想、共同的智力、共同的情感、共同的组织这几块基石之上建立起来的。

集体的形成和这些基石的奠定，关键在于教师。在有些情况下，集体的要素在儿童过学校生活的第一年就已出现，在另一些情况下则晚些。一块基石的稳定和牢固与否，取决于其他基石的稳定性和牢固性。例如，共同的组织——严格要求、服从、领导、管理、从属制度，取决于共同的思想、智力和情感三者的统一。因此，不要急于建立某种组织依附机构——领导和被领导。不要指望，在班里选出了学生的领导机构，进行了职责分工，一切就会自动迈上轨道。

我认为，集体的建立是从思想一致开始的，它是组织一致这块基石所依靠的根底。我一向是从儿童对于善与恶，换句话说，对于

"什么是好与什么是坏"有了一致的、共同的概念和看法时，开始建立集体的。对于奠定集体的最初基础来说，最重要的是要让儿童努力做好事，为善良而斗争，通过集体活动建立福利。同时，要不容忍邪恶，与之势不两立，憎恶不良行为，用儿童所能具有的最大决心和意志力反对它。如果你能在儿童的思想和心灵中树立起认为善良才美，对邪恶不容忍的概念，你就能成为儿童的教育者。我尽量让每个儿童都懂得和感受到，一个人只有在集体中才能成为真正守护善良的战士，集体斗争给人以极大的快乐，帮助人感受到自己的力量和自己的美。在共同斗争的同志关系中，一个人会认识另一个人，会产生极重要的精神需要——需要别人，需要别人给自己支援和帮助。一个人在管（领导）别人之前，先要学会管好自己，迫使自己做自己良心召唤的事情。要想成为对良心感召反应敏锐的人，就应首先成为对善恶反应敏锐的人。而只是在一种时候人才会有这种敏锐感，这时候，一个人——哪怕他还很小，但已是人（这一点要永远不忘记）——已具有为好事而斗争的某种道德经验，并体会到了这种斗争的快乐。这种快乐在初期只是来自共同建立某种美好的事情——没有这一点，是什么也做不成的。

学生的年龄越大，他支持好事、反对坏事的斗争就越有意义。我们教师集体认为，每个人在儿童时代和少年时代都要经受这种集体斗争的锻炼，这是非常重要的。这首先就是用自己的双手劳动、创造和建立福利，在集体进行教育方面，没有什么比口头上热情、口头上对坏事不容忍，而实际上无所作为更恶劣的了。要知道，我们生活中的邪恶，首先是懒惰、懈怠、对社会主义财产漠不关心、自私自利、市侩习气。我们努力使儿童时代、少年时代和青年时代早期的集体成员，是因为人们创造物质财富和精神财富的思想和体验才会联合在一起。在寸草不生的土地上培育出一片柞树林，使不毛之地变成肥沃的高产田——这种劳动只有集体力量才能办得到，它的巨大教育作用就表现在这里。正是这种劳动，通过统一的信心和统一的情感把人们联合起来了。正是在这种劳动中，奠定了共同的思想和情感这些集体的基石。每个学生的微薄力量累积在一起时，才能感觉到和意识到集体力量的强大。只有在集体中，才能真正认识到人的美。

　　我的青年朋友！你要善于通过劳动把学生联合起来，因为在劳动中鲜明地表现了为人民服务、为人们的福利贡献力量的思想。从事这种劳动的机会，在我们周围比比皆是。例如，学生眼前就有一块空地，他们已经对路旁这块成了垃圾场的空地习以为常，视而不见了。你要让他们看见这块空地，让他们想在这里造出一片多荫的小树林，作为炎夏酷暑时倦怠的行路人休息的地方。请记住，为他人的幸福而从事集体劳动，就是真正思想教育的开端。在这种劳动中，集体的思想基石和情感基石相一致并有机地结合起来了。但千万不要半途而废、前功尽弃，这会使人变坏的。也不要让学生只是抱怨"这也不好，那也不好""别人那里好，我们这里不好"而不动手去做一点好事。空话是不能用来进行教育的。集体是在实践活动中、斗争和劳动中产生和巩固起来的。

　　智力的共同性是集体的一块基石。但并不是说，在认识领域中，所有的人都应当有相同的兴趣。恰恰相反，成功的秘诀在于，集体的成员应有不同的兴趣和爱好，阅读不同的书籍。智力一致，指的是大家都渴求知识，尊重科学思想、书籍，尊重聪明的、有教养的人。我这样想象集体的真正智力的共同性：比方说，七年级或八年级有35名学生，其中8人爱好数学，热爱数学教师；7人喜欢物理，8人喜欢文学，9人喜欢生物、土壤学、植物栽培学，等等。这就是真正的智力的共同性。每个人有自己的爱好，有自己的"干劲"，人人都用自己的某种特长把集体充实起来。有了多种多样的爱好，集体的智力生活就变得丰富起来。少年们上课前聚集在一起，或课后在回家的路上，相互争论、憧憬着科技高度发展的未来。有趣的是，他们不仅仅谈论教学大纲上的材料和教科书中的内容，课堂上没有学过的东西也使他们头脑激动不安。集体一心一意力求不断地丰富知识，这是非常重要的。这种意图的强烈与否，完全取决于历史、地理、数学、物理、生物、文学教师在多大程度上成为教育者，他们在多大程度上用自己学科的智力财富占据学生的头脑和心灵。这种对集体的教育，首先是教师为争取学生的心灵而开展的一种聪慧而有分寸的斗争。这实质上就是要在学校里建立若干个智力生活的基地或中心，由聪慧的、热爱自己那门科学的教师来领导。每一个中心还要有自己的组织形式——例如，在我们学校里，就是各学科小组，不过，也可以有其他的组织形式。

⑥④。怎样通过集体使个性全面发展

人是一个不可分割的整体（道德的、智力的、情感的、审美的、创造的）；只在一个集体中要找出能揭示、表现和发展这个整体的形式，是无法实现的，因为这个集体在成员相互关系的组织上具有局限性。例如，基层的班集体，不可能成为完成个性全面发展任务的唯一组织形式。一个学生有研究数学的兴趣，另一个学生喜欢生物学，第三个学生爱好文学，第四个学生爱好技术创新。此外，每个学生还可能有一种或几种爱好，如音乐、图画、木刻等。随着年龄的增长，有些学生正在发展的志趣所要求从事的活动，会与其他人的活动完全不同。所有这些复杂多样的兴趣、爱好和活动，基层集体工作的组织形式是**容纳**不了的。前面已讲过，如果教师已成为教育者，他就必然成为有共同智力兴趣的青少年集体的核心。各学科小组，是保证个性全面发展的最必要的集体形式之一。这种小组可以由六七年级的学生组成，而在有的学校里——在智力生活蓬勃发展的地方，也可以把四五年级学生吸收到这种小组来。这种小组一般应是同龄人的集体，但并不排除七八年级的学生或八九年级的学生在同一个学科小组里共同活动的可能。

除了对知识、科学和书籍的兴趣之外，学生还有其他方面的兴趣，如劳动兴趣和创作兴趣。劳动和通过劳动进行创作，是发展个人志向、能力和才干非常重要的方面。我们学校里有劳动创作小组，如技术小组、农业小组等。这些小组是按年龄建立起来的，如有一二年级的少年园艺小组、三四年级的少年园艺小组、三四年级的少年机务小组、五六年级的少年机务小组、六七年级的少年无线电技术小组、五至七年级的少年育种小组、八至十年级的少年机务小组等。每个小组的学生少则8—10人，多则15—20人，这是一种非常稳定的组织。有些学校的小组已有20多年的历史，一批学生在某个小组活动两三年之后，就转到年龄较大的学生小组去，由另一些学生来接替他们。劳动创作，就像智力的共同性一样，是把学生联合为集体的有力因素。

不论学科小组还是劳动创作小组，都有自己的物质基础。学科小组有思想活动室（或者图书室），在这里，学生度过精神生活中最丰富、最充实的时刻，与书打交道的时刻，即马克思称为智力活动[1]的时刻。劳动创作小组有工作室、实验室和活动室，学生在这里完成劳动任务（设计和安装）。学科小组的领导人是教师；劳动创作小组的领导人，或是教师，或是高年级学生。这是保证课余活动原则的重要因素之一。

还有另一种类型的小组——业余艺术活动小组、文学创作小组、音乐小组、戏剧小组、文艺作品阅读小组。在这里，学生表现和发展种种兴趣，这些兴趣不仅从美学方面，而且从道德、情感和智力方面丰富了个人的精神生活。我们的教师集体坚信，这些小组的活动对学生的心灵产生一种敏锐而温柔的触动，没有这种触动，就不可能有基层集体这种精神统一体的生活。

我们把这种集体称为艺术文化集体。我们感到，这个名称最充分地反映了这种集体所进行的活动的实质。艺术文化小组甚至吸收最年幼的学生。我们学校有两个童话小组，共有15—20个一年级儿童。小组的管理者是高年级学生。儿童来到童话室，由高年级学生给他们读或讲有趣的童话。小家伙们还会排演一些民间童话故事，在小组里编新童话，是儿童最感兴趣的一种活动形式。

在艺术文化集体中，我们认为儿童木偶剧具有特别重大的价值。参加这个集体的，有40多个低年级学生（分为3个小组）。这个集体的领导人是高年级学生——共青团员。

65. 怎样培养服从和领导的能力，怎样用高度严格要求的精神进行教育

如果学生在许多集体（我所讲到的，还远远不是一切集体）中得到了全面发展，那就会出现一种状况：每个高年级学生都会成为领导者、教育者，许多少年先锋队员也都会具有领导的经验。同时，领导是由活动派生出来的，似乎是在活动过程中产生的。一个

人的表现多半是在能够说明自己是行家里手时，这个人才会被选为领导者。儿童乐意服从于这种领导者，因为这种情况下的服从意味着愿意今天比昨天更好。在学校里，如果离开了由统一的目的鼓舞着整个集体从事的积极活动，就不可能有服从和领导。用高度严格要求的精神对集体进行教育的活动，应具有鲜明的社会意义、公益作用，这是非常重要的。

服从，首先意味着给自己下命令。这种意志上的举动，需要有高度的自觉性。一个人在青少年时代，尤其是儿童时代，只有当他不仅了解活动的意义，而且了解**情感上的潜台词**时，才能**理解**活动的崇高目的（而社会的、公益的目的永远是崇高的）。只是在有了情感上的自我服从举动时，才可能有意志上的服从。简单地说，儿童和少年只有服从自己的心灵时，才会自觉地服从自己同学的话。在这个细致的工作中，把领导者的意志建立在崇高的道德情感基础上，是非常重要的。换句话说，领导者要号召集体从事本质就是为人们、为社会服从的活动。在这里，我们看到了集体的各种基石——共同的思想、智力、情感和组织之间的密切联系。如果学生把将要进行的活动看作使他的心灵激动、使他精神高尚起来的事，那他就甚至不可能容许有不服从领导者的意志——命令或要求的想法。

因此，我向青年教师建议：要通过富有道德和思想的劳动，引导学生懂得服从。让领导者的要求或命令同学生自己的心声融合在一起，让明天的公民从事具有重大社会意义的劳动时，在自己今天的劳动中就感受作为公民的负责。让他用同龄人和年长同学的眼光看自己。让集体在自己的规则和要求中表现出社会——我国全体劳动者社会主义大集体的理想。

一旦学生集体分成一定的组织（大组、小组），能够独立地从事公益劳动，我就力图使这种劳动有明确的思想中心，让每个儿童不仅了解，而且感受到自己劳动的崇高性质。

66。怎样培养少年列宁主义者

从儿童加入少先队组织时起，他们就开始了社会政治生活的新阶段。多年的经验使我深信，基层集体教育者的主要任务，是用崇高的公民理想来激励少先队。少先队是儿童的公民生活、社会政治生活最重要的组织形式。少先队集体的生活应做到：用比一个人的志向和能力、兴趣和对劳动与创造的热爱更重要得多的东西使儿童振奋，在精神上丰富他们，把他们团结起来。

我们教师集体认为，少先队组织是学习文明的学校，是苏联爱国者社会政治关系的学校。我们认为，少先队和共青团的主要教育任务，都是要使青少年的心灵充满崇高精神，使他们的头脑里具有一种思想：每个苏联人最宝贵和最神圣的东西，是我们的伟大祖国、社会主义制度、革命成果，为建成共产主义而进行的斗争。要帮助少年列宁主义者建立好自己的组织生活，让这些最珍贵的东西在他们的心灵中牢牢确立。

怎样做到这一点呢？首先，要让儿童的活动具有丰富的社会政治内容和思想内容。祖国、家乡、革命成果、共产党、伟大卫国战争的神圣的事物——这些都应作为最宝贵的、个人攸关的、迫使心脏加速跳动的东西铭记在他们心中。为此，必须使事情、行动、相互关系和社会活动充满思想性。

我校优秀教师历来就注意，不让无数的实际事务排挤少年列宁主义者的意识和感情中伟大的、神圣的、崇高的东西。在过少先队组织生活的整个时期（5年），我们经常给少年列宁主义者讲述一些思想：前人传给我们的一切物质财富和精神财富，都是用宝贵的代价换取来的，每一寸苏维埃土地都是我们祖父和曾祖父用大量血汗浇灌的；如果没有祖国我们每一个人都是微不足道的；只有祖国的强有力的双臂，才是使我们每个人精神振奋、道德高尚的神奇力量；如果没有两千万英雄在争取祖国自由和独立的反法西斯战争中流血牺牲，我们就不会享受到安宁的童年和少年时代的幸福；我们的神圣义务，就是要为伟大苏维埃祖国的尊严和强盛而斗争，了解并珍视祖国这个无可比拟的最神圣的东西。

我们认为，列宁少年先锋队组织最重要的任务之一，就是认识祖国，从理智上和心灵上认识祖国，要让每个明天的公民在认识最宝贵和最神圣的事物时，都为祖国的伟大、富饶和强盛而感到振奋和赞叹。要使每个少年的心灵都不断增强一种责任感：我为祖国更伟大、更富饶、更强盛做了些什么？我们力求把从理智上和心灵上认识祖国同积极的活动结合起来。

我们的每个少先队中队都会举办关于祖国各地旅行的演讲活动。这是关于我国自然资源和各族人民的一种有趣的、激动人心的口头宣传。少年列宁主义者面前摆着一张地图。每次演讲的内容是我国的一个角落。儿童从自己故乡的村子起向东部越来越远的地方作思想上的旅行。我们给他们放映有关苏联人生活与劳动的影片和幻灯片。少年的眼前展现了各族人民团结友爱的美好世界。关于祖国各地旅行的演讲活动持续若干年，到儿童成长为少年和准备加入共青团时，仍继续进行。这就加强了对我们祖国伟大和强盛的深刻印象。

关于祖国各地旅行的演讲活动，不仅可以从理智上和心灵上认识现在的情况，而且可回顾过去。我们给儿童讲述各族人民反对社会压迫和外国侵略者的斗争。统一大家庭的情感、各族人民友好的情感，是一种最复杂和最深厚的情感；各族人民为摆脱剥削和外国的奴役与侵略进行了共同斗争，表现了团结和兄弟友爱的精神，如果对这种精神的伟大和美好缺乏个人信念，就不可能有这种最复杂最深厚的情感。

为了培养这种情感，还必须举办受思想所激励的活动。我们的少先队员同我国各兄弟民族的儿童交朋友，尤其与俄罗斯、白俄罗斯的少年列宁主义者的友谊特别牢固。我们的学生与住在第聂伯河沿岸的斯摩棱斯克和白俄罗斯的少先队员交朋友已15年以上了。在每年同一天的同一个时间，乌克兰、白俄罗斯和俄罗斯的儿童，都会到这个大河的岸边种友谊树。少年列宁主义者立下誓言说：我们这几所学校存在多少年，我们在第聂伯河岸边就种下多少棵树。

在友谊日（我们这样称呼这个节日），儿童感受到激动人心的兄弟友好感情。这种感情由于同兄弟民族的儿童能亲自会面而加深。近10年来，我们的少年先锋队大队每年都会派代表参加令人激动的旅行：我们到白俄罗斯兄弟——戈麦尔州科尔缅寄宿学校的少先队员那里做客。白俄罗斯兄弟每年也到我们这里来一次。儿童这种会面让儿童体会到难以用言语表达的深厚情谊。每个人都结交了来自远方的朋友。几天的会面活动很快就过去了，分手时，孩子们眼里都噙着泪水。

我们的教师集体深信，各族人民友好的感情是一种最细腻、最尊贵、最崇高的人心灵的激动，在这种激动中，社会和个人有机地融合在一起了。我们认为十分重要的是，要让男女少年把这种情感灌注到劳动中去；每个少先队员在友谊日都要种植一棵柞树，以纪念与自己同龄人的永恒友谊；随着时间一年年过去，树木不断生长，如儿子关心母亲一样照料它，可以使人的心灵高尚起来。

每个少年先锋队中队都有一个值得纪念的神圣场所——国内战争或伟大卫国战争年代进行过战斗的地方。在这种地方，为烈士建立了活的纪念碑：儿童种下了从二百年的柞树上采来的柞实。少先队员们被这种思想所鼓舞：他们建立的活纪念碑会挺立500年以上，不仅能使人们缅怀英雄，还可以给夏日疲劳的行路人带来一丝清凉。

在离开第聂伯河岸不远的地方，少先队员们查寻历史遗迹时找到了埋在土里的一块大石头。解放乌克兰战争的目击者讲述，有两名苏军战士最先从左岸向右岸强行渡过第聂伯河，在这块石头旁防守了一个昼夜。少先队员们找到了不少被子弹打下来的碎石片。他们在石头旁栽了两棵柞树，以纪念为守卫国土献出生命的两位英雄。经过长期查寻，少先队员们找到了两位烈士的亲属，邀请他们从遥远的西伯利亚来到我们学校做客。少先队员加入共青团时，把纪念英雄的活纪念碑，像接力棒一样，传给了下一代少年列宁主义者。

缅怀为苏维埃祖国的自由和独立而牺牲的烈士，已成为少先队大队和每个中队生活中极其重要的思想。少年列宁主义者们用几年时间建立了一个永垂不朽纪念室。这里悬挂着在伟大卫国战争的战场上牺牲的同乡照片。他把陆海空战斗参加者的讲述珍惜地记录下来，作为人民光辉业绩的宝贵点滴。"谁都不会被忘记，什么也不会被忘记"——这句话已成我们学生的座右铭。

67。怎样向少年列宁主义者灌输共产主义思想

有句古老的拉丁谚语说：语言开导人，榜样吸引人。通过能体现人的最高美德的鲜明形象和榜样，向儿童的意识和心灵展示共产主义思想，是一个非常重要的教育目标。这种美德就是为争取人民的幸福而斗争，在这一斗争中表现出自我牺牲精神，对信仰忠贞不渝，百折不挠地克服困难，对共产主义意识形态的敌人毫不妥协。我们尽力使每个学生的心灵在儿童和少年时代就受到真正为共产主义而奋斗的人们的鼓舞。儿童刚刚戴上红领巾庄严地宣誓之后，我作为老师，每周会为他们开展一两次**共产主义阅读课**。我们学校的每个教师都懂得，这是极其重要的工作。这是教师与学生进行亲密思想交流的时刻，是少年列宁主义者信任地把心灵向你敞开的时刻，在这样的时刻不和他们在一起，就无从了解他们内心深处的许多想法，因而也不可能用自己的细雕刻刀在你所刻造的那个人的塑像上刻画出精致的线条来。

共产主义阅读课不仅是阅读课，而且也是生动活泼、引人入胜的故事会。读书和讲故事活动，多年来已形成了一套固定的题目。我们阅读和讲述关于杰出的共产主义战士的故事，诸如关于捷尔任斯基、斯维尔德洛夫、拉佐、台尔曼、季米特洛夫、卡莫、伏契克、尼古拉·奥斯特洛夫斯基、尼科斯·别洛扬尼斯的故事，朗读和讲述有关伟大导师列宁的生平及其为人类幸福而斗争的事迹。

在共产主义者的形象中，特别使孩子们受鼓舞和激励的，是他们对信仰的忠诚、坚贞不屈，对现实中的和思想上的敌人毫不妥协的精神。每当我向少年列宁主义者朗读和讲述共产党员——列宁主义者卡莫在监狱经受拷打时英勇不屈，最残酷的折磨未能使他呻吟一声，不能使他说出一句求饶的话，这时我发现学生们的眼里闪烁着钦佩的目光。这样的朗读课越多，共产主义的真理就越是深入少年儿童的心灵。

要像爱护无价之宝那样爱护青少年心中对共产主义思想的伟大

力量和真理所怀有的赞叹和钦佩的感情。要懂得，在通过理智和心灵认识周围世界的真相时，年轻人总是力求了解神圣的事物，力求在自己身边有看得见的榜样、指路的灯火和光明的道路。不要让他们心灵中熊熊燃烧的火焰熄灭。这火焰就是信仰神圣的、颠扑不破的真理——共产主义思想的真理，为这种思想而斗争，必要时甚至不惜牺牲自己的生命。这是人们最豪迈的行动，是最高尚的美德。

共产主义阅读课，点燃了少年儿童对神圣的、不可动摇的事业的信仰，对豪迈的思想美德的信仰。这种信仰，只有在学生努力用自己的言行表现出共产党员光辉灿烂、英勇豪迈的生活使他们赞叹和钦佩的美德时，才会燃烧成光彩夺目的火炬。不仅要使学生有所作为，而且要使他们通过自己的行动和劳动证明些什么——这是共产主义教育和自我教育的一条非常重要的原则。我们认为自己的教育任务是，用少年儿童认识共产主义的伟大真理时所产生的崇高精神鼓舞他们从事劳动。如果说，儿童的生活中可以有共产主义的劳动，那么，这种劳动就是明天的公民借以证明自己履行公民义务的劳动，并且他今天就会因此成为一个公民。我们尽力使学生通过自己的劳动证明：

在我们的社会里，人与人是朋友、同志和兄弟；

自由的劳动者希望在劳动中看到自己，希望在亲手创造的事物中留下自身的美；

只有通过劳动，社会主义社会的公民才能确立自己的荣誉和尊严；

在任何最平凡的事情中，劳动都可以成为崇高的创造活动，成为诗篇，成为新的鼓舞力量的源泉。

每个公民都能以自己的劳动来加强祖国的实力，使之更加强盛。

要使劳动受崇高的动机所激励，在我看来，是对少年列宁主义者进行思想教育的高水平表现之一。

怎样才能实际体现劳动的这种思想性呢？

在这方面，生活中存在着无穷无尽的可能性。在培植公共园林的活动中，我们中队的每个少先队员栽种了一棵树。劳动变成了不声不响的竞赛。大家都尽力为自己管理的那棵小树做出自己十分独特的贡献。

学生一看见自己栽种的小树就感到非常兴奋，把它当作亲手创造的东西，仔细观察。我认为，这是热爱劳动的开始。人人都想证明，自己能够用双手创造出美好的事物。

我坚信，如果一个人能通过自己的劳动确立崇高的思想，那他就会成为一个自豪的、刚直不阿的人。这样的人能**珍爱神圣的事物**。社会生活中没有任何事物是与他无关的。这样的人能够成为脚踏实地而不哗众取宠的社会活动家，他少年时代在道德上就日趋成熟了。

我的朋友！你可能会感到莫名其妙：作者开始谈的是怎样向少先队员灌输共产主义思想，怎么转而谈起劳动来了。要知道，我们的时代是创造性劳动的时代。应教育青年一代首先在劳动中成为英勇无畏的人。在我们这个时代，人的品格正是在为共产主义的胜利而进行的劳动中表现出来的。

⑥⑧。怎样使青年在领到印有伟大列宁肖像的红色共青团证时激情满怀，怎样使他们珍惜共青团员的称号

你是个年轻的教育工作者，一定会有机会做高年级学生的工作。我想根据自己的亲身体验，向你提出几点建议。

做完一天的工作，我回到家里，翻开记事本，想起我的少年朋友们，于是，我的面前浮现出一双双聪明的、爱笑的、快乐的、顽皮的、沉思的和忧虑的眼睛。我建议你也经常独自思考问题，要享受这种为青年人的命运而思索的快乐时刻和不安时刻。

请记住，共青团组织是志同道合者的组织，是在思想、信念、世界观上一致，对待生活、对待别人和自己持共同态度的兄弟姐妹的组织。要努力以这样的思想和信念鼓舞和团结青年：我们大家志同道合，聚集到共青团这座壮丽辉煌的宫殿里，准备为我们的思想和信念贡献出一切，如果必要，甚至可以献出自己的生命。这是共青团教育工作中的一条宝贵原则。

那么，这种思想上的一致是什么呢？怎样才能使之确立并实际

上达到这种一致呢？

意识形态和思想上的一致，是共青团员的灵魂和心脏。每个持有团证的人，都应该感到自己是个共产主义战士。伟大、美好和崇高的思想开始起鼓舞作用的表现是：我们的思想和观点向往着未来，我们共青团员是为未来而奋斗的战士；我们日常的平凡无奇的生活被未来的光辉所照耀，变得光彩夺目，令人神往和富有豪迈精神。意识形态上的一致，就是为未来进行的斗争，在这一斗争中，共青团的豪迈精神激励着生机勃勃、怦怦跳动的心脏。让我们回顾一下列宁的党和列宁共青团的英雄历史：是什么力量引导我们这些饥寒交迫的人们与武装到牙齿的侵略者进行殊死的战斗？是什么力量鼓舞人们在最初几个五年计划期间夜以继日地忘我劳动？是什么力量在垦荒运动初期支持人们忍受艰难困苦？是对未来的憧憬，是对最公正、最美好、最明智和最人道的制度——共产主义的向往。

可是，怎样把**共产主义的远景**展现在每个人的面前呢？显然，不是每个人都有机会飞上太空，或在22岁时就能通过博士论文的答辩，或成为世界闻名的歌唱家，或能够注释出科学家们多年绞尽脑汁而无法解释的文字。我们大多数人并不是宇航员和科学院院士，而是庄稼汉、畜牧业劳动者、泥水匠和镟工。那么，亲爱的朋友？就让我们一起想一想吧！怎样才能在平凡无奇的日常劳动中为少年儿童揭示出伟大的理想，从而使每个人不仅把自己的劳动看作创造起码的生活条件，而且能够在其中发现某种无可比拟的意义。

达到思想一致、意识形态一致的途径，存在于劳动之中，存在于平平常常、初看起来毫无特色的劳动之中。对于人们来说，这种劳动既可以成为沉重的、令人厌倦的负担，也可以成为使人精神高尚、为创造世界的美和自身的美而进行的斗争。依我看来，共产主义战士的思想一致，就在于要走在时代的前面，充当未来的侦察兵，在自己的劳动中看到这一未来，在双手出力时感觉到这一未来。

我记得，集体化初期，村里的第一个拖拉机手感到多么自豪。因为他跨入了无人知晓的世界，打破了生产资料私有制世世代代对人的束缚：他打破地界，深耕土地，让不可思议的怪物——机器服从他的命令。当我每年来到十四五岁的共青团员小组，告诉他们我们老一辈人建议他们干些什么，从何做起的时候，我仿佛又看见了我们的第一个拖拉机手那双兴高采烈的眼睛，热情的亚什卡——姑娘们这样称呼他，每个姑娘都悄悄地爱上了他。

亲爱的朋友，我要向你谈谈我们学校共青团组织刚刚成立时的情景。那时，我们共有25个人。我们所要从事的劳动，是我们的父辈和祖辈一直在从事的劳动：播种1公顷小麦，培育出种子，交给集体农庄。我们可以再一次重复前人在我们的土地上所做过的一切，但也可以前进一步，像未来共产主义社会的人们那样劳动。我们这个地区1公顷肥沃的土地，在最好的丰收年也不过产35—40公担。而我们却提出了收获70公担的目标。这是前所未有的，但是，大自然的力量和奥秘还远远未被人们揭晓。如果让小麦的本性充分发挥出来，它的产量可能提高1倍。年轻的朋友！这将是一种不平凡的劳动，而我们也会成为不平凡的人。到了共产主义社会，不仅仅是这1公顷土地，而是整片广阔的田野都会奉献出这样的财富。我们在今天，就要获得这样的财富。

我们的劳动确实是不平凡的。这不仅是指劳动过程的性质而言——在许多方面不得不采取与大面积种植小麦不同的做法。我们的劳动之所以不平凡，首先是因为它触动了学生精神生活的各个方面。劳动成了为确立一种思想而进行的斗争，这种思想鼓舞着我们，把我们联合成一个志同道合的大家庭。学生们感到自己是不平凡的人：不是为了谋生而劳动，是要在人迹罕至的地方开出第一条犁沟。

如果没有思想上的一致，如果没有崇高的共产主义思想对大家的鼓舞，集体中的任何组织联系都是无济于事的。我设想，在我们从壕沟中用双手把腐熟的肥料挖出来，装上车子运到田里去的时候，如果我们的共青团员中有人拒绝参加**肥料厂**的劳动，会发生什么情况呢？假如出了这样的事，这个人就会被批评得体无完肤，同学们会骂他是懒汉、瞌睡虫，是娇生惯养、好逸恶劳的人。而这样做是发自内心的，不是经过任何"准备"的，因为人的心灵一旦受到崇高思想的鼓舞，就会对周围的一切十分敏感，会维护理智，提示人们应该做什么和说什么。年轻的朋友！请记住，要使人的心灵不沉睡，而时刻守护着自己的天良——这是共青团教育中一条非常重要的原则。我们那时，学生们说，真是拼着命干活。倒进壕沟里的畜粪变成了细碎的腐熟肥料，我们就把这种肥料运到田地里，像撒种那样撒在土地上，使每一窝苗都能得到养分。我们从科学杂志上知道，塘泥是小麦的好肥料。我们那些池塘里大概淤积了几百万吨塘泥，我们就把那里的塘泥装运到地里去。冬天下雪之后，我们到地里把雪集拢到那1公顷土地里，让土地喝足水分。春天，我们追肥。夏天，共青团员各自忙于自己的工作，有些人在畜牧场照看动物，有些人在蔬菜队种植蔬菜，还有些人养蚕。种小麦是我们的附加劳动，清晨或者晚上，我们集合在一起干活。我们用小锄在行间松几次土，以便保持土壤的水分并促使小麦分蘖。苗壮的庄稼结出了沉甸甸的麦穗，给我们带来了喜悦。我们数了一个麦穗的籽粒，在收割前又称了一个麦穗的重量。收获是我们大家的喜庆节日：我们穿着节日盛装来到田野，每个人心里都充满胜利的欢乐。但同时我们也感到激动不安，心里想，我们这1公顷土地到底能产多少呢？土地慷慨地给了我们回报——1公顷收了70多公担。

在这欢欣鼓舞的时刻，男女青年是多么想在一起啊！粮食颗粒收尽和过秤之后，共青团员们晚上不约而同地来到学校。我们愿意待在一起，想象未来。我们感到自己就像刚刚打了一场胜仗的胜利者。我们仿佛登上了一个高峰，而面前又展现出许多阳光闪烁的新高峰。我们向往着，有一天我们的土地每公顷会收获八九十公担。农业技术一定会发生变化，新的机器一定会出现在我们的土地上，粮食作物的行间也将像中耕作物——甜菜和玉米那样进行耕耘。作物的籽粒将增大2倍。我们的内心由于自豪和对未来的展望而激情洋溢。

⑥⑨。怎样培养共青团员的上进心

我曾经多次看见小伙子和姑娘们笑脸相迎，似乎在审视着对方的眼睛的情景。

伟大思想的鼓舞作用，能使我们创造自身的美。我的青年朋友！让我们一起思考，深入地想一下我们共青团教育中的一条真理：要把青年培养得使他们感到自己是美好的；要使道德的美感培育出人的崇高的自豪感和公民的尊严；要使人们不仅能够仔细观察周围的事物，而且也能看到自己。假如一个人不能对自身的美引为自豪，那么，他就不可能懂得良心的责难，长辈的诱导或批评都将是对牛弹琴。而这种自身的美感，只有在集体受到共同思想的鼓舞时才能培养出来。

我们的确向未来迈进了一步，我们的确是在崇高的共产主义思想的鼓舞下劳动的。然而，金玉良言不能再三重复，否则，就会成为陈词滥调，变得像一个懒散匠人手中的工具那样拙钝。假如一遇到困难就动用这个脆弱而敏感的工具，那就会使伟大和神圣的事物庸俗化。比方说拔草，要在烈日之下干一天活，教师就会及时提醒学生去想：保尔·柯察金采伐树木时是在怎样的条件下劳动的？阿穆尔共青城的第一批建设者经历了怎样的艰难困苦？这样做行吗？不行，不能这样来教育人。这样做，锋利的工具只会剩下木把儿，对年轻人的心灵不会起任何作用。要努力使共产主义思想的鼓舞作用经常存在于每个人的心中，成为内在的和自动的道德力量，使最锋利的工具尽可能少用，只有这样，这些工具才能对青年产生影响。

然而，自身的道德美感并不意味着自我欣赏。一个人在感到自豪的同时，也会对自己感到不满意。他有进取心，否则，就不可能有自身的道德尊严感。这是青年道德发展的一条很难捉摸的规律。因为，只有当一个人今天变得比昨天好，只有当他在同志们和自己身上发现了完全新的东西，并且想成为更好、更完美的人时，他才是有上进心的。这里有一条非常重要的共青团教育原则，那就是要使青年始终处于不断变化的成长过程中。使一个人意识到和感觉到自己的成长，是很重要的。青年朋友！要提防学生的道德发展过程中出现停顿现象，要避免道德上的僵化。不可使一个人对纠正自己的某种缺点长期丧失信心。

70. 怎样激励人们经常不断地发展和完善道德

这是一个非常有意思，并且在我看来是青年教育工作领域中还缺乏研究的问题。在我们教师集体中，制定了一项可用下列两句话概括起来的原则：为使一个人力争自身达到道德的美好和完善，他应该在自己周围，即在同学身上看到这种美和完善。不通过对待别人的态度和与人们相处，一个人便无法培养出自己独特的品格。正如马克思写的，为培养自觉，"人起初是以别人来反映自己的。名叫彼得的人把自己当作人，只是由于他把名叫保罗的人看作和自己相同的"[12]。学会对待自己像对待别人一样——难道这不是一个集体中教育艺术的秘诀之一吗？遗憾的是，许多教育者还不能理解这一秘诀。

我们坚信，集体教育力量的源泉，首先存在于集体劳动的过程中。在这个过程中，从集体的丰富精神生活里，一个人今天在同学身上看到自己昨天没有发现的东西——这就是**发现别人**，并且由于这个原因，形象地说，**他自己看到了自己**，自己评价自己并进行比较：我过去怎样，今天怎样。这是集体精神生活中极为重要的一点。教育青年时，要努力使一个学生在集体劳动中能从同学的眼睛里看到受崇高目标鼓舞的炯炯目光。让甚至是最无生气、似乎最冷漠的人，在看到同学的眼睛时，就像照镜子一样看到自己的思想和志向；让他惊奇地停住脚步，让他的心里燃烧起为同学而感到的充满人性的自豪的烈火。要知道，只有做到这一点，你才能在学生的心灵里播下他自己的思想火种。

因此，使集体受到劳动的崇高精神的鼓舞，在教育工作中具有巨大的意义。要善于通过使人变得高尚的具体活动，以联络男女青年的思想感情。让每个男女青年在同学身上看到真正的人性美德时，都要扪心自问：我达到这种美的境界了吗？我能得到这种美吗？我明天能比今天好吗？一个人的精神面貌，取决于能否严格要求自己。青年的心灵通向公民应有的豪迈与美德的神圣境地的道路，也决定于此。

71. 怎样使青年对我们的生活和斗争不要漠不关心

这里所谈的，是青年人的神圣事物。每个青年共产主义者的思想和心灵中，都应该有一种极其宝贵的、无可比拟的神圣事物。思想和心灵中的这个神圣事物，就是我们的苏维埃祖国，是她的光荣、荣誉和强盛。其他的一切，在她面前都会黯然失色。

培育爱国主义者和公民，是我们共青团教育的一项最主要、最复杂的任务。怎样使每个男女青年都能珍视神圣事物，从内心爱护它，使祖国对每个人来说都是照耀其他一切事物的明亮的灯光，使一个人只有在这一灯光下才能看到整个周围世界、能看到自己。

这里，我们就谈到了公民情操的培养问题。我总是把这一点称为教育中最神圣的任务。具有同情心和勇敢的人，才能成为爱国主义者和公民。爱国主义，形象地说，是感情和思想结合的产物。它要求不仅用理智，而且首先是用心灵来理解神圣的东西——祖国。这种理解开始于一个人发现周围世界中有某个人成为他无限敬爱的人，并准备为这个人献出自己心灵的一切力量。爱国主义始于对人的爱，对世界上最亲的人——亲生母亲的爱，是以爱国主义精神观察和感受事物的根源，是祖国观念的根源。别林斯基写道："自然界最伟大最崇高的东西是人。"[13]而这种伟大和崇高的顶点就是母亲。在世世代代人们的意识中，**爱国主义**的概念本身就是从人性的这一珍宝——生育和抚养我们的母亲的形象中结晶出来的，这并不是偶然的。三十多年的青少年工作使我有资格坚信，培育对人类的制高点，也就是对母亲的真挚恳切、无微不至的关怀态度，是共青团组织的一项极其重要的思想和政治任务。任何美德同对待自己母亲冷酷无情的铁石心肠都是格格不入的。离开埋葬着母亲的祖国土地去投奔异国他乡的人，是卑鄙的叛徒。飞廉草决不会开出玫瑰花。与热情、温柔和真挚无缘的人，是不会成为爱国主义者的。

青年朋友！我们要懂得共青团教育中一个最基本的道理：要爱别人，要与周围的人**休戚与共**。这种**对别人的体贴**应该从对待母亲开始。大家想想，星期六和星期日的义务劳动、活动周和活动月的各种活动、抽查和远足，简直不知举行了多少次。但是，你们能找到哪一个单位的书记向共青团员们提出过这样的问题："朋友们，你们最近为自己的母亲做了些什么？"

因此，我向从事青年工作的教师们建议：在我们极为丰富的语言中挑选如露水般清澈纯洁的词语，这样的词语像淙淙有声的清泉，像童话中的活水，用这样的词语歌颂人的忠诚这一永恒的美德——母亲、亲爱的母亲。让每个青年把这一美德带到自己的家园里，把自己心灵的力量奉献给亲生母亲。

我对男女青年说："今天在我们这里是一个隆重的日子——你们领到了团证。你们要与母亲分享这一快乐。我会给你们每个人一棵极好的苹果树苗，来领吧！这可不是一般的品种：红得透明的苹果将映出柔和的朝霞和紫红色的晚霞。我们给这种苹果取名叫母亲苹果。让我们精心培育这些小树苗，要像爱护母亲的名字那样爱护它们。"

这是最有思想性、最有政治性和最富有集体主义精神的教育。在7月的一个晴朗的傍晚，当我的学生，我的少年朋友从母亲苹果树上摘下果实，并把那些果实献给母亲时，我为自己登上教育智慧的一个高峰而感到高兴。

爱别人，是培养为祖国服务的爱国主义花朵的沃土。为了让这种美丽的花朵竞相开放，每个青少年都应该用理智和心灵理解我们的伟大祖国。每个人都应该感到自己是祖国的儿子，都应该因为他是祖国上千年的光荣和上千年的精神财富的继承者，是祖国英雄的今天的创造者而感到自豪。

作为教育青年的教师，怎样才能在实际中做到这一点呢？

要用炽热的、明亮如火炬的语言，向青少年说明我们的祖国从古至今所走过的艰难而光荣的道路，向他们指出通向光辉未来的并非平坦的道路，使年轻的公民感到自己正在进行一场千年历史的接力赛——他要对前辈们交给他的一切负责，他有责任把接到的无价之宝完好无缺地传承到未来，牢记在为我们伟大、光荣的祖国而进行的斗争中所获得的任何一条英明的真理。

要用火热的语言赞美祖国的英雄儿女，他们的名字像永恒的星辰在祖国的天空闪烁，过去是，将来也永远是新一代人的指路明灯。

也许有人读了这段话后会哑然失笑。有人可能会这样想：你是否过分夸大了语言的力量，把愿望当成了现实？不，一切正是如此。语言是率领人们冲锋陷阵的统帅，是拨动人们心灵琴弦的乐师。要懂得拨动哪一根琴弦才会发出美妙动听的音乐。在和学生谈起内心深处的思想和议论伟大的事物时，我们拨动的琴弦叫作公民性、人性、诚实和尊严。我直截了当地触动每个人活的灵魂。我面对的不是什么抽象的受教育者，而是朝气蓬勃的、目光炯炯的柯利亚和柳芭、万尼亚和加利娅、季娜和舒拉等。教师的语言，只有在不是以培养抽象的爱国主义者——这样的人是根本不可能有的——为目的，而是要促使柯利亚和柳芭、万尼亚和加利娅、季娜和舒拉的内心产生共鸣的时候，才能成为**火热的**语言。

这也是我们共青团教育中的一条宝贵原则。

我们有几十个关于**祖国英雄儿女**的鼓舞人心的故事。我向青少年讲述遥远的过去，也讲述不久之前热火朝天的日子。我的少年朋友们屏住呼吸，倾听我对他们讲述查波罗什哥萨克的故事：敌人活活地剥他们身上的皮，用烧红的铁块烫他们的伤口，要他们背叛祖国或者默不作声地服从，他们却骄傲地冲着敌人说出一个像烈火一样的字："不！"我向学生们讲述谢尔盖·拉佐的故事：敌人因为他坚信共产主义，把他活活地扔进了火车头的锅炉里。我还讲述我们的两个同乡——英雄的少先队员的故事：法西斯分子使用非人的酷刑也没能迫使他们说出游击队的秘密，就把他们活埋了。我看到青少年朋友的眼睛里燃烧着对敌人的刻骨仇恨。如果对他们说：青年朋友们！我们的苏维埃祖国号召我们为自由和独立，为荣誉和强盛投入战斗，那么，他们每个人都会高喊着热爱祖国的口号进行殊死的战斗。

只有痴呆和道德上的堕落，才能堵塞语言通向人们心灵的道路。语言是争取人们灵魂的坚强战士。一切都取决于教师如何运用语言。有的语言像患呆小病的人那样瘦弱难看，有的语言像枯草的影子一样缺乏力量和情感。有的语言则像永恒的星辰那样光辉灿烂、永不熄灭，为人类指引着道路。努力使你的语言成为指路的明星吧！

72.怎样使共青团员胸怀社会主义祖国

这里要谈的是个细致而复杂的问题，即怎样使每个学生都受到为祖国服务这种伟大、美好和崇高的爱国主义精神的陶冶问题。这种陶冶引人深思，使人激动不安，甚至彻夜难眠。假如我那些14岁的学生柯利亚和柳芭、万尼亚和加利亚、季娜和舒拉不着迷似的思索人生的目的和意义，并为此通宵达旦地看书——阅读关于马克思、列宁、亚历山大·乌里扬诺夫、尼古拉·基巴利奇契、费利克斯·捷尔任斯基或尤利乌斯·伏契克的书籍，我简直无法想象共青团的教育工作。在教师用火热的语言讲述要以爱国主义精神为祖国服务以后，每个学生都深受鼓舞，去寻找并找到了**自己**喜爱的书籍，在祖国的天空发现了**自己**的灿烂明星。忠于祖国的光辉榜样，使每个学生的心里感到惊叹和钦佩。在春天的夜晚，人人都在伏案阅读**自己**喜爱的书，激动得心潮起伏。他们在想：我是什么样的人？我以前是怎样生活的？将来我要怎样生活？我将为社会主义祖国做出什么贡献？如果学生个人没有对这些问题进行深入思考，真正的共青团教育就会成为空话。

年轻的朋友！如果你希望成为共青团员的一位名副其实的教育工作者，请你留心，当没有别人在场时，青少年干些什么、忙些什么、读什么书、想什么问题。要了解他们是否愿意独自思考。如他们无这种愿望，那很糟糕，那就等于没有个人的精神世界，没有个性，因而也就没有集体。

我们学校安排了一间房子，我们把它叫作"思想室"。这里总是很安静。书柜里摆满了关于祖国英雄儿女的各种书籍，学生可以随意寻找和阅读**自己**要读的书，可以发现自己的明星和指路明灯。要使每个青少年都对这样的书籍产生兴趣。我认为，这是从事青少年教育工作的教师们的一项极为重要的任务。我每次同青少年座谈爱国主义者的事迹之后，他们敏感的心弦都会受到触动，总是有几个孩子到思想室去。青少年朋友们，祝你们成功！你们正在登上自我教育的一个最艰难的台阶。我忽然第一次看见蓝眼睛的**大个**

子——同学们都这样称呼万尼亚——在窗台下玫瑰花的旁边站着。他才14岁，可长得比他的爸爸还高。万尼亚对事物的看法非常幼稚，我为他感到担心。我焦急地盼望着**成人的**思想能触动他的心灵和智慧。今天，我终于看见他手里拿着一本关于尤利乌斯·伏契克的书。……要争气呀，万尼亚。把书带回家，读个通宵吧，去思考问题，让成人的思想打动你的心灵。

青少年的自我教育就是由此开始的。

当然，这还仅仅是个开端。要使青少年达到精神上的成熟，还需要付出巨大的劳动。

73．青少年的思想是怎样成熟起来的

有人争论青春期是从什么年龄开始的：是14岁还是16岁？从什么年龄开始接受青年加入共青团最合适，从14岁还是从15岁？男女青年在生理上的发育加快，而他们在社会、精神和道德方面的发展却很落后——这种现象近些年来使学者们感到不安。

我们教师集体坚定不移地认为，青春期开始于十二三岁。如果要使儿童成为精神上成熟的人，就要帮助他在公民的生活道路上成功地迈出最初的几步。童年和少年时代完全无忧无虑的生活，是产生精神幼稚病的根源。青少年在生活中应有所操心。我指的是要为人民、社会和祖国操心和不安。要让周围的**一切事物**在男孩和女孩的青春初期就能惊扰和激动他们的心灵。生活中的任何事物，无论是近在咫尺，还是远在天涯，都不应该与**他们个人**毫不相干。使少年学会以一个公民的态度观察世界，这是教育智慧的一个高峰。最主要的是让儿童们关心社会，把社会的事情看成自己切身的事情。

怎样在实际中达到这一目的呢？

公民的成长过程，是伴随着这样的思想而来的：自己为别人做了某种好事，给了别人某种好处。**这是青少年精神财富极其重要的源泉**。只有在十二三岁时就已取得精神财富的人，才能用自己的理智和心灵理解祖国。如果没有取得这样的财富，教师说的任何话也就无济于事，就不能成为火热的语言鼓舞青年人的心灵，促使他们

思考为什么活在世上的问题，从而在想到谢尔盖·拉佐的功勋时联想到自己，由于意识到自己接触了伟大和神圣的事物而肃然起敬，心潮起伏。你也许听到过教师们的一些抱怨，他们说：你给学生讲神圣的事物，讲英雄主义、英勇无畏、自我牺牲，可是，不知为什么你的话就是说不到他们心坎里去……。这是因为他们心里只充满了追求消费的乐趣，而实际上心灵却很贫乏、空虚，缺乏为人们进行创造而感到快乐这种精神财富。

青少年的精神财富，必须一点一滴积累，要从童年和少年时代就开始积累。一个十二三岁的人回想过去时，就应看到自己曾为别人做了些什么，并为自己的劳动成果感到自豪。这种自豪就是青少年接受共产主义思想的表现和达到思想一致的基础。

在我的少年朋友们十来岁时，我们决定建立一个大家的葡萄园。我们面前有一片被灼热的阳光晒焦了的、毫无生气的南山坡，土地很贫瘠。但这里1公顷可以收获几十公担"阳光浆果"——葡萄。于是，我们开始劳动：清除山坡上的杂草，挖了几百个坑，在每个坑里施上塘泥和腐熟的厩肥。此外，我们还根据老年人的建议，把能杀死葡萄藤害虫的植物根部的土壤弄来放到挖好的坑里（这是一种民间的"植物医学"）。我们搬运了几百吨土，在每一窝葡萄藤周围筑起土埂，防止水土流失。这是教师工作最难开展的时期，因为单调的体力劳动本身不可能是有趣的，它不能给学生带来任何快乐。那么，是什么力量促使学生们从事这项劳动呢？是语言，是能够在他们心灵中点燃以公民的态度为大家服务的热情之火一样的语言。我相信充满共产主义信念的语言的巨大力量。

一些新发出来的葡萄藤变绿了。这时，我们已经可以欣赏自己的劳动成果了。我已经不再担心繁重的体力劳动会摧垮某个学生的精神力量，使他产生轻视劳动的情绪了。可是，我们的劳动才刚刚开始，以后还要浇水，要保护葡萄藤不被太阳晒死和严寒冻死。

几个月、几年过去了，关心葡萄园渐渐成了我们每个人最要紧的事。我们对土地产生了深厚的感情。葡萄藤结出了第一批果实，我们的公民感情胜利的日子也随之到来了。一些小孩和老人到我们这里来，我们就用葡萄招待他们。我们把亮晶晶的葡萄送给病人吃，当他们向我们表示感谢和祝福时，我们的心里很激动。

让十三四岁的学生听到别人对他们的真诚、善良和人性所表示的感谢，这是教育智慧的一个高峰。很难找到什么力量比这些表示感谢的朴素语言更具有鼓舞作用了。我的学生因为对别人做了好事而感到莫大的快乐。这时，火热的语言已铭记在他们心中，对他们不懈劳动的鼓舞，已变成每个人内心的精神力量。我坚信，在这种情况下，每个学生不仅在集体中，而且在独自一人时也能表现出公民的忘我精神。

青年朋友！要懂得，只有当自己的良心不允许对别人漠不关心时，集体的事情才能成为个人的、贴心的事情。

我们建设起来的大家的葡萄园，成为我的学生以公民的态度进行自我教育的场所。在这里，他们学会了**以一个公民应有的态度观察世界**的本领。世界上没有和他们个人毫不相关的事情。艰苦的体力劳动在精神上锻炼了他们。小伙子们锻炼成了真正的男子汉。我高兴地看到，当体力劳动特别紧张时，孩子们思考问题和平常有些不同了：他们所想的是**如何**克服困难，而不是能否克服困难的问题。

74. 不要害怕困难，有困难是好事，否则就谈不上对青少年进行思想教育

克服困难的过程，能培养英勇无畏的精神，陶冶人的高尚情操。在克服困难的过程中，人的心灵对别人、对善良不会变得冷酷，恰恰相反，会变得温厚、富有同情心，而对邪恶则会变得毫不妥协、毫不留情。

我们向学生所展示的生活，并不是一条坦途。青年人，特别是男青年，应做好应付一切的准备，要准备经受最严峻的考验。要把小伙子们培养成英勇无畏、坚忍不拔的人，使他们在生活的道路上遇到艰难困苦时——他们应随时做好这种准备——不至于一筹莫展，软弱无能。精神上的坚强同结实耐劳的体格是相联系的。年轻的朋友！你不妨检查一下，你的学生——16岁的小伙子，能否在酷寒之中待上一整天，并且不只是闲着待在那儿，而是在劳动；或

者试验一下，他能否在烈日炎炎下行走40千米后还可以劳动几个小时；他能否半天不喝水也顶得住。这一切不要用人为做练习的方式进行。在生活中和日常劳动中，这样的艰难困苦是可能经常遇到的。我们不要只是对小伙子们说，你们要练习吃苦耐劳。我们可以把与他们同龄的农庄庄员的劳动任务交给他们完成：在严寒的一月，让小伙子们到田野里把干草收集起来装到拖拉机的拖车上，运到养畜场。让他们认识到，这种劳动的目的并不是做练习，而是使奶牛产奶，因为，没有干草就不会有牛奶……

如果一个人在少年时期和青春初期就学会克服困难，那他在自己的身边就会发现那种饱食终日、无所事事、娇生惯养、弱不禁风的"妈妈的宠儿"所永远也看不见的世界。

75。要保护青少年内心的纯洁激情

每当谈到青少年教育问题时，我总是再三提起**公民的不安心灵**。这是我们整个共青团教育的核心。年轻的朋友！要像防火那样警惕冷漠无情的态度。这种态度是最可怕的毒素，它能使人变成对任何事情都漠不关心的庸人和小市民，而这样的人所遵循的是只顾自己的卑鄙信条："事不关己，高高挂起""我的事好比鸡打鸣，叫过了就算了，管它天亮不亮"。年轻人用自己的双手为别人做的好事越多，他的心灵就会变得越纯洁、越高尚，他就会同别人休戚与共，为社会上的灾难和麻烦感到担忧。同时，这个青年公民就会以求知的、寻根究底的眼睛观察周围的世界，他的性格也会充满勤奋的活力而不满足现状。高尚的心灵与邪恶、与对公共利益漠不关心及侮辱人的尊严，是不相容的。对于这些丑恶现象，青少年的心灵会起来反抗、表示愤慨，会促使人们采取高尚的、美好的，有时甚至会是激烈而冒失的行动。

请记住，对邪恶做出的最初反应、良心所提示的最初冲动，通常是最高尚的。不要压制良心的呼声，不要用逻辑思考和推理的羁绊束缚青少年的崇高激情。成熟的智慧、善于做出判断、三思而后行的能力——这一切都会水到渠成。然而，只有在青年人对周围世界有了巨大的发现，即通过心灵对善恶有了复杂而痛苦的认识，感到惊惶不安的时刻，他心里才可能因感受到邪恶而激愤，产生准备把邪恶粉碎的热烈激情。希望你们那里的小伙子和年轻姑娘都不要有像鱼那样冰冷的心肠。在评价优良行为时不要轻率从事，要掌握好分寸。只要有一颗火热的心，就一定会有冷静的理性——这一点是不必担心的。

有时候，在生活中会遇到似乎没有直接祸首的邪恶现象，就好像邪恶注定是不可避免的。人们看到这种不幸，也只是同情地摇摇头说：唉，有什么办法呢？然后就扬长而去。要竭力防止青少年在这种情况下可能产生的冷漠态度，要把这种态度看作最可耻的灵魂堕落。因为这种冷漠态度本身包含着一种很大的危险。只要你有一两次对与你个人无关的不幸的事置之不理，你就会永远对别人的忧患置之不理。

恰恰是在祸端没有明显的肇事者时，应在青少年的心目中引起警觉和思考。让他心中燃起激情的烈火：我必须做点什么，如果我视而不见，扬长而去，我就会成为一个可怜的利己主义者。这种激情的火花不是凭空燃起的，受教育者对于与自己无关的事情在道义上所感受到的关切和不安，是这种激情之火的燃料。

有一次，集体农庄的羊群遭遇暴风雨，走失了20只羊羔。这些羊羔可能被大雨驱赶到灌木丛中或芦苇中去了；也许它们陷进了雨后形成的淤泥湖中。这件不幸的事传到了我们学校里。来吧，学生们，让我们出发去找吧！要知道这是一些很小的羊羔……。我们带上了够吃两三天的食物，出发到第聂伯河沿岸一带无边无际的洼地里去。当那些羊羔被我们一只又一只地找到时，我们心里充满了喜悦和骄傲。虽然我们被蚊子叮咬得很厉害，又很疲劳，但回来时却感到心情愉快，有了长进。我把这种集体行动称为上**热心课**。这种活动能使人对灾难、痛心和忧虑不安表示同情。假如不上热心课，这类事情引起的反应就只会是一句冷冰冰而貌似公正的断语：我们不管也能解决。

我认为，热心课并不是什么孤立于周围世界之外的特殊事物。年轻的朋友！这是公民的生活，是别林斯基怀着对未来担心的情绪曾写到的那个公共利益的大世界。

76。怎样教育共青团员关心公共利益

有一次，我听了一位主管校外活动的副校长的报告。他详细地谈了社会学研究室的情况：墙上挂了什么样的标语和图画，房间装饰得多么艺术，怎样把共产主义建设者的道德规范写在一张大纸上，镶在一个漂亮的框子里，等等。至于怎样才能使伟大的马列主义科学真理深入青少年的心灵并永远铭记不忘，他却只字未提。当有人问到"在这方面"正在做些什么时，这位副校长竟张口结舌。这是因为国家对社会学研究室是有严格指示的，而有关人的灵魂却没有任何指示。我认为，教育战线上这样一种人是害多益少的，他们只看得见上级的命令，却不懂得没有灵魂、没有心灵，教育就等于零。我觉得，热心课是教育工作的各种环节和各种形式中非常重要的一种活动。

有一天，我们和睦的大家庭（我们这样称呼自己的团组织）的成员一起挑选玉米。我们把最好的玉米装到给国家仓库运粮的汽车上，而把较差的运去做猪饲料。有位管理人员从别处走过来，用信任我们的口吻建议说：你们把坏些的玉米扔到车厢下面，上面盖上好的，运到仓库时只检查上面的；我们必须多交些，总得完成计划嘛……这时，我发现共青团员们你看着我，我看着你，表现出羞愧的样子。万尼亚气得满脸通红，季娜也垂下了眼睛。那位管理人员走后，我的学生全都站在那儿发愣。我也站在那里，心里嘀咕着：你们该怎么办呢？刚刚开始的热心课给你们带来了什么教益？

"这太不像话了！"舒拉闷声闷气地说。

大家再也没有说什么，都开始特别卖力地、拼命地向车厢里扔最好的玉米。那个建议我们要滑头"完成计划"的人几次走过来，皱着眉头瞧着共青团员干活，没敢吭声……。凡是受到良心的启示反对过邪恶、欺骗和不公正现象的人，对周围世界的各种现象都会变得非常敏感，把游手好闲和挥霍浪费看作罪恶，对不诚实和欺骗毫不妥协。

要努力使人们在青少年时代就关心集体和社会的财富。农业生

产有的时期很忙，这时任何一个青少年都不应该置身于紧张的劳动和大家都为之操心的事情之外。

春天，农庄播种了几千公顷粮食作物、蔬菜和技术作物。如不及时除草，收成会不好。这时庄员们一心想的是，怎样把劳动组织得最合理，怎样充分利用工作时间。作为教育者，要设法使学校集体也受到这种紧张劳动气氛和社会积极性的感染。让青少年到那些对公众福利和农庄成就起重大决定作用的生产领域参加劳动。不要把学生的劳动从成年人的劳动中分离出来，成为孤立的、特殊的劳动。要妥善安排学生和成年劳动者的关系，使成年人热切地期待着学生创造出物质财富，使青少年把自己的**儿童**劳动、**学生**劳动看作成年人劳动。要使学生集体的劳动尽量少一些学生气和象征性，这是我们培养学生从小就关心公共利益所遵循的要求。

在教育工作实践中，我们力求使学生的劳动热情和干劲成为社会生产的大厦上自成一体的砖瓦。假如暑假期间，我们让低年级，即一、二年级学生在田间参加几天集体劳动，为牛犊准备最有营养的干草。学生把草收割下来，晒干，然后堆成草垛。他们一共弄了几十吨高质量的饲料。四、五年级学生采集西红柿、甘蓝和黄瓜的种子。农庄里只有他们从事这项工作。学生很懂得，如果他们不给社会生产的大厦添砖加瓦，这个大厦的建设进程就会迟缓。这样，在他们的劳动生活一开始，公共利益就成了劳动的崇高目的。

年龄较大的少先队员和共青团员，担负更加重要的劳动任务。农庄每年拨给少先队和共青团10—15公顷土地，让他们培育小麦、玉米和其他作物的种子。在这里，从第一次整地直到收割和入仓储存的整个农业劳动过程，都完全由学生自己完成。

学生感到自己是和成年庄员一样的劳动者。共青团委员会的书记和少先队大队长，像成年人生产队的队长一样，被邀请到农庄管理委员会的会议上汇报工作。生产活动和经济利益在学校集体的精神生活中占有重要地位。关心物质财富，使学校集体内的相互关系以及少先队员和共青团员的整个思想产生了新的特点。为培养青少年思想上的成熟性、**成年性**，我们不仅重视学生与成年劳动者在经济和生产业务方面的相互关系，而且也重视学校集体内部的这种关系。

77。怎样在学校集体内建立劳动关系

青年朋友！我在这里要谈谈在建立和培育集体方面一个特别重要的因素。我指的是物质关系问题，是责任感、领导、服从、互助合作和经验交流这些概念的物质表现形式问题。如果没有对物质财富的明确责任，一切有关责任感的谈论都只会是空谈。如果集体成员之间缺乏互助合作，以及同志式的思想交流和经验交流，那么任何集体都不可能存在。

我们学校的少先队组织有一个**小机械化作业队**。作业队拥有一些机器设备，在学校的教学试验田里和儿童学工小组里使用。队里有一台由老师和高年级学生装配起来的小拖拉机，少先队员用它来翻耕学校的田地和园地。队里有两辆小型汽车，供低年级教学使用。此外，还有两台播种机、一台割草机、一台脱粒机和几台簸谷机。所有这些机器都是在学校里制作出来的，并且是适合儿童劳动的。

共青团组织有一个**青少年机械师作业队**。作业队选出一名队长、两名副队长和两名技师。队里组织了一个电工小组。这个队拥有**大人机器**（少先队员和共青团员这样说）——一台拖拉机、两辆汽车、一台康拜因、几台播种机和簸谷机。队长和一名副队长受作业队委托，管理各种机器和一个修理站（修理站有电瓶充电装置和电焊设备）。他们指定青少年机械师定期完成各项工作。学生认为，能够在这个机械师作业队里工作是很大的光荣。作业队的队长，要对希望驾驶拖拉机的同学进行一系列考试（如要他在镟床上做一个机器零件，参加设计和安装一部新机器），合格后才可以驾驶拖拉机。在春天和夏天的田间劳动期间，由队长负责安排青少年机械师在少先队田地里和农庄土地上的工作。

少先队和共青团组织还有两个作业队——**青少年作物种植队和少年园艺队**。这些劳动集体有自己的试验田、园地、校办养蜂场，以及栽培作物和从事园艺的手工劳动工具。

掌握物质和经济关系的经验，使少先队和共青团组织成为物质财富的主人。我们的少先队员和共青团员，掌管着学校内部经济账目上来自教学实验田、花果园和菜园收入的资金。学生把出售水果、蔬菜和树苗获得的钱记在进款项下，上交会计室。这样下来，一年能积攒不少钱。团委会和少先队委员会用这些钱购买乐器或组织参观游览。这样的活动丰富了共青团员和少先队员的生活经验。

与劳动紧密相连的物质、经济关系，是在一个集体内把不同年龄的学生团结在一起的纽带。

78. 不同年龄学生组成的集体不是凭空建立起来的

当然，物质、经济关系会引起另一种关系——精神联系。构成经济关系实质的劳动越有趣，不同年龄学生之间的精神联系就可能愈深厚。只有在同一集体中劳动的儿童和青少年驾驶着各种机器，掌握复杂的实践技能和本领，并且相互传授知识和经验时，即在他们之间有了精神联系时，劳动才是有趣的。没有对劳动的兴趣，没有对知识的渴求，没有以掌握较复杂的技能为前提的共同活动，就不可能有不同年龄学生组成的集体作为教育工具。然而，如果你能使不同年龄的学生在劳动和精神生活上融为一体，那你就具有一种新的可能性，能使集体对个人发挥十分有力的影响。

这种教育作用的实质在于，儿童和青少年在兴趣、才能、爱好和志向方面的共同性把他们聚集在一起。同时，个性的特点也可以表现在具体的活动中。由不同年龄学生组成的集体在教育上的效果是，少年儿童在鲜明的榜样影响下，认识到自己想要成为一个怎样的人，并产生了渴求实现自己的理想、达到榜样境界的愿望。如果没有引人入胜的有趣劳动所产生的精神联系，想成为**某种人**的愿望就根本不会产生，更谈不上支配学生的思想了。

不同年龄的学生组成的劳动集体——也可称为创造性集体——应是自愿参加的。不容许有任何把一个学生和另一个学生**硬拉在一起**的做法。少先队员和共青团员，对各人的能力、爱好和志向是非常敏感的，他们绝不会挑选对某种劳动没有兴趣的人去参加某种作业队——机械师作业队或作物种植队。

还有另一种由不同年龄学生组成的集体。暑假期间，我们的学生通常不到别的地方去，因为村里的休息条件很好。在我们这里，每条街、每个"**角落**"（乌克兰说法），都有国民教育点。这是我们对小型国民教育学校的称呼。这种学校的灵魂是热爱儿童的人：不是退休的生产能手，就是年轻的工人、庄员或职员。同儿童在一起的集体生活，给他们带来了快乐，丰富了他们的精神生活。在我们的集体里，我们把这些人叫作国民教育点的保护人。他们起到了十分重要的作用，因为美的事物只能由美的事物来创造，人只能由人来建树。

三十多年的学校工作使我深信，教育别人和关心别人时，是一个人进行自我教育的最好机会。我们的教师集体力求使每个学生在少年时期就对比他们更小的儿童表现出真诚的关心。对儿童表示体贴、关怀和担心，是青少年集体崇高的感情基础。这种感情在实际行动中表现得越积极，男性青少年的心就变得越温厚、越勇敢，女性青少年的心里就会充满越多柔情。

79。要使受教育者同时又是教育者

我们的共青团组织在为大家建立草原的"美丽角"时，一个名叫娜塔沙的小姑娘突然加入了我们这个和睦的大家庭。共青团员们都亲切地叫她娜塔洛奇卡。她的家住在村边，除了母亲，再没有别的亲人。她3岁时得了一场重病，从此便不能行走了。春天和夏天，妈妈就把她放在小车上，让她在枝繁叶茂的苹果树下待着。绿色的庭院、一棵苹果树、两只蜂箱、一口水井、养在板棚上的几只鹳、一只叫帕利玛的狗和它所守护着的一些家兔——这就是娜塔沙的整个世界。她声音响亮，很爱说话，但同时又由于疾病的折磨而略带忧伤。她请求我们采一些她无法看到的野花带给她。我们每个人都心痛起来：难道这个小姑娘真的就不能恢复健康了吗？给她治病的医生说，她不会很快痊愈，因为她的神经系统受到了严重损伤，双腿已经瘫痪了。我们怎样才能帮助你呀，小娜塔洛奇卡？

我们真是什么都为她做了。我们把她那间宽敞的房间变成了一个真正的花园：栽种了小枞树和松树，从学校的温室里移来了正在开放的菊花。我们还在窗台下栽种了玫瑰。再过一年，小姑娘就该上学了，因此，我们开始教她识字和画画儿。她的房间整个冬天开满了鲜花。可是，她的面容仍然很苍白，身体脆弱；我看到，季娜和加利亚从娜塔洛奇卡那里回来时偷偷流眼泪。我们盼着春天快快来临。

春天，当核桃树刚刚长叶子，草原上开出了报春的花朵时，我们就把娜塔洛奇卡放在小车上，带到"美丽角"去。她惊喜地看着周围世界：草原雾气在山丘的上空颤动，百灵鸟在欢快地歌唱，大个儿的蝈蝈在跳跃……。她觉得一切是那么新奇，那么陌生。孩子们在"美丽角"搭起了窝棚。暑假期间，我们整天就在这儿度过。草原上有益于健康的空气、核桃树叶散发出来的香气、红艳艳的西红柿、甜美多汁的大西瓜、香甜清脆的苹果——大概是这一切成了娜塔洛奇卡的良药。她的脸颊逐渐红润起来，目光中露出愉快的神情。两年之后，她终于站起来了。医生说得对：治病不单靠药物，也要靠愉快的情绪。像娜塔洛奇卡的这种病，更是如此。

在两年半的时间里，同学们对这个生病的小女孩热心照顾和关怀，这起到了无可比拟的教育作用。男女青年学会了用心灵去感受和认识那些往往看不出来的不幸和令人焦虑不安的事情。我相信，如果一个集体能够关怀幼童，那么，他们对人的最大不幸——孤独，也会非常敏感与同情。

80。要教育学生对孤独者不要漠不关心

在娜塔洛奇卡还没有站起来时，我的学生们又遇到了一件不幸的事。有一天，我们从树林里回来时，看见一个老奶奶正在用沉思和忧愁的目光看着我们。在村子里，每逢遇见人，不管认识不认识，通常都要打个招呼。我们对她说：**晚上好！**她回答说：**祝你们健康，亲爱的**。她的声音中流露出悲伤的情绪。

"她的眼神为什么那样忧愁？"一个男孩子问道。

"她一定很痛苦……。可究竟是怎么回事呢？"

过了一天，我们知道了她的伤心事，大家都感到惊愕。她的丈夫、她的三个儿子和两个兄弟，都在卫国战争中英勇牺牲了。不久前，她在这个世界上唯一的亲人——母亲，也去世了。现在，仅剩她一个人孤独地过日子。

这位玛丽亚老奶奶的痛苦遭遇，引起了我们对她的深切同情。亲爱的老奶奶，我们怎样才能帮助您呢？科斯佳在知道了这个女人的悲惨遭遇之后说："我们愿把自己内心的全部温暖都献给您，一定要使您笑起来。"

有一天，玛丽亚老奶奶终于冲着我们笑了。她是想起了自己的儿子们时笑的，因为当时我们在她家里栽上了六窝葡萄和六株玫瑰，以便纪念她的三个儿子、丈夫和两个兄弟。她笑了，随后眼睛里涌出了热泪。我们也流泪了，因为我们从来没见过一个做母亲的人经受如此巨大的痛苦。

我们想尽量帮她减轻一些痛苦。我们心里明白，不能丢下她一个人不管，因为孤独会使她更难受。我们的心灵还告诉我们，安慰不了她，也不能劝她忘记自己的痛苦。这种痛苦将会永远留在她心里，直到她与世长辞。

老奶奶看见小学生们前来就笑起来了。我们每天都到她家去，在她的美丽花园里劳动。玫瑰花开放了，一串串葡萄成熟了。我仔细地看着学生们的眼睛，倾听着他们叽叽喳喳的说话声，发现他们内心深处仿佛感到对不起这位老奶奶似的。他们过着愉快的生活，不时欢笑，高兴地望着自己的伙伴，望着太阳和晴朗的天空，而老奶奶的儿子们却在战争中牺牲了。这就是孩子们内心的感受。我心里想，这是好事还是坏事？应该说是好事。他们有了这种无法用语言表达的复杂感情，表明他们对为他们的幸福而牺牲的人们负有崇高的义务。

崇高的内心不安、纯洁高尚的心灵激动，都是宝贵的财富。这种财富如果等到成年时期才开始发掘是无论如何也得不到的。要在少年时期发掘、创造这种财富。要把这种财富当作无价之宝加以爱惜和保护。

我反复多次提出的下面这条建议是有益的：要教育学生心目中看得见别人。让他们学会把别人当作镜子，在镜子里照见自己。把这面镜子交给每个男女青年，教他们学会照自己——这是教育智慧的高峰之一。如果你想成为青少年真正的教育者，那就教他们学会在这面镜子里看出自己最细微、最隐秘、最不寻常的特征吧！

81. 要教育学生不说空话

我之所以专门提出要注意这个问题，是因为说空话非但腐蚀个人的灵魂，而且会腐蚀整个集体。凡是说空话的地方，就没有、也不可能有集体在思想上的统一。说空话，就如同不负责任地炫耀武器，或者把武器变成玩具，等于使人在精神上解除武装。

与此同时，也要把谎言、伪善当作最卑鄙的恶习加以提防。要使诚实的品质从童年和少年时期就深深地扎根于儿童的心灵，成为他们的习惯，使说实话的习惯成为性格、成为天性。要教育学生对多嘴饶舌、哗众取宠、夸夸其谈、好吹牛皮的行为采取毫不容忍的态度。

怎样才能在实践中贯彻这些宝贵的原则呢？这里我们就必然要谈到自我教育问题。教育青少年的多年经验使我确信，如果语言不是空洞无物的废话，而是扎根于人的心灵中，它就会成为自我教育的强大武器。要教导学生说话算数，不随便乱说，不耍嘴皮子。我常常这样教育我的学生：如果你们想做一件事，却没把握做成，千万不要说"我保证完成"，你最好说"我要尽力办成这件事，我会努力这样做"。这样说了，就要这样做。不管遇到什么困难，都要争取实现自己提出的目标。哪怕重做10次，也不能食言。

不要忘记，自我教育的过程并不是一帆风顺的。没有比战胜自己的弱点更为辉煌的胜利了。青少年的教育者们要记住：诚实，首先是对众人的诚实，同时亦是对自己和良心的诚实。要诚实地评价自己：我能做什么，还不能做什么，我怎样登上自我完善的高峰，以便在达到高峰时能有权说：**我是自己意志的主人**。对这一切实事求是的评价，就是诚实和正直的奠基石。

诚实的镜子，能正确地反映生活，它是靠劳动磨炼出来的。要努力用实际行动和劳动激励自己的思想和言论。说到做到，踏踏实实。我们不妨再重复一次：教育工作的一切方面都是相互联系的。诚实、正直，以及对撒谎和欺骗毫不妥协的品质，来源于劳动的伟大真理。有句乌克兰古谚说得好：手上长着老茧的人，爱说实话。劳动者的心会对谎言和欺骗奋起抗议，表现出憎恶。真理的根源存在于谋求公众福利的劳动之中，存在于为人们付出所带来的愉快之中，存在于克服困难的过程中。轻而易举、一帆风顺就取得成功的人，其思想会像蝴蝶那样飘忽不定，不着边际。然而，思想应像高大的橡树一样坚强、像射出的箭一样有力、像烈火一样鲜明。真理的坚定性、真相的鲜明性和思想的不可动摇性，是从同一个名叫**困难**的源泉中涌出的泉水。青少年应懂得什么是困难，而且应从亲身经历中懂得什么是困难。谁经历过困难，谁就会重诺言，会对说空话采取毫不容忍的态度。

82. 怎样教学生自己教育自己

科学地组织共产主义教育过程所提出的最尖锐、最迫切的问题之一，是集体和个人在精神生活财富上的相互依赖关系问题。如果每个人仅仅是消费者，集体的精神生活怎么会丰富多彩呢？如果不认真弄清楚令集体精神财富的源泉充满活水的溪流来自何方，还能谈得上集体是个人的教育者吗？如果每个人在与同伴的日常交往中不是坦诚相待，这一群人就一定是乌合之众、一盘散沙。个人与集体是同一事物的两个方面。没有对个人的教育，就谈不上集体的教育力量，而对个人的教育离开自我教育也是不可思议的。我认为，教育这个概念在广义上就是对集体的教育和对个人教育的统一，而在对个人的教育中，自我教育则是起主导作用的方法之一。

教育人，就是要培养他们对自己有严格的要求。要做到这一点，就不能总是牵着他们的手走路，要让他们独立行走，能对自己负责，形成自己的生活态度。

怎样在实际中做到这一点呢？

要教育人们从小就认识自己并进行自我教育。伟大的思想家和艺术家弗·姆·陀思妥耶夫斯基曾说过，要"自我认识、自我约束、自我克制"。[14]这是关于自我认识的金玉良言。陶冶情感，训练思想和意志，形成和稳定自己的性格——这一切都应在认识自己和掌握自己的同时自己去做。

自我教育要有非常重要而强有力的促进因素——自尊心、自我尊重感、上进心。一个人的心灵只有在对良言、忠告显示温存或者责备的目光这种极细致而纯人性的教育手段非常敏感时，他才能进行自我教育。如果一个人对粗暴习以为常，只对"强有力"的语言、喊叫和强制才有所反应，那就根本谈不上自我教育。实质上，自我教育的前提是人对人的信任，是使个人的荣誉和尊严起作用。为指导学生进行自我教育，必须首先建立起深信对方具有良好意愿的师生关系。

根据多年的经验，我想对教师提出一条实际建议：学生的自我教育要求你有一定的教育作风。在你的集体中应有安静的气氛，不要有大声喊叫和爱动气的现象。如果老师不时对这个或那个学生**大为恼恨**，并让这种不良情绪"发泄"出来，表现为大声呵斥和气愤之下随意惩罚学生，力图最厉害地**训斥**他，那就不可能有学生的自我教育。对一个人**训斥、责骂、惩罚**越多，他对好言好语就越听不进去，而他那种被列夫·托尔斯泰称为**好好思考**的能力[15]就越是难以得到发展。

我坚信，绝对正常的教育是与惩罚无缘的。这一信念不是书面推理的结果，而是多年实践的总结。教师同志们！我要声明一下：这里谈的是**儿童**，是对**孩子**的惩罚问题。凡是一切依靠惩罚的地方，就不会有自我教育，而没有自我教育，也就根本不可能有正常的教育。这是因为惩罚已使学生从良心的责备中解脱出来，而良心则是自我教育的主要推动力。如果良心在沉睡，就不可能有自我教育。受了惩罚的学生就会想：我对自己的行为已经没什么可思考的了，我已经受到了应得的惩罚。

我们学校里曾发生过这么一件事。三年级学生，9岁的科斯佳用弹弓打麻雀。他打伤了一只麻雀，就把它捉住，然后折磨它。为了这事，教师惩罚了他：三次没有让他和全班一起到森林里去玩。在孩子们朝思暮想的第二次有趣的野游之前，科斯佳在课堂上蹙着眉头，对教师的提问答非所问。全班同学都到森林里去了，而科斯佳却留在学校里。他在一个草棚的房檐下捉了几只还没有长出羽毛的可怜的小麻雀，把它们放进教师的桌子里。过了一天（到森林野游是在休息日的前一天），教师打开桌子，发现那些小麻雀中的大部分都死了。

怎样解释这种残忍行为呢？为什么被惩罚之后孩子往往变得心狠了呢？这是因为"强力"影响手段使他不去动脑筋思考问题；他感到难过的，不是自己干了不体面的事，而是他受到的惩罚。实际上，他正在忘记自己不好的行为，而教育的逻辑则要求孩子好好思考自己的行为。结果却是，孩子**往坏处想**了。他觉得自己受了委屈，心里的怨恨逐渐积累起来。假如惩罚要是稍有一丁点儿不公正，这种怨恨就势必像雪崩一样塌下来，其猛烈程度是教师意料不到的。

我认为正常的教育应当是这样的：孩子没有严重的不良行为，犯了轻微的、无关紧要的"过错"，他就会深深地感到内疚，把它放在心上，受到良心的责备——这一点是最重要的。教育的艺术就在于防止发生严重的过失。那么如何防止呢？首先要同学生进行个别谈话。

83。要掌握与学生个别谈话的艺术

要仔细观察儿童的生活，认真思考他们的表现和他们性格之间的关系，关注他们怎样对待父母和老师，这样你就会发现，孩子在本质上具有向你敞开心灵、倾吐自己的感情和思想的精神要求。

但是，你必须懂得：**任何时候**都不请求或要求任何人来管束和制服孩子，他才会对你真诚地敞开心扉。例如你希望学生的父母来迫使他表现得好，而且学生知道你有这种希望，或者你甚至故意让他明白你有这种希望，那么，就像俗话说的，那就是白费力气——这样做不仅谈不上自我教育，甚至你班上连正常的秩序都难以维持。找家长是需要的，同家长座谈也是需要的，但绝对不能使儿童产生这样的想法：教师正在把他最亲近、最喜爱的人变成一种吓人的东西，使他把一个人看成骇人的怪物，这在教育工作中是根本不允许的。应该教育孩子热爱父母和教师，而不是惧怕他们，要使他有自己真正喜爱的人。儿童发自内心的喜爱能消除他的不安和惶惑的人、给他安慰和帮助他确立自信心的人、能保护他的感情（首先是自尊心）的人，因为儿童的感情很容易受到伤害，对轻率粗暴的触犯非常敏感。

一个教育工作者如果不受学生爱戴，怎么能指望学生对他信任、坦白和诚实呢？我认为那是奇怪和不可思议的。

我还想提一条建议：不要不理睬学生的抱怨。不要认为他们的所有抱怨都是说人坏话，也不要像我认识的一位教师所喜欢说的那样，把所有爱抱怨的小朋友都看成"爱哭的告密者"，因为事实并非如此。**要善于倾听抱怨话**。一般说来，善于倾听学生说话，是一种了不起的教育艺术。没有这种艺术，就不可能有自我教育。

你要使学生乐意接近你，并对你说出自己的心里话。你要懂得，必须温柔、小心翼翼地接触儿童的心灵，只有温柔与谨慎才能使你通过与孩子交谈启发他进行自我教育。请记住，如果学校里气氛好，大家相互信任，那么，学生一旦心情不好，无法解决自己心里的问题，不懂得道理在哪里和应该做什么，他就会来找你。请注意，从学生激动的诉说中，你可能听不出这类问题，但你必须善于听出言外之意。要保守学生因为信任而向你透露的秘密，这是教育学的一条基本规则，它关系到教育和自我教育两个方面。要懂得，别人在向你敞开心扉时，可能说出最困难、最复杂的问题。你可能得知不体面的行为，听到关于学生之间看来立即需要成年人加以干预的相互关系问题。在这种情况下，你要有耐心，要善于用理智克制一时的情绪冲动，同时又要使自己理智的思想充满火热的感情。与一个对你说出心里话的学生谈话的结果，绝不是立即实行惩罚——这一点要牢记。要懂得，在集体面前抖落青少年的隐私和心事，是一种最严重地刺伤青少年心灵的行为。

我再强调一遍，一个学生如果遭受到痛苦、不幸，受到了委屈、不公，或者感到心里惶惑、不知所措，是很愿意向他所尊敬、爱戴和信赖的人倾吐自己的感情和思想的。凡是诚实而纯朴的人，在这种情况下都是局促和拘谨的。因此，要善于从学生的眼睛里看出其内心世界的细微活动，设法单独和他在一起，从无数的词汇中找到唯一合适的说法，做到细致、聪明、有分寸地诱导他向你吐露心声。

如果一个学生向你说了心里话，就说明你的教育工作有了很大的进展。但是以后情况如何，在极大程度上取决于他**怎样看待和感受**你对他心灵所做的合乎人性的触动。

说句俗话，我敢拿脑袋担保：如果学生不愿意把自己的欢乐与痛苦告诉教师，不愿意与教师坦诚相见，那么，谈论任何教育都是可笑的，任何教育效果都是不可能有的。受教育者向他爱戴的教育者敞开自己的心灵，是一个彼此促使思想和感情高尚起来的过程。当一个人用语言表露自己心灵的创伤时，他首先是在使自己的感情变得纯洁——原始的感情被更加细腻的、高尚的感情所代替。正如人们在这种情况下所说的，**他在控制自己**。正是这种微妙的动力，促使他进行自我教育。因此，同教师信任地交谈，能使人感到轻松、心情好转。与人共享欢乐，欢乐则会增加一倍；与人分担痛苦，痛苦则减少一半。一个人敞开了自己的心灵、抒发了自己的思想感情，就会相信自己能够改变自己的情绪，能够教育自己。

每当想到我们许多学校里有一些学生的痛苦，还没得到别人的分担，我就感到非常难过。痛苦折磨人的心，使人的灵魂变得空虚。我看到愁眉苦脸、郁郁寡欢的少年时，心里就发颤。对学生来说，最可怕的痛苦是自卑感：别人功课好，而我什么也不行，我是一个不走运的人，我的命运就是这样……。这种痛苦日积月累，沉重地压在心头，无情地束缚着灵魂。他想向别人诉说自己的痛苦，但又怕羞，难以开口。他在家里沉默寡言，在学校里也默不作声。年轻的朋友！你要仔细观察这样的学生，帮助他们摆脱这个承担不了的重负。为此，首先要使他们高兴：要让他们看得见自己的学习成绩，从而产生自豪感……

如果你与学生交了朋友，你们能够相互信任，你从来没有做过对他不好的事，没有给他带来痛苦或难过，那么，你在道义上就有权指导他进行自我教育，而你的教导就会被看作生活经验所产生的智慧。

自我教育还有一个必不可少的条件。这个条件，形象地说，存在于教师的意志和受教育者的意志之间，好像把教育和自我教育连成了一个整体。这个条件就是要使受教育者意识到自己在成长，**懂得并体验到：自己今天比昨天有长进**，人类的美德正在进入他的心灵。这种进入，在极大程度上取决于他本人，取决于他自己的意志。自我尊重、体验到自尊心，是意识到自己成长过程的美好伴侣。只有在受教育者尊重自己的条件下，才可能有自我教育。学生对自己越是尊重，他对你在道德上的教诲与关于应如何进行自我教育的指导，就越听得进去，接受得越快。如果学生缺乏自我尊重，他对你的教导和规劝就会充耳不闻。

自我尊重取决于什么？怎么培养？年轻的朋友！请记住，这是一种非常脆弱的东西。对待它要极为小心，要小心得像摘掉一朵玫瑰花时，不可抖掉那颤动欲坠闪耀着小太阳的透明露珠一样。要培养自尊心，只能用温柔细致的教育手段。自尊心是不容许采用"粗鲁的""强力的""凭意志的"手段的。我想把自尊心称为儿童的知识修养。这是心灵上的软弱性，它随着思想、动机和意图的纯洁性而增长。在这里，我们接触到了学校中最有意思、值得十分重视、但可惜又很少研究的一个问题，我指的是儿童的脑力劳动，更确切地说，是这种劳动在感情领域中的反映，也就是理智感。自尊心产生于明快的理智感，产生于认识所带来的快乐。儿童知识修养的源泉，就在于这种明快的理智感之中。如果学习是伴随着不愉快的情绪进行的，学生就会变得对自己漠不关心、毫不在乎，那就更谈不上什么自我教育了。教师作为**教育者**的重要任务，就是保护青少年心中明快的理智感之火，不使它熄灭，因为一旦熄灭后再要点燃是很困难的。

总之，学生能尊重自己、珍惜你对他的每一句评语，就说明播种自我教育种子的土地已经翻耕好了。这时，你可以教他怎样进行自我教育，你的教导是不会落空的。

自我教育包含道德、劳动、学习和体育等几个方面。这些方面是相互关联的，因为自我教育的全部过程终究是头脑和心灵的复杂活动的统一，是感情和信念的统一。

84。怎样激发学生在道德方面进行自我教育

使学生意识到我们每个人都生活在人们中间，是诱导学生在道德上进行自我教育的极重要动力。周围的人们时时刻刻都在注视着我们。即使我们不在他们面前时，他们也能感觉到我们的存在。我们接触物质世界的每一件东西，都留下了我们的痕迹。但在与我们交往的人们中留下的痕迹，则是最明显的，有时甚至是不可磨灭的。一个真正的人不可能不在乎别人对他的看法和评价。然而，不管我们在什么地方干什么，都要记住，人们的眼睛总是注视着我们。人生最卑鄙龌龊的东西，是道德上的不纯洁。试想一下：一个漂亮姑娘花费很多时间梳理自己的头发，是要使自己漂亮，因为发型是大家都能看得见的；但是她的脚却很脏，没有洗，可她满不在乎，因为脚上穿着袜子。道德上的不纯洁正是如此：当着众人冠冕堂皇，独自一人龌龊肮脏——对于这种卑鄙的恶习，人民的道德观就是这样评价的。

要教导学生在道德问题上严格要求自己，做到一丝不苟。要教导他们约束自己。从儿童来到学校的第一天起，我们就这样教育他：在你独自做某事时，要明白此时此刻世界上最可爱的人——你的母亲对你是怎么想的。你若是做了什么不好的事，希望不被任何人看见，那你就错了。你的不良行为会给母亲的心里造成痛苦。即使你不在母亲身旁，她也能看见你。她即使不在你身边，她的心也和你在一起。你回到家后，她能从你的眼睛里发现你做了坏事。因此，你最好把自己的不良行为立即说出来。当然，最好的是不做坏事。要记住，母亲永远在看着你。

说到这里，我要再次指出，儿童对这些教导是否敏感，是否能听得进去，取决于他的全部精神生活体系。首先，要使热诚、体贴别人、对母亲无微不至地关怀，成为儿童精神世界的特点。要使儿童进行自我教育，使他的良心警惕地为他的行动站岗放哨，就必须首先使他有一颗细腻的心灵。我们是从起码的道德修养开始进行道德的自我教育的。例如，你的学生胆怯地四下瞥了一眼，然后从玫

瑰花丛中摘了一朵花。这已经是道德上的愚昧无知了。他走到一个啼哭的小孩跟前，不问一下：小朋友，要帮你什么忙吗？这就更糟糕了，这已经是道德上的冷酷无情了。经过多年的努力，我们的教师集体制定了一个道德修养的自我教育提纲。这一提纲是学生在同其他人的道德关系中应遵守的许多要求，现列举如下。

（1）要记住，世界上有些东西宝贵得无可比拟。这首先是我们的苏维埃祖国，是给了你生命并抚育你成长的祖国。

（2）要记住，你生活在人们中间。你不是你自己所想的那样，而是别人认为的那样。如果你自以为很了不起，而别人却认为你微不足道，那你就是微不足道的。要勇敢地承认这一点，克服自己身上肤浅的、微不足道的东西，学会做一个真正的人。

（3）独自一人时不做坏事、丑事，没有庸俗表现的人，才是真正的人。在你独处的任何时候，让良心成为约束你行为的见证人。这个见证人应是公正的、严厉的和铁面无私的。

（4）为别人做好事，你就得到了最宝贵的财富。活着是为别人谋福利的人，是最富有、最幸福的人。不要忘记，世界上只有人才能衡量财富、美与伟大。在使别人高尚的同时，自己亦会高尚起来。要记住，人总有一死，如果说死后会有什么东西留在世界上的话，那就是他为人们做的好事。

（5）人类之美的最高体现是女性。女性不仅仅是你的朋友，她是未来的母亲。爱护她的美，珍惜她的健康，就是关怀整个人类的美和伟大。为帮助一个妇女如果需要你献出生命，那你就去做，但不要偏离人类忘我精神的正道。

（6）人可能会沾染许多恶习，其中有20种是最为可怕的：面对善恶无动于衷、懒惰、口是心非、虚情假意、逢迎讨好、缺乏主见、默认不真实的说法；坚持错误、自高自大、爱说空话、好撒谎、独自一人时行为不端；背弃正受到大家排挤的朋友、不相信人性本善、伪善、幸灾乐祸、残忍对待弱者和无力自卫者、嘴馋与贪吃、吝啬。要记住，这每一种恶习，都是从一点点开始逐渐发展到极为严重地步的。首先，要对自己身上表现出来的人类恶习，采取毫不妥协的态度。要学习别人身上令人钦佩的优点，永远不犯别人身上令人憎恶、鄙视的缺点。要爱护自己的长处，憎恨自己的恶习。要明白，脓疮永远是脓疮，即使长在自己身上。只有自私自利的人才喜欢自己的弱点。

（7）如果你在自己身上发现了恶习的苗头，就要善于对自己毫不留情。要拔掉恶习的根子：用劳动除掉懒惰，以设身处地的体贴态度和作为人应有的担忧，代替面对善与恶而无动于衷，以原则性取代口是心非，用正直坦率代替虚情假意；为了克服逢迎讨好，哪怕所有人都反对你，也要敢于坚持真理；以独立思考的习惯克服缺乏主见；有默认不真实说法的毛病，就要敢于同不真实说法作坚决的斗争；有坚持错误的毛病，就要勇敢地承认自己的错误，接受那些坚持真理、同你的错误作斗争的人的意见；有自高自大的缺点，就应该谦虚，学会不必要时只字不提自己；如果傲慢，就应该朴实而自尊。这是马克思最珍视的人们身上的品质[16]。爱说空话，就要学会看重言语；好撒谎，就要不容忍谎言，对一切都老老实实，一丝不苟；独自一人时行为不端，就要能首先把自己的良心当作最无情的审判官而做到问心无愧；背弃正受到大家排挤的朋友，就要准备在别人向朋友瞄准时挺身而出，用自己的胸膛挡住子弹；不相信人的善良本质，就要无限信任人类美德的伟大与力量；如果伪善，就应坦率与诚实；如果幸灾乐祸，就应该有怜悯心；对弱者和无力自卫者残忍，就要有人道主义精神；嘴馋和贪吃，就要有节制；如果吝啬，就要慷慨大方。

（8）如果你亲眼看到有人作恶，而思想深处却产生了一个想法：关我什么事？那么，你就要明白，这是兽性本能发出的声音，叫你只顾自己。不要放纵自己的本能，要驱除它们，要无情地对待这种只顾自己的兽性召唤。

要记住你是人。只要你有一次对丑恶视而不见，你就可能永远如此，你就会变成一个可怜虫。

（9）人类有许多高尚品格，但有一种高尚的品格是人性的顶峰，这就是个人的自尊心。

无论你在为真理而斗争中成为胜利者时，还是在不得不承认错误时，你都要昂首挺胸。

（10）世界上有些东西宝贵得无可比拟。这首先是我们的苏维埃祖国，是给了你生命、为你命名并给了你作为人的尊严的祖国大地。当你遇到困难而束手无策时，当你感到困惑不解时，当你不知道该怎么办时，你要想一想，祖国在这种情况下要求你怎样做。祖国怎样要求，你就怎样做。

道德的自我教育的实质是什么呢？

除了要有上进的愿望和高度敏感细致的心灵以外，还有一点也极其重要，我把它称为**对人的认识**。一个人在认识周围世界的同时，从小就应该认识人——认识人的思想、感情、其心灵的细微复杂活动、其志趣和激情。教育与自我教育的统一开始于一个人在认识人时，也就是在认识自己，在学习从旁边观察自己。我们教育艺术中一项最复杂的本领，是教师讲人的故事。我向每一代小学生都会讲一个英勇无畏的苏联军人的故事，卫国战争期间他在敌占区用自己的胸膛掩护了一个小姑娘，拯救了她的生命。我也会讲我们的两位同乡的故事，他们是游击队青年英雄，在落入法西斯魔掌后，受到了残酷的折磨，始终没有泄露游击队的秘密，没有出卖自己的朋友，最后，敌人把他们活埋了。我还向学生讲尼古拉·加斯捷洛、卓娅·科斯莫捷米扬斯卡娅、亚历山大·马特洛索夫的故事，讲那些在我们土地上劳动了50年、60年甚至70年的杰出劳动者的故事。

我坚信，用头脑和心灵认识道德问题，不仅应包括对美德的赞许，而且应包括对丑恶的愤怒。我从世界文学的不朽名著中选择一些人物形象，在他们身上，天才的艺术家们具体刻画了人类的恶习。通过讲亚戈和伊乌杜什克·戈洛夫列夫、戈勃谢克和泼留希金的故事，我在青少年的心中唤起他们个人对丑恶毫不容忍、毫不妥协的感情。一天也不间断地认识人，能促使一个人从儿童时代就体会到人们日常生活中形成的情况和相互关系在道德上的意义。儿童在很好地思考人时，就很想有好行为；好行为能在道义方面给他很大的满足，使他内心充满快乐。这种感情反过来又会使孩子对善恶更加敏感，对一切贬低人的事物毫不容忍。使一个人从小就能在同丑恶现象的**斗争中**表现自己，显示自己的原则性，感觉到善良事物的胜利，理解并体验到自己参与了这一胜利的收获，因而自己也胜利了并感到非常愉快——这对于教育和自我教育都是非常重要的。

朋友！请记住，要想启发学生进行自我教育，教师要用语言非常细致地触动学生最隐秘的心弦——荣誉、尊严和高尚气度。要善于了解和观察学生的心灵需要作这种触动的时机。这种时机的到来，一般是在幼小的人面前出现两条道路时：走第一条道路，就要默许丑恶存在，漠然置之；走第二条道路，就要与丑恶作斗争。选择第二条道路，往往要求学生思想上高度紧张，付出很大的精神力量，尽管从成人的观点看来实际情况并不太复杂。

85. 怎样启发学生在劳动和学习中进行自我教育

为此，首先必须使学校和家庭都用劳动的气氛围绕着学生。不管是在课堂上还是在家里，如果闲散无事，那么关于通过劳动进行自我教育的极宝贵教导就会变成空谈。

有些一般性的教导，对各种年龄的人都是同样宝贵的。在我们的教师集体里这些教导表现在以下这些道理中。

（1）要记住：没有劳动，人就会退化，变成卑鄙可恶的生物。

（2）民间谚语说得好：看一个人培育的麦穗，就可以了解这个人。你的劳动表现了你自己。你亲手培育起来的一棵树，就象征着你这个人，代表着你对劳动的热爱和你的本领。你的工作笔记本，就代表你，代表你的劳动，代表你对父母应尽的义务。

（3）在学校上学期间，你向前辈借用了你生活所必需的物质财富。母亲和父亲供你吃饭穿衣，给你买书和直观教具，好让你学习，准备将来劳动。你的义务是尽早开始参加生产劳动，帮助家庭，挣钱给自己购买衣服、鞋子和教科书。

（4）要懂得，劳动不是一种轻松的事。劳动（труд）与困难（трудно）是同根词，这不是偶然的。劳动会使体力和精神紧张，会流汗、疲倦。劳动，不可能像游戏、娱乐和消遣那样有趣。劳动的趣味体现在另一方面：一个人把自己的智慧和力量投入工作，能做出有用的、美好的东西——创造生活和美，并通过它们表现自己的才能。人能活七八十岁，但他亲手栽种的橡树则能活700年，甚至1000年。在劳动中留下你的成绩吧，这样，你就是幸福的。

（5）要学会在一开始劳动时就预见到它的结果。不要害怕单调，不要因为今天、明天甚至连续一个月都要做同样的工作而退缩了。劳动就像攀登一座高山，不经过崎岖不平、使人疲惫不堪的乱石小路，就无法到达光辉的顶峰。

（6）劳动使人变得成熟和勇敢。最好从6岁起就开始做一件需要几年才能完成的工作。要这样安排自己的生活：到10岁时回顾一下过去，你可以看到自己亲手创造的成果，例如，你种的一棵果树结了果子，或是你把寸草不生的地方变成了良田沃土。只有当你用双手劳动，懂得什么是滴滴汗水，了解什么是劳动的疲倦和手上的老茧时，科学的智慧和知识的光辉才会真正展现在你的面前。

（7）只有当你学会把双手的技巧同头脑的智慧结合在一起克服工作中的困难时，对你来说，学习才会成为劳动，而你才能够在掌握知识的过程中得心应手。只有在工作中善于动脑筋的人，才能理解思想活动的秘密。要知道，很少有人生下来就有牛顿或爱因斯坦那样的天赋。要做最不利的打算——你没有天赋。你要用劳动和创造来培育和发展你的能力。

（8）已经开始的事情决不要半途而废，要坚持到底。假如你有半途而废、挑肥拣瘦的习惯，你就会变成一个游手好闲的人，一个不学无术的人。

（9）要懂得，学无止境。同样一件工作可以反复做几十次，而一次要比一次做得更好。要把自己培养成为能手，学会不满足于已取得的成绩。专业有好几百种，你不可能全都掌握。要掌握其中的一种，但应熟练掌握，使自己成为工作的主人。

这些教导只有在一定的条件下才能对学生的思想发生作用。如果学校里缺乏**愉快的劳动**气氛，这些教导就会成为空话，学生甚至会不理解，好像你在用他们听不懂的语言同他们讲话似的。学校里应当充满劳动的欢乐气氛。劳动的欢乐是什么？就是在劳动中的自我表现。就是那样一种复杂的精神状态：一个人既惊奇、赞叹地看到了自己双手的创造物，并从中发现了自己的才能，也看到了自己付出的努力及平凡无奇的劳动时间。要把劳动变成自我教育的一个领域（没有**劳动中的**自我教育，就根本不可能有自我教育），就必须使每个学生感到劳动的快乐，使劳动成为他们的一种创造活动。发现自己才能的过程，是在劳动中开始的，这一过程要持续若干年，直到选定立志献身的事业为止。

劳动的欢乐、劳动的创造和发现自己的才能，这一切只有在劳动中个性得以发挥时才能实现。劳动中的自我教育，并非单纯是收获土豆、捡废铜烂铁，而是深入地认识自己、使智力和双手的技巧相结合、自觉地提出目标和克服困难。我再次强调，没有紧张的思想活动、没有智力的创造活动、不阅读课外书、不超出基本教学大纲的范围（超出这一范围，学生的志向才能开始形成），劳动中的自我教育则是不可能的。如果课堂教学枯燥乏味，学生在教师课上的热烈话语中听不到鼓舞他们去广阔无垠的知识海洋中遨游的召唤，或者不响应这一召唤，那么，劳动中的自我教育是无从谈起的。如果教师没有爱好自己学科的学生，或者教师没有通过自己对科学的热爱使学生受到感染，劳动中的自我教育也是不可能实现的。

如果这一切条件都具备，就可以给学生布置这样一项劳动任务，它能够唤起他们爱好这项任务，使他们精神振奋，要求自己不断增长知识。例如，某个学生对土壤学实验有浓厚的兴趣，当你讲解土壤中发生复杂的生物化学过程时，你发现他的眼睛里燃起了好奇的火光。如果你们学校里有生物研究室和温室，你就可以分给这个学生一个角落，让他对这项实验产生兴趣——一块死气沉沉的泥土可以变成**活生生**的土壤。你同他一起把有益的微生物植入土壤；在你的指导下，学生为微生物的生命活动创造了有利的条件。这就开始了自我教育：少年与实验之角已经难舍难分了。他长时间地坐在盛着土壤的箱子旁，研究试管和显微镜，读书，直到深夜。这时已经不再需要任何诱导，因为他的热情高涨起来了。现在，要防止学生的劲头冷下来。为此，教师必须细致而有分寸地触动学生的兴趣之火，使之保持下去。

86。怎样在脑力劳动中培养自觉的纪律

我们对七年级以上的高年级学生提出了这方面的建议。这些建

议关系到学生精神生活中非常重要的一个方面，如读书、思考、解决智力上的任务。这些建议的效果如何，取决于许多条件和前提，其中最主要的是：在学校里，教师集体要有浓厚的文化知识兴趣；要使课堂教学以多方面的智力生活为基础；教师的知识要远远超过教学的需要；要使每个学生都有自己的智力爱好。如果做到这几点，学生就很容易接受有关脑力劳动自觉纪律的教导。在这些教导中，我们认为以下几点是最重要的。

（1）如果你想有足够的时间，那你就要每天读书。每天至少要阅读两页你所喜爱的学科（即你的选修课）的学术著作。你的一切阅读，都是在为你的学习打基础。这个基础越厚实，学习起来就越容易。你每天读书越多，你储备的时间就越多。这是因为，你阅读的东西与你在课堂上所学的内容有成千上万个接触点。这些接触点就是我们所谓的**记忆之锚**。这些锚把必须了解的知识系在人类知识的海洋中。要迫使自己每天阅读，不要今天拖到明天。今天丧失的东西，明天是绝对无法弥补的。

（2）要善于听教师讲课。九至十年级的学生对于重要题材的讲课，不管教科书里有无这些材料，都要做摘要笔记。做笔记能够训练你的思维和检查你的知识。要学会在课堂上就当场做思考摘要，每天至少花半小时的时间整理笔记。我建议把摘要笔记分为两栏（即两行）：第一栏记听课的摘要，第二栏记必须思考的问题，包括关键性的、主要的问题。这些问题好比是同一门功课的知识大厦相联系的**构架**。每天要对这种构架性问题进行思考，并把这种思考同每天阅读科学著作结合起来。如果你每门功课都按照这一建议去做，你就不需要搞"突击"日了。在准备考试时，就不必反复阅读和背诵整个笔记。各门功课的构架就是一种提纲，在它的基础上可以回想起全部教材。

（3）要在早晨6点钟左右开始一天的学习。5点半起床，做早操，喝一杯牛奶，吃点面包，然后就开始学习。上课前从事脑力劳动的一个半到两个小时，是黄金时间。在早晨几个钟头要从事最复杂的、创造性的脑力劳动，思考关键性的理论问题，阅读和钻研难懂的文章，草拟介绍性的学术报告。如果你打算进行带有研究成分的脑力劳动，应该只在早晨进行，这样你就可以不熬到半夜。作息制度要定得在12点以前至少能睡两个小时。这是最有益于健康的睡眠。

（4）要善于安排自己的脑力劳动。我指的是要分清主次。在分配时间时，不要让次要的事情把主要的事情挤到后面去。主要的事情每天都要做。要选定对形成你的才能与素质有决定意义的若干重要科学问题。这些问题在你早晨的脑力劳动中要占第一位。要善于按照主要科学问题选择书籍和科学著作，并长时间地研读它们。

（5）要善于给自己创造内在的动力。脑力劳动中有许多工作并非那么有趣，使人乐意去做。唯一的动力往往仅是**需要**。你的脑力劳动正应该从这种不那么有趣的工作开始。要悉心钻研这些问题的理论细节，使"**需要**"这样做逐渐变为"**我想**"这样做。要把最有趣的部分留在工作收尾时做。

（6）书籍之多，浩如烟海。要严格选择打算阅读的书籍和杂志。求知欲强和好学的人，什么都想读。然而，什么都读是不可能的。要善于限制阅读范围，剔除一切可能打乱学习制度的因素。但同时要记住，随时都可能需要读一本不在计划之内的新书。为此，就需要留有剩余时间。剩余时间是靠在课堂上认真听讲、善于做笔记和不搞"突击"赢得的。

（7）要善于约束自己。要做的事情很多。有业余文娱活动小组、体育活动小组、跳舞晚会。许多这类活动都是有诱惑力的，但这可能给你带来很大的害处，因此，要善于当机立断。娱乐和休息都是需要的，但不应忘记主要的东西：你是一个劳动者，国家为你花很多钱，应该首先把劳动放在第一位，而不是把跳舞和休息放在第一位。我建议高年级学生下象棋和阅读文艺书籍，以此作为休息。在十分安静的环境中聚精会神地下象棋，是振奋神经系统和训练思维的极好手段。

（8）不要把时间花在琐碎的事情上。不要闲扯，不要游手好闲地虚度时光。常有这样的情形：几个小伙子聚在一起，就像乌克兰常说的在"闲扯"。一个小时过去了，什么也没干，什么聪明思想也没有从这样的闲扯中产生，而时间却一去不复返。要善于把和同学交谈也变成在精神上丰富自己的源泉。

（9）要学会减轻自己将来的脑力劳动，也就是为将来储备时间。为此，要习惯做笔记。我现在就有大约40个笔记本。每一本都用来记录鲜明的、似乎是一掠而过的思想（这样的思想"习惯于"在头脑中出现一次后就不复返了）。我把阅读过的最有趣的东西，也记在这些笔记本里。这一切在将来都会有用，会减轻你的脑力劳动。要建立一套笔记，爱惜你从书本中吸取的一切知识。

（10）做任何一件事，都要寻找脑力劳动最合理的方法。要避免老一套和刻板公式。要不惜花费时间深入地**理解**所接触的事实、现象和规律的实质。思考得越深，记忆就越牢。在没有理解之前，不要死记，因为这样会白白浪费时间。已熟知的东西不必重读，只要浏览一下即可。对于还没理解的东西，切忌肤浅地浏览过去。任何不求甚解的态度，都会使你将来不得不多次重新研究某些事实、现象和规律。

（11）在受到打扰的情况下进行脑力劳动是不会有效果的。在集中精力从事脑力劳动的时间，每个人都应完全独立地工作。最好在阅览室、读书室里学习，因为在那里大家都遵守制度。

（12）脑力劳动要求抽象思维和形象思维交替进行。要穿插阅读科学书籍和小说。

（13）要克服不良习惯（如必须先坐15分钟才能开始学习，毫无必要地翻阅你并不打算读的书籍；睡醒后还躺在床上不起来，等等）。

（14）对勤劳来说，**明天**是最危险的敌人。任何时候都不要把今天应该完成的工作留一部分放到明天来做。要养成今天完成明天应做工作的一部分的习惯。这会成为你有效的内在动力，并将决定你的整个未来。

（15）任何时候都不要停止脑力劳动。夏天也不要丢掉书本。每天都要增加一些宝贵的文化知识——这是你将来脑力劳动所需时间的一个来源。要记住，知道的东西越多，你就越容易掌握新的知识。

87。怎样在体育方面引导学生进行自我教育

研究体育、智育、情感教育、美育和劳动教育时，应看到它们的统一性和相互依赖性。体育是使人的精神生活充实和文化知识丰富的首要条件。同时，体育还会使人的其他方面变得高尚。

我们教师集体的工作中贯穿着这样一种思想，即体格方面的教育和自我教育是统一的。假如不让学生从小就开始帮助大人干一些活，我们甚至无法设想他们长大后能够成为身心健全的人。

我们坚信，体格方面的教育与自我教育的统一是从幼年开始的，这种统一与下述国民教育思想有联系：当孩子刚刚学会用手拿起汤匙从盘子里取食物送到口中时，就要让他劳动。我们设法让儿童边干边想、边想边干。只有这样，他们才能懂得体育的意义，感觉到自己的全部力量，认识到健全的精神取决于健康的体格，学会有意识地增强自己的体力。如果我们的学生没有从小开始劳动，他们就会听不进在体育方面进行自我教育的任何教导。正因为我们的学生是劳动者，所以他们才会非常敏感地、兴致勃勃地接受我们的教导，遵照我们的建议去做。下面是我就体育方面的自我教育提出的几条建议。

（1）健康意味着精神生活充实、精神愉快和头脑清楚。你的健康取决于你自己。

（2）健康的重要源泉是我们周围的自然界——空气、阳光、水、夏天的炎热和冬天的严寒、阴凉的小树林和鲜花盛开的三叶草原野。要到大自然中去生活和劳动。要在日出之前就起床。夏天太阳出来得很早，而你要比太阳起得更早。走到原野里，呼吸新鲜空气，用露水洗洗手、洗洗脸，这种露水正是童话中所说的活水。空气中充满着正在开花或正在成熟的庄稼香味，这些是对健康有益的。夏天里，谁呼吸到这样的空气，谁就永远不会得肺病。

（3）要给自己立一条规矩：每天早晨一起来就做早操。夏天最好在院子里睡觉，睡在干草上或者新鲜的谷草上（刚刚脱粒的谷草上）。干草和新鲜谷草分泌出来的植物杀菌素，能预防流行性

感冒。

（4）坚持每天早晨用冷水擦身。尽量坚持在池塘里洗澡，直到深秋水开始结冰为止。冬天用雪擦脚和腿（至膝盖），擦得从脚跟到膝盖感到发热为止。要勇敢地赤着脚到雪地里去走几分钟，这对腿部和全身都是很好的锻炼。

（5）一天也不要间断体力劳动。劳动使人身强力壮、心地正直。每天坚持劳动，能使人延年益寿。从幼年到老年不脱离劳动的人，直到他生命的最后几天，仍然是一个完好的人——能保持自己的体力，有清楚的头脑、丰富的知觉和感情。

（6）每天行走3千米（年幼者）到10千米。要养成在树林、草地和田野里散步的习惯。如果你上学要走两三千米的路，并且经过草地，这是你的幸运。夏季，每天要在正在开花或正在成熟的庄稼和野草的田地里（特别是在小麦、大麦、燕麦田和长着三叶草的地方）行走几千米，使之成为习惯。

（7）要使朴素、适可而止和节制成为你的座右铭。在儿童时期不要吃过多的甜食。不要贪吃，不要吃得过饱。离开餐桌时，你最好感觉还有点儿没吃饱。

88。在哪些条件下集体才能有效地发挥教育个人的作用

这条基于一定理论概括的建议，对于实际工作是非常有益的。首先，了解各种教育措施的基本原则及其复杂的相互依赖关系是很重要的，这一点对于建立集体和个人之间的和谐一致尤其重要。

那么，集体的教育力量来自哪里呢？在什么条件下集体才能良好地、有效地发挥教育个人的作用呢？我们总结一下前面许多建议所说的内容，就可以得出结论，其中最重要的是以下几点。

（1）每个人都应懂得和体会到这样一个真理：人是在一起生活和劳动的（我想把这一条件称为**对人的体会**），他有欢乐与忧愁，应以人道主义的态度对待他，理解并体会他的精神世界和他此时此刻的情绪状态。如果每个人都不善于用自己的理智与心灵在人海中辨明方向，那就不可能有集体，不可能有对集体中每个成员的尊

重，也不可能有自我尊重。

（2）每个人都要节制自己的欲望，善于把自己的欲望同他人的欲望加以对比、衡量，放弃自己的某些欲望。这一重要品德，是通过前面讲过的体贴关怀课、人道主义课来培养的，这些课的实质是：教育每个人用自己的心灵认识别人的精神世界，帮助别人，把自己的力量贡献给他人，在他人的心里留下好的印象。善于为他人的利益限制自己的欲望，具体表现为通常说的谦让精神。假如人们不能做到这一点，生活就会变得一团糟。倘若每个人都为所欲为，生活就会变得一团糟。

（3）要不断地发展人的道德、感情、智力、美感和创造精神。集体，只有当它在精神上不断成长时，才是真正的集体，才能产生巨大的教育力量。而这一点，只有在每个人一天比一天变得更聪明、更开朗、心胸更宽广时，才有可能做到。这里所谈的是集体在精神上经常不断地自我丰富的过程，也就是说，集体要像一个正在塑造新人的雕刻家，始终不懈地雕琢着自身的形象，并在这个形象上刻出越来越多的精细线条。

（4）要有高度发展的自尊心、个人的自我尊重感。我们发展、保护、珍惜每个人的自我尊重感，培养心灵对善良语言和美好事物的敏感性，就是在提高集体的教育作用。五至十岁在人的精神生活上是一个完整的阶段，我把它称为参加集体生活的准备阶段。在这几年里，成人特别不应有粗暴、漠不关心和冷酷无情的表现，因为这是打击儿童娇嫩心灵的行为，受到这种打击之后，儿童的心灵会变得像水牛皮一样坚硬，并失去感觉。在这一时期，教师要小心谨慎地保护儿童的敏感心灵。要懂得，如果你在一个学生的幼年时期使他的心变得麻木不仁了，到了少年时期，他就会讥笑你那种"严厉斥责"、触及痛处的教育花招。一个人在幼年时受到的惩罚越少，他对善良语言的反应就越敏锐，他良心的守卫者——心灵就越忠诚，一个由这样的个人组成的集体就越坚强。

（5）要使儿童、学生具有上进心，使他们渴望他人对自己产生好印象，这是集体的教育力量最起作用的源泉之一。这个源泉里充满了丰富的道德关系和促进集体活动的思想。当一个人发现他人的长处，对美德有惊奇、赞叹的感受时，他本身也会产生上进的愿望。只有在受到崇高思想鼓舞的集体劳动中，才会形成一个人的自我尊重感，而这种自我尊重感就决定了他本人的整个精神面貌和他对别人的态度。教育的智慧与艺术，是启发学生认识人，并用崇高的劳动目标鼓舞整个集体。

（6）不应在集体面前展示儿童个人的种种弱点，不可"揭人心事"。一个人不应害怕集体，而应因集体看到他的长处，对他有好评而感到高兴。集体对个人的权威，应以非常细致的人与人的关系为基础。只有当集体看到每个人的长处大大多于短处时，它的权威才会发生效力。

（7）集体成员的兴趣、爱好与活动要多样化。如果学生没有个性，那就不会有集体。只有当每个人都有独特的面孔，都在设法使同学之间的相互关系日益丰富时，集体才具有教育力量。

（8）集体要有社会积极性。集体的教育力量及其对个人的权威性，取决于这个集体表现社会思想的鲜明程度如何。学校集体要经常参加社会活动，参加建立和巩固共产主义物质技术基础的工作，参加能使人们变得高尚的活动。

（9）集体内要有经济关系。如果一个人不是凭亲身经验认识到自己对集体财富所负有的责任，那么，关于义务、责任、自觉服从、个人利益与公共利益相结合的一些美好的道理，就只能是善良的愿望而已。多年的经验使我深信，在道义上体会到集体内的领导与服从这种组织关系，正是从对于集体财富的责任感开始的。

（10）在集体中不可划分积极分子和消极分子。这样做会使有的人觉得自己注定是消极和无所作为的，他的命运只是服从别人。一个集体成员的积极性如何，不仅取决于这个成员是否善于提出要求和领导别人。积极性应是多方面的，要让集体的**每个**成员在能够最充分显示其天资、才能与爱好的活动领域里发挥自己的积极性。没有个人的全面发展，现代学校中个人的社会积极性是不可思议的。集体中不应有任何一个消极的、缺乏个性的、在任何方面都无所作为的学生。不需要积极性只在于领导别人的人。领导别人的权力，应来自在创造性的劳动与活动中由于有天赋、能力、才干和作出榜样而产生的积极性。在学校集体中当领导，首先意味着要在劳动中作出榜样。

（11）要有各种各样的集体。只有当一个人积极参加几个有不同任务的组织时，集体的教育力量才能发挥出来。要有相互交错的兴趣、爱好和各种活动，要使学生能够发现自己的本领，并自觉地发展自己的天资、能力和才干，只有这样，才会有集体精神和个性的和谐一致。没有各种各样的集体，就不能使所有学生都有积极性。如果学生的生活仅局限于一个基层集体的框框里，这个集体就会"枯萎"，就必然会出现消极者。

（12）要使儿童和青少年关心别人，特别是关心幼儿。只有当每个人都为他人操心、关怀他人时，集体才能成为有效的教育力量。在观点、信念与生活理想正在形成的阶段，这种关怀具有特别重要的教育作用。

（13）集体的培育者——教师，要聪明能干。毫无疑问，集体是教师创造的，它不可能凭空产生，也不可能自发地存在。没有聪明能干的教师，就没有集体。因此，不能认为那些关于不要班主任、集体完全自主的"革新"建议是严肃的。这就像让病人替自己治病一样不可能。教师的聪明才智，是使学生不感到教师在事无巨细地管束着他们和形式主义地监督他们，使学生把教师的意图当作自己的意图提出来并加以实行。一个真正的教育能手，永远也不会让学生感到自己是一个发号施令的人。但是，学生的年龄越大，他们对教师的要求就越高。少年已明白，教师应是他们集体的榜样、模范与良心。因此，青少年的教育者，要特别深刻地认识生活和认识人。集体的培育者就是集体的精神发展——即道德、智力、情感与审美的发展——赖以持续进行的力量。为使这种发展成为现实，教师必须每天都触动学生的理智与心灵，必须经常在他们面前揭示出日新月异的现实生活和人的精神世界。

89。在学校集体中什么可以讨论和什么不可以讨论

多年的教育工作使我深信，并非与学生行为举动有关的一切，都可以提到学校集体中来讨论。以下各点不应在集体内讨论。

（1）因家庭中明显的或隐蔽的不正常现象，如家长的反社会行

为、父母的口角、吵闹与不和所引起的儿童或青少年的不良行为，不能讨论。在这种情况下，小伙子和姑娘们的不良行为尤其不能讨论。他们非常清楚自己的行为与家庭生活的相互联系，暴露这种生活的阴暗面会使他们感到压抑。

（2）如果儿童的父亲或母亲不是生父或生母，因而给他造成了精神创伤，使他干了不良行为或某些不好的举动，对此也不能讨论。不管学生多么严重地破坏纪律，如果他没有父亲或母亲，就不应在集体中分析他的行为。

（3）如果孩子的行为或某些举动在客观上是对父母或包括教师在内的某个成人的粗暴与专横的抗议，这种行为与举动不应讨论。这一点之所以重要，与其说是为了维护成年人的威信，不如说是为了学生本身的利益。既然学生是通过不良行为在表示抗议，那么，他就会感到处理他的这一行为是不公平的。

（4）由于教师的错误而引起的少年儿童的不良行为不能讨论。在分析学生的错误行为时，教师绝对不可以这样说："我们谈的是你，而不是教师；教师的事，与你无关。"在讨论学生的错误时，也同样不可以讨论教师的错误。

（5）由于教师没有客观地评定学生的知识而引起的不良行为不应讨论。正像在其他许多情况下一样，我们这里碰到的是儿童的委屈心理。这种心理就像非常娇气、不好对付的小伤口：你越是关照它，越是触动它，它就越痛得厉害。对于这种委屈心理的创伤，最好是不管它。一般说来，集体中的某些问题不值得谈论，并不是因为学生没有能力辨别好坏（有时他们的分辨能力不比成人差），而是因为没有必要再次触动伤口。在许多情况下，设法避免出现新的委屈心理创伤更为有益。

（6）某个学生智力发展异常，或虽然很用功，但某一教材对他来讲是力所不及的，因而学习成绩落后，这种情况不应讨论。教师永远应把懒惰、懈怠与对所学的东西不理解和不会学习区别开来。做不到这一点的教师，不能算是教育者。在集体面前把完全是另一码事的东西当作懒惰与懈怠，只能带来害处，使人苦恼与委屈。

（7）如果学生解释自己不好的、错误的行为时，必须涉及他与同龄伙伴或者年长或年幼朋友之间深具私人友谊性质的关系，这种行为也不应在集体中讨论。在这种情况下要求学生坦率，会使他感到要他背叛、出卖朋友……。学生的相互关系并不像乍看起来那样简单。学生对荣辱有自己的理解和信念，对此应加以尊重。

（8）由于家庭中存在特殊关系（这种关系让儿童知道还为时尚早，而且也不能向他们解释）而引起的不良行为，也不应讨论。应该妥善地、不声张地平息这类事端。

还有许许多多不能公之于众、公开讨论、大肆声张的不良行为。这些行为很难归纳，很难找到可以统一衡量的共同尺子和包罗万象的标准。

有一天，正当我写这些条条时，六年级发生了这样一件事：一个叫尤尔科的学生"无缘无故"地骂他的同桌同学弗拉基米尔"没良心"。我们的少年学生非常懂得这个词的意思。假如尤尔科没有任何依据就提出责备，弗拉基米尔一定会感到自己受了委屈。可是，恰恰相反，弗拉基米尔感到良心的责备，觉得自己有错。到底发生了什么事呢？情况原来如此。尤尔科是近视眼，而他的那副眼镜很糟糕，戴眼镜看东西时，物体就像离开了原来的地方。上绘画课时，弗拉基米尔对尤尔科开了一个玩笑：他把颜料放在尤尔科面前，尤尔科刚一低头画画，他就把颜料盒移开了几厘米，导致尤尔科用错了颜色。尤尔科发现了这一居心不良的玩笑之后，非常生气，在回家的路上哭起来了。全班同学都听到了"没良心"这个词，但对于弗拉基米尔所干的勾当却不知情。事情过去两天后，我才知道真相，还不是从尤尔科那里得知的，而是弗拉基米尔承认错误时告诉我的。过了三天，尤尔科来找我，请求不要把弗拉基米尔的行为告诉任何人……

多年的工作经验使我深信不疑，在我们这项困难的、有时令人伤脑筋的事业中，必须遵守一条十分重要的规则：如果学生能够自己理解并处理他们之间的复杂关系，就不必安排集体处理。

读者可能会提出一个问题：那么，什么事情该由集体处理，什么事情不该让集体处理呢？我的回答是：没有任何事情。

让我来解释一下：如果是过错，那就根本不应进行分析、讨论。第一，真正的共产主义教育是要使不正常的、该受指责的行为避免发生，或尽可能少发生；第二，集体作为教育力量发挥作用和影响个人，并非借助于处理各种各样的过错；第三，集体处理的各种冲突越少，其教育效果就越明显。

共产主义教育还有一条极为重要的规则：对于冲突，要善于防微杜渐，息事宁人，不要煽风点火，不要使火星燃成熊熊大火，而要在它刚刚露出苗头时就把它扑灭。

人们可能会说：你主张"无冲突教育"？是的，我主张对孩子们（正是**孩子们**）实施没有严厉申斥、大发雷霆及强力影响手段的教育，因为这些办法不会带来任何好处。不能把"成人"社会学的概念和规律搬到儿童世界里来。在儿童教育中，震惊、冲突与发怒，并不是客观必要的。因此，最好不要采用令人震惊的手段。

⑨⓪. 集体的自主活动重在什么

丰富的精神生活并非取决于自主活动，相反，集体的自主活动是充实而丰富的精神生活的结果。在一个集体内，心目中有别人的这种情感发展得越强烈，每个人给他的同志带来的精神财富越多，每个人在别人面前所表现的内心美越鲜明，这种内心美在造福于大家共同的劳动中被认识得越充分，那么，这个集体就越是能真正关心每个成员的命运，影响人与人的相互关系，力求使这种关系成为人道主义的关系，并对"我想干什么就干什么"的放肆横行态度表现出高度的共产主义原则性、要求严格、毫不妥协。

青年朋友！要尽力使集体对个人的每项要求同时又是集体对个人的关怀与爱护这种相互关系的准则成为集体自主活动的基础。我想扼要地谈谈学校中集体主义相互关系的准则，其中表现出对人的严格要求与对人的关怀是协调一致的。

（1）班集体（从四年级开始）每一学季选举一名学生，负责登记考勤和完成家庭作业的情况。每个学生一到课堂，就向**教师的**这位**助手**报告是否完成了作业；如没完成，要说明原因。这位助手把检查家庭作业的情况加以总结，然后向教师汇报（比如，有三个同学没理解题目的要求，一个同学不会做算术四则运算题）。教师在每个班内都有一个他所教课程的**辅导员**（也可以有几个）。这个辅

导员是学习最好的学生，他通常走在教学大纲的前面，其知识比优秀成绩还高得多。教师听完助手汇报家庭作业的完成情况后，就立即委托辅导员：请帮助某些同学的学习，向他们讲解某些问题，完成某件实际工作。必要时，教师也亲自补课。给学生补课和辅导只能在上课前进行，课后不做任何补课。要让所有的学生放学后立刻回家，不要留下任何学生补课。谁愿意补课就在上课之前来补。由于学校的全部工作贯穿着相互信任的精神，由于把学习建立在尊重人的基础上，所以每个人能做到首先对自己严格要求。需要帮助的学生，总是一大早就来补课或听辅导。

（2）由集体选出一名学生，负责登记公益劳动的情况。我们学校各班轮流在学校的教学试验田或集体农庄里劳动。每天都有一个或两个班参加劳动（视需要而定，但整年不间断）。

组织这种公益劳动的学生，负责记录每个人的劳动情况。如果某个同学因正当理由今天不能来干活，他可以请求公益劳动的组织者把他安排到明天或后天跟别的班一起干。如果生病，就在病愈之后再干。没有、也不可能有任何正当理由可以使谁免除劳动。

（3）从二年级开始，每个班都有一个学生负责管理本班的财物（图书、直观教具、作业本、画册、颜料、打扫教室的笤帚和抹布、在体育馆里上体育课用的软底便鞋、粉笔），并负责安排教室的值日。每天有两名值日生。他们佩戴着有字的臂章。值日生的职责很广。他们要在上课前15分钟来到教室，用湿抹布擦净黑板和课桌；在教室门口铺上潮湿的小地毡，不使一点灰尘带进教室来，因为呼吸有尘土的空气是有害的。放学以后，还要用湿抹布擦一遍黑板和课桌。

（4）每个班集体每年选举一名学生，负责同学们的健康状况。他管登记在家里做早操的情况。每星期六，健康负责人要查问，谁没有做早操，哪怕仅一天没做也得讲清楚。班主任随后要同没有做操的学生进行有关自我教育的谈话。健康负责人还要把感到身体不舒服的学生记下来，向教师汇报。然后，教师让生病的学生去找医生看病。

（5）从三年级开始，每个班集体选出一名学生，负责注意记日志的情况。教师记入成绩册里的分数，要由学生本人记入自己的日志本里。在日志上签名的不是老师，而是负责检查日志的学生。我们非常重视学生集体的这种自主活动，它表现出集体中充满了信任精神。在这里我要说明一下：如果一个学生还不能完成某项学习，我们什么分数都不打。分数只能表示学习的肯定结果；没有分数，就是还没有学好。这样做，可以避免负责日志的学生与班集体在相互关系方面出现不正常现象：一个学生什么时候都不能给另一个学生把不及格的分数记在日志里；如果一个学生的日志里关于一门功课，比如说法语课，没有任何分数，这对学生的父母来说就已是一个令人不安的信号了。他们会懂得：儿子（或者女儿）学得不怎么好。

（6）从四年级开始，由班集体在每学季和每学年结束之前决定，哪个学生的操行分数应降低。这个对学生非常重要的问题，要在教师（班主任）和学生有同样表决权的会议上作出决定。学校里还有一条规则：如果班集体在评定操行分数的问题上意见不一致，就把问题交给校务会议作最后决定。但我们学校还从来未发生过必须把问题提到校务会议解决的情况。操行分数不需要校务会议通过。

（7）共青团委员会和少年先锋队大队委员会，掌管学校从教学试验田、果园和养蜂场收入的钱财。这种收入每年不少于2000卢布。共青团员和少先队员有权决定怎样支配这些收入。可以用这些钱对有困难的同学进行物质上的帮助；学生家里如有什么不幸事故，他可以向同学们提出，他们会给予帮助。这些钱还可以用来组织参观游览、购买乐器，为来自其他共和国的客人筹备礼物。

以上就是在集体内部从组织方面和物质生活方面进行自主活动的基本内容。这是在集体自主活动的基础上建立社会政治关系和精神道德关系的必要条件。我们力求使自主活动在精神生活，特别是社会政治生活方面有鲜明的表现。这对于青少年在社会和道德上的成熟具有决定性意义。我在前面谈到了有关各学科小组，为居民举办的自然科学知识晚会，不同年龄的学生组成的集体等，都是生动活泼、富有创造精神的自主活动。

91.什么是课堂上的思想教育

在教学和教育工作的实践中，有这样一种广泛流行的观点：学生在掌握知识的同时就在道德上受到了教育；掌握知识本身就是道德发展的过程。很多教师的头脑中这种道德教育观根深蒂固，以致要他们摒弃这种僵化的信念是相当困难的。他们认为，既然学生在获得知识，课堂上的思想教育就是自发进行的了。"通过教学的教育""通过知识的道德教育"——这些以上述错误的道德教育观为基础的论调，实际上使人产生一种无忧无虑和自我安慰的心理。

生活使人们相信，掌握知识，懂得自然科学规则和社会学规律，能很好地回答问题以及获得很好的分数——这一切还不等于道德教育。在知识转变并发展为信念时，才是教育的开始。只有在真理的知识触及一个人的灵魂，激动他的心，促使他以自己的活动从实际上证明，并通过行动在实际上捍卫他认为神圣和宝贵的真理时，才谈得上信念。要掌握知识，珍重信念。缺乏这种或那种具体知识，并不说明一个人在道德上没有教养。而缺乏信念，即使有知识，也说明一个人在道德上面目不清。

我建议青年教师：要想成为真正的教育者，首先要善于看到知识与信念之间的区别。要善于为信念奠定基础，促使道德的热血——即坚定的信念——赖以沸腾的那根神经生机勃勃地工作。

要懂得，关于自然界和社会的**实际知识**，是形成科学**思想**、社会**思想**、政治**思想**和道德**思想**的基础。思想是实际知识与信念之间的桥梁。知识通过思想变成信念。思想已不仅仅是知识。思想中已含有"一小块灵魂"——一个人对他知道的事物所持有的个人态度。可以详尽地知道尤利乌斯·伏契克的悲剧性英雄的一生和斗争，连细节也不放过，然而，知道事实只是知识，还不是思想。当读者在内心里成为这位英雄的热烈钦佩者时，才会产生思想。如果你的学生准备与英雄并肩前进，愿意为这位共产党员英雄为之献身的事业贡献出自己的生命，那么，在这种情况下，你作为教育者所接触的就是思想。思想的特点是，在理解具体事实的基础上作出的结论与归纳。由于一个人对事件、现象和事实采取了他自己的态度，因而具有鲜明的感情色彩。

实际知识转变为思想时，就产生了信念。教师的任务是要让这种转变能鲜明地表现出来，使学生不会成为冷漠无情的"知识需求者"，而成为对真理与正义的胜利有切身利害关系的人。

任何科学知识都是进行思想教育的材料吗？不，并非任何知识都是。有的知识在思想上是中性的（当然，这并不是说在讲授这种知识的课堂上没有教育）。在学习简便乘法公式时，科学真理与道德的关系，在资本主义社会的学校里和在社会主义社会的学校里是相同的。然而，即使是自然科学的一些学科，也有很大一部分知识本身包含着激烈的思想斗争与冲突。许多科学真理是付出了很高的代价才获得的——很多杰出的思想家为之献出了生命。朋友！我建议你要特别细心对待这种真理的研究。在讲述太阳系时，要使自己的语言对那些反对因循守旧、愚昧无知、反对在精神上奴役人民的思想家充满深深的崇敬感情。要使为真理而斗争的思想家的形象给学生留下鲜明的印象，使青少年的头脑中产生一个想法：凡是真理，都是革命的。

你在物理、化学、生物、数学等学科的课上讲授教材时，不要只是毫无感情地说明真理，而要引导青少年沿着科学的艰险道路做一次富有探索精神的、充满为真理而斗争的崇高动机的旅行。讲述自然科学课程（物理、化学、生物、数学、天文学）时，要使对学科知识的认识、理解与领会，变成青少年的理智和心灵，反对烦琐哲学、不学无术和那种使人盲目相信教条、禁止人们敢想敢干的宗教毒素的内在斗争。人们的求知精神、追求真理与知识的火热激情是无法抑制、不可熄灭的，要让这一思想贯穿你的全部课堂教学。

肯动脑筋的教师，特别注意研究自然科学教学大纲中可能有新发现的部分，以及科学尚未考察或尚未充分解释的部分。他在讲授空间与时间的相互关系，物质与能量的实质，光、粒子和反粒子的本性，重力作用等概念时，善于说明这些概念是智慧的胜利。当你在课堂上向学生展示宇宙的宏伟图画和世界在空间与时间上的无限性时，不可使学生听后感到自己异常渺小。

在讲授人文学科的课堂上，没有、也不可能有思想上的中性材料。朋友！如果你是教历史的，你的教育任务首先是要看到在你课堂上听讲的不是什么抽象的学生（这样的学生是不存在的）。你应该看到，你面前是具体的、活生生的、独特的人们——柯利亚和尼娜，瓦利亚和谢尔盖，等等。这些人都有自己的思想和感情、抱负和干劲。这一点极为重要，因为只有当人们有了活生生的个性时，思想的热血才能沸腾起来。思想只能存在于人的具体的精神世界里，存在于人的思维活动、行为与斗争中。不管你向学生讲述什么——斯巴达克领导的奴隶起义、反对俄皇保罗的宫廷阴谋、策划第二次世界大战的秘密勾当或英雄的斯大林格勒大会战，总是直接面对着具体的青少年精神世界。一刻也不要忘记，你面前的是柯利亚和尼娜，瓦利亚和谢尔盖。思想只存在于他们的心灵和头脑里。我的朋友！你要记住这一点。因此，你作为人文学科的教师，必须设法使柯利亚和尼娜，瓦利亚和谢尔盖感到自己不是麻木不仁的知识需求者，而好像是事件的真实参与者。人类社会的历史，始终是斗争的历史。在有剥削阶级的社会里，是进步与反动的斗争；在无阶级的社会主义社会里，是人们为了驾驭自然界，为了建成共产主义而进行的斗争。教历史的教育艺术奥秘，是要赋予正在掌握知识的人以战士的灵魂。

怎样才能使青少年听了你的讲课就成为战士呢？这取决于两个条件。而这两个条件又取决于你这个教师、教育者，取决于教师集体，取决于整个学校的精神生活，取决于学校参加社会生活的积极性如何。

第一个条件是，在学校和集体生活中，在教学和公益劳动中充满时代精神。只有人们理解和感觉到我们时代的意义，才有可能决定自己的立场，并在掌握知识的过程中始终站在进步的一边。只有青少年的头脑与心灵理解并感觉到我们的时代是英雄的时代，我们眼前正在实现伟大的事业，课堂教育才可能具有思想性。只有通过时代的透镜，才能正确地看到和理解任何历史事件的意义。使青少年理解时代精神，是学校最困难的任务之一。

第二个条件是，教师的思想与个性和谐一致。赋予事实以思想意义，使实际知识转变为信念，离开教师的个性是不可想象的。思想存在于书籍的字里行间，有的书籍像火红的铁块那样灼热，像阳光那样灿烂。学校中是否洋溢着共产主义思想的精神，取决于你是否经常接触这些火热的书籍，接触时怀着什么思想与意图，这种接触激发你采取什么行动，从事什么活动。对于教师来说，要向青少年灌输思想，仅仅掌握深刻的知识是不够的。必须对知识加以思考。要思考你从人类财富的宝库中吸取的一切，以及向你的学生所灌输的一切。我深信，不是每个熟知自己学科的教师都具有思考知识的宝贵才能。思考知识，就是要了解、预见和估计每一条道理会触动人的心灵的什么部位，将引起什么思想、问题与疑团。思考知识，就要设身处地替青少年着想，善于采纳他们的观点。如果教师善于思考知识，他们的学生就会有一种少见的宝贵品质：在领会教材时，他们好像能超脱于教材，从思考教材进而思考自己，思考自己的未来。

　　教学的思想性，是激发求知欲的极重要因素之一。学生越是鲜明地确立自己的思想立场，越是相信人类追求真理的愿望不可摧毁，他就越想知道得更多。凡是课堂上思想性强的学校，书本就会成为青少年形影不离的伙伴。读书，独立地思考书中的内容，是思想性滔滔不绝的源泉。思想与信念的本性是，人总是相信和看重通过自己的劳动、自己的深思熟虑所获得的东西。如果想使学生的知识转变为强烈的共产主义信念，就要像防火一样避免死记硬背、死啃书本，避免不假思索地"生吞"现成的大道理。请仔细想一想谢·拉佐说得非常好的一段话："信念要通过磨难才能获得，要检验信念的生命力，要与别人的信念切磋……。一个人应做到，与其背弃自己的信念，不如牺牲自己的生命。"[17]对知识的深入思考，正应成为与别人的信念进行"切磋"。不能把关于自然界和社会的知识当作不容反驳的道理提供给学生，而要作为不同意见斗争和冲突的结果传授给他们，并让这种斗争和冲突在课后阅读过程中能继续进行。要为学生选择适当的书籍，其中所讲的道理不是现成的、永不熄灭的火焰，而是由那些为真理而斗争并取得胜利的人们用心灵之火点燃的闪烁的火炬。

92。怎样把时代精神送到青少年的心坎里

世界上正在进行着尖锐的、不可调和的思想斗争和政治斗争。资本家豢养成千上万资产阶级思想家对我国进行诬蔑，几百家电台每时每刻都在散布无数谎言，其目的是从精神上腐蚀我们的青年一代，企图使他们相信没有任何思想是值得为之奋斗的。资产阶级"自由"生活方式的鼓吹者与卫道士，暗暗指望使我国青年相信有思想的生活是一种幻想，相信无论在资本主义社会里，还是在社会主义社会里，人的最高目的都是物质享受，而不是什么"昙花一现"的思想。使苏联青年离开共产主义思想，正是资产阶级宣传的主要目标。

我们要以崇高的共产主义思想来对抗这些居心叵测的企图。我国男女青年应懂得和感觉到，在我国，在他们身边，父母、兄弟姐妹和他们自己正在用双手实现世界上最伟大的正义事业：建设新的、世界上最公正的、最民主的社会——共产主义社会。体会到共产主义的公正、伟大与美好，是时代思想的枢轴，青年人的思想、希望与抱负，应该围绕这个枢轴转动。不积极参加我们前面已经论述过的共产主义劳动，就不可能使青少年有这种体会。但这只是教育工作的一个方面。要把时代精神送到青少年的心坎里，在他们心里确立共产主义信念，就必须使劳动与思想相结合，使他们经受思想斗争，自觉地认识这一斗争并确定自己的立场。

我们在高年级（九年级、十年级）举行政治报告时，鲜明地、生动地讲述思想斗争。所有高年级学生每周集合起来听一次政治报告，由校长简明扼要地讲述国内外形势。资产阶级思想家关于我们的言论，以及他们的谎言怎样被我国的社会主义现实所揭穿，在政治报告中占不少篇幅。资产阶级思想家的一些论调引起青年人哄堂大笑：这种论调太笨拙了。一次又一次地听报告过后，小伙子和姑娘们就越来越深信真理在共产主义思想一边。

我们的时代，是人类精神伟大而美好的时代。在我们这里，思想活跃在人们的活动、毕生经历和行为之中。高年级的学生每周

集合一次，我向他们讲述一些普普通通的、乍看起来不足为奇的事件。如果深入思考这些事件的含义，就会发现这些事件能够震撼人心，激发我们的自豪感，因为我们是那些以自己的生活为青年人指明道路的人们的同胞和同代人，虽然他们的生活在我们的社会中是平平常常的。

我的报告之一，是讲一个俄罗斯妇女的故事，她名叫皮斯季尼娅·费多罗芙娜·斯捷潘诺娃。她养大了9个儿子，9个儿子全都在争取我们伟大祖国的自由与独立的斗争中牺牲了。这位母亲曾说："战士们都回到了自己母亲的身边。我逢人便问，我的儿子们在哪儿……。我日日盼他们，夜夜想他们。"没有一个学生在听到她的这些话时心情是平静的。我重复这位母亲的这些话，让学生们看她的照片：她体现了整个人类的美、人类的伟大与智慧。我努力把这一事实令人震惊的悲痛声音传达到每个青年人的心灵，使母亲这个词成为那些没有从战争中回来的人们的安魂曲，使我的每个学生能对自己提出一个问题：是谁应对母亲的神圣眼泪负责？我这样做，是为了使每个人在生活的初期就受到崇高的公民感的激励，使每个人对祖国的敌人更加仇恨。

我还讲述了两个英勇无畏的拖拉机手的故事，他们用自己的生命使国营农场的几千公顷小麦免遭一场火灾。我讲这个故事时想到的教育目的是，使每个青少年学生在烧死英雄的熊熊大火的火光之下，看到自己心灵最隐秘的角落。我说："青少年朋友们！你们知道，在我们社会里人是最宝贵的。但是，如果一个人遵照自己心灵的嘱托愿意为某种事物献出生命，那就是说，这种事物是我们每个人的生命所不能比拟、不能相提并论的，是神圣不可侵犯的，这就是我们的祖国。"

每天、每个星期，在我们英雄时代的活生生历史上都会揭开新的，就像上述两个英雄事迹一样光辉的一页。朋友！要善于为青少年翻开这本书。应当彻底翻开得使这本感人肺腑的书没有一页不被读到。

93。要善于使美德具有吸引力

既然17岁的学生向往光明的事物，那么，就要使我们的伦理和道德的最崇高原则变得光彩夺目。有的教师认为，我们的道德原则本身就是美好的，因此，不需要什么特殊的传授形式，不需要什么"装饰"。事实并非如此。原则越高尚，揭示这一原则的活动就应越光彩照人，越有表现力。如果我们只是没完没了地重复说，要正直、诚实，以毫不容忍、毫不妥协的态度对待虚伪，那么，这些话就会变成令学生讨厌的说教，学生对之就会像对于很有益于健康，但又令人作呕的鱼肝油一样。正直、诚实和对欺骗言行毫不容忍，应成为一种激动人心的、吸引人的、有诱惑力的行动（我们在此指出，行动与美德的结合一致是实践教育学的主要问题之一）。我们做到了这样一点：小伙子和姑娘们在做需要独立完成的作业时不抄课本，不偷看课本，否则，他们自己会感到丢脸。假如我们无休止地重复说，靠自己的力量做功课，是好样的；抄书、剽窃别人的劳动，是不好的，那么，这些良好的教导就会变成令人讨厌的说教。我们启发学生以行动来显示美德是美好的，吸引人的。我们的学生从幼年起，每个暑假都在蓝天下的学校里住几天。我们把供学生在炎热的夏天野营用的草棚，或用树枝搭成的窝棚，叫作蓝天下的学校。在这里，不仅要自己为自己料理一切，而且要自备所有必需的食品。在去蓝天下的学校之前，孩子们把食品送到秘密储藏室（要使一切具有浪漫主义色彩），装进纸袋和金属罐里。这里没有任何登记，每个人到秘密储藏室送食品时，没有任何人在场。从未发生过有人干欺骗勾当，这种现象是不可想象的。学生们在这里感到，他们是在用劳动和心血为集体创造欢乐。假如有人产生了欺骗集体的念头，大家就会认为这是企图偷窃集体的欢乐。

学生在童年和少年时期有自己的物质财富——集体的图书。班集体升级时，就把图书转交给低年级的同学。在个别情况下，也可以把图书赠送给低年级的一个同学。这种事会使小伙子和姑娘们心情激动，终生难忘。

我们的年轻人，应尽力为那些丧失劳动能力的人和鳏寡孤独者带来愉快。每年春天，高年级学生都要为孤寡老人开辟几个花园。这种劳动具有助人美德的浪漫主义色彩。青年在这时心里的想法是：我们大家都会变老，比我们更年轻的一代将来也会关心我们。使学生在青少年时代就有这种想法是很必要的。这种想法使小伙子变得高尚，使他成为真正的男子汉大丈夫。这种想法使姑娘准备履行做母亲的伟大使命。这种对老年人表示关心的、浪漫主义的、具有吸引力的劳动，是最需要的、最高尚的活动。朋友！你要抓住每个机会去触动儿童心灵深处所埋藏着的对老年的思虑不安。关心老人，是最令人感动的对人之爱。对老人冷漠无情，会使社会遭到严重损害：人们的心地会变得冷酷无情。

94。教师的权威是什么，应该表现在哪里

这是教育领域中最微妙，而又最缺乏研究的一个问题，是人对人的权威问题，是年长者对年轻者的权威问题。在教师所拥有的教育手段中，对学生的权威是最要紧、最普通、包罗一切，同时又是最锐利和不安全的手段。它就像一把手术刀，可以进行最细致的、难以觉察的手术，也可能把伤口刺痛。这是一把不安全的，但同时又是不可缺少的刀子。它是考验教师的意志与克制精神、确立勇气与智慧的工具，但同时也可能伤害学生的心灵。总之，一切取决于如何使用这一工具，以及怀着怎样的内心动机对待人。随着岁月的推移，我越来越相信，对学生的权威是对教师的一个最严格的考验，是他教育工作水平的标准和标志。

我的朋友！当你跨进学校的大门，决心把自己的一生奉献给塑造人的崇高事业时，要记住，你可能有陷入难以控制、时常发生的矛盾情绪之中的危险。你要成为火热的感情与冷静的理智融为一体的大河，不可匆忙地、贸然地做出决定。这是教育艺术永不干涸的源泉之一。假如这一源泉枯竭了，教育学的一切理论知识都将化为乌有。

当一个人无限信任别人时，他就在某种程度上变得无力自卫。

在从事教育工作的生涯中，我始终在思考这个道理。孩子对一位好老师的信任恰恰是无限的。当一个孩子跨进学校的大门成为你的学生时，他将会无限信任你，你的每句话对他来说都是神圣的真理，在他看来，你就是智慧、理智与道德的典范。**要珍惜这种信任，也就是说，要重视孩子的无力自卫状态。**我希望这一条教育经验成为你自我修养的一条标准。有的教师由于自己的局限性，力图把儿童的无力自卫变成关住小鸟的笼子，并任意捉弄这只小鸟，这种做法就是教育工作上的愚昧无知。不能深刻理解儿童的无力自卫，是那些对儿童最终丧失权威的教师处境不佳的主要原因之一。要知道，把一个人像小鸟一样关在笼子里是不可能的。

只有在你理解和体会到儿童对你的无限信任，以及由此而必然产生的无力自卫状态，并在这种信任与无力自卫状态的基础上树立起自己对孩子的权威时，你才有资格做一名导师与教育者。要深入思考、用心倾听和理解这种无限信任究竟是怎么回事。也许，孩子盲目信任你这位老师，有意识地放弃了个人的一切；也许，他只是在尽力要放弃个人的自由与快乐。

不，完全不是这样。儿童的信任，不管它是多么的无限，仍然是这样一个人的信任，他追求精神财富和个人生活的多样性，追求丰富的印象、思想和美的享受，以及与别人丰富多彩的交往。儿童希望有一个年长的、有智慧的、有生活经验的人关心他的利益。要像爱护珍宝一样爱护儿童的这种愿望。只要他有这种愿望，通往他心灵的道路就向你敞开着。儿童上进心的源泉也可以说就在这里，因此，要珍惜儿童希望你成为他的朋友和导师的愿望。

由于无限信任自己的老师，儿童会认为他这位年长的朋友在任何困难的情况下都是有办法的。

珍视儿童对你的无限信任是很必要的。要想使教师与儿童之间永远保持和谐的、富于人情的、相互关怀的关系，教师就必须做一个有智慧的人，做一个热爱儿童、保护儿童的人。教师对学生的权威必须是明智的———刻也不能忘记，学生也是像你一样的人。要爱护学生对你的信任，因为这种信任正是学生对教师的热爱，它是教师对学生所拥有的明智的权威的核心。正是这种信任，支持着孩子想要从教师那里寻找并得到保护的愿望。要像爱护无价之宝那样爱护儿童的这种愿望。只要孩子对你抱有希望并且充分信任，你就是一个真正的教育者、指导者，你就是生活的导师，你就是权威，是生活智慧的化身，是朋友和同志。要记住，这一切是很脆弱的，是容易被打碎的。一旦把这一切打碎了，你作为一个教育者的使命也就终结了。那时，你只能是一个监护人，而不再是一位教育者。

95。怎样爱惜儿童的信任

在这个极为细致的教育工作领域里，最重要的事情，就是要深刻理解，更确切地说，是要用心灵去体会儿童世界，**体察童年生活**。

儿童世界是一个特殊的世界。儿童对善与恶、好与坏有自己的概念，他们有自己的审美标准，他们甚至对时间也有自己的衡量方法：在童年时代，一天好像一年，而一年简直就是永远。为了能够进入这座名叫"童年"的神奇宫殿，你必须变成另一个人，即在某种程度上变为一个孩子。只有这样，你才有资格对学生拥有明智的权威。

朋友！你不要以为我把儿童时代理想化了。我非常明白，童年是由我们成人留在儿童身上的影响而形成的。然而，正因为儿童是将会长成高大树木的娇嫩幼苗，所以童年就需要受到特别尊重。教师的权威要使用得恰当，首先就要有能**理解**一切的无限能力。对这种能力不应有任何限制。要知道，儿童是不会故意做坏事的。如果一个教育者固执地认为儿童有这种意图，是蓄意做出这些不良行为的，这就是教育上的无知。这样的教师在竭力"砍掉劣根"的同时，**把所有的**根都砍掉了，结果，使童年时代生机勃勃的幼芽枯萎了。不明真相就责备儿童蓄意干坏事、懒惰、马马虎虎，孩子就会感到非常委屈，进而同教师疏远，失去对教师的信任。破坏了儿童对你的信任，你就是促使他开始固执任性、故意不听话、想方设法违背你的要求。记住，只要儿童对你的信任发生了裂痕，这种现象就会出现。

对于儿童并非蓄意干的坏事，因为一时糊涂、无知或者误解而做出的各种不当举动，要采取特别明智的教育态度。在这种情况下不要当众责备儿童的行为。仅你一人知道这件事情就算了。你有理解一切、了解一切的巨大而明智的权威。你应该明白，为什么一个一年级学生从同学漂亮的文具盒里拿出彩色铅笔，摆弄一阵之后悄悄塞进自己的口袋里。不必大惊小怪——这不是偷窃。你还要懂得：为什么上课铃响了，小家伙们不向教室奔去，而是还想在绿草地上再玩"一会儿，一分钟"；为什么费佳不认真听教师说明题目的条件，而屏住呼吸观察那只飞进教室的蜜蜂；为什么奥克桑卡不同大家一起读书，而在吸墨纸上画了一朵花；为什么三个爱吵闹的学生米科尔卡、皮利普柯和彼特里克在树林里游玩时故意脱离班集体，偷偷躲进树丛中……

总之，这样的"为什么"是举不胜举的。矛盾冲突也是如此。教师与学生之间发生冲突，是一种极端不懂教育的表现。这种情况的出现，是由于教师缺乏宽宏大量的、父母般的明智态度和巨大教育权威，不懂得他是在同**儿童的**行为、思想和看法打交道。绝对不能把儿童同成人一样看待，既能衡量成人，又能衡量儿童的统一尺度是不存在的。

我记得有一个名叫德米特里克的小家伙。事情发生在三年级，你可以设想一下，当时正在上语法课。你在黑板前讲解语法规则，大家都在听讲，记录着例句。德米特里克似乎也在作记录，但你却为这孩子担心，因为你发现他的眼睛滴溜溜地转动，正在注意课桌后面的什么东西，有点儿顾不上听你讲语法。你悄悄走近这个孩子身旁一看，原来他面前摆着一个半开着的火柴盒，里面有个东西在蠕动。德米特里克全神贯注地盯着盒子，他的视线和思想都集中在盒子里。你仔细一瞧，盒子里装的是一只小甲虫，小得几乎看不见，还长着一只锯形的角，这小东西正在锯着火柴盒，但却无法锯开自己这所监狱的门。

当然，你可以怒气冲天，可以把这个孩子弄哭，要他认错，而自己气得发抖，可是，这又有什么用呢？你能够得到的唯一结果是白白浪费时间，小甲虫会成为全班取乐的对象，同学们会羡慕德米特里克，嘲笑你发脾气。

在这样的时刻，你最好想一想：孩子呀！你心里到底是怎么回事？为什么你就不能把小甲虫放到一边半个小时，先理解语法规则？想到这儿，你拿起火柴盒，把它扣上，放到自己的口袋里，用手抚摸一下德米特里克的头，向他再讲解一遍语法规则。此时，这个学生作着记录，看来，他听懂了。确实常有这样的学生：虽然他一只眼瞅着一只角的小甲虫，另一只眼瞧着黑板，但脑子里还是听进去了一些东西。

下课以后，德米特里克走到你的桌子跟前，低着头，默默不语。长长的睫毛下，一对黑眼珠还在闪闪发光。你一下就能发现，他眼睛里还闪动着狡黠的神情。你把小甲虫还给德米特里克，要他告诉你，是在哪儿找到这奇异的小东西的，是怎样迫使小甲虫"锯"那所牢房的门的，以及还打算拿这个小动物做什么。德米特里克很高兴地向你讲述着，甚至扯着你的衣袖来到灌木丛中，告诉你说，小甲虫在这里每隔三年才爬出来一次，会飞。

在这类故事中，通常听得出教育者的如下暗示：在这种情况下对儿童和善，就是从教育智慧的高峰降下来，俯就儿童的兴趣。学生们是不能忍受这种宽容态度的。真正的教育，不是从高处降至地上，而是登上童年微妙的真相之巅。是登上，而不是降下来。不要过分迁就儿童，不要适应儿童兴趣的"局限性"（如果我们自己不去限制儿童的兴趣，就不会有这种局限性），而是要做一个聪明的导师。

一个人对另一个人拥有明智的权威，尤其是成人对儿童的这种权威，是一种巨大的创造性活动，是对儿童的思想感情世界进行深入而真诚的理解，懂得儿童的语言，使自己保持一点儿童气质，但同时又不把自己和儿童等同起来。有的教师，身为成人并当了父亲，竟会把五年级的男同学带到教员休息室里来审问："你说说，你为什么老是在课堂上发出笑声？你到什么时候才能改掉这个毛病？作为一名少先队员，你应该有这种表现吗？"当我看到这种情形时，我就感到这位教师一下子加入了儿童的游戏，而他还不懂得这是一种游戏。那个男孩子沉默不语，他也说不出什么来。假如这个五年级学生突然也以教师向他提问的那种态度来回答教师，那倒是很令人吃惊的。学生往往不知道自己为什么笑，教师则不应该不知道。**他理应知道学生为什么会做出这种或那种举动。**结果却是出人意料：教师不了解学生，学生也不了解教师。有时，瞧着这样的教师与学生，不禁使人问道："难道他们是用不同的语言在说话？"

要知道，儿童，尤其是少年喜欢"显示自己"，表现自己的聪明和意志。这样的儿童，在你的帮助下认识着世界，逐渐长大成人。在这一困难的成长过程中，教师使用自己的权威要特别谨慎，因为长者的意志容易变成恣意妄为，有时甚至会变成对他人的迫害。对儿童内心的精神力量，不要压制和摧毁，而要扶植和支持；不要使他失去个性，而要帮他确立自尊心。只能这样来使用自己对学生的权威，也只有这样，教师的权威才可能是**明智的**。假如学生犯了错误，切不可采取"强力的""强制意志的"手段对他施加影响。不要让拳头敲击桌子的声音和责骂声冲进你那复杂的人道主义实验室里来。假如一个活泼好动、爱笑爱闹的小淘气变得垂头丧气、惶惶不安、双目忧伤无神、弯腰驼背、可怜巴巴，这是很糟糕的结果。希望你不要喜欢这种可能的情景。要把人的自豪感与儿童不可侵犯的个人荣誉当作珍品加以保护。应该懂得，遇到这种有头脑、对任何事情都有自己看法的小淘气，对作为教育者的你来说是一种幸运，而遇到那种像影子一样无意志的、头脑中的独**立**思想被你的"强力"手段打掉了的、对你总是**俯**首帖耳、唯命是从的学生，则是你的不幸。要知道，管不住的淘气鬼和爱吵闹的学生，在紧要时刻可能表现为一个善良的、好心的人，而那种无意志的、唯唯诺诺的学生，则往往是麻木不仁、冷酷无情的（他自己不知道这一点），他甚至会为了自己的幸福而不顾亲人的痛苦。摧毁学生意志的那些"强力的"和"强制意志的"教育手段，会把学生变成一个冷酷无情的人。

⑨⑥。要用书籍、智慧与信念控制学生的心灵

我有过一个聪明而又任性的学生，名叫尤拉。尤拉对真理与谬误、诚实与虚伪就像细嫩的芦苇对一丝微风那样敏感。

有一天，我给思想室送来了几本描写遥远的异国和自然风光的

小书。尤拉看到一本漂亮的、描写海洋深处的书，高兴极了。他请求我借给他读这本书。当我把书给他时，他激动地问道："读完这本，您还会给我别的书吗？"

"当然会。就是每天读一本也行。"我这样回答他。

可是，我不谨慎地说了大话，因为那时我所有的描写远方国家、海洋深处、热带森林、沉寂的北极区和描写各种奇遇的书籍，是不够他每天读一本的。尤拉刚好过了一天就来还书了，而且请求再借一本新的。这样，不知不觉过了几个星期，书架上使尤拉感兴趣的书不多了。再过一个星期怎么办呢？——终于有一天我不安地想着。这一想法使我失去了平静。因为这个五年级的男学生根本不可能想到我的书一下子会被他读完的。要是他明白我欺骗了他，会怎样呢？问题不仅在于我们的友谊会完蛋，我在这个小小的思想室里将不能再看到这孩子充满信任的眼神，不能再听到他问我："您还有很多书吗？"（隔壁是我的图书室，当时很小，我没有让尤拉看，担心他会一下子对我失望起来）而且还在于我对这个任性学生的心灵会失去影响力，而我相信他具有独特的性格，肯接近那些即使在细枝末节上也能言行一致的人们。

于是，我从我所在的遥远村落出发，前往哈尔科夫、波尔塔瓦和基辅三个城市去买书。我虽然花费了自己两个月的工资，但回来时是非常愉快的。我吃力地带回来了几大包书，心里嘀咕着，可别碰上尤拉。

过了三年，尤拉念完七年级，毕业了（那时的学校是七年制）。在那三年里，我一直在想，我将把哪一本有趣的书送给他读。我感到，这个学生思考的不仅是他所读书籍的内容，而且似乎在通过书籍对读这些书的人作出判断。他爱思索问题，对人要求严格，在那几年里是我的裁判。他所读过的书的含义越深刻，我们的交谈越有趣，他就对我越接近，交谈的时刻给我带来的快乐也越多。

对我来说，这三年是一场真正的考验。从那时起，我每年都有几个像尤拉这样聪明好学而又心思敏感的学生。如果没有书籍，我是无力影响他们的意志的。因为读书，青少年的兴趣像火一样被点燃起来了。我觉得自己一直处在学生的严格监督之下。要是我把自己在书的世界里的积极活动停止一天，我就会失去对学生心灵的影响作用，就会成为他们所不需要的人，因为再也不能给他们提供什么了。而一个再也不能给学生提供什么的教师，就会成为学生的倒霉的监护人，学生对于这样的人只是尽可能忍受着，但不会尊敬。

亲爱的朋友！我想建议你：要始终坚持影响学生的头脑。再没有比左右学生的思想更为有力的手段来左右学生的意志了。然而，只有当你在书的世界里享有丰富而充实的生活时，你才能影响学生的思想。只要办法得当，最敏感的、个性最独特的、固执任性的、"好造反的"和桀骜不驯的学生，也能变成读书迷。用书籍和智慧去驯服他们吧！

97。怎样制订教育工作计划

在这个问题上不可能有任何刻板公式和现成方法。一切使教师的注意力脱离教育工作本身的东西，任何为了装潢门面的官样文章，都是完全不必要的。但是，制订教育工作计划不属于这种情况，因为这是教育工作的组成部分。没有计划，在我看来，就无法想象会有完全合格的教育工作，特别是无法想象教育工作的那些我认为难以捉摸的组成部分。

制订教育工作计划，首先要明确教育的目标。教育者对于送到他工作室来加工的"大理石料"，应做成什么样的东西，必须心中有数。这一点明确得如何，关系到教师对教育工作的实质和制订计划的必要性的理解。

你刚刚开始做一年级的工作（有时你们的教育工作是从学前儿童开始的）。你的任务是教三年级以下的学生，但你必须考虑教育工作的全过程，直到学生中学毕业，迈出独立劳动的最初步伐，完全长大成人并做母亲或父亲。要对今后10—15年必须进行的工作（不仅在学校里，而且毕业以后）制订出计划，以使你的学生成为头脑清楚、智力发达、求知欲强、心地善良、同时又有一双巧手的人。你首先要草拟一个书单，列入属于世界文化宝库的书籍，要让学生在校学习的10年间读完这些书。我们还草拟一个"后备的"书单，列入学生毕业后独立劳动期间应阅读的书籍。怎样才能使学生在毕业后仍是我们的学生，并阅读那些应阅读的书籍呢？关于这一点，写一整本书也是不够的，因为这是一个很大的问题。

然后，你对下面这个问题要进行思考并写成文字：为了成为真正的人，懂得什么是劳动、荣誉、尊严、友谊和对人的关怀，学生从入学的第一天起到进入成年期，应为自己的父母和其他人做些什么。接着，你要制订学生应参加哪些公益劳动的计划，作为公民教育的第一课。同时，我还建议你写一个书单，列入关于杰出人物的书籍，让青少年把他们作为学习的榜样。没有公益劳动，仅仅依靠阅读这些书籍，不会有任何作用。

随后，在大体弄清学校培养的人要达到什么目标时，应制订自己做学生工作的整个期间更加具体而详细的计划。例如，小学各年级的教师应制订三年计划，九年级、十年级的班主任应制订本班整个时期的工作计划。在此，我建议要特别关心儿童和少年。九岁、十岁的儿童和十三四岁的少年在回顾过去时，应看得到自己亲手创造出来的成果。他应知道什么是劳动的茧子、劳动的报酬，什么是疲倦和休息，什么是困难。

学生受学校教育期间的一般性计划和一个教师做学生工作阶段的较具体计划——这两个计划在某种程度上就是教师要为之奋斗的目标。在这一目标的基础上，应制订出为期较短的具体教育工作计划。这种计划究竟应包括多长时间，可根据各人的实际情况而定，可以订一周的，也可以订一个月的。有人制订整个学季的计划，这也很好。但要永远记住，教育工作是生动活泼、不断变化和发展的工作，学生也是处在时刻不停的成长过程中。做短期教育工作计划，可经常不断地检查和比较为了实现既定目标每天所做的工作。

计划首先决定于实际生活。当学生刚迈进学校大门时，你并不知道他的个性将怎样发展。个性是在活动、劳动和日常的相互关系中开始形成的。生活本身时时刻刻向你提示怎样做计划，例如要给学生读什么书，吸引学生参加什么劳动，怎样通过谈话促使万尼亚和柯利亚阅读应读的书。

教育工作计划包括学生各种各样的活动，也包括对家长的工作。如果制订计划前对各项活动的道德意义和目的性都有深入的思考，这种计划就一定会给教师带来裨益。因此，继承和发扬已取得的成绩，是制订计划和进行实际工作都必须具备的特点。可以说，教育的秘诀之一在于经常做同一件事，但又不使学生觉察到他们是在做同一件事。例如，为培养人道主义精神、敏感、同情心和热忱，必须要求学生经常为别人做好事，但这种活动不应是单调乏味的。读者可能会想：如果作者能指出怎样具体地制订一周或一个月的计划，那样就好了。其实，我是有意回避这样做的。因为传播经验就是传播一种思想，借鉴经验就是个人根据某种思想进行创造。

98。怎样同集体进行有教育作用的谈话

每一次进行有教育作用的谈话，都是有目的的。有时，目的是普遍性的，关系到所有的学生。有时，进行谈话是为了影响整个集体，同时也对个别学生施加特殊的影响。

在思考集体的精神生活和分析每个学生的思想、感情和行为时，在拟定教育性谈话的内容时，你时刻都不应忘记，你施加影响的主要手段是语言，你是通过语言打动学生的理智与心灵的。然而，语言可以是强烈的、锐利的、火热的，也可以是软弱无力的。这要看你的谈话是否有一个极为重要的特点——是否有崇高的精神，是否能鼓舞学生。在培养儿童和青少年的坚强信念和激发他们进行自我教育时善于鼓舞学生，是教育中最宝贵的经验。请记住，通过语言你不仅向学生传达了你所讲内容的意义，而且，形象地说，也把自己的一部分心思交给了他们。

要使你的教育性谈话起到鼓舞和激励作用，首先要深信你所说的和用整个心灵的力量所捍卫的一切都是正确的。只有当你在捍卫某种东西和为了某种东西在进行斗争时，才会产生鼓舞力量。

例如，你在学生集体中发现了某些冷漠无情的表现。根纳季病了，在家里躺了两天，然而，谁也没去探望他。每个人都以为别人去探望他了。维克托的祖母住医院了，他在两个星期里只看望了祖母一次，虽然医院近在咫尺。这些事实使你感到不安。于是，你准备进行一次教育性谈话。但你并不打算谈这些事实。教育和自我教

育有一条极其重要的规律：道义审判（对自己的行为在道义上予以评价，实质上是一种道义审判）的力量决定于谁是法官，——是教师，还是有过失的学生本人。如果有过失的学生本人只是听候宣判，教师的话所起的教育作用就会大大减小。一个人应该自己审判自己。我认为同学生谈话的教育艺术，是使犯有过失的学生，不需要我提醒而能自己思考和反省自己的行为。

为此，在进行教育性谈话时，还必须遵守一条非常重要的规则：必须在现实生活中，在人与人的相互关系中，选择鲜明的事实说明你所讲述的思想。你的教育性谈话的力量是使思想能找到通往维克托的心灵之道，通往那些住得距根纳季不远的同学的心灵之道。你选择的事实是否鲜明，实际上就决定着你的谈话是否具有鼓舞和激励人心的力量，因为，只有你的话语来源于美好而崇高的思想时，你才能传达一部分心思给别人。要选择使你感到惊讶和赞叹的事实进行教育性谈话。下面，我举一个例子。在我们州的一个村子里，有一个年轻的拖拉机手在战争结束不久受了重伤。他打了四年仗，安然无恙，可是，回到家乡后刚开始驾驶拖拉机，却被地雷炸伤了。这个年轻的拖拉机手心灰意冷，要不是在他的妻子这个忠实的伴侣、勇敢的妇女和慈爱的母亲的帮助下，他恐怕很难再站立起来了。这个失去了双腿和左臂的人，终于又站起来了：他学会了用假腿走路，并且又能开拖拉机了。相信你一听到这个真实的故事，就会被这一可怕的灾难中所表现出来的英勇、刚毅、坚强和忠诚的精神所感动。你就是要把自己的这种感受传达给学生。

教育，就是迫使人去对自己进行思考。在讲述使你感到惊叹的故事时，你直接面对着维克托和尼古拉、亚历山大和尤里，面对着那些不知为什么心中已播下了对别人冷漠无情的种子并发了芽的学生。在你面前的，不是某个抽象的学生——这种学生在自然界是不存在的；你面前是具体的维克托和尼古拉、亚历山大和尤里。你了解他们此时此刻在想些什么，你的话首先是说给他们听的。你竭力使他们也像你一样，受到充满忠诚精神的事实的震撼，使少年们能超脱于事实而思索其中的思想。只有当学生思索故事所蕴含的思想时，他才会开始联想到自己。

谈话时不能对学生说：你们要联想自己的生活，想一想你们自己⋯⋯。号召，应包含在思维逻辑本身之中。只有当青少年联想到自己时，才能唤起他们心中的灵感，也就是把你的灵感传达给他们。灵感，是指一个人在进行思维和创造性活动过程中力量和才能的高度发挥。用理智与心灵认识人，才是真正的创造性活动。人在高度发挥力量和才能时的特点是头脑清楚，思想、形象与志向不断涌现。进行教育性谈话，最终是要引导学生对自己和周围世界产生源源不断的想法。学生可能会把你讲述的事实忘掉，但只要这种谈话确实有教育作用，它所引起的情感影响是永远不会被忘记的。你越是用崇高的思想——人对人的忠诚、富于同情心与热忱——来感染学生，你就越是能启发他们进行自我教育与自我检查。你的目光在一瞬间与维克托的目光相遇（你不要用眼睛去寻求目光相遇，要使你们的目光像偶然相遇似的）。你在自己极为熟悉的这位少年的眼睛里发现了两种神情：渴求了解自己与惶惑不安。这表明你的谈话说到他的心里去了。一种复杂的内心活动、复杂的理智与情感活动开始了。让这位少年怀着惶惑不安的心情离开你，正需要是这样。让他连续几天一直处在你讲述的一切所产生的影响之中，让人们在你点燃起来的明亮火光中看见自己心灵深处别人看不见的角落里隐藏着的**是什么**。

谈话，只是一个约定俗成的说法。这实际上并不是谈话，而是学生在听老师讲话。千万不要对学生说：来吧，你们来谈谈对这个为自己的亲人奋斗了10年的妇女有什么想法。遗憾的是，个别教师有时是这样做的。如果这样来结束自己的谈话，就会把已经取得的一切成效破坏掉。教育，并不是要把教师所念的和所说的内容重讲一遍。教育的艺术，首先是学生产生上进心，而要如此，就必须使他们认识与了解自己。

有时会出现这样的情况：一个男孩子（或者一个男青年）闯了祸，教师就以此作为谈话的内容，从这个学生谈起，在谈话中对他表现出厌弃情绪。有一位我认识的教师说，这是"充分发挥事实的作用"。乍看起来，这种办法好像很有吸引力，因为这样可以痛快地"训斥"学生，使他"震惊"。我们可以打个什么比方来说明这种办法呢？假设你的上衣沾满了尘土，为了把这件衣服弄干净，有人拿起棍子来敲打你的脊背。这样做当然会有用处，上衣的尘土会被打掉。然而，未必有谁会同意这样的"除尘法"。最好还是把上衣脱下来，认真地把尘土掸掉……。教育不应是惩罚，不应变为惩罚，要尽可能讲究教育技巧。

假如你认为同集体进行教育性谈话的意义仅仅在于谴责不良行为，那就根本谈不上任何教育。这是因为你是在同一个集体谈话，而不良行为、缺点、毛病并不是整个集体所固有的。那些不懂得应该非常谨慎和恰如其分地处理人的缺点、毛病的教师，往往在这个问题上犯错误。何况我们是在跟少年儿童打交道，是在跟青春初期的人打交道，而他们又是那么脆弱、敏感……。不要企图一蹴而就地清除缺点，不要期望一句性急的、愤怒的话就能去掉毛病。要知道，集体对待有缺点的人，像对待处于贫困中的人一样，如果你以为只要号召集体对还未能克服缺点的学生表示愤怒、群起而攻之就会达到预期的目的，那就大错特错了。这样做的结果，将不是集体表示愤怒，而是集体对那个处于困境中的人表示同情。这是完全合乎规律的。因此，你不要企图在一瞬间就把脓疮连根挖掉，那样会形成一个流血的伤口。教育就像一门十分精细的医术，它要医治并完全治愈脓疮，但不承认挖除是个好办法。决不要使人带着流血的伤口离开你进行教育性谈话的地方。这种做法会使集体感到震惊，但这种震惊绝不是你所期望看到的。

同集体进行教育性谈话时，恰恰是要指望集体对待道德上的缺点像对待痛苦与不幸一样（确切地说，要**这样**考虑问题）。不仅如此，还要加深对处于困境中的人的同情。要发展集体的这种感情，使大家都希望看到同学成为有美好道德的、摒弃了缺点的人。

⑨⑨。怎样和懒惰作斗争

我在本书临近结尾时才提出这一问题，并不是偶然。要想不出现懒学生，就得按照前面98条建议所谈到的一切好办法去做。医治懒惰，并非一件轻而易举的事。预防懒惰虽然不容易，但是把**预防**懒惰变为热爱劳动，要比治好懒惰后所产生的热爱劳动宝贵一千倍。因此，年轻的朋友，让我们先来研究一下如何预防懒惰的问题吧。

首先，我们必须了解懒惰的根源。懒惰是游手好闲、虚度光阴的产物。懒惰的人往往小时候在年长者的关怀下有求必应，自己作为孩子只是提要求和任性胡闹。在一切都可以唾手而得，不知道什么是困难的地方，就会产生懒汉。无忧无虑、一帆风顺的童年环境，使孩子产生童年会永远继续下去的想法。这种环境就是使一个好端端的孩子变成懒汉的最合适的土壤。在这种情况下，父母通常会在某一天恍然大悟：这是怎么搞的，我们不知不觉，孩子已经长大成人了！昨天他还害怕天黑后出去，今天已经在追求姑娘，在外边游逛到半夜……。懒惰，是无忧无虑的波浪泛起的泡沫。这是一种严重的精神现象，其根源就是无所用心。对什么事物都漠不关心的人，就会逐渐懒惰起来。

懒惰常与缺乏自尊心为伴，不管别人对他怎么看，他都不在乎。

游手好闲的人，一般说来，总是在浪费别人创造的财富。然而，一个人享受的东西多，形象地说，有条件当寄生虫，并不表明他有丰富的精神生活。懒汉在精神上是贫乏的、穷困的。懒惰的主要根源之一是精神生活空虚、兴趣贫乏。懒汉首先使人感到他可怜，而根治懒惰的办法，是使那些不幸变成懒汉的人能正视自己，看到自己的不幸，并从内心感到这是不幸。不要忘记，我们在这里所谈的是儿童的懒惰。

消除游手好闲和虚度时光的现象，是预防懒惰的重要条件。在一个人的精神生活中，不应有一事无成的阶段。有的成人专门为孩子制造游手好闲、无事可做的条件，并把这种游手好闲称为"儿童的夏季休息"，这是很荒唐的。休息只应是积极的休息，也就是变更活动的性质。城里闷热时，可以把孩子们送到乡下去，让他们在田间和草地上从事一些力所能及的活动，锻炼自己的力量。

节制欲望是预防懒惰的有力手段。要让人们从小就通过亲身的体会懂得"不行""应当"及"可以"这些概念的实质。要同家长一道努力使孩子从小就能做到在生活上自理。

要使人从幼年起就经受一些困难，花费一定的体力和精神力量克服困难。体力与意志力结合在一起发挥，有助于培养热爱劳动、积极能干和意志坚强的人。

如果家长把孩子看成未来的成年人，把他想象为成年人，并考虑到，假如孩子把懒惰、懈怠、害怕困难这些毛病带到青年和成年时期，他将怎么生活，那么，懒惰就无法渗透到孩子的心灵里去。使孩子有**成年人一样**的操心事，也是预防懒惰的有力手段。如果一个人在进入青春早期之前，还未亲身体会到依靠自己的双手劳动来供给自己吃穿是人生最重要的因素，那就不可能真正培养出热爱劳动的品质。

懒惰，不仅是手脚懒，也是思想懒。当你让别人提供现成的思想，而且不经过任何努力就接受这些思想时，思想上的懒惰就会占据人的心灵。正如不假思索地消费别人用劳动所创造的物质财富，会使人手脚懒惰一样，生吞活剥地接受现成的思想，也会使人产生思想上的懒惰。促使人努力求得知识，就是预防思想上的懒惰。

丰富精神上的需要，是预防懒惰的途径。一个人在童年时代，特别是在青少年时代，就要养成乐于劳动、读书、和别人交往、从事创造性活动的精神需要。只有这样他才能获得预防懒惰的**免疫力**。积极地培养这些需要，把这些需要当作个人极其宝贵的精神财富，是教育学理论与实践方面的一个非常有意义的问题。

你可能会问：如果一个人已经变成懒汉了，又该怎么办呢？例如，五年级学生斯捷帕的妈妈来到学校，无可奈何地把手一摊说："我对这孩子真是没法子。他回到家里就把书本一丢，吃完了饭就玩，一玩就玩到晚上。"

面对这种情况，我们应该怎么办呢？

要挽救这个孩子。我们向他的妈妈建议说："既然您培养了一个小懒汉，那就请您下决心把他改造过来吧！要强迫他坐下来做两个小时的功课。他会习惯起来的，完成作业会使他感到快乐。不要喝斥，也用不着惩罚，因为您是出于好意，而不是出于恶意。在孩子完成作业之后，可以让他干一两个小时的体力活儿。早晨5点钟就叫他起床，对他说：妈妈给全家做饭，妈妈在劳动；你去准备功课，也是劳动。在这样做时，不要喊叫，一点儿也不要说你的儿子是懒汉。从他开始在早晨5点钟起床，并一直学习到7点钟的第一天起，他就不再是懒汉了，就应该表扬他热爱劳动了。"

用这种简单的办法改造不了人的例子是没有的。改造懒汉学生的唯一障碍，可能是家长的懒惰。

我谈起在家庭中对懒学生进行改造的问题，不是无缘无故的。因为懒惰首先是在家庭中产生和得到根除的。如果家庭中缺乏热爱劳动的气氛，只靠学校的努力是不可能取得良好效果的。我们在家长教育学校的各分部研究这样一个问题：懒惰的起源在哪里？我们用教育心理学的方法对老少两代人的行为、劳动、学习和相互关系进行分析。预防懒惰，是需要学校和家庭共同努力解决的重要课题之一。

100。最后一条建议——保密

我在本书中所提出的一切建议，仅供教师参考，不必让学生知道。学生了解教育，懂得教育，一般说来，是有害而无益的。这是因为在自然而然的气氛中对学生施加教育影响，是使这种影响产生显著效果的条件之一。换句话说，学生不必在每个具体情况下知道教师是在教育他。教育意图要隐蔽在友好和无拘束的相互关系气氛中。

为什么学生不应知道或感觉到别人正在对他进行教育呢？因为真正的教育是自我教育。教师和学生之间应建立这样一种交往关系：教师针对青少年的理智与心灵所说的每一句话，都能激起他们内在的精神力量，促使他们的头脑和心灵产生内在的活动，从而进行自我认识与自我完善。假如一个人处处感到和知道别人是在教育他，他的自我认识与自我完善的能力就会变得迟钝，他会产生这样一种想法：我应成为怎样的人，应做些什么事，成年人是会替我考虑的，我只需要等待建议和指示就行了。

卓越的苏联教育家阿·斯·马卡连柯曾不止一次地谈到，不向学生表明他们在经受某种专门的教育程序[18]，这对于教师是非常重要的。这个道理，我向这位导师学习了一辈子。我坚信，把自己的教育意图隐藏起来，是教育艺术十分重要的因素之一。

年轻的朋友！必须使教育儿童、热爱和尊重儿童、严格要求他们、同他们交朋友——这一切将成为你精神生活的实质。

注　　释

《年轻一代共产主义信念的形成》

　　本著作于1959—1960年用俄语写成。1961年，由俄罗斯联邦教育科学院出版社出版。

　　本书问世后，引起了苏联教育界的广泛关注。1962年4月11日，俄罗斯苏维埃联邦社会主义共和国教育科学院主席团专门召开会议对本书进行了讨论，作者本人也参与了讨论。关于这次讨论会的总结刊登在《苏维埃教育学》杂志1962年第6期上。

　　作者试图确立一个关于形成年轻一代的道德信念的教育体系，对学生道德发展与智力发展的相互联系问题进行考察，其中，重点关注了劳动活动对形成学生的道德意识的作用。

1　马克思在《〈黑格尔法哲学批判〉导言》(1843—1844)这一著作中写道："批判的武器当然不能代替武器的批判，物质力量只能用物质力量来摧毁；但是理论一经掌握群众，也会变成物质力量。"（中共中央马克思恩格斯列宁斯大林著作编译局. 马克思恩格斯选集：第一卷［M］. 2版. 北京：人民出版社，1995：9.）

——第3页。

2　这里指的是马克思在《资本论》第三分册中对自由支配时间发表的见解，此即"……所有的人都会有6小时'可以自由支配的时间'，也就是有真正的财富，这种时间不被直接生产劳动所吸收，而是用于娱乐和休息，从而为自由活动和发展开辟广阔的天地。时间是发展才能等等的广阔天地"。（中共中央马克思恩格斯列宁斯大林著作编译局. 马克思恩格斯全集：第二十六卷［M］. 北京：人民出版社，1974：281.）

——第3页。

3　这里指的是生产教学，苏霍姆林斯基撰写本书期间，在乌克兰苏维埃社会主义共和国的学校里曾广泛实施这种生产教学。

——第9页。

4　高尔基在《我们杂志的目的》一文中写道："……现实有两个。一个是发号施令者们的现实，是'有产阶级的统治'，他们不管怎样都要确立自己对人的统治，从人幼年在家里起，然后在学校和教堂里，他们不择手段地、心不发紧地杀戮大批不服从的人……。另一个就是被统治者的、被制服者的屈从者的现实，就是处于连续不断的繁重劳动中的、处于导致机体退化的贫困中的那种无乐趣可言的生活……"

"苏联工人阶级把国家统治权掌握到自己手里之后，决定消除这两个无法调和的、充满血腥的厚颜无耻、蛮不讲理的谎言，以及虚伪、残忍、羞辱的现实，决定消除它们并创建第三个真正社会平等的现实……通过共产党人即工人和农民的意志、智慧和热情，在苏维埃社会主义共和国联盟里创建着的正是这个现实。"（高尔基. 高尔基文集：第二十五卷［M］. 莫斯科：国家文艺书籍出版社，1953：103—105.）

——第21页。

5　这是瓦·亚·苏霍姆林斯基对康·德·乌申斯基的一句话的自由转述，出自乌申斯基对用他的《本族语》教科书进行母语教学时向家长和教师们的建议。这句话原本是这样的："……在最初开始教学时，孩子们应当在教授者的监督和指导下完成自己的功课，教授者应当首先教会孩子学习，然后就布置他自己去完成这件事情。"（康·德·乌申斯基. 康·德·乌申斯基选集：第6卷［M］. 莫斯科—列宁格勒：俄罗斯联邦教育科学院出版社，1940：253.）

——第95页。

6　这是尤里·加加林在完成1961年4月12日世界上第一次人类向宇宙飞行之前所发表的宣言。（尤里·加加林. 我看到地球［M］. 莫斯科：儿童文学出版社，1968：47. ）

——第111页。

《怎样培养真正的人》

　　本书于1967—1970年用俄文写成。作者去世后，书稿曾在苏联教育科学院普通教育问题科研所幼年学生道德教育研究室评议过，并普遍予以高度的评价。

　　本书根据作者手稿刊印，但有删节，删节内容主要是一些做例证用的文艺材料。书中有某些重复和没有写完的材料，因为这是苏霍姆林斯基在其生命的最后一年疾病缠身、身体虚弱的情况下写成的，还未来得及整理，他便与世长辞了。后来由基辅苏维埃学校出版社出了缩编本，经作者的女儿苏霍姆林斯卡娅整理，由苏联教育出版社出版了较为完整的本子。

　　本书包含一系列论述孩子和青年的共产主义性格特点的教育问题。它阐述了苏维埃爱国主义、共产主义思想和崇高的公民觉悟的教育，社会主义人道主义的教育，对知识、对教师的热爱以及深刻理解美等问题。

　　书中有许多伦理性的谈话，大致分为两部分：一部分是针对孩子们讲的，另一部分是教师提供许多方法及例证用的材料，其中包含许多寓言、小故事、童话和传说。

　　部分教诲，与作者所著《儿童在学校的道德准则》一书所阐述的教诲相似，该书曾于1966年在基辅用乌克兰文出版。

　　《怎样培养真正的人》一书阐述教诲所用的例证性文艺材料，被苏霍姆林斯基以道德文选的形式编入五卷集的《故事和童话》，供从事不同年龄学生的教育工作者阅读。

1　作者引帕·彼·布隆斯基的这句话，见1919年发表在《劳动学校》一书第二部分中《劳动学校的老师》一节。全文是："就像真正的道德就是对道德的追求那样，教育就是追求教育，不断地、顽强地、热烈地从事于教育工作。"（布隆斯基. 布隆斯基教育选集［M］. 莫斯科：俄罗斯联邦教育科学院出版社，1961：618. ）

——第122页。

2　作者显然是指高尔基的小说《母亲》的主人公安德烈·纳霍德基的一句话。在他向往着人类光明的未来时说："我知道——人们彼此赞美的那个时代，每个人在别人面前是星星一般的那个时代会到来的！"（高尔基. 高尔基全集：第7卷［M］. 莫斯科：国家文艺书籍出版社，1950：305. ）

——第135页。

3　作者援引普希金《哀歌》中的一句话。诗中这样写道：

我的道路坎坷。波浪滔滔的大海，

预示着我未来的悲哀和劳作。

我的朋友啊，可我不想死去，

我愿意活着，就是为了去受苦和思索。

（普希金. 普希金选集：第1卷［M］. 莫斯科：国家文艺书籍出版社，1970：172. ）

——第135页。

4　引自海涅：《旅途中的景象》片段，全文是这样的："难道每个人的生活就不像整个一代人那么重要吗？要知道，每一个别的人，都是与整个一代人生死与共的整个世界，每一块墓碑下都有一段世界史。"（海涅. 海涅选集：第2卷［M］. 莫斯科：国家文艺书籍出版社，1956：188. ）

——第166页。

5　引自卢斯塔维里的长诗《虎皮武士》中的皇帝罗斯捷万的话。诗中的这些话铮铮作响：

慷慨大方，是国君的荣誉和英明的根基，

君主惊异的慷慨大方甚至可以征服恶人转意。

任何人都需要饮酒，我看那不是坏事，

你奉献出来的东西，是属于你的；

你隐藏起来的东西，你将永远失去。

（卢斯塔维里. 虎皮武士［M］. 莫斯科：国家文艺书籍出版社，1969：32页。 ）

——第196页。

6　援引马克思所著《〈政治经济学批判〉序言》，序言中用了但丁《神曲》中的一句话：

这里必须根绝一切犹豫；

这里任何怯懦都无济于事。

（中共中央马克思恩格斯列宁斯大林著作编译局. 马克思恩格斯选集：第二卷［M］. 2版. 北京：人民出版社，1995：35. ）

——第216页。

7 歌德在所著《格言与思想文集》中谈道："凡是不愿思考的人，归根结底会丧失理解。"（歌德. 哲学著作选［M］. 莫斯科：科学出版社，1964：349. ）

——第216页。

8 契诃夫. 契诃夫全集：第12卷［M］. 莫斯科：国家文艺书籍出版社，1949：260.

——第217页。

9 援引高尔基致儿子彼什科夫的信，写于1914年9月，最初发表在1968年3月21日的《共青团真理报》上。

——第218页。

10 作者所指列宁在《宁肯少些，但要好些》一书中提到对工农检察院作用的要求时，写道："要做到这一点，就要求我们社会制度中所有的优秀分子，即第一，先进工人，第二，真正受过教育而且可以保证决不相信空话、决不说昧心话的分子，……"（中共中央马克思恩格斯列宁斯大林著作编译局. 列宁选集：第四卷［M］. 3版. 北京：人民出版社，1995：786. ）

——第220页。

11 车尔尼雪夫斯基. 车尔尼雪夫斯基哲学著作选：第2卷［M］. 莫斯科：国家政治书籍出版社，1950：231.

——第220页。

12 作者援引契诃夫的见解，见1891—1904年所作的笔记。（契诃夫. 契诃夫全集：第12卷［M］. 莫斯科：国家文艺书籍出版社，1949：218. ）

——第227页。

13 卢那察尔斯基：《什么是教育?》（卢那察尔斯基. 卢那察尔斯基论国民教育［M］. 莫斯科：俄罗斯联邦教育科学院出版社，1958：61—72. ）

——第241页。

14 列宁在《哲学笔记》中记述有关黑格尔的认识论中有关实践的论点："……这就是说，世界不会满足人，人决心以自己的行动来改变世界。……'善'是对'外部现实性的要求'，这就是说，'善'被理解为人的实践＝要求（1）和外部现实（2）。"（中共中央马克思恩格斯列宁斯大林著作编译局. 列宁全集：第五十五卷［M］. 2版. 北京：人民出版社，1990：183. ）

——第291页。

15 参见马克思于1843年3月写给德国政论家阿尔诺尔德·鲁格的信。（中共中央马克思恩格斯列宁斯大林著作编译局. 马克思恩格斯全集：第一卷［M］. 北京：人民出版社，1956：407—408．）

——第300页。

16 马克思在《共产主义和奥格斯堡"总汇报"》一文中指出先进思想的作用时说道："……征服我们心智的、支配我们信念的、我们的良心通过理智与之紧紧相连的思想，是不撕裂自己的心就无法挣脱的枷锁；同时也是魔鬼，人们只有服从它才能战胜它。"（中共中央马克思恩格斯列宁斯大林著作编译局．马克思恩格斯全集：第一卷［M］．2版．北京：人民出版社，1995：295—296．）

——第324页。

17 作者在引屠格涅夫这句话时，有所改动。在长篇小说《鲁金》里是这样说的："俄国没有我们谁都可以，但我们任何人没有祖国都不行。每当有人想到这一点就痛苦，一旦真到了没有祖国的地步，那他就会加倍地痛苦。"（屠格涅夫．屠格涅夫全集：第2卷［M］．莫斯科：国家文艺书籍出版社，1954：199．）

——第325页。

18 苏霍姆林斯基引列昂诺夫的长篇小说《俄罗斯森林》中的话，并加以发挥。原话反映作品的女主人公波林娜建议穿过前线到法西斯占领区去。作者的原话是这样的："波林娜的眼睛作了回答：如果生活中需要她用自己的身体阻挡敌人的枪弹，那她为此而生在世上就是值得的！"（列昂诺夫．列昂诺夫选集［M］．莫斯科：国家文艺书籍出版社，1962：627．）

——第327页。

19 达·芬奇．达·芬奇选集［M］．莫斯科：国家文艺书籍出版社，1952：178，253．

——第330页。

（蔡汀 译）

《给教师的100条建议》

本著作用俄语写成于1965—1967年。完整篇幅的俄文稿至今（即至编辑、出版五卷本选集的1979年——译者注）尚未发表过。其中的某些片段曾在《国民教育》杂志上连载过（1969年第5、6、9、12期），也在《苏维埃教育》报上连载过（1971年第75、76、78、79、83、86、90、94、99、103期，1972年第4、8、10、15、19、23、39期）。

本次根据俄文手稿略加删节后出版。

在本著作中，苏霍姆林斯基对教育教学工作的组织、内容、形式、方法、方式等各种问题，对学生的自我教育，共产主义理想的形成、公民职责和社会主义人道主义品质的培养等问题，给教师们一一作了建议，书中广泛阐述了帕夫雷什中学在这方面的经验。

1 引自德·伊·皮萨列夫：《已经死亡和正在死亡者》。（德·伊·皮萨列夫. 德·伊·皮萨列夫教育文选［M］. 莫斯科：俄罗斯联邦教育科学院出版社，1951：338.）

——第344页。

2 阿拜·库南巴耶夫：《训言》。（阿拜·库南巴耶夫. 阿拜·库南巴耶夫文集［M］. 莫斯科：国家文艺书籍出版社，1954：387.）

——第346页。

3 瓦·亚·苏霍姆林斯基的这个论点，与卢梭关于尽量使爱弥尔的眼睛盯在手指头上的论断相同。（卢梭. 爱弥尔，或论教育〈俄译本〉［M］. 莫斯科，1896：157.）

——第399页。

4 康·德·乌申斯基在《祖国语言》这本针对学生的书中写道："但小孩子，如果可以这么说的话，一般是用形式、声音、色彩和感觉来思维的，谁想迫使他们按另外的方式思维，那是白费劲的，并且是有害地强制儿童的天性。"（康·德·乌申斯基. 康·德·乌申斯基全集：第6卷［M］. 莫斯科：俄罗斯联邦教育科学院出版社，

1949：266.）

——第416页。

5　伊·彼·巴甫洛夫在谈到人的思维的其他类型时写道："……需要确证，由于存在两个信号系统，也由于自古长期存在不同的生活方式，人群被划分为艺术型的、思维型的和中间型的。"（巴甫洛夫. 伊·彼·巴甫洛夫全集：第3卷［M］. 莫斯科—列宁格勒：苏联教育科学院出版社，1951：346.）

——第423页。

6　瓦·亚·苏霍姆林斯基在这里大概引用了格·斯·斯科沃罗达关于"无人负责的"、永恒的、包罗万象的原因根植于人自身的那句话"……一切都在于和始于无人负责的过错，而这种过错本身又源自人本身，不管现在和未来都始终与自身有关"。（格·斯·斯科沃罗达. 格·斯·斯科沃罗达创作集：第1卷［M］. 基辅：乌克兰苏维埃社会主义共和国科学院出版社，1961：259.）

——第443页。

7　引文有所略。全文是："要让妇女们懂得自己在人类生活这座花园中的崇高使命。让妇女们懂得，她们照料摇篮中的孩子，创造他童年时代的游戏，教他牙牙学语，因而成了社会的主要建筑师。基石是她们双手奠定的。"（恩·伊·皮罗戈夫. 恩·伊·皮罗戈夫教育文选［M］. 莫斯科：俄罗斯联邦教育科学院出版社，1952：83.）

——第444页。

8　马克思在《1844年经济学哲学手稿》里指出："我们看到，富有的人和富有的人的需要代替了国民经济学上的富有和贫困。富有的人同时就是需要有总体的人的生命表现的人，在这样的人的身上，他自己的实现作为内在的必然性、作为需要而存在。不仅人的富有，而且人的贫困，——在社会主义的前提下——同样具有人的因而是社会的意义。贫困是被动的纽带，它使人感觉到需要最大的财富即别人。"（中共中央马克思恩格斯列宁斯大林著作编译局. 1844年经济学哲学手稿［M］. 3版. 北京：人民出版社，2000：90.）

——第455页。

9　引自康·德·乌申斯基写的《学校的三个因素》论文。（康·德·乌申斯基. 康·德·乌申斯基选集：第1集［M］. 莫斯科，俄罗斯联邦教育科学院出版社，1948：63–64.）

——第465页。

10　参见阿·瓦·卢那察尔斯基的《什么是教育》一文。（阿·瓦·卢那察尔斯基.

阿·瓦·卢那察尔斯基论国民教育［M］．莫斯科：俄罗斯联邦教育科学院出版社，1958：61．）

——第465页。

11　马克思在《资本论》第1卷中写到了关于劳动过程中的体力和智力的活动，那里有这么几行话："除了从事劳动的那些器官紧张外，在整个劳动时间内还需要有作为注意力表现出来的有目的的意志，而且，劳动的内容及其方式和方法越是不能吸引劳动者，劳动者越是不能把劳动当作他自己体力和智力的活动来享受，就越需这种意志。"（中共中央马克思恩格斯列宁斯大林著作编译局．马克思恩格斯选集：第二卷［M］．2版．北京：人民出版社，1995：178．）

——第472页。

12　中共中央马克思恩格斯列宁斯大林著作编译局．马克思恩格斯全集：第二十三卷［M］．北京：人民出版社，1972：67．

——第484页。

13　维·格·别林斯基.别林斯基文选［M］.莫斯科：儿童文学出版社，1973：207．）

——第485页。

14　瓦·亚·苏霍姆林斯基简略地复述了弗·姆·陀斯妥耶夫斯基小说《卡拉马佐夫兄弟》中的一段话："这种考验，这种注定迫使自己甘愿接受如此可怕的生活的学校磨炼的考验，旨在希望经长期考验后能自我约束、自我克制，直至在听从了终生考验之后能最终达到完全的自由，就是使自己摆脱那样一类人的命运的自由，他们活了一辈子却未能学会自我意识。"（弗·姆·陀斯妥耶夫斯基．卡拉马佐夫兄弟［M］．莫斯科—列宁格勒：国家文艺书籍出版社，1970：32．）

——第503页。

15　指列夫·托尔斯泰在《阅读范围》（1904—1908，第1卷）文集中发表的看法，该文集由列夫·托尔斯泰挑选、搜集并按日编排众多作家论真理、人生、行为的卓越思想。列夫·托尔斯泰看法的全文为："好好思考吧！思想将会成熟起来并变为善良的行为。"（列夫·托尔斯泰．列夫·托尔斯泰全集：第41卷［M］．莫斯科：国家文艺书籍出版社，1957：559．）

——第503页。

16　作者指的是马克思的《自白》，即对1865年4月1日的问卷调查所提问题的回答，调查中间及在人们身上他最珍视的品质特征是什么。（中共中央马克思恩格斯列宁斯大林著作编译局．马克思恩格斯全集：第三十一卷［M］．北京：人民出版社，1972：

588—589.）

——第510页。

17 引自斯·格·拉佐于1915年写给其兄弟的一封信，信中说："……当一个人出现自觉的信念时，书籍在这里占据显著的位置，但不是书籍就能确立信念。信念是一种比知识更重要、更有意义的东西，且不说它是一种更难得的东西。信念，只有信念，才使我们的个性变得别具一格而完整。信念，是作为读书和与周围生活相互作用的一种复杂的成果出现的。信念要通过磨难才能获得，要检验信念的生命力，要与别人的信念切磋……。一个人应做到，与其背弃自己的信念，不如牺牲自己的生命。"（斯·格·拉佐. 斯·格·拉佐日记与书信集［M］. 符拉迪沃斯托克：滨海书籍出版社，1959：94—95.）

——第531页。

18 这里指的是安·谢·马卡连柯在《组织教育过程的方法》一文中所持的观点，该文说："教育者应当总是清楚地懂得这样一点：尽管所有的受教育者都明白，在儿童教育机构里人们在对他们进行教育和教学，但他们不太喜欢经受专门的教育程序，尤其不喜欢没完没了地跟他们谈教育的好处，每句话都含道德说教。

因此，教育者的施教立场的实质应当在受教育者面前隐蔽起来，不要显得处于首位。用明明是专门想好的教育谈话没完没了地烦扰受教育者的那种教育者，会使受教育者腻烦，并几乎总是引起某种反作用。"（马卡连柯. 安·谢·马卡连柯全集：第5卷［M］. 莫斯科：俄罗斯联邦教育科学院出版社，1951：93.）

——第550页。

（王义高　译）

后　记

　　《苏霍姆林斯基选集（五卷本）》，由乌克兰基辅苏维埃学校出版社于1979—1980年出版。首版印刷高达10万套，是一套在苏联享有极高声望的大型经典教育理论著作，先后被译成十几种语言文字出版，在世界许多国家产生了深远的影响，是20世纪人类重要的文化教育遗产之一。

　　本套书的出版宗旨在于为我国教育工作者提供一套全面了解苏联著名教育家苏霍姆林斯基教育思想的权威性经典图书。

　　参加本套书翻译工作的人员绝大多数是长期致力于苏霍姆林斯基教育理论研究的国内一流专家、学者，其中许多人已是六七十岁的老学者。当他们听到教育科学出版社准备出版这套书时，无不表示由衷的敬意。为实施精品战略工程，许多人不顾年迈体弱，本着高度负责的精神，精益求精地对待书稿。经过近两年的努力，在《苏霍姆林斯基选集（五卷本）》即将问世时，我要首先感谢中央教育科学研究所的张渭城研究员、北京师范大学的赵玮译审和毕淑芝教授、华东师范大学的倪家泰教授、安徽大学的陈先齐研究员、天津教育科学研究院的刘伦振研究员，这些德高望重的老专家、学者严谨的治学态度，认真负责的精神令人感动。同时也要特别感谢北京师范大学的王义高教授、肖甦副教授及从始至终与我共同工作近两年、为这套书的出版倾注大量心血的翻译家蔡汀先生。可以说，没有全体编委会成员的精诚合作，就没有《苏霍姆林斯基选集（五卷本）》中文版的问世。

　　值得指出的是，五卷本中的有些作品在20世纪80年代初已由我社和国内其他几家出版社出版过，出于精益求精的追求，本次收入选集中再次出版时，相关译者依照俄文原版对出版过的原作进行了认真修订。在此要特别向湖南教育出版社、安徽教育出版社、天津人民出版社、上海教育出版社、北京理工大学出版社的同行们致以深深的谢意。

本套书得以顺利出版，与苏霍姆林斯基的女儿——乌克兰教育科学院院士苏霍姆林斯卡娅女士的支持与合作也是密不可分的。当她得知中国教育科学出版社要出版《苏霍姆林斯基选集（五卷本）》时，同样激动万分，鼎力相助，从而大大促进了本套书的尽早问世。

另外，中共中央编译局的胡永钦编审在后期核对引文和注释的工作中，给予了大力帮助，这里也一并予以感谢。

相信，本套书的出版，将会成为我国教育理论图书出版史上的一个重要的里程碑。

祖　晶

2000 年 10 月 26 日

再版后记

　　《苏霍姆林斯基选集（五卷本）》是享誉世界的苏联大型经典教育理论著作，首版印刷高达10万套，先后被译成十几种文字，对世界教育改革和发展产生过重大影响。2001年，《苏霍姆林斯基选集（五卷本）》中文本得以问世，一经出版，便引发了国内教育工作者的广泛关注，并先后荣获"第六届国家图书奖"提名奖、"第三届全国教育图书奖"一等奖。二十余年来，该套书的影响经久不衰，成为全面、系统介绍苏霍姆林斯基教育思想的最权威之作，也成为我国引进版教育理论图书中一部最亮眼的大型经典之作。

　　为更好地服务于我国广大教育工作者，提供高品质的教育精品力作，我们在原版本的基础上，对内容进行了进一步精加工，力求精益求精，更完美、更准确地再现苏霍姆林斯基这位伟大教育家的睿智思想，传承这份弥足珍贵的教育遗产，以期给我国广大教育工作者更多精神的激励、智慧的启迪，为推动教育高质量发展、办好人民满意的教育贡献力量。

祖　晶

2022 年 10 月 26 日

出 版 人　郑豪杰
策　划　祖晶
责任编辑　石　静　宋崇义
版式设计　沈晓萌
责任校对　翁婷婷
责任印制　叶小峰

图书在版编目（CIP）数据

苏霍姆林斯基选集. 第2卷 / 蔡汀，王义高，祖晶主编. —北京：教育科学出版社，2023.3
ISBN 978-7-5191-3278-1

Ⅰ.①苏…　Ⅱ.①蔡…　②王…　③祖…　Ⅲ.①苏霍姆林斯基（Suhomlinskii, Vasilii Aleksanlrovich 1918-1970）—文集　Ⅳ.①G40-095.12

中国版本图书馆CIP数据核字（2022）第243697号

苏霍姆林斯基选集（五卷本）　精装本　第2卷
SUHUOMULINSIJI XUANJI（WU JUAN BEN）　JINGZHUANGBEN　DI 2 JUAN

出版发行　教育科学出版社		
社　　址　北京·朝阳区安慧北里安园甲9号	**邮　　编**　100101	
总编室电话　010-64981290	**编辑部电话**　010-64981294	
出版部电话　010-64989487	**市场部电话**　010-64989009	
传　　真　010-64891796	**网　　址**　http://www.esph.com.cn	

经　　销　各地新华书店
制　　作　北京京久科创文化有限公司
印　　刷　中印南方印刷有限公司

开　　本　720毫米×1020毫米　1/16	**版　　次**　2023年3月第1版
印　　张　36.5	**印　　次**　2023年3月第1次印刷
字　　数　535千	**定　　价**　110.00元

图书出现印装质量问题，本社负责调换。